郭贵春文集

·第二卷·

自然科学哲学研究

郭贵春　著

科学出版社

北　京

内 容 简 介

本书从语境的角度分析自然科学哲学问题，通过横断的语境分析方法对自然科学的科学理论、科学定律及科学发现进行反思与分析，意在揭示对自然科学的认识不足与方法局限，以推动自然科学的发展。

本书基于语境分析方法剖析了数学及自然科学中的理论与实践问题，内容主要包括物理学的隐变量、量子测量、量子力学、量子场论、对称性中的哲学问题等，阐释了生物学理论、基因理论与生物信息概念，丰富了科学哲学的研究内容。

本书可供科技哲学及相关专业的学者、师生阅读，也可供自然科学理论工作者和哲学爱好者参考。

图书在版编目(CIP)数据

郭贵春文集. 第二卷，自然科学哲学研究 / 郭贵春著. —北京：科学出版社，2017.3

ISBN 978-7-03-052013-5

Ⅰ. ①郭… Ⅱ. ①郭… Ⅲ. ①郭贵春-文集②科学哲学-文集 Ⅳ. ①B-53②N02-53

中国版本图书馆 CIP 数据核字（2017）第 044492 号

责任编辑：邹 聪 张翠霞 / 责任校对：刘亚琦 李 影
责任印制：张 伟 / 封面设计：有道文化

科 学 出 版 社 出版
北京东黄城根北街 16 号
邮政编码：100717
http://www.sciencep.com

北京厚诚则铭印刷科技有限公司 印刷

科学出版社发行 各地新华书店经销

*

2017 年 3 月第 一 版 开本：720 × 1000 B5
2019 年 1 月第二次印刷 印张：42
字数：588 000

定价：260.00元

（如有印装质量问题，我社负责调换）

序言

1978年，当思想解放的春风伴随着中国改革开放的步伐吹遍神州大地之时，我作为“文化大革命”后的第一届硕士研究生，开始了自己且行且探索的学术生涯。

对我而言，走向科学哲学这一博大精深而又需具有广厚知识背景的领域，并不是最初预设的选择，而是一个从不自觉到自觉、从自然到必然的不断流淌的过程。我个人的学术价值取向、存在价值取向乃至生活价值取向，都是在这个过程中扭结在一起，并得到实现、完善和升华。我感恩上苍赋予我这一丰富而又充满意义的过程。

我是作为马克思主义哲学专业的研究生开始自己的学术研究的，当时，关于“实践是检验真理的唯一标准”的讨论及十一届三中全会精神的传播，涤荡着过去思想理论界所存在的各种教条和框框，也使我对马克思主义认识论的研究充满了激情与反思。一方面，由于在大学期间，经常去听物理系的课，同时深受恩格斯《反杜林论》中自然辩证法思想的深刻影响，我对当时自然辩证法研究领域的文献格外关注，许多前沿的、启迪人们思维走向世界的科学观念令我震撼不已；另一方面，由于我在上大学之前在电信学校读过载波通信专业，并且一直在电信部门工作，所以对信息、传输、结构、系统、功能、反馈、网络、测量、计算等一系列的结构系统概念有着自身内在的理解。这两方面自然的结合和统一，促使我试图用结构系统性的分析方法去解读和阐释人类的认识过程，以使马克思主义的认识论说明有更强烈的科学意义，而不仅仅是思辨的解释。于是，我将自己的毕业论文题目拟订为“试论人类认识的结构系统性”。带着这个想法，我特意拜访了当时著名的马克思主义认识论研究专家——中国社会科学院哲学研究所辩证唯物主义研究室副主任夏甄陶先生。夏先生对我的构想及论文题目予以充分的肯定，并鼓励我沿着这个方向做更多创新性的探索。对我而言，这无疑是巨大的激励。而后，我按照这个既定的题目，克服了许多意想不到的学术之外的困难，最终完成了这篇毕业论文。

毕业留校工作之后，我将毕业论文的核心内容凝缩成一篇题为“用系统原则研究人类认识结构的必要性”的文章，投送给了《山西大学学报》。没想到，评审专家给予了否定性的评价。但是，退稿通知竟激发了我强烈的自信，遂将其重新投送给了中国哲学界最权威的理论刊物《哲学研究》。同样令人意外的是，不到三个星期，时任《哲学研究》编辑部副主任的章士嵘先生亲笔写信给我，告知我的文章已被选用并将尽快发表，不要再投给其他刊物。在系办公室拆看这封信时，我激动不已，并将这一消息告知了在场的几位同事。更匪夷所思的是，当《山西大学学报》的那位评审专家获知这一消息后，马上通报给了《山西大学学报》的主编，并在不通知我的情况下，抢先发表了我的这篇文章。这个结果令我非常不快且又尴尬不已，立即写信给章士嵘先生禀告缘由并表示道歉。章先生不仅没有责怪我，还写信给我讲这种事情并不鲜见，同时鼓励我以后有文章继续给《哲学研究》投稿。令人欣慰的是，这篇文章很快就被《新华文摘》于 1983 年第 2 期转载了，从而扩大了它的影响力。这是我有生以来发表的第一篇学术研究的文章，标志着我从马克思主义认识论的研究走向自然辩证法研究。

自 1981 年之后，一直到 1986 年，我作为山西大学哲学系自然辩证法教研室的教师，每年为本科生讲授“自然辩证法”课程。在这期间，我在不同的刊物上发表了多篇文章和译文，特别是《哲学译丛》1983 年第 1 期发表的《精神分析哲学与科学哲学》，《哲学研究》1984 年第 1 期发表的《一个杰出的科学研究纲领——试论牛顿的科学方法结构》，《百科知识》1985年第5期发表的《伊姆雷·拉卡托斯及其科学哲学》，以及《山西大学学报》1986年第4期发表的《略论亚里士多德的物理学思想》等文章和译文，表明我已不自觉地在从广义的自然辩证法研究转向狭义的科学哲学研究。与此同时，我和张丽萍、唐云江共同翻译了赫伯特·巴特菲尔德的名著《近代科学的起源》，并请金吾伦先生统校，该书于1988年由华夏出版社出版。我还和两位同学翻译并由我统校了迈克尔·霍斯金的一本小册子《科学家的头脑》，该书于1990年也由华夏出版社出版。这一时期对大量外文文献的阅读与翻译，为我转向科学哲学的研究奠定了必要的理论基础和语言基础。

在这期间，有两项我亲身参加过的学术活动，对自己逐渐自觉地走向科学哲学的研究意义重大。其一是1982年8月23日至9月7日在北京体育学院外宾招待所举办的由美国学者主讲的科学哲学讲习班。这个讲习班专门请了美国明尼苏达大学的伊尔曼（J. Earman）教授和华莱士（N. Wallace）教授，来为中国学者系统介绍当代科学哲学及科学社会学的历史发展、研究现状、核心内容、突出问题、主要方法及可能发展的趋势等。这是中国改革开放之后，第一次举办这种类型的讲习班，因此它具有划时代的意义。参加这次讲习班的成员有40多人，其中有不少1977届的刚毕业的本科生和1981届的研究生，足见当时我国对青年学者培养的重视。在我不完全的记忆中，当时参加的学者有邱仁宗、范岱年、查汝强、罗慧生、金吾伦、章士嵘、董光壁、罗嘉昌、徐友渔、殷正坤、胡新和、倪梁康、张丽萍、唐云江，以及全程当翻译的王路等。这个讲习班是由中国社会科学院哲学研究所自然辩证法研究室主办的，要求各成员于8月23日报到。24日，中国社会科学院副秘书长赵富山与哲学研究所所长邢贲思到会做了报告，并讲了具体安排。从25日正式开始的整个演讲中，特别是在伊尔曼教授介绍的当代科学哲学研究中，涉猎了大量有关科学哲学的背景知识和系统的形式化的逻辑演算。为了让绝大部分听众能够理解和跟得上伊尔曼教授的讲解，主办者特意在晚上安排了中国社会科学院哲学研究所的欧阳英同老师为大家辅导数理逻辑；请中国人民大学的黄天顺教授讲授数理逻辑与现代科学的关系，并对伊尔曼教授第三讲中的难点进行了详解；请中国社会科学哲学研究所的罗慧生先生介绍现代科学哲学的基本问题；还请中国社会科学院哲学研究所当时刚从美国回来的徐崇文先生介绍美国实用主义的本质意义；等等。这些活动都对讲习班的顺利进行发挥了重要作用。9月6日晚上，邱仁宗先生组织大家召开了一个关于科学哲学发展情况的讨论会。9月7日下午，在欢送华莱士教授的聚会结束之时，邱仁宗先生又代表主办方对讲习班的圆满成功做了总结性发言。对我而言，参加这次讲习班的最大收获在于，我第一次直接地感受到形式化的分析哲学研究方法在科学哲学研究中的重要作用，以及它在对科学理论的产生、发展及其演化的研究过程中深刻地揭示和升华科学理性的本质，将是科学哲学研究的真正主题。总之，这次讲习班的举办无论是对于我个人之后研究方向的选择，还是对于整个中国科学哲学研究的进一步发展，都具有里程碑的意义。

其二是1983年9月5日至9月9日在北京香山别墅召开的全国科学哲学研讨会，即香山会议。这次会议几乎集聚了当时国内所有科学哲学界的知名学者和精英，就我的印象讲，会议重点评介了库恩、拉卡托斯及费耶阿本德等科学哲学家的思想，着重讨论了科学发现的问题等，最后大会总结时还通过了一个会议纪要。这次会议，无论是全会还是小组分会，气氛都非常活跃，甚至在任何一个话题上都有着不同的意见和面对面的激烈争论。所有与会的成员，那种抛去羁绊后对学术思想自由的追求，急切渴望了解国际科学哲学研究现状和发展趋势的心情，尊重学术真理探索的状况，是那个时代的经典表现。这种表现一直到今天，我都没有再见过。应当说，这次会议为整个20世纪80年代中国科学哲学的繁荣和发展起到了巨大的推动作用。更为重要的是，它还为科学哲学将来成为一个建制性的学科奠定了基础。这是因为，此前，人们阅读外文文献时，都把scientific philosophy和philosophy of science翻译成“科学的哲学”，但实际上，前者表达的是对哲学的修辞，而后者表达的则是一个特定学科的专有名词。为了避免这种混淆，会议在邱仁宗、范岱年、舒炜光、陈昌曙等的倡导下一致约定，前者依旧翻译成“科学的哲学”，而后者去掉“的”字，翻译成“科学哲学”，以表明它是中国科学哲学学术共同体的专有名称。这一约定为1987年国务院学位委员会修改我国学科目录时将“自然辩证法”的称谓从哲学8个二级学科中去除，而代之以“科学技术哲学”，做出了杰出的贡献。这是中国科学哲学学术共同体的一个胜利，它使“科学哲学”由“自然辩证法”这个“大口袋”中的一个研究领域，最终走向了建制性的专有学科。这次会议使我对当时国内科学哲学发展的研究队伍、研究状况及其研究意义有了整体上的认知，同时，更强化了自己研究科学哲学的自觉性和自主性。

在这一段时期，我每年只有一个学期有课，且一周只有两节，时间充裕，因此我阅读了大量有关科学哲学史和自然科学史方面，特别是物理学史、数学史、生物学史和天体演化史等方面的书籍；较闲暇的时候，我就做数理逻辑的演算题，以增强对形式化分析的理解和把握。没想到的是，这些发自兴趣所做的功课，在我不久之后的海外留学生涯中发挥了基础性的作用。很难言喻的是，这一时期我个人的生活和对于科学哲学研究的追求是命运式地扭结在一起的，是完全不可分割的。为了自励，我曾把休谟的一段话抄写下来，压在了自己写字台的玻璃板底下。休谟是这样讲的：

> 完善的哲人能战胜命运……但我的心灵还需充分经过哲学的证实，才能抵抗命运的打击。灵魂的提高与伟大只能在学问和沉思中才能获得。

20世纪80年代初，在大学校园中，出国留学潮汹涌澎湃地冲刷着每一位学子的心灵，那种激奋与震撼是现在的青年人无法体验的。我当然也不能例外，而且在“文化大革命”前读中学的时候，出国留学就曾是我的梦想。当我迟钝地意识到梦想有可能变成现实的时候，我于1986年年初报名参加了由政府组织的“访问学者测试”（visiting scholar test，VST）。VST的满分是160分，分两层分数线。首先，84分为“培训线”，即达到84分者，可以到国家指定的外语学院培训半年，然后即可出国；其次，110分为“出国线”，即达到110分者，不必经过培训即可直接出国。没想到的是，我居然超常地考了113分，因此分数一公布便获得了联系出国留学的权利。我分别向美国和英国的各类大学投寄了10份留学申请并附上了所要求的各种个人背景材料，很快我便收到了牛津大学、剑桥大学、普林斯顿大学及华盛顿州立大学的正式邀请。在经过认真比较和思量之后，我最终选择了剑桥大学的科学史和科学哲学系。由此，我而后的命运便与剑桥、剑桥大学及科学史和科学哲学系具有了某种深邃而又魂牵梦绕的联系。

当我天天骑着自行车在具有 800 年历史的剑桥大学各个学院、系所、图书馆和博物馆之间穿行的时候；当我漫步在剑河畔，望着河中或是为了健身，或是为了来年在泰晤士河上与牛津大学进行划艇比赛而训练的健儿们的时候；当我坐在宽广的草坪上，一边读小说一边观看旁边围坐成一圈，每人一口笑饮同一瓶啤酒的男女大学生们的时候；当我参加一个又一个不同学生社团的各种活动的时候；当我在“三一学院”的正式晚宴上听院长用谁都听不懂的拉丁文祝词，并享受与来自不同学科学生们神聊的时候，在飘浮着些许白云的湛蓝天空下的这座古城，让我第一次明白了什么叫大学或大学的灵魂，也让我体验到了当年徐志摩在剑桥大学时说，在这里的学习生活“寂寞但不无聊”的境意。我最欣赏徐志摩的这一段话：剑桥是静寂的，静寂得有些寒意，但它永不会叫人无聊。静寂使人孤独，但孤独正可以使他与剑桥历史的巨灵对话。

同时，当我每每想到剑桥大学是与牛顿、培根、达尔文、拜伦、麦克斯韦、罗素、维特根斯坦这些人类文化和知识建构过程中的巨匠们联系在一起的时候，当我天天踏着当时就已有 70 多位诺贝尔奖获得者曾经或仍在天天踏着的校园的时候，当我参加某些热点研讨会由于人多缺少座位而看见诺贝尔奖获得者与普通学生一起席地而坐并进行学术争论的时候，当我看到研究生们端着咖啡和甜点去参加导师们的讲座的时候，当我聆听霍金教授坐在轮椅上发出微弱的声音而由他的助手重新讲解黑洞理论奥妙的时候，当我经常参加各国元首或政要们滔滔不绝的政治演讲的时候，我深深地体验到了什么叫神圣的学术殿堂，在这里，科学精神和人文精神的融合、科学理性与人文理性的交织构成了创造人类智慧的过程。

所有这些感受最终在我心中凝聚成一股新的探究科学哲学的冲动，

并且还要落实在一个具体的方向上，但这需要时间。迈克尔·霍斯金教授是当时科学史和科学哲学系的系主任，是接受我到剑桥大学留学的邀请函的签发人，也是我的导师。因此，他对我极其关心和照顾。他对我的第一个要求就是，在更好地融入剑桥大学的文化和提高英语语言能力之前，必须和英国学生住在一个公寓里，这使我获益匪浅。半年后，他笑着对我说，你现在可以和任何人住在一起了。我们一直保持着良好的关系，当我将他在 BBC 五次演讲集撰而成的小册子《科学家的头脑》在国内翻译出版的两年前，他就在丘吉尔学院他的办公室里为我写了中文版的序言。他写道："由于我的朋友——山西大学的郭贵春先生——的帮忙，这本书现在有机会呈现给世界上最广泛的读者——中华人民共和国的朋友们。或许，近几年来，在国际舞台上最令人快慰的发展是中国与西方国家之间的不断增长着的友谊和交流。我希望这本小册子能以它朴实的方式促进这种友谊，并使我们大家均受益于这种友谊。"不过，他对我最大的影响则是在我刚到剑桥大学不久，给我介绍剑桥大学的学术研究概况时，极其认真地告诉我这里的学者绝大多数是科学实在论者。这一点给我留下了强烈的印象，使我开始将自己的研究视角不自觉地对准了科学实在论。事实上，在我和霍斯金教授谈话不久，于 1986 年 12 月 28 日剑桥大学的中国留学生学会举办的迎新年聚会上，我碰到了同一个系的曹天予老师，和他聊天时也证实了霍斯金教授的看法是合理的。1987 年 1 月 12 日，我去约见了剑桥大学哲学系的巴特菲尔德博士，他是年轻但卓有成绩的物理哲学家。在和他的交谈中，他表达了自己鲜明的量子哲学的实在论立场。而后，我听了他大约一个学期的讲课，他的科学实在论的立场一以贯之。在这里，我还特别想提到的是，1987 年 2 月 3 日，在科学史和科学哲学系的麦斯威尔博物馆举行了纪念霍斯金教授卸任系主任暨祝贺迈克尔·莱德海德教授接任系主任的鸡尾酒会。在酒会上，所有的人除了静听霍斯金和莱德海德教授的致辞外，都站在大厅里端着鸡尾酒相互交谈。而我忽然发现，有一位头发斑白并戴着一副金丝眼镜、体型微胖的老者，靠着一个通往另一展厅的门柱，坐在椅子上。他是整个大厅里唯一坐着的人，除了偶尔个别人与他打招呼外，并无人与他说话。我觉得很奇怪，就问身边的英国同学这人是谁。当他们平静地告诉我这人是李约瑟研究所的李约瑟博士时，我浑身上下产生了一种震撼感，因为他在我心中始终是神圣殿堂上的一位尊者，于是我端着酒杯冲了过去，与他兴奋地交谈起来，一直到酒会结束。虽然李约瑟博士的语调很低，但吐字非常清晰，他对我能过去与他交谈也感到极为快慰。我们谈了很多相互感兴趣的话题，当知道我是山西人时，他告诉我他曾经去过太原，到过晋祠和汾酒厂，古老的汾酒酿造技术给他留下了极其深刻的印象。本来他想去五台山，但到了半路，由于下雨塌方道路被阻只得返回，因此感到非常遗憾。当听到我想将科学实在论问题作为自己的研究方向时，他谦虚地说他自己虽然不懂科学哲学，但实在论的问题却存在于任何学科之中。比如，他自己研究的中国科学技术史，就存在着科学技术史实的实在性、历史文献的实在性，以及二者之间关系的实在性等问题。他总结说，这是任何一门学科中永远存在的有趣且有意义的难题。与李约瑟博士的第一次见面，给我留下了终生难忘的镌刻般的记忆，而我在那样的情景下独自与他的交谈对他来说也一样印象深刻，这奠定了而后我可以经常到李约瑟研究所拜望他和鲁桂珍女士，并与他们建立了良好关系的基础。当然，这次谈话也强化了我研究科学实在论的信念，并启迪我在多年以后还写了一篇名为“科学史学的若干元理论问题”的文章。

在剑桥大学的留学生活是有序的和理性的，也是生动的和充满趣味的。科学史和科学哲学系几乎每周都有来自世界各地、英国各地、剑桥大学各个学科及本系学者们主讲和参与的不同层次的学术讲座；而且，我也精选其他学科，尤其是应用数学系、生物化学系及卡文迪什实验室举办的我所感兴趣的讲座去听。这些学术活动不仅拓展了自己的视野，同时也使我结识了许多能和自己谈得来的从世界各国到剑桥大学来进行学术休假的学者。比如，韩国著名的科学史和科学哲学家宋相庸先生，就与我相交甚笃。1988 年后他到德国去游学，以至后来回国任教，都一直与我保持联系。他还多次邀请我到韩国去，但由于各种原因都未成行。在这种环境里，那些在国内听起来遥不可及的世界级的学术大师们，在剑桥大学学者们的眼里却是再平常不过的了。比如，有一次下午茶时间，在我和系里一位研究科学史的教授很尊敬地谈到拉卡托斯的时候，他用英国式的幽默不屑地说："拉卡托斯？哈，我找他从来不预约。直接到他的宿舍，用拳头哪哪地敲他的门。"为了把握好自己对科学实在论研究的尺度，我从不同角度接触了他们，令我印象最深刻的有这么几次。1987年4月28日，原定卡尔·波普尔要到剑桥大学来做一场讲座，但由于他身体欠佳临时取消了。他要讲的题目是"Scientific Blunder"（科学的谬误），我们在系办公室也拿到了他的演讲提纲，他虽然没来，但大家对提纲所展示的内容却提出了各种各样的质疑和批评。玛丽·海西教授是著名的令人尊敬的科学哲学家，我在读她著作的同时，也常到她的办公室向她求教关于科学实在论的问题，她也从不拒绝。尤其是当我有一次向她问及科学实在论与隐喻之间的关系时，她突然眼睛愈发明亮，兴奋不已地反复讲起她的观点，并说这么一个重要的问题已经许久没有人向她发问了。过了没几天，我在系办公室我的信箱里，发现了一大摞海西教授送给我的她已经发表过的有关科学实在论的文章。在这些文章中，只要涉及隐喻问题的地方我都用铅笔做了标注。这些资料对我当时理解科学实在论有很大的帮助，且受益至今。在英国留学期间，最令我难忘的一次讲座是在伦敦大学学院的古斯塔夫塔克讲堂听托马斯·库恩的演讲。这是库恩到英国来做的三场系列讲座，第一讲的题目是"Regaining the Past"（重返过去），第二讲的题目是"Portraying the Past"（再现过去），第三讲的题目是"Embodying the Past"（体现过去）。我和同系的几位青年教师及研究生于1987年11月24日搭伴去伦敦听了他的第二讲。库恩身材高瘦，秃顶，戴着大眼镜，显得精力充沛、认真、严肃并且潇洒，在台上来回地走动，一副大哲学家的样子，但他在演讲的过程中，不停地用手整理他的领带。他讲得很有力，列举了大量例子，但基本上是从头到尾照着稿子念，只不过声音顿挫，很有节奏感。他讲的核心内容是科学的发展或科学理论的变化（包括科学语言的意义、结构及解释等的变化）与语言学及分析方法的变化是一致的。当别人提问时，特别是提到他前后著作中某些观点的变化时，他脑门上也微微地浸出了汗水，并不停地用手去摸他那光光的脑门。他有时也不能及时地回答被提的问题，于是语调就显得不那么流利了。在回剑桥大学的路上，当我们谈及库恩的演讲时，一位年轻教师轻轻地做了一个我永远也不会忘记的评价，他的话翻译成中文就没味了，原话是这么说的："Since 1962, his research is nothing"。还有一位研究生说他的演讲"不严肃"。系里一位很著名的教授听说我们去听了库恩的演讲，问我们道："你们不觉得浪费时间吗？"我当然理解他们为什么会有如此反应，但库恩在我心中一直是20世纪最杰出的科学哲学家之一。他的演讲给我留下了极为深刻的印象，而且他的某些观点一直到今天我仍然深信不疑。1988年5月21日，曹天予老师即将离英赴美到波士顿大学去任教，于是他请我到三一学院只有研究员们才有权利享用的贵宾席去吃晚饭。席间，他感慨万分，交谈中还知道了我读硕士时的一位同班同学乃是他北京大学哲学系的同班同学。另外，他将一份他的博士论文的书稿交给了我，希望我能将它在国内翻译出版。同时，他交给了我一封转呈许良英先生的亲笔信，并说许先生会为该书的中译本寻找出版社，我不必为出版犯愁。对此，我欣然允诺。因为我们同在一个系，他博士论文的内容和价值我是清楚的，而且，我还从系主任莱德海德教授和剑桥大学哲学系的巴特菲尔德博士那里听到过对他的好评。但没想到的是，我回国后专程去拜望因翻译《爱因斯坦文集》而声名显赫的许良英先生转呈信件并商谈此事时，他表示暂时无法联系到出版社。不过，许先生和许夫人倒是非常热情地款待了我和我的妻子，而且与我交谈的兴致极高并坚持留我们在他们家里吃午饭——阳春面，到我们必须离开时仍然意犹未尽。这事我写信告诉了人在美国的曹天予老师，他之后回信给我说，既然出版有困难，就暂时作罢，可将书稿交给他妹妹。于是，我将书稿寄给了在清华大学的曹南燕老师。这本书虽然到20年后的2008年才得以在国内出版，但我却先睹为快，并从中获益良多。

当我的留学生活进入1988年之后，我感觉自己对科学实在论的问题有了较为系统的理解和把握。恩格斯讲过："历史从哪里开始，思想进程也应当从哪里开始。而思想进程的进一步发展不过是历史过程在抽象的、理论上前后一贯的形式上的反映；这种反映是经过修正的，然而是按照现实的历史过程本身的规律修正的，这时，每一个要素可以在它完全成熟而具有典范形式的发展点上加以考察。”恩格斯这一关于历史逻辑发展的思想，对于我考察科学实在论宏阔的历史演变过程具有具体的指导意义。我深切地感到，随着当代自然科学越来越远离经验的发展，科学理论的构造、解释和评价便在科学哲学研究中愈来愈具有突出的地位。科学实在论作为当代科学哲学发展中的一支极有前途的哲学运动，已经成为科学理性发展征途中自然而又必然地要加以面对的一种思潮。正是在这个意义上，客观地介绍当代科学实在论的历史和现状，系统地评述科学实在论在科学发展中的理性地位，具体地分析它与其他科学哲学流派之间的相互批评与相互借鉴的趋势，内在地揭示科学实在论作为一种方法论原则在科学研究中的意义，阐述它所具有的科学认识论的本质特征，深刻地指出传统科学实在论所存在的偏狭、缺陷和不足，便是我自己想努力去完成的工作。更为重要的在于，这也恰是当时国内科学哲学研究与国外科学哲学研究进行对接所必须填补的领域，对于推动国内科学哲学研究的进步有着重要的意义。因此，我便从 1988 年开始，陆续在《哲学研究》《自然辩证法研究》《自然辩证法通讯》等刊物上，发表了一系列关于数学实在论、物理实在论、测量实在论、经验实在论，以及知识实在论、理性实在论、批判实在论、语义实在论、自然主义实在论等与科学实在论相关的论文，并在 1991 年将这些论文集结成书，以“当代科学实在论”为著作名称在科学出版社出版。

在剑桥大学留学期间，我注意到徐志摩当年描写剑桥大学的诗篇是每一位中国留学生的必读之物。那轻灵飘逸的神韵，沁透着每一颗思念祖国和亲人的心田。1988 年，我最终决定回国，在踏上驶往伦敦的火车缓缓开出剑桥之时，我双眼饱含着热泪，那时才真正体验到了徐志摩《再别康桥》那美丽的诗句背后所隐含着的震撼人心的力量。徐志摩在《再别康桥》的最后一节中写道：“悄悄的我走了，正如我悄悄的来；我挥一挥衣袖，不带走一片云彩。”我当时想：是啊，我带不走一片云彩；但是，我带走了科学理性的浸染和熏陶，我带走了对剑桥大学的无限眷恋和思念。我潜意识中有一种强烈的预感，那就是我一定还会回来的！

从 1989 年到 1992 年，我专心于读书、教书和写书。除了研究科学实在论之外，我也同时意识到，人类科学知识的发展是一个复杂的动力学过程。对这一过程所涉及的不同要素及其不同层次的研究，对于把握科学理性的进步是十分必要的。正是在这个意义上，我试图从科学知识发展所必然相关的因素结构、语言结构、理论结构、评价结构及方法论结构等诸方面，做一些具体的探索，旨在从整体上给出某些科学知识发展的动力学特征。因此，我写了一系列这方面的相关文章，并集结成《科学知识动力学》一书，于 1992 年在华中师范大学出版社出版。

在这期间，我还申请到了一项国家社会科学基金资助的研究课题，并于 1991 年被破格晋升为全校最年轻的教授，且将这个纪录保持了很长一段时间。不过，我渐渐地感觉到，国内科学哲学研究的整体状况在发生着悄然的变化。一方面，不少学者毅然离开了科学哲学这一过于理性的学科，奔向了他们各自喜爱的领域；另一方面，很多学者转向了与科学哲学相关的交叉学科或边缘学科。总之，20 世纪 80 年代，科学哲学研究的那种激情和热烈似乎在逐渐远去，而显得有些孤傲和冷清。但这是一个必然的过程，是科学哲学作为一门学科在走向成熟中不能不经历的浴火般的淬炼。对我个人而言，我不仅觉得在科学实在论的研究上需要寻找新的动力和视角，而且渴望呼吸新鲜的空气来排泄胸中的烦闷。于是，我又不断地记起徐志摩在《康桥再会吧》这首长诗中的最后一句："我今去了，记好明春新杨梅上市时节，盼望我含笑归来，再见吧，我爱的康桥。"当我无法再忍受对剑桥大学的思念时，我毅然向中英友好奖学金提出了自己的申请。中英友好奖学金的管理机构对我的背景情况很满意，但根据规则我必须到指定培训机构参加英语培训并通过雅思考试，我执行了该机构的要求。雅思考试满分为 9 分，我在 1992 年年初的考试中得了 7 分。但不知出于什么原因，那一年所有的参考者均在原始考分的基础上降低 0.5 分，于是我最终被公布的成绩是 6.5 分，但这仍然属于高分，我获得了在英国挑选任何学校的权利。最终，我获得了该奖学金的资助到剑桥大学学习和工作一年零一个月。同时，该奖学金的管理机构还根据规则，指定剑桥大学达尔文学院的院长劳埃德教授为我的导师。劳埃德教授是古典研究系研究古代科学技术史和古代科学哲学的著名学者，同时兼任李约瑟研究所董事会的成员，后来还被英国女王授予了爵士勋位。事实上，早在 1987 年我就认识了他和他的夫人。那时，他们夫妇受邀要到中国来进行学术访问，请我到他们家吃饭并询问一些中国的生活细节，以及需要做一些什么样的准备等。我当时为他们做了详细的介绍，直到他们觉得满意为止。所以，当再次在剑桥大学见到他时，我感觉很亲切；而他也对我没有太多的要求，因为他知道我的研究方向与他完全不同，未来我的研究工作主要还需在科学史和科学哲学系进行研究活动。尽管如此，我还是参加了几次他组织的学术讨论，并隔一段时间就去向他汇报一下我自己的研究进展，以便能听到他的建议。在我的记忆中，他与我最认真的一次交谈，就是当我用到了“solidarity”一词时，他严肃地告诉我任何时候都要慎用这个词。他虽然没有告诉我原因，但我认为可能是这个词易于被赋予某种意识形态的缘故。他要求我帮他做的唯一一件工作就是让我对某一英文版《墨经》中的一段有关光学知识的内容以及《吕氏春秋》中“本生”一节中他要研究用的内容对照原文进行重译，并为他详细讲解；结果，我确实发现了一些不确切的内容，并将其重译，当面为他做了反复的说明。他听了我的解释之后，高兴地对我说这正是他需要的东西。若干年后，当他偕夫人再次来北京时，我曾请他们夫妇到山西大学来访问，并在科学技术哲学研究中心做了精彩的学术报告。

在 1992 年最宜人的季节，我离别 4 年之后又回到了剑桥大学。当我第一天骑着自行车随意穿行在剑桥大学的各个部门办理入校手续的时候，我原先设想的重归带来的兴奋与激动荡然无存。觉得一切依旧是那么熟悉，那么自然，那么优雅；我心静如水，悠然自得。我一走进科学史和科学哲学系的大门，就碰到了曾经给予我很多指教的查丁教授和帕皮诺博士，他们轻轻地对我点点头，好像我从未离去过一样。在系图书馆办借阅手续时，那位资深的女管理员微笑着向我说，你还是用你原来的号码吧，这样好记。当我向系主任莱德海德教授报到时，谈到剑桥大学好像什么都没变，他说了一句极其平淡却又极富哲理的评语：“Never change. It is Cambridge !”

当我一头扎进图书馆大量阅读并参加与自己研究有关的各个学科的学术讲座时，我渐渐意识到关于科学实在论研究的话语在发生着深刻的变化。这个时候，20 世纪哲学运动所经历的“语言学转向”“解释学转向”及“修辞学转向”对科学实在论产生的影响，历史地交织在一起，潜在地构成了科学实在论当今走向的特定背景基础。当这一背景基础和实在论与反实在论争论的现实目的及要求叠加在一起时，便决定了可能走向的某些具体特征。比如：①语义分析方法的全面展开和系统运用；②通过自然主义的语义分析途径而走向现代物理主义；③确立实在论的经验建构论；④科学心理意向性的实在论重建；⑤传统科学主义的价值取向不断地“弱化”和“开放”；⑥科学认识论的社会化；等等。这些具体的特征表明，科学实在论和反实在论在研究方法论上的统一性，不断弱化了它们在本体论性上的传统对立，出现了二者之间相互渗透与融合的趋势。这意味着，伴随着逻辑经验主义“统治”的衰退而逐渐全面展开的科学实在论的“复兴时期”已历史地结束；一个将从结构、功能和意义上，对整个科学实在论的进步产生重大影响的“发展时期”，已经自然而又必然地开始了。这就是可称之为“后现代科学实在论”的发展时期。由此开始，在整个后现代科学哲学演变的背景下，我集中精力于后现代科学实在论的特征研究，发表了一系列论文，并于 1995 年集结成《后现代科学实在论》一书在知识出版社出版。

当我把研究的关注点放到后现代科学实在论的特征上时，就会不自觉地用“后现代性”的视角去审视和分析自己所面对的英国学术界和英国社会的现状。这其中有几件事让我记忆犹新。1992 年年底至 1993 年年初，莱德海德教授连续做了几场关于量子哲学的学术讲座，不仅听众云集，而且其中不少是物理学家和数学家。我注意到，虽然他一直秉持科学实在论的立场，但他对量子力学形式体系的语义分析方法却是中性的，潜在地蕴含了后现代性的方法论特征，予人以深刻的印象，受到了大多数人的好评。1992 年 10 月 29 日，科学史和科学哲学系请法国著名的社会哲学家布鲁诺·拉图尔来做了一场有趣的讲座，题目是“关于物质与死亡的问题”（A Question of Matter and Death）。他明知剑桥大学是科学主义的大本营，却在一开始就直言不讳地讲：“我要对这里的科学史和科学哲学家们进行直接的批评。”他从法国的人文理性和人本主义的交叉视角，评价了科学的地位和功用，贬低了科学主义的立场，带有强烈的后现代色彩。结果，必然地受到了在场的科学哲学家和科学史学家们嘲讽般的批评。但这件事情让我直观了欧洲大陆哲学与英美哲学之间鲜明的区别，即便是在同一的后现代立场上也有着本质特征的不同。1993 年 3 月 4 日，牛津大学的牛顿 - 史密斯教授应邀到剑桥大学科学史和科学哲学系做了一次演讲，题目是“科学、理性和判断”。他的演讲妙趣横生，有鲜明的后现代性特征，但有些观点讲得极不恰当。比如，用“鸡的性别”（chicken sexes）的辨别去作为科学理性判断的案例进行经验分析，结果遭到了剑桥大学哲学家们从科学、社会学及心理学等各方面的批评。演讲结束后，我和他进行了交流。他告诉我他 1988 年就去过武汉，并送给我一张他的名片，请我寄一份所有中国大学哲学系的名单给他；同时，他主动允诺要送给我一些他自认有价值的文稿，以便我能更好地研究他的思想。他自嘲地说，因为他今天在这里讲砸了。不过，这里的人如果到牛津大学去演讲，也会遇到同样的尴尬境况。之后，我们分别兑现了各自的承诺，我对他的思想也确实有了更真实的理解。1993 年 5 月 10 日，我偶发兴致参加了当时在剑桥大学圣·约翰学院做访问学者的韩国反对党领袖——金大中在圣·约翰学院做的有关政党问题的一个学术讲座。虽然我对他讲的内容并无兴趣，但他用后现代解构主义的分析方法去研究政党问题的视角却给我留下了深刻的记忆。我对于 20 世纪 80 年代在剑桥大学留学时李约瑟博士和鲁桂珍女士给予我的帮助是无法忘怀的，但不幸的是，在我离开剑桥大学的这几年中，1989 年两人续一生之恋最终成婚，不想鲁桂珍女士却在 1991 年离世，而李约瑟博士也因身体原因不再到研究所工作，而由何炳郁先生任李约瑟研究所所长。1992 年 10 月 9 日，我去拜望何炳郁先生，他和我谈了很多事，其中一件是他想建立一个“鲁桂珍基金会”，以资助中国学者到李约瑟研究所来做研究。但没想到鲁桂珍女士的遗产比他们原来想象的要少得多。在如何解决李约瑟研究所的资金短缺和将“中国科学技术史”丛书不断出版下去的问题上，他有很多设想并做出了巨大的努力，而对于英国社会的变化和如何看待科学史学研究，又有着明显的非传统的价值观念和价值取向。对于这一点，我当时非常地敏感，我觉得，这是历史赋予他的责任。我与何炳郁先生成了忘年交，1997 年我还曾邀请他访问了山西，并陪同他游览了著名的历史名胜——晋祠。

在剑桥大学，还有两件事情是从我记忆中抹不掉的。其一是 1993 年 3 月 22 日，当我到系里查看我的信箱时，碰到了也去取信件的玛丽·海西教授。当时她已退休数年，但还保持着与世界各地学者们的联系，所以每隔一段时间，她就会去查看一下她的信箱。可是当我向她热情地问候时，她却面露羞怯之态，轻轻地说了一声“你回来了？”像生怕见人似的，夹着她的东西赶快离开了。旁边的女秘书看到我有所不解便对我说：“You do not mind. She is a British lady!”几个月后，一个盛夏的傍晚，当我一个人在剑河边散步的时候，我又迎面碰到了在遛狗的海西教授。这一次，她面露笑容，让我陪着她边走边聊了一会儿。但是，当我又一次试图与她讨论科学哲学问题时，她说了一句“Philosophy of science has gone from my head”，便牵着她的狗匆匆离我而去。我望着她那瘦高而又衣衫简朴的背影，想到她也是 20 世纪科学哲学史上可以留下名字的人，一个一生为了学术研究而终生未婚的杰出女性，不胜唏嘘。事实上，在剑河边的长椅上，人们看到某位在特定研究领域影响过世界的著名学者，像普通的老人一样静静地坐在那里，这是一件极其自然的事情。其二是 1992 年 12 月 25 日，正好是圣诞节，国内派去的“中国艺术家慰问演出团”到剑桥大学为中国学生学者演出。其中，张也、蔡明、郭达等十几位表演者都是大家所熟知的表演艺术家。演出结束后，他们与所有的中国学生学者共进自助晚餐，并为每一位有要求的人签名，场面很热烈。但是我注意到，这些在台上极富激情的演员，在台下却完全是另外一个人：有的不善言辞、有的不喜多语，有的面露羞涩。回忆这场演出，最让我无语的是，其中一出小品表现的是一位出生在农村的中国青年带了一位外国的洋媳妇回家过年而产生的各种喜剧情节。但是，这个小品面对台下那些多年在英国留学和生活的中国学生学者来讲，不但没有一丝笑点，而且看得很别扭，完全没有达到创作的效果。当时，这件事情从生活中让我体验到，后现代性理论所强调的“情境”或“语境”的结构系统性是多么重要。

进入1993年之后，我萌生了在英国工作几年再回国的想法。正好有一个机会，我获得了利兹大学提供的一个为期两年的工作许可（work permit），这并不是一件容易的事情，因此，还令在剑桥大学的许多朋友们羡慕。但进入秋天后，由于多种因素，我还是选择了放弃这个机会，按照中英友好奖学金的约定，毅然踏上了回国的旅程。当火车缓缓地向前移动时，我望着车窗外远去的剑桥大学，又默念起了徐志摩《再别康桥》中的诗句。但这次我却没有了上次离别剑桥大学时的伤感，心静得如一泓秋水，凝视着碧蓝的天空中淡淡的白云，心中默默地说道：“再见吧，剑桥！我还会再来的！”回国后，学校就希望我立刻出任哲学系系主任，但我自认自己不适合做行政工作，便谢绝了。不过，转年到了1994年春天，出于对学校领导的尊重和感激，答应暂时做一段时间校长助理。但是，一旦走上了行政工作的岗位，便身不由己了。我于1995年年初出任副校长；1999年年初出任校党委书记；2000年又由校党委书记兼任校长；2003年年初辞去校党委书记，以校长的职务一直工作到2012年满60周岁，方才辞去校长职务，按照山西省委的安排转任省人大代表的工作。在这20多年繁忙的行政工作过程中，我仍然始终不渝地进行着对科学哲学的研究。因为，这不仅仅是我个人的兴趣和爱好，也是一种历史的责任和担当。由于山西大学科学技术哲学学科整个团队的共同努力，1998年该学科成了博士学位授权点；在而后的几年中，又陆续成了该学科的“国家重点学科”和“教育部人文社会科学重点研究基地”；最后，引领整个山西大学哲学学科成了哲学一级学科的博士学位授权单位。更有意义的是，于2009年我们将由中国自然辩证法研究会委托主办、山西大学实际承办的《科学技术与辩证法》杂志，更名为《科学技术哲学研究》，从而使其成为到目前为止国内唯一以规范的科学技术哲学学科建制名称命名的学术期刊。这个过程不仅反映了山西大学科学技术哲学学科的自身发展，而且从一个侧面折射了整个中国科学技术哲学学科的进步和不断成熟的过程。

当我倾心于后现代科学实在论的研究时，我不断地意识到，后现代科学实在论仅仅是整个科学哲学研究领域中的一个组成部分，二者之间具有密不可分的关联。那么，后现代科学哲学的整体状况又是如何呢？我开始考虑，后现代科学哲学是否具有现存性？科学哲学的后现代趋向存在哪些最基本的特征？科学哲学的这种后现代趋向的前景如何？尽管这些问题都是可争辩的，但只要我们将科学哲学的发展纳入整个20世纪人类文化进步的狂飙之中，就会发现在各种文化思潮的冲撞中科学哲学运动不可避免地带有后现代性，并且由于这种后现代性的渗入而凝现的后现代趋向特征，也深嵌着时代的烙印。同时，科学哲学也以它独特的运动性质展示出了哲学理性的意义，并探索着朝向21世纪的出路。总之，我们赋予科学哲学运动以后现代性发展的趋向，正是为了更准确地理解和把握它的历史地位、发展取向和本质，从而更精准地揭示后现代科学实在论研究的意义。于是，我便在这方面撰写了一系列的文章，并于1998年集结为《后现代科学哲学》一书在湖南教育出版社出版。

在而后的几年中，每年都有新的博士生和硕士生加入我指导的学生行列。在与他们的交流中，我更清晰地感到了科学实在论在科学哲学研究中的重要性。更重要的是，当我对当代科学实在论的发展趋向做进一步的深入研究时，发现20世纪80～90年代集中展现的20世纪哲学发展中的第三次转向——“修辞学转向”，酿就了科学哲学领域中的“科学修辞学转向”。这一转向的目的是要把科学修辞学作为一种确定的科学研究方法，充分地揭示科学论述的修辞学特征，从而在科学论述的境遇、选择、分析、操作、发明和演讲中，给出战略性的心理定向和更广阔的语言创造的可能空间。这一转向作为一种运动的兴起，促使科学实在论者们更进一步地去除存在于理性与非理性、语言的形式结构与意向结构、逻辑的证明力与论述的说服力、静态的规范标准与动态的交流评价之间的僵化界限，进一步消解单纯本体论立场的独断性，强调心理重建与语言重建的统一。这深刻地表明，科学实在论在已经相当进步的基础上，正不断充实和完善自己，特别是在研究的视域上，正在更自觉地由外在走向内在，由宏观走向微观，由狭隘走向广阔，显示了科学实在论自身所具有的创造性的生命力。更重要的是，它显示了科学实在论在反本质主义、基础主义和表征主义的基础上，进一步推动了英美哲学和欧洲大陆哲学、科学主义和人文主义相互渗透、相互融合的后现代科学哲学的发展趋势。这一点激发了我与有志于科学哲学研究事业的青年们，交流我自己对科学实在论及整个科学哲学后现代发展趋向的愿望。于是，我在自己过去研究的基础上编写了《科学实在论教程》一书，作为教育部“面向 21 世纪课程教材”的一种，于 2001 年在高等教育出版社出版。

1999 年暑假期间，我应美国丹佛大学哲学系主任赛博格教授的邀请，赴美国进行学术交流访问。当我向该系的学者们介绍我自己关于科学实在论问题的研究并与他们讨论时，我发现他们从反实在论的视角所提出的问题颇具挑战性，就像科罗拉多大峡谷一样给我留下了深刻的印象和宽阔的思考空间。2002 年暑假期间，我应李约瑟研究所所长古克礼教授的邀请，又一次回到剑桥大学。一方面，我代表山西大学科技哲学研究中心与该所签订了长期的交流合作协议，以使我的博士生们都有机会到剑桥大学去完成他们的博士论文；另一方面，又与剑桥大学科学史和科学哲学系的学者们进行学术交流，以了解他们的最新研究状况。令我难忘的是，在我邀请查丁教授共进午餐并讨论科学实在论研究的问题时，我发现他对科学实在论的合理性阐释有着一种与过去我对他的了解所不同的新概念。2004 年暑假期间，我应德国凯泽斯劳滕大学哲学系主任沃夫冈教授的邀请，赴德国进行学术交流访问。沃夫冈教授早年在海德堡大学学习理论物理，后来投到伽达默尔门下读哲学博士，是伽达默尔的忠实弟子。他几乎每个周末都开车带我去参观不同的地方，如马克思故居、海德堡大学等。只要在一起，我们都会情不自禁地讨论哲学问题，正是在这些不经意的言谈中，我深深地从感性上窥见了德国哲学或欧洲大陆哲学与英美哲学传统的区别，感受到了评价科学实在论与反实在论争论的另一种标准和话语系统。对此，我还专门写了一篇对沃夫冈教授的访谈——《欧洲大陆和英美哲学传统之间的区别、关联与融合》，发表在《哲学动态》2005 年第 1 期上。这些经历使我更清晰地意识到，进入 21 世纪以来，国内外科学哲学界在科学实在论的认识和观念上发生了很大的变化，特别是反实在论自 20 世纪 60 年代通过历史相对主义的途径而重新流行，并在 70 年代开始了“新实用主义的转向”之后，以强劲势头冲击着科学实在论的基本观念和思想，尤其是劳丹、范·弗拉森、法因等学者，以及社会建构论、解构论等对科学实在论提出了各种责难，最终以“实在论死了”为口号发起总攻。另外，科学实在论赖以辩护其基本立场和观念的理论基础（如“逼真论”和“操作论证”）也面临着各种困境，不再能够成为科学实在论存在的充分理由。在这种情况下，科学实在论是否走到了其理论的死胡同，有没有能力来面对这一切复杂的挑战？如果我们对科学实在论还抱有信念的话，如何来为它的存在进行新的辩护？事实上，科学实在论从未停止它前进的脚步。就当下来讲，科学哲学的各个领域，包括科学实在论，都在寻找一种跨学科的结合，这就在于：第一，各个学科的本体界限在有原则地放宽；第二，各个学科的认识论疆域在有限度地扩张；第三，各个学科的方法论形式在有效地相互渗透。同时，科学哲学研究的本体论性在从给定的学科性质中弱化，认识论性在从给定的学科性质中摆脱狭义的束缚，而方法论性则从给定的学科性质中解构出来。实际上，“语言学转向”的深层影响正在促使人们将语言学、解释学和修辞学的转向统一起来，将语形、语义及语用分析方法结合起来，推动着方法论的大融合与大渗透。而且，所有这些方法论的分析都在可推论、可构造、可分析的层面上摆脱了具体形态的束缚，从而使科学实在论研究的方法论更加普遍化了。也正是这种普遍化，才能使它们更有机地与具体的实践操作结合起来。毫不掩饰科学实在论面临的困境，积极寻求辩护科学实在论的新策略，这应当是大多数科学实在论者抱有的基本态度。所以，艾尔卡在 20 世纪末不无骄傲地大声呼吁“我声称实在论‘仍然活着并且活得很好’”，表达了科学实在论者们的基本立场。事实上，长期的论战已使科学实在论者们清醒地意识到，反科学实在论的论证已经越来越复杂，越来越精确，同时偏见也越来越少；而实在论自身的论证也越来越精致，越来越开放，同时也在不断地分化。只有走出形而上学的“贫困”，开拓方法论和认识论领域的新局面，科学实在论才能进步。概略地讲，科学实在论者们所使用的比较突出，并且也被反实在论者们所认同的方法主要有以下几种：①语境分析的方法；②修辞分析的方法；③隐喻分析的方法；④心理意向分析的方法；⑤复杂性分析的方法。这些方法的使用是统一的和一致的，它们共同构成了为当今科学实在论辩护的极其重要的方法论策略。就是在这样的认识基础上，我做了一系列的研究，并将其集撰为《科学实在论的方法论辩护》一书，于 2004 年在科学出版社出版。我对科学实在论坚持不懈的研究获得了国内同行的认可。《后现代科学哲学》一书于 2003 年获得了教育部第三届“中国高校人文社会科学研究优秀成果”二等奖；《科学实在论的方法论辩护》一书于 2006 年获得了教育部第四届“中国高校人文社会科学研究优秀成果”一等奖。这是中国人文社会科学研究成果的最高奖项。

正当我在科学哲学的研究中努力攀登之时，世纪之交的历史更替来临了。在经历了波澜壮阔的 20 世纪的发展之后，科学哲学将会以什么样的姿态掀开 21 世纪的崭新篇章呢？特别是在方法论的研究上，将会以什么样的突破来展示科学哲学研究最有前途的发展趋向呢？这是每一个科学哲学家自然而又必然要面对的难题，对我个人而言，也是自觉或不自觉地要思考的问题。1997 年年初，教育部组织了一个中国大学校长访日考察团，我有幸成为团员之一。我们的行程完全由日本外务省中国课负责安排，并且接待标准较高。在日期间，我们与日本各界进行了几场座谈。在每次座谈中，我都参照中国悠久的历史文化和西方发达国家的经验，对日本社会的进步提出了建设性的意见，这给日方留下了较深的印象。在我们即将回国时，日本外务省的中国课课长代表日方到机场去为我们送行。到机场后，这位课长对我说，日本学术振兴会有专项的基金资助中国学者到日本来做学术交流和访问，你的背景情况完全符合他们的要求，如果你愿意来的话，他们一定会邀请你来的。一方面，我欣然接受并表示感谢；另一方面，也只不过觉得他是客气而已。没想到的是，我回国后不到半个月，就接到了日本学术振兴会寄来的邀请函，邀请我对日本进行正式学术交流访问，一切费用由该振兴会资助，时间长度由我自己选择，并安排与山西大学有交流合作关系的东京国际大学承担具体的接待事宜。由于 5 ～ 6 月到香港和台湾参加学术会议，所以我选择了在 1997 年当年暑假期间进行为期 3 周的访问计划并得到了对方的赞同。7 月 10 日，当我踏上从北京飞往东京的飞机时，我开始思考科学哲学研究的方法论问题。在飞机上，我突然想起了 1992 年 10 月在剑桥大学时，曾经参加过一个叫“On Context Principle”的讲座，演讲者用语境的原则分析隐变量理论的合理性给我留下了深刻的印象。我突然产生了一种直觉，觉得我这次日本之行，研究的对象就应该是“语境”。在日本的三周时间里，除了和日本学者见面外，我把自己埋进了图书馆。当翻阅了相当多的资料后，我从科学实在论的视角感到了“语境”作为一种方法论的研究平台所具有的震撼力。尤其是语境所具有的本体论性和结构系统的整体性功能，避免了传统实在论在逻辑论证上的无限后退，使我萌发了对它研究的极大信心。于是，我用最后的几天时间，写了一篇《论语境》的文章，并立即从东京快递给了《哲学研究》编辑部；而《哲学研究》编辑部也出乎我意料地马上在 1997 年第 4 期上予以发表。这是国内科学哲学界第一篇专门研究语境的文章。值得我回忆的是，在日期间，庆应大学的迟田允茂教授及其夫人于 7 月 18 日在他家附近的麦当劳请我喝咖啡，并聊了一个半小时。他时年已 80 岁，曾留学牛津大学，做过奎因的学生，是日本全国哲学学会主席。他送了自己的五部著作给我，并在扉页上留字“郭贵春大兄惠存。——迟田允茂”，同时，我也回赠了自己的几本书。他们夫妻都非常热情，而且是我四次访问日本中见过的英文讲得最标准的学者。我第四次访问日本是在 2008 年暑假期间，应东京大学文学院长、哲学教授 Ichinose Massaki 的邀请，到东京大学做一场学术报告，题目是“当代科学哲学的现状及其发展趋势”。由于这个题目太大，我讲的核心内容其实是语境论的分析方法与当代科学哲学的进步。有意思的是，因为我不懂日语，只能用英文讲，便在如何理解“context”这个词上与日本学者在讨论时产生了分歧。后来，有一位日本教授请我将“context”一词的汉语译文写在黑板上；当我把“语境”一词写出来时，他们便完全理解了我的意思，进行了很好的交流，并认为收获良多，还拉我与他们共进晚餐。他们都是AA制，却不让我出钱，我的费用由他们分摊。这件事情让我感觉到，尽管日本学者也大多具有英美国家名牌大学的留学背景，但和中国学者交流时汉字却较之英语具有无以言喻的作用。

从1997年开始，一潜心进入语境的方法论研究，我就充满自信地认为这是科学哲学研究领域中最有前途的方向之一。因为，当我们面对21世纪，回眸20世纪科学哲学的历程时就会发现，在哲学运动的语言学转向、解释学转向及修辞学转向的过程中，科学哲学的进步有着两个极其鲜明的特征：其一，它所提出、求解和涉及的一系列理论难题，均在一定意义上与语境问题本质地相关，即试图从不同的语境视角去重构或重解这些难题；其二，通过“再语境化”的途径，以朝向后现代性发展的趋势，抛弃一切单纯形式的、经验的、范式的或框架的依托，而转向将所有科学之历史的、社会的、语言的和心理的层面统一到一个不可还原的、整体的语境基点上去。由这两个特征所形成的后现代科学哲学，已经不以人的意志为转移地跨入了21世纪哲学运动的大门。当然，我们必须注意到的是，科学哲学的这一趋向绝不是偶然的。它是哲学运动“三大转向”相互演化、更迭、渗透与综合的必然的逻辑结果。始终作为科学哲学运动之灵魂的科学批判精神，并没有将自己禁锢在狭隘的形式理性的教条之中，它在自身的运动中消解了把哲学研究仅仅引向经验基底上的句法层面，过分突出形式理性与科学主义的观念；弱化了将语言经验与解释经验、语言分析与解释实践相互融合的社会化的非理性主义的倾向；意识到了语言分析的本质在科学哲学广义自然化趋向中所具有的“战略研究”的地位、作用及其不足。正是在这个基础上，科学哲学的研究从“语用语境”的基点出发，修正“三大转向”所具有的缺陷，从而在语形、语义和语用的语境结合上去探究科学哲学未来发展的新趋向，就是自然而又必然的了。所以，把语境作为语形、语义和语用结合的基础，从语境的基底上去透视、扩张和建构整个科学哲学的大厦，是回答了以什么样的形式、什么样的方法及什么样的基点或核心去决定科学哲学未来走向的一个重大的理论问题。当然，这一回答与语境本身所具有的内在本质是分不开的。这就在于：①语境是一种具有本体论性的实在，构成了整个哲学理论分析十分“经济”的基础；②语境是在一切人类行为和思维活动中最具普遍性的存在，而且所有语境都是平等的；③语境作为科学哲学的研究基底具有方法论的横断性，同时在某种意义上它的超验性与它的横断性是一致的；④语境绝非一个单纯的、孤立的实体，而是一个具有复杂内在结构性的系统整体，它从时间和空间的统一性上整合了一切主体与对象、理论与经验、显在与潜在的要素。总之，语境通过其自身这种结构的系统规定性，展示了它一切历史的和具体的动态功能。当然，我也清晰地明白，语境绝不是万能的。语境论的研究仅仅是科学哲学迈向 21 世纪的趋向之一，但它已经并将以更崭新的姿态展示它迷人的光彩，则是我坚信不疑的。在这样的认识基础上，我做了一些相关的研究，并集结成《语境与后现代科学哲学的发展》一书，于 2002 年在科学出版社出版。从这一时期开始，“科学实在论”和“科学语境论”就成为我而后科学哲学研究的两个最基本，也是最重要的基点；而且正是这二者的有机统一和结合，自然而然地构成了我自己科学哲学研究的鲜明特征。2012 年，北京师范大学出版社推出了一套“当代中国哲学家文库”，其中将我过去发表过的一些有代表性的文章，以“走向语境论的世界观：当代科学哲学研究范式的反思与重构”为书名结集出版，显示了学术界对我自己科学哲学研究特征的某种认同。

进入 21 世纪之后，无论是国际还是国内的学术界，都受到了一股强烈的文化主义浪潮的冲击。这种从文化的结构及其进步的层面和视角，去解析政治、经济、历史、社会、科学和技术等学科的发展，无疑具有其存在的合理性和必然性。这正像莱奥塔德说的那样，“文化是倾听被说出来的东西，文化是给那些没有发言权但在寻求它的人以发言权”。但是，将这种文化分析的方法渗透到任一具体的科学研究领域并将其扩大化，就易于消解具体科学研究自身的本质内核，进而使其内在的研究边缘化，进而产生“泛文化主义”的倾向。这种现象在科学哲学研究领域同样存在。事实上，文化和理性是统一的，但不是同一的；不能用文化的背景性和传统性去消解理性的内在性和本质性。同样，人文理性和科学理性也是统一的，但不是同一的；不能用人文理性的标准和价值取向去消解科学理性的标准和价值取向。而科学哲学研究的本质，恰恰正是坚守自身的科学理性的逻辑标准和科学理论的形式体系所给定的价值取向。否则，科学哲学作为一门学科赖以存在的基础就消失了。为此，我和山西大学科学哲学的整个团队申请了诸多国家级和省级的科学研究项目，发表了大量的专业论文，出版了一系列的著作，努力推动国内科学哲学研究的事业朝着合理的、符合其自身发展规律的方向进步。特别是我们主编的《走向21世纪的科学哲学》（山西科学技术出版社2000年出版）、《科学哲学的新进展》（科学出版社2008年出版）、《当代科学哲学问题研究》（科学出版社2009年出版）、《科学哲学的新趋势》（科学出版社2010年出版）等，体现了我们整个团队科学哲学研究的价值取向。更具代表性的是，我们成功地完成了教育部哲学社会科学研究重大课题攻关项目——“当代科学哲学的发展趋势”，并在2009年按照教育部的要求将研究成果以“当代科学哲学的发展趋势”为书名在经济科学出版社出版。该书获得了2013年第六届“教育部人文社会科学研究优秀成果”二等奖。

我之所以看重对当代科学哲学发展趋势的研究，是因为要揭示在世纪之交的历史环境中，当人们不断地反思20世纪科学哲学的历史进程时，一方面，人们重新剖析与解读过去的各种流派和观点，以适应现实的要求；另一方面，试图通过这种重新剖析与解读，找出今后科学哲学发展的新途径，尤其是科学哲学研究的方法论走向。有的科学哲学家在反思20世纪的逻辑哲学、数学哲学及科学哲学的发展，即“广义科学哲学”的发展中，认为存在着五个“首要难题”（leading problems）：第一，什么是逻辑的本质和逻辑真理的本质。第二，什么是数学的本质，即什么是数学命题的本质、数学猜想的本质和数学证明的本质。第三，什么是形式体系的本质，以及什么是形式体系与希尔伯特称之为“理解活动”（the activity of understanding）的东西之间的关系。第四，什么是语言的本质，即什么是意义、指称和真理的本质。第五，什么是理解的本质，即什么是感觉、心理状态及心理过程的本质。这五个“首要难题”概括了整个20世纪经典科学哲学探索所要求解的对象，以及21世纪自然要面对的难题，有着十分重要的意义。而且，从广义科学哲学的视角看，在20世纪的科学哲学发展中，逻辑哲学、数学哲学、语言哲学和科学哲学是统一在一起的。因此，逻辑的方法、数学的方法和语言学的方法，都是整个科学哲学研究方法中不可或缺的一部分，它们在求解科学哲学的难题中是一致的。这种统一和一致恰恰是科学理性的统一和一致。科学哲学家们在20世纪对这些难题的认识、理解和探索，是一个从自然到必然的过程；它们之间的相互融合与渗透是一个由不自觉到自觉的过程。而在21世纪，则是一个“自主”的过程，一个统一的动态发展过程。那么，在这个“自主”的过程中，科学哲学发展的真正主要目标是什么呢？其最大的“首要难题”又是什么呢？我自己研究的结论是：第一，重铸科学哲学发展的新的逻辑起点。这个起点应超越逻辑经验主义、历史主义、后历史主义的范式。可以肯定地说，一个没有明确逻辑起点的学科肯定是不完备的。第二，构建科学实在论与反实在论各个流派之间相互对话、交流、渗透与融合的新平台。在这个平台上，彼此之间可以和谐地相互交流与共同促进，从而使其成为科学哲学生长的舞台。第三，探索各种科学方法论相互借鉴、相互补充、相互交叉的新基础。在这个基础上，获得科学哲学方法论的有效统一，从而锻造出富有生命力的创新理论与发展方向。第四，坚持科学理性的本质，面对前所未有的消解科学理性的围剿，持续地弘扬科学理性的精神。这一点，应当是当代科学哲学发展的一个极其关键的因素。而且，只有在这个基础上，才能去谈科学理性与非理性的统一，去谈科学哲学与科学社会学、科学人类学、科学史学、科学认知学及科学文化哲学等流派或学科之间的关联。否则的话，一个被消解了科学理性的科学哲学，还有什么资格去谈论与其他流派或学科之间的关联呢？总之，这四个从宏观上提出的“首要难题”表明，当代科学哲学的发展的特征就在于：一方面，科学哲学研究的进步越来越多元化；另一方面，这些多元化的立场、观点和方法又在一个新的整体性的层面上展开。因此，多元化和整体性是当代科学哲学发展中一个问题的两个方面。它将在这两个方面的交错和叠加中寻找自己全新的出路。这就是当代科学哲学拥有强大生命力的根源。也正是在这个意义上，拥有20世纪不平凡发展的科学哲学事业，在21世纪走向语境论的研究趋向就是一种逻辑的必然，并且成为科学哲学研究领域最令人激奋的取向之一。

2006年暑假期间，我应澳大利亚悉尼科技大学的邀请赴澳进行学术交流访问，并顺访了悉尼大学、昆士兰大学、堪培拉大学和墨尔本大学。停经新加坡时，我还顺访了新加坡国立大学。2007年暑假期间，我应加拿大曼尼托巴大学的邀请赴加进行学术交流访问，并顺访了英属哥伦比亚大学、多伦多大学和渥太华大学。就科学哲学的研究而言，这些大学的研究风格均属英美流派，具有共同的价值取向和研究路径。由于工作的需要，从2001年到2011年这10年中，我随教育部的代表团或山西大学自己组团访问过俄罗斯、亚美尼亚、美国，以及东欧、西欧、北欧、非洲和南美洲等地区的许多国家，有些国家去了还不止一次。这些活动对于拓展我的国际视野，促进我自己的学术研究，以及增强行政管理的能力，都有着积极的作用。但令我最难忘的一件事是，在曼尼托巴大学我认识了该校财务处一位处长：她和她丈夫都是华人，她的家乡在中国台湾，她丈夫的家乡在新加坡，我们在一起都讲汉语，她尤其与我妻子谈得来，因此聚会多次。有一次，我和她讲全世界的大学校长都认为，办好一所大学最困难的事情就是争取最优秀的教师、最优秀的学生和最充足的办学经费时，她稍稍沉默了一下，然后认真地对我说，就表面上讲这是对的，但就西方发达国家来说，大学校长们最头疼的却不是这些工作，而是如何处理与工会的关系。就北美洲来讲，每个大学都有三个工会，即教授工会（委员会）、职工工会和劳工工会，每个工会都有自己的利益诉求，大学校长们必须面对每一个工会的诉求，而且要保持它们之间的平衡。这些关系如果处理不好，校长就有可能被要求辞职。因为归根到底，校长是被选举出来的。这使我对办大学有了一种新的认识。而后，我遇到过一些世界一流大学的校长们，每当我向他们提及这个问题时，他们大多避而不答。不过，我将这个问题变成中国的话语讲，那就是办好一所高水平的大学必须有良好的大学文化建设。另外，有一次我随中国大学校长赴美培训班到美国，参观了在硅谷的雅虎、思科等公司的总部，又在明尼苏达州参观了汤森路透集团的总部，而且每次都与各公司的高管进行深入的座谈。这使我从感性和理性的结合上产生了一个强烈的印象，那就是作为引领当代社会进步的信息技术，其发展的最重要的基础就是对语言的处理，而语形、语义和语用的分析方法，尤其是在特定语境下的语义分析方法，乃是整个语言处理系统的核心。这促使我对语义分析方法与当代科学哲学发展问题进行了新的思考和研究。

其实，回顾科学哲学的历史演变和发展过程，我们能够看到语义分析方法在其中所扮演的重要角色。语义分析的方法论的重要性，主要建立在这样几个方面的原因之上：①科学理论的公理化表征形式为现代语义逻辑分析提供了充分的舞台，对形式演算赋予了合适的语义结论，从而能够审视抽象的理论模型和理论框架。②理论模型的意向特性，要求在语境论这一整体平台上结合形式体系给出的内在特性，充分运用语义分析方法来揭示理论的建构、解释和说明过程，从而体现出理论的意义整体性。③在同一物理事实采用不同科学理论模型时，要在不同的指称框架下给出对理论实体的意义说明和对同一物理实体的揭示，也要采用语义分析方法。④给出对科学理论与实验之间的语义关联的合理解释，进而表现出理论模型的自洽性，这需要语义结构间的一致性关联，以及“语义上升”和“语义下降”之间的不断调整和变换。⑤对科学理论形成过程中从测量对象、测量仪器、经验现象到测量表征的整个结构系统进行物理对象指称和物理意义关联间的揭示，也要求采用语义分析方法。所有这些都要求有一种系统的、完整的语义分析方法，才能够将科学理论的形式化体系和其中科学家的心理意向同时揭示出来，进而对科学理论的意义进行充分的解释和说明。其中，同时需要形式化的规范语义分析和自然主义的语义分析。因此，我在研究中特别关注了这样几个方面：第一，语义分析的方法论意义；第二，语义分析的语境论基础；第三，语义分析的演化趋势及其语境意向；第四，语义分析方法在科学语境解释中的应用；第五，语境论的语义分析与科学家的方法论辩护。在这些认识的基础上，我将一系列的研究成果集结成《语义分析方法与当代科学哲学的发展》一书，于 2014 年在科学出版社出版，并试图在科学实在论与科学语境论相结合的基础上，将科学哲学的研究再向前推进一步。

在这些年对科学哲学的研究中，我也日益明晰地看到，随着语境观念在当代思维领域中的普遍渗透，语境论世界观逐渐显现在自然科学和社会科学各个学科的发展中。无论是以语境实在论为特征的本体论立场，以语境范式为核心的认识论路径，还是以语境分析为手段的方法论视角，语境所具有的元理论特征，使人们已经不能把语境论仅仅局限于“使科学哲学融合起来”。事实上，作为一种普遍的思维特征，它在世界观的意义上，已成为构造世界的新的“根隐喻”。这就在于：第一，语境本身具有根隐喻思维的特征。从词源上看，语境来自拉丁文动词“texere”，具有交织、关联和构成的意思。其内涵经历了从“词和语句的关联”到“确定文本意义的环境”的演变。特别是在马林诺夫斯基开创性的工作之后，语境观念从“言语语境”扩展到了“非言语语境”，包括“情景语境”“文化语境”和“社会语境”。自此，语境的观念就发生了根本性的变化，从“关于人们在语境中的所言、所做和所思”，转变为“以语境为框架，对这些所言、所做和所思进行解释”。这样一来，语境就跟语词和文本的意义所反映的外部世界的特征，从而也就跟世界的本质，尤其是知识和真理问题关联了起来。第二，语境的根隐喻地位是人类思维演进的必然结果。正如斯蒂芬·佩珀（Stephen Pepper）指出的，所有伟大的科学与哲学思想无不源于“形式论”“机械论”“机体论”和“语境论”这四大“根隐喻”，并在此基础上类推地构想和认识世界。形式论世界观的特征在于，通过命名或描述事件来阐明语词或句子跟事件之间的关系，所以，它揭示了语词世界和实在世界之间一一对应的映射关系，形成了符合实在论的真理观。机械论世界观强调了主观世界和客观世界的对立，不过它预设了世界的组织特性，认为世界的有序存在要先于事件和关系，可以为了秩序和力量重新安排实在；像形式论一样，它对实在的看法具有符合论的特征，是一种指称实在论的真理观。机体论则强调世界的整体特性，认为世界是一个变化的、进化的有机系统，因此，对世界会有各种正确的或错误的不同解读，即不同的表述方式。与语言意义相关的是不同表述之间的关系，而非世界中的实体。由此，它形成了融贯实在论的真理观。与上述三种构造和解释世界的根隐喻不同，语境论更注重动态活动中真实发生的事件和过程，即在特定时间框架中不断变化的历史事实，而且可变的事件本身赋有主体的目的和意图，主体参与到事件和语境的构造当中；同时，语境也反过来影响主体的行为，这是一种相互促动、关联的实在图景。语境论将实体、事件、现象等具有实在特性的存在视为是在相互关联中表述的，不同的语境会形成不同的本体论立场，从而语词及其所指的对象就会具有不同的意义。由此，语境具有的本体论性特质，使它成为判定意义的本质基元，具有更强的基础性、科学性和不可还原性。

可见，作为根隐喻的语境，可以成为人类概念系统中深层次的核心概念，对人类日常的思维方式和话语表达起到重要的作用。把它作为核心概念对其他概念进行比拟阐述，不仅是可以普遍接受的概念或模式，而且会使人们自觉或不自觉地按照这种概念或模式进行思维或行动。正是在这一意义上，将语境作为根隐喻构建为科学哲学理论未来发展的基点和生长点，成为一个颇具战略意义的选择。正是在如此认识的基础上，从这一个视角我做了一系列的研究，最终形成了《隐喻、修辞与科学解释》一书，并于 2007 年在科学出版社出版。可以这样讲，对这一主题的研究是对我个人整体科学哲学研究思想和内容的重要补充。特别需要指出的是，对于科学解释问题的研究，始终是科学哲学研究领域的核心内容。山西大学科学技术哲学研究中心，从它初建以来举办过很多大型或小型的各类国际国内的学术研讨会，但每次会议本质上都离不开对这一问题的研讨。尤其是 2012 年 9 月 17 ～ 19 日，我们在太原举办了题为“科学解释与科学方法论”的大型国际研讨会，来自亚洲、大洋洲、拉丁美洲、欧洲和北美洲的几十位专家参加了会议，研讨甚为深入，取得了良好的国际交流的效果。会后，我和美国佛罗里达大学的刘闯教授，共同编辑了这次会议的论文集 *Scientific Explanation and Methodology of*

Science，由新加坡的世界科技出版公司（World Scientific Publishing）于2014年出版，在国际学术界产生了较大的影响。

在从事科学哲学基础理论研究的同时，编写一些有意义的教材，也是必要的，有时甚至是必需的。教育部普通高等教育“十一五”国家级规划教材办公室组织全国有关单位编写“新世纪高等学校教材”，以我为首席专家的山西大学科学技术哲学团队应北京师范大学出版社之约，编写“哲学基础理论课系列教材”中的《科学技术哲学概论》。这部教材既要体现哲学性，又要能抓住科学技术发展的学理规范与学术基点；它既是一项学术性的探索活动，也要体现我们对科学技术哲学的本质理解，因此具有很强的挑战性。最终，不负众望，我们非常有特色地完成了这部教材的编写，并于2006年在北京师范大学出版社出版。2011年，教育部马克思主义理论研究和建设工程领导办公室点名要求以我为首席专家，由我自主在全国范围挑选课题组成员，编写“硕士研究生思想政治理论课教学大纲”中的《自然辩证法概论》。这是一项重要的政治任务，于是我邀请陈凡、吴彤、张明国、肖显静和殷杰等几位专家，一起参加了这一教学大纲的撰写和修改工作。该教学大纲顺利完成，并通过专家组审查，于2012年在高等教育出版社出版。同时，我们几人又再度精诚合作，接着编写了该教学大纲下发后的第一部《自然辩证法概论》教科书，于2013年年初在高等教育出版社出版。总之，这些工作对于推动我国研究生教育教学活动的进步具有十分重要的意义。

我从1993年年底开始指导硕士生，从1999年起开始指导博士生。我还曾被聘为中国社会科学院哲学研究所科学技术哲学研究室的兼职博士生导师，协助金吾伦老师指导过博士生，并做过该研究室博士生毕业论文答辩委员会的成员。我颇感欣慰的是，在我科学哲学研究的生涯中，有许多美好的时光是与我的学生们一起度过的。每当我看到他们在辛勤探究理论真知的过程中，时而激奋、时而彷徨，时而快乐、时而沮丧，时而轻松、时而紧张的时候，我深知这是渴求凤凰涅槃般过程中心理上的必然跌宕，只有这样他们才能走向成功，走向成熟，才能告别过去，走向未来。因此，每当我在他们论文的初稿上修正每一个标点，改写每一个语词，换过每一句表述，提出每一点意见时，都凝神贯注，觉得手中的笔重若千斤，并把自己科学理性的思维调度到最佳的状态。因为我知道，这既是作为一名教师的天职，也是作为一名长者的责任——我必须对得起他们的努力和汗水，对得起他们的理想和目标。特别是当他们的博士论文答辩获得通过后，流着激动的泪水表达对导师的谢意时，我的心便像激流中漂荡着的一叶轻舟，在波涛中翻滚着，眼眶中也会蒙上一层淡淡的薄雾，我心底感到无比的幸福。我的学生遍布全国各地，他们许多人都已成了学术界的佼佼者。尤其是殷杰的博士论文获得了全国“百篇优秀博士论文奖”，程瑞的博士论文获得了全国“百篇优秀博士论文提名奖”，这是足以令人骄傲的事情。许多学生由于机缘之故，虽未获得过这些奖项，但他们的论文水准也足以傲视群雄。我后期的许多研究成果都是和我的学生们在教学相长的过程中共同完成的；汗水凝结在一起，成果也自然融于一体。现在，每当深夜静谧的时候，我常常一个人坐在家里窗前的沙发上，望着外面闪烁的灯光和无尽的穹空，默想着我所指导过的每一位学生的成长、成就和成功，便会在心底欣慰地告诉自己——要为他们感到自豪！

自 1978 年以来，至今已 38 年。经过这漫长学术历程的跋涉，我迄今发表各类学术论文 270 多篇，出版专著和编著图书 29 部，译著 5 部，也可算是略有积累。2015 年仲夏，偶与殷杰教授谈天，他作为山西大学科学技术哲学研究中心主任及学科带头人，从学科建设的角度建议我整理出版一套个人的文集，以作为山西大学科学技术哲学学科发展的一个见证和部分研究成果的展示，也可以此激励后辈。同时，他慨然允诺由他来做具体的编撰工作，但需要由我亲自写一篇“序”，以为引子。经过慎重的思量，我觉得这个建议很有意义。首先，我个人的学术研究生涯正好与中国改革开放的过程历史地重叠在一起，正是改革开放的辉煌和它所创造的环境造就了我个人的研究事业；而我个人微末的学术研究成果也恰是改革开放洪流中一朵小小的浪花。这些成果编撰成集更能体现它的历史性、系统性和理论性，有利于读者阅读、研究和批判，更好地发现它的价值和揭示它的局限性。其次，这部文集从一个侧面，体现了山西大学科学技术哲学学科成长的历史，它凝练了整个团队团结与奋进、创新与成就的精神与气质，突显了它朝着具有中国特色、中国气派和中国风格的哲学社会科学研究事业而努力奋进的取向，表明了它是国内科学哲学研究领域中日益希望自己创造具有学派特征的一支不可忽视的研究力量。最后，这部文集也在一个点上折射了整个国内科学哲学研究领域过去几十年的历程，彰显了它从封闭走向开放、从国内走向世界、从译介走向批判、从吸收走向创新，从而逐渐建立自己独具特色的学科体系的内涵和本质。尽管这些努力目前仍然处于探索和初创的时期，但它所具有的理论价值、学术价值和取向价值，却已为整个科学哲学学科体系的建设绽放了朝霞般的光芒。我一直坚信，中国的科学哲学研究事业有着无比光明的前途和未来。

最后，我向所有阅读这部文集的读者和朋友送上耳熟能详的李白名句：

长风破浪会有时，
直挂云帆济沧海。

郭贵春

2016 年元月于太原

目录

从语形和语义的关系看数学的本质 *

“数学哲学的任务就是要对数学的本质进行反思并给出说明。”①那么，数学的本质究竟是什么？很久以来数学哲学家和数学家们一直都在孜孜不倦地探求对这一问题的解答。其中一部分人基于数学的抽象性和严格的推理性，认为数学是一门“纯演绎科学”。而另一些人则立足于数学具有的经验基础，以及凭借数学在科学中成功应用的有效性，认为数学是一门“经验科学”。拉卡托斯（Imre Lakatos）为了扭转这两种极端，提出了数学是一门“拟经验科学”的理论。数学到底是一门经验科学还是纯演绎科学，抑或是拟经验科学？基于对这一问题的探讨，本文试从语形学和语义学及两者的关系这一崭新的视角重新审视数学的本质。同时，通过语形和语义的分析来说明模型论的分析方法对数学哲学研究的意义。

---

* 本文发表于《江海学刊》2004年第4期，作者郭贵春、康仕慧。

① Ernest P. Social Constructivism as a Philosophy of Mathematics. Albany：State University of New York Press，1997：51.

一、语形的透视——数学具有演绎性

1. 数学的语形化

在阐明数学是一个符号化形式体系之前，有必要对什么是语形学做一简单探究。众所周知，数学很大程度上是一个由形式语言刻画的形式系统，数学推演的有效性在于数学论证形式的正确性，而不在于其内容。因此，数学语言符号化便是数学客观性的要求。符号学（semiotics）的出现更为数学和逻辑的发展清除了自然语言的模糊性和歧义性。符号学分为语形学（syntactics；syntax）、语义学（semantics）和语用学（pragmatics）。其中，符号与指示对象之间的指示关系属于语义学；符号与解释者之间的表达关系属于语用学；只考虑符号与符号之间的形式关系属于语形学。莫里斯（Morris）曾指出：语形学就是研究各种符号媒介之间的关系（the relations of sign vehicles among themselves）。至此，数学语形化也就显得十分自然了。

无论是纯数学还是应用数学，都是对特定问题的抽象。问题一经抽象就变成了由特定的数学符号构成的数学结构。此时数学符号的意义完全被抽象掉了，问题中的概念变成了数学符号，命题（proposition）和语句（sentence）都变成了数学公式，命题的推导则成了数学公式的变形。此时数学关心的只是各种数学符号之间的关系，暂且舍弃对内容的考虑。这样至少一部分数学就成了完全符号化的形式体系，如希尔伯特的形式几何学。数学得以形式化使得数学处理起来极为方便，正如克林在《元数学导论》中所说的："我们发现了简单的符号记法，使得这些符号可以依照形式规则而处理，这是现代数学能够强有力地前进的办法之一。"[①]事实上，数学的形式化不仅避免了日常语言的模糊歧义性，而且符号化的数学能够处理更多更广的问题。由此看来，数学的符号化是理所当然的。

---

① 克林．元数学导论．上册．莫绍揆译．北京：科学出版社，1984：64.

2. 数学具有演绎合理性的理由

数学的演绎性主要体现在形式系统（即已经形式化的数学）内部的演算中，因此阐明数学的演绎合理性主要从形式系统的语形方面进行。

数学的形式化过程就像著名哲学家和逻辑史家鲍亨斯基（I. M. Bocheski）所指出的："形式系统总是按如下顺序形成的：先确定有意义的符号，然后从符号中抽象掉意义，并用形式化方法构成形式系统，最后对这个所构成的系统做一种新的诠释。"① 当然，这里我们主要就已经形成的形式数学进行研究。由于形式数学是舍弃语义后的公式系统，所以形式系统的演算就不能涉及数学公式的语义。在形式数学中，推理关系表现为各种数学公式之间的关系，从而推理转换成公式的演算，这样数学也成为一个逻辑演算系统（命题演算系统和谓词演算系统）。那么，究竟形式系统的演算如何具有数学所谓的"演绎性"呢？

形式系统的语形学主要是符号之间进行变换，即通过符号演算构成整个系统的推演。一方面，无论是形式数学，还是非形式数学；无论是代数、群、分析，还是几何、拓扑、流形，各种各样的数学结构中都存在着符号变换构成的证明或者推理，因此数学所具有的演绎性（尤其是现代数学）便显得理所当然了。另一方面，数学中的各种演算符号（如 $+$、$-$、$\times$、$\div$、Σ、Π、$\int$、$\oint$ 等）都是经过初始符号和形成规则严格定义的，关于这些数学符号的演算实际上也是一个个公式变形的结果，因而数学演算也是一种推演。总而言之，逻辑意义上的演绎性在数学中随处可见，或者在某种程度上我们甚至可以说：数学是一个形式化的推演系统。由于严格的逻辑性和大量的演绎性在现代数学的发展中表现得尤为明显，因此，对于数学所具有演绎性的理解也变得相对容易。

从另一个角度分析，阐释数学的演绎性主要用语形学的方法。形式系统的语形方面主要涉及系统内部的推演。那么，每个形式系统是如何形成的呢？首先确定初始符号，然后初始符号经形成规则形成合式公式（即把初始符号用逻辑连接词连接起来构成公式），从中选取公理，公理

① 鲍亨斯基. 当代思维方法. 童世骏，邵春林，李福安译. 上海：上海人民出版社，1987：44.

经变形规则（推理规则）推演出定理，或者定理再经过推理规则推演出其他的定理，这样就构成公理或者定理推演的无限链条。如果该形式系统又是一致的、独立的、完备的，那么这个形式系统就是通过严格定义最底层的初始符号，然后一步一步按照严格的程序推演出系统中所有的定理的，因此在这个意义下，说该形式系统是一个推演的系统就是完全合理的。

在语形学中关于演绎的思想背景下，我们开始分析数学的演绎性，即数学是如何通过最基本的概念推演形成庞大的数学体系的。要回答这个问题，我们有必要对数学进行一个粗略的分类（图 1）。

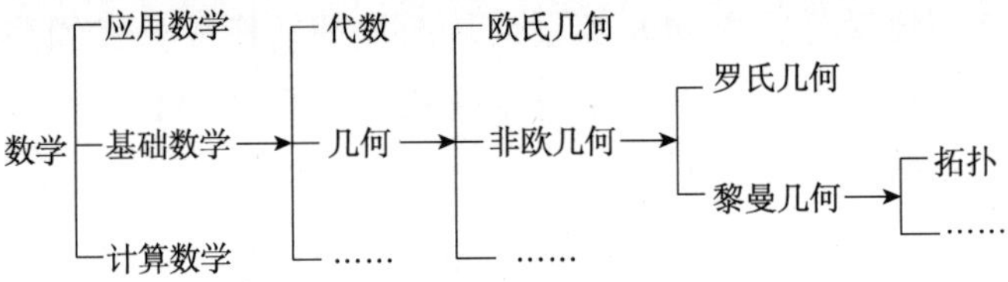

图1　数学的粗略分类

事实上，数学的理论之所以这么丰富，除了数学家们非凡的创造力和想象力之外，更重要的是，它是数学自身的发展所要求的。数学的不同分支按照严格的定义，先确定最基本的概念，然后给出公理，在公理的基础上，按照严格的推理规则推演出定理，进而定理再经推理规则推出其他定理。这样每个分支的所有定理就都经推演规则推演出来了。即数学的每个分支，像纯数学（基础数学）、应用数学、计算数学等，事实上，它们各自都是一个完整的公理系统。每个系统按照演绎的程序发展，最后完善。这样由它们构成的数学整体自然就是一个演绎体系。在这样的意义下，数学所具有的演绎性也就一目了然了。

下面以几何学为例来分析数学的演绎性。基础数学中的几何分为欧氏几何、非欧几何、解析几何和希尔伯特的形式几何等。每一个几何体系都是完整的公理系统。例如，最典型的欧氏几何就是如此。欧几里得给出 23 个最基本的概念，如点、线、面等，继而建立了五个公设（postulates）和五个公理（axioms），然后欧几里得借助公设和公理推演出了一系列定理，构成了丰富的欧氏几何学。同样，非欧几何学中的黎曼几何基于同欧氏几何不同的第五公设，经过严格的推理，从而获得了另一套与欧氏几何相容的几何学。就在黎曼几何的推演中，数学家们获得了一个新的数学概念——拓扑（topology）。由此黎曼几何又通过推演获得了现代数学一个新的数学分支——拓扑学。在拓扑学的分支下，根据不同的公理进而又推演出点集拓扑和组合拓扑。最后组合拓扑又经一系列推演在微分流形上发现了纤维丛。就是在这样的推演过程中，几何学得到了发展。同样，数学中的其他分支也是如此。数学的发展是极富生命力的，然而如此顽强的数学是如何获得其丰富性的呢？当然，通过以上分析，自然不难看出，从经典数学到现代数学，尤其是现代数学的发展都脱离不了演绎在其中所起的重要作用。

无论数学的分支如何细致，每个细小的分支都是按照严格的程序进行推演获得的。只要每个分支符合一致性、独立性和完备性的要求，各个分支的推演就是合理的。最终，通过各分支的结合，整个数学就获得了合法化的演绎特性。需要指出的是，现代数学的发展领域仍是十分广阔的，即使再出现新的数学分支，它们同样也是按照这个程序进行推演的。因此，数学的分门别类的细小分科这么多，却依然体现着数学特有的严密性和逻辑性。这也正是演绎性在数学中的极好反映。

总之，通过对形式系统纯语形的研究可以清楚地看到，数学在很大程度上确是一门演绎的科学。至此，数学的演绎性也获得了阐明。

二、语义的解释——数学具有经验性

1. 语义解释下的数学

在阐明语义解释数学具有经验性之前，对于语义学的基本了解仍然是十分必要的。在符号演算的过程中，抽象出符号和指示对象的指示关系以及符号之间的关系，而舍弃符号对解释者的关系，这种研究就被称为语义学研究。通俗地讲，语义学主要研究的是符号表达式和它的意义之间的指派、赋值关系。一个形式系统的语义学方面，就是要给系统（如形式数学）中的各种数学符号、数学公式及公式序列以确定的意义，而这些意义是通过解释建立的。对形式系统进行解释就需要一套语义语言，通常包括语形语言、表达各种语义关系的语词，如“普遍有效”“真值”“可满足”“模型”“解释”等；另外，语义性质与语形性质之间的关系也在语义学研究的领域内，如“凡永真公式皆可证”“凡是可证公式（定理）都永真”都是语义学定理。

就数学而言，我们把数学形式体系化之后，对该形式系统要赋予各种解释以得到相应的模型，而不是仅仅停留在毫无意义的纯粹的形式数学里进行静态分析，动态化的语义解释已成为一种必然，这就是数学几千年来拥有辉煌成就的原因，而数学的真正目的也正在于此。一般而言，数学的发展要经历三个主要阶段，如图 2 所示。

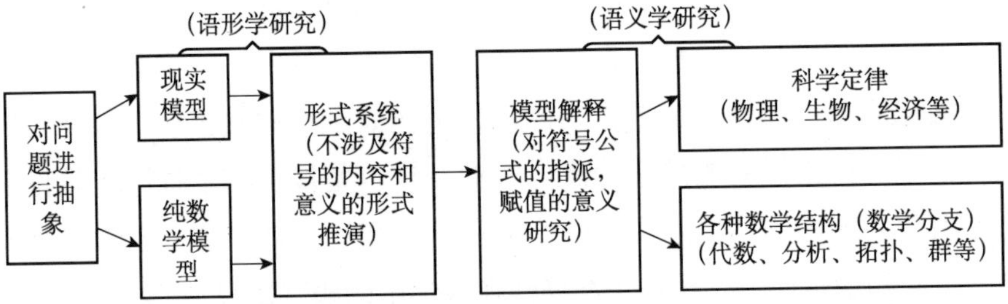

图2　数学的发展

对数学进行语义学研究主要在第三个阶段。我们在按照严格的程序构造出一个形式系统之后，就会想方设法地为该系统找一个合适的模型。而我们对各类问题进行抽象时，会形成两类模型：一类是对现实的经验问题进行直接抽象时得到的现实模型；另一类是数学自身的再度抽象，即纯数学模型。同样，我们在对这两类模型做出语义解释时，将得到不同的结果：数学的科学解释和纯数学解释。

2. 数学具有经验合理性的理由

在对语义有所了解的情况下，我们开始分析数学的经验性，同样从两个方面进行阐释。一方面，现实模型在语义的解释下成为各种科学定律，如物理学定律、生物学定律、经济学定律。而各种科学或多或少都和现实经验相关。另一方面，纯数学模型经语义解释后成为各种数学结构，即不同的数学分支像代数、分析、拓扑、群等。即便是纯数学分支极度抽象，然而通过这些极度抽象的数学理论在科学中的成功应用，也能阐明数学的经验性。

首先，就现实模型的语义解释来分析数学具有的经验性。现实模型就是对形式系统进行解释时，只考虑现实的经验世界及其对象。这一模型经历了实质公理化、抽象公理化和形式公理化三个过程。利用现实模型去解释公理化、形式化系统的，在古代有欧氏几何，近代有非欧几何、牛顿力学等，在现代则有弗雷格、罗素、怀特海、维特根斯坦、早期卡尔纳普、奎因、丘奇，根据亨迪卡的研究，甚至还应包括哥德尔（K. Gödel，1906—1978）和塔斯基（A. Tarski，1901—1983）。[①]

所谓实质公理化，就是先于公理而假定一个唯一的论域来建立公理系统。数学中欧氏几何是实质公理化的典范，它在给出概念、公理之前，就预设了特定的对象域或者论域——现实的三维空间。而其中的公理则是符合人们直观的不证自明的事实，这种基于经验和直观的数学明显附带着经验的成分。

就抽象公理化而言，就是先构造公理系统，然后给出其解释，并且一个系统可以有几种不同的解释。非欧几何（罗巴切夫斯基几何和黎曼几何）便是代表。这是因为在创立非欧几何的公理体系之前，并没有为其指定论域，而是在公理系统创建完成之后，在现实空间中找它们的解释和应用。虽然表面看来，非欧几何是那么偏离直观、令人不可思议，但后来却在爱因斯坦的广义相对论中获得了证实和应用。这再一次表明，数学具有某种脱离人们直观的，甚至令人不可想象的“经验性”。

事实上，以欧氏几何的平行公理为基础建立起的牛顿关于空间是无限平直的绝对观念和以非欧几何为基础而获得的爱因斯坦的“有限无边宇宙模型”正是科学对于数学的解释、模型。从模型论的观点来看，数

① 陈波．逻辑哲学导论．北京：中国人民大学出版社，2000：131.

学与科学的关系实际上就是语言与解释、理论与模型之间关系的深刻反映。数学是科学的形式化，而科学则是数学的模型化。这种语形与语义关系的深层刻画，正好对科学如何为数学的经验性做出合理解释提供了一个适当的方法。当然，在此讨论的科学是经验科学而并非形式科学。既然科学是应用于现实的经验世界的，而数学又为其提供了合理的形式依据，因此，在这种意义下，数学的经验有效性便获得了体现，从而我们也不可否认数学是具有经验性的。

其次，从纯数学模型来看，在对形式数学进行语义解释时，一般分两步：第一步，先为该系统的形式语言指定论域（个体域），并给出形式语言内个体常项、函数符号、谓词符号在该论域中所分别代表的特指个体、函数运算，以及性质或关系，这些结合在一起组成一个结构。第二步是在此结构的基础上，再指定个体变项所代表的个体，这称为指派。一个结构与结构上的一个指派便构成了一个完整的语义解释（亦称赋值）。[①] 例如，公式 Ex（Fx ∧ Fa）（E 代表“存在”），

（1）个体域（解释域）D= 正整数；谓词符号的解释 Fx（x 是正整数）。

（2）个体变元的解释：a=7。

综合起来，Ex（x 是正整数并且 7 是正整数）便得到了 Ex（Fx ∧ Fa）的解释。在语义的解释下，对形式数学的各种符号、公式赋予不同的解释，便获得了不同的数学结构，即不同的数学分支，诸如代数、几何、分析、拓扑、群等。形式语言中公式的真假则取决于命题变元、命题连接词、个体常项、自由个体变元、谓词变元、函数符号及解释域的整体赋值（即语义解释）；而所有这些又跟不同的数学分支的特点紧密相连，然而在这些分支当中，无论是应用数学还是纯数学，都可以在现实的经验世界中找到相应的数学模型。例如，现代数学中，极其抽象的纤维丛理论便在现代物理学的规范场中获得了应用，Lie 群在现代粒子物理学中所起的作用也有所体现。更为吸引人的则是超弦所依赖的群论思想，所有这些纯数学的应用只不过是对经验解释的滞后而已。因此，数学在这

① 陈波．逻辑哲学导论．北京：中国人民大学出版社，2000：134.

种纯数学模型的解释下，也是有其经验意义的。

这样看来，通过对现实模型的解释和纯数学模型的解释，我们发现：数学所暗含的经验性是不可避免的。

三、语形和语义的融合——完美的数学是演绎和经验的结合者

既然数学既具有演绎性，又具有经验性，那么如何来看待“数学是一门纯演绎科学”和“数学是一门经验科学”的观点呢？当然，这两种观点都是历史发展必然的结果，但同时也有其内在的局限。因为无论是纯语形的考虑还是纯语义的考虑，两者得到的结论势必是不完善的。站在数学史的长河中，我们发现，最有生命力的数学终究会是：语形和语义融合下的“演绎和经验的完美结合者”。

1. 数学不是一门“纯演绎科学”

把数学看作是一门“纯演绎科学”与近代数学的发展密切相关，由于近代数学越来越远离人们的直观，形式推演便在数学获得长足进展的过程中起了十分重要的作用。由此，一些数学家和数学哲学家便毫无顾虑地认为：“数学是一门研究形式推理的纯演绎科学。”随后，在 19 世纪末 20 世纪初爆发的震撼整个数学界的第三次数学危机所引起的数学基础大论战中，形式主义学派把数学的纯演绎性引向了极端，而这通常也被认为是极端唯名论观念在数学中的表现。

形式主义学派的主要代表人物希尔伯特（D. Hilbert，1862—1943）提出了著名的“希尔伯特规划”。进而形式主义者认为，数学是研究推理或形式推理的。“希尔伯特的形式主义规划目的就是要把数学转变成不可解释的形式体系。”[①]只要证明形式系统的一致性，数学的“真”或者说数学的纯演绎性便得到了辩护。

然而，对形式系统进行研究应该包括语形和语义两个方面，形式系

---

① Ernest P. Social Constructivism as a Philosophy of Mathematics. Albany：State University of New York Press，1997：18.

统的一致性也应是语形一致和语义一致的结合。抛弃任何一方都会导致最后成功的信念毁于一旦。这也就是哥德尔会获得最后的胜利，而希尔伯特的宏伟目标经不起最终考验的最好原因。一般认为，形式性的正确推理只有通过语义学解释而成为逻辑性的正确推理时，这个纯形式的推演才是合适的。也就是说，只有在纯形式的推演中，所有的前提逻辑地蕴含结论（从前提的真能够推出结论的真），只有这样的推演才能确保数学的"真理性"。然而形式主义者却只讨论了形式系统的语形一致性，而忽略了语义一致性的重要性，以致造成符号内容（意义）和形式的完全脱离。更为严重的是，如果没有语义意义下的合式公式的"永真""永假""事实式"的判定程序，那么纯形式的推演就会导致荒谬，一向以严格的推演为荣的数学也会失去昔日的辉煌。因为最基本的推理规则"$(A \rightarrow B) \land A \rightarrow B$"，当前提、结论都为假时，这个推理也是正确的。然而我们却不希望看到这样的局面。因此为了获得数学合理的演绎性，我们在构造形式系统时，就必须确保形式系统的所有前提即最基本的公理是真的，然而这又是在语义的基础上所探讨的。正因为如此，没有语义的支撑而想追求数学的演绎性便是一句空话。"纯演绎"的数学也不会成为可能。

"希尔伯特规划"没有成功还有另外一个原因，这就是希尔伯特在元数学内讨论形式系统的完全性时，同样只考虑了语形的完全性，而完全没有留意语义的完全性。然而哥德尔却注意到了这一点，他也正是基于对语义的考虑，于 1931 年证明了著名的"哥德尔不完备性定理"：（Ⅰ）任何一个包括形式算术系统为子系统的形式系统 S，如果 S 是一致的，则形式系统 S 就是不完全的。即存在一个语义上真的语句 A，A 和¬ A 在形式系统 S 中都不可证。这被称为第一不完全性定理。这也就是说，不可能建立这样的形式系统，它是相容的，而且所有与算术真命题相对应的合式公式，也都能够在这一系统中得到证明（从而是完备的）。（Ⅱ）如果这样的形式系统是一致的，则一致性在本系统内不可证。这被称为第二不完全性定理。塔斯基同样也指出："对于以形式语言刻画的形式数学来说，真理概念和可证性概念永远不一致。因为所有的可证明语句都可以是真的，但是存在真语句不能被证明。因此可进一步得出结论，每一个这样的学科是一致的但是不完全；也就是说，两个互相矛盾的语句至多有一个是可证的。而且更为糟糕的是，存在一对互相矛盾的语句，两个都不可证。”①另外，塔斯基还立足于理论语义学和逻辑语义学的角度在1933年证明了，命题的真假等语义学概念在形式算术系统中得不到定义。之后，丘奇和图灵分别于1936年和1937年证明了，如果形式算术系统是一致的，那么它就是不可判定的。因此，由上面阐释的局限性定理足以看出形式系统内在的不可避免的局限性。同时，我们也能清楚地看到脱离语义的单纯的语形学研究的局限性。因而，得不到语义的经验解释，而只考虑语形的纯演绎性的数学哲学观最终退出了数学历史的舞台。

最后，“数学和物理世界的紧密联系是使它区别于仅是符号游戏的一个必不可少的特征”。因此，数学不只是一门只涉及形式符号的“纯演绎科学”。②

2. 数学也不只是一门“经验科学”

既然语义解释对于数学的发展起着如此重要的作用，纯演绎的数学又日趋衰退，是否我们就有充足理由来认为“数学是一门经验科学”呢？的确，在对近代数学的纯演绎性作了仔细分析之后，数学的“经验主义”思想似乎确有某种复兴的趋势。然而，正如没有经验解释的纯演绎数学得不到辩护一样，没有形式推演的经验数学的发展同样会受阻。

我们熟知，尽管作为实质公理化典型代表的欧氏几何公理学，其中的公设和公理都是依附人们经验直观的三维空间中所谓“不证自明的”事实，但是它那神奇的“严格”有效性是如此受人尊崇（因为符合经验直观），因而曾一度统治了数学界两千多年。数学也曾被认为是一个绝对的真理体系。然而恰恰就在这样完美的欧氏几何中，却发现了其内在固

---

① Tarski A. The semantic conception of truth and the foundations of semantics. Philosophy and Phenomenological Research，1944，4（3）：341-375.

② Tymoczko T. New Direction in the Philosophy of Mathematics. Princeton：Princeton University Press，1998：143.

有的缺陷。例如，可以证明这样一个命题：任何一个三角形都是等腰三角形，如图 3 所示。

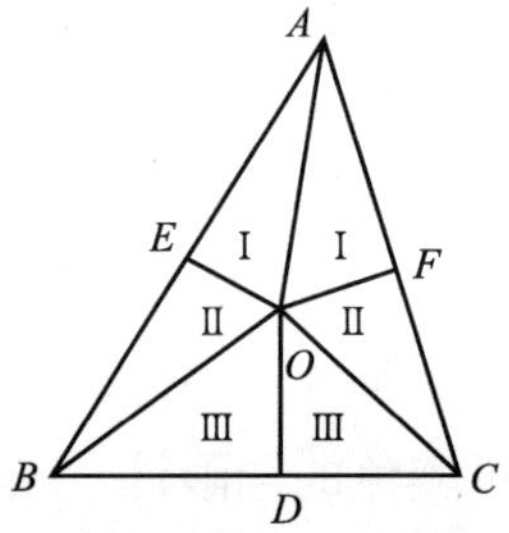

图3　等腰△*ABC*的证明

在△ *ABC* 中，∠*A* 的平分线 *AO* 与边 *BC* 的垂直平分线 *DO* 交于点 *O*，通过点 *O* 作 *OE* ⊥ *AB* 交 *AB* 于 *E*，*OF* ⊥ *AC* 交 *AC* 于 *F*，容易证明标有Ⅰ的两个三角形全等，因而 *OE*=*OF*，*AE*=*AF*。标有Ⅲ的两个三角形也全等，于是 *OB*=*OC*。因此能够证明标有Ⅱ的两个三角形全等，从而 *BE*=*CF*，最终得到 *AB*=*AC*，所以△ *ABC* 是等腰三角形。

这多么令人不可思议！就如图 3 的证明过程而言，我们找不到任何不合理的地方。问题究竟出在哪里呢？事实上，前提：图中∠ *A* 的平分线和 *BC* 边上的垂直平分线的交点 *O* 能够证明不在三角形内部，而在三角形的外部。然而即使如此，也同样能够证明任一三角形都是等腰的（证明略）。[①] 这又是为什么呢？因为欧氏几何是借助人们的直观精确作图之后，才得以完成证明的。殊不知，人们的经验直观并不是任何时候都准确无误，从而也就无法保证经验证实的正确性。这样，仅仅依靠经验性来获得数学的长远发展和确保数学的“真”终究是不可能的。

以至于后来的抽象公理学——非欧几何赢得了几何学的解放，最终由希尔伯特形式化的《几何基础》突破了人们的经验直观而引领数学走向了更为广阔的符号化的领域。事先希尔伯特并没有给这些符号和公式以确切的含义，它们只根据严格的概念、公理、符号之间的形式结构关

① Tymoczko T. New Direction in the Philosophy of Mathematics. Princeton：Princeton University Press，1998：143.

系进行推演，最后就可以对符号做出不同的解释。因而，希尔伯特指出："我们必定可以用桌子、椅子和啤酒杯来代替点、线、面。"① 至此，几何学才算真正超出了欧几里得的框框。由此看来，要想取得数学向更高领域的进展，只靠经验是不行的。甚至有时经验还会严重束缚人类思考的方式，而使数学的发展滞后，显然这并不是我们所希望看到的。

3. 完美的数学——演绎和经验的结合者

由以上阐释我们可以清楚地看到：数学不仅具有演绎性，而且还有经验性；然而数学又不是纯演绎科学，同时数学也不只是经验科学。于是数学的本质获得了最后的澄清：完美的数学就是演绎和经验的结合者。

我们依然从语形和语义之间的相互关系来对数学的本质做最后的解答。分别从数学的发生（构造形式系统，即把问题抽象成数学模型）、形式系统的内部演算和对形式系统的模型解释三方面进行具体阐述。

首先，就数学的发生而言，就是要构造一个形式系统把特定的问题抽象成数学模型。这包括两个方面：对现实经验问题的直接抽象和对数学自身问题的再度抽象。在对现实的经验问题进行归纳、总结、猜想，直到抽象出数学模型的整个过程中，似乎表面看来数学家只对问题的内容和意义进行了考虑，即基于纯粹语义的考虑。事实上，打一个不太恰当的比方，这就类似于"镜中花，水中月"，只看到了问题的表面，而没有深入分析出本质所在。任何一个数学家考虑数学难题时，不仅要对表面的经验事实进行系统观测、归纳和总结，更重要的在于数学家本身内在的直觉素养和严格的数学功底训练。而这种内在直觉就包括对纯形式的数学推演和各种形式结构关系的直觉等。显然这都是语形学所探讨的。因此，就对现实经验问题的直接抽象来说，数学家对语形和语义的考虑可以说是几乎同时的，并且是不可分割的。在这种意义下，演绎和经验得到了结合。

至于数学问题自身的再度抽象，除了明显的演绎之外，也有其特定

① 莫里斯·克莱因．古今数学思想．第四册．邓东皋，等译．上海：上海科学技术出版社，1981：76.

的经验基础。例如，数学中经常使用的类比方法，通常就是由现实经验的应用数学经类比运用到纯数学当中。这样说来，演绎和经验还是在共同起作用的。

另外，我们在构造形式系统时，通常是先选取有意义的符号，然后从符号中抽象掉意义，用形式化方法构成系统。因此形式系统就是舍弃语义的公式系统，不谈论系统中数学符号的意义，只谈及系统的形式结构。事实上，在完全形式化的推演中是暗含一定的语义的。我们的目的并不在于建立一个完全没有语义的纯形式系统，而是在形式系统形成之后，对它进行适当的语义解释，找到适当的模型。这也就是对系统进行求解。当然，在把一个有内容的理论形式化，建立一个形式系统时，在我们的思想中是早有意想解释的，在选择形式系统的语言时，我们尽可能使得系统的语句（公式）的结构能反映它们的意义。① 由此看来，就数学的发生而言，一方面数学家在明显的经验抽象中暗用了其内在的严格的形式推演能力；另一方面，数学家在“纯形式的符号”背后暗藏着某种语义的意想解释。总而言之，数学的发现或者数学创造都是数学家灵活运用演绎和经验的适度结合的智慧结晶。

其次，演绎和经验（即符号形式和符号意义）在形式系统内部的演算中进行相互结合是最令人难以理解的。然而就因为难于理解而试图放弃数学中的这种最精致的结合却是不能让人接受的。因为“任何一种理论语言都是形式和内容的统一，都是一个多层次的网络结构系统。语义分析方法的功能，就恰恰在于它通过对意义的揭示，而内在地将理论语言的形式和内容及其多层次的语义结构有机地联结起来”②。这也就说明了在把数学构造成形式系统以后，不仅要研究形式系统的语形方面，同时还要考虑到形式系统的语义方面。只基于纯语形的考虑，势必有其内在的缺陷（如“希尔伯特规划”的失败）。

事实上，纯形式符号的形成、推演、变形不仅仅是形式的，其中暗含着某种语义。例如，“$A \rightarrow B = Df (\neg A \vee B)$”和“$A \rightarrow B = Df \neg$

① 张尚水．数理逻辑导引．北京：中国社会科学出版社，1990：99.

② 郭贵春．语义分析方法的本质．科学技术与辩证法，1990，（2）：2.

（A ∧¬ B）”，其中“=Df”表示“定义为”。等式的左边称为被定义项，等式的右边称为定义项。之所以引入“=Df”仅仅是为了形式推演的方便吗？回答是否定的。事实上，在不同的场合，我们可以分别使用不同的形式。即使等式两边的公式的真值相同，然而内涵却是不同的。就拿第二个定义来说，“A → B=Df ¬（A ∧¬ B）”中¬（A ∧¬ B）意味着不存在 A 真 B 假的情况。把它进行抽象得到“如果 A，则 B”，即“A → B”也就是“如果，则”和“推出关系”的抽象。然而公式“¬（A ∧¬ B）”本身却并不直接蕴含这样的意思。因此我们认为：纯形式的符号推演实际上也是“某种意义”的不同陈述之间的变换。这就必然免不了语形在背后要和语义相结合。所以，即使是就极其抽象的形式系统内部的演算而言，演绎和经验的结合也是存在的。

最后，对形式系统进行模型解释时，语形和语义的结合也是十分重要的。因为任何模型的语义解释都依赖于特定的“形式系统”，即“任何一个语句的语义解释均与它的句法结构密切相关”①。有时甚至特定的形式结构就已经提前预设了该结构的语义解释。这是容易理解的，因此不再详细阐释。当前作为数理逻辑分支之一的模型论，主要就是研究形式语言和模型（解释）之间的相互关系。数理逻辑中从证明论——模型论的发展便可看出：单纯的语形研究已经逐渐转向语形和语义的共同研究的局面。语形和语义是一个问题的两个方面，并不是截然不同的两个问题。人们之所以会形成“语形和语义分割”的印象，主要在于形式理论和模型解释的“不同时性”。

从数学史的角度来看，主要以实用为主的古代数学表现为经验的模型解释在前，形式理论在后的情形。人们往往不知不觉地有效利用着数学知识，直到系统的理论形成后，人们才恍然大悟，但通常这种符合人们经验直观的数学会获得及时的认可。然而，随着现代数学抽象程度的日益提高和越来越远离人们的直观，似乎纯数学理论背后的模型解释已不再明显，甚至不复存在，这也就造成了现代纯数学中语形和语义的隔

① 郭贵春．语义分析方法的本质．科学技术与辩证法，1990，（2）：2.

离。然而“真理必定会得到现实证据的支持”。例如，在 20 世纪 70 年代，让数学家们和物理学家们都感到惊异的是：纯数学中对黎曼几何学的推广所涉及的纤维丛理论，竟然在现代物理学中为了以一种统一的方式来处理电磁相互作用、弱相互作用和强相互作用而发展起来的规范理论中找到了成功的应用。即“规范理论中的规范场恰恰就是纤维丛上的联络（矢势）”。尽管现代数学中表现出形式理论大大超前于模型解释的趋势，然而超前也并不意味着没有。因此，从这两方面来看，在数学的模型解释中语形和语义也是相结合的：数学理论的形式演绎始终和模型解释的经验结合在一起。

总之，从数学的整个发展过程（数学模型的构建—形式系统内部的演算—系统的模型解释）来看，完美的数学始终是演绎和经验结合的整体。在语形和语义融合的趋势下，数学获得了完美的统一。

数学是逻辑吗?

——论数学的逻辑主义基础*

数学是逻辑吗？这一问题在逻辑主义对数学基础做出逻辑解释（数学逻辑化）之后，越来越受到数学哲学家们的关注。虽然经历了逻辑主义的修正、形式主义的剔除与构造主义的回避，但数学与逻辑是否同一仍是数学基础中最为重要的问题之一。因此，罗素和怀特海提出的“数学可化归为逻辑”的这种观点在哲学界的重大影响仍是毋庸置疑的。正是逻辑主义的工作才使数学与逻辑之间的联系与差异的问题得到了更为具体的说明。

逻辑主义的思想根源在于对逻辑和数学同一性的片面强调。罗素就曾指出，逻辑和纯粹数学的共同特性在于它们都不提及任何特殊的东西和性质，而只与形式有关，因此两者是同一的。[①]其基本论点分为两部分：

---

* 本文发表于《科学技术与辩证法》2006 年第 1 期，作者刘杰、郭贵春。

① 罗素．数理哲学导论．晏成书译．北京：商务印书馆，1982：185-187.

一是数学概念均可由逻辑概念推导出来；二是数学定理是由逻辑的演绎方法推导出来的。因此，在分析数学与逻辑的关系时，对这两个基本论点的分析和确认显得尤为重要。

一、数学概念的逻辑推导

“逻辑”包括演绎的基本规则和“命题函项”。演绎的基本规则主要是指在量词理论中的原则；“命题函项”是指以命题为其值的一个函数。命题函项理论包括命题演算和函项演算。命题演算处理不加分析的各语句之间的关系；函项演算是以函数的形式给出的。命题演算中最重要的概念是：语句 p 的否定，“非 p”（记为“～ p”）；两个语句 p 与 q 的析取，“p 或者 q”（记为“p ∨ q”）；两语句的合取，“p 且 q”（记为“p°q”）；蕴含，“如果 p，则 q”（记为“p → q”）。函项演算的最重要的概念是全称量词与特称量词：“（*x*）f（*x*）”表示性质 f 属于每一个对象 *x*，“（∃ *x*）f（*x*）”表示 f 属于至少一个对象 *x*。①

由于逻辑主义在数学基础问题方面的研究源于对数学算术化的直接批驳，因此他们的主要任务是从逻辑中导出自然数来。弗雷格、罗素和怀特海都独立地找到了问题的解决途径，其中心思想是：借助一一对应的关系定义“与谓词 F 等数”这一概念；将“谓词 F 的数”定义为“与谓词 F 等数”的外延。我们已经知道，谓词实质上就是集合，因此“等数的谓词”就是指可以建立一一对应的集合，而“谓词的数”则是指集合的基数。于是，集合的基数就是可以与之建立一一对应的集合的集合。借助这一定义，自然数的概念就被化归为逻辑的概念，例如，“2”可以定义为“一切双的集合”，“3”可以定义为“一切三元组的集合”，等等。

同理，借助一一对应的关系和集合基数的概念，我们能够定义更大的数域。但是，值得注意的是，需要明确集合的一个重要性质——可数性。如果一无穷集可以与自然数建立一一对应，则它是可数的。整数集

---

① 保罗·贝纳塞拉夫，希拉里·普特南．数学哲学．朱水林，等译．北京：商务印书馆，2003：48.

和有理数集是可数的，因而它们可以通过自然数直接导出。而在导出实数时，逻辑主义进入了前所未有的困境之中。戴德金将实数分为有理数和无理数，有理数以显然的形式与分数相对应；无理数则对应于分数序列中的“间隙”。例如，假设把分数分为两类，一类是所有平方小于 3 的分数，另一类包括其余的分数。一个这种划分在分数级数中形成一个“分割”，它对应于无理数 $\sqrt{3}$ 。这个分割因为没有分数与它相关联而称为一个“间隙”。因此，每一个实数对应于分数序列中的一个分割，每一个无理实数与一个间隙相关联。由于在严格的实数理论中，实数被定义成有理数的无穷序列，因而罗素在基数理论的基础上建立了序数理论。他发展了戴德金的思路，把一个实数定义为分数序列中对应分割的较低类。例如，$\sqrt{3}$ 被定义为平方小于 3 的分数的类，而有理实数 1/3 则被定义为所有小于 1/3 的分数的类。以同样的方式，微积分理论和几何理论都可以化归为实数理论，进而化归为自然数理论。至此，似乎在逻辑主义那里，全部数学概念都可由纯逻辑的概念和命题所推导。

因而我们的讨论应该围绕“纯逻辑”概念的本质展开，这是很多数学哲学家都忽略的一部分内容。解读罗素意义上的“逻辑”，它实际上就是命题函项。而命题函项是什么呢？一般地，命题函项与谓词相等同，因而命题函项与谓词是一一对应的，如谓词“红的”对应于命题函项“x 是红的”——即对于任意“x”使用的函数值就是命题“x 是红的”。然而，这可能导致概念性困难。如考虑命题函项“x 写了红楼梦”，假设“x”恰好是个体“曹雪芹”，他是红楼梦的作者，那么以这一特定“x”为对象的“写作红楼梦”的值是什么呢？是命题“曹雪芹写了红楼梦”还是命题“红楼梦的作者写了红楼梦”呢？实际上不难解决，因为命题函项在内涵上恒等于相对应的谓词，任何被用来将“逻辑”作为命题函项理论的对象（罗素意义上的）都能同样用来将逻辑作为谓词理论。另外，由外延性公理可知，如果两个谓词具有相同的外延，那么这两个谓词就是恒等的。即两个集合或类相等，当且仅当它们有同样的元素。因此谓词意味着集合。在表达式 $F(x)$ 中，符号 F 用来表示在某一适当集中的任意一个谓词。这里，$F(x)$ 不是指命题函项 $F(x)$ 具有关于对象 x 的真值，或将某个关于对象 x 的真命题作为逻辑值，而仅是指 x 具有性质 F。F（x）意味着“x 归属于集合 F”。这样的话，“逻辑就是集合论。”

然而，这与罗素在数学原理中的观点是相悖的。如果我们想要引入特殊的数学实体和这些数学实体所遵从的特殊公理（在量词理论基础上的公理），那么完全可以直接引入数，而无需引入集合继而把数化归为集合。重新定义“逻辑”规定将数论纳入其中，“数学”（数论）就真正地成为“逻辑”的一部分。事实上这仅仅是遵从语言学的约定，因而是无效的。当然，重新定义“逻辑”而将集合论纳入其中事实上同样是无效的。罗素为维护他所意指的逻辑概念，提出把数论化归为集合论，然后把集合论化归为“逻辑”。这样看来，集合论属于逻辑与否直接关系到数学是否与逻辑同一的判定，那么它是否可化归为逻辑呢？对这一问题的回答，我们在下文的分析中给出。

二、数学定理的逻辑推导

逻辑主义的第二个基本观点是，通过逻辑演绎，数学定理能从逻辑公理推导出来。因为数学家们的工作是去揭示：如果一个结构满足某些公理，则它也满足这些公理进一步的定理。可以说数学与逻辑在研究方法上是互相取用、互相渗透的。但是，数学定理的推导却使逻辑主义遇到了一些难题：人们发现，有些算术及集合论的定理如果以通常的方法解释，则它们的证明除了需要逻辑公理外，还需要另外一些被称为无穷公理的特殊公理。

无穷公理，其内容是对于每一个自然数，存在着一个大于它的数。无穷公理对数学理论的推演是必不可少的，比如在从集合论出发建立自然数的公理系统时，公理“没有两个自然数有相同的后继”就必须借助于无穷公理；如果没有无穷公理，以其为基础的高等数学就会坍塌，根本不可能建立实数理论和超穷数理论。更值得注意的是，无穷公理在处理有限与无限问题中也起了重要的作用。

在有限结构的研究方面，某些数学分支只将其研究对象限制在某一特定类的有限结构上。比如，其中一个分支就只处理有限群的性质。然而，从公理集中推出结果时，要确定的不只是满足公理的所有有限结构的性质，而是满足这些公理的包括无限结构在内的所有结构的性质。很显然理论家在这里不仅是从群论的公理中推演结论，因为那种情况他会证明关于所有群的定理。他不会证明一个形式为“所有有限群具有性质P”的结论，除非更强的结论——“所有群都具有性质P”是真的。然而这种数学分支的研究目标就是要获得那些属于所有有限群而非所有群的性质。这一困难就需要应用无穷公理来解决。在没有断言任何指定类的结构存在的情况下应该区分以下两种观点：一种认为数学研究某指定类（群、有限群、域等）的所有结构的性质；另一种认为数学是借助逻辑从公理中推演出结构的。当我们试图证明某一公理集的所有有限模型所具有的特定性质时，一般我们不得不随之承认超出“逻辑之外”的数学归纳法。在某给定范围内证明关于所有结构的定理时，把数学归纳法作为有效的方法来应用，可以说，这些结构都是有限的。或者，可以在更大的公理集（包括集合论的一部分）中嵌入所讨论的公理集合，在其中对于公理集合的一个“有限模型的”概念是可以详细地定义的，而且数学归纳形式上也是可推导的。称关于所有“有限群”的定理就是关于较大类的所有结构的定理的一个子类——称为所有“T的模型”，T是集合论的某一特定系统。

与有限结构的困难一样，数学中对标准模型的限制同样需要无穷公理。皮亚诺公理指出，数论通常考虑的不是所有模型，而是所有标准模型。标准模型是指在其中的任意元素都是“零”的后继数的有限次幂。标准应当被看作是模型之间的关系，而不是任意给定模型的一个抽象性质。它是相对的，我们可以将皮亚诺算术中的一个标准模型解释为：如果M是集合论中的任一模型，那么M中的某些实体形成了皮亚诺算术中的一个模型，而且它对于M是标准的。由于在一般的集合论中，皮亚诺算术中的任两个标准模型同构，因而对于集合论中的每一个模型M，M中的那些实体u是皮亚诺算术中对于M的标准模型，它们都与上述定义的“标准模型”同构，即其中每一个元素都与“零”的后继数的一个有限次幂有关，这里“有限”的意思可以随着为集合论选择的模型而变化。作为补充，我们规定：一个模型，即使它相对于其他的模型 M 是标准的，只要它相对于某个模型 M 是非标准的，则它就是“非标准的”。显然这是一个绝对概念，这样做我们可以避免预设一个所有模型的全体，因为在某种非假设的意义上，这实际上没有真正地预设任何集合的任何模型的存在。

许多人提出应将集合论的模型限制为真正的有限集，只有这样皮亚诺算术的标准模型相对于它们才是标准的。而事实上我们不需要这种被称为是真正的有限集的概念，因为首先，这种附加限制在数学中不可能起作用。事实上，我们知道一个数论模型相对于它是非标准的，唯一的方式是表明它相对于某种集合论的模型是非标准的。如果在某种抽象的层面上，据称为一个真正的标准模型的概念有意义的话，那么它始终是我们无需在数学中就能够完全处理的一个概念。事实上，我们很清楚如何去运用它。比如，我们会遇到一个理论的所有模型都是“非标准的”这种情况。对于这样的一个理论术语 t，我们能够证明下面的所有语句：

t 是一个正偶数

$t \neq 2$

$t \neq 4$

$t \neq 6$

……

易知，所有这些 T 的无限多个语句在 T 中是可证明的，这一事实表明 T 在其自身中是可证明的，皮亚诺算术中这样提到，那么 T 没有标准模型。由于在基础研究中标准与非标准所表明的就是模型之间的关系，因此我们在证明定理“T 没有标准模型”的时候，所真正证明的是，如果 M 是 T 的任意模型，且 M 本身是 M′ 的一个实体，其中 M′ 是其证明在集合论中给出的任一模型，那么 M 相对于 M′ 来说是非标准的。另外，不存在真正的有限集的绝对概念。例如，芝诺悖论表明在一段有限的时间内可能列数出一个无限的集合。为了解决它，我们不妨考虑 T_0：“在自然数序列和时间的连续分钟序列之间是一一对应的，从任意一个‘第一分钟’开始记数。”如果规定在某个最短时间内列数出集合的一个元素的话，那么我们在直觉上可将“有限”定义为：如果人们能够将一个集合从头到尾列数清楚，则这个集合是有限的。而皮亚诺算术的一个标准模型应该在“抽象”层面上对于 T_0 是标准的，整个过程从第一分钟变化到最后时间的意义上，这个序列是“有限的”。从传统的认识论观点来看，这接近了一个有限集合的“本质”概念。但这是我们不能接受的，因为时间的测量是经验的，而不是一个数学问题。“有限的”这一定义，尽管是“传统的”和“认识上正确的”，但是却为关于时间的经验性假设所迷惑。数学家们不会同意将有限的数学概念的性质依赖于宇宙假设。由此可见，无穷公理的引入十分必要。

然而无穷公理虽然可以借助纯逻辑的符号表示出来，但它却不能被看成是一种逻辑公理。由于逻辑只处理可能的实体而不能对某一事物是否存在做出断言，而无穷公理是存在性语句，这就在逻辑主义面前摆出一道难题，如 $(\exists F)(x)(\sim F(x))$，即存在一个空集。弗雷格在后期断言这种存在性的结论根本不是逻辑，从而抛弃了他一手建立的“逻辑主义”。罗素的处理方法是不把它作为逻辑公理提出来，而只是在证明需要时将它作为一条假设随时被引用作前提。其原因在于，罗素认为数学是一种纯粹的形式科学，它只能对存在做出有条件的陈述：如果存在某些结构，那么也存在别的某些结构，它们的存在是前者的存在的逻辑后承。但是，众所周知，无穷公理被公认是属于集合论的，而逻辑主义所做的正是从集合论出发去展开全部数学理论，那么确认集合论是否属于逻辑范畴成为关键所在。逻辑主义认为，集合论属于逻辑范畴，而罗素对这一公理的处理是把它当作一条假设随时引用，这显然加入了拟经验的成分，因此可以说逻辑主义的目的并没有实现。“事实上，正是由于用严格的逻辑概念给无限一个充分根据的困难，使得罗素关于数学和逻辑等价的理论成为可疑的。”①

一方面，可能存在的无限结构的特定类在数学应用中起到了基础的

① 夏基松，郑毓信．西方数学哲学．北京：人民出版社，1986：60.

作用，这是整个数学图景的一部分，也是最为重要的一部分；而另一方面，集合论中的无穷公理显然不属于逻辑范畴。因此，我们认为数学不只是逻辑，它具有比逻辑更宽泛的研究对象和范畴。然而，要得到这一结论，我们有必要对非直谓定义问题进行分析，因为它在本质上与“全体”概念的使用相关联。只有明确“全体”概念的使用在数学与逻辑中的差异及影响，我们才能从本体意义上去把握数学与逻辑的关系。

三、数学中非直谓定义的使用

如果一个概念是通过它所属的全体来加以定义的，那么这个定义就叫作“非直谓”的。非直谓定义的使用使罗素关于数学和逻辑等价的理论又一次陷入困境。下面具体来看数学家和逻辑学家对它的批判。

1. 康托尔的对角线论证

康托尔运用著名的“对角线法”证明了定理“存在不可数的整数集”，这是经典数学在《数学原理》中的定理之一。而在《数学原理》的系统中“集合”在外延上等同于谓词，因此可以说实际上证明了“存在不可数的两两非同广大的整数的谓词”。但是我们已知在《数学原理》中只存在可数的形式化公式，因而在包括数学原理在内的任何人类语言中或构造的系统中，关于全体整数的谓词中绝大多数必定是不可定义的。罗素提出类型论来加以解释，即将整数的全体谓词进行分类分支，将某一类的全体确定在更高类中，从而避免非直谓定义的使用。表面看来似乎合理地解决了问题，但实际上其中仍隐含着一个被硬说成的全体的定义，这个全体不仅包括能够被定义为整数的谓词，而且包括所有在“存在”的某种抽象意义上“存在”的整数的谓词。难怪魏尔会嘲笑罗素的这种构造是神学而不是数学！

2. 司寇伦－勒文海姆定理

这个定理是指在集合论中，对于任何类谓词演算公式，如果存在一个适合于它们的全体的解释，则也存在一个其域由自然数组成的解释且也适合于它们全体。根据这个定理，每一个理论都有一个可数的模型，事实上每一个一致理论都有一个可数的模型。这个可数模型是任何给定模型的一个基本子模型，在用于解释理论时，这个子模型的实体具有这个理论的一个性质或处于一种在这理论中可定义的关联中。例如，如果一个实体在基本子模型中是“所有偶数的集合”，则它必然是在较大的模型中的“所有偶数的集合”。某一模型中为真的句子在其任一基本子模型中同样为真。这意味着，如果一阶集合论为一致的且有一模型，则它必然有一可数的无穷模型，其连续统为可数集。这立刻导致了一个明显的矛盾，称为“司寇伦悖论”，因为数学原理中有一个定理说存在不可数的整体集，因而（在任一模型中）一定存在不可数的整体集，它与司寇伦－勒文海姆定理是矛盾的。

为避免司寇伦悖论，我们应假设可数和不可数模型之间的区别是相对于公理系统而言的。要“表明”存在不可数的整数集合可以更精确地表示如下：（S）在整数的全体集合的集合与全体整数的集合之间，不存在一一对应的二元谓词 P。这里“谓词”意味着“在某一可数模型 M 中的谓词”，则（S）可表示为：在模型 M 中的整数的全体集合的集合与全体整数的集合之间，不存在一一对应的模型 M 中二元谓词 P。即使 M 是可数的，上述结论也是真的。若 M 是可数的，那么整数的全体集合的集合从模型 M 出发与从外部考察是不同的。而且从外部来看上述集合通过一个特定的二元谓词 P，能够被一一映射到所有整数的集合；但是在从模型 M 出发，整数的全体集合的集合与“全体整数的集合”之间一一对应关系的谓词 P 本身并不是在 M 中的一个实体。

事实上，称（S）说明存在不可数的整数集合时，我们所指的是（S）说明若模型 M 包括（1）整数的全体集合；（2）所有二元谓词时才成立。而我们却不能借助公理的方法表达这些必要条件。总不能说，上帝给了我们一个数学原理的标准模型包括整数的所有集合、整数的集合的所有集合等，人们能够发现第二个模型——事实上是第一个模型的子模型——在其中同样的句子也是真的。一个“标准”模型，除了在数学原理中（或在任何形式语言中）可表达之外，必然具有与一个非标准模型相区别的性质。这种唯一的性质表明它自身就是包括整数的所有集合，整数的集合的所有集合等的“性质”。然而这里的“全体”是什么意思呢？“那些认为理解‘整数的全体集合’是什么意思的人可能会向怀疑论者说‘你知道，我是指全体’——但这根本就没有解释！”[①]逻辑主义者就是这样做的，在他们那里，“逻辑”是整数的所有谓词的全体的理论，而他们对“全体”的解释显然是不能令人信服的。

3. 连续统假设

连续统是点的汇集，使得在任意两点之间存在明晰的点。这个概念可以追溯到亚里士多德在《物理学》第五章中的连续性定理，它表达为“当事物赖以相互接触的外限变为同一个，或者说相互包容时，就被称作连续的”。康托尔在他的无穷基数理论中提出了连续统假设，即一个无穷集的任何幂集的基数，是在集自身基数之后的第二个最高基数。考虑关于“连续统”的假设的数学断言：“（C）如果 S 是任意的整数集合的无限集，而且在 S 与所有整数的集合之间不存在一个一一对应关系，那么在 S 与整数的所有集合的集合之间存在一个一一对应关系”。

哥德尔于 1938 年证明了这一假设是与集合论中最流行的系统（策梅罗－弗兰克尔－司寇伦系统）相一致的，即对于集合论，任意给定模型 M，人们都能够构造一个模型 M′，在其中这个论断是真的。然而，柯亨于 1963 年证明对于任意给定模型 M，人们同样能够构造一个模型 M′，在其中（C）的否命题成立，这说明其否定也是与这系统相一致的。他们的构造导致模型直觉上是“合理的”，因而（C）或（C）的否命题都可以作为集合论的附加公理来应用，而不会推出矛盾，甚至不会迫使模型具有直觉上不可接受的性质。因此这一假设独立于公认的集合论公理。这样，这一假设的真假问题构成了所谓的“连续统问题”。当然，“现在已认识到，连续统假设的真实或虚假以及其他相关的猜想不能为我们如

① Putnamn H. Mathematics, Matter and Method. Cambridge: Cambridge University Press, 1979: 16.

今所知道的集合论所确定”[①]。

这个问题与被称为罗素的“柏拉图主义”具有本质的联系。罗素认为存在一个很好定义的全体，就像整数的所有命题函项的全体。（C）中提到的其他全体，即所有意义对应的全体，整数集的全体集合的全体（整数的命题函项的命题函项）可以说是很好定义的。因此，（C）作为一个客观事实必定或者为真或者为假。罗素认为共相（命题函项）与桌子、椅子一样是真实的，关于它们的陈述，甚至是关于它们全体的陈述在由于人类的局限而不能被检验时也是“客观地”为真或为假的。但是，当我们接受一个定义时，它必须能够被人们以前就明晰的概念准确地解释出来。（C）中的概念如整数的所有命题函项的一个全体的概念，整数的所有集合的全体等都是相对新奇的，它们从没有被完全解释清楚过，那么我们如何毫无质疑地接受它们呢？人们不会接受在理解 0，1，2，3……的意义上，去理解自然数是什么。因此人们不是在真正的自然数意义上，而是在一个被认为是所有可能是自然数的数的全体的精确定义的意义上，去理解所有自然数的全体的含义的。事实上“自然数”的概念是含糊的，以至于我不能提前确定在所有可能的情况下，辨认出某数是否被划分为“自然数”。显然，在这种“抽象”的意义上“全体自然数的集合”实质上是根本没有很好定义的集合。

因此，所有谓词的全体必然存在一个定义得很好的概念，不是在所有的准确定义的谓词的意义上，不是在所有的被准确引证的谓词的意义上，也不是在那些能够由物理规律所表达的所有谓词的意义上，而是在所有可能的谓词的全体的意义上。事实上这种全体是不存在的。如果我们把数学原理的“个体”看作物理客体，物理客体的所有可能的谓词的全体指的是什么呢？由于每一个有意义的理论术语都对应一个可能的谓词，似乎所有可能的有意义的理论术语的一个全体由一个物理客体的所有谓词的全体的概念所预设。物理客体的所有集合的一个全体的概念似乎比所有谓词的一个全体的概念更合理，如果仅仅是由于某个集合被

① Cohen P J. Set Theory and the Continuum Hypothesis. New York：W. A. Benjamin，1966：1.

否定，我们一般无法确信提出的某个词语是否对应一个“性质”。但是，如果存在无限多个个体的话（无限公理），那么这种进一步的确定性也是不牢靠的。我们所理解的无限集是指一个事物的可定义的无限集。但是不可定义的无限集的概念——以某种完全无规则的方式从一个无限集中选出无限个事物——没有明确的含义，至少对许多科学家来说。

总之，允许这种非直谓定义使得定义“所有可能的谓词”的问题更加无望。没有任何总体能够包含根据这个总体本身才能定义某些成员，因为这意味着恶性循环并且导致逻辑悖论。罗素认为，必须从数学的概念基础中驱逐这种类型的定义。他的类型论虽然可以解决这一问题，但是其前提本身也预设了一个“全体”的概念。艾耶尔指出：“情况似乎是：如果人们严格地排除所有非直谓定义（即通过一总体给一对象所下的定义，而此总体包括它自身或仅根据它自身才能定义的对象），人们将不仅必须牺牲大量已公认的数学，而且也会危及从逻辑推导出数学的整个纲领。”[①] 很明显，非直谓定义在数学中是不可避免的，同时它却又不容于逻辑。而由于数学具有经验基础，数学中“全体”概念的使用也是依赖于现实经验的。在数学中并不需要回避非直谓定义的使用，而且这种非直谓定义在数学中的应用也是十分重要的。因此，数学不只是逻辑，它具有比逻辑更宽泛的研究对象和范畴。

四、总结

不可否认，罗素等逻辑主义者的工作使数学基础的研究工作得到了深入。他们将数学理论进行了系统化和公理化方法的研究，《数学原理》为全部已知的数学理论的系统化做出了一个模式。丘奇说：“不能由此以为逻辑主义是不结果实的花朵。应该记住两件重要的事情。一件事情是数学的词汇归约成了一个令人惊奇的简单的原始词汇的表，而所有这些

① Ayer A J. Russell and Moore. London：Macmillan，1971：26.

原始词汇都属于纯逻辑的。另一件事是使现有的全部数学建立在一个比较简单的统一的公理和推理规则的系统的基础上。如果说数学的原始基础的归纳确实是可以通过不同的方法来实现，那么无论如何，这个归纳的第一范例是由逻辑主义者完成的。”①

然而，他们企图为数学奠定一个永恒的基础——逻辑的向往是无法实现的，这是因为逻辑主义的信念是建立在数学与逻辑的同一性的分析之上的。诚然，在数学与逻辑之间是存在共同性的，它们的研究对象都可以说是一种“共相”，而且在某种意义下，我们仍需要大量使用逻辑方法来推演数学，纯数学家的基本任务可以被认为是从公理集中推演逻辑理论。这使数学在形式上“逻辑化”了。但是数学与逻辑之间仍有本质的不同。首先，逻辑是客观世界最一般关系的反映，它所研究的是命题的真值条件，即是通过命题的逻辑结构的分析来判定它们的真假；数学的研究对象则是客观世界的数和形的关系，以及与此相应的各种数学结构的性质。其次，逻辑主义的理论基础在于将数论化归为集合论，再将集合论化归为逻辑。其关键所在是把集合论视为逻辑，而集合论中的无穷公理的引用使得这一基础变得更不可靠。最后，非直谓定义在数学的研究和应用领域中都起着举足轻重的作用，而它却为逻辑所不容。因此，不能将数学和逻辑混为一谈。数学不只是逻辑，它具有比逻辑更宽泛的研究对象和范畴。

---

① 丘奇 . 数学与逻辑 . 自然科学哲学问题丛刊，1983，（4）：39.

当代数学哲学的语境选择及其意义*

英国数学哲学家保罗·欧内斯特（Paul Ernest）曾经讲到，数学哲学的根本目的就是要对“数学的本质”做出反思并给出说明。最近一百年来，整个数学哲学界的工作实际上都是围绕这一核心论题而展开的，人们分别从逻辑、历史、社会、文化和实践等层面对数学知识的本质进行解读。这些研究进路主要表现为数学知识的内在论观点和外在论观点。虽然二者都有其分析的内在合理性，但仍然有一些困难无法避免，同时，这两种进路之间还没有找到一条有效的相互融合的通道。

因此，目前国际数学哲学界正在探讨一种路径，它能够合理容纳影响数学知识发展的各个要素，真正代表当代数学哲学发展的一个未来走向。基于此，选择以符号学为基点，从语言分析的层面出发，从当代数学哲学的研究进路及其语境选择、数学知识的语境化、数学语境的结构特征和数学知识语境化的意义四个层面，搭建数学知识分析的一种“语

---

* 本文发表于《哲学研究》2006 年第 3 期，作者郭贵春、康仕慧。

境”平台，似乎能够对数学知识的本质给出更为合理的解释。

一、当代数学哲学的研究进路及其语境选择

古希腊以来，数学知识论问题一直是哲学家们研究的一个主题，该问题的核心包括两方面。第一，关于数学知识本质的争议，即数学知识是先验的理性科学，还是后验的经验科学。第二，数学知识如何可能，这涉及两个层面：其一，抽象的数学知识是如何巧妙而成功地应用到物理世界中的，其二，数学家们又是如何认识数学知识的。由于对这些问题的探讨和当代数学实在论及反实在论研究密切相关，并且直接关系到了数学家们在“数学是被发现的还是被发明的”这一问题上的根本分歧，从而无形中影响着数学的整个实践研究过程，因此数学知识论问题显出其独特的研究意义。在这个基点上，当代数学哲学界分别从不同的途径对数学知识的本质给出了不同的理解。

20 世纪初期，伴随着罗素“集合论悖论”的出现，整个数学哲学界围绕寻求数学的可靠基础做出种种努力，试图从数学的逻辑确定性出发，给出一个完美的无懈可击的数学的逻辑图景。然而，随着哥德尔定理的发表，三大基础学派受到沉重撞击，这一事件表明只从逻辑的角度对数学知识的本质做出完美说明是不可能的。此后，为了从基础主义的困境中摆脱出来，数学哲学界出现了三种不同的研究路线，分别从数学史、数学社会学和数学实践的角度对基础主义途径给予激烈的批评，并对数学知识的本质做出了各自的说明。

从数学史的角度看，20 世纪 50 ～ 60 年代，拉卡托斯的《证明与反驳》将一条“历史主义分析的途径”引入数学哲学中，拉卡托斯首次将数学史和数学哲学相结合，给出了数学发展的动态的历史图景。他主要从数学的内史出发，根据数学自身的发展史来解释数学证明的严格性、数学真理和数学知识的增长等随历史进程而发生的变化。80 年代，新的一批数学哲学家，如美国的艾斯帕瑞（William Aspray）和莫里斯 · 克莱因（Morris Klein）等，开始跳出数学内史，转而从数学外史，即从数学

外部的社会因素、文化因素等对数学的发展做出了一系列解释。

从数学社会学的角度看，随着 20 世纪 70 年代科学知识社会学的产生，相应出现了对数学的社会学说明，这个阵营以爱丁堡学派的大卫·布鲁尔为先驱。在 1976 年出版的《知识和社会意象》一书中，布鲁尔采取经验主义的途径，说明数学的本性实质上是一些社会惯例的产物。此后，英国数学哲学家保罗·欧内斯特在 1998 年出版了《作为一种数学哲学的社会建构主义》，正式发起了一场社会建构主义的数学哲学革命，提出了数学知识本质上就在于社会建构的观点。

从数学实践的角度看，20 世纪 70 年代末，以数理逻辑学家王浩、哥伦比亚大学教授基切尔（Philip Kitcher）和史密斯大学的托玛兹克（Thomas Tymoczko）为代表的一批数学家、逻辑学家、哲学家、计算机科学家、数学史家和社会学家，从各自的角度探讨现实的数学家是如何从事数学研究的。特别是 1979 年在史密斯大学举行了一次数学哲学研讨会，会后托玛兹克主编了一本会议论文集，该论文集关注的主要是数学的现实实践，代表了一种数学哲学新趋向运动的开始。

目前，从数学史和社会学的角度来阐述数学知识的这两种进路有某种联姻的倾向。数学史更多地侧重于外史，因此，其发展似乎呈现出一种数学哲学的逐渐边缘化倾向。而数学实践这一进路除强调数学的历史性和社会性之外，还同时强调从数学内部挖掘数学发展的内涵。面对这些不同的途径，究竟应该强调数学的外围还是数学本身？托玛兹克曾指出，由于数学是规范的，因此哲学家和数学家都应该保证数学的规范评判的需求，否则数学哲学将会消失在纯粹描述的溪流中。[①] 然而，托玛兹克本人也没有给出一个切实可行的方法，对数学自身的逻辑、历史、社会、数学家之间的关系做出很好的说明。

由上可知，无论是从数学知识的内在逻辑发展看，还是把数学放在一种更为宽泛的社会－历史环境中来理解，数学知识论问题一直都是数学哲学家们关注的焦点之一。当前一个很重要的问题就是选择一种合理

① Tymoczko T. New Directions in the Philosophy of Mathematics. Princeton：Princeton University Press，1998：387.

的方法论途径，把数学知识的内在及外在特征很好地融合起来。科学哲学和知识论中有一种语境分析策略，或可作为当代数学哲学研究的最佳选择。语境分析的解释途径以数学文本的逻辑语境为基点，同时将数学知识的起源、证明、交流、发表、传播与评价所依赖的现实的历史 - 社会语境的外在的合理分析融合进来，进而对数学知识的逻辑、历史及社会层面的合理要素加以吸收并整合，从而能够对数学知识的本质给出更新颖、全面、详尽的理解。

二、数学知识的语境化

从数学诞生之日起，数学知识就和符号紧紧连在了一起，从有形的物理符号一直发展到现在抽象的数学语言，没有数学语言，数学的意义无法得到体现，更无所谓数学甚至科学的进步。因此，语言在数学的发生、发展中都具有至关重要的意义。理解数学知识的本质可从语言层面着手，而谈论语言则必然涉及语境。

首先，从语境的角度审视数学，要追溯到弗雷格为了建立数的概念而首次提出的“语境原则”。该原则要求对语词意义的研究必须在句子联系中进行，而不能孤立地进行。也就是说，为了获得数这个概念，必须把数镶嵌到包含该数词的语句中。这样，通过把握该语句的意义，就能获得数的意义。因此，在弗雷格的意义上，数学本身是可以语境化的。数学概念、符号、公式、体系的建立在本质上都和语境相关。

其次，从语境的含义上说，context 一词有上下文、前后关系、处境、条件等含义。语境决定一个特定的文本如何使用，并且确定它的意义。语境实际上就是一个事件发生的边界条件或者说背景预设，以及在这个背景预设中的各个要素及其结构关联。数学知识作为人类理解自然界的一种方式，当然也有自身存在和应用的条件，它既不可能无条件地真，也不可能无条件地假。从这个意义上说，数学的整个发生、发展也都在语境之中，数学真理是相对于相关语境而言的。

最后，语境是语用、语形和语义的统一。如果从数学符号学来理解，数学也同样存在语形、语义和语用这三个维度。具体而言，语形学研究符号与符号之间的关系；语义学研究符号和指示对象之间的关系；语用学则是符号和解释者及指示对象三者之间的关系。我们可从数学发展的两种模式——演绎模式和算法模式来分析数学语境化的实现过程。

1. 演绎数学的语境化

欧几里得的《几何原本》一直是数学界及科学界建立理论体系的一种科学范式。数学体系和科学体系的建立都以欧氏几何的演绎体系为模仿的原本。演绎数学的语境结构及其演进过程如图 1 所示。

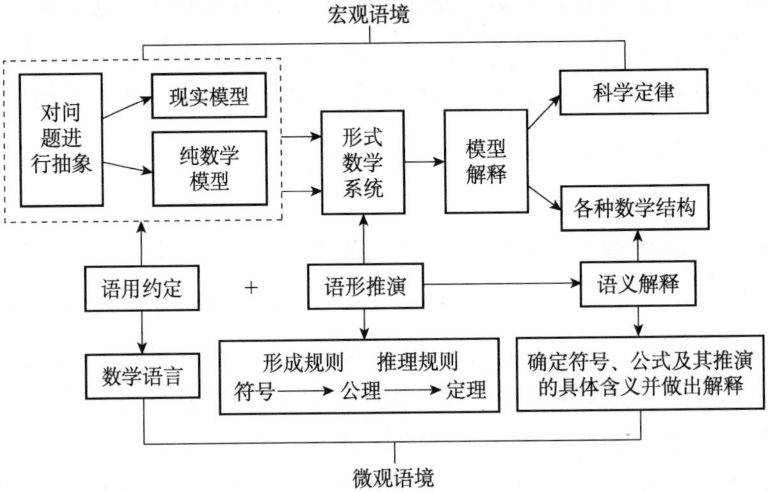

图1　演绎数学推理式的逻辑语境

数学体系是按照严格的演绎程序建立的。首先，就数学的发生而言，数学家们为了对现实问题或者数学自身的问题进行求解，在建立合适的数学模型之前，预先构造一套合适的数学语言，把有意义的命题抽象成特定的数学符号，并规定几个相应的初始概念。数学语言的建立及数学符号的确定本质上由包含数学符号的语境所决定，进一步说，是数学家们语用约定的结果。其次，在确定数学语言的基础上，数学家们约定一套形成规则，把初始的数学符号组成合适的数学公式，然后在公式中选取一组作为不证自明的公理，再从一组公理和一组定义出发运用推理规则“（A → B）∧ A → B”推演出定理，进而由公理和前面已证明的定理推出该系统中的所有其他定理。这样，由数学语言和演绎推理规则就共同构成了数学系统。这种为了便于数学推理和计算，暂时舍去符号的意义，只考虑形式之间的各种逻辑关联的做法，本质上也就是语形推演的过程。最后，数学符号的逻辑变换由语境决定，而语境本质上又和意义相关。数学家们建立数学体系并不是为了进行纯粹抽象的、毫无意义的符号推演，符号游戏并不是数学的本质，因此，在形式数学系统确立之后，还必须对其进行解释，这样，数学对人类的价值和意义才能得到体现。具体来讲，数学符号、数学公式及数学公式之间的推演经语义解释后变成命题以及命题之间的推导。一方面，形式数学系统经解释形成各种不同的数学结构，推演出各种不同分支；另一方面，它被直接解释为各种科学定律。总之，“数学语言的确立→数学系统的形成→数学模型的解释”，本质上也就是一个“语用约定→语形推演→语义解释”的完整的演绎数学的语境结构模型。

当科学和数学本身继续发展又出现新的问题时，数学家们便得再次开始构造新的语言，做出新的假设，进行新的数学推演，以求获得对新问题的解。这时或者数学的域面得到扩大，或者出现新的数学分支，或者数学和其他学科之间的相互作用发现了数学的新的意义。和其他科学研究一样，数学研究也是在不断求解难题的过程中得到进步的，因此，数学知识的增长过程实质上就是数学难题再语境化的过程。

我们说，语境是语形、语义和语用统一的基底，是语形语境、语义语境与语用语境的结合，这三者之间若没有相互关联同样也构不成“语境”。事实上，数学结构的语形、语义和语用之间是相互交融和相互关联的。首先，数学的语形表征是数学家们为了语用目的而构建的，同时，形式系统中公式之间的不断推导暗含了语形所指的变化，即语义的变化。其次，语义解释的实现依赖于语形的符号表征，没有语形表征而空谈语义是不可行的，因为不存在无载体的信息。例如，如果不经过数学语言的陈述和数学公式的推理计算，科学定律的意义就无法实现，科学进展也会受到巨大阻碍，甚至寸步难行。因为，“正是数学家对参与到物理理论中的数学的深层理解，做出数学预言，物理理论的解释才成为可能”①。此外，语用目的和语用域面规定着相应的语义解释。没有语用的限定和约束，语义解释的多样性就无法得到具体的实现。因此语义解释的实现就离不开语用的指引和限定，只有在特定的语境下，语用才能使语义的选择成为可能。总而言之，没有语形语境就没有数学的表征，没有语义语境就没有数学的解释、说明和评价，而没有语用语境就没有数学的发明。②因此，数学语境本质上也是语形、语义和语用的统一。

演绎数学之所以能够语境化，就在于数学和语境之间具有内在关联。事实上，演绎数学的整个发生、发展过程都是依赖语境的。

首先，数学家们为了获得问题的解要建立合适的数学系统，而不同的数学领域是用不同的形式系统来表征的。具体的数学领域将确定具体的语言，因此，数学体系的语形表征依赖语境。例如，群论形式系统的形式语言包括个体变元 x_1，x_2……，个体常项 a（单位元），函数符号 f_1（逆）、f_2（乘），=，(，)，→，～；算术形式系统的形式语言包括个体变元 x_1，x_2……，个体常项 a（代表 0），函数符号 f_1（后继）、f_2（和）、f_3（积），=，(，)，→，～。③显然两个系统的个体常项和函数符号的表征是不同的。其次，数学的整个形式推演过程也在语境之中。数学的形式推演过程包括公理和推理规则。由于所有的数学都遵循同样的推理规则，即从 A 和 A→B 推出 B，或者由 A 推出 ∀（x）A，因此，数学推演依赖语境就体现在公理的语境依赖性上。例如，算子 Φ、公理 $\Phi(ax+by)=\Phi(ax)+\Phi(by)$ 在线性算子代数中成立，而在非线性代数中不成立。不同的数学语境规定着不同的公理，以公理作为前提的整个数学证明都在语境之中。总之，在形式数学系统中，语用约定的数学语言和语形推导的数学证明都依赖语境，数学语境的整体性刻画着数学系统的整体建构。

① Corfield D. Towards a Philosophy of Real Mathematics. Cambridge：Cambridge University Press，2003：143.

② 郭贵春 . 科学修辞学的本质特征 . 哲学研究，2000，（7）：24.

③ 哈密尔顿 A G. 数学家的逻辑 . 骆如枫，陈慕昌译 . 北京：商务印书馆，1989：144-149.

除数学系统的建立及形式推演过程依赖语境之外，对形式系统做出的数学解释也同样依赖语境。因为数学语境是具体的，而不是抽象的。为了使抽象的数学语境具体化，还必须对其赋予特定的语义解释，这种特定的语义解释就是由语用目的和特定的语形表征在不同语境前提下共同决定的。相同的语形在不同语境中可以有完全不同的语义解释。例如公式 $\forall(x_1)(x_2)(A(x_1, x_2)\to A(x_2, x_1))$，在形式算术中，被解释为对任意自然数 x_1，x_2，如果 $x_1=x_2$ 则 $x_2=x_1$，谓词 A 被解释为"="。而在形式群论中，这个公式却被解释为，对集合 A 中任意元素 x_1，x_2，若 $x_1x_2=e$ 则 $x_2x_1=e$，谓词 A 解释为"x_1 和 x_2 互为可逆关系"。因此，数学解释的前提依赖于语境的存在，而数学系统和相应的解释理论之间的内在关联又是形成语境的必要条件，只有在语境各要素相互关联的整体中才能找到合适的数学解释。例如，杨振宁的杨－米尔斯方程和陈省身的微分几何中的纤维丛方程的数学结构是一一对应的。不仅如此，吴大俊和杨振宁在 1975 年发表的论文《不可积相因子概念和规范场的整体公式》中给出的规范场和纤维丛的术语对照表，也表明两者是对应的。① 这就是数学理论得以在物理中成功应用的语境相关性的深刻反映。数学语境和物理语境的结构关联使数学解释得以展开，数学解释生成于更大的语境之中。解释依赖语境，没有语境也就不存在解释。

由此看来，演绎数学的发生、发展和应用都是在语境之中的。

2. 算法数学的语境解释

在数学的发展模式中，除以欧氏几何为源头的演绎体系之外，中国古代的《九章算术》开创了另一支数学模式——算法数学的先河。从问题出发，以计算为核心的算法数学的语境结构及其演进过程如图 2 所示。

---

① Wu T T，Yang C N. Concept of nonintergrable phase factors and global formulation of gauge fields. Physical Review D，1975，12（12）：3845-3857.

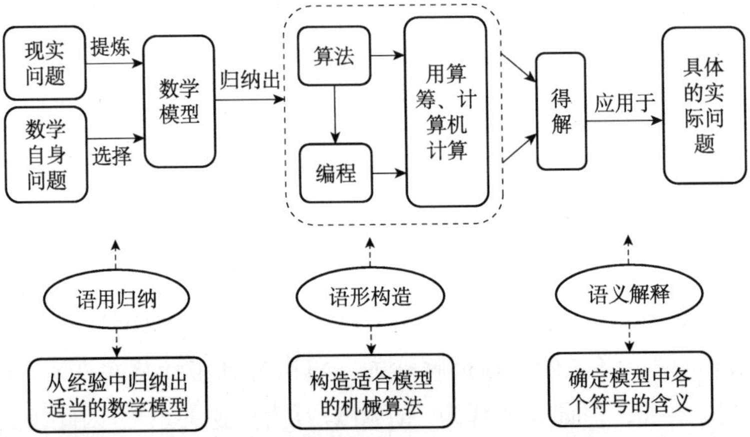

图2　算法数学的归纳式的经验语境

如果说演绎数学着重于理论数学，注重定理的逻辑推理，那么算法数学则偏重于应用数学，强调算法的构造性和合理性，更注重归纳和实验。具体来说，首先，数学家把遇到的现实问题和数学自身存在的问题进行归类，建立相应的数学模型。数学模型的建立以实际问题为前提，也就是从实际问题的语用出发，抽象出数学模型的语形表征。从语形表征的角度看，以中国古代的筹算为例，算法数学模型的语言用算筹（即一种细长的小棍）表征。例如，最基本的记数可用算筹表示，共有两种摆法，其中纵式为：𝍠 𝍡 𝍢 𝍣 𝍤 𝍥 𝍦 𝍧 𝍨 。计算也通过算筹来进行位值计算。例如，《九章算术》“方程”章中第一问：①

> 今有上禾三秉、中禾二秉、下禾一秉，实三十九斗；上禾二秉、中禾三秉、下禾一秉，实三十四斗；上禾一秉、中禾二秉、下禾三秉，实二十六斗。问上、中、下禾实一秉各几何？

这道题如果用现在的线性方程组来表示，则如下所示。

$$\begin{cases}3x+2y+z=39,\\2x+3y+z=34,\\x+2y+3z=26。\end{cases}$$

① 傅海伦．传统文化与数学机械化．北京：科学出版社，2003：39.

在中国古代，其数学模型则可用算筹表示，如下所示[①]。

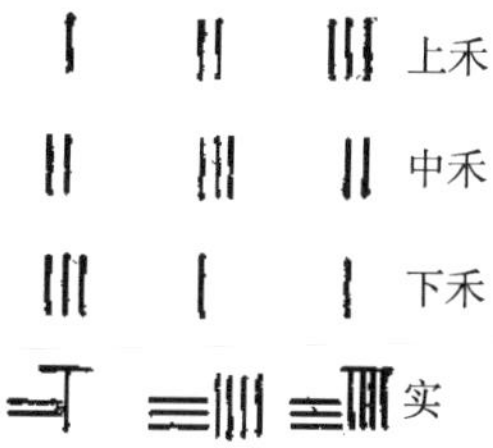

其中，它的各个系数用算筹表示，采用直排，阅读时从右到左。从符号学角度来看，如果说演绎数学的语形表征是用形式语言来刻画的，那么，中国古代的算法数学则是借助于有形的计算工具如算筹来表示的。

其次，在构造完数学模型之后，要试图归纳出一种算法，然后进行计算。算法语言是一种特定的数学符号的变换，这种符号变换在中国古代的筹算中表现为算筹的每一步摆法。算法和程序都适合于一定模型，因而算法体系中数学符号之间的逻辑变换或者算筹之间的位置变换同样依附于相应的数学模型。

最后，对计算结果进行验证，如果对此类问题中的每一个问题，解都满足，则算法有效，否则重新建立算法。把这种一般的、有效的算法当作此类数学模型的解法原理用于具体的实际问题当中，对数学模型的解给出具体解释。可见，“数学模型的语用构造→算法 / 程序的语形变换→计算结果的语义解释”的整个算法数学的活动都是在语境之中的。由此，由数学家、问题、算法、计算工具（算筹、算盘、计算机等）之间的相互作用方式共同构成了算法数学的语境结构，其中内含了语用、语形和语义的统一。

算法数学的语境依赖性主要体现在以下几方面：首先，算法数学的基点是问题，数学模型的构建一定以问题为出发点。因此，一类问题的数学模型的语用构造由此类问题所在的语境决定，如自然界和社会生活中大量存在的随机现象一定是概率统计模型的原型。其次，在建立数学模型的基础上寻找合适的算法，算法依赖于具体的计算工具。同一个模

① 刘云章．数学符号学概论．合肥：安徽教育出版社，1993：41.

型的算法可以有多种，但是，每一种算法中符号之间的变换却都以各自算法所在的算法语境来决定。事实上，一种算法就是一套运算规则，运算规则也就是所谓的“算法语境”，不同的运算规则就构成了不同的算法语境。当然，算法语境的建立是以特定问题所在的数学模型来决定的。例如，约分和求最大公约数的算法显然与方程术中的算法不同。如果从筹算的角度看，两者所采用算筹的具体摆法是不同的；如果从现代计算机的程序语言看，计算机的每一个计算步骤也是不同的，它们是由特定的运算规则来决定的。最后，对计算结果进行还原，确定唯一的解释，也就是原有问题的解。解释的唯一性由原有问题的现实语境决定。因为在进行数学模型的构建时，每一个数学符号都对应着问题中的特定含义，每一个算筹都代表着特定问题中的意义。因此，数学符号的含义从一开始就是确定的。这样，算法数学的整个发展过程本质上都和语境相关。

总之，从语境的视角来理解数学知识的增长，无论是演绎模式还是算法模式，数学都历经着“数学模型的语用构造→数学系统的语形变换→数学模型的语义解释”的发展过程。不同之处在于，演绎数学更多地表现为一种推理严密的理性的逻辑语境，而算法数学则表现为一种构造式的、归纳的经验语境。演绎数学的进步表现为“公理→定理”的推演模式，即演绎式的增长。当所求问题不能获得证明或否证时，也就是在现有的数学语境中难题求解不能继续进行时，数学家就会试图用新的思路重新构造语言或者建立新的规则，使难题所在的数学语境的域面扩大，亦即使难题包容到新的数学语境中。算法数学的进步表现为“发现新问题→构造新算法”的归纳模式，即归纳式的增长。当发现有新的问题不能用现有算法进行求解时，数学家们便开始重新构造一套新算法，使难题在新的算法语境中获得意义。因此，在语境的视域下，数学知识的增长表现为一种使数学难题再语境化的过程。在某种意义上，这也正是库恩所谓的数学革命。但是，库恩意义上的范式之间不可通约，而数学语境的更迭却是渐进、连续和可通约的，这就体现出语境分析对于理解数学本质是很有意义的。

三、数学语境的结构特征

从数学的逻辑、数学史、数学社会学和数学实践的视域出发，数学本质可以得到不同层面的解释。一个数学解释理论之所以存在，首先是因为数学本身有该方面特征，其次是因为这个理论有自身特殊的解释原则或者说解释方法的内核。因此，数学解释语境的存在，同样也是由其自身所具有的本体论和方法论层面的特征所决定的。

1. 整体性

数学语境是语用、语形和语义相互作用的统一的有机整体。它强调要在整体中理解数学的发生、发展。具体来讲，首先，数学语言的语用约定由具体的数学语境来确定，它为建构整个数学系统作最基础的铺垫。其次，数学公式之间的关系链构成了数学推理的证明语境，在这个语境中，具体的数学公式没有意义，只有在整个数学推演中公式的意义才能体现出来。最后，数学的语义解释由整体语境中特定的语用目的和语用域面的大小及特定的语形表征共同决定。只有在语境中，数学推演的含义才能具体化。总之，数学语境的核心就在于以相互关联的整体为基点分析数学的意义，从语形、语义和语用的结合中去透视数学发生、发展的规律。

2. 关联性

语形、语义和语用相统一的语境基底，预设了关系的存在，换句话说，各种背景之间的内在关系是形成语境的必要条件。事实上，在形式数学证明中，有穷公式序列的逻辑排列并不仅仅是纯语形的表征，它还内含了数学推演的具体含义，否则数学证明就是无意义的。不仅如此，一个数学证明还暗含着数学家为何选择这种证明方式而不是其他方式的考虑，一个具体的数学证明同时具有语用、语形和语义的特征。因此，在看待一个证明时，不仅要懂得数学公式之间的推演关系，而且还要挖掘数学证明主体构造证明的思想，更要理解证明所内含的实质含义：只有看到它们之间的内在关联，才能真正理解一个数学证明的意义。总之，数学语境是一个动态的有机关联的整体。

3. 层次性

数学语境存在层次差别，低层次语境向高层次语境的扩张是数学发展得以展开的前提。例如，数的扩充如图 3 所示。

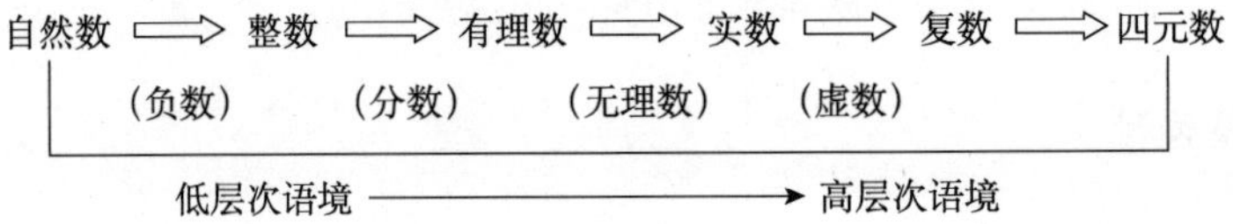

图3　数的扩充

由于负数的产生，自然数域向整数域扩充；整数比导致了分数的产生，由此，整数域扩充为有理数域；进一步，不可公度比的发现使有理数域扩充为实数域；负数开方问题导致复数域的诞生；最后复数域再次扩张又出现了四元数。数学语境在不断扩张，数学问题也不断得到解决，最终促进了数的发展。

4. 多元性

从语境的方法论角度讲，可从不同的视角来理解数学的发生、发展，这个特征称为数学语境的“多元性”。例如，可从语形、语义和语用的视角或者从逻辑、历史和社会的视角来理解数学知识的本质。同时，由于数学研究在特定的数学共同体中进行，因此，数学发展本身所处的历史条件和社会性的影响不可忽视。所以，从多个视域来理解数学的本质及意义是十分必要的。

四、数学知识语境化的意义

数学知识的语境化为理解、说明数学提供了一个新视角，对于理解数学本身有着重要的哲学意义。按照弗雷格“语境原则”思想，数学的意义本质上和语境相关，因此，对数学做出的意义陈述不必是绝对的，而是有一个语境前提。在相应的语境框架下理解数学的发生、发展，就为数学的意义分析提供了一种新的理解思路。

首先，在本体论上，数学对象存在的合理性前提依赖于语境。例如，方程 $x^2+1=0$ 在实数范围内的解是不存在的，但若在复数范围内，则它的解是存在的。同时，数学对象的意义也随语境的不同而不同。距离在牛顿力学所依赖的欧氏空间中为 $d=\sqrt{x^2+y^2+z^2}$ ，x，y，z 为空间中点的坐标，距离是三维空间中的距离；而为广义相对论提供几何学框架的闵科夫斯基空间，它的距离 s 是 $s^2=x^2+y^2+z^2-c^2t^2$，x，y，z 同样为空间中点的坐标，第四维引入了时间，且时间轴是虚的，这样，距离就成了四维时空中的距离了。因此，语境本体论的实在性为理解数学对象及意义提供了一个基础。

其次，在认识论上，数学真理不再是绝对真理。例如，欧几里得的《几何原本》在非欧几何产生之前一直占有绝对真理的地位。而现在，欧氏几何的真理只有在现实的三维空间中才成立。此外，在某种程度上，数学知识的真理性还涉及数学共同体的价值评判标准。一方面，我们承认自然本身的实在性，另一方面，数学知识作为人类理解自然界的一种工具，必然涉及某种社会性，数学定理的证明需要数学家共同体的一致认可，“一个数学证明只有在被社会认可为一个证明之后才称其为一个证明”①。也正是在这个意义上，数学真理不是绝对真理。

最后，在方法论上，数学自身的语境化为运用语境分析方法对数学进行新的解释提供了前提。首先，数学发展的整体性和关联性的语境解释向数学家表明，一个数学难题的解决需要数学各分支的融合。其次，关于数学知识的起源、证明和应用的语境解释中，语用主体的引入不仅使哲学家，而且也使数学家认识到，数学的发展不只是按逻辑必然地发展，它还受到特定的社会因素和历史因素等的影响。正是在

---

① Ernest P. Social Constructivism as a Philosophy of Mathematics. Albany：State University of New York Press，1998：183.

这个意义上，数学知识的语境化对于当代数学和数学哲学的研究有着十分重要的意义，数学知识的语境分析也将成为人们理解数学的一种新的视角，同时，它也将是当代数学哲学研究中一种新的较有前途的方法论趋向。

走向语境论世界观的数学哲学*

一、数学哲学的研究范式及其任务

毋庸置疑，在以问题为主导的数学哲学研究范式的框架内，任何一位数学哲学家如果想提出自己的观点或者解释立场（比如像数学柏拉图主义、结构主义、虚构主义、模态唯名论、自然主义、社会建构论等），那么他 / 她在形成自己的观点并为之辩护之前一定有其依赖的背景性的预设框架。简单地说，我们把这种背景性的预设框架理解为关于“数学哲学的定位”或者“数学哲学的研究范式”。事实上，在当前的数学哲学界，构建一种合理的“数学哲学的研究范式”已经变得相当迫切，不仅哲学家们之间展开了广泛的争论，甚至连数学家、数学史家和数学教育学家们也迫不及待地加入了这个行列。其中一部分原因在于，一些数

* 本文发表于《科学技术哲学研究》2009 年第 4 期，作者郭贵春、康仕慧。

学家已经无法忍受由（过去的和当前的）某些倡导数学柏拉图主义的哲学家们为数学描绘出的图像：数学是对柏拉图式的抽象数学世界的研究，数学真理就是关于这些抽象对象（或者结构）的真理，数学家们从事的就是这种探索数学真理的一项事业，数学对象或者结构的存在和数学真理独立于数学家们的实际研究活动。在他们看来，数学柏拉图主义的哲学家们为数学描绘出的这幅图像实在令人担忧，因为这些哲学家们极有可能正在从事（或许将来也一直从事）一项误解真实的数学实践面貌的冒险事业。这样，许多职业数学家们忧心忡忡地加入到了数学哲学的研究队伍中来，他们开始关注数学哲学家们的研究工作，并反思数学的本质，思考着数学哲学究竟该如何前行。从根本上讲，上述那些质疑的声音不仅仅是对传统数学哲学观点的反对，它们更直接关系到了数学哲学的规范性问题：数学哲学家们实际需要承担的任务是什么？

坦白地说，这个问题是数学哲学家们实际从事研究的背景性的预设前提，它是一个元数学哲学问题或者说是一个数学哲学的元理论问题。从逻辑上来讲，数学哲学家们在从事具体的研究之前首先应该非常清楚数学哲学的任务，毕竟正如只有在确切地知道了航行的目的地和航线之后，一艘航船才能顺利抵达终点一样，如果任由这艘航船自行探索，极有可能徒劳无功甚至适得其反。令人遗憾的是，数学哲学的情形恰好如此。人们对于数学哲学究竟应该赋予自身一种什么样的责任似乎依然不是十分清楚。迄今数学哲学研究的探索旅途中相继出现了三种不同的研究范式：①规范的（或者“第一哲学”的）数学哲学；②描述的（或者“与哲学不相关”的）数学哲学；③自然主义的数学哲学。

1. 数学哲学的三种研究范式

第一，规范的数学哲学范式。这种研究范式的基本理念在于，以一种先验的“第一哲学”的探究方式为数学实践规定一幅标准的图景。根据这种观点，数学家们应该按照这幅图景从事研究，数学哲学先于并决定（或者指引）数学实际被探索的方式。当数学和哲学发生冲突时，数学家们应该纠正自己的实践来满足相应的哲学要求。比如，数学中的柏拉图主义和直觉主义就是典型的以“第一哲学”为思考框架的数学哲学。在柏拉图主义者看来，数学实体（它们既不是物质实体，也不是心灵实体，而是一种独立于人类思想和活动的第三种实体，即抽象实体）客观地存在着，数学定理就是关于这些数学实体的客观真理，数学中的抽象单称词项指称着这样的实体。因此，数学家们的工作就是发现这些数学实体和数学事实，对其性质和结构进行描述，并且对这些描述给予严格的数学证明。这样，既然数学中的定理都是客观真理，当我们在实际的数学演进中发现了有错误的数学定理时，这条数学定理就不再应该被继续接受为是“数学定理”。

类似地，数学中的直觉主义认为，数学实体的存在和一个数学陈述是否为真依赖于数学家们的心灵和构造活动。“只有被构造的才是存在的”是他们明确的口号，当代著名的英国哲学家达米特（Michael Dummett）就是一位典型的数学直觉主义者。这样，经典逻辑、非直谓定义、选择公理和实无穷就应该从经典数学中排除出去。因为，“不存在先于数学活动而被确定的所有实数的静态集合”①，简单地说，人们无法构造出一个现实的无穷序列，实无穷自然就是不合法的。

持有这种研究范式的数学哲学家们基本上是受过严格训练的哲学家或者逻辑学家，他们的目标似乎并不是为了使人们更好地理解现行的数学实践，而是试图给出关于数学的一种绝对的规范性说明。在这种说明框架中，所有的数学似乎必然地都符合一些给定的特征，并且都按照一种模式演进。比如，逻辑主义和新逻辑主义的信条就是把数学看作逻辑，数学的演进俨然符合演绎推理，数学被看作一门演绎科学。他们的根本缺陷就在于忽视了现行的数学实践，是一种典型的非历史说明。当然我们知道现今的实验数学已经使用了大量的归纳推理，简单地把数学看作一门演绎科学的观点已经过时了。再比如当前流行的各种版本的结构主义数学哲学，它们都认为数学研究的核心就是结构，数学也被看作是一门研究结构的科学。但是，只要我们关注一下真实的数学，就会发现这

① Shapiro S. Philosophy of Mathematics：Structure and Ontology. New York：Oxford University Press，2000：23.

种结构主义数学观仅仅描述了部分数学，像数论和集合论这样的数学分支很难用结构的术语对其进行描述。因此，试图用一种规范的、绝对的、普遍的“第一哲学”的传统方式描绘出关于数学的一幅全景图像，已经不能适应这种要求。

第二，描述的数学哲学范式。这种研究范式的基本信条认为，数学哲学没有自己的研究主题，数学哲学家们关于数学的哲学说明不会对实际的数学进步产生影响，数学不需要哲学来指引，数学是独立的，数学哲学唯一需要做的就是把实际的数学面貌如实地加以描述。按照这种主张，无论是声称抽象的数学对象存在的数学柏拉图主义还是认为那些对象根本不存在的数学反柏拉图主义，都不会改变数学家们实际从事研究的态度和方法。数学家高尔斯（William Timothy Gowers）明确地指出了这一事实：“如果A是一个在柏拉图主义意义上相信数学对象存在的数学家，那么他的外在行为将和他的同事B的外在行为没有什么不同，而B相信这些数学对象是假想的（虚构）实体，依次地，B的外在行为就像C的外在行为一样，然而C相信关于数学对象是否存在的问题是无意义的。”[①] 既然如此，数学的实在性对于实际的数学研究就是无关紧要的，取而代之的则是试图理解并描述数学实践。因此，“与诸如理解数学对象（本体论）或者数学知识（认识论）这样的传统目标相对照，数学哲学的新趋向很大程度上是一种试图理解数学实践这个概念的努力”[②]。显然，描述的数学哲学极有可能取消传统数学哲学的研究主题，在这个意义上，数学哲学是可有可无的！

持有这种研究范式的数学哲学家们一反传统的“第一哲学”式的思考，转而更多地强调数学的历史维度和社会实践。比如，拉卡托斯就倡导以经验的历史方法回到数学史中寻求对数学知识的说明。正如欧内斯特所看到的，“拉卡托斯的目的是要提供一种更为准确的关于数学的描述

---

① Gowers T W. Does mathematics need a philosophy?//Hersh R. 18 Unconventional Essays on the Nature of Mathematics. New York：Springer Science & Business Media Inc.，2006：198.

② Tymoczko T. New Directions in the Philosophy of Mathematics. Princeton：Princeton University Press，1998：385.

性理论，这种理论可以说明数学知识的起源和确证，同样也能说明数学的历史和它的逻辑证明结构”①。拉卡托斯的研究不再恪守由逻辑实证主义为数学描绘出的那种先验的、教条式的欧几里得式的演绎图景。因为，“在演绎主义的风格之中，所有的命题都是真的，并且所有的推演皆是有效的。数学表现为一个不断增长的永恒不变的真理集合。反例、反驳、批评都不可能进入”②。然而通过历史地考察，拉卡托斯发现真实的数学活动是一项试探性的事业，数学知识也是可错的。另外，比拉卡托斯激进的一些数学社会建构论者和数学人文主义者们则试图从社会维度来理解数学实体和数学知识的本质。上述两种路径的共同之处在于，他们都对数学知识的问题感兴趣，试图描述现实实践中的数学演进。但是当他们为数学提供出这样一幅描述性图景的同时，却忽略了数学与实在世界之间的关联（比如，数学是如何应用的，数学在实在世界中居于一个什么样的位置等）。

第三，自然主义的数学哲学范式。这种研究范式的基本倾向在于，试图把数学哲学的问题还原为科学问题（科学自然主义）或者还原为数学问题（数学自然主义）。科学自然主义者用自然科学的方法取代传统的先验的哲学方法。他们的根本目标是“放弃第一哲学”，用自然科学的研究取代相应的哲学研究。对这种观点的提倡和积极辩护源自当代哲学家奎因。按照科学自然主义的方案，数学的本体论和认识论问题都应该交由科学来回答。因为在奎因看来，自然科学是实在的唯一仲裁者，并且我们关于实在世界的知识只能通过科学的方式获得。他分别在其论文《自然化的认识论》和《经验主义的五个里程碑》中论述道：

> 认识论，或者某种与之类似的东西，简单地落入了作为心理学的因而也是作为自然科学的一章的地位。③
>
> 自然主义把自然科学看作是对实在的一种探究，自然科学

① Ernest P. Social Constructivism as a Philosophy of Mathematics. New York：State University of New York Press，1998：116.

② 拉卡托斯 . 证明与反驳——数学发现的逻辑 . 方刚，等译 . 上海：复旦大学出版社，2007：154.

③ 涂纪亮，陈波 . 蒯因著作集（第 2 卷）. 北京：中国人民大学出版社，2007：409.

是可错的和可纠正的，但是它不对任何超科学的法庭负责，并且不需要超越于观察和假说 – 演绎方法之上的任何辩护。[①]

这样，数学哲学的事业就可以被自然科学的事业所取代。

与科学自然主义相类似，数学自然主义者玛戴（Penelope Maddy）也主张拒绝第一哲学的探究方式。不同之处在于，在玛戴看来，数学知识的确证应该根据数学自身的标准来衡量，而并非取决于外在于数学实践的科学标准。她明确声称：

要从数学之外的任何一种优势地位对数学方法做出评判，比方说从物理学的优势地位，似乎对我而言走向了作为所有自然主义的基础的基本精神的反面：自然主义确信一个成功的事业，无论它是科学还是数学，都应该按照它自己的术语被理解和评价……数学不对任何超数学的法庭负责，不需要任何超越于证明和公理化方法之上的确证。奎因认为科学独立于第一哲学，我的自然主义认为数学既独立于第一哲学，也独立于自然科学（包括和科学相连的自然化的哲学）——简言之，独立于任何外在的标准。[②]

因此，按照这种评判标准，数学的认识论问题能被自然化为数学问题，既然只有通过现行的数学方法才有可能获得关于数学真理的知识，这样，作为哲学分支之一的数学认识论就可以被取消。

值得注意的是，玛戴的数学自然主义的方法并不能把数学的本体论问题自然化为数学问题。因为按照现行的数学实践，像“存在无穷多个素数”和“空集存在”这样大量的数学存在性断言，数学告诉我们的仅仅是“素数”和“空集”存在，至于它们存在的本质（比如是否存在于时空中）则没有进一步说明。这样，“数学存在的本质最终就是一个开放的问题……对于数学自然主义来说，本体论外在于数学”[③]。然而即使如

① Quine W V. Theories and Things. Cambridge：Harvard University Press，1981：72.

② Maddy P. Naturalism in Mathematics. New York：Oxford University Press，1997：184.

③ Roland J W. Maddy and mathematics：naturalism or not. The British Journal for the Philosophy of Science，2007，（58）：439.

此，根据数学自然主义的标准，哲学仍然不能对数学的本体论问题进行任何评论。这样，“数学哲学的恰当作用就完全是描述的：哲学，外在于数学，既不能批评也不能对数学的陈述和方法进行辩护；它只能分析现行的数学实践”①。

2. 数学哲学的根本任务

如上所述，从某种程度上而言，当代关于数学本质的哲学争论实际上潜藏着各种观点和解释立场背后所依赖的各种不同研究范式之间的竞争。我们现在所要解决的问题是，当哲学家们试图给出数学本质的说明和解释时，他们依赖的研究范式本身是否合理。这个问题值得每一位数学哲学家深入思考，尤其是当数学哲学界各种派别的观点僵持不下时更是如此。

因此，为了使数学哲学的进一步探索免于任何莽撞的冒险，我们首先需要检验上述三种研究范式，或者在其中做出选择或者另行开启一条新的航线。鉴于此，考虑下述问题对我们的考察将是有益的：

（1）数学的实践是否应该遵循先验的“第一哲学”标准？哲学的探索可以指引或者决定数学实际被做的方式吗？

（2）数学哲学对于我们探索实在世界的本质真的无能为力吗？数学哲学的研究事业是否应当被取消？

（3）如果我们承认数学的哲学探索是有意义的，那么这些研究能通过科学的方式或者数学自身的方式得到回答吗？或者说数学的哲学问题是否能被还原为科学问题或者数学问题？

可以肯定，上述问题是任何一种数学哲学探究在其具体的起航之前必须予以回答的。否则，我们艰辛的努力极有可能导致下述结果：

（1）为真实数学实践描绘出一幅虚假图像，误解甚至歪曲了数学的实际面貌。

（2）从事着一项由数学家和数学史家也能完成的事业，并且我们的

---

① Roland J W. Maddy and mathematics：naturalism or not. The British Journal for the Philosophy of Science，2007，（58）：426.

研究在本质上没有任何实际的意义，自身的哲学研究得不到辩护，终将徒劳无果。或者换言之，由数学家和数学史家告诉我们的数学形象就囊括了关于数学之说明的全部。

（3）数学的本体论和认识论问题应当由科学或者数学自身的探索加以回答，没有任何超科学或者超数学的评判标准，而实际上我们的研究恰恰使用了外在于科学或者数学的哲学探讨方式。

不难看出，在我们的分析中已经隐含了对上述问题的回答。这就是：一方面，我们首先必须拒绝传统的先验的“第一哲学”的研究范式（因为，数学哲学最根本的目标在于给出实际数学的合理说明，而不是修改现行的数学实践）；另一方面，我们还必须为自己的数学哲学事业进行辩护（否则我们的一切努力都将白费，毕竟这是任何一种研究方案得以前行的必要前提）。

这样，数学哲学研究的一种合理性的背景性预设框架逐渐明晰起来：①数学哲学的根本任务在于对实际研究中的数学给予合理说明，这就要求我们的哲学探索必须以数学家们的实际工作为基础，关注真实的数学实践。毕竟，不了解范畴代数就对其进行说明和评论，这种哲学立场是无法让人接受的。②数学的哲学探索一定有着自己特定的研究主题，哲学家们（为理解数学以及数学在我们的实在世界中所处位置）的探讨方式不能被其他的研究所取代。③关于数学的哲学说明还必须与我们的科学的世界图像（即科学的世界观）相一致。

由此看来，研究范式的选择取决于数学哲学自身的任务。在我们看来，一种合理的数学哲学的根本任务已经由充满智慧洞识的数学哲学家希哈拉（Charles S. Chihara）所意识到：“它试图寻求提出一种对数学本质的连贯的、整体的、普遍的说明（这里的数学，我指的是由当前数学家们实践和发展的实际的数学）——这种说明不仅与我们关于世界的当今的理论观点和科学观点相一致，而且也与我们作为具有这类感觉器官的生物有机体在世界中的位置相一致，这种位置由我们最佳的科学理论所刻画，而且它还与我们所知道的关于我们对数学的掌握是如何获得和检验的相一致。”[①]

通过上述分析，我们已然看出：规范的（或者“第一哲学”的）、描述的（或者“与哲学不相关”的）及自然主义的研究范式都不足以完成由希哈拉所规定的数学哲学的根本任务。这样，我们就必须致力于寻求满足上述数学哲学目标的一种合理的新的研究范式。

在这种新范式的引领下，我们希望数学哲学家们的工作能够从拉卡托斯所描述的下述时代中扭转过来，即“数学史，在缺乏哲学的引导下，已变得盲目了；而数学哲学，在置数学史上最引人入胜的现象于不顾时，已变得空洞了”[②]。我们期望21世纪将会呈现出如下图景：不仅数学哲学和数学史能够有效对话，而且数学哲学家们的工作也能切实引起实际从事研究的职业数学家们的充分关注，通过数学哲学、数学史和数学学科间的合作共同推动数学学科自身的进步，同时也将有助于我们进一步理解数学进而更好地理解外部的实在世界。然而，我们必须清醒地意识到，这项事业的探索是一条漫长的、任重而道远的艰难之路，即使如此，数学哲学还是应当勇于承担起这样的责任。毕竟，不关注数学实践和现实世界的“学院式”的数学哲学探究，或许充其量仅仅是一座只有令哲学家们孤芳自赏的海市蜃楼的幻景。

因此，我们当前的任务是必须规范数学哲学的功能，而且有必要探索一种适用于学界所共同遵守的数学哲学学科研究范式。在这个范式下，学界共同体在研究的特定主题、解决问题的恰当方法、背景性的预设框架、未来数学哲学的发展方向等方面意见一致。在给数学哲学合理定位的前提下开展一系列研究工作，以使我们的数学哲学事业更加繁荣，并且也可以为相关学科提供启发性的思路。或许更有意义的是，对于国内学者而言，我们可以预期和国际同行取得对话，而且还能有我们自己的特色。

我们所要倡导的“语境论世界观的数学哲学”正是探索这样一种研究范式所作的努力之一。它的核心理念在于主张，数学哲学研究的基点

① Chihara C S. A Structural Account of Mathematics. New York：Oxford University Press，2004：6.

② 拉卡托斯 . 证明与反驳——数学发现的逻辑 . 方刚，等译 . 上海：复旦大学出版社，2007：ii.

应该以数学实践为基础，数学的形而上学（哲学）探究不能被其他任何形式的研究所取代，这种探究要与科学的世界观保持一致，在整体论的、动态的语境论世界观的框架中进行。

二、数学的形而上学定位

既然我们是要为上述的数学哲学任务提出一种合理的数学哲学研究范式，因此，我们首先必须为我们的学科事业进行辩护，以此表明关于数学的哲学探索的必要性及重要意义。

正如上面的分析所指出的，为了避免出现“数学的哲学解释有可能误解或者歪曲真实的数学面貌”的倾向，一种合理的数学哲学观必须首先建立在尊重真实数学实践的基础之上；但是在强调这个导向时，我们必须谨慎。因为，这样做的另一个可能的倾向就是会使人们趋向于“就数学论数学”或者“仅仅是为了说明数学而说明数学”的状况，它随之带来的危险就是：数学哲学的事业逐渐萎缩甚至有可能被取消。退一步来说，即使数学哲学的研究是有意义的，但是这项工作一旦被还原为仅仅是科学问题或者数学问题，那么数学哲学的存在仿佛形同虚设一般。简言之，为了避免另一个极端倾向——人们对认真而严肃的数学哲学事业产生严重误解的倾向的出现，因此，我们必须对有意义的关于数学的哲学探索进行辩护。此时，关于“数学的形而上学”的考察恰好能够担此重任。下面我们进行详细分析。

应当承认，或许有相当一部分人对数学的形而上学[①]（比如数学本体论）研究长期持有一种漠视和怀疑的态度，出现这种情形不难理解。这来源于两种认识：第一，数学的哲学探索不会对实际的数学研究和演进产生任何影响，数学的本体论探究更是如此（因为它不能深入数学内部挖掘出一些真正有趣和有意义的数学分支并对其有价值的部分给予说明）。第二，哲学界，确切地说科学哲学界，曾经盛极一时的对待“形而

① 本文中的“形而上学”在两种意义上使用：第一，作为一般哲学（包括本体论和认识论）的代名词；第二，专指具体的“本体论”研究。

上学”的漠视和贬低的普遍态度加剧了人们对它的厌恶情绪。哲学家昂（Bruce Aune）和西格（William Seager）分别指出了这种境况：

在 20 世纪初期，当逻辑实证主义者将“形而上学”视为“哲学的胡说”的同义词并坚持形而上学论断是“认识论上无意义”的时候，对形而上学的批判态度变得特别明显。当前，对形而上学的兴趣得到了有力的复兴，但由于它长期受忽视，这门学科仍受到极大的误解，对它的“信任凭证”的怀疑仍在增长。①

在当前的科学哲学中，“形而上学”基本上是贬义词，被运用于所有认作是不正当的非经验领域。②

事实上，客观地说，形而上学研究有着其他科学所不具备的真正价值，我们应该认真而严肃地对待它。这就需要我们：一方面澄清人们对形而上学长期以来产生的误解；另一方面使人们真正了解形而上学的本质及其不可替代的价值。

关于第一点，上述误解来源于“人们往往通过别的标准来衡量形而上学”的不正确的形而上学观。比如科学家们或许不自觉地经常用科学的标准来衡量，人们对待形而上学的这种态度有时候非常类似于科学家们对待科学哲学的态度，正如当代著名的科学哲学家牛顿 – 史密斯（W. H. Newton-Smith）所言：“科学家尤其不时地表露出对科学哲学的失望。他们错误地期望科学哲学本身将会促进科学的进步。……科学哲学的目标在于为我们提供某种理解，而不一定会使我们在它让我们理解的对象上做得更好。……科学哲学的价值在于增加我们对科学的理解，而不一定会使我们成为更好的科学家。科学哲学不会这一套。”③④ 因此，形而上学一定有着不同于科学的自身的任务，这就涉及我们上述提到的第二点。

我们首先在学科划分的意义上对科学与形而上学做出区分，然后对

① 布鲁斯 . 形而上学 . 田园，等译 . 北京：中国人民大学出版社，2006：3.

② 威廉·西格 . 形而上学在科学中的作用 // 牛顿 - 史密斯 . 科学哲学指南 . 成素梅，殷杰译 . 上海：上海科技教育出版社，2006：341.

③ 牛顿 - 史密斯 . 科学哲学指南 . 成素梅，殷杰译 . 上海：上海科技教育出版社，2006：8-9.

④ 史密斯认为，科学哲学的价值在于增进我们对科学的理解。我们认为，对科学的理解只是科学哲学目标的一部分，它还在于寻求科学背后的实在，这一点将在后文中论述。

形而上学的本质特征加以说明。

1. 科学与形而上学

在作为一门学科的意义上，科学与形而上学有着各自不同的功能，两者不能互相替代与还原。比如，“现实中并没有抽象的科学，而只有具体的科学，如物理学、化学、气象学、几何学、生物学、心理学、社会学。这些科学（当然还有别的科学）都有其严格划定的范围，而要区分它们的范围，就必须对它们可以探讨的问题作出规定。对于这一任务，每一门科学都会推诿。……当这个任务没人管时，它就不得不推给某一门科学”①。这门科学就是形而上学，形而上学研究的恰好就是具体科学都无法回答的那些问题。

概言之，形而上学是对世界上最基本的实在范畴及其特征进行的研究。更准确地说：“形而上学关注的是最基本的事物种类的存在，这里，‘基本’的意思是‘由其他科学预设的最普遍的种类’。比如，它关注像下述这样的问题：物质事物和非物质事物都存在吗？……存在心灵事物吗？……形而上学家们问这些最基本的事物种类是否存在并且也问这些事物种类是其所是的原因。”②这样，“科学”“科学所探索的实在世界”“科学是如何为我们揭示这个实在世界的本质的？”就都进入了形而上学的研究领域。从形而上学最广泛的意义上来说，探索实在世界的科学自身就是一种形而上学，虽然它并不是形而上学的全部。

人们对形而上学的排斥态度还在于，在他们看来，人类关于实在世界本质的全部洞识都来源于科学为我们所揭示出的世界图像，除此之外，根本不存在别的获取途径。由于不存在形而上学所断言的事实，因此形而上学对于探究实在世界而言就是无效的。然而，实际的情形却是，“所有伟大的科学家都会以各种方式诉诸形而上学的原理，有时，是作为他

① 约翰·海尔. 当代心灵哲学导论. 高新民，等译. 北京：中国人民大学出版社，2006：6.

② MacDonald C. Varieties of Things：Foundations of Contemporary Metaphysics. Malden：Blackwell Publishing Ltd，2005：6.

们理论的中心元素（例如，牛顿假定的绝对空间）”[①]。这样，形而上学对于探究实在世界而言就具有一种不可替代的地位。因此，西格肯定地断言，“了解世界是困难的、勇敢的，而且，思辨性的工作总是既通过真实的形而上学的劳动又通过经验的劳动来提供大量的信息。放弃这项工作，那么，科学只不过是技巧而已”[②]。

2. 形而上学的本质特征

当代哲学家麦克唐纳（Cynthia MacDonald）总结阐述了形而上学的以下四个基本特征。[③]形而上学研究世界上有什么。形而上学关注一些诸如“事物的‘真实’本质、世界上真实存在的最基本的事物有什么”这样的问题。

（1）形而上学的先验本质。“先验”指的是它的主题独立于感觉经验能够被认识。形而上学关注的问题是不能通过经验观察和实验来回答的问题。

（2）形而上学关注的事物具有最高的普遍性和一般性。比如，物理学可能关注的是那些存在着的各种各样的具体的物理事物，但是它并不提问物理事物是否存在，如果这样的话，与一个非物理的事物相对照，一个物理事物指的是什么。然而，形而上学精确地提出了这样的问题。

（3）形而上学的必然性。形而上学的本质是以一种先验的方式处理世界上真实存在着的事物种类及其本质的那些最为一般和最基本的问题，因此，形而上学的命题传统上就一直被认为是必然的而不是偶然为真的。

从这些本质特征来看，形而上学既有自己特定的研究主题，又有着不能被其他任何一门具体科学所取代的特定方法。形而上学是独立和自主的。

---

① 威廉·西格．形而上学在科学中的作用 // 牛顿 - 史密斯．科学哲学指南．成素梅，殷杰译．上海：上海科技教育出版社，2006：348.

② 威廉·西格．形而上学在科学中的作用 // 牛顿 - 史密斯．科学哲学指南．成素梅，殷杰译．上海：上海科技教育出版社，2006：351.

③ MacDonald C. Varieties of Things：Foundations of Contemporary Metaphysics. Malden：Blackwell Publishing Ltd.，2005：7-8.

3. 数学的形而上学定位

现在，我们可以对“数学的形而上学”给出一个合适的定位。由上述分析我们能够推出，数学的形而上学研究同样可以进入对实在世界的探索中。这样，借用哲学家凯茨（Jerrold J. Katz）的术语，数学的形而上学（或者数学哲学）既可以被定位为二阶学科——试图理解并说明作为一阶学科的数学，又可以被定位为一阶学科——对数学对象的本质进行分析。简言之，数学的形而上学因而具备了两个基本功能：①给出实践中的数学一个合理说明；②对数学实体的本质及其在整个实在世界中的位置给予解释。这样，如果我们要试图给出关于数学及其与实在世界之关系的一幅连贯而全面的图像，就只能诉诸一种严肃而认真的形而上学探索。

上述任务的规定已使我们清晰地看出：数学哲学不能仅仅是对数学进行描述，它必须有自己的主题，也就是对数学背后所隐含的实在性本质给予一种形而上学的说明，而这种说明无论是科学还是数学自身都无法做到。因此，无论是规范的（“第一哲学”的）数学哲学，还是描述的数学哲学和自然主义的数学哲学，这三种学科研究范式都不能充分地完成数学哲学自身的任务。

总之，给予数学哲学一个合理的定位可以让我们认识到：数学的形而上学研究具有非常实际的价值，它并不像某些人认为的那样无足轻重，它是最基本的关于数学的哲学探索。

三、当代数学哲学界的研究传统及趋向

在我们提出这样一种“语境论世界观的数学哲学”学科范式之前，我们必须考察当前国内外学术共同体所遵循的是哪一种范式，我们倡导的这种范式在学界处于何种位置，以及我们在今后应该向哪个方向努力。这些考察是重要的，因为在学科发展的意义上，我们也期待我们所做的工作对于推进数学哲学的进步会有一些贡献。当然，对于国内同行的研

究有所启示也更是我们愿意看到的。

众所周知，20 世纪前半叶，主宰数学哲学发展主流的是探讨数学基础的基础主义三大学派：逻辑主义、直觉主义和形式主义。如今人所共知的事实是：基础主义途径已然成为一种历史退出了数学哲学的中心舞台。因此，我们关注的焦点主要集中在 20 世纪 50 年代直到今天的这段时间。

纵观最近 60 年来数学哲学的演进历程，我们发现在基础主义的传统之后，西方数学哲学的研究出现了三种不同的研究路径或者趋向。

第一，以哲学家的研究占主导地位的“分析传统”。客观来看，当代关于数学的哲学讨论仍然是以哲学家们关注的问题及其分析方法为数学哲学的研究主流。这个传统涵盖了当前流行的各种观点：数学柏拉图主义、新逻辑主义或新弗雷格主义、结构主义、虚构主义、不可或缺性论证、自然主义、模态唯名论、数学实在论、数学中的语义反实在论等。他们关注的核心问题是：抽象的数学对象是否存在？数学家们如何获得这些抽象对象的知识？数学真理是否独立于数学公理和证明？数学真理依赖于数学家吗？先验的数学知识如何成功地应用于科学和对世界的说明中？数学陈述的真假是如何得到确证的？数学中的抽象单称词项指称了一种实在对象吗？数学的研究主题是作为个体的数学对象还是数学结构？等等。这些问题基本上都属于传统的数学本体论和认识论关心的领域。这个传统显著的特征是，他们都继续秉承了基础主义者传统的研究路径，即运用语言分析和逻辑分析作为其论证的工具。

值得注意的是：上述各种不同的观点中，很少有来自具体的实际的数学实例给予支持。即使是倾向于关注现实实践的数学结构主义者夏皮罗（Stewart Shapiro）和自然主义者玛戴，他们主要的论证策略仍然是“第一哲学”式的，并且其关注的领域也极为狭窄。比如，玛戴就只关注到了数学中最基本的集合论。这样，正如我们在前面分析的：哲学家们关于数学的这些说明几乎很难让现实的数学家们感到满意，甚至这些说明会误解和歪曲真实的数学面貌。因此，面对这样的境地，数学哲学界相继出现了一些质疑传统观点的“反传统”的声音。这也就是我们要谈到的第二种研究倾向。

第二，与“分析传统”对立的强调关注数学实践的“反传统”革新。这个传统一方面竭力反对分析哲学的传统研究路径；另一方面强调要关注现实的数学实践，旨在从真实的数学面貌中给出其合理的描述。其典型的特征是彻底放弃传统的语言和逻辑的分析策略以及以哲学导向为主的传统论题，试图从数学史、实际的数学研究、数学人类学、数学的认知科学、数学社会学、数学的文化和数学的教育等方面寻求新的养料和方法。

这个路线主要的代表人物和著作有：拉卡托斯的《证明与反驳》、戴维斯（Philip Davis）和赫斯（Reuben Hersh）的《数学经验》、基切尔的《数学知识的本质》、艾斯帕瑞和基切尔合著的《现代数学史和数学哲学》、托玛兹克（Thomas Tymoczko）的《数学哲学中的新方向》、吉利斯（Donald Gillies）等著的《数学中的革命》，还有最近10年中出现的著作：赫斯的《什么是数学，真的？》、欧内斯特的《作为一种社会建构论的数学哲学》、格拉斯赫尔茨（Emily Grosholz）和布雷杰（Herbert Breger）合著的《数学知识的增长》、科菲尔德（David Corfield）的《走向一种真实数学的哲学》、赫斯的《18篇论数学本质的反传统文章》及柯克霍夫（Bart van Kerkhove）和本德格姆（Jean-Paul van Bendegem）合著的《数学实践的观点：把数学哲学、数学社会学和数学教育结合起来》等。

他们的目标非常明显：重新复兴数学哲学，拓宽数学哲学的研究论域，其根本的途径在于关注那些由数学家们实际从事的数学是什么样子，然后对其进行描述和说明。比如，托玛兹克和赫斯就分别在其著作中表明了这种观点：

> 通过对数学家和那些使用数学的人的现实实践进行重新评价，数学哲学就会有一个新的开始。①
>
> 一种充分的数学哲学至少要知道主流数学研究的某个现行领域（动力系统，或者说随机过程，或者代数/微分几何/拓扑）。②

---

① Tymoczko T. New Directions in the Philosophy of Mathematics. Princeton：Princeton University Press，1998：xvi.

② Hersh R. What Is Mathematics，Really？ New York：Oxford University Press，1997：25.

与此同时，他们对传统的数学哲学给予了激烈的抨击，甚至认为传统数学哲学的研究（包括其讨论的问题和方法）没有什么实际的价值，在根本上应该予以否弃，或者这种研究应该交由职业数学家、数学史家、数学社会学家、人类学家、认知科学家、语言学家、计算机科学家等进行研究，不应该从数学的"内部"或者形式方面，而应该从数学的"外部"或非形式方面（历史的、社会的、文化的等领域）进行探讨。这样，"人文主义的数学哲学"和"社会建构论的数学哲学"也流行起来，并且有了自己生长的一片土壤。比如，像英国数学教育学家、数学社会建构论者欧内斯特就创办并编辑了《数学教育哲学杂志》，旨在把数学理解为一种人类的社会活动，在数学教育的历史活动过程中理解数学的本质。而美国数学家赫斯则告诉我们，目前一个关于哲学的特殊的兴趣小组在美国数学协会也异常活跃。一些数学家、数学教育学家、认知科学家及其他学者正在独立地从各种不同角度试图对数学的本质进行探讨。为此，赫斯编撰了《18 篇论数学本质的反传统文章》，并明确指出，该书的目标就是"要表明这种新近思考的可能性，密切地关注现实实践，勇敢地向标准观点发射"①。除了把数学定位为一种"社会－历史－文化"现象之外，他似乎也暗示了传统的哲学问题可以用科学的方式加以解决的趋向：

> 在过去几个世纪，一些古老的问题——"什么是人？""什么是心灵？""什么是语言？"——已经从自由思索的哲学问题被翻译成科学问题。语言学、心理学和人类学的主题从哲学中分离出去变成了自主的学科。或许"什么是数学？"这个问题也将被认为是一个科学问题。②

如果按照我们在前面给出的三种研究范式的划分，粗略来看，"分析传统"属于"规范的数学哲学"研究范式；"反传统"革新属于"描述的数学哲学"研究范式。在这两种传统中，都有一些解释路径属于"自然

---

① Hersh R. 18 Unconventional Essays on the Nature of Mathematics. New York：Springer Science+Business Media，Inc.，2006：xv.

② Hersh R. 18 Unconventional Essays on the Nature of Mathematics. New York：Springer Science+Business Media，Inc.，2006：vii.

主义的数学哲学”研究范式，如“分析传统”中的不可或缺性论证和自然主义，“反传统”革新中的数学的涉身认知进路、数学的人类学等。正如我们所论证的，这三种研究范式都无法为数学提供一种连贯、合理和全面的说明。事实上，我们发现除上述两种传统之外，最近出现了试图把“分析传统”关注的核心问题及分析方法与“反传统”革新所强调的关注数学实践相结合的第三种崭新的趋向。

第三，将当前的和历史上的数学实践作为哲学反思的典型案例，纳入“分析传统”中的数学实践哲学。这种新趋向的倡导者们首先承认数学的哲学探索是有意义的，并且他们满怀信心地在繁荣数学哲学的学科事业上积极努力。这样，这个新传统的工作必然导致：①摒弃以往“第一哲学”式的先验探讨；②避免将数学的哲学思考理解为仅仅是对现行的以及历史上出现的数学事件及理论给出描述；③任何科学的探讨都无法取代哲学家的分析及反思。这个传统的发起人之一，美国加利福尼亚大学伯克利分校的哲学系教授曼科苏（Paolo Mancosu）前瞻性地意识到：“在一般方法论和经典的形而上学问题（实在论与反实在论、空间、时间、因果律等）与专门科学（物理学、生物学、化学等）中详细的案例研究相互结合的共同影响下，自然科学哲学取得了蓬勃发展。富有启迪作用的案例研究既有历史的（爱因斯坦的相对论、麦克斯韦的电磁理论、统计力学等），也有当代的（量子场论新领域的研究等）。与此相对照，除个别情况例外，数学哲学没有相应的详细的案例研究就发展起来了。”[①] 因此，曼科苏一方面明确声称：“关注数学实践是复兴数学哲学的一个必要条件。”[①]另一方面，他还强调将“分析传统”所使用的方法拓宽到囊括更多的数学领域的分析中。值得注意的是，这种新生力量仿佛在向我们暗示：在21世纪，一种欣欣向荣的数学哲学一定与数学家和数学史家们关注的问题和领域保持着密切联系。当然，也只有这样的数学哲学才是令人向往和真正有发展前途的。

这种新趋向运动中出现的主要代表人物和著作（论文）有：曼科苏

① Mancosu P. The Philosophy of Mathematical Practice. New York：Oxford University Press，2008：2.

的《17 世纪的数学哲学和数学实践》、《数学实践哲学》，由曼科苏、约根森（Klaus Frovin Jørgensen）和彼得森（Stig Andur Pedersen）主编的《数学中的可视化、说明和推理种类》，曼科苏的论文《数学说明：问题和前景》等；布朗（James Robert Brown）的《当代数学哲学导论：证明和图像的世界》；詹昆托（Marcus Giaquinto）的《数学中的视觉思考：一种认识论研究》；麦克拉蒂（Colin McLarty）的论文《探索范畴论的结构主义》等；克罗默（Ralf Kromer）的《工具和对象：范畴论的历史和哲学》等。这种新趋向运动关注的问题主要包括数学说明、视觉（图像）推理、数学确证、数学应用、数学发现、数学中的概念和定义、数学结构、数学中的理解等，其中涉及了大量的数学分支学科，如扭结理论、分形几何、范畴论、数学物理学、代数拓扑学、计算机数学、复分析等。

我们需要注意的是，与传统的基础主义和当前“分析传统”中只关注算术、集合论和几何等基本数学分支相比，这种新的探索途径极大地拓宽了数学哲学的研究范围；与最近 50 年来贝纳塞拉夫主导的当代数学实在论和反实在论之争的统治局面相比，它突破了数学哲学只关注本体论和认识论的传统研究域面；与“反传统”革新中的描述性倾向和关于一般的数学知识的元理论探讨相比，它具有哲学传统的规范性和更多令人信服的局部案例研究；当然，上述这些方面体现了哲学家们的研究视角从关注静态的数学理论转向把数学当作一种动态的实践活动来加以理解。总而言之，我们可以非常自信地预测，在不久的将来，这第三种研究倾向将成为取代“分析传统”的真正的主导性研究方向。因为，它既可以为传统的主流研究带来新鲜的空气，避免学院式的“第一哲学”研究风格，同时还可以继续保持数学哲学的规范性研究范式。当数学哲学融入数学、数学史、逻辑哲学、语言哲学、心灵哲学、物理哲学、认知科学哲学、一般的科学哲学，以及形而上学和认识论等学科探索的整个大海洋时，数学哲学为这些相关学科带来的启发性思路才会真正体现出数学哲学作为一门独立学科的价值和意义。

相对于当前国外的研究传统及趋势，我们国家无论是在“基础主义”“拉卡托斯传统”还是“分析传统”研究的深度与广度方面仍有较大差距。特别是，关于处于西方数学哲学主流的当代数学实在论和反实在论的争论，学术界给予的关注始终不够。至于国外最新出现的试图调和“分析传统”与“反传统”革新的数学实践哲学，国内同行似乎还没有意识到。正是基于学界的现状及为了推动今后中国数学哲学学科事业的良好发展，促进与国外同行的交流，我们正在做的（或许甚至也是在今后很长一段时期内要做的）就是试图提出一种“语境论世界观的数学哲学”学科研究范式，并期望在这块尚未开垦的广阔领域中与国内学者一道努力，实质性地展开一系列研究，做出更多、更好的成就。

四、“语境论世界观的数学哲学”学科范式及前景

经过前述论证，我们认为，数学实践哲学可以充分满足数学哲学为自身设定的合理目标和根本任务。当这种有着真正前途的新趋向运动开始之初，相应地，我们需要明确提出一种符合该趋向的新的学科研究范式。因为按照库恩的观点，如果我们要在一种范式的引导下取得有价值的研究成果，繁荣该学科的发展，那么必备条件就要求：①该“范式”能够吸引一批持久的拥护者；②该“范式”能为新的从业者们开辟有待解决的各种问题。[①]当然，为了达到上述要求，我们还需要在库恩“范式”的另一种意义上来使得该范式具有实际的可操作性。库恩指出：“‘范式’代表着一个特定共同体的成员所共有的一整套信念、价值、技术等。”[②]在这个意义上，“语境论世界观的数学哲学”学科研究范式，粗略来看，包括背景信念、问题域和方法三种核心要素。

（1）背景信念——坚持一种语境论的世界观。具体而言，就是强调把数学当作一种动态的历史事件，置于其所在的各种语境中加以理解和说明。

（2）问题域——把具体的数学实践和传统的哲学问题结合起来，比

---

① Kuhn T S. The Structure of Scientific Revolutions. 3rd ed. Chicago：The University of Chicago Press，1996：10.

② Kuhn T S. The Structure of Scientific Revolutions. 3rd ed. Chicago：The University of Chicago Press，1996：175.

如前面所列的第三种研究倾向中所包括的问题。

（3）方法——将“分析传统”中使用的逻辑和语言分析拓宽到“语境论”核心的研究方法，即语境分析方法。其含义涉及狭义的语言分析（语形、语义和语用分析）和广义的非语言分析（语言、逻辑、历史、心理和社会学分析）。

在上述基本信条的支持下，我们有理由坚信，数学实践哲学成为真正引领未来数学哲学的主流研究传统指日可待。①

现在，我们用一个具体的示意图来描绘当代数学哲学的研究传统、趋向、归属范式及“语境论世界观的数学哲学”学科范式所处的位置，具体如图 1 所示。

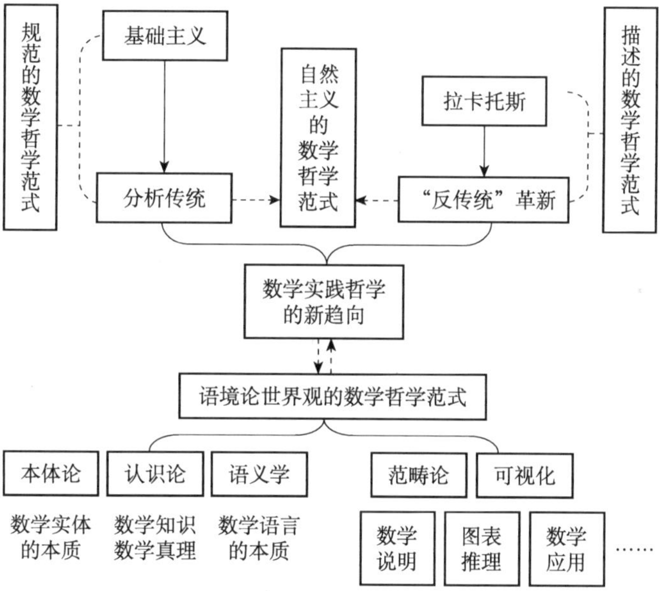

图1　当代数学哲学的研究传统、趋向、归属范式及“语境论世界观的数学哲学”学科范式

从图 1 中我们可以看出，“语境论世界观的数学哲学”强调的是，把传统的数学本体论、认识论和语义学的相关问题与现行的数学实践结合起来进行探讨。比如，数学中的范畴论就为数学哲学中结构主义的说明

① 由于篇幅有限，此处给出的“语境论世界观的数学哲学”研究范式的基本理念和方法只是一种粗略的描述，具体的核心思想将是另一篇文章要做的工作，感兴趣的学者可随时关注。

提供了新的分析原料，数学的现实应用及来自数学物理学的洞见也可以和数学实在论的不可或缺性论证相联系，而图表推理和数学说明则可以为我们理解数学真理的传统认识论问题提供新的线索等。这种新的视野和领域将为数学哲学带来勃勃生机。

总之，“语境论世界观的数学哲学”范式为我们提供了今后学界有待研究的问题域、基本理念和方法。由于每一门学科的成熟都有着自己特定的研究问题和研究范式。我们期望数学哲学学科在这种范式的引导下能取得像自然科学哲学一样的繁荣局面，能和数学史、数学学科形成一个相互促进的整体。或许只有这样，数学哲学才会体现出它真正的价值和意义。

当然坦白地说，我们要取得这样的局面需要经过一段长时间的艰辛探索。因为，首先我们需要具备深厚的哲学传统的分析工具，其次我们还必须及时掌握当代数学的前沿和历史，第三我们还需了解并熟知其他的哲学学科，甚至科学学科的动向及方法。上述每一个方面都至关重要，并且需要数学哲学家们长期充满高度热情的关注。

在上述“语境论世界观的数学哲学”范式理念的引领下，21 世纪的数学哲学研究有可能在下面三个大的领域有新的进展和突破。

第一，传统的数学本体论、认识论和语义学研究领域。比如，我们可以用更多的局部案例研究和语境分析方法重新思考下述问题：数学研究的核心究竟是作为个体的对象还是各种不同的数学结构，或者还是其他的什么？这些对象的实在本质又是什么？何为数学知识？数学知识的可靠性是如何得到保证的？数学陈述的真意味着什么？什么是数学真理？数学中的存在性断言意味着什么？我们需要在字面上理解数学，还是需要隐喻地加以理解？

第二，与科学哲学探讨主题保持一致的一般的数学哲学研究领域。这类主题涉及数学说明的本质是什么、数学中有哪些推理、数学确证的本质是什么、数学是如何被应用的、数学与实在世界的关系是什么、如何理解数学陈述、数学公理被选择依赖的根据是什么、图形证明的意义是什么、数学说明与数学证明之间的关系等。

第三，数学各分支领域中的哲学问题。比如，关于范畴论中结构的哲学思考、计算机证明的可靠性、分形几何的哲学意义、中国古代数学的哲学反思、集合论中的哲学问题等。

同时，由“语境论世界观的数学哲学”学科范式主导的研究将呈现出与以往在任何一种范式下研究所不同的显著特征。或者换言之，这带给数学哲学和数学哲学家们一种新的形象：第一，数学本质的哲学探究寻求更多的跨学科间的合作，突破了以往仅仅依靠先验的逻辑和语言分析作为其主要的研究工具的局限。第二，哲学家、历史学家和科学家们可以在“语境论世界观的数学哲学”研究范式的平台上进行有效对话，在彼此交流中共同促进。第三，数学哲学能在关注数学实践的基础上，继续保持分析传统的规范性，彰显其区别于数学史、数学文化、数学教育等研究的自身独立自主的学科特性。

总之，21世纪的数学哲学研究充满着希望。但是，要致力于突破这些研究难题则具有比以往任何时候更大的挑战性，希望我们的努力能对国内数学哲学学科的发展有所贡献！

数学真理困境的不可或缺性论证出路 *

贝纳塞拉夫数学真理困境对数学柏拉图主义者提出的难题是：如果坚持数学实体独立于人脑而存在，那么他们将无法说明如何能够认识关于这些实体的知识。大多柏拉图主义者试图将数学化归为某个基础，通过人们对数学基础的认识来说明如何获得数学知识。然而哥德尔不完备性定理的提出，导致基础主义策略遭受重创，数学实在论者不得不另辟蹊径，来回应这一认识论难题。奎因立足于整体论思想，提出把数学哲学放在科学哲学的背景中探讨，为数学实在论提出了著名的“不可或缺性论证”（the indispensability argument）。这一论证后来在普特南（H. Putnam）、柯里万（M. Colyvan）等那里得到进一步发展，引起数学哲学家的广泛关注和激烈讨论，成为求解数学真理困境的巧妙方案。

* 本文发表于《自然辩证法研究》2010 年第 8 期，作者刘杰、郭贵春。

一、不可或缺性论证的基本形式

作为实用主义的代表，奎因和普特南强调实践的重要性，渴求逃离基础主义认识论的束缚。例如，普特南就指出，包括基础问题在内的许多数学哲学问题，都是体系缔造者们思想中的问题。哲学对经典数学发现的困难不是真正的困难，而仅是对数学的某种哲学解释中存在错误，那种“哲学解释”是数学所不需要的。① 在他们看来，经验实践才是数学实在论的基础，科学在实践中所发挥的作用就是其真理的证据，数学知识是科学的深入拓展。人们承认经典命题的微积分或皮亚诺数学理论，不是因为与之相关的陈述“在原则上不可修改”，而是因为大量科学假设预设了这些陈述，而且在该科学领域中没有任何其他理论能够真正替代这些数学理论。根据这一观点，数学实体如集合、数、方程的指称在最佳科学理论中是不可或缺的。因而我们应承诺这些实体的存在性，数学实体与其他的科学理论实体具有同等的认识论地位。证实科学理论的证据能使科学理论作为一个整体得到确证，这些证据在证实了经验科学理论实体存在性的同时，也同样证实了数学实体的存在性。否则，我们将会在本体论上采取令人无法容忍的“双重标准”（double standard）。② 这种观点被学界称为“奎因－普特南不可或缺性论证”（the Quine-Putnam indispensability argument）。

近年来，一些奎因的追随者对奎因－普特南的不可或缺性论证做了更准确、细致的表述。例如，柯里万对不可或缺性论证的结论进行了总结，给出了其基本形式：

前提一：我们应该对那些在最佳科学理论中不可或缺的所有实体具有唯一的本体论承诺。

前提二：数学实体对于最佳科学理论是不可或缺的。

---

① Putnam H. Mathematics，Matter and Method. Cambridge：Cambridge University Press，1985：43.

② Qunie W V. Two dogmas of empiricism//From a Logical Point of View. 2nd ed. Cambridge：Harvard University Press，1980：45.

结论：我们应该对数学实体具有本体论的承诺。①

基本形式中黑体标注的部分表明不可或缺性论证包含四个原则：①抽象数学对象的不可或缺性：用单称词项或变元指称抽象数学或用量词概括抽象数学对象的判断，在科学理论中是必不可少的。②确证的整体论：对科学理论的确证是整体性的，即一个科学理论在经验上的正确性，不仅确证了它关于物理对象的真理性，也确证了它关于抽象数学对象的真理性。③自然主义原则：本体论问题应交由科学做最后裁判；没有超出科学之外的断定某物"真正存在"的"第一哲学"标准。④本体论承诺：一个科学理论所断定为真正存在的事物，就是它的用一阶表达的论断中的变元的值，或量词所概括的事物。以上述四个原则为基础，不可或缺性论证提出了求解数学真理困境的具体策略。

二、不可或缺性论证对数学真理困境的求解

依照不可或缺性论证，真理是整个科学事业共同作用的结果。由于数学是科学事业的一部分，因而也具有内在的真理性。这就是说，我们可以为数学提供与自然科学一致的真理解释，即我们可以以认识科学知识的方式来获得关于数学的知识。由此，不可或缺性论证可以化解数学真理困境对传统柏拉图主义提出的认识论难题，成为突破该困境的巧妙方案。

（一）前提一的论证

在不可或缺性论者看来，自然主义的认识论可以说明前提一中的"唯一"，确证的整体论可以说明前提一中的"所有"。自然主义的认识论、确证的整体论与本体论承诺结合起来可以证实不可或缺性论证的前提一。

① Colyvan M. The Indispensability of Mathematics. Oxford：Oxford University Press，2001：11.

1. 自然主义的认识论

不可或缺性论证提出的最初动因在于对基础主义认识论的批判，这也正是奎因提出自然主义认识论的主要目标。基础主义者试图用类似于欧几里得公理系统的模型来证实知识，主张知识依赖于有限多的自明真理。然而，这种认识论解释无法说明那些自明真理的来源，即无法说明人类如何能获得那些自明的真理。奎因认为，从实用主义出发，认识论应该与实际的科学实践相符合。在他看来，科学（如经验心理学）能够说明人们如何获得基础概念以及这些概念何以成为知识的基础，从而提出了一种建立在科学基础上的自然主义认识论。诚然，应用科学去说明证据与知识之间的联系，这样会导致经验主义本身的可靠性受到质疑，从而陷入循环论证。但奎因认为，自然主义的认识论并没有从一个超科学的视角去看待科学。正如他所言："一旦我们不再幻想从观察中推出科学，对这种循环论证的担忧就会消失。"①认识论是心理学的一部分，从而是关于自然的科学。可以说，奎因的自然主义认识论起始于科学，他坚信科学是人类可获得的最佳理论。因为自然科学家们不会对内在于科学的可协商的不确定性产生任何疑虑。对于形而上学来说，这意味着由最佳科学理论决定什么是存在。更准确地说，最佳科学理论决定了我们应该相信的存在是什么。自然主义的认识论源自对科学方法论的高度尊崇，把科学方法论的成功作为解答关于一切事物本质的基本问题的唯一方式，它来源于"不可重生的实在论和自然科学家的智力状态"②。自然主义否认以任何非科学的方式裁定实体的存在性。当然，要论证数学是科学的一部分，只坚持自然主义的认识论不足以说明这一点，还需要在认识论上坚持确证的整体论思想。

2. 确证的整体论

关于抽象物的不可或缺性论证还依赖于在认识论上的整体论思想。

---

① Quine W V. Ontological Relativity and other Essays. New York：Columbia University Press，1969：76.

② Quine W V. Five milestones of empiricism//Theories and Things. Cambridge：Harvard University Press，1981：72.

根据整体论思想，理论和证据在知识的证实中发挥着相同的作用，理论有助于接受和解释证据的决策，证据有助于理论的选择。在奎因看来，对物理对象与抽象对象加以区分是一种“错觉”。物理对象也是假定的实体，人们用它来简化经验定律，就像用无理数简化数学定律一样。经验科学是沟通人们从获得感知刺激到获得对对象认知的桥梁。无论是物理对象还是抽象对象，人们都必须在一种始于经验的概念性框架下才能获得对它们的认识。日常概念的产生是抽象概念的基础，科学建立在我们关于日常世界的知识基础之上。正如他所说：“自然主义哲学家在理论继承的世界中开始推理，并将之作为一种持续关注的事业。他暂时地相信其中所有的一切，但坚信某些未被辨识的部分是错的。他不断努力推进、澄清和理解其中的系统，他是诺亚方舟上忙碌的水手。”①所有知识构成了一个整体，关于抽象对象的知识只是科学知识的深入延伸。在认识论上，数学对象与物理对象和上帝具有相同地位，既不好也不坏，只是与我们依赖感觉经验对其进行处理的程度有所不同。

事实上，奎因表明了两种整体论观点：一种是确证的整体论；另一种是语义的整体论。后者认为意义的单位不是单个语句，而是语句的系统（在某些情况下被认为是语言的全体）。对于奎因来说，语义的整体论和确证的整体论是紧密相关的，但是仍有必要对它们加以区分，他用语义整体论来支持不可或缺性论证，而大多数注释者则认为确证的整体论才是不可或缺性论证成功的关键。因此，严格地讲，现在谈到的不可或缺性论证不是奎因的观点，而是奎因主义者的观点。确证的整体论的基本观点是，理论被作为全体而得到确证或否证。如果一个理论在经验发现中得到确证，那么全体理论就得到了确证。特别是，数学在理论中的应用可以用来确证数学知识。我们证实关于理论中数学部分的信念与关于理论中的科学部分的信念所依赖的依据相同。

---

① Quine W V. Theories and Things. Cambridge：Harvard University Press，1981：72.

3. 实用主义的本体论承诺

为了论证抽象对象的存在性，奎因提出了一种实用主义的本体论承诺，即“一个理论只承诺那些被该理论中的约束变项有能力指称的实体，它们在理论中被确证为真”①。需要指出的是，奎因并未因此滑向语言学或方法论的唯心主义。在他看来，本体论的争论应该以语言学的争论而告终，但这并不必然得出“存在依赖于语词”，某个问题与语义术语间的可译性并不能表明该问题就是语言学上的。奎因在关于量化的概念中给出了其本体约定的标准，即当某人的理论术语是对某些对象的量化，那么这些对象就必须存在。比如，称（$\exists x$）（x 是一个素数，$x > 1\ 000\ 000$），就是指存在某个素数，它大于一百万。因为存在并不依赖于某人所使用的语言，而是由于他所断言的存在事实上的确存在。数字之所以能够具体化，是因为这些数字对于数学理论必不可少，而数学理论对于人们已经承认为真的科学理论来说是不可或缺的。正是由于对数学对象的量化在科学实践中是不可或缺的，以此来证实数学对象的存在性。通过这种措施，奎因把语言对象的存在性转回到实体的存在性上。

（二）前提二的论证

前提二的关键在于论证数学对于最佳科学理论的不可或缺性，因而对于不可或缺性论证的支持者来说，其首要任务就是澄清“不可或缺性”及“最佳理论”的定义，然后阐明数学对于在科学中的不可或缺性。

1.“不可或缺性”和“最佳理论”

要阐明数学的不可或缺性，首先就要明确“不可或缺性”的真正含义。柯里万给出了关于“可缺”的定义：一个实体对于一个理论是可缺的，当存在一个对该理论的修正理论，这两个理论具有完全一样的观察结果，而在修正理论中没有被提及或预设上述实体，修正理论必须与原

① Quine W V. From a Logical Point of View. Cambridge：Harvard University Press，1953：13.

理论相比更可取。[①]因为在其他所有条件都相同的情况下，前者比后者具有较少的本体约定。柯里万认为，做出本体约定越少，理论就越好。但根据这种定义，从克雷格定理（Craig theorem）[②]就会得出所有理论实体都可缺的结论，因为我们可以清除对实体的所有指称，从而得到不对任何实体做出本体承诺的理论来。显然，要从众多理论中优选出一个理论本身就非常复杂，绝不仅仅是存在通过经验上的正确性和本体论约定的精简就可以做到。柯里万提出，要判定一个理论的不可或缺性，起决定性作用的是关于知识的确证理论，即确定何为“最佳理论”。

他为“最佳理论”列出了如下必备要素：①经验上的正确性：最佳理论首先必须在经验上是正确的，它必须满足所有（或至少绝大部分）观察。②一致性：它必须是一致的，即具有内在一致性，且与其他主要理论也具有一致性。③简洁性：对于在经验上具有相同正确性的两个理论，我们一般优先其陈述和本体约定较为简洁的理论。④科学说明的统一性：科学的说明必须具有统一性，即一个理论不仅能够预测特定现象，而且能够说明做出这种预测的原因（比如，牛顿力学的成功就在于它能够为普遍现象如潮汐、行星轨道和发射运动提供说明）。⑤大胆：最佳理论不仅能预测日常现象，而且能对推动深入研究的新实体和现象做出大胆预测（比如，关于广义相对性的引力波预测就是这种大胆预测的结果）。⑥形式优雅：最佳理论在某种意义上具有美学诉求（比如，对落体理论的特殊修正表明了形式优雅的重要性）。[③]

---

① Colyvan M. Confirmation theory and indispensability. Philosophical Studies，1999，96（1）：4.

② 数理逻辑中的一个定理，由美国逻辑学家克雷格在论文《论一个系统中的可公理化性》中提出和证明的。这个定理说，如果我们把一个形式系统的词汇区分为 T 术语和 O 术语，存在一个形式化系统 T 满足（1）T 的公理仅包含观察术语，并且（2）T 和 T 蕴含相同的观察句。这个定理表明，理论术语是原则上可从经验理论中删除的。因此，它是一种我们可用以构成所有可观察物间的关系，而无须运用理论术语的方法。要运用这种方法，人们需要首先把系统的基本表达式与其辅助性表达式区分开来，并使系统的内容等同于其基本表达式的类，然后构造一个新的公理化系统，它包含所有的基本表达式而没有辅助性表达式。这个系统与原初那个有相同的可观察结果。克雷格本人并不认为这种方法真正消解了分析理论术语的经验意义的问题，并认为这个方法只适用于已完备的演绎系统。但是，他的定理对于科学哲学中关于理论术语和观察术语之间关系的讨论，产生了很大影响。这一方法在精神上与“拉姆塞命题”的概念相近。

③ Colyvan M. Confirmation theory and indispensability. Philosophical Studies，1999，96（1）：6.

对于柯里万等不可或缺性论证的支持者而言，任何否认数学实体存在性的观点都要付出高昂的代价，因为数学在应用它的科学理论中所发挥的作用，绝不仅仅只是一种工具。他们一致认为，数学对于最佳理论来说发挥的作用是不可或缺的。

2. 数学的不可或缺性

为了进一步揭示数学的不可或缺性作用，柯里万以数学在物理学理论的作用为例进行了具体说明。比如复数的引入不仅对于纯数学自身的发展具有重大的影响，而且在应用数学领域如物理学中的微分方程研究中也发挥着重要的统一性作用。尤其是复数在统一幂函数和三角函数时的作用，以及它在流体力学、热传导、人口动力学等科学的几乎所有分支中对二阶常微分方程的研究都具有直接影响。

例如，复数 $\mathrm{i}=\sqrt{-1}$ ，并定义一个复变量 $z=x+y\mathrm{i}$ ，其中 x 和 y 是实数。把运算“+”“∘”和“=”从实数自然地扩展到复数，我们就能够通过下述欧拉公式引入复幂数：[①]

$$\mathrm{e}^{\mathrm{i}\theta}=\cos\theta+\mathrm{i}\sin\theta,\ \theta\in\mathbf{R}。$$

从中可以定义对于复变量 z 的三角函数为

$$\sin z=\frac{\mathrm{e}^{\mathrm{i}z}-\mathrm{e}^{-\mathrm{i}z}}{2\mathrm{i}} \text{ 和 } \cos z=\frac{\mathrm{e}^{\mathrm{i}z}+\mathrm{e}^{-\mathrm{i}z}}{2\mathrm{i}}。$$

特殊地，当 $z\in\mathbf{R}$ 时，上式依旧成立，实数值函数 $\sin z$ 和 $\cos z$ 被看作是上述一般定义的特例。复数是统一三角函数和幂函数的工具，下面具体来看这种统一性如何被引入物理学中。

考虑具有常系数二阶线性齐次常微分方程

$$y''+y'+y=0, \tag{1}$$

其中，y 是实数单变量 x 的一个实值函数。这类方程的解可以通过考察其特征方程，即一个二次方程式的根得到。由代数学基本定理知，二次方程通常有两个（复数）根，故讨论式（1）的特征方程

① Colyvan M. Confirmation theory and indispensability. Philosophical Studies，1999，96（1）：9-10.

$$r^2+r+1=0$$

它的复数根为 $r_{1,2}=-\frac{1}{2}\pm \mathrm{i}\frac{\sqrt{3}}{2}$。对于其特征方程具有不等根的方程来说，其一般解为

$$y=c_1\mathrm{e}^{r_1x}+c_2\mathrm{e}^{r_2x} \tag{2}$$

其中，c_1 和 c_2 是任意的实常数；r_1 和 r_2 是特征方程的两个根，且 $r_1\neq r_2$。注意式（2）与 r_1 和 r_2 是实数还是复数无关。因而，式（1）的解为

$$y=c_1\mathrm{e}^{(-\frac{1}{2}+\frac{\sqrt{3}}{2}\mathrm{i})x}+c_2\mathrm{e}^{(-\frac{1}{2}-\frac{\sqrt{3}}{2}\mathrm{i})x}$$

从中得到式（1）的实数解为

$$y=\mathrm{e}^{\frac{-x}{2}}\left(c_1\cos\left(\frac{\sqrt{3}}{2}x\right)+c_2\sin\left(\frac{\sqrt{3}}{2}x\right)\right)$$

如果没有使用复数，我们就只能处理方程 $y''-y'=0$，其特征方程具有实数根。与之截然不同，对于方程来说 $y''+y'=0$，其特征方程则具有复数根。前者的解为幂函数形式，后者的解为三角函数形式，二者之间的关系可以通过之前给出的复变量三角函数的定义而给出。这表明，一个数学理论不仅可以统一其他数学理论，而且还可以更普遍地统一科学理论。这种统一性不仅体现在算法上的统一，而且体现在上述方程解形式的统一。可以说，这种统一性是得出上述那些方程解的唯一方法。如果两个不同的物理系统满足相同的微分方程，不管这些系统表面上有多大差异，两者在结构上显然存在着某种相似性，即由其相应的微分方程所揭示出的结构相似性。

数学对于理论的贡献不仅在于它能够发挥统一性的作用，还在于它的大胆性，即它在预测新现象时会发挥重要的作用。比如，在物理学中对反物质的发现就体现了数学的这种大胆性。在经典物理学中，人们在求解方程时偶尔会由于得到某些方程解是“非物理的”而舍弃它们，动力学系统的负能解就是一例。1928 年狄拉克（P. Dirac）在研究相对论量子力学方程（即狄拉克方程）解时，就遇到了这种情况。该方程描述了电子和氢原子的运动，但同时也发现该方程描述了具有负能的粒子。狄

拉克本来可以把这些解作为“非物理”而舍掉，而由于量子力学中常常出现奇怪的结论，而且人们关于何为“非物理”也没有很清晰的界定，更重要的是狄拉克坚信数学的真理性。在这一信念的驱使下，他考察了负能解的可能性，并进一步说明了一个粒子为什么不能从正能态向一个负能态跃迁。狄拉克意识到泡利不相容原理（Pauli exclusion principle）会阻止电子返回到负能态，如果该负能态已经被负能电子所充满。此外，如果一个负能电子被提高到正能态，它将留下一个空的负能态。空的负能态将像一个具有正电的电子一样。可以说，正是狄拉克对相对论量子力学数学的信任，使得他不愿舍弃看似“非物理”的解，于是预测了正电子（positron）的存在。尽管狄拉克方程的解看起来是“非物理”的，某种程度上它建立在看似错误的假设基础之上，但狄拉克方程却在预测新实体时发挥了关键性的作用。

基于上述分析，柯里万认为，数学在科学中发挥着不可或缺的作用。在阐明数学的不可或缺性之后，不可或缺性论证的前提二就得到了满足。当前提一与前提二同时满足时，可得出数学实体存在这一结论。由于数学实体与经验实体具有相同的存在方式，因而对这些实体的认知方式都是自然的、遵循科学规律的。在这个意义上，不可或缺性论者可以为数学提供与科学语言一致的语义学解释和自然主义的认识论说明，以此破解贝纳塞拉夫的数学真理困境。

三、不可或缺性论证求解进路凸显的问题

不可或缺性论证间接证实数学实体存在性，使数学实在论者更加坚定了对数学实体存在的信念。但是，不可或缺性论证赖以成立的前提并不牢靠，其中存在许多争议。一旦其前提条件无法满足，该论证就会不攻自破，因而其求解策略并不可行。

（一）经验确证不能作为整体论的确证标准

确证的整体论认为，科学理论的确证是整体性的，理论的确证或否

证由所有理论的全体决定。这意味着，数学作为理论全体的一部分，也是由经验上的发现确证的。然而，这种观点遭到了以玛戴为代表的自然主义者的质疑。玛戴指出，确证的整体论与实际的科学实践相冲突。在实际的科学实践中，科学家对数学理论的态度不是信其为真，而只是接受或使用它们。科学理论在经验上的成功只能确证理论中关于可观察物的假设，而不确证其中关于抽象数学对象的假设。例如，在水波动的分析中常常应用关于水是无限深的假设；在流体动力学常常做出物质是连续的假设。这些例子表明，科学家应用数学理论，不管它是什么，只要能满足工作的需要即可，而与数学理论是否为真无关。事实上，确证的整体论与数学内部的科学实践也是矛盾的。比如，根据确证的整体论，要评判新的公理是否为真，应取决于它们是否与最佳理论保持一致。也就是说，集合论者应该依据物理学的最新发展来评判新的候选公理，即对标准数学实践进行修正。而实际情况是，数学家处理那些独立于标准集合论公理（ZFC 公理）的问题时，会提出新的候选公理作为 ZFC 的补充，并提出一些论点来支持这些候选公理，而这些论点与在物理科学中的应用无关，纯粹是数学内部的论证。

我们认为，数学是从前提中推演结论，在整个过程中不会产生任何新发现，数学的确证问题往往取决于其自身的逻辑自洽性。也就是说，要确证数学的可知性，其关键在于说明那些自明的公理以及推理过程中无可违抗的推理规则的本质属性，并说明人们如何能够获得关于它们的知识。事实上，依据经验确证，我们至多只能确证经验科学的假设，而不会确证或者否证那些对于所有被确证的假设具有普适性的东西，比如数学（所有科学理论都应用了一个数学核心）。由于数学理论没有竞争假设，因而数学理论并不能像其他的科学假设那样在经验科学中得到确证。正如索博（E. Sober）指出的那样："不可或缺性不等同于经验确证，而是它的对立面。"[①] 因此，通过数学与科学之整体性，借助科学知识的经验确证来确证关于数学的认知，这种做法本身就是不妥当的。在这个意

① Sober E. Mathematics and indispensability. Philosophical Review，1993，102（1）：44.

义上，数学实体在物理应用中的不可或缺性不是论证其存在的必要条件，不可或缺性论证的前提一不能成立。

（二）自然主义认识论对科学的极端推崇

奎因的自然主义声称科学家们是在提出与确证本体论论断，因此本体论问题应由科学回答。这种观点遭到了反实在论者的质疑。例如，叶峰认为，科学家并不作本体论上的论断。时空是被存在物充满的、物理上的真空是本体论上的存在物，与形而上学上的虚无是不同的。当科学家们提出水是由原子组成时，他们不是在形而上的虚空中设置一些实体，而只是在描述他们预设存在的宇宙的部分——水的微小部分不是由连续的物质构成，而是由物理真空以及其中的微小粒子构成。科学家们并不是在存在于形而上的虚无之间作选择，而断言存在。相反，他们在从事科学研究之前就已经接受了一个本体论预设，即这个宇宙与它的部分存在，然后他们再描述预设为存在着的东西。将科学论断视为本体论论断，才使得奎因将抽象实体与电子、原子等物理粒子相比拟，从而认为科学可以确证本体论论断，也可以确证抽象事物存在。[①] 在这个层面上讲，奎因自然主义不能为我们坚信最佳科学理论中的实体提供理由，其论证不仅不能证实数学实体的存在性，而且也同样不能证实科学的理论实体的存在性。因此，要想真正解决数学实在论所面临的认识论难题，我们应探寻一种新的认识论，那种认识论以平等的态度对待数学与科学，为数学与科学的认识提供一致的依据。只有那样，我们才能一方面坚定对数学实在的信念；另一方面在解释数学和科学知识的可知性时，说明究竟我们如何能够获得关于数学和科学的知识。

（三）最佳科学理论定义自身的含糊性

迄今对最佳科学理论的定义并未得到广泛认同，如玛戴就指出：“科

① 叶峰．“不可或缺性论证”与反实在论数学哲学．哲学研究，2006，（8）：79-80.

学家对最佳理论的态度是从信念，到勉强接受，再到完全抛弃而变化的。”[①] 科学家对于某些理论实体的使用仅仅是为了计算的方便，是出于实用主义的考虑。科学家谈论绝对光滑平面、无限深的水、不能压缩的液体之类的东西，只是因为在理论中要用到，而并不认为这些理论实体是真的存在，不会对这些理论实体做出任何本体论承诺。只能说科学家“在原则上”相信这些理论实体的存在，因为科学家们即使在今天仍无法想象如何用量子力学预测未来发生的事情。事实上，到目前为止仍有科学家正在使用的理论是相互冲突的，如量子力学和广义相对论，二者在各自的应用领域中都发挥着极其精确的预测作用，然而它们关于宇宙本质的观点却截然不同。依据柯里万所给出的条件，最佳理论应该彼此一致，否则就说明这两个理论中有一个必然是错误的。然而，科学实践证明这两个理论在各自的应用领域都是成功的，我们无法确定哪一个是最佳理论。从这个意义上看，不论“最佳理论”指称什么，它都不会是科学家真正使用的理论，充其量它只是科学家对于最终科学理论的最佳猜测。只能说，我们在不断地获得或接近更为准确的理论，从而不会对任何实体做出本体论承诺。

（四）数学不可或缺性的争议性

不可或缺性论证的前提二指出数学对于最佳科学理论是不可或缺的。针对这一论断，菲尔德（H. Field）等认为可以发展出一种新的、不指称任何抽象数学对象的唯名论语言来替代数学，这样数学在科学实践中就是可缺的，从而不可或缺性论证的前提二也不成立。

菲尔德认为数学对于科学不是不可或缺的。在他看来，数学理论在应用中不是必须为真，数学本身是可缺省的。数学之所以能被应用于科学，是由于数学使理论的计算和表征更加简单。然而，菲尔德把全部科学唯名化的任务不可能完成。菲尔德虽然提供了牛顿引力理论的唯名论化版本，但即便在经典物理学中数学是可缺省的，将这一策略拓展到量

① Maddy P. Indispensability and practice. Journal of Philosophy，1992，89（6）：275.

子理论中仍是遥不可及的。事实上，量子力学的唯名论化是不可行的。量子力学中应用了大量抽象的理论实体，其中不仅包含实数，还包括希尔伯特空间和向量。在菲尔德的唯名化理论中，不可能找到希尔伯特空间和向量的具体对应物。通常希尔伯特空间和向量来表征量子命题和量子系统可能为真的状态，我们很难相信命题和可能性是具体的东西。此外，菲尔德的唯名论数学极为烦琐，而且只能涵盖极为有限的数学，不会也不可能得到科学家的认可。除非科学共同体承认这种唯名论的数学，并依照科学标准认定它是更好的理论，否则用这种策略就不能说明抽象对象在科学中是可缺的。

解释论者班固（S. I. Bangu）则认为，数学在科学说明中的不可或缺性作用可以揭示数学实体的不可或缺性。[①] 这种观点是“最佳说明推理”（inference to the best explanation，IBE）与不可或缺性论断相结合的结果。菲尔德认为实在论者试图通过强调解释物理现象时数学假设所具有不可或缺的作用来说明其存在性。因而，如果实在论者能够表明数学假设对于物理现象的解释是不可或缺的，那借助最佳解释的推论我们就应该相信它们的存在。其步骤如下：假定我们相信某种可观察物（即一种物理现象，称为被说明项）的存在，并承认对这一现象的最佳说明，假定断言 S 是这种说明中的一部分，如果没有 S 就不可能存在任何说明能够揭示这一现象。如果 S 在说明这个现象时具有不可或缺的作用，那么我们就必然要相信它，不管 S 自身是否可观察，也不管与之相关的实体是否可观察。毫无疑问，这种观点可将我们关于可观察实体与不可观察实体的信念相等同。其结果是，如果通过制定一系列的假设能够很好地说明一种特定的物理现象，而且数学断言 S 在这种说明项中具有不可或缺的作用，那么根据最佳说明推理的原则，我们就必须相信数学陈述 S 是真的，且相信描述 S 的数学假设是存在的。最佳说明推理的核心在于假定说明项和被说明项都是真陈述，一旦有人怀疑说明项的真理性，那么就无法说明被说明项。

---

① Bangu S I. Inference to the best explanation and mathematical realism. Synthese，2008，160（1）：13-20.

值得注意的是，解释论者在实行这一策略时有一个前提，即认为被说明项必须是一种外在于数学的现象。然而，尽管很难描述被说明项，我们仍必须找出一个非纯数学的被说明项，它包含某些数学假设或至少包含某些数学术语，否则就需要有进一步的理论来阐明数学的说明项如何能够在原则上与纯物理的、没有数学术语的说明项具有解释性的关联。但需要指出的是，承认对混合的被说明项的真理性将迫使我们同时假定混合物的数学部分也具有真理性，这无疑是一种循环论证。一方面，要么实在论者认为出现在被说明项中的数学假设是真的，这样无疑回避了唯名论者质疑的实质；另一方面，要么认为它们不是真的，把对它们的判断悬置起来，这会进一步反映在关于被说明项的真值的整体判断上，这样做将不能应用最佳说明推理的策略来进行解释。显然，最佳说明推理与不可或缺性论证的联姻也终将以失败而告终。

四、结语

不管上述批判和质疑究竟会对不可或缺性论证构成多大威胁，唯名论者试图通过批判不可或缺性论证来动摇数学实在论的基础都是不恰当的。因为以奎因为代表的不可或缺性论证支持者及其某些反对者对于数学实在论的信念显然是依赖于科学实体实在论的，他们强调数学实在论应该是科学实体实在论的推论。而我们知道，随着物理科学的不断发展，尤其是广义相对论和量子力学在宇观和微观层面上的广泛应用，科学实体实在论已经不能阐明理论实体的本体及认识论意义。这势必将使数学实在论同样面临反科学实在论者的拷问，即对任何物理对象存在性的质疑都会导致对数学实在论的质疑。从这个意义上讲，不可或缺性论证并不是关于数学实在论的最佳论证方式，也不是对数学真理困境的合理解答。

在这里，我们想要强调的是，不可或缺性论证问题的实质并不在于对科学与数学之间的类比追捧，而在于把经验实体的证实标准强加于数学之上。事实上，对于数学实体是否存在这一问题的解答，并不在于数学与科学之间是否互相依赖，也不在于数学对于科学是否不可或缺，它们分属于不同的问题域。数学与科学应具有平等的本体论与认识论地位，因而数学实在论与科学实在论之间不存在由谁推出谁的关系，只是数学与科学在实在性上的存在形式不同而已。纵观数学与科学发展的整体历程，其中的确体现了数学对于科学知识的发生、发展的关联性，但这种关联性本身并不能简单地等同于不可或缺性，更不能用来作为确证数学实体存在的前提。因此，我们要想突破数学真理困境，为数学提供与科学一致的真理解释，就需要洞察数学与科学的之间的关联性，揭示数学与科学一致的实在本性，使数学能真正地具有与科学同等的本体论和认识论地位。

量子测量解释的研究现状与视角 *

当前，在物理哲学的研究中最关键而且是最令人困惑的两大焦点难题是：时间难题与测量难题。其中，测量难题也被称为量子测量难题，它由量子理论中最深层次的概念问题所引起，是近些年来理论物理学与物理哲学研究中，不计其数的著作、论文所讨论的中心论题之一，同时也是当代科学哲学研究中，特别是科学实在论与反实在论争论的过程中，最终必然要论及的一个重要领域。关于量子测量难题的不同解决方案，形成了不同的量子测量解释，而对量子测量解释的研究，是当前理论物理学与科学哲学研究的交汇点，是目前两个学科必须共同面对的一个最前沿的重大问题。然而，与国际学术界就此问题研究的活跃局面相比，国内学界的研究却十分薄弱。为了弥补这一缺憾，本文主要对量子测量解释的研究现状与视角进行系统的考察，并以此为基础，提出研究量子测量解释问题的一个新视角——语境论的视角。

---

* 本文发表于《科学技术与辩证法》2003 年第 1 期，作者成素梅、郭贵春。

一、量子测量难题产生的历史背景

所谓测量，在根本意义上，就是一种形式的观察。其目的在于，借助于仪器将被测对象的某种物理特性表现为人的感官能够直接接受的量值，然后，通过观察这种量值来确定测量结果，并且认为测量结果就是与被测对象的物理特性相对应的物理量的值。这一测量过程所隐含的一个重要的基本假定是，假设通过测量一个物理量所得到的数值，是在测量之前这个物理量所拥有的值。自近代自然科学产生以来，这种测量观得到了以测量为基本特征的经典物理学理论体系的大力支持。

在经典物理学中，物理系统的状态的演化，通过系统中的一些物理量之间所满足的确定的数学关系来描写，并且每一个物理量都不同程度地描写了系统物理状态演进的一个方面。这些物理量所遵循的数学方程，确保了物理量的演化遵守确定的因果律。只要已知物质运动变化的初始状态，我们就可以不加怀疑地通过演化方程，确定未来任一时刻物质的运动状态。在原则上，不论是按照轨道行进的粒子、弥散着传播的连续场和质点的振动，还是高速运动的物体，总可以在理论上通过一定的规律来追踪研究对象的状态变化。

在这里，由动力学方程的计算所得到的每一物理量的数值，总是与一个实际的测量结果相对应。在一定的条件之下，理论描述与实际测量成为互相检验、相互验证的两个相对独立的环节。我们既可以通过理论计算求出物理量的量值，也可以借助于测量仪器的测量来得到物理量的量值。认为测量不会使系统的存在状态发生原则性的改变，更不会使被测对象的客观属性失去从前的实在性地位；认为通过测量过程所得到的量值，无歧义地是对客体的内在特性的一种表达；并且描述测量过程与测量结果所使用的语言，与理论计算所使用的语言都是同一种语言——经典语言。这说明，测量过程的进行不会破坏物体的运动规律。

这种经典测量过程的解释机制是，当我们使用仪器来测量研究对象的某种物理特性时，我们假设：如果一个被测对象的某种物理特性的量值，不可能通过直接感知的方式来得到，那么，我们总可以借助于测量仪器的某些宏观物理特性的量值，通过间接感知的方式来确定。即我们可以借助于一个放大装置，把测量对象的特性放大到人们能够认识的宏观层次。或者说，从测量仪器所表现出的在宏观意义上可以直接感知的量值，推出被测对象的物理特性的量值。

具体推理过程是，一个被测量的宏观对象系统 S 的物理量 A 的量值是 a_n，将必然与测量仪器 M 的可观察量 G 的量值 g_k 是一一对应的。这种推理过程的依据是，在被测对象与测量仪器之间引入一种适当的物理关系，这种物理关系是在仪器的制造过程中就已经蕴含了的，它能够使我们确信，在测量结束后，当且仅当 A 的值是 a_n 的情况下，才能保证得到 G 的值是 g_k。从这一前提出发，如果我们在测量之后，确实观察到 G 的值是 g_k。那么，就可以肯定地推论出被测对象的值一定是 a_n。

另一种测量情况是，借助于物理学理论，把这些原始的数据转化为关于被测量对象的某种信息。例如，盖革计数器“咔嗒”一下，被理解为是有一个带电粒子通过了计数器。在日常生活中，这两种测量过程是司空见惯的。其测量假设也从未引起人们的任何怀疑。例如，G 可能是任一刻度盘上的指针的位置，也可能是屏幕上的某种图像，等等。这种物理关系说明，被测对象与测量仪器之间存在着下列因果性的相互作用：当在时间 t，物理量 A 取值为 a_n 时，使得可观察量 G 在时间 t'（$t'>t$）取值为 g_k。这样，测量过程假设了一个因果相互作用的链条。因果性的概念成为解释测量结果的基本前提。

在实际操作或具体的测量实践中，我们虽然承认，被测系统与测量仪器之间存在着因果性的相互作用，即被测对象会不可避免地干扰测量仪器，测量仪器也会干扰被测对象，并且认为，为了进行某种测量，测量仪器的干扰是必然存在着的。但是，我们同时也承认，当测量仪器干扰被测对象时，这种干扰不可能进入由测量过程所提供的可观察量的值的认识当中，即在某种意义上，被测量的值不是一个受到“干扰”之后的值，也不是由测量过程本身所产生出的值，而是在被测对象的状态受到测量相互作用的干扰之前的可观察量的值。反过来，如果认为我们所观察到的测量值，是由被测对象系统 *S* 与测量仪器 *M* 之间的相互作用所产生的，那么，就不能说我们进行了一种测量，即这已失去了测量的意义。因为这个值是在测量过程中形成的，不代表被测对象所固有的内在特性的值。或者说，通过测量所得到的值，不应该是在测量过程中生成的，而是在测量之前就存在着的。

在量子力学诞生之前，这种测量观在科学的许多不同研究领域内，得到了普遍的应用。在这个框架内，通过理论计算所得到的值，与通过测量所得到的值是相一致的。测量不过是对理论计算的一种实现或证实。测量值与理论计算值之间的差异，被称为测量误差。但是，测量误差的存在，一方面，不可能从根本意义上影响测量结果的客观性，另一方面，也不会对被测量系统的存在状态造成实质性的影响。而仅仅被理解为是由于测量主体的某种缺陷所造成的。在实际操作的过程中，测量误差的存在是允许的；理论上，我们既可以不断地借助于精确度更高的仪器不断地逼近准确的测量值，也可以通过恰当的误差理论来校正测量值。这种测量通常被称为"测量的客观值理论"。

然而，从量子力学形式体系与算法规则出发，量子测量与这种经典的测量观完全不同。更令人感到困惑不解的是，当物理学家试图准确地回答"为什么会不同"这一敏锐问题时，他们往往是求助于哲学上未经证明的假没来进行推理。特别是，从 1935 年 EPR（Einstein-Podolsky-Rosen）悖论的提出、1953 年玻姆（D. Bohm）对此悖论的重述，到 1964 年贝尔（J. S. Bell）不等式的产生，再到 1982 年阿斯佩克特（A. Aspect）实验小组所完成的实验事实，这漫长的历史过程充分揭示出，量子测量过程中存在着经典测量所不具有的非定域性现象，这些实验事实更使得"量子测量成为一件不可理解的事情"。①

首先，从量子力学的基本假设出发，在描述微观系统状态演化的薛定谔方程中，系统的状态不再是由物理量之间的关系直接确定的，而是通过假想的态函数随时间的变化关系间接地、概率式地体现出来。系统

① Gribbins P. Particles and Paradoxes: The Limits of Quantum Logics. Cambridge: Cambridge University Press, 1987: 103.

的算符决定系统的静态性质和系统状态的演化，在算符的作用下，态函数的变化不直接描写物理量，或者物理量之间的关系随时间的变化，只能给出力学变量应取的概率值。或者说，态函数绝对值的平方只决定对各种物理量进行测量时所得到的观察值的一种统计分布，除此之外，它不再提供测量前的任何信息。这样，理论值与测量值失去了一一对应的前提，而成为相互补充的两个独立环节。

其次，在量子力学中，由于不同的相互作用形式而导致各种确定因果关系的，只是系统的某种统计性质的演变，而不是任何具体的物理量的演变。通过薛定谔方程只能够对微观客体在接受测量时，某一物理量出现的可能性的大小做出预言，而不对客体的实际演化过程做出明确的描述。在经典物理学中，物理量直接对应于由观察所得到的系统的内在属性；在量子理论中，薛定谔方程虽然也是包含有对时间微商的线性微分方程，体现了系统状态变化的因果律。但是，这种因果律的表现不直接地对应于物理量之间的关联，更不意味着在不同时刻的观察结果之间可以建立起决定论的因果性关系。由薛定谔方程所体现的系统状态变化的这种因果性，从根本意义上，不同于以往我们所认识到的任何形式的因果性，它具有统计的性质。或者说，量子力学是一种统计因果性理论。

最后，到目前为止，在量子力学的大多数教科书中，物理学家一直将“投影假设”(projection postulate)①作为量子力学算法体系中的基本原理之一来加以阐述，并且直接运用投影假设描述量子系统在受到测量时的状态变化。在具体的测量实践中，投影假设所反映出的事实与包括原子、分子、辐射和基本粒子在内的实验结果相吻合。冯·诺依曼（J. von Neumann）指出②，康普顿－西蒙（Compton-Simon）实验支持了投影假

---

① 如果在一个被测量的量子系统 S 中，对一个可观察量 A 进行测量，那么，不管测量之前 A 处于什么样的状态，在测量之后，被测量的量子系统都将会突然塌缩为 A 的一个本征态。1950 年，马格脑（H. Margenau）把这种观念称为投影假设，在现有的教科书中，也称为态的还原、波包塌缩。投影假设是对海森堡最初在 1927 年所提出的波包塌缩（或波包还原）观念的一种普遍化，它既包括态函数、态矢量、纯系综，也包括其他的混合系综。

② Von Neumann J. Mathematical Foundations of Quantum Mechanics. Beyer R T trans. Princeton：Princeton University Press，1932：213.

设，他认为，在微观领域内，能量与动量守恒原理并不仅仅能应用于具有统计规律的事件，而且也能应用于个体意义上的事件，这意味着，量子世界处于纯粹的统计世界与完全决定论的世界之间的某一个地方。投影假设正是对这种中间“因果性程度”（degree of causality）的一种表达。或者说，从根本意义上，投影假设使某种纯粹的随机性因素引入态矢量的演化过程当中。①

除此之外，现行的量子力学体系，既没有对具体的量子测量过程做出十分明确的陈述，也不能与我们周围世界的普通特征相对应；而且它对物理实在的统计性的表述方式，直接与经典物理学对物理实在的确定性的表述方式相矛盾。然而，决定性既在物理学家的研究工作中占有统治性的地位，又是我们理解世界和进行测量所必需的基本前提。这样就产生了令人困惑的问题：这种只具有统计意义的理论，是否有可能对一个具体的单个事件的量子测量过程给出说明呢？在量子测量过程中，被测量的对象与测量仪器之间存在着什么样的物理关系呢？在量子力学中，一些在日常用语中已有明确意义的基本概念，是否已经发生了语义与语用意义上的变化呢？对这些基本问题的思考与回答，无疑使一个单纯的物理学问题变成了一个与哲学相关的复杂问题。

二、量子测量问题的症结所在

历史地看，关于量子测量问题的讨论，与对量子理论解释的追求相伴随。几乎每一位参与了量子理论创立过程的物理学家，都曾在不同程度上对此问题发表过不同的见解。所以，可以认为，从量子力学的诞生之日起，量子测量问题就已经成为困惑物理学家的一道难题。并且薛定谔（E. Schrödinger）早在1927年发表的论文中，曾试图用波动力学的方法来解决这一难题。但是，直到1932年，冯·诺依曼在《量子力学的数学基础》一书中，率先用希尔伯特空间的数学结构，或者说是数学模型，

① Albert D Z. Quantum Mechanics and Experience. Cambridge：Harvard University Press，1994：36.

对量子力学的形式体系进行了重新表述，并且第一个明确地提出了一个在数学上严格的、关于量子测量过程的测量理论时，才使得量子测量问题变得比过去任何时候都更加尖锐与复杂起来，并且成为其后直到现在仍未解决的“测量难题”。冯·诺依曼在这本经典著作中证明，一个微观系统的量子力学的态，可以按照以下两种完全不同的方式来演化。

（1）第一种演化方式是，当微观客体没有与另外的客体发生相互作用时，即当被测量的量子系统没有受到测量时，量子系统的态的变化（即波函数的变化）将遵守薛定谔方程的演化。在这种演化方式中，微观系统的态随时间的演化规律描绘了一个连续的、可逆的物理过程。

（2）第二种演化方式是，当微观系统与测量仪器发生了相互作用之后，系统的态将会由叠加态转变到其中的一个具体的可能态。在这种演化方式中，微观系统的态发生了不连续的、不可逆的变化，或者说，在这个阶段，微观系统的态的演化过程是不连续与不可逆的。

这两种不同的演化方式表达了两种不同类型的物理系统之间存在的本质差异：第一种演化方式描述的是一个纯粹的微观物理系统的演化行为，是由一个决定论的动力学方程式所支配的；第二种演化方式描述的是一个含有观察主体的宏观系统的演化行为，是由投影假设来解释的。问题在于，在实际的测量过程中，从叠加态到一个具体的可能态的转变将在哪里实现？哪一个具体的可能态将会有可能得到实现？为什么要对量子测量过程进行如此特殊的处理？为什么系统之间的相互作用可以用薛定谔方程来描述，而从微观值到宏观值的转换，却不遵守薛定谔方程，而是用至今难以令人理解的投影假设来描述呢？到目前为止，物理学家并不知道量子测量与非测量之间究竟有什么差异，更不知道如何解释，为什么量子客体会有两种截然不同的演化方式。量子力学的哲学家把这种困惑称为“测量难题”，以着重强调长期以来寻找“测量的量子理论”所存在的实际困难所在。

按照冯·诺依曼所提出的测量的量子理论，量子测量系统同经典测量系统一样，也是由测量主体、被测对象与测量仪器所组成的。所不同的是，在量子测量的过程中，被测对象与测量仪器组成了一个复合系统，这两个系统之间的相互作用可以用量子力学的术语来描述。由于量子系统是微观的，所以，它只能在放大之后，才能被知觉主体所认识。这样，测量客体就可以包括微观系统与测量仪器在内。由于被测对象与测量仪器之间的分界线是任意的，所以，投影假设也可以用于其他的对象系统，即既可以用于由对象与仪器组成的复合系统，也可以用于更大的对象、仪器和更多的仪器所组成的系统，等等。

如果观察者完成了一次测量，那么，投影假设必然在这个系统的某一个中间环节发生作用。问题是，投影假设将会在哪里发生作用呢？冯·诺依曼指出，投影假设发生效用的地方完全是任意的、是可变的。这样，客体链条在对象系统中的无限延伸的结果是，在理论上，可以把观察者的感觉器官与大脑也可能包括在对象系统之内。如果是这样的话，那么，投影假设将能够用于这一更大的系统。冯·诺依曼特别提到，对象与仪器之间的分界线，将会出现在观察者的大脑与意识之间。因为如果把微观系统、测量仪器和观察者的感觉器官与大脑作为一个组合系统，并且用薛定谔方程来描述的话，那么，在这种情况之下，主体与客体之间的分界线，将只能出现在组合系统的客体与观察者的意识之间。因为在进行观察时，只有观察者的意识不能够被包括在客体系统之内，它完全属于主体的范畴。

然而，如果认为投影假设在客体与观察者的意识之间发生作用，那么，客体的状态将最终取决于观察者对仪器和测量结果的“观看”这一行为本身。问题是，观察者的认识行为将如何决定被测量的可观察量的值呢？被测量的可观察量是微观的，它不可能直接在宏观意义上被观察到，必须借助于与它发生相互作用的宏观仪器的宏观可观察量来实现。按照这种测量理论，观察者的观察行为，即观察者对宏观仪器的“观看”，将会使被研究的微观可观察量取一个确定的值。那么，可以认为，观察者的观察行为本身将影响宏观的可观察量，然后，依次类推，最后影响到微观的可观察量的吗？

这一推论就连冯·诺依曼本人都感到十分困惑。1935 年，薛定谔在一篇著名的论文中，利用一个“薛定谔的猫”的理想实验，对这种测量理论的悖论结果进行了生动的描述与说明。① 薛定谔指出，猫最后是处于“活着”的状态，还是处于“死亡”的状态，将取决于观察者揭开盒子的盖子观看这一行为。在此之前，放在盒子里的猫将会处于生与死的叠加状态，只有观察者的观看行为，才能最后确定猫是活着，还是死亡。这一结论显然是荒谬的。在此之后，物理学家维格纳（E.Wigner）用一位科学家，即著名的“维格纳的朋友”（Wigner’s friend），来代替关在盒子中的“薛定谔的猫”的实验，更加形象地描述出用投影假设解释量子测量行为所存在的困惑。

与此相类似的一种观点认为，如果把所有的系统在本质上最终都看成是量子系统的，那么，测量行为似乎不可能摆脱上述悖论。② 例如，在观察一个辐射的原子核时，假如计数器是装有指针的刻度盘：指针在位置 A，说明原子核没有衰变，如果指针跳到 B，并且检测到一个粒子，我们能够由此推出，原子核发生了衰变。因此，指针以这种简单的方式与原子核联系在一起。通过对指针的观察，我们能够有效地观察原子核。但是，如果按照冯·诺依曼的观点，测量仪器也由一个处于叠加态的波函数来描述。那么，盖革计算器就是态 A 与态 B 的叠加（指针的偏转与不偏转），指针的偏转是可重复的，不是意味着它要么偏转，要么不偏转，而奇怪的是它要处于两种态的叠加态。每一种态都表示了一个由原子核的衰变所产生的可供选择的实体。这种结论显然不能令人接受。

马格脑在 1936 年和 1963 年发表的论文中强调指出③，在测量与态的制备之间存在着一个决定性的区别：测量产生了一个关于特定的可观察量的值，而制备产生了一个处于同样状态的粒子系综，所以，应该区分态的制备与测量是一个过程的两个阶段。他认为，冯·诺依曼对投影假设的分析混淆了上述区别，最后只能出现悖论。伦敦（Fritz London）等提出，投影假设根本不是直接的物理过程。泰勒（P. Teller）在 1983 年

---

① Schrödinger E. The present situation in quantum mechanics//Wheeler J A，Zurek W H. Quantum Theory and Measurement. Princeton：Princeton University Press，1983：152-167.

② Davies P. Other World. New York：Simon & Schuster，1980.

③ Margenau H. Quantum mechanical descriptions. Physical Review，1936，49：240-242. Margenau H. Measurements in quantum mechanics. Annals of Physics，1963，23：469-485.

发表的一篇论文中认为，投影假设完全是一种幸运的近似。之所以说近似，是因为实际发生的过程不会像投影假设所说的那样精确地局限于某种态；之所以说是幸运，是因为原则上还没有一种公认的方法或方案能把近似转变为准确的陈述。①

当然，在概念上，投影假设本身所存在的问题，与主要的量子测量问题是可分离的，即是有所区别的。如果只把投影假设看成是对测量的一种限制，那么，从表面上看，这个假设不过是与量子理论缺乏明显联系的一种任意规定。但是，我们不能由此而否定由投影假设所描述的实验现象，的确是不可取代的和客观存在的。正如贝尔所指出的，关于量子测量理论的持久的争论，不是对简单的数学处理有所分歧的那些人之间的争论，也不是关于测量复杂的可观察量的不同观念的那些人之间的争论，而是关于下列事实的不同程度的看法的那些人之间的争论，即只要波包的还原是一个基本的事实，只要我们不可能准确地知道，从薛定谔方程的演化中，何时和如何将会发生波包的还原，那么，我们就不能对最基本的物理学理论做出精确的阐述。②

在现有的量子力学的形式体系中，量子测量问题是由量子力学的基本原理所引起的，从这个意义上看，如果完全局限于现有理论的算法规则之内，那么，量子测量问题就不可能得到解决。所以，物理学家只有超出现有的量子力学的形式体系之外，才有可能找到有效解决问题的方案。

三、量子测量难题的五种类型的解决方案

显而易见，量子测量难题是量子理论研究中的一个“难点”，而量子测量解释则是物理哲学与科学哲学研究中的一个“热点”。到目前为止，试图解决量子测量问题的方案多种多样，在比较引人注目的解决方案中，根据其解释观念的侧重点的不同，可大致划分为下列五种类型（其中有些解决方案可同时属于多种不同的类型）。

---

① Teller P. The projection postulate as fortuitous approximation. Philosophy of Science，1983，50：413-431.

② Bell J S. Speakable and Unspeakable in Quantum Mechanics. Cambridge：Cambridge University Press，1987.

（1）本体论意义上的解决方案。这种类型的解决方案一般认为，现行的量子力学是正确的，但是，是不完备的，即认为态函数虽然按照薛定谔方程随时间而演化，但对于微观系统而言，态函数没有提供一个完备的描述。所以，在根本意义上，还需要在态函数的描述中加入某些更基本的、新的概念，即一组隐变量，通过这组新的变量来消除现行量子力学中的统计性，从而得到一种确定性的理论预言，通过这种确定性的理论预言，来使复杂的量子测量问题得到解决。这类解决方案就是对量子测量的各种类型的隐变量的解释，其中，较有代表性的是玻姆的隐变量理论。

（2）认识论意义上的解决方案。这种类型的解决方案认为，现行的量子力学不仅是正确的，而且是完备的，即认为态函数对微观系统的描述是完备的。他们不期望借助于量子理论自身所提供的手段来解决量子测量问题，而是宁愿相信，量子测量问题的产生出自某种陈旧而教条的认识观念。所以，他们希望通过修正我们过去对科学本性的理解和更新我们过去所坚持的教条的哲学认识论，来解决量子测量问题。这类解决方案以著名的哥本哈根学派的解释为代表。

（3）方法论意义上的解决方案。这类解决方案的目的不是要提出一种关于量子力学的新解释，而是在承认现有量子力学的形式体系的条件下，提供新方法来解决量子测量问题。这类方案的最大特点是偏重于技术性的数学处理或物理学模型的建构。其中，最有影响的解决方案主要是，由丹纳瑞（Daneri）、朗林格（Loinger）和普让斯布瑞（Prospperi）于1962年联合提出的DLP测量理论①，以及近些年来物理学家与物理哲学家正在共同探索的量子退相干（decoherence）方法。②但是，DLP理论

① Daneri A，Loinger A，Prosperi G M. Quantum theory of measurement and ergodicity condition. Nuclear Physics，1962，33：297-319.

② DLP理论的主要目的是尽可能地排除S+M系统中的叠加态。他们证明，测量仪器是由大量的粒子所组成的系统，它有许多自由度，考虑到热力学效应的存在，当这样一个系统处于叠加态时，实际上，已经取消了叠加的干涉特征。结果，在统计的意义上，一个叠加态与关于所有相关可观察量的混合是难以区分的。如果把要测量的宏观系统S+M称为系统Ⅰ，把用来测量这个系统的另外的宏观系统称为系统Ⅱ，那么，与系统Ⅰ的统计算符所对应的、由属于不同的宏观系统的态矢量的叠加所描述的纯态是相等的，在这种意义上，我们所关注的系统Ⅱ就是上述宏观态的一种混合。这样，对于S+M系统来讲，它的纯态演化的行为与混合态是一样的。量子退相干是指，当微观系统的态变得与其所处的环境相关时，系统的态之间的干涉效应就会消失的现象，或者简单地说，是指微观量子层次的干涉效应在宏观层次上被摧毁的物理现象。

还没有得到物理学界的普遍认可[①]；同时，到目前为止，物理学家也还没有形成一种普遍的退相干理论。[②]

（4）实在论意义上的解决方案。这种类型的解决方案不仅承认现有的量子力学的形式体系是正确的，而且要为每一个量子态的存在寻找实在论的解释。通过把态函数本身看成是一个基本实体，认为态函数总是按照量子力学中的薛定谔方程来演化，即使在进行测量的过程中，也是如此，从而避开了在测量过程中存在着的波包还原现象。其基本思路是，站在整体论的立场上，把整个宇宙看成是一个有机的整体，然后，系统在演化的过程中，通过整体的分解来解释量子测量过程中所出现的从可能性向现实性的转变。或者说是站在实在论的立场上，通过扩展对量子测量过程的实在论理解来消除困难。这类解决方案主要以多世界解释为代表。

（5）逻辑学意义上的解决方案。这种类型的解决方案是以承认现行的量子力学的形式体系为出发点，试图通过引进一种新的逻辑——量子逻辑——来解决问题。例如，普特南认为，逻辑对于量子力学的关系与几何对于广义相对论的关系相一致，即

几何：广义相对论 = 逻辑：量子力学

这意味着，作为一种物理理论，广义相对论导致了一种新的几何观念，因此，量子力学也应该被看成是导致了一种新的逻辑。其基本的观念是，如果 L 指经典逻辑，P′ 是用这种逻辑得出了含有“悖论的”物理学概念，现在，引入一种新的量子逻辑 L′ 来恢复经典实在论的“旧的”非悖论的物理学 P，从而使得下列等式成立，即

$$L+P' = L'+P$$

这种借助于修正逻辑来消除量子悖论的解决方案主要包含两方面的内容：一是坚持了由杜恒 - 奎因（Duhem-Quine）所阐述的整体论的约定论思想；二是抛弃了过去坚持经典逻辑 L 而容忍悖论的物理学 P′ 的传统思维方式，提出以选择新的逻辑 L′ 为代价，来消除悖论的物理学，不

① Bub J. The Daneri-Loinger-Prosperi quantum theory of measurement. Nuovo Cimento B，1968，57（2）：503-520.

② Omnès R. The Interpretation of Quantum Mechanics. Princeton：Princeton University Press，1994.

把逻辑看成是主要关于有效结果的概念，也不把逻辑看成是在有效论证中，把真理从前提传达到结论，这样将使关于世界的真的命题与逻辑真之间的区别变得模糊起来，使逻辑像经验几何一样成为一种经验科学。[①]但是，这种思路仅是部分量子哲学家所努力追求的方向，还远远没有得到物理学界的认可。

四、量子测量解释的研究现状与视角

这五种类型的解决方案都试图抛弃投影假设，对现行的量子力学的形式体系或算法规则提出新的解释方式。其中，除了方法论意义上的解决方案之外，其他四种解决方案都从根本意义上蕴含了新的本体论或认识论的假设。或者说，这些解决方案的提出，也许不完全是出于物理学的考虑，而是更多地包含了形而上学的假设与物理学家的哲学兴趣。在这样的背景之下，对于量子测量解释的系统研究，就又成为一个新的研究课题，摆在了具有哲学兴趣的物理学家和物理哲学家的面前。正是因为如此，从量子力学的诞生至今，研究量子测量解释的文献一直处于上升的趋势。从近 20 年来直接与间接地涉及量子测量解释问题的文献资料来看，就量子测量解释的研究现状而言，除了每一位不同时期、不同观点的主要代表人物，都有许多值得研究的文献与思想之外，主要存在着下列四种值得重视的研究视角。

（1）以历史性考察为主的研究视角。立足于这一研究视角，对量子测量解释问题有所涉及的主要文献是，雅默于 1974 年出版的并且至今仍然具有参考价值的著作《量子力学的哲学》和阿门斯（R. Omnès）于 1994 年出版的《量子力学的解释》。前者主要是沿着量子力学的历史发展脉络，对量子力学的解释作了系统的考察，并在最后一章，对量子测量问题作了专门介绍。在介绍各种不同的量子力学的解释观点时，在许多地方涉及了对量子测量解释的分析；后者是试图从量子力学内部寻找

① Redhead M. Incompleteness：Nonlocality，and Realism—A Prolegomenon to the Philosophy of Quantum Mechanics. Oxford：Oxford University Press，1987.

对它的解释。其中，在许多地方专门讲到了量子测量解释的问题。但是，他们的重点不是对量子测量解释进行比较研究。

（2）以阐述或评述某种解释为主的研究视角。从这一视角涉及量子测量解释的文献资料相当丰富，按照这些资料的研究性质的不同，又可分为以下两种类型。

其一是关于原子物理学家的个人传记与哲学思想研究类文献。这类文献通常都会在不同程度上涉及所研究人物关于量子测量解释的思想与观念。例如，由默多克（D. Murdoch）于 1987 年出版的《尼尔斯·玻尔的物理哲学》一书[①]和由比特保（M. Bitbol）于 1996 年出版的《薛定谔的量子力学的哲学》一书[②]，都专门设有一章来讨论玻尔与薛定谔对量子测量解释的论述。

其二是以详尽地阐述某种具体的量子力学的解释为主，间接地涉及对各种不同的量子测量解释之间的比较分析。例如，由玻姆与海利（B. J. Hiley）合著，并于 1993 年出版的《不可分的宇宙：量子论的一种本体论解释》一书[③]，就用了大量的篇幅讲到量子测量解释问题。但是，应该注意到，这类文献所提及的不同量子测量解释之间的比较，是以阐述自己所主张的观点为前提，并使这种比较成为支持自己论点的立论依据。此外，阐述各类新观点的参照系，一般是以被称为传统解释的哥本哈根学派的观点的批评为前提，很少涉及对更多的不同解释之间的比较研究。

（3）以关联透视为主的研究视角。从这一视角涉及量子测量解释问题的文献，也可以分为两类，一类是某些重要的论文集与关于量子测量理论的论文与论著。例如，由惠勒（J. A. Wheeler）与楚雷克（W. H. Zurek）共同编辑，并于 1983 年出版的《量子论与测量》一书，收录了自量子论创立以来到 1980 年之前，有关量子论的基本原理与量子测量解

① Murdoch D. Niels Bohr's Philosophy of Physics. Cambridge：Cambridge University Press，1987.

② Bitbol M. Schnödinger's Philosophy of Quantum Mechanics. Dordrecht：Kluwer Academic Publishers，1996.

③ Bohm D，Hiley B J. The Undivided Universe：An Ontological Interpretation of Quantum Theory. London：Routledge，1993.

释的重要研究文献①；1996年再版的《测量的量子理论》一书②，是到目前为止，在数学上较完备地阐述量子测量理论的主要文献。而有关量子测量解释的论文则多以研究某类解释为主，还没有见到以不同的量子测量解释的比较研究为题的文章出现（仅限于中文文献与英文文献）。

另一类是不同版本与不同年代出版的量子力学的教科书。例如，由海尤斯（R. I. G. Hughes）于1989年出版的《量子力学的结构与解释》一书，以简单明了的方式，运用矢量的方法阐述了量子力学的形式体系，其中，作者专门有一章对量子测量与量子测量解释进行了讨论。③当然，几乎每一本量子力学的教科书，都会以不同的篇幅来介绍量子测量问题与对此问题的相关解释。

这些文献虽然不是专门以研究量子测量解释为目的，但是，论文集把许多重要的研究论文收集到一起，为读者的比较研究提供了方便；对量子测量理论的专门讨论，不仅反映了学界对此问题研究的持续性，而且也说明了研究此问题的重要性；关于量子力学的教科书，则是以通俗易懂的形式，向读者介绍了量子测量问题产生与发展的整个历史过程，不同时代的教科书，通常会反映出不同时代就此问题所达到的研究程度。

（4）以专门分析量子力学的解释与测量为主的研究视角。在目前所能查阅到的、立足于这一视角来研究问题的文献中，只有《量子力学的解释与测量过程》一书④，这是与本文所关注的选题最为接近的研究工作。作者在该书中，立足于承认量子力学对于微观客体与量子测量仪器都有效的前提下，试图在方法论的意义上，从量子测量过程导出量子力学与它的解释之间的本质联系。

前三种研究视角都是必要的。以历史性考察为主的研究视角，有助

---

① Wheeler J A，Zurek W H. Quantum Theory and Measurement. Princeton：Princeton University Press，1983.

② Busch P，Lahti P J，Mittelstaedt P. The Quantum Theory of Measurement. 2nd ed. Heidelberg：Springer，1996.

③ Hughes R I G. The Structure and Interpretation of Quantum Mechanics. Cambridge：Harvard University Press，1989.

④ Mittelstaedt P. The Interpretation of Quantum Mechanics and the Measurement Process. Cambridge：Cambridge University Press，1998.

于深刻理解量子测量问题的基本内涵；以个案分析为主的研究视角，有助于深入而准确地理解与思考某种解释的基本观点；以关联性透视为主的研究视角，有助于读者了解研究量子测量解释问题的现状，把握不同观点之间的差异。但是，它们都不是主要以量子测量解释的比较研究为主线，而只是把它作为一个不可缺少的组成部分来处理。

以分析量子力学的解释与测量为主的研究视角，虽然涉及关于量子测量解释之间的比较研究，但是，一方面，目前从这一视角来研究问题的文献还不多见，另一方面，《量子力学的解释与测量过程》一书，只是在接受冯·诺依曼的测量理论的基础上，通过对量子测量过程的分析，对三种不同形式的概率解释进行了研究，而没有涉及不同学派的不同观点的研究，更没有从本体论与认识论意义上，揭示出不同量子测量解释之间所存在的内在关系与根本性差异。

所以，从这个意义上看，目前，在国内外学术界，全面而系统地对已经成熟的、不同类型的量子测量解释进行比较分析的工作，还有待于进一步加强。限于篇幅，我们对在考察量子测量解释的研究现状与视角基础之上的比较研究工作将在另文中进行。

隐变量理论与语境选择*

——一个语境分析方法的案例

语境分析方法是语言分析方法的一个重要组成部分，是20世纪末“修辞学转向”的必然结果和后现代科学哲学发展的自然选择。语境分析方法日益兴盛，不断与自然科学相互渗透，开拓了科学哲学新的研究领域。特别是这种方法在物理学中的映射，更是给科学哲学的前沿课题研究输入了一股活力。

就物理学而言，语言大致分两大类：一种是用于诠释的自然语言，另一种是物理学的形式语言。语境分析方法在自然语言层面上的反映，已经有不少专家学者著书立说，作过许多详细阐述。[①] 那么，物理学形式语言作为语言的一种，语境分析方法在这里是否也得到了显著体现呢？

---

* 本文发表于《自然辩证法研究》2003年第8期，作者贺天平、郭贵春。

① 参阅国外海德格尔、维特根斯坦等的著作，国内有山西大学科学技术哲学研究中心的许多专家学者发表过一系列文章阐述此问题。

事实上，隐变量理论的历史演变已经给出了肯定的回答，其运动方程式的前后更迭正是语境化的深刻再现。在这种意义上讲，隐变量理论形式体系的逐步语境化是语境分析方法在物理学内部深入推广的有力证明，是语境分析方法合理应用的一个很好案例。

本文拟就这一问题作简单阐述。首先介绍隐变量理论的诞生、基本思想、目的和核心内容，然后以历史为线索，讨论隐变量理论的三种类型——非语境隐变量理论（noncontextual hidden-variable theory）、语境隐变量理论（contextual hidden-variable theory）和定域隐变量理论（local hidden-variable theory），展示了隐变量理论形式体系逐步语境化的过程，清晰再现了语境分析方法在物理学形式语言上的映射，案例性地理解语境分析方法在量子理论中的应用。

一、从 EPR 到隐变量理论

1927 年，EPR 佯谬的发表，成为量子力学完备性争论的源头。从此，许多物理学家和哲学家为之喋喋不休，许多大型的会议为此接踵而至，大量的文章著作为此层出不穷，使得争论像波浪一样高潮迭起。在这里笔者想顺便提及的是，EPR 佯谬并不仅仅说明量子力学是不完备的。事实上，它告诉大家：量子力学要么是非定域的，要么是不完备的。

这一点在 1928 年索尔维会议上，爱因斯坦将 EPR 佯谬通过图 1 解释得非常清晰。一个自旋为 0 的辐射型原子放在感光球的中心，过一会儿，感光球表面出现黑斑点。根据量子力学，在探测之前，辐射粒子通过从原子到感光表面传输的球形波（a spherical wave）描述，并且在每一点的振幅相同。然而，在测量时，这个粒子在一点出现，且在此刻波在其他所有点消逝，这个过程被称作“波包塌缩”（collapse of the wave function）。这个波描述的是什么？如果这个波描述的是携带能量和动量的物理场（field），那么波包塌缩就暗示了有一瞬时

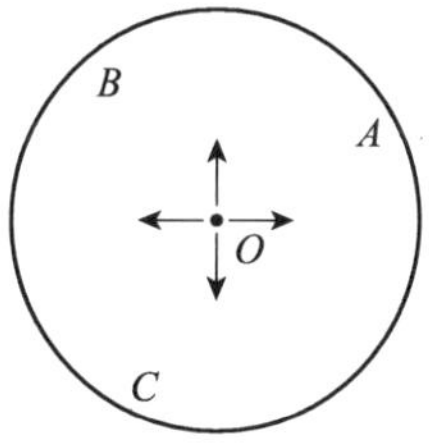

图1　爱因斯坦EPR佯谬图示

能量从 B、C 等到了 A 点，这说明量子力学是非定域的（nonlocal）；如果波描述的是我们通常理解的位置，那么就会有更为详细的理论存在，这说明量子力学是不完备的（incomplete）。由此看来，EPR 佯谬得出的结论是：量子力学要么是非定域的，要么是不完备的。[①]

长久以来，各个学派围绕这篇具有划时代性的文章，就量子力学完备性问题争论和讨论了很多，几乎延续了近一个世纪之久。其中，哥本哈根学派就认为量子力学是完备的，但是它受到如下各种悖论的困惑：德布罗意盒子悖论（de Broglie's box）、薛定谔的猫（Schrödinger's cat）、魏格纳朋友悖论（Wigner's friend）、量子芝诺悖论（quantum Zeno's paradox）等。统计诠释（the statistical interpretation）也认为量子力学是完备的，但是也面临了不少责难，如存在许多证明与量子力学形式体系（即冯·诺依曼证明）不一致；它没有得到贝尔实验的证实。

完备性问题不仅仅推动了这些争论的延续，而且也促使了其他一些新理论的诞生，玻姆等人所创立的隐变量理论就是影响最深远也最引人注目的新生理论之一。可以这样说，完备性争论是隐变量理论诞生的原因和动力。创立隐变量理论的基本目的就在于：寻找量子力学的决定论基础，在微观物理学领域内恢复决定论和严格因果性，建立量子力学的完备理论，消除经典世界和量子世界的独特划分，建构物理世界的统一说明。

上述目的通过以下基本思想实现。当一个“经典系统”处于纯态时，它的本征状态代表最大量信息，每一个物理量的值都是唯一可预言的；换句话说，经典纯状态是对立的、分散的，经典力学是决定性的。当一个“经典系统”是非纯态时，它代表的不是最大量信息，这时概然性也就深入理论之中了。这就是统计力学的基本机理。然而，在考察“量子系统”时，即使是纯态，它也不可能预言每一个物理量的值，只能给出每一个物理量的概率分布，从这个意义上讲，概然性从一个更基本的层次上渗入了量子理论。隐变量理论要求的就是，消除量子理论中的这种

---

① Santos E. The search for hidden variables in quantum mechanics//Selleri F. Quantum Mechanics versus Local Realism. New York：Plenum Press，1988：365.

概然性。该理论认为概然性的产生是因为传统意义上的量子状态不能代表系统的最大信息，因此，推测有一隐变量，它不受实验探索的支配，携带了量子状态所有的信息，且所有物理量的精确值被唯一确定。这种状态被称为完备态（completed state），它不仅表征了通常量子态所携带的信息，也表征了隐变量所携带的额外信息，所以，量子力学的预言就相当于求隐变量的平均值。从这个意义上讲，隐变量理论是超越传统量子力学的一个根本的经典决定性理论。

事实上，隐变量问题在量子力学的初期就有人涉足。1932年，冯·诺依曼给出了量子力学数学结构体系，证明隐变量是不存在的，他的权威性整整控制了量子理论20年。1952年，玻姆建构了一种特殊的隐变量理论，证明了冯·诺依曼理论的不正确性，从此，隐变量得到了新的发展。

即使如此，至今还很难从文献中找到有关隐变量的专业性描述。不过，玻姆教授和雅默教授对隐变量的理解，还是值得我们注意的。玻姆在他的著作《现代物理学中的因果性和机遇》中表明，隐变量是出于亚量子力学集之中，而且具有新的个体定律来描述新型实体状态，它们一开始是“隐藏着的”，但日后的新实验必将会把这些变量的信息详细地揭露出来。[①] 雅默在《量子力学的哲学》中阐述：“在关于某些物理体系 S 的一个给定的理论 T 中，描写 S 的状态是一些变量 v；在关于 S 的另一个理论 T' 中，描写 S 的状态的是在 T 的框架内不能在实验上探测到的一些变量 v'……如果 v 之值，可以通过对 v' 之值作某些平均运算得到，则称 v' 为隐变量（相对于 T），而 T' 则被称为一种隐变量理论诠释（相对于 T）。”[②] 不管人们对隐变量的理解如何，隐变量理论仍然辉煌地走过了半个世纪，而且至今还有许多科学家为之绞尽脑汁，这就从一个侧面反映了隐变量理论的确是一个非同一般的理论。

① 玻姆，秦克诚．现代物理学中的因果性与机遇．洪定国译．北京：商务印书馆，1965：201-202.

② 雅默．量子力学的哲学．秦克诚译．北京：商务印书馆，1989：296-297.

二、非语境隐变量理论

隐变量理论是从量子力学的基本问题谈起的。量子力学的基本问题就是确定描述系统所处状态的态矢量 $|\phi(t)\rangle$，因为知道了态矢量，就把握了量子系统的全部信息，并由平均值给出。

量子力学考虑两种状态：纯态（pure states），即大量处于相同的宏观条件下，性质完全相同，各自独立且都处于同一量子态的态集；混合态（mixture states），即大量处于相同宏观条件下，性质完全相同，各自独立而各处于某一量子态的态集。纯态通常由矢量算符或投射算符

$$p\phi=|\phi\rangle\langle\phi|$$

描述。混合态通过密度算符描述，是上述算符的组合。由于纯态是混合态的特殊情况，所以我们可以只考虑混合态就足够了。

非语境的隐变量理论对量子体系（R，δ）需要另外加一个空间 Λ，它的元素被解释为隐变量。因为需要隐变量的平均，所以要求 Λ 的结构是一个经典概率空间结构。这就意味着，Λ 的可测量子集 Σ 和其上的概率测量 μ 一起被给定。通常我们写作 $\langle\Lambda, \Sigma, \mu\rangle$ 表示概率空间。

隐变量理论认为，在空间 Λ 内有隐参量 λ 的集合，量子态无论是纯态还是混合态，与 Λ 上的概率分布相对应；观测量与自伴算符相对应，而且对应于 Λ 上的实函数。这样，

$$\mathrm{Tr}\hat{\rho}\hat{A}=\int_{\Lambda}A(\lambda)\mathrm{d}\mu(\lambda)\equiv\langle A\rangle_{\rho} \qquad (1)$$

其中，$\hat{A}$ 和 $A(\lambda)$ 表示量子算符，即隐变量观察量；$\hat{\rho}$ 和 $\mu(\lambda)$ 表示量子态。这样，如果是纯态，以上方程就简化为

$$\langle\phi|\hat{A}|\phi\rangle=\int A(\lambda)\,\mathrm{d}\mu(\lambda)$$

显然，在多个观测量作用下，式（1）应该为

$$\mathrm{Tr}\hat{\rho}\hat{A}\cdots\hat{B}=\int_{\Lambda}A(\lambda)\quad B(\lambda)\mathrm{d}\mu_{\rho}(\lambda)\equiv\langle A\cdots B\rangle_{\rho} \qquad (2)$$

在区分语境与非语境的隐变量理论时，“形式联合概率分布”（formal joint probability distribution）是一个新的而且非常重要的概念。如果

$A(\lambda)$ 和 $B(\lambda)$ 是两个观测量的函数，在非语境隐变量理论中，定义形式联合概率密度函数 $f_\rho(A,B)$，

$$f_\rho(A,B)\equiv\frac{1}{4\pi^2}\int e^{-i\alpha A-i\beta B}\mathrm{d}\alpha\mathrm{d}\beta\int_\Lambda e^{-i\alpha A(\lambda)+i\beta B(\lambda)}\mathrm{d}\mu_\rho(\lambda)$$

上式要求，非语境隐变量理论必须满足一个条件：与每个量子态相关的所有观测量来说，形式联合概率分布存在。

事实上，非语境隐变量理论的这个条件在 EPR 论文中已经得到了部分证实，EPR 文章中提到，不对易的算符具有“同时实在性”（simultaneous reality）①，这种同时实在性恰恰暗示了形式联合概率测量分布的存在。所谓“形式的”，是为了强调这种分布不能总是被经验地（empirically）决定，特别是当两个量不是联合测量时，这种分布不存在。与之相对应的是“经验联合概率分布”（empirical joint probability distributions），经验联合概率分布要求两个量具有联合可测量性；形式联合概率分布仅仅是一个纯数学结构，不要求联合可测量性，但是，这种纯数学函数可以导出经验可检验结果——贝尔不等式。所以说，形式联合概率分布是非语境隐变量理论的重要特征之一。

称之为“非语境的”是相对于后期出现的“语境隐变量理论”而言的，非语境的含义在于：选择概率空间是一种形式需要，并没有考察经验测量的同时性。非语境隐变量理论是量子理论发展的自然结果，也是隐变量理论发展的最初形态，它打破了传统量子理论的霸权地位，开拓了量子力学的新视野。而这种非语境的隐变量理论很快遇到了如下责难。

我们知道，如果没有其他条件的约束，式（2）应该是成立的。然而，有许多条件已经在 1932 年被冯·诺依曼就提出了：

（1）所有自伴算符与观测量相对应；

（2）所有密度算符与可能态相对应；

（3）如果 $\hat{A}$ 是观测量 A 的算符，那么 $\hat{A}^n$ 就是 A^n 的算符。

所以，冯·诺依曼认为算符的集合空间与相对应的隐变量观测量（λ

① Einsrein A，Podolsky B，Rosen N. Physical Review，1935，47：777//Wheeler J A，Zurek W H. Quantum Theory and Measurement. Princeton：Princeton University Press，1984.

的函数）的结构是同构的。 （*）

冯·诺依曼对解决测量难题的贡献是空前的。“冯·诺依曼从拯救观察的内部特征的角度建立了测量的量子理论，并第一次从形式上给出了量子力学测量的逻辑推理，使得量子争论……进入了理论性研究的新阶段，形成新的理论模式。”①按照冯·诺依曼的证明，非语境的隐变量理论的确遇到了困难，并且从贝尔不等式所引发的一系列实验也可以总结出：“直到现在，从实验中找不到非语境隐变量理论有效的证据。”②这就给隐变量理论的进一步修正提出了要求，也是隐变量理论语境化的初次尝试。

三、语境隐变量理论

冯·诺依曼的责难给隐变量理论提出了很大的挑战，但是，就他的理论本身来说，在数学上是严谨的，而在物理上是含糊的。由冯·诺依曼理论得出

$$\alpha\hat{A} + \beta\hat{B} = \hat{C} \Longrightarrow \alpha A(\lambda) + \beta B(\lambda) = C(\lambda) \tag{3}$$

是不合理的。因为如果 $\hat{A}$ 和 $\hat{B}$ 不对易，测量 $A+B$ 的实验装置和程序，完全不同于测量 A 也不同于测量 B 的装置和程序，A、B 不能同时精确测量，式（3）不成立。所以，要修正隐变量理论，首先要修正冯·诺依曼理论，因为这个理论在某种程度上来说为所有量子理论提供了数学基础。

事实上，冯·诺依曼的假设只是对量子态的一种特殊规定。面对冯·诺依曼的责难，1957 年，物理学家盖理森（Gleason）将式（*）作了修正：

对易自伴算符的子集的线性结构与相对应的隐变量观测量的子集结构同构。

这就是说，仅当 $\hat{A}$ 和 $\hat{B}$ 对易时，式（3）成立，因为 A 和 B 能够被同时测量，而 C 的概率分布能够通过 A 和 B 用式（3）计算。盖理森的工作

---

① 郭贵春，贺天平．测量理论的演变及其意义．山西大学学报，2002，25（2）：10-17.

② Santos E. The search for hidden variables in quantum mechanics//Selleri F. Quantum Mechanics versus Local Realism. New York：Plenum Press，1988：389.

是伟大的，他为传统的量子理论建构了合理的逻辑框架，也为隐变量理论的进一步发展扫清了障碍，从逻辑结构上为隐变量理论的进化奠定了坚实的基础。反过来，正是在盖理森工作的基础上，隐变量理论才迈出了很大的一步。

为了摆脱冯·诺依曼所提出的条件的约束，对于隐变量空间的选择必须取决于所要处理的物理量，也就是说，隐变量空间的选择针对物理量而言是语境化（contextualize）的了。例如，对于算符 B 进行处理，我们选择隐变量空间时，选择与 B 有关的最大的布尔代数完备集（Λ_B，Σ_B，μ_B）表示概率空间，这个空间是 Λ 的最大的布尔子代数。这样，对于每个算符 B 和每个量子态 B（λ），独立分散的概率测量，就不是在整个 Λ 上，而仅仅是 Λ 的最大布尔子代数上。

需要强调的是，这里有个默认的假设，就是 B（λ）除了解释观测量 B 的测量仪器之外，更重要的是取决于系统的微观态 λ。这个假设是在非语境隐变量理论中就存在的。语境隐变量理论中，B（λ，C）的决定因素并没有什么改变，只是强调了 C 的语境化的空间。后来，这个假设成为贝尔批判的主要把柄。

语境隐变量理论的首次建构归属于 Wiener 和 Siegel，后来 Gudder 作了进一步的阐述。Gudder 的理论打开了数学可能性的大门，但是仍然不能解决隐变量争论的事实。1966 年，物理学家贝尔开始批评盖理森的理论（实际上还包括冯·诺依曼以及其他相似的理论）。贝尔认为，上面讲过的隐含的假设在物理学上是不合理的，值 A 不但取决于上述两方面，还与测量过程、同时测量时其他测量仪器等有关。所有的一切被定义为测量的“语境”（the “context” of the measurement），在这里，语境绝非是一个单纯的、孤立的实体，而是一个具有复杂内在结构性的系统整体。语境从时间和空间的统一上整合了一切主体与对象、理论与经验、显在与潜在的要素，并通过它们有序的结构决定了语境的整体意义。语境的实在性在这些结构的现存性及其规定性之中得到充分体现，并通过这种结构的现实规定性展示它一切历史的、具体的动态功能。正是在这个意义上，式（2）就变成了

$$\mathrm{Tr}\hat{\rho}\hat{A}\cdots\hat{B}=\int_{\Lambda}A(\lambda,C)\cdots B(\lambda,C)\mathrm{d}\mu_{\rho}(\lambda)\equiv\left\langle A\cdots B\right\rangle_{p,C} \qquad (4)$$

再从联合概率的概念看看两种理论的区别。我们可以从式（4）知，如果算符 $\hat{A}$ 和 $\hat{B}$ 对易，则可以通过下式计算

$$f\ (A,B)\equiv \text{——}\int \mathrm{e}^{-\mathrm{i}\alpha A-\mathrm{i}\beta B}\,\mathrm{Tr}\left[\hat{p}\mathrm{e}^{\mathrm{i}\alpha A(\lambda)+\mathrm{i}\beta B(\lambda)}\right]\mathrm{d}\alpha\mathrm{d}\beta$$

如果算符 ˆ 和 $\hat{B}$ 不对易，上式就不成立了。如果我们将上述方程式应用于语境隐变量理论，就会发现联合分布不是对所有观测量成立，而仅仅对那些在“一定语境 C 内（a given context）”联合测量成立。那么，得到

$$f_{\rho,C}(A,B)\equiv\frac{1}{4\pi^{2}}\int \mathrm{e}^{-\mathrm{i}\alpha A-\mathrm{i}\beta B}\,\mathrm{Tr}\left[\hat{p}\mathrm{e}^{\mathrm{i}\alpha A(\lambda)+\mathrm{i}\beta B(\lambda)}\right]\mathrm{d}\alpha\mathrm{d}\beta$$

这里应该说明的是，概率密度与一个给定的态和一个给定的语境相对应。

从非语境理论到语境理论的过渡是非常重要的，以至于某些非语境理论的定律在这里不适用了。虽然这种理论在数学上没有什么障碍，但是概率测量不在整个物理量空间 Ω 上，而仅仅在 Ω 的子集上，而且完备态要求远离物理体系原来应有的直觉物理思想。这样，“语境的隐变量理论学家在恢复某些经典决定性方面的研究当中，必须在与经典状态特性相分离中付出许多”①。语境隐变量理论认为，语境空间内所有的观测量能在同一时间测量，并且 1970 年 Gudder 证明式（4）成立。②

语境隐变量理论在科学史的长河中出现的时间比较短，但是它的意义是非同凡响的。它起着“承上启下”的作用，将原来的非语境隐变量理论很自然地过渡到了定域隐变量理论，而这种过渡离开语境隐变量理论又是不可能的。在这个意义上讲，语境隐变量理论确实是隐变量理论建构中的重要环节。语境隐变量理论的建构者在科学的前沿领域兢兢业业地工作，虽然历史不曾给他们多少代表荣耀的光环，但是他们的成果在谈到隐变量理论时却是无论如何都避开不了的。更何况，也正是语境

---

① Beltrmaett E G，Cassinelli G. The logic of quantum mechanics. Reissue：Cambridge University Press，2010：173.

② Gudder S P. A superposition principle in physics. Journal of Mathematics and Physics，1970，11：431.

隐变量理论，才推动了像贝尔这样的科学家及时地出现，才将玻姆和贝尔这样的大科学家紧密地联系在一起。

四、定域隐变量理论

1964年，贝尔发表文章，考虑定域隐变量理论。①贝尔认为可观测量的语境仅仅包括那些传播速度低于光速，从而能够通过作用影响可观测量的测量的那些因素。该理论就明确地说明："一个可观测量的测量结果不仅依赖于体系的状态，而且依赖于对测量仪器、周围环境、测量手续的完全的描述，也依赖于和该可观测量同时测量的其他可观测量。"②在这篇文章中，贝尔称这种理论为"定域隐变量理论"。

以EPR实验为例，对两个分割的子系统进行测量，这样式（4）就变成了

$$\mathrm{Tr}\hat{\rho}\hat{A}\hat{B}=\int_{\Lambda}A\left(\lambda,C_1\right)B\left(\lambda,C_2\right)\mathrm{d}\mu_{\rho}\left(\lambda\right)\equiv\left\langle AB\right\rangle_{\rho} \tag{5}$$

其中语境 C_1（C_2）不包含 B（A）的参数。

所以，由式（5）可以看出："定域理论在各自独立区间是语境化的，但是对于不同区间而言是非语境化的。"③在这种意义上讲，有人认为定域隐变量理论是介于非语境隐变量理论和语境隐变量理论之间的。④实际上，这是语境隐变量理论的再语境化（recontextualize），因为这是在原来的概率空间 Λ 中选取子集 C_1 和 C_2，这两个子集分别是有关 A 和 B 的观测量的集合。我们知道，在语言哲学里，语境和意义是成反比关系的：语境越大，适用范围就越大，普适性就越强，但意义变弱；语境越小，适用范围就越小，普适性就越弱，但意义越强。同样，在物理学里也是如此：给定的范围或语境越大，规律的普适性越强，但是规律的精确性越弱；

---

① Bell J S. On the Einstein podolsky rosen paradox. Physics，1964，1（3）：195.

② 苏汝铿．量子力学．上海：复旦大学出版社，1997：627.

③ Santos E. The search for hidden variables in quantum mechanics//Selleri F. Quantum Mechanics versus Local Realism. New York：Plenum Press，1988：365.

④ Santos E. The search for hidden variables in quantum mechanics//Selleri F. Quantum Mechanics versus Local Realism. New York：Plenum Press，1988：374.

给定的范围或语境越小，规律的普适性越弱，但是规律的精确性越强。显然，当我们把概率空间 Λ 变成定域空间 C_1 和 C_2 时，它更精确地预言了量子力学，定域隐变量理论更像经典物理学一样“决定性”地对微观领域做出了一番解释。所以说，语境分析绝不是解构，而是对物理空间、物理量、测量仪器及其他测量行为等的重构。

更具体地讲，作为一种方法，从侧面给出了有利于探究概率和定域性之间关联的可能趋向。这种语境分析方法告诉人们：第一，决定论及它们之间的关联性的判断，不能在超语境的层面上给出过高的一般意义的判断。相反，人们应该在不同的语境空间中，在测量对象的基点上去进行判断。第二，关于定域性的问题必须在特殊语境空间中去考虑，任何语境性都只具有相对的和具体的意义，而绝不可能是绝对的和抽象的。因此，定域性是语境意义上的定域性，语境是判断定域性的基础和载体。

也正是定域隐变量理论的这番决定性，被贝尔后期的工作所进一步探索，提出一系列的不等式。贝尔重述了冯·诺依曼的证明，抓住了隐变量理论的本质，证明了贝尔定理。这些不等式成为不同类型的隐变量理论成立的条件，他的工作实际上比盖理森更强烈地证伪了非语境隐变量理论的成立，而且他还证伪了语境隐变量理论的合理性。

这些不等式还为微观领域提供了最有影响的实验判据，贝尔的工作使得量子争论超越以往逻辑和哲学的层面，而跨入实验检验的新时代，使得理论和实验更紧密地联系起来，开辟了由物理学家、哲学家和实验物理学家共同参与的关于量子理论的大讨论，以致完备性问题的争论再一次掀起了高潮，甚至返回到了爱因斯坦－玻尔争论、玻姆理论的时代。从 20 世纪 70 年代开始，各国物理学家都陆续投入实验的行列，以求澄清自然界究竟是由非决定性的量子力学支配的，还是由某些决定性的隐变量所支配。实验结果所表现出的倾向性结论，不仅是物理学家，而且是哲学家所密切关注的事情。“贝尔的工作，使关于量子力学解释的争论从理想到现实，跨出了决定性的一步。”①

① 成素梅 . 论科学实在 . 北京：新华出版社，1998：136.

隐变量理论的演化使我们不能否认语境分析方法在量子力学解释中的现实性和实在性，但同时也不能夸大这种分析的有效性和可接受性。任何关于这一问题的研究，都正在探索中前进着。今天，定域性问题已经成为物理学争论的主要且热门话题，这些问题将长期地争论下去，因为实在难以想象它最后的结论该是什么样的。

五、结束语

综上所述，本文通过逻辑空间、运动方程、联合概率的概念三个方面的比较，详细区分了隐变量理论的不同类型，透视了语境分析方法在隐变量理论发展过程中的渗透，展示了语境分析方法在隐变量理论发展过程中的作用。

语境分析方法在物理学中映射的实质就在于，主要揭示：①相关性——不同观察对象测量的相关性；②整体性——系统状态与不同测量对象的集合的整体性；③一致性——布尔代数与希尔伯特空间诠释的一致性；④统一性——数理方法与语境分析方法的统一性。而且，语境分析方法在隐变量理论中的渗透表现出了鲜明的方法论性。

第一，语境分析方法是隐变量理论运动方程先后更迭的桥梁或中介。语境分析方法突出了确定表征形式体系的结构性，并使这种结构性超越了形式本身的静态约束，而显示了创造性研究方法的动态的启迪性，反过来，强化了创造性形式的有效性和合法性，使其能够成为可选择的模板之一。换言之，语境选择事实上意味着从一种表征方式到另一种表征方式的变化。

第二，语境分析方法成为诸多语境因素及其相互关联获得统一的方法，并由此构成了整个空间分析的十分“经济”的基础。在这个基础上，才给出了隐变量理论对量子力学完备性的一种回答；在这个基础上，才可以更加精确地预言微观世界的变化和运动；在这个基础上，才使得微观世界和宏观世界在决定性的意义上得到统一。

第三，语境在隐变量理论中的渗透具有方法论的横断性。只有在语境的横断性的方法论展开中，才能获得它更广阔的意义和功用。在这里，语境化的过程就是一致化的过程，隐变量理论的语境化是隐变量理论逐渐排除责难，经受经验考证，走向成熟和完善的过程。

进一步讲，这种方法在物理学领域的渗透恰是语境分析方法得以普遍推广的有力证据之一。记得康德说过这样一句话："对于任何学科都是一样的，数学成分的多寡决定了它在多大程度上够得上是一门科学。"语境分析方法的运用使得方程有所变化，这种变化是通过数学形式表现出来的，无形中给语境分析方法的科学性增添了一股活力。如果说通常谈论的语境论纯粹是语言哲学上的游戏的话，这不就在自然科学领域给我们提供了一个很强有力的案例吗？

量子纠缠及其哲学反思*

量子力学的基本解释是什么？这个焦点问题从量子力学诞生就一直存在，以爱因斯坦和玻尔之间的争论最为著名。这种争论不仅仅停留在物理学上，也同时上升到哲学层面之中。随着科技的不断发展，有一系列的实验开始能够为这种争论提供一些证明，其中最引人注目的就是争论的关键——量子纠缠得到证实。这使得人们对量子力学的基本解释和对哲学上的争论有了重新认识的可能。

一、什么是量子纠缠

量子纠缠指两个或多个量子系统之间的非定域、非经典的关联。它最早被关注是在关于量子力学基本解释的争论之中。1935 年，爱因斯坦（Einstein）、波多尔斯基（Podolsky）和罗森（Rosen）（EPR）在《物理

* 本文发表于《山西大学学报（哲学社会科学版）》2004 年第 3 期，作者郭贵春、郝云鹏。

评论》上发表了《量子力学对物理实在的描述是完备的吗？》一文，引发了对量子力学基本解释的争论。

爱因斯坦等在文章中认为：一个严谨的物理理论应当区别“客观实体”和这个理论的描述，客观实体应独立于理论而存在。在判断一个理论是否成功时，我们会提出两个问题：首先，这个理论是否正确？其次，理论的描述是否完备？只有当这两个问题的答案都是肯定时，这样的理论才是令人满意的。理论的正确性当然由实验来决定，而关于量子力学的描述是否完备则是这篇文章探讨的主题。怎么来判别完备性呢？爱因斯坦等认为，物理实体是指在不以任何方式干扰系统的情况下，能准确地预测（即概率为 1）某一物理量的值。每一个物理实体必须在理论中有一对应物，那么必定存在一个物理实体与这个物理量对应。

而在量子力学中，对两个不可对易的可观察量而言，由于测不准原理，在知道其中一个物理量的准确知识的同时将排除对另外一个的准确知识。由此，爱因斯坦等发现了如下的两难局面：（1）在量子力学中波函数对物理实在的描述是不完备的；（2）两个对应于不可对易算符的物理量不能同时是实在的（即具有确定的值）。因为，若两个不可对易的物理量同时具有确定的值，根据爱因斯坦等对完备性的条件，在波函数的描述中应包含这些值。但事实上并非如此，因此波函数的描述是不完备的。在量子力学中，通常假设波函数包含了描述物理系统一切完备的信息。然而爱因斯坦等指出：在这个假设之下，配合对物理实体的判别准则，将导出（2）是错的，因此这是一个矛盾。[①]这就是著名的 EPR 反论。

根据此理论，爱因斯坦设计了一个理想实验：假设两个粒子在 T 的时间之内相互作用，但在 $t>T$ 之后分开，不再有任何相互作用。根据薛定谔方程，我们仍可以算出以后任何时刻两个粒子的状态。现在，注意到两个粒子动量和算符 $|p_1+p_2\rangle$ 与位置差算符 $|x_1—x_2\rangle$ 是可对易的，因此可以同时具有确定的值，即有共同的本征态。如

① Einstein A，Podolsky P，Rosen N. Can quantum mechanical description of physical reality be considered complete?//Weeler J A，Zurek W H. Quantum Theory and Measurement. Princeton：Princeton University Press，1983.

$$\phi(x_1, x_2) = \delta(x_1 - x_2 - a)$$

这代表了动量和为零以及位置差为 a 的本征态。假如我们去测量粒子 1 的位置，而得到结果 x_1，那么就可以同时肯定粒子 2 的位置必定是 x_1-a。换言之，在不扰动粒子 2 的情形之下便可确定粒子 2 的位置。因此，根据 EPR 的判别准则，粒子 2 的位置是实在的。同样地，若是去测量粒子 1 的动量而得到结果 p，我们也能肯定粒子 2 具有动量 $-p$，因此粒子 2 的动量也是实在的。由于两个粒子已经足够地分开，而没有任何相互作用，粒子 2 不可能知道我们究竟要测量粒 1 的位置还是动量，从而决定粒子 2 的位置 x_1-a 或动量 $-p$，这两个量必定是同时存在的（即使我们不能同时去量它们）。也就是说，违反了前面（2）的条件。

在假设（1）是错误的情况下，爱因斯坦等推出了（2）也是错误的，而这是不可能的，因此（1）一定是正确的，所以爱因斯坦等大胆地宣布：量子力学的描述是不完备的。①

1935 年 10 月，玻尔在《物理评论》上以同样题目反驳。首先，玻尔批评了 EPR 对物理实体的判别准则，他认为一个物理量只有在当它被测量之后才是实在的。在 EPR 的理想实验中，虽然对粒子的测量的确会得到预期的结果，然而只有在安排此实验测量之后，该物理量（位置或动量）才是实在的，所以 EPR 的判别准则是有问题的。其次，玻尔分析了 EPR 的理想实验，认为两个粒子在分开之后，仍然存在着某种关联性。因此在对粒子 1 做测量时，仍应视为对整个系统的扰动。② 玻尔并不赞同爱因斯坦的定域性原理。

二、量子纠缠的研究进展

这场争论的本质在于：真实世界是遵从爱因斯坦的定域实在论，还是遵从玻尔的非定域性理论？由于当时爱因斯坦所提出的仅仅是理想实

① Einstein A，Podolsky P，Rosen N. Can quantum mechanical description of physical reality be considered complete?//Weeler J A，Zurek W H. Quantum Theory and Measurement. Princeton：Princeton University Press，1983.

② 高山.《量子》历史之旅（五）.《三思科学》电子杂志，总第 19 期.

验，无法以实验方式证明，所以长期以来，这个争论一直停留在哲学层面上，难以判断“孰是孰非”。这种局面一直持续到1951年，玻姆在《量子理论》中重新表述了EPR思想，用两个自旋分量代替原来的坐标和动量，为进一步研究特别是实验检验奠定了基础。①

1964年贝尔在《物理学》上发表了《关于EPR悖论》一文，以两个自旋为1/2的粒子组成的总自旋为零的单态体系为对象，考虑到它们在不同方向上自旋分量的关联，导出一个可供实验检验的不等式（贝尔不等式）。由于贝尔不等式完全基于爱因斯坦的定域性原理，因此贝尔不等式提供了检验定域性原理的方法。如果实验结果证实贝尔不等式是正确的，那么就违反了量子力学的预测；相反地，如果实验结果违背了贝尔不等式，也就同时否定了贝尔不等式的前提——爱因斯坦定域性原理。终于，这场争论又从哲学回到了物理，等待着实验的判定。

20世纪70年代起，有一连串的实验开始检验贝尔不等式。其中包括了级联光子对相关实验、正负电子对湮灭的高能相关γ光子实验，以及质子对散射实验等。

利用级联光子对实验的比较多，主要有J. F. Clauser和S. J. Freedman，R. A. Holt和F. M. Pipkin，Clauser，E. S. Fry和R. C. Thompson，A. Aspect、P. Grangier和G. Roger等。其中Holt和Pipkin的实验结果违背了量子力学而符合贝尔不等式，其余的皆支持量子力学的预测。② 对于仍有少数实验显示出背离量子力学的结果，我们认为这是实验系统的误差造成的。这样维护量子力学并不是因为量子力学在原子领域中是如此成功，而是因为在实验中，贝尔不等式对量子力学预测的相关性设限。一般的系统误差很容易埋没很强的相关性，使结果接近贝尔不等式，但却不容易加强微弱的相关性。因此，实验技术越进步，仪器调整越精确，否定贝尔不等式的可能性就越大。

这些实验否定了定域实在论。实际上实验还不能肯定EPR关联就是非定域关联，因为它不一定是真实的物理相互作用引起的，有可能是纯

① 玻姆．量子理论．侯德彭译．北京：商务印书馆，1982.

② 倪光炯，陈苏卿．高等量子力学．上海：复旦大学出版社，2000.

粹统计的结果。要肯定 EPR 关联是非定域关联，还要有另外的实验来证明这种物理作用的真实存在。

1998 年奥地利的 Weihs 实验室直接继续 Aspect 实验，对爱因斯坦定域性原理进行了严格的检验。他们用现代激光技术产生波长为 702 纳米的双光子纠缠态。为了尽可能保证爱因斯坦定域性原理的真实性，他们用两个办法确保：①甲乙两观察点的空间距离长达 400 米，光子沿光纤传输需要 1.3 微秒。②采用足够快速而且混乱的分析器装置以及完全独立的数据记录，保证两次读数的时间间隔小于 100 纳秒，它远小于 1.3 微秒，从而排除了任何等于或低于光速的信号使甲乙读数发生关联的可能性。[①] 最终的结果是支持量子力学的，肯定了量子力学中的非定域关联性。

三、量子纠缠应用——量子隐形传输

1993 年贝那特小组从理论上提出了利用经典与量子相结合的方法实现量子隐形传输的方案。其基本思想是：一个未知的量子态 $|\phi\rangle$ 能够被分解为纯粹的经典信息和纯粹的非经典的 EPR 关联，当经典信息以经典方式传递后，在另一地与EPR关联相结合，再将 $|\phi\rangle$ 重建。[②] 在这个方案中，纠缠态的非定域性起着至关重要的作用。瞬间的信息传递以经典方式是不可能完成的，但在这里 EPR 关联可以完成此项任务。

假设一个观察者，我们称之为 Alice，交给她一个未知的量子系统 $|\phi\rangle$，并且希望她能够与另一个观察者 Bob 进行交流，给他关于量子系统 $|\phi\rangle$ 的足够的信息，使他能够完全正确地复制 $|\phi\rangle$。如果知道关于 $|\phi\rangle$ 的状态参数就会有足够的信息，但是在一般情况下是不可能知道的。只有 Alice 预先知道 $|\phi\rangle$ 属于一个给定的状态使她能够进行一个测量，而结果允许她做一个完全的 $|\phi\rangle$ 的复制。相反地，如果 $|\phi\rangle$ 包含两个或更多的态，将没有一个测量能够产生足够的信息去完成复制。Alice 提供给 Bob

① 倪光炯，陈苏卿．高等量子力学．上海：复旦大学出版社，2000.

② Bennett C H，Brassard G，Jozsa R，et al. Teleporting an unknown quantum state via dual classical and Einstein-Podolsky-Rosen channels. Physical Review Letters，1993，(83)：3081-3084.

关于 $|\phi\rangle$ 的所有信息的一个简单方法是传送这个粒子本身。如果她希望避免传送这个最初的粒子，她可以使 $|\phi\rangle$ 同另一个系统相互作用，或与一个已知的 $|a_0\rangle$ 耦合。用这样一种方法，最初的粒子在完成耦合后，将留下一个标准的 $|\phi_0\rangle$ 态和包含了 $|\phi\rangle$ 的全部信息的耦合后的未知系统 $|a\rangle$。如果 Alice 送给 Bob 这 $|a\rangle$，Bob 就能够倒转她的行为而复制出她最初的 $|\phi\rangle$ 态。这种"旋转交换测量"说明了量子信息的一个基本特点：量子信息能在一个系统和另一个系统之间相互交换，但是它不能够被复制或"克隆"。在这点上量子信息与经典信息非常不同，经典信息是可以完全复制的。最准确的信息表明非经典的量子信息在 EPR 实验观察中是违反贝尔不等式的。

首先我们将说明如何传递自旋为 1/2 的粒子 $|\phi\rangle$ 的量子态。非经典的部分首先被传送。两个旋转为 1/2 的粒子被准备在一个 EPR 关联态。

$$|\phi_{23}^{(-)}\rangle=\sqrt{\frac{1}{2}}\left(|\uparrow_2\rangle|\downarrow_3\rangle-|\downarrow_2\rangle|\uparrow_3\rangle\right) \tag{1}$$

下标 2 和下标 3 表示 EPR 中的两个粒子。Alice 最初的粒子 $|\phi\rangle$，我们对它一无所知，Bob 将根据 Alice 所传给的信息完成对 $|\phi\rangle$ 的复制。下标 1 表示 Alice 最初的粒子 $|\phi\rangle$。这三个粒子或许属于不同的种类，但在自旋的极化自由度上有相同的数目。

一个 EPR 粒子 2 交给 Alice，另一个 3 交给 Bob，在 Alice 和 Bob 之间建立了非经典关联。相对于 Alice 的未知粒子 $|\phi\rangle$ 和 EPR 粒子对，是在一个纯粹的产生态 $|\phi_1\rangle|\psi_{23}^{(-)}\rangle$。在未知粒子 $|\phi\rangle$ 和 EPR 粒子对之间，既没有经典的关联也没有量子的纠缠，因此现在对 EPR 粒子对中的一个或全部的测量都不会产生关于 $|\phi\rangle$ 的任何信息。

Alice 使用冯·诺依曼的方法对未知粒子 1 和她的 EPR 粒子 2 在耦合系统中进行测量，在贝尔操作基础上测量将得到 $|\psi_{12}^{(-)}\rangle$ 和

$$\begin{aligned}|\psi_{12}^{(+)}\rangle&=\sqrt{\frac{1}{2}}(|\uparrow_1\rangle|\downarrow_2\rangle+|\downarrow_1\rangle|\uparrow_2\rangle)\\|\phi_{12}^{(+)}\rangle&=\sqrt{\frac{1}{2}}(|\uparrow_1\rangle|\uparrow_2\rangle+|\downarrow_1\rangle|\downarrow_2\rangle)\end{aligned} \tag{2}$$

这四个态是完全正统的基础态，对于粒子 1 和粒子 2，很容易写出第一个

粒子的未知态：

$$|\phi_1\rangle = a|\uparrow_1\rangle + b|\uparrow_1\rangle \tag{3}$$

并且 $|a^2|+|b|^2=1$。

在 Alice 测量之前，这三个粒子的完整态应写为

$$|\Psi_{123}\rangle = \frac{a}{\sqrt{2}}(|\uparrow_1\rangle|\uparrow_2\rangle|\downarrow_3\rangle - |\uparrow_1\rangle|\downarrow_2\rangle|\uparrow_3\rangle + \frac{b}{\sqrt{2}}\ |\downarrow_1\rangle|\uparrow_2\rangle|\downarrow_3\rangle - |\downarrow_1\rangle|\downarrow_2\rangle|\uparrow_3\rangle \tag{4}$$

在这个等式中，任何一个方向的 $|1\rangle|2\rangle|$ 都能用 $|\phi_{12}^{(+)}\rangle$ 和 $|\psi_{12}^{(+)}\rangle$ 来表示，于是就可以得到：

$$|\Psi_{123}\rangle = \frac{1}{2}[|\Psi_{12}^{(-)}\rangle(-a|\uparrow_3\rangle - b|\downarrow_3\rangle) + |\Psi_{12}^{(+)}\rangle(-a|\uparrow_3\rangle + b|\downarrow_3\rangle) + |\phi_{12}^{(-)}\rangle(a|\downarrow_3\rangle) + b|\uparrow_3\rangle)$$
$$+|\phi_{12}^{(+)}\rangle(a|\downarrow_3\rangle - b|\uparrow_3\rangle)] \tag{5}$$

随后，可以忽略未知 $|\phi_1\rangle$，四种测量的结果是等可能的，每一种概率均为 1/4。而且，在 Alice 测量之后，Bob 的粒子 3 也将成为等式（5）中的四种可能态之一。对于测量结果，将会有分离的：

$$-|\phi_3\rangle \equiv -\begin{pmatrix} a \\ b \end{pmatrix}, \begin{pmatrix} -1 & 0 \\ 0 & 1 \end{pmatrix}\ |\phi_3\rangle, \begin{pmatrix} 0 & 1 \\ 1 & 0 \end{pmatrix}\ |\phi_3\rangle, \begin{pmatrix} 0 & -1 \\ 1 & 0 \end{pmatrix}\ |\phi_3\rangle \tag{6}$$

Bob 的粒子 3 的任何一个可能的结果与 Alice 的粒子 1 有一种简单的联系。在第一个结果的例子中，Bob 粒子 3 的态除了一个不相干的相位因子外同 Alice 的粒子 1 是一样的，所以 Bob 不需要再做任何事情。在其他三个结果的例子中，Bob 必须对等式（6）中的其他三项进行整合操作，相应地对 Z、X 和 Y 轴进行 180° 旋转，使他的 EPR 粒子 3 能够对 Alice 的最初粒子 1 进行复制（如果 $|\phi\rangle$ 是一个光子的极化态，那么一个适合的半波装置将完成这些整合操作）。这样在 Alice 将自己得到的经典测量结果告诉 Bob 之后，Bob 就可以运用这些结果对自己的粒子进行旋转，将粒子 3 转换成粒子 1 的复制品，那么一个精确的量子隐形传输也就完成了。但是，Alice 手中只剩下了粒子 1 和 2 的 $|\phi_{12}^{(\pm)}\rangle$ 和 $|\psi_{12}^{(\pm)}\rangle$ 中的某一个，没有任何最初 $|\phi\rangle$ 的踪迹。①

---

① Bennett C H，Brassard G，Jozsa R，et al. Teleporting an unknown quantum state via classical and Einstein-Podolsky-Rosen channels. Physical Review Letters，1993，(83)：3081-3084.

由于隐形传输对 $|\phi\rangle$ 进行的是线性操作，所以它不仅能够对纯态进行传输，还可以对多粒子混合态进行传输。[①] 它的理论推导我们在这里就不再讨论了。

在贝那特小组提出利用EPR效应可以完成量子隐形传输的理论之后，关于这一领域的实验就广泛地开展起来了。1997年，在奥地利留学的中国青年学者潘建伟与荷兰学者波密斯特等人合作，首次实现了未知量子态的远程传输。这是国际上首次在实验上成功地将一个量子态从甲地的光子传送到乙地的光子上。在首次完成的隐形传输实验中，所采用的被传输的粒子和纠缠粒子对是脉冲光子和极化纠缠光子对，用双光子干涉的方法将一个光子的极化态转换至另一个光子。在此实验中，必须完成产生和测量纠缠态这两个最重要的任务。实验中传输的只是表达量子信息的“状态”，而作为信息载体的光子本身并不被传输[①]。但是严格意义上的隐形传输并不是这样的。我们可以想象纠缠光子与原子相作用、纠缠光子与离子相作用等。量子隐形传输不仅是量子信息领域发展的重要因素，也是量子力学的新理论和实验的基础。

四、量子纠缠理论的哲学反思

量子纠缠理论是现代量子力学的最新发展理论之一，由于其对量子力学的基础具有决定性的影响，因而受到了众多物理学家和哲学家的关注。随着它的不断发展，也迫使我们对世界的基本认识进行不断修正。

1. 量子纠缠理论的发展促进了对量子力学基本问题的理解，对“实在”有了进一步的认识

现在我们认为，爱因斯坦理论与玻尔理论的矛盾集中在一个问题上，爱因斯坦坚持认为，物理实在是由各个独立的实体构成的，这些实体的性质与其他实体之间的关联无关；而玻尔认为，实在本质上就是各种实

① Pan J W，Gasparoni S，Aspelmeyer M，et al. Experimental realization of freely propagating teleported qubits. Nature，2003，421：721-725.

体间的关联，测量则是这种关联的一种特殊情形。对爱因斯坦来说，实体定义关系；而对玻尔来讲，恰恰相反，关系定义实体。从本质上讲，实体和实体间的关联二者之间应是统一的，他们的视角在本体论上是非对抗的，在方法论上也是相容的。①

对于爱因斯坦一直在思考的实在问题，我们现在认为：所谓的“实在”，应从两个层次来定义。一个事物，当它独立于人们的意识之外，未被测量之时，可以称为“自在之物”。在量子力学中是用一个近似的与环境分量分开的量子态来表示的，在某种意义上说，客体是一种绝对的东西，不包含任何信息。然而，当客体测量之后，便转化为“为我之物”，即通常所说的现象，反映出一系列的数据，这才是相对地被我们认识的东西。量子力学中的波函数则是通过虚拟的测量，把这两个层次的“物”沟通了起来。因此，量子力学认为，只要我们知道粒子与环境相互作用的知识（哈密顿量），就可以统计性地预告实际测量时将会出现什么现象。

2. 量子纠缠使我们认识到在构成世界的一切基本粒子之间存在着基本的关联，关联是一切事物的根本属性

我们对世界认识的基础来源于物理学。在过去的很长时间里，物理学都是沿着一条不断探索物质最基本组成的道路在前进的，从分子、原子直到夸克。因为人们相信，如果构成世界的最基本的粒子被了解之后，世界的组成的问题也就迎刃而解了。但是现在，这种信念遇到了两方面的困难：一个是所谓的“夸克禁闭”的问题，其本质是由于我们现有的仪器和实验方法都不能够将夸克打开，不能进一步发现更加基本的粒子，所以就有人认为夸克就是最基本的粒子；另一个则是在近些年来兴起的复杂性的问题，它告诉我们即使我们彻底了解了所有的基本粒子，也会在不同的条件和组成下出现无数的不确定性，将我们原有的还原论的信念彻底击毁。然而量子纠缠的提出和证明，使这个问题有了新的发展。

---

① 郭贵春．科学实在论教程．北京：高等教育出版社，2001.

量子纠缠告诉我们，在两个或两个以上的稳定粒子间，会有强的量子关联。例如，在双光子纠缠态中，向左（或向右）运动的光子既非左旋，也非右旋，既无所谓的 X 偏振，也无所谓的 Y 偏振，实际上无论自旋或其投影，在测量之前并不存在。在未测之时，二粒子态本来是不可分割的。量子纠缠所代表的在量子世界中的普遍量子关联则成为组成世界的基本的关联关系。或许用纠缠的观点来解释“夸克禁闭”之谜，更加有利于我们的理解。当一个质子处于基态附近的状态时，它的各种性质可以相当满意地用三个价夸克的结构来说明。但是实验上至今不能分离出电荷为 2e/3 的 u 夸克或 −e/3 的 d 夸克，这是由于夸克之间存在着极强的量子关联，后者是如此之强，以至于夸克不能再作为普通意义下的结构性粒子。我们通常所说的结构粒子 a 和 b 组成一个复合粒子 c 时的结合能 B 远小于 a 和 b 的静能之和，a 或 b 的自由态与束缚态的差别是不大的。而现在核子内的夸克在“取出”的过程中大变而特变，最后我们看到的只能是整数电荷的 π 介子等强子。[①] 同一个质子，在不同的过程中有不同的表现，在理解它时需要考虑不同的组分和不同的动力学。在不断涌现的新的实验面前，我们长期习惯的物质结构观已经显得过时，一个质子在本质上是一个无限的客体。

量子纠缠虽然在理论上和实验中都得到了极好的确认，但用传统的眼光仍很难理解，我们正在以全新的量子关联来代替以往分离的实在。

3. 量子纠缠理论证明任何测量都会破坏系统原有的纠缠态，我们不可能得到完整的关于事物的信息，但通过特定手段的测量可以得到物体的某一信息

测量实在论坚持物理测量的本体论性，并不否认或排斥主体在测量过程中的“介入”。主体介入测量和测量参照主体是完全不同性质的两个方面。主体介入测量并未改变测量的实在性或本体论性，而恰恰拓展了测量的意义、功能。它使狭义的测量概念更为丰富，具有更多的规定性。

---

① 倪光炯，陈苏卿. 高等量子力学. 上海：复旦大学出版社，2000.

测量实在论反对的是将测量还原为或参照主体的精神状态，而不是反对主体在测量过程中能动的、必然的和有意义的结构性介入。正是在这个意义上，测量实在论所坚持的仅仅是物理测量在认识论上的本体论性，而不是把物理测量本身看作是本体论意义上的实在本体。因此，对于测量我们现在认为：

（1）在测量之前，对测量人来说不存在任何信息。通过上面我们对“实在”的理解可知，尚未测量的客体，即属于自在之物。这样的客体与我们的生活没有任何的关联，也就是属于我们这个世界之外的东西；对我们来说，这样的客体不存在任何的信息。也许有人会说，我们认为没有测量的客体——自在之物就是没有任何信息，也就是不存在，那么对于我们看不到的月亮，是不是就不存在呢？我们可以这样来解释这个例子：月亮，一个被我们已经所知的现实存在的客体，这个客体是通过对它的测量，由它的性质来定义的。在我们从未看到月亮之前，它是一个自在之物，我们不会有关于它的任何信息，当然也不会得出它是否会存在的结论；当我们看到它之后，即使阴天或下雨时看不到，我们依然会说月亮是存在的，因为它经过测量，我们根据测量的结果去定义它，在没有关于它的新的测量信息出现之前，我们都会以上次测量的结果来定义和理解它。

（2）测量必然要改变客体的状态。为我之物就是已经通过测量之后的客体。在经典物理中，一些对于宏观物体的测量，如测量一块木头的长度，认为测量是不会改变客体的属性的，也就是将测量置于一个超然的地位。由于存在误差问题，所有的测量都要求必须采取多次测量，测量结果也应该按照正态分布趋向于某一值，来抵消误差对测量结果的影响。但是对于微观的量子力学，我们在经典世界中所总结的测量出现了一些问题。例如，对一个粒子态的测量，在同一测量条件之下的多次重复，会出现不同的、分离的测量结果，我们只能够给出统计性的结果。对此我们很容易理解。在宏观世界中，测量并不是没有对被测量的客体产生影响，只是相对于客体本身来说，影响的范围和效果都太小以至于在测量的结果中无法真正表现出来，而在微观的量子世界中，这样的影响就足够大以至于反映在结果中也就不足为奇了。

（3）测量在本质上也是量子的。任何的测量，都必须对客体进行一定的操作，以得到客体的某一属性的信息，而量子纠缠是所有基本粒子所共有的根本的性质，所以任何的测量都会对客体原有的量子纠缠产生破坏。但由于测量仪器本身也具有量子纠缠，这样在相互作用中，各自的量子关联会构成一个新的更大的量子纠缠，我们的测量结果就在于这个新的、更大的量子关联之中。在这个新的量子关联中，当然不会得到被测量客体的所有信息，而只能在测量仪器对客体量子纠缠的破坏和客体仪器本身量子纠缠的情况下了解到某一些客体的信息。这也就是说，在对客体本身的量子纠缠不破坏的情况下，得不到任何关于客体的信息，此时的客体仍是自在之物。

测量不是一种“反应”过程，而是一种“变革”过程，而这个道理并不仅仅出现于量子力学。经典物理中任何一个可观察量总是用“微商”，即两个变量的微分之比来表示，在测量之前无论怎样它都不存在，它们的定义和数值是测量时操作过程所赋予的，但测量结果却具有唯一性和“客观性”。玻尔认为：仪器应分为两类，一类测量位置 x，一类测量动量 p，我们只有将两类一起测得的数据互相补充，才能获得对微观粒子比较全面的知识（互补性原理）。正因为 x 和 p 不同，即有差异，它们才有互补的意义，而它们又都联系于对空间的测量，本质上也有一致性（同一性），但差异所蕴含的矛盾的排斥性（斗争性），也就不可避免地会在一定的条件下表现出来。所以在我们看来，位置及动量联系的测不准关系和互补原理也是同一本质的两个侧面，并不存在谁比谁更基本的问题。量子力学的伟大功绩在于，它向我们展示出了认识论的最基本的道理：一个经典物理中的力学量到了量子力学转化为“算符”，正是“测量乃是对客体的变革”这一认识论原理的数学表述。

量子纠缠理论，虽然以 EPR 佯谬理想实验开始，但后经过众多物理学家的实验证实。在此过程中人们不仅加深了对量子力学和相对论的理解，提出了新的量子通信、量子密码甚至量子计算机等理论，而且在何谓“实体”、关联与客体在组成世界中是何种关系以及测量的根本性质等这些长期困扰我们的问题中给出了新的解释。然而在量子力学的基本解释中，仍有众多未知的问题。任何的科学发展目前来讲都没有到达我们彻底认识世界这一最终目标；对于人类理性思维的哲学的发展，当然也就不会有终结的时刻。对世界本源认识的渴望，对人类理性的追求，将支持我们向终极目标永远不停地前进！

量子测量的玻尔解释语境*

量子力学的发展已经经历了78年之久，人们仍然还在不断地对玻尔的解释和观点进行着详细的评论与认真的研究，并且他们在这些评论与研究的过程中，把玻尔的著作作为必要的参考文献来引用。特别是在以后传播量子力学的过程中，除了玻尔的合作者之外，玻尔的解释还曾被不同版本的教科书的作者，在不同的意义上依照自己的理解给出了不同的诠释；同时，也曾被一些科学哲学家从不同的视角用来支持截然不同的观点。在物理学的发展史上，物理学家从未对任何一种观点的关注，能够持续如此之久，也从未有任何一种观点能够引起如此之多的几代物理学家和科学哲学家的关注。问题在于，所有这些工作都在不同程度上忽视了对玻尔的测量理论的系统研究。因此，重新从原始文献出发，系统地分析与研究量子测量的玻尔解释语境，不仅有助于澄清“测量”和“观察”等术语的基本意义，而且对于理解与思考科学哲学研究中的实在

* 本文发表于《山西大学学报（哲学社会科学版）》2004年第3期，作者成素梅、郭贵春。

论与反实在论之争，具有重要的理论与现实意义。

一、量子观察的意义语境

玻尔对自己观点的阐述是从简单的观察开始的。在经典物理学的观察语境中，观察对象与观察者（包括测量仪器在内）之间有一个相对明确的区别，观察的过程就是客体特性呈现的过程，也是主体对测量信息的被动感知的过程；接收数据的过程不会对这些数据本身产生影响。这种简单的常识性的测量概念，形成了如图 1 所示的宏观观察的意义语境。

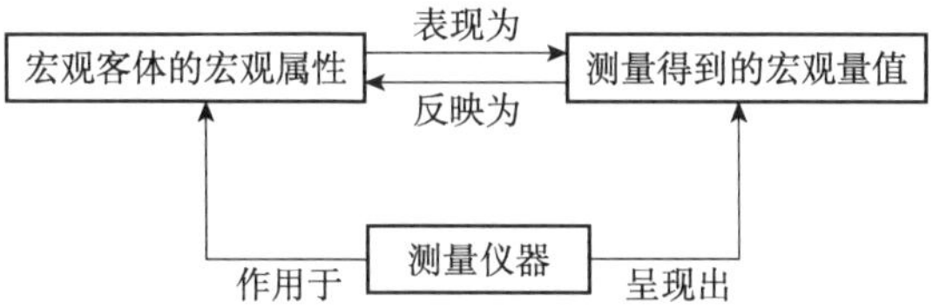

图1　宏观观察的意义语境

可是，依照玻尔的观点，在量子测量的观察语境中，由于作用量子的存在，试图明确区分客体的自主行为与客体和测量仪器之间必然存在的相互作用，不再是一件可能的事情。观察行为将会对客体产生一种不可避免的实质性的干扰。这种干扰排除了在客体与仪器之间做出明确区分的可能性，在测量仪器与客体之间的分界线变得模糊的地方，不仅使我们失去了得到客观世界的感觉经验的前提条件，而且也摧毁了以宏观世界为基础的概念框架。因为客体与测量仪器之间的边界，是我们有能力形成关于客体的明确概念的一种界线。这样，在量子测量中，观察的可能性问题成为一个突出的认识论问题。一方面，为了描述我们的思想活动，需要把特定的客观内容置于与感觉主体相对立的位置；另一方面，由于感觉主体也属于我们的思想内容，所以在客体与主体之间不再有确定的分界线。

玻尔认为，“感觉形式的失败与人们通常创造概念的能力的局限性之间存在着密切的联系。感觉形式的失败，是因为不可能把现象与观察手段严格分离开来；人们创造概念的能力的局限性，来源于我们在主体与客体之间的区别。实际上，这里产生了超出物理学自身范围的认识论与心理学问题”[①]。玻尔的这种观点与康德的观点十分类似。康德认为，客观经验这一概念，预设了存在着主观经验的概念，即区分纯粹的主观经验与纯粹的客观经验的一种认识能力。在主观认识与客观认识不可能区别开来的地方，也就不可能形成对客体的认识。玻尔认为，对日常经验的描述预设了在时空中发生的现象过程具有无限的可分性，并且现象的所有阶段在不间断的因果链条中联系在一起。[②]然而，在观察客体与观察仪器之间没有明确区别的地方，就不存在对可能提供感觉经验的客体做出明确的认识。

玻尔把在微观物理学中不可能保证在现象与观察之间做出明确区分的困难，与心理学的自我意识过程中所存在的困难进行了比较。他认为，在心理学中，感觉主体可能成为自我意识的一部分，这限制了客观地进行自我认识的可能性。自我认识要求主体与客体之间的边界是可变的与相对的。在原子物理学中，量子观察的过程预设了一种观察仪器的存在，并且不能够把这种仪器当成是被观察的客体，也不能够用量子力学的术语来描述观察系统的行为与结果。所以，在客体与仪器之间的任意区分和作用量子的存在，将会限制观察的可能性。

如果我们把在主体与客体之间的确定的分界线，看成是有可能进行客观观察的前提条件，即有可能客观地获得关于物理世界的感觉经验的前提条件的话，那么，在这个意义上，我们就不可能说一个微观实体的特性是独立于观察主体而存在的，或者说，不能够把量子测量的结果解释为是对客体的内在属性的反映，而应该解释为，测量结果只是对依赖于测量语境的对象的某种相对特性的反映。因为客体与测量仪器之间的不可避免的相互作用，绝对地限制了谈论独立于观察手段的原子客体的

---

① Bohr N. The Philosophical Writings of Niels Bohr Volume I：Atomic Theory and the Description of Nature. Woodbridge Connecticut：Ox Bow Press，1987：96.

② Bohr N. The Philosophical Writings of Niels Bohr Volume IV：Causality and Complementarily. Supplementary papers edited by Jan Faye and Henry J. Folse. Woodbridge Connecticut：Ox Bow Press，1998：87.

行为的可能性。在根本意义上，明确地使用描述量子现象的概念将依赖于观察条件。在这里，测量仪器成为有意义地运用物理概念的一个必要条件。

为此，玻尔在 1948 年撰写的《关于因果性与互补性概念》一文中明确指出："在这种陌生情境的描述中，为了避免逻辑上的不一致，格外地注意所有的术语问题和辩证法是十分必要的。因此，在物理学的文献中，经常发现像'观察干扰了现象'或者'测量创造了原子客体的物理特性'这样的语言表述。'现象'和'观察'还有'属性'与'测量'这些词语的用法，与日常用语和实际的定义几乎是不一致的，因此，容易引起混淆。作为一种更恰当的表达方式，人们可能更强烈地提倡限制使用'现象'一词，是指在特殊情况下所得到的相互排斥的观察，包括对整个实验的描述。在原子物理学中，包括这些术语在内的观察问题并没有任何特殊的复杂性。因为在实际的实验中，所有关于观察的证据都是在可重复的条件下获得的，并且通过原子的粒子到达摄影板上的点的记录，或者是通过其他的放大装置的记录表现出来。"①

玻尔的这一段话至少包括了两层含义：其一，尽管观察现象的产生依赖于观察条件，但是，在量子现象的获得并不明确地涉及某个具体的观察者的意义上，可以说，量子观察完全是客观的；其二，在原子物理学中，观察的客观性概念的含义，已经发生了语义上的变化。在这里，客观性不再是指对客体在观察之前的内在特性的揭示，而是具有了"在主体间性的意义上是有效的"这一新的含义。这些论述说明，承认存在着主体间性，并不等于说是"测量创造了量子客体的物理特性"。事实上，在具体的实验中，如果说观察的过程创造了所观察到的特性，那么，仍然使用"观察"这一术语就是用词不当。或者说，如果认为被观察的位置是由观察者的行为创造的，那么，说"观察"或者"测量"客体的位置就是一件让人不可思议的奇怪事情。显然，按照这种理解方式，在量子测量的语境中，"观察"与"现象"这些术语的使用，已经失去了日

① Bohr N. The Philosophical Writings of Niels Bohr Volume IV：Causality and Complementarily. Supplementary papers edited by Jan Faye and Henry J. Folse. Woodbridge Connecticut：Ox Bow Press，1998：146.

常应用中所约定（或经典理解方式中）的基本含义，而是在新形式的语言环境中，发生了语义与语用的变化，形成了如图 2 所示的微观观察的意义语境。

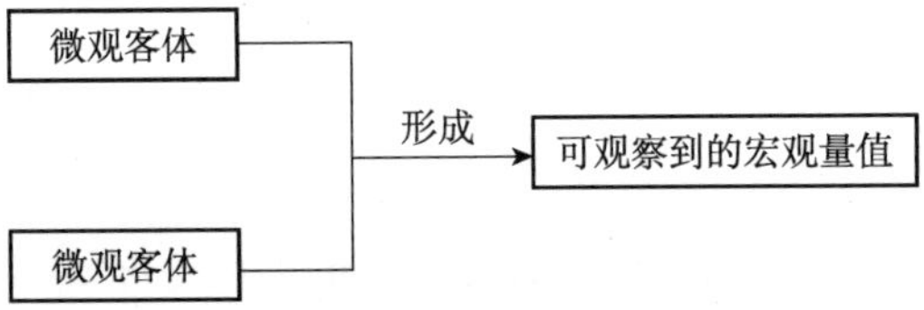

图2 微观观察的意义语境

问题是，在这种微观观察的意义语境中，实验现象所表现出的可观察到的宏观量值，既不是主观的，也不代表客体的内在属性，那么，这种量值是在测量过程中产生出来的呢，还是在测量之前就存在着呢？如果认为是在测量过程中产生出来的，那么，如前所述，就不能再使用观察与测量这样的术语；如果认为是测量之前就存在着的，那么，它又为什么不代表客体的内在属性呢？要准确地理解玻尔对这一问题的回答，必须进一步对量子测量过程中的客体与仪器之间的关系语境做出分析。

二、量子系统与测量仪器之间的关系语境

玻尔对量子测量中的客观性概念的理解，是在他所设定的微观客体与测量仪器之间的关系语境中进行的。他认为，所有的观察最终都依赖于两个相互独立事件在时空中的一致性，即观察客体与观察仪器之间的一致性。这种一致性通过客体与仪器的相互作用体现出来。在经典物理学中，这种测量的相互作用原则上可以任意小或被忽略，或者被确定或控制。但是，在量子测量过程中则不可能如此。在量子理论中，如果不参照“实验的设置”，用来描述微观实体或微观状态的术语将是无意义的。玻尔把测量客体的特性的表现对测量仪器的这种依赖性称为量子测量中的整体性。所以，在量子测量与观察的过程中，任何为了明确地测定客体与仪器之间的相互作用，希望把客体与仪器分离开来的企图，都

将违反这种整体性。按照玻尔的这种整体论的观点，在量子测量的过程中，量子客体与测量仪器之间形成了如图 3 所示的整体论的关系语境。

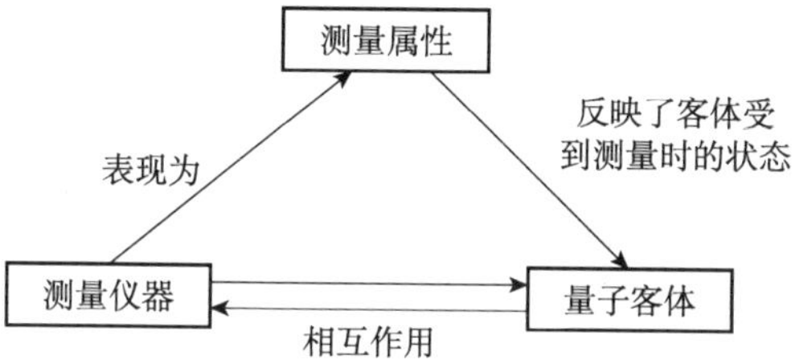

图3　整体论的关系语境

在这种整体论的关系语境中，现象总是一种被观察的现象，没有观察来谈论现象是无意义的，即测量仪器的选择成为测量现象产生的前提条件。在没有对量子系统做出精确而专门的实验设置的情况下，谈论量子系统的物理特性是没有价值的。这说明在量子测量的过程中所观察到的对象的行为，不同于对象在没有受到测量时的行为。或者说，测量得到的关于对象的特性，不是对象在没有受到测量之前的特性。在这种意义上，我们不可以再把测量得到的量子系统的某种特性，看成是量子系统本身所固有的特性，而应该看成是既属于量子系统，同时也属于实验设置。但是，这种行为并不是由测量仪器创造出来的，而是对象在测量仪器作用下的一种表现。改变特定仪器的作用，对象的表现也会随之发生改变。

微观对象与测量仪器之间的这种整体性，可以在两种不同的意义上来理解：一方面，在测量过程中，对象与仪器形成了一个动态的整体；另一方面，对象与仪器形成了一个语境论的整体。玻尔指出，在对象与仪器的相互作用中，人类的发明将会影响物理实在的结构，从而使被观察的量子系统拥有了仪器的特性。然而，这并不等于说，测量结果是由测量仪器创造出来的。测量仪器的存在只是对象行为得以表现的一个必要条件。不同的测量语境，将表现出不同的对象行为。在这种情况下，如何理解对象、测量仪器与测量结果之间的关系，就成为理解量子测量的玻尔解释的关键所在。

首先，海森堡运用倾向－特性论的观点，解释对象、仪器与测量结果之间的关系。这种观点认为，不可观察的微观对象的特性具有潜在性，潜在性对应于现实性。正是测量仪器与微观对象之间的相互作用，才使对象的特性由潜在的可能性转化为现实的确定性。通常也把这种观点称为潜能论的观点。巴布认为，实际上，这种倾向－特性论的观点来自玻尔。因为玻尔所讲的整体性，是指微观对象与测量仪器之间的非分离性，仪器是实现对象的倾向性的一个基本条件，即测量使对象的潜在特性得到了实现。[①] 但是，也有人认为玻尔反对潜能论的观点。[②] 事实上，玻尔本人也从未明确地使用过类似的表述。

其次，由费耶阿本德提出的关系－特性论的观点认为，微观客体的可观察特性是一种关系，即一种微观系统与测量仪器之间的关系。测量仪器的状态的改变，自动地会带来客体的状态的改变。所以，从这个意义上来看，客体与仪器之间的相互作用不是客体特性改变的必要条件。[③] 罗森费尔德也支持这种关系论的解释。[④]

最后，是相对－特性论的观点。这是默多克在对上面两种观点进行了分析与批评的基础上提出来的。他认为，玻尔所讲的不能离开观察的条件来谈论客体的特性，是指客体的特性是相对于测量仪器而言的，而不是指对象与仪器之间的一种关系。“相对”（relative）与“相关”（relational）是两个不同的概念。他举例说“高”是与绝对特性相区别的一个相对特性，而不是一个相关的特性，尽管在“比 X 高”这样的具体语境中，“高”是一个关系特性，但是，这一事实不可能使“高”这一特性变成一个相关特性，而只能说“高”是相对特性，而不是绝对特性。那么，同样，对象特性的表现依赖于测量设置，并不等于说对象的特性

---

① Bub J. The Interpretation of Quantum Mechanics. Dordrecht：D. Reidel Publishing Company，1974：43-44.

② Bohm D，Hiley B J. The Undivided Universe：An Ontological Interpretation of Quantum Theory. London：Routledge，1993：19.

③ Feyeradend P. Problems of Microphysics//Colodny R G. Frontiers of Science and Philosophy. London：Allen & Unwin，1962：217-219.

④ Rosenfeld L. Misunderstandings about the Foundations of Quantum Theory//Körner S. Observation and Interpretation. London：Butterworths，1957.

是一种关系特性，而是一种与绝对特性相对应的相对特性。[①]

我们认为，对玻尔观点的这两种解读方式是内在相关的。关系－特性论所强调的是微观对象与测量仪器之间的关系语境；而相对－特性论所强调的是“客观性”概念的意义语境。因为玻尔对微观测量过程中的客观性概念的理解，是与他对微观客体与测量仪器之间的整体论关系语境的论述分不开的。所以，在这种意义上，这些不同的解读方式所支持的其实是一种语境－特性论的观点。

三、量子测量现象的描述语境

玻尔对观察的客观性问题与对象和仪器之间的整体性关系的理解和论述，涉及微观世界与宏观世界的联系与区别的问题。一方面，量子理论的产生，揭示出了微观客体不同于宏观客体的根本特征，提出了一套与日常语言的描述明显不一致的新的符号体系与运算法则。这些语言所表达的内容和逻辑结构与经典物理学语言所表达的内容与逻辑结构是完全不同的；另一方面，玻尔认为，我们需要运用日常语言来进行交流，特别是需要运用经典概念把量子理论的抽象符号与实验的具体数据联系起来，在这种联系中，经典术语成为描述微观现象的最好的表达方式。但是，我们知道，经典物理学中的图像是在牛顿力学与经典电磁场理论的概念框架内提炼出来的，其重要的基本特征构成了经典测量现象所具有的图 4 所示的描述语境。

然而，在玻尔对量子测量现象的描述语境中，作用量子的发现带来了量子世界中的不连续性观念的产生，并且提出了不可分性的基本假设。不连续性观念的产生，给量子世界中带来了一系列的根本性问题。首先，从语言学的意义上来看，一旦我们所使用的每一个概念或每一个词，不再是以连续性的观念为基础，而是以不连续性的观念为前提，它们就会成为意义不明确的概念或词语[②]；其次，这种观念意味着，不连续性必然

① Murdoch D. Niels Bohr’s Philosophy of Physics. Cambridge：Cambridge University Press，1987：138-154.

② Whitaker A. Einstein，Bohr and the Quantum Dilemma. Cambridge：Cambridge University Press，1996：169.

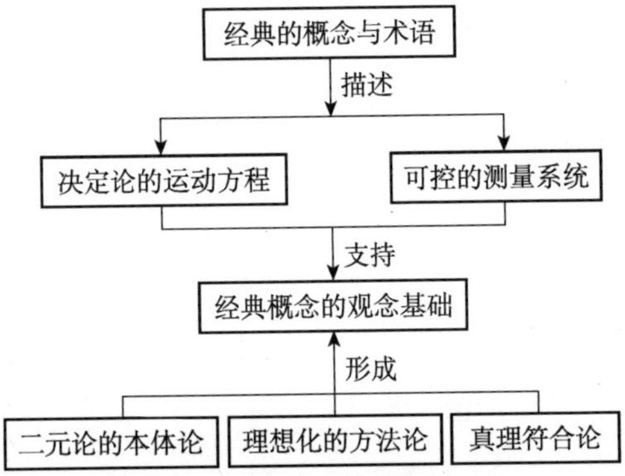

图4　经典测量现象的描述语境

使我们无歧义地使用经典概念的可能发生某种变化；最后，不可分性假设的确立，使得我们对量子测量现象的描述，总是与一定的实验语境联系在一起。现象的表现与实验语境之间的整体性，要求在量子测量过程中，把对象的“表象”看成是一个整体。问题是，如果把“表象”看成是一个整体，那么，就有必要对量子测量所隐含的经典概念的意义与使用范围提出质疑，即需要对“现象”一词进行重新定义。

此外，在量子领域内，原先分别用来描述粒子运动的能量与动量和描述波的传播波长与频率这些互不相关的概念，现在通过作用量子内在地联系在一起。玻尔认为，微观客体既能体现出粒子性，又能体现出波动性，同时运用这两类概念来描述同一个微观对象时，其描述的精确性要受到一定的限制。

在直观图像的意义上，玻尔运用互补性原理，“使我们有可能在不离开日常语言的前提下，创造一个框架对这些新的经验做出详尽的描述”[①]。从根本意义上来看，玻尔的互补性原理是量子假设的直接推论，它不是先验地对经典概念的批判性分析的一种单纯的概念发现，它是无法同时使用某些经典概念的事实条件的发现。玻尔认为，他的这一发现与爱因斯坦的相对论中的发现是相同的。在相对论中，光速不变原理说明，物体的运动速度不能够超过光的传播速度。这种事实的发现，要求在与物

① Chevalley C. Niels Bohr’s words and the Atlantis of Kantianism//Faye J，Folse H J. Niels Bohr and Contemporary Philosophy. Dordrecht：Kluwer Academic Publishers，1994：39.

体运动的参照系相关的框架内，修改经典概念的使用，从而产生了相对时空观的概念。

问题在于，如果强调用经典语言来描述量子测量现象，那么，在量子测量过程中，就必然存在着两种描述语言：一种是用来描述微观客体运动变化的量子力学的符号语言；另一种是用来描述测量仪器与测量结果的经典语言。那么，在具体的量子测量系统中，哪一部分需要用量子语言来描述，哪一部分需要用经典语言来描述呢？这种区分的结果是必须在客体与最终的测量仪器之间做出明确的区分。但是，由于作用量子的存在，这种区分是不可能的。玻尔为了解决这个矛盾，需要对最终的量子测量仪器做出进一步的假设：其一，测量仪器应该是相对大的宏观客体，否则，就不可能形成能够用经典语言所描述的测量结果；其二，宏观测量仪器应该确保有一定的结果可以被观察到，否则，仪器就失去了作为测量手段的基本功能。量子测量的这两个必要条件，不仅能够保证测量过程一定会产生出被观察到的测量结果，而且能够保证在用经典术语对量子测量仪器进行描述时，可以忽略掉仪器的量子力学特征。

这样，虽然在量子测量的过程中，微观客体与测量仪器之间的整体论的关系语境，使得客体与主体之间的分界线变得模糊起来，但是，通过大的宏观仪器的假定，可以保证，在能够忽略掉量子效应的区域内，使得用经典语言来描述仪器的目的，与用量子语言来描述测量仪器的目的保持一致。或者说，只有在对量子测量过程的量子力学的描述与经典语言的描述确实等价的区域内，才能使在客体与主体之间的自由分割成为可能。因此，按照玻尔的观点，在量子测量过程中，虽然对量子系统的演化行为的描述是由量子力学的符号体系来完成的，但是，对具体的量子测量现象的描述则最终是由既相互排斥又相互补充的经典概念来完成的。这样，形成了如图 5 所示的关于量子测量现象的描述语境。

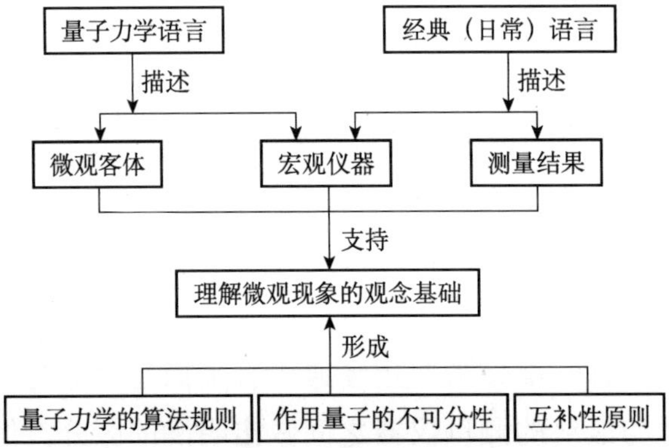

图5　量子测量现象的描述语境

四、结语

上述三种语境是相互统一和彼此依赖的，它们共同构成了量子测量的玻尔解释语境。然而，玻尔把观察者在量子测量过程中用来“看”或“听”的测量仪器，看成是必须用经典物理学的术语来描述的比较大的宏观系统，并强调测量仪器与量子客体之间所存在的不可分离的整体性的做法，不过是量子力学的算法规则与经典物理学的理解观念的一种好的嫁接。虽然这种嫁接的结果在客观上起到了类似于退相干方法的作用，绕开了冯·诺依曼把测量仪器理解为是遵守量子力学规律的微观系统所带来的测量困境，可是，从物理学的内容来看，玻尔并没有提出真正的关于量子测量的动力学模型，而只不过是一种认识论方案。这种方案不可能从根本意义上为“波包塌缩”提供一个清晰的因果性的说明机制。因此，从 20 世纪下半叶开始，量子测量的玻尔解释遭受到了来自不同方面的批评。

量子测量的玻姆解释语境*

1993年，玻姆与海利在《不可分割的宇宙：量子论的一种本体论解释》一书中[①]，基于隐变量理论的基本框架，阐述了一种更具有普遍意义的量子力学的本体论解释。在这种解释中，他们的目的不是希望把量子力学发展为是对经典概念的延伸，而是希望提供一种新的物理学直觉和新的概念语境，使物理学家能够运用相同的语言来讨论经典力学和量子力学。但是，目前国内学界只熟悉玻姆早期提出的隐变量理论，而对他晚年所阐述的量子测量过程的本体论解释还比较陌生。因此，有必要就此问题进行系统阐述。

---

* 本文发表于《自然辩证法通讯》2004年第4期，作者成素梅、郭贵春。

① Bohm D，Hiley B J. The Undivided Universe：An Ontological Interpretation of Quantum Theory. London：Routledge & Kegan Paul Ltd.，1993：2.

一、量子客体的本体论语境

玻姆阐述量子论的本体论解释的出发点，是首先把微观粒子（如电子）看成是像经典粒子一样，沿着连续的轨道随时间变化的粒子。但是，与经典粒子不同，微观粒子总是与一个新型的量子场密切地联系在一起，这个量子场由满足薛定谔方程的波函数来描述。波函数所代表的量子波具有双重作用，一方面，它决定着粒子处于某一位置的可能性的大小，另一方面，它也决定着粒子的运动。微观粒子的运动既会受到与经典势相关的经典力的作用，也会受到与量子势相关的量子力的作用。由于微观粒子总是与量子场相伴随，所以，粒子加场形成的组合系统是因果决定的系统。玻姆认为，与微观粒子相联系的、由薛定谔方程所描述的量子场，与由麦克斯韦方程所描述的经典场所不同，它完全是一种无源场，或者说，量子场依赖于粒子的存在形式。这种依赖性意味着，现有的量子论是不完备的，它只是更一般的物理学规律在一定有限范围内的一种近似。玻姆特别强调指出，实际上，这种做法不是把量子力学还原为用经典观念的术语来表述。量子势的定性的新特征意味着，量子论已经揭示出了微观客体的新特征。

首先，对于单体的量子系统而言，与经典波（如机械波）不同，量子的 ψ 场乘以任意一个常数，将不改变量子势的大小。这意味着量子势与量子场的强度无关，仅仅与量子场的形式有关。从经典物理学的观点来看，这种行为似乎是不可思议的。但是，在日常经验的层次上，它却是相当普遍的。玻姆举例说，这就像一艘被无线电波自动导航的轮船一样，无线电波的作用独立于它的强度，而只依赖于它的形式。其基本点是，船靠自己的能量来行驶，但行驶的方向却由无线电波来引导。同样，可以认为，电子以自己的能量来运动，而量子波的形式引导着电子的能量。这样，在非经典力的作用下，电子在自由空间中的运动不一定总是直线运动，而且波的作用也没有必要随着距离的增加而减少，即使是遥远的环境特征也会对电子的运动产生影响。

例如，在双缝干涉实验中，一个电子总伴随着一个量子波。作为粒子的电子在运动的过程中，一次只能通过两个狭缝之一，而电子相伴随的量子波可以同时通过两个狭缝。在狭缝的外面，波的干涉带来了量子势的改变，量子势变化越迅速的地方，作用于电子的量子力就越强，电子的运动就越容易发生偏转。对于电子系统而言，每一个电子都具有自己的量子场，借助于特定的手段，可以选择出具有相同形式的量子场和相同量子势的电子。这些电子从不同的出发点接近狭缝，形成电子的随机分布，而这些电子的运动轨道又形成了一系列不同疏密的区域，这就明显地构成了通常所说的干涉条纹。如果只打开一个狭缝，量子场将只能通过一个狭缝，在这个狭缝以外的系统，存在着和双缝情况下所不同的量子场和不同的量子势。这样，当粒子到达屏幕时，产生了更加一致的粒子分布，不产生干涉图样。

为了更加明确地说明粒子与量子场之间的这种精细或微妙的内在关系，玻姆在物理学的语境中引入了一个非常重要的新概念——“主动信息”(active information)。他指出：“主动信息的基本观念是，一种非常小的能量形式能够约束和引导着非常大的能量。在某种程度上，后者的活动形成了类似于小的能量的活动形式。”[①]玻姆认为，量子场不同于经典场，它直接包含粒子运动所携带的信息。例如，在船的例子中，无线电波携带着船的环境中的信息，这些信息通过所采取的自动导航机理进入船的运动当中。同样，在双缝干涉实验中，量子场包含电子运动中有关狭缝的存在状态的信息，即在单缝与双缝的情况下，电子所携带的量子场的形式是不同的。

玻姆所提出的主动信息概念与通常信息科学中所采用的技术性较强的信息定义有所不同。香农曾把信息定义为是对系统的不确定状态的消除。这种定义把信息理解为人们把握系统的客观特征的一种衡量标准。然而，在根本意义上，主动信息概念不是与人们对系统状态的认识程度联系在一起，而是与粒子本身的确定的运动状态相关。在这里，信息一

① Bohm D，Hiley B J. The Undivided Universe：An Ontological Interpretation of Quantum Theory. London：Routledge & Kegan Paul Ltd.，1993：35.

词的使用更强调的是它的字面意义，即 inform，其实际含义是指把形式加给某物，或使某物成形。例如，我们在收听收音机时，无线电波的形式是携带信息，我们所听到的声能不是直接来自无线电波本身，而是来自电池或电源，电源或电池所提供的是不成形的能量，它的形式由无线电波所携带的形式所给予。显然，这一过程完全是客观的，它与我们认识这个过程是如何发生的细节无关。在无线电波中，信息在任何地方都蕴藏着主动性，但是，实际的主动只有在能够给予收音机的电能以某种形式的时候，才能显示出来。更明显的例子是计算机。硅片中的信息内容能够确定计算机的潜在活动的整个范围，而潜在活动通过赋予来自电源的电能以某种形式才能实现。在一定的情况下，这些可能性向现实性的转化依赖于一个更大的语境和计算机操作员的操作水平。

这说明，主动信息的存在具有客观性，但是，主动信息作用的发挥却是以人类设计的某种结构（如收音机或计算机）为基础的。因此，主动信息在由潜在作用变为现实作用的过程中，还留有主观性的印记。这样，玻姆借助于主动信息的概念，使信息的客观性与主观性得到了内在的统一。玻姆用旅游者与地图之间的关系对这种统一性作了进一步的说明。他指出，在实际旅游之前，旅游者用自己的智能理解地图所包含的信息内容，通过这种想象中的虚拟活动或潜在活动，他们能够明白这张地图的价值所在。因此，在地图能够激起旅游者的想象这个意义上，这张地图所携带的信息是非常主动的，但是，这种主动性显然是存在于人脑与人的神经系统之中的。只有当旅游者在这张地图所标示的区域内去实际旅游时，地图中所包含的一些信息才能通过旅游者的体能在更大的语境中得以实现。

可见，对于人类而言，信息总是主动的，而不是被动的。玻姆认为，他立足于这样的信息概念语境，在量子层次上使用主动信息的概念是非常自然的。在双缝干涉实验的语境中，量子场中所包含的主动信息引导着电子的运动，其引导力的强弱通过量子势的大小来衡量。当电子到达狭缝前的某一点时，主动信息“通知”它加速或减速。在这里，量子势不是代表粒子所在的环境特性（即狭缝）对粒子在力学意义上的吸引或排斥，而是代表了对以自身能量运动的粒子是加速还是减速所起的某种引导作用。电子必须通过一个狭缝，但是，它的运动是由来自通过两个狭缝的量子场中的主动信息所决定的。在性质上如同无线电波推动或牵引它所引导的船只一样。

电子以它自己的能量运动，但是，却被量子场中的主动信息所引导的事实说明，电子或其他粒子具有目前还没有被人们所认识的复杂而精细的内在结构。这种观念与现代物理学的整个传统正好相反，在现代物理学的传统中，人们假设，当把物质分解成越来越小的部分时，物质的行为将会越来越基本。但是，在玻姆的解释中，就像可以用统计规律研究社会集体行为，而个人行为却是十分复杂与难以捉摸一样，人的物质可以近似地还原为简单的牛顿力学的行为来处理，而组成物质的分子和原子却具有非常复杂的内在结构。

正是粒子的这种复杂的内在结构，使量子信息场有可能发挥着引导粒子运动的作用。在这里，量子信息场的能量与它所引导的粒子运动的能量相比，可以忽略不计。就像无线电波的能量相对于船只运动的能量可忽略不计一样。由于量子信息场把整个实验语境作为一个不可分的整体来对待，所以，在量子信息场的引导下，电子的运动受到了远距离狭缝的影响。不同的狭缝系统产生不同的量子势，并以不同的方式影响电子的运动，所以，电子的运动不能够离开整个实验安排来讨论。这是玻姆理论与德布罗意理论的关键差别，同时，也是玻姆的整体性观念与玻尔的整体性观念的区别所在。

对于多体的量子系统而言，量子势不是像经典势那样依赖于粒子的位置，而是以一种相当复杂的方式，依赖于系统的整个波函数本身，而波函数按照薛定谔方程进行演化。因此，量子势的作用不会随着距离的增加而减少。当两个粒子相距很远时，粒子之间的力也可以是很强的。所以，在这种系统中，粒子的运动除了两种依赖于远距离的环境特征之外，两个粒子之间还具有远程关联性。两个粒子之间存在的这种相关性，被称为非定域的。玻姆认为，非定域性是对多体的量子系统进行因果性解释时所具有的首要的新特征。说明每一个粒子的行为可能非定域性地依赖于所有的其他粒子的位形，而不管这些粒子之间彼此相距有多远。这样，对一个粒子变量的测量，将会影响到对在空间上已经分离开来的另一个粒子变量的测量，即对这些变量的测量是依赖于测量语境的，在物理哲学界，通常把这种形式的测量称为语境测量。

与单体系统一样，多体系统中的量子势也依赖于整个系统的“量子态”，而不能简单地定义为是所有粒子之间事先指定好的相互作用。微观粒子之间的这种非定域的相关性，带来了量子系统中的整体性的新特征，这种整体性超越了只依照所有粒子的实际的空间关系所说明的整体性。这正是量子论超越于任何形式的机械论的主要新特征。玻姆所阐述的量子测量系统中的整体性概念，依赖于由量子系统中的量子态所决定的、依照薛定谔方程来演化的多体波函数。多体波函数直接地与整个量子系统有关，是在所有粒子的位形空间中被定义的。波函数对粒子的作用由相位和量子势所决定，而相位和量子势只与波函数的形式有关，而与波函数的振幅无关。在多体的量子测量系统中，波函数所包含的主动信息，是在位形空间而不是通常的三维空间中发挥作用的。

玻姆认为，对于多体的量子系统而言，主动信息实际上是一种共同的信息库。这些信息引导粒子的运动，导致出现非定域的量子势。波函数不同的线性组合，将会形成不同的信息库，依次相应地产生不同的系统行为。当把波函数分解为独立乘积的形式时，它将对应于独立的信息库。因此，在整体上被共同信息库所引导的系统，与由被相互分离的信息库所引导的独立部分而构成的系统之间，有着客观的区别。在多体的量子系统中，由于主动信息能够被组合成所需要的多种维度，所以量子场的多维度特性并不神秘。

玻姆用超流和超导为例，对共同信息库在多体系统中所起的引导作用进行了具体的说明。玻姆认为，通常把超流和超导特性抽象地解释成是多体的薛定谔方程的一种必然结果，没有对现象是如何发生的机理提供一种直观的理解。但是，如果采用主动信息的概念，就可以十分直观地解释这些现象。按照玻姆的观点，每一个粒子都可以被看成是共同信息库的一部分，并按照共同信息库所提供的信息来确定每个粒子的运动速度。在超流与超导的情况下，可以把由共同信息库所引起的所有粒子的坐标运动，想象成是一场“芭蕾舞”，就像所有的舞蹈者都以同一种系统的方式绕过障碍物跳动，然后形成新颖的图案一样，粒子在共同信息库的引导下，形成了具有特殊性质的运动。随着温度的升高，超流的特性将会消失。这是因为波函数分解成一组相互独立的因子，这些独立因子代表了独立的信息库。电子将不再在共同信息库的引导下运动。这时，电子的行为更像是没有组织的人群一样，超流和超导的特征便消失了。

可以看出，玻姆借助于大量的比喻，运用主动信息概念对微观粒子的运动与量子场之间的内在关系的阐述，是试图表明，在量子测量的玻姆解释语境中，微观粒子既具有经典粒子所具有的特征，如具有确定的位置与速度，能够沿着连续的轨道进行运动，会受到力的作用，等等，又与经典粒子有所不同。在经典物理学中，粒子与波完全是彼此独立的两种物理存在，只有当把粒子放置于某种有源场当中时，粒子与波之间才能发生相互作用，并通过力的作用改变粒子的运动。而在量子理论中，微观粒子始终存在于某种无源场当中，总是与某种量子波联系在一起。或者说，在微观粒子的运动过程中，波成为粒子的一种“高级伙伴”。波对粒子的作用通过信息的引导体现出来。所以，在量子客体的这种本体论语境中，整体性概念不再是一种认识论的术语，而是具有了本体论的意义。

二、量子测量过程的整体性语境

玻姆为了赋予量子客体以一种直观的本体论图像，进一步利用量子势和主动信息概念对量子测量过程作了明确的分析。玻姆分析测量问题的主要目标是，试图把量子测量过程看成是量子跃迁的一种特殊情况来处理。其基本思路是，把量子测量过程划分为两个不同的阶段来讨论。在第一阶段，被测系统 S 与测量仪器 M 之间发生相互作用。这时，组合系统的波函数将会分解成不可重叠的波包之和，每一个波包对应于一种可能的测量结果；在第二个阶段，测量结果被某种检测装置所放大，成为在宏观层次上可以被直接观察到的实验现象。玻姆对量子测量过程的分析，在形式上采用冯·诺依曼的分析方法，把 S 与 M（包括宏观测量仪器在内）都看成是遵守量子力学规律的系统。不同的是，玻姆对取叠加形式的组合系统的波函数的存在状态做出了另外一种解释。

玻姆认为，当 S 与 M 发生相互作用之后，组合系统的波函数分裂成不可重叠的各个波包的叠加，每一个波包对应于一个量子通道，每一个量子通道对应于一种可能的测量结果。在相互作用期间，粒子的初始状态与量子势的分叉结构，使最初沿着轨道运动的每一个粒子都进入一个可能的量子通道，并且停留在那里。由于波包之间的波函数为零，所以，粒子不可能存在于两个波包之间。从这时起，量子势对粒子的作用将只由与该量子通道所对应的波包来决定，而其他没有被粒子占用的波包将对粒子的运动不再起任何作用，或者说，其他波包提供了在物理意义上对粒子运动是无效的信息。玻姆称这些波包为不活动波包。他通过计算得出的结论是，组合系统从初态进入一组终态之一（即粒子进入一个通道）的可能性正好是 $|C_i|^2$，这与传统解释所得出的结果相一致。

玻姆认为，在这一阶段，没有被粒子占有的不活动波包并不是永远处于不活动状态，在原则上，它仍然可能导致仪器中的不同波包（如 Φ_k 与 Φ_j）之间发生干涉，这时，量子势仍然会受到原先的不活动波包的影响。因此，在这一测量过程中所形成的独立而分离的测量结果，是不稳定的。只有当仪器粒子进一步与宏观的粒子系统（即某种检测装置）发生相互作用之后，量子测量过程才能成为不可改变的不可逆过程。这一过程相当于冯·诺依曼所描述的关于量子态的第二种演化方式，也是玻姆所指的量子测量的第二个阶段。

玻姆虽然同冯·诺依曼一样，也认为第二阶段的量子演化过程是不可逆的，但是却与冯·诺依曼的解释不同，认为在这一阶段，仪器粒子与检测装置之间的相互作用，是把测量结果放大到足以被直接观察的程度。在这里，不需要有特定观察者的参与来决定量子测量结果。因为仪器粒子在同检测装置发生相互作用之前，已经处于特定的量子通道当中。所以，在第二阶段，不存在从叠加态向本征态的跃迁。玻姆通过简单的计算假设，测量仪器与检测器之间的相互作用，对已进入量子通道的粒子的影响可以忽略不计。这样，检测器只起到了对测量结果的放大作用，而不会在根本意义上，对在第一阶段已经形成的测量结果产生实质性的影响。

在量子测量的玻姆解释语境中，事情的发生，好像使组合系统的波函数已经“塌缩”到一个相应的测量结果。然而，实际上，并不存在任何事实上的塌缩；只不过是存在着这样一种过程，在这个过程中，由空着的波包所代表的信息在效用上失去了潜在的能动性。问题是，如果从冯·诺依曼的量子测量理论出发，假设波函数对应于量子系统的实际状态，而且是对实在的基本描述的话，那么，玻姆所提出的空波包概念就是难以令人接受的，因为空波包也满足薛定谔方程。玻姆在阐述自己的观点时，没有对此问题给出直接的回答，而只是指出，在他的体系中，没有假设波函数是对基本实在的描述，而是假设波函数定性地描述了一种新型的量子场，这个量子场决定了作用于粒子的引导条件和量子势。玻姆没有否定量子场的实在性，认为量子场包含的主动信息能够对以自身能量运动的粒子产生引导作用。量子场深深地影响着这些粒子的运动行为，从而使粒子的行为在根本意义上具有了经典粒子所没有的新特征。

玻姆认为，量子场的作用只有在大量粒子的集体运动的宏观层次上才是明显的，这种情况类似于社会组织中人的关系。在社会系统中，最直接而具体的实在是个人的集合。这些个人通过信息库联系在一起，不论是个人行为，还是社会行为，都决定性地依赖于这些信息。信息本身的能量与人在物理运动中的能量相比，并不能直接地体现出来，或者说，可以被忽略掉。与此相类似，玻姆推测，也许在某种程度上，在更微妙的微小能量的层次上，波函数所包含的信息还没有呈现出来，因此，更不可能被加以研究（正是在这种意义上，玻姆把 1952 年所提出的解释称为隐变量解释）。

在社会系统中，信息经常会失去它的潜在的能动性。例如，人们会抛弃一些与自己无关或错误的信息，即使有意识地把这些信息以书或磁盘的形式保存起来，最后大多数信息也会变得越来越难以进入图书馆，还有一些信息会在传播的过程中丢失。因此，这些信息已经失去了它的潜在能动性，不可能对人类产生影响。在日常经验中，这是常见的事情。经过这样的类比之后，玻姆指出："如果我们认为粒子是在量子层次上对信息作出反应，那么，很明显，空波包的存在并不会带来任何严重的问题。"①在这里，用从波函数中的信息来计算粒子的统计行为，不需要掌握粒子的详细构成，这类似于计算在设有标志的公路上行走的一群人的统计行为时，只需要借助于这种标志所蕴含的信息进行计算，而不需要对每个人的感觉、大脑和神经系统等进行详细的描述。

同样，在被测系统与测量仪器进行相互作用期间，两个系统的行为将由一个共同的信息库来引导，而共同信息库意味着，组合系统的量子势将以非定域的方式把两个系统联系起来。这两个系统中的粒子将很强地相互联系在一起，而且极不稳定。假如从一个实验到下一个实验的进行，总是从自由涨落的统计系综开始，那么，很显然，对于单个粒子而言，即使粒子的运动是可以确定的，也没有任何办法预言或控制它将进入哪一个量子通道。当相互作用结束之后，量子通道将被分离开来，未被粒子占用的通道中的信息将成为不活动的信息，只留下被粒子占用的通道和它的量子势对粒子的运动产生作用。这时，不仅波函数与有效的量子势处于变动之中，而且仪器粒子的运动也将相应地发生改变，仪器与被观察系统已经内在地相互参与在一起，并且互相之间产生了极大的影响。当相互作用结束之后，两个系统的状态被相互关联在一起，对应于粒子实际进入的量子通道。

所以在这种意义上，量子测量所得到的结果，将不是对被观察客体的存在状态的"测量"，即测量结果不仅仅是代表被观察系统本身的内在属性，而是既属于被观察系统，也属于观察仪器。玻姆的这种观点，类似于海森堡的潜能论的观点。海森堡认为，量子客体的内在特性是潜藏着的，由潜在性变为现实性不仅依赖于观察仪器，而且也依赖于被观察系统。或者说，依赖于整个实验语境。玻姆以种子为例，对这种依赖于

① Bohm D，Hiley B J. The Undivided Universe：An Ontological Interpretation of Quantum Theory. London：Routledge & Kegan Paul Ltd.，1993：105.

测量语境的测量结果进行了明确的说明。他指出，一粒种子显然不是一株实际的植物，种子变成植物将取决于促使植物成长的各种现实条件，如土壤、雨水、阳光等。同样的种子在不同的种植环境中，将会生长成不同形式的植物。同样，在量子测量理论中，测量仪器实际上有助于“创造”被观察的结果。不同的测量语境类似于不同的种子环境，不同的测量结果对应于不同的植物形式。

可见，在量子测量的玻姆解释语境中，任何单独测量被观察客体特性的企图，都是不可能实现的。在这里，不能说量子特性只属于被观察的系统，而应该更普遍地说，如果离开整个测量语境，即整个实验安排，量子特性将是无意义的。在某种程度上，量子测量过程中的整个组合系统之间存在的不可还原的相互参与这一事实，也体现了量子测量特性的语境依赖性。在这种意义上，被测量到的特性不是被观察客体的内在特性，而是不可分离地与测量仪器联系起来，包括了作为整体的量子场和测量仪器的参与。正如贝尔所言，人们应该把整个过程称为一种实验，或者甚至称为揭示了被研究系统的潜在性的一种参与实验。① 无独有偶，惠勒在一种不同的实验语境中，也注意到了量子实验中的这种参与性特征。②

量子测量的这种语境依赖的整体性特征进一步表明，玻姆的方法并不意味着是简单地回到经典物理学的基本原理。在一定意义上，它体现了玻尔所提出的，在量子过程测量中，由被观察客体与观察仪器所形成的组合系统具有的不可分性的观点。有所区别的是，玻尔对测量现象的描述，包括了特殊的测量语境与对测量结果的陈述。并且玻尔认为，我们可以从测量结果和测量条件中推论出被“测量”特性的值。由于按照经典的测量概念，测量值不是在测量过程中产生出来的，而是应该对应着独立于整个实验语境而存在的量。为了与狄拉克所提出的可观察量区

---

① Bell J S. Speakable and Unspeakable in quantum mechanics. Cambridge：Cambridge University Press，1987.

② Wheeler J A. The “past” and the “delayed-choice” double-slit experiment//Marlow A R. Mathematical Foundations of Quantum Mechanics. New York：Academic Press，1978：9-48.

别开来，贝尔把这些具有实在性的量称为可存在量。在量子测量的玻姆解释语境中，可观察量没有基本的含义，它被看成是测量过程中所包含的可存在量的一种统计函数。可存在量不对应于量子算符，而是指整个波函数和组合系统的粒子坐标。所以，在这里，对物量等物理量的测量结果不完全对应于可存在量的值，而是对应于特定的测量语境的值。

从这个意义上看，玻姆所阐述的量子测量过程的整体性语境，其实比玻尔所阐述的量子测量现象的整体性语境更基本，它是一种客观的整体性，一种类似于生物有机体那样的整体性。如果说，玻尔对量子测量现象的整体性解释，还没有完全摆脱经典概念框架的束缚的话，那么，玻姆对量子测量过程的整体性解释，不仅为玻尔的整体性观点提供了一种直观的理解，而且提出了一套理解问题的新的概念体系。玻姆的量子整体性是建立在量子势与其携带的主动信息所导致的非定域性的基础之上的。而非定域性概念是自检验贝尔不等式的实验以来，关于 EPR 关联的一个著名的实验结果。这样，在这个概念体系中，量子测量中测量仪器与被测客体之间的不可分割的整体性，就很自然地变成一般意义上与量子过程相联系的整体性的一种特殊情况。

问题是，如果把在量子领域内的实验理解为一种相互参与的实验，把量子测量结果理解为依赖于测量语境的整体性特性，那么应该如何理解我们确定地得到的测量结果，是属于被观察系统的内在属性，而没有任何相互参与的普通的经典实验呢？或者说，量子测量与经典和日常意义上所理解的测量之间存在着什么样的内在联系呢？对这些问题的回答涉及玻姆对大尺度的宏观世界与量子论的微观世界之间的内在关系的阐述。

三、量子世界与它的经典亚世界之间的关系语境

玻姆在对量子测量过程的本体论分析中，已经蕴含了他对量子世界与它的经典亚世界之间的内在关系的阐述。玻姆认为，人们对世界的第一经验直接地来自人的感知，这种感知包括两个方面，其一是与人的外

在行为相关的感知，其二是与人的内在反映相关的感知。在这个世界中，直接经验开始由人的常识来描述，后来被加工提炼成更精确的经典物理学描述。在这样的经验领域内，可以说，世界是“明显的”。按照拉丁文词根的意思，manifest 意味着世界是能够被掌握的，更一般地说，能够通过科学仪器所了解。这个世界的基本特征是，它包含某些可能相对稳定的结构。这些结构不仅是稳定的，而且在基本意义上是定域的。在这个世界中，任何事物最终都由这种彼此独立而发生定域相互作用的结构所构成。没有这样的世界，我们就失去了观察事物的意义，也不能以任何一种有序的方式分配因果性。正因为如此，反对把非定域性、不可分的整体性，即非分离性这样的观念，认为是相互独立的存在的构成部分所具有的特征，是非常自然的，也是可以理解的。

但是，玻姆认为，当物理学家的研究深入基本的量子世界时，可以发现，在根本意义上，量子世界拥有着不同的性质。例如，仍然像在经典物理学中那样假定有一个粒子，而在量子世界中，这个粒子将进一步受到波函数（即量子势）的影响。如前所述，由于玻姆假定量子势只与波函数的形式有关，而与它的大小无关，所以，这意味着远距离的粒子之间有可能存在着很强的非定域的联系，意味着粒子的运动强烈地依赖于它所处的环境语境，意味着粒子之间的力与整个系统的波函数有关，意味着测量过程中存在着不可分割的整体性。

然而，正是量子特性的非定域性和不可分割的整体性特征，使具有定域性和分离性的经典世界具有了明确的组成部分。例如，在量子测量中，被观察系统与测量仪器之间的相互作用产生了非定域的量子势，量子势又把被观察系统的波函数分离成能够被定域地讨论的独特的量子通道。所以，对自在的量子实在的认识，不需要任何观察者的参与，只是不可避免地包含了客观的观察仪器的作用。在量子测量的过程中，整个量子实在与日常经验的大尺度世界之间存在着连续的量子跃迁。在量子层次上，粒子的运动依赖于量子势的作用，这种作用在测量的组合系统之间引入了非定域的相互联系，而在大尺度的宏观层次上，可以忽略量子势的作用，这样，经典测量就成为量子测量的一种近似情况。

量子世界中的非定域性说明，量子世界是 subtle，在字典中，subtle 的意思是“被纯化的、被高度提炼的、精致的、难以捉摸的、难以定义的”。它的词根是基于拉丁文中的 subtexlis，意指“精细地编排”。很显然，玻姆所描述的量子世界不可能通过任何一种方式了解。了解量子世界的任何企图（如测量）都会对量子世界带来不可预言和不可控制的改变。在量子世界中，每一个要素都与其他要素不可还原地相互参与在一起。在所有要素都缺乏相互的外在化与可分离性的条件下，借助于测量仪器来了解量子世界就成为难以捉摸的事情。因此，玻姆假设，量子世界构成了比经典世界更基本的实在。由经典理论所描述的经典世界具有相对的自主性。出现自主性意味着，只要能够忽略量子势的作用，被研究领域就能够被看成好像是独立存在的经典世界来讨论。按照这种观点，经典世界实际上是从微妙的量子世界中分离出来的，而把量子世界看成是最终的存在基础。

玻姆认为，在量子世界中，由于任何事物都处于相互依赖、无规则地变化的状态，所以没有任何方式能够获得客观的测量结果。但是，在包括粒子与场在内的经典的亚世界中，可以忽略测量和观察对事件状态的影响。经典的场与粒子世界是把信息以确定的方式传递给我们的感官。而在本质上，人通过感官所得到的富有意义的感知和人与人之间所建立的富有意义的通信，是在经典层次上进行的。在经典层次上，人们能够始终忽略波函数的作用。所以，量子测量过程的整体性并不意味着我们不可能认识量子世界，而是借助于具有稳定结构的测量仪器的放大与记录，整个量子世界在更有限的经典的亚世界中表现出来。在这里，不需要像冯·诺依曼那样，在量子层次与经典层次之间做出某种专门的分割，而是只存在一个量子世界，这个量子世界中包含了一个近似的经典亚世界。

因此，在玻姆看来，与测量的经典概念相比，量子层次上的测量与观察，是对整个量子世界的测量与观察，量子测量的过程不再是像经典测量那样，是对被研究客观的客观特性的一种揭示，而是依赖于整个测量语境的量子现象的呈现过程。这种现象呈现的过程，就像生长中的植物与它的种子之间的关系一样，植物的好坏，既与种子的质量有关，也与生长环境有关。同样，在微观层次上，微观客体的内在属性的再现也是一种与测量语境相关的共生现象。相比之下，经典测量是在忽略不计量子效应的前提下，在大尺度系统中所进行的测量。或者说，在大尺度的宏观系统中，忽略量子效应，意味着忽略量子势对客体的影响，忽略测量过程中被观察客体与测量仪器之间的相互作用。正是在这种意义上，可以说，量子测量比经典测量揭示了更深层次的实在本质。

四、简要结论

综上所述，玻姆基于微观客体的粒子模型，对量子测量的这种本体论解释，提出了一种可以与现有量子论相抗衡的新的概念体系，为未来探索量子论的研究途径提供了一种可能的思路。[①] 这说明量子测量过程中所存在的问题，与对量子测量过程的解释是相分离的，不能用量子力学的数学内容的成功，来支持玻尔对量子测量现象的解释。但是，玻姆的观点并没有得到物理学家的认可。许多物理学家认为，玻姆理论在数学上并没有自己的新内容，只不过是用不同的语言对传统解释的一种重新表述而已。

---

① Holland P. The Quantum Theory of Motion. Cambridge：Cambridge University Press，1993.

量子力学的模态解释 *

量子力学的“测量难题”是物理学家和科学哲学家长期争论的焦点之一。1972 年，美国哲学家范·弗拉森（van Fraassen）开创性地将模态逻辑的语义学分析方法移植到量子力学，提出“量子力学的模态解释”，试图消解微观世界的测量症结。这一解释给“测量难题”的解决提供了新的视角，也为物理学哲学的发展开辟了新的方向。该思想经过 Kochen、Diecks、Vermmas、Healey、Clifton、Dickson、Bub、Bacciagaluppi 等的发展和完善，形成了一种很有影响力且最具有发展前景的量子力学解释理论。

模态解释仅仅有 30 年的发展历程，无论从物理学还是哲学的角度来讲，都是一种全新的理论。国外在该方面的研究已经形成文章百余篇、专著数本，并召开过一次模态解释国际会议。所以，积极把握这一最新的研究成果，发掘量子力学模态解释的全新思想，具有重要意义。

---

* 本文发表于《哲学研究》2004 年第 10 期，作者贺天平、郭贵春。

一、模态解释产生的背景及其发展

模态解释的产生源于消解量子力学“测量难题”的想法。最早的且系统的测量理论是冯·诺依曼所创，他认为，量子系统在两种情况下遵循不同的方式演化：

（1）在非测量过程中，态函数按照薛定谔 $ih-\frac{\partial}{\partial t}=\hat{H}\,\Psi$ 方程决定性地演化；

（2）在测量过程中，态函数发生突变，即波包塌缩。

“测量难题”的症结就出现在第二种演化方式上。考虑一个量子测量过程，设被测微观客体和测量仪器的初始波函数分别为 $\Psi_0(x)=\sum_n c_n\Psi_n(x)$和$\Phi_0(y)=\sum_n c_n\Psi_n(y)$。
整个演化过程可以表示为

$$\left.\begin{cases}\Psi_0(x)=\sum_n c_n\Psi_n(x)\\ \Phi_0(y)=\sum_n c_n\Psi_n(y)\end{cases}\right\}\Rightarrow\Psi=\Phi_0(y)_0\Psi(x)$$

$$\Rightarrow\Psi_f=\sum_n c_n\Psi_n(x)\Phi_0(y)\Rightarrow\{\Psi_{n'}\Phi_{n'}\}$$

这样，在每次测量中，微观客体总是由其初始关于本征矢的叠加态 Ψ_0 突变为其中某一个本征态 $\Psi_{n'}$，即

$$\Psi_0(x)=\sum_n c_n\Psi_n(x)\xrightarrow{\text{突变}}\Psi_{n'}\text{。}$$

波包塌缩形象地刻画了测量前后系统状态不连续、非因果的变化，使得“测量”成为微观世界独有的、难以理解的而又神秘的物理现象。

波包塌缩从提出之日起，就不断受到猛烈的抨击，最刻薄的挑战就是大家熟知的“薛定谔的猫”和“魏格纳朋友悖论”。1952 年，美国著名物理学家玻姆提出隐变量理论，这是消除波包塌缩的最早尝试；其后又有埃弗雷特的多世界解释。除此之外，还有许多科学家也在不懈地努力并提出各自的观点。可惜的是，这些解释都不能很好地解决测量难题，总是在某一方面解释得更好的时候，在其他方面却显得更加薄弱。

1972 年，范·弗拉森从一个全新的即模态解释的角度尝试消除波包

塌缩。“模态解释”（modal interpretation）一词，在产生之初仅仅指一个单一的解释，即范·弗拉森的解释。现在这个词涵盖了一大类的解释，用来指代分析量子力学结构（包括概念和数学）的方法。

20 世纪 80 年代，比范·弗拉森持更强实在论观念的其他哲学家发现，范·弗拉森的方法能用来处理其他的哲学问题。这就促进了著名的 KDH（Kochen-Dieks-Healey）理论的诞生，该理论已经将模态解释从哲学的思考提升到了物理学理论的高度，而且该理论日臻成熟。

20 世纪 90 年代初期，模态解释的发展获得了更大的动力，它使这种解释面对更广泛的读者，且使它更容易被接受，一大批研究者开始在这个领域内工作。与此同时，科学家在回答关于这种解释描述世界的物理方法和理论问题上遇到了挑战。这就促使了许多结果的形成，如描述特性的数学结构、这些特性的力学体系和相关性、模态解释描述测量的方法、一个人如何从哲学和物理学方面促动模态解释等。

20 世纪 90 年代中期，有人发现模态解释越来越缺乏直接的物理动机。1995 年，克林夫顿（Rob Clifton）发表《Kochen-Dieks 模态解释的独立动机》，其后一系列相关的文章接踵而至。Bub、Goldstein 等围绕该问题提出了模态解释的新版本。

20 世纪 90 年代后期，范·弗拉森量子力学解释理论的核心思想已由一大批物理学家和物理学哲学家发展成一个较为稳定的学派思想，其中由荷兰国家物理学会等研究机构于 1996 年 6 月在荷兰乌特勒支大学组织召开的首届模态解释国际会议可看作是第一个研究高潮。自 1990 年以来，模态解释学者们已相继在《物理学评论》（*Physics Review*）等权威物理杂志和《科学哲学》（*Philosophy of Science*）等权威科学哲学杂志上发表了百余篇相关论文，并有数本相关专著被收入“波士顿丛书”（*Boston Studies*）等著名学术论丛。在近年来出版的全面介绍量子力学基础研究或量子力学解释的主要著作中，一些物理学家也已开始将模态解释与正统解释、隐变量解释、多世界解释等主要量子测量解释相提并论。

模态解释已经发展为非常成熟的理论，成为量子力学解释的一个最好的方向。在这一解释中，物理学本质和哲学内涵相一致，这种一致性是多年来科学家和哲学家共同追求的。而且，它的理论框架确定性地描述了物理世界，是任何一种解释理论不曾完成的事情。

二、模态解释的思想内核

模态解释从量子力学的基本原理出发，分两步建构其基本框架以避免测量诘难。

第一步，区别微观系统的态的性质。模态解释从量子力学的根基入手，在量子力学的基本体系中严格区分了在测量中扮演不同角色的量子态。

（1）微观系统 X 在时刻 t 处于态 S，称系统 X 有态 S：$X \to S_t$；

（2）微观系统 X 的某一可观察量 B 在时刻 t 有值 b：$X \to B_t=b$。

前者描述的是系统 X 在时刻 t 的存在形态，它是客观实在的，无论测量与否，该属性都按照薛定谔方程决定性地演化，它强调系统本身如何发展与作用；后者描述的是系统 X 的某一可测量量在时刻 t 所预设的值，它强调系统的可测量量是否存在值和值是多少。前者被称为理论态（theoretical state），用 T_S 表示；后者被称为事件态（state of affairs），用 S_{OA} 表示。由于发展的历史较短，二者的称谓还不统一，范・弗拉森将它们分别称作动力学态（dynamic state）和值态（value state）；Dieks 将它们分别称作数学态（mathematical state）和物理态（physical state）；此外还有许多说法。在各种模态解释的变体中，严格区分微观系统量子态的两种属性是建构模态解释所必需的，也是最基础的。

理论态和事件态相互区别又相互联系。首先，理论态是事件态的本体论基础。理论态为事件态提供了一个平台，理论态实实在在地刻画了微观系统的本质和结构演化。其次，事件态是架构微观系统与宏观主体之间的桥梁。它将微观系统少数的可测量的值揭露出来，使得理论态更加有价值，它是理论态的表现或一面镜子。最后，测量是一个相互作用，测量结果的预言属于理论态的任务，理论态的概念具有优先性，事件态的概念具有滞后性。

事件态又分两种。量子力学基本理论指出，量子力学的态是由一组本征态叠加而成的，每一种本征态的出现都是“可能的”，而每一个本征态都对应于一个确定的值，被称为“可能事件态”（possible S_{OA}）；而测量的结果只能是该组本征态中任何一个本征态所对应的本征值，该本征态的出现是“一定的”，具有唯一性，被称为“实际事件态”（actual S_{OA}）。经过测量，微观系统的态由多元“突变”到唯一，这一事实告诫了科学家理论与经验之间存在着一道鸿沟，科学家就用“波包塌缩”“隐变量”“多世界”等来架起跨越这道鸿沟的桥梁，而模态解释利用模态逻辑的推理完成这项任务。

第二步，“测量”是从理论到经验的过渡，也是从可能事件态到实际事件态的过渡。“测量”过程是不可逆的、斩断相干性的、非定域性的，“这是一个深邃的人类尚未了解的未知过程”[①]。这个过程是非连续性和随机的，它不能用经典逻辑、数理逻辑来进行推理，历史上的“波包塌缩”“投影假设”“隐变量”“多世界”等理论对该突变的解释也是勉强和蹩脚的。然而，模态逻辑在明确区分两种态的基础上，合理地引进了模态逻辑方法，很好地解决了这个难题。

根据量子力学理论，微观系统的量子态是由一系列本征态叠加而成的。如果量子态正好处于其中的一个本征态，那么测量的结果肯定是一个稳定的值，即该本征态的本征值；如果量子态不处于其中的任何一个本征态，那么测量的结果是不稳定的，但是本征值出现的概率是确定的。从多种“可能”怎么就变成一种“实在”了呢？原来的量子理论对此是无法解释的，但是用模态逻辑来分析却是很自然的。我们举个例子来说明：

$P1$ 量子态$|\Psi\rangle$可能处于$|\Psi_1\rangle$；

$P2$ 量子态$|\Psi\rangle$必然处于$|\Psi_1\rangle$；

$P3$ 量子态$|\Psi\rangle$处于$|\Psi_1\rangle$。

$P1$ 和 $P2$ 是模态命题，$P3$ 是非模态命题；更具体点说，$P1$ 是可能

① 张永德. 量子信息论——物理原理和某些进展. 武汉：华中师范大学出版社，2002：26-27.

命题，$P2$ 是必然命题，而 $P3$ 是实然命题。三者之间存在一定的关系：$P1= \Diamond P3$，$P2= \Box P3$。

根据模态六角图所揭示的命题之间的对当关系，运用如下推理形式：

有效式：$\Box P \rightarrow P$；$P \rightarrow \Diamond P$；$\Box P \rightarrow \Diamond P$

非有效但满足式：$\Diamond P \rightarrow P$；$P \rightarrow \Box P$

则有有效式 $P3 \rightarrow P1$ 和 $P2 \rightarrow P1$；非有效但满足式 $P1 \rightarrow P3$

通俗一点讲，逆着时间演变，当我们看到测量结果（实然命题）而“回溯”测量前理论所预言的多种可能（可能命题）时，整个分析是逻辑推演的必然结果。反过来，顺着时间演变，根据测量前理论所预言的多种可能（可能命题），跟踪下一步测量结果（实然命题），这是非有效的；但是，我们可以说，从某一种可能到某一个结果是可以满足的。所以，从“可能的”理论到“实然的”事实证明只可满足，而非永远有效，事实证明也就是如此。

概括地说，测量是一种模态演化。理论态的演化与测量无关，永远遵循薛定谔方程，而且是符合模态逻辑规则的。这样一来，模态解释就消解了冯·诺依曼的解释规则和投影假设，并且预言了原来量子力学所预言的一切。在冯·诺依曼解释中仅有一种态的两种变化，在模态解释中有相应的两种态的变化。模态解释中的第一种态（即理论态）的演化与冯·诺依曼解释中的态的第一种演化完全相同，即按薛定谔方程决定性地演化；冯·诺依曼解释中的态的第二种非决定性的非因果突变，在模态解释中是不需要的。我们从测量结果的仪器指针所显示的确定值，可运用模态关系回溯到理论态的可能值。理论态自身在整个测量进程中始终没有发生塌缩，模态解释以这种方式描述了所有时间内系统的性质，而无论是否作了一次测量。模态解释由此对量子测量做出了逻辑一致性的解释。

所以，可以这样定义模态解释[①]：

一个理论的解释是模态解释，当且仅当：①一个或更多“可能事件

① Vermmas P E. A Philosopher's Understanding of Quantum Mechanics：Possibilities and Impossibilities of Modal Interpretation of Quantum Mechanics. Cambridge：Cambridge University Press，1999：26.

态”解释一个系统的理论态 T_S，人们从这些可能事件态描述“实际事件态”；②若系统的理论态 T_S 不唯一地决定实际事件的态 S_{OA}（即如果 T_S 用两个或更多不同“可能事件态”来解释），则该系统应有一个更精确的理论态 $T_{S'}$ 可唯一地决定事件的真实态 S_{OA}。

量子力学模态解释存在许多变体，按照人物来划分有范·弗拉森的模态解释、Kochen-Dieks-Dickson 的模态解释、Bohm-Bub 的模态解释、Clifton 的模态解释、Bacciagaluppi-Hemmo 的模态解释等，按照主题来划分有事件模态解释（MI of Events）、概率模态解释（MI of Probability）、频率模态解释（MI of Frequency）等，按照方法来划分有范·弗拉森的哥本哈根模态解释、双正交分解模态解释（the bi modal interpretation）、谱分解模态解释（the spectral modal interpretation）、基元式模态解释（the atomic modal interpretation）、恒定式模态解释（the fixed modal interpretation）等。

三、模态解释的方法论意义

模态解释是一股新生的力量，“直接针对的是物理哲学家而不是物理学家，在这种意义上讲，模态解释是真正的哲学家对量子力学的理解”①。所以从物理学哲学的角度来看，该解释所采用的方法具有非常重要的意义。

第一，引入模态逻辑的语义学分析方法，是对量子力学语言分析上的一次突破。

现代模态逻辑的创始人是美国的逻辑学家刘易斯（C. I. Lewis）。自 1914 年刘易斯提出严格蕴含的命题演算以来，现代模态逻辑的发展已经历了三个阶段。第一阶段（19 世纪末至 20 世纪 30 年代），刘易斯等人提出了模态命题逻辑的种种理论根据。在第二阶段（20 世纪 30 ～ 40 年代）中，卡尔纳普（R.Carnap）等建立了模态谓词演算，在这一阶段模态逻

① Vermmas P E. A Philosopher's Understanding of Quantum Mechanics: Possibilities and Impossibilities of Modal Interpretation of Quantum Mechanics. Cambridge: Cambridge University Press, 1999: ix.

辑也不断地受到批评，最著名的批评家就是奎因。如果说前两个阶段是模态逻辑的语形发展阶段的话，第三阶段（从 20 世纪 50 年代起）则是确立模态逻辑的语义理论阶段，其中克里普克（S. Kripke）的可能世界语义理论较为流行。这种语义理论移植到量子力学，显示出模态逻辑不凡的解释力。

奎因曾认为，一个科学理论的整体结构除了狭义科学理论中的数学陈述、物理学陈述和经验陈述外，还应包括逻辑陈述与哲学陈述（即形而上学陈述）。在整体结构中，不仅每个层次的陈述内部要有逻辑上的自洽，而且在不同层次的陈述之间也必须协调。以往任何量子力学理论都在这五个方面遇到诘难，而范·弗拉森综合了多人的理论精髓以满足这几点要求。

范·弗拉森坚持微观系统始终按薛定谔方程决定性地演化（无论是否作了测量），遵循冯·诺依曼的主要数学处理方法，以新的理论假设给予量子测量以一般物理相互作用的解释，满足科学理论整体结构的数学陈述和物理学陈述。同时，范·弗拉森恰当运用模态逻辑和量子逻辑的主要成果，弥补了哥本哈根解释中不确定度关系物理诠释与互补性哲学解释之间从物理学陈述层次跳过逻辑陈述层次而直达形而上学层次的不协调。[①] 最后，在语义学分析方法的基础上，充分挖掘量子力学的形而上学基础和经验陈述的契机，以完成科学理论整体结构的建构，并恢复了原有量子力学所预言的一切。

模态解释从逻辑分析找到突破口，又从逻辑上去弥补量子力学的不足。更值得注意的是，它能够将量子力学和逻辑学、语义学三者结合在一起，这是量子力学语言分析方法的一次重大突破。

第二，模态解释构建特殊的语境，为模态逻辑语义分析方法的应用提供了平台和坚实的基础。

现实生活中的一切现象和自然界中的万事万物时时刻刻处于一种状态，每一种状态都可以表达成一种模态命题，同时每一种模态又都处于

---

① 万小龙. 范·弗拉森的量子力学哲学研究. 武汉大学博士学位论文，2002.

一定的语境当中。因此，语境是普遍存在的，任何模态都概莫能外地以一定的语境为其条件。但是，语境在科学解释活动中所起的重要作用，依赖于语境的特有功能，而这些功能又主要取决于解释语境的宏观与微观结构。将模态逻辑的语义分析方法移植到量子力学之后，首先要在模态逻辑的语境下理解和解读量子力学，所以说，量子力学的模态逻辑语境为量子力学的语义分析提供了一个平台和基础。这是该语境建构的第一个层面。

模态解释中定义，从初态到终态变化的过程称为一个事件（affair），事件所处的状态称为物理情态（situation），一个完整的物理情态包括被测系统和环境两部分。这里的初态包括位于态 W 的量子系统和拥有确定特性 In 的环境（包括处于基态的、在测量相互作用之前的仪器，其读数指针位于 0 位置），终态包括位于态 W 的系统和拥有确定特性 Out 的环境（包括测量相互作用后的仪器，其读数指针位于 1 位置）。

所以，一个完整的测量过程可以这样来表示：

$$\text{In}，\text{W} \rightarrow \text{W}',\text{Out}$$

这里的 In、Out 正是初始语境和最终语境的体现，在这里模态解释特别突出地强调了测量过程中前后语境的地位。在这里模态解释的语境得到一次凸显，使得语境在模态解释的理论中具有本体论的地位。这是语境建构的第二个层面。

事件发展的前后所处的状态是语境化的，而整个过程的发展是伴随语境转换的。从定义可以看出，在模态解释中，存在着“必然”到“实然”的语境转化。概言之，可能性具有概然性的含义，可能性的程度表示就是概率；必然性具有确定性的含义，但是含有“必然”的模态命题是一种推理，而非事实；含有“实然”的模态命题是事实的表达，表示真实发生。哥本哈根解释并没有对微观系统从耦合态到系统的测量结果做出正面说明，而量子力学模态解释正是运用了这种模态关系克服了以往解释在逻辑上的跳跃，完成了从“必然”的模态语境到“实然”的模态语境的转换，回答了测量过程中潜在趋势转化为现实事件的原因和理由。这样，语境就从测量前以理论态为核心的初始语境转换到以事件态为核心的最终语境。这是语境建构的第三个层面。

然而，我们绝对不能认为这种语境转换如同多世界解释中不同“世界”间的跳跃。多世界解释将世界分成许多真实的世界分支，每一个分支均关联于这些可能结果之一。作为结果，非决定论仅是表象：实在并不是在可替代的诸世界中作选择，而是包含了它们的全部。为此埃弗雷特引入了一些很奇怪的特性，他用“相对态”思想来解释。虽然模态解释认为多世界解释是一个实在论的解释，但是它不符合解释的严格的形而上学标准。

总之，模态解释从语境建构、语境凸显、语境转换三个层面阐述理论，建立了量子力学分析方法的一个新的思路，具有重要的价值。

第三，巧妙地应用隐喻方法是模态解释的一种重要的语言分析方法。

模态解释是一种典型的非塌缩解释理论。从方法论的角度来讲，它成功的重要一点就在于更巧妙地运用了科学隐喻的分析方法。事实上，自从开普勒时代起，物理学的发展就逐渐被数学的形式化语言所支配，以保证物理洞察的精确性和可靠性。由于数学公式必须与可测量的对象相关联才能产生它的物理意义，作为一种描述语言，数学的形式体系不可避免地存在着自身的局限性。同时，数学化的语言形式与非形式化的概念结构需要提供物理意义的一致性，因此物理学对隐喻方法的引入就成为一种必然的选择。更重要的是，当物理学家们考察肉眼看不见的微观世界时，宏观世界的种种规则及原理不再适用，但是为了更好地理解，往往不得不从隐喻语言中寻求合适的描述表达法。正如海森堡所说：“当进入原子领域时，语言只能在诗学的意义上被使用。量子力学为我们提供了事实的显著的例证……尽管我们只能在图像和隐喻的意义上谈论它们。”①

隐喻既是非常丰富的，又是非常困难的语言使用。从模态解释的思维方法和特征、定义来看，模态解释自始至终渗透着浓厚的科学隐喻分析的方法。首先，模态逻辑为隐喻分析提供了非常有力的概念工具。模态解释如同其他的解释理论一样，均在希尔伯特空间定义系统的量子力学描述，系统的物理量由自伴算符 A 或密度算符 W 给定，并没有假定存

① Zdravko R. Metaphors：Figures of the Mind. Dordrecht：Kluwer Academic Publishers，1997：53.

在一个由不同于密度算符表征的更精确的态。换句话说，模态解释以量子力学标准体系为理论框架，没有建构过多的变量。但是，为了更好地应用模态逻辑，科学家将微观系统所处的状态统称为情态，将从初态到终态的演化称为事件，用日常生活中的概念去理解深奥的量子力学精髓。这就提供了许多有用的概念分析工具。其次，模态解释为隐喻分析提供了很好的解析结构。从语义学角度来讲，隐喻是连接“可能世界”和“现实世界”的纽带[①]。在我们测量之前，微观系统的量子态存在多种可能的状态，而且我们永远都不可能准确地知道，只能够计算或测量出该量子态的不同存在状态的概率。在测量之后，量子态就由不可精确知道的“可能世界”跳跃到了我们的“现实世界”之中，我们得到一组测量结果，该结果告诉我们测量后量子态所处的状态。所以，模态解释理论结构本身就为隐喻分析提供了很好的解析空间。最后，模态解释的语境整体性为隐喻分析提供了很好的平台。隐喻是离不开语境而存在的，正是特定语境中语形构造、语义映射、语用选择的统一，决定了相关隐喻的生成及其本质意义，所以说，一个隐喻的有意义的实现是通过相关语境的选择性和规定性所保证的。然而，模态解释又是在模态语境中生成和发展的。既然隐喻离不开语境而存在，模态解释的思维方法是语境凸显和语境转换的本质体现，那么模态解释的隐喻思维必然伴随着语境的变换而转化。语境无形之中为隐喻分析奠定了基础。

概言之，“从本质上讲，隐喻的生成是语境的功能，隐喻的转化是语境的交换，隐喻的更迭是‘再语境化’的结果”[②]。英国科学哲学家玛丽·海西（Mary Hesse）的“一切语言都是隐喻性的”著名论点在量子力学模态解释中得到了更有力的体现。

模态解释中语义学的移植、语境分析方法的应用、隐喻的巧妙介入都是未来科学哲学发展的很好方向。模态解释在30年的发展历程中，将哲学家和物理学家融为一体，将物理方法和哲学思维合流，这也是未来科学发展的一个途径。

---

① 安军 . 隐喻的语境分析与科学解释 . 山西大学硕士学位论文，2003：24.

② 郭贵春 . 科学隐喻的方法论意义 . 中国社会科学，2004，2：92.

物理学中离散性思想的发展和统一*

物质基本形态和结构的连续性与离散性问题，是一个从古希腊以来就争论不休的问题。近代物理理论以原子论作为基础，认为一切物质都是由少数基本单位（最初的原子）组成的，坚持了物质是一种离散集合体的思想。虽然物理学的发展使得这种思想面临一次又一次的挑战，但是离散性思想并没有因此而褪色。相反，科学发展的要求使之一步步深入，由物质到光再到时空，虽然在这个过程中它的形式不断变化，但是究其本质却是不变的。在物理学寻找统一的过程中，离散性思想与连续性思想也在逐步得到统一。

一、近代科学中的原子论——物质和光的离散性

大约公元前500年，古希腊的德谟克利特提出了原子论，认为在宇

* 本文发表于《山西大学学报》2004年第6期，作者郭贵春、程瑞。

宙中归根结底只存在虚空和不可分割的原子。这是物质离散性思想的起源，它强调了物质的离散性，即有一个最小的、不可再分的物质结构单元。但原子论只是一种朴素的直观臆想，没有任何实验依据，在历史上形形色色的流派中，它并没有占主要的地位，直到波义耳提出了他的粒子哲学，使 17 世纪后半期成为了粒子论的全盛时期。波义耳的粒子哲学是德谟克利特原子论的发展，继承了物质离散性的思想。而这种思想连同当时笛卡儿建立的机械论自然观被牛顿所继承，把微粒作为物质的基元并且引入了力学原理来解释它们的运动，建立了近代物理学。从此粒子论的自然观在牛顿的名义下被广泛地接受并成为近代物理学的基本假设。①

牛顿把离散性的思想延伸到了光学，但其经验基础并不充分。18 世纪光被设想成为是由微粒子构成的一种流体物质，牛顿提倡的微粒说占据着统治地位。而到 19 世纪波动说的迅速复活和发展使离散性思想在光学研究中遇到了严峻的挑战。而且麦克斯韦电磁场理论建立以后，更多的光学现象是用连续电磁场的波动来解释的。由于当时理论水平和实验条件的限制，没有人能真正认识到光的本性是离散的还是连续的，粒子说和波动说的争论一直延续到 20 世纪初。

近代实验物理的确立使人们有可能通过实验去验证假设，于是便有了原子论的复活，使之成为近代物理学的最基本的假设。但在光学的研究中，粒子说遇到的困难在当时无论从理论上还是从实验上都是无法解决的，离散性和连续性的冲突表现在对光的本质的争议上。20 世纪初理论和实验条件的发展才使问题得以解决。

推翻光的连续性理论的是普朗克的量子理论和爱因斯坦的光电效应。1900 年普朗克提出能量子假说，认为能量是不连续的。1905 年，爱因斯坦发展了普朗克的思想，把光看成粒子那样穿过空间的能量子，提出了光量子假说。光量子假说提出了光波的原子性，似乎在新的条件下回到了光的微粒说。但光量子学说不能也没有完全代替光的电磁波学说，光量子公式实际上把两者联系起来了。② 光不仅具有波动性，而且具有粒子

① 广重彻 . 物理学史 . 李醒民译 . 北京：求实出版社，1988.

② 顾毓忠 . 现代物理学的概念革新与哲学精神 . 长春：吉林大学出版社，1990.

性，既如间断的粒子穿过空间，又如连续的场在空间传播。这样离散性思想在光学中首次得到了与连续性的统一。

而 20 世纪初量子力学的意义远不止这些，量子理论使人们明确地认识到原子并不是那种从古希腊开始就一直设想的不可再分的最小粒子，它还有精细的内部结构，是由更小的质子、中子和电子组成的。而 1924 年德布罗意物质波的概念告诉我们，这些实物粒子已经不再具有我们通常理解的经典意义，因为它们同时又具有波动性质。至此，实物粒子的本性与光的本性得到了统一，即都具有波粒二象性，都同时具有离散性和连续性。而这就成为离散性思想和连续性思想的第二次统一。

而这一阶段的离散性思想相对于古希腊而言已经有了新的物理含义：脱离了直观猜测，变成了实验确证的结果。而它也不像古希腊原子论一样是以一种绝对离散的形式出现的，它是以一种连续性统一的形式出现的。

现代粒子物理学的发展表明，质子和中子也都不是基本的，它们是由夸克组成的。而且高能物理实验使人们又发现了大量的基本粒子。而这又引导人们去追求新的物质基元，并提出一系列问题：到底存在不存在最小的粒子？夸克是否是禁闭的？物质结构的最小基元到底是什么？物质是否是无限可分的？针对这一点，我们指出，现在我们理论的基础仍然是两千多年以前原子论的猜测，现在我们仍然认为最基本的物质单元是离散的，尽管那些最基本的物质单元已经经历了无数认识的转变。

二、量子力学和量子场论——时空离散性思想的提出

20 世纪量子力学的发现深入微观领域，使人们的认识发生了翻天覆地的变化。而在量子力学的研究和发展过程中，离散性思想又一次出现在理论之中。这是继物质和光以后，离散性思想第三次在科学发展的历史之中得到深入，而这一次要被离散的是时空。时空离散性的思想在 20 世纪的科学文献中已不止一次地出现。在量子理论中，世界时空的普适性描述遇到了困难，时空的离散性思想被提了出来。

早在 20 世纪 30 年代，海森堡的测不准原理就暗示了量子粒子没有三维欧氏空间中那种通常的轨道运动，而是以复杂得多的形式运动着。对量子粒子的特征不容许以空间和时间对原子结构进行简单的客观描述。针对海森堡的测不准原理，爱因斯坦曾指出，也许海森堡测不准原理的成功表明了一种对自然的纯代数方法的描述，也就是说，表明物理学连续方程被消除了。然而，这样我们必须从基本信念上放弃时空的连续性。而海森堡本人指出，通过寻找越来越小的物质单位，我们的确碰上一个点，在这一点上，分割是没有意义的。他提出："至少三个基本单位是必要的，光速和普朗克作用量只提供了这些单位中的两个，必定有第三个普适量，并且只有包含这第三个单位的理论才能确定基本粒子的质量和其他性质，从我们现有的关于基本粒子的知识加以判断，引入这第三个普适量的最适宜方法或许是假设一个普遍长度，其真值大约为 10^{-13} 厘米，即比氢原子半径稍小一些。"[①]也就是说，他认为物理学必须有一个基础的尺度范围，它和普朗克作用量、光速一起使物质质量和其他性质的确定成为可能。现在我们知道，这个基础的尺度范围为普朗克尺度，约 10^{-33} 厘米。

我们知道物质世界存在四种基本相互作用，即强、弱、电磁和引力相互作用。在经典理论中，"力"是通过"场"传递的。现代物理学的研究深入微观和高能领域，要求我们必须建立起场的量子理论，即量子场论。在量子场论发现了紫外发散的困难以后，物理学家更相信存在小尺度的时空结构，即时空是离散的。通常人们把基本粒子看作是没有大小的几何点，这是合乎相对论要求的。而这直接导致了量子场论中高阶费曼图中存在的无穷大（即发散）。研究表明，在对物理的量子论模型进行微扰论的计算时都会出现无穷大。针对这个问题采用了重整化方案，而在重整化方案的实施过程中要引入一个"截断"，既假设动量的最大取值有一个有限的 λ，这对应着一个极小却有限的波长，正是这种规制化方案使人们更加确信，在极高能领域，可能存在小尺度的时空结构。

---

① 海森堡．物理学与哲学．范岱年译．北京：科学出版社，1974.

1947 年，施耐德讨论过时空的量子化问题，试图通过把时空作为非对易算符处理来量子化时空。这些算符拥有分离的本征值谱，因此就导致了时空的离散结构的解释。现在人们又从量子群的角度讨论时空量子化问题，量子群的代数满足非对易微分几何，这使得人们对于它可能会在微观物理的描述方面有所作为而寄予了很大的希望。

量子场论中另一种提供小距离截断的方法是格点规范理论，1974 年由威尔逊提出。所谓格点规范理论就是将连续时空简化为分离的格子，在其上建立规范场论。格点化是一种数学上的技巧，它提供了一种自然的截断，从而使得连续时空中一般的量子场论所固有的紫外发散不再出现。在格子无穷细密的极限下可以得到连续时空的理论。

量子场论所采用的各种处理问题的办法都得出了时空离散性的结论，而这种离散性已经不同于古希腊的原子论，因为它只是一种朴素的猜测；也不同于光和实物粒子的波粒二象性，是作为一种物理学基本假设提出而后又被实验严格验证的。时空离散性可以说是理论自身发展提出的要求，是解决量子场论发散困难的必然结果。而且时空的小尺度结构属于极高能领域范围，无法得到实验的检验。离散性思想发展到此，其本质并没有改变，仍然承认物质的最小结构单元，但超越了物质和光的层次，更加深入，其形式也有所不同。它是作为理论的发展给人们带来的一种启示出现的，当人们接受了这种启示以后，思维逐渐摆脱了连续时空的束缚，开始寻求各种方法去运用和完善这种离散性的思想，以促进理论的进一步发展。而且人们在追求这样一种离散性思想的时候开始逐渐脱离实验，更多地进入数学研究方法的领域。离散性思想更多地在数学研究的技巧中体现出来。

三、量子引力理论——时空离散性思想的进一步确立

物理学家一直认为自然界的四种基本作用力可以容纳在一个统一的理论之中。而成功地统一了强、电磁和弱相互作用以后，人们却发现，描述引力相互作用的量子引力理论无法重整化。这是当今物理世界所面

临的一个主要困难。从另外一个角度说，这样的一个困难等价于怎样将量子力学与描述引力场的广义相对论协调统一起来。量子引力的发展几经曲折，而我们从最终取得优势的理论来看时，却又一次发现了离散性思想的光芒——时空离散性成为理论成功的根源之一。

广义相对论和量子力学是20世纪物理学的两大支柱，分别作为独立的理论来说，它们在各自的领域内经受了无数的实验检验。运用这两种理论，我们能够很好地预言发生在原子、亚原子领域乃至星系和星系团尺度的物理现象，甚至还可以认识整个宇宙的结构。但是一些极端的情况下，物质质量极大而尺度极小，如研究黑洞中心和大爆炸时刻的宇宙时，就要把二者结合起来。而且从广义相对论的理论本身来看，量子引力也是将广义相对论统一协调起来的必然要求。广义相对论中引力场方程的左边是描述时空的爱因斯坦张量，而右边是物质的能动张量，将时空的弯曲程度归结为里面的物质分布。这是一个经典意义上的方程。而如果考虑量子效应，我们知道物质场都是量子化了的，从而方程右边的物质能动张量将不再是经典的量，而应该被量子化而成为算符。相应地，我们不得不考虑将方程左边描述时空的量同时量子化，即要求时空是离散的。

常规的引力量子化的最直接方法是运用微扰的量子场论。这对量子电动力学来说曾经是非常成功的，但对引力来说，旧的重整化的问题又出现了，最终认为理论是不可重整化的。在引力量子化过程中曾经尝试过很多方法，但无论哪一种都表明长度和时空的普朗克单位限定了一个最小尺度。而确实，如果把海森堡的测不准原理运用于爱因斯坦引力的质量场，将会妨碍测量。

这是否也意味着时空在这样的尺度下是离散的，在单位体积内有有限的自由度？从弦理论和圈量子引力所得到的结果确实表明了这一点。弦理论和圈量子引力是现在量子引力理论中最成功的两种方案。

超弦理论被许多物理学家称为终极理论。它的目标是统一自然界所有的相互作用。超弦理论认为物质的超微观组成不再是没有大小的点粒子，而是有长度的一段开弦或一个闭弦。弦的长度非常小，只有 10^{-33} 厘米，属于普朗克尺度。弦的不同振动方式对应于不同的粒子态。超弦理论的最大特点是，时空坐标是以场量的形式出现的，而不像一般的场论中时空坐标是参数空间。在广义相对论中没有量子化问题，无论场量还是参数空间都是经典的，而超弦的量子化就是说，场量（时空坐标）被解释为态空间的算符。超弦理论中的空间和时间的不确定关系可以给出某种非对易空间时间结构的存在，理论中时空坐标的非对易关系正是时空量子化的数学表示，也就是说时空是离散的而非连续的。人们猜测超弦理论中的非对易几何给出了关于空间时间量子化的重要启示。①

而圈量子引力也不同于传统的量子引力方案，传统方案的共同特点是继承了经典广义相对论本身的表述方式，以度规场作为基本场量。圈量子引力完全避免使用度规场，从而也不再引进所谓的背景度规，因此被称为一种背景无关的量子引力理论。在这样的理论中，经典的背景度规不应该有独立的存在，而只能作为量子场的期待值出现。圈量子引力理论有两个最重要的物理结果：一个是在普朗克尺度上的空间量子化，另一个是对黑洞熵的计算。在量子引力化过程中，连续的时空背景看来是不合适的。1971 年，罗杰·彭罗斯首先提出了一个具体的离散时空模型，称为自旋网络，1994 年人们研究了圈量子引力中面积与体积算符的本征值，结果发现这些本征值都是离散的，它们对应的本征态和彭罗斯的自旋网络存在着密切的对应关系，而且得到了迄今有关普朗克尺度的物理学最具体的理论结果。对圈量子引力与物质场耦合体系的研究显示，具有空间量子化特征的圈量子引力确实极有可能消除普通场论中的发散困难。②

超弦理论和圈量子引力的结果进一步增强了人们对时空离散性的信念。

现代物理学发展到量子引力，理论水平已经远远超过了实验所能及的范围。今天的理论物理学依然充满了挑战，但是与近代物理学相比，

---

① 薛晓舟．论 21 世纪空间时间观念的量子革命．河南师范大学学报（自然科学版），2001，29（1）：38.

② 卢昌海．追寻引力的量子理论．三思科学，2003 年夏季合刊 .http：//www.oursci.org/magazine/2003 03/030315.htm.

今天理论物理的挑战和发展更多地来自理论自身的要求，来自物理学追求完美和统一的不懈努力。虽然真实的物理学图景离我们可能还很远，但物理学一直在努力朝着这个方面发展。物理学的目的在于构造最大限度的探索接近物理实在的真理性的可解的理论。① 在现代的物理学中，事实和假设依然还是理论的重要依据，但是明显的一点是物理学更加依赖于数学。流形、拓扑、微分几何等在物理学中已经成为解决问题的基本工具，而一些物理理论的产生往往会来自对一些数学结果的解释。这些特点在量子引力理论中已经明显地显示了出来——超弦理论和圈量子引力中的离散时空就是一个很好的例子。而此时，离散性思想又以一种不同的方式展现在世人面前。它的起点较高，是基于以往所有离散性思想成果之上的一次飞跃。与以往相比，这种离散性思想更多地来自理论求解过程中提出的要求，更多地成为物理学家对复杂的物理模型所采取的数学方法的结果的解释，更强地体现了现代物理学模型化、数学化、算符化的特点。虽说这些物理模型还有待人们进一步讨论和验证，但不言而喻，无论哪一种模型最终获得成功，离散性思想都会是其必然的结果之一。

四、黑洞热力学——证明离散性思想的几个暗示

量子引力的研究范围是无法用实验进行检验的，但是可以间接得到其他理论的支持。迄今对量子引力理论最具体最直接的“理论证据”来自 20 世纪 70 年代初开始的对黑洞热力学的研究。我们知道，黑洞是广义相对论最重要的预言结果之一，是经典理论的成果。广义相对论著名的“黑洞无毛定理”表明，黑洞内部的性质由其质量、电荷和角动量三个宏观参数完全表示，不存在所谓的微观状态。而贝肯斯坦和霍金对黑洞热力学的研究结果却是达到了普朗克尺度下离散性的最引人注目的证据。

1972 年，贝肯斯坦受黑洞热力学与经典力学之间的相似性启发，提

① 郭贵春. 当代科学实在论. 北京：科学出版社，1991.

出了黑洞熵的概念并估算出黑洞的熵正比于其视界面积。稍后霍金发现了著名的霍金辐射。霍金辐射的产生建立在一门半经典半量子的学科之上，即用广义相对论时空为背景的半经典近似方法研究了黑洞视界附近的量子过程。他发现在考虑了量子场论的效应之后，黑洞不再是“绝对黑”的了，它们通过量子力学中的“隧道效应”向外界进行热辐射，从而表明黑洞真的有物理温度，有熵。由此出发，霍金也推导出了贝肯斯坦的黑洞熵公式，并确定了比例系数。这就是所谓的贝肯斯坦－霍金公式：

$$S = k\ (A/L_p^2)\ /4$$

其中，k 为玻尔兹曼常数，它是熵的微观单位；A 为黑洞视界面积；L_p 为普朗克长度。

我们从普通的统计力学可知，任何宏观的熵，都有它的微观的统计解释，它是一个衡量系统的微观自由度的多少的量。但是在半经典近似范围内，只有物质场是量子化了的，而时空背景却依然是经典的，所以无法做到从统计学的角度来理解黑洞熵产生的根源。要理解黑洞的熵，必须进一步理解时空本身的微观自由度，即要探索时空的微观结构。这是半经典方法的局限性，却正是量子引力所要解决的一个中心问题。在这个问题上，我们上面介绍过，超弦理论和非微扰量子引力理论已经取得了突破性的进展。也正因此，它们才得以被物理学界所接受。

黑洞热力学的另一个问题是黑洞信息丧失悖论。黑洞信息丧失悖论是说一个系统的熵可以与描述它所需的信息总量联系起来，当物质被抛入黑洞时它们所携带的信息对于外界观察是隐藏的，因为没有信息可以从内部逃逸。而黑洞在霍金辐射下最终会蒸发，如果黑洞蒸发掉了，这些信息最终就会消失，这与热力学原理相抵触。关于黑洞信息丧失悖论的解决方案大致有如下几种：①丢失的信息逃逸进入其他宇宙；②黑洞的蒸发最后会停止下来，遗留下的残余物中包含了信息；③任何空间区域所包含的信息总量都有一个严格的限制以确保进入黑洞的信息不会超过它的熵代表的总量①。

第一种解决方案暗示着量子相干性的丧失，我们将不得不完全改变量子力学的原理来对应于这种方法；第二种方案似乎暗示着黑洞必须有无限小的量子数；对于第三种方案，如果信息的总量是限定的，那么一个量子引力场论的自由度也一定是有限的。受此鼓舞，特霍夫特（Gerard' t Hooft）、苏斯坎特等提出物理学的原理从一个定义在时空表面而不是穿越时空的离散场论的角度去描述。特霍夫特坚持这种熵和信息的有限性是时空离散的证据。特霍夫特说过："如果对最终的小东西的探索达到了一个终点的话，那就是达到的最小客体：一个迷你小黑洞。在那里，空间和时间丧失了它们的通常意义。"②在此他所指的"迷你小黑洞"，即是普朗克尺度的黑洞。

虽然现在理论的发展已经远远超过了实验所能及的范围，但是有物理学家认为从黑洞热力学出发我们也可以讨论量子引力和小尺度时空结构的实验前景。1967～1973年高能物理实验已经向理论所提出的那样大部分地证明了标准模型的正确性，而现在理论要求的能量已经远远超过了目前的加速技术，在量子引力研究中进行实验的可能性是微乎其微的，但量子引力总会有低能的结果，将来也许可以达到这个水平。

五、最终的统一

量子场论是物理学家们寻求统一之梦的尝试，可是从一开始，它就诞生于无穷大的困惑之中。运用微扰近似的方法，最终标准模型获得了成功，达到了与实验结果惊人的吻合。但是在量子引力中，又出现了无法解决的发散，并且微扰论的方法已经不再能解决问题，理论不可重整化。这促使物理学家们不得不去思考，结论是，经典理论和量子理论在

---

① Gibbs P. The Cyclotron Notebooks：The Quantum Gravity Challenge.http：//adela.karlin.mff.cuni.cz/~motl/Gibbs/qugrav.htm.

② 赫拉德·特霍夫特．寻觅基元——探索物质的终极结构．冯承天译．上海：上海科技教育出版社，2002：187.

本质上是不相容的。经典理论的连续时空观与量子理论的小尺度量子涨落发生了冲突。旧的时空观已不再适用，他们面临的首要问题就是要将时空几何量子化。时空被离散了，即在很小的尺度下，时空结构存在着基本单元。确实，从理论的进展来看，有很好的理由去认为在某种意义上普朗克尺度下的时空是离散的。量子引力的理论指出有一个最小尺度为测量的极限，而且有效自由度也是有限的；在引力的正则量子化过程中，面积和体积算符都有分离的光谱；而在 2+1 维的拓扑量子力学中有着确切的晶格公式。这些都支持着时空离散的思想。

在物理学发展的同时，科学技术的整体发展也给离散时空的思想带来支持。20 世纪 70 年代，计算机日渐增强的威力似乎也鼓舞了物理学上一些关于离散性的想法。蒙特卡罗模拟方法和细胞自动化就是很好的例子。蒙特卡罗模拟方法提供了在虚拟的“晶格”上进行实验的可能性，提供了非微扰情况下对截断依赖关系进行研究的可能；而元胞自动化的简单规则定义在分立的细胞晶格上，与物理学原理有些相同之处，被特霍夫特看作是离散时空物理的一个模型。

但是针对时空离散结构也有人持怀疑态度，现在连续拓扑空间的数学显得日益重要，比如瞬子和磁单极的拓扑结果在场论和弦论中就开始起到作用了，那么它们在离散的空间中能否公式化？而霍金在《时空本性》一书中也说过：“虽然有人指出时空可能有分离的结构，我却看不见任何抛弃连续性理论的理由，它已经获得了巨大的成功。”①

关于时空的离散性和连续性问题，现在还有待科学的讨论。但是有一点是不可否认的，那就是这两种观念是在低能和高能两个不同的领域内的结果。在低能极限下，量子时空就趋近于经典时空。在这一点上，离散性和连续性就得到了统一。而吉布斯也指出，如果说（时空的）离散－连续二象性问题就像光和物质一样被解决的话，不丢弃连续性理论而求助于时空的离散结构，这样可能会使大家都满意。这个谜最可能用一个同时含有离散和连续两个方面的时空二元论来解决。

---

① 史蒂芬·霍金，罗杰·彭罗斯. 时空本性. 杜欣欣，吴忠超译. 长沙：湖南科学技术出版社，1996：2.

而从时空的本质上来看，如果说广义相对论推翻了牛顿的绝对时空观，给我们指出物质、运动、时空具有不可分离的联系的话，那么量子引力的结果则更进一步。根据量子理论，真空不是空的，它实质上是粒子的海洋，而超弦理论认为所有的粒子都是弦不同振动方式的结果。那么就连黑洞这个广义相对论时空几何的预言结果，也被认为是单个弦圈高能振动形式的一个例子。在这个意义上，黑洞和粒子之间，或者说物质和时空之间，并没有本质上的区别，是统一的。也就是说物质、光和时空的本质在离散性和连续性意义上最终是统一的。

纵观物理学的发展，从古希腊的萌芽到经典物理学的建立、相对论的提出、量子力学的建立，到寻求统一的量子场论，经历了一系列的变革。研究范围从宏观世界发展到微观世界和宇观世界，从低能发展到高能。这其中物质、时间和空间，一直是使人类困惑，又促使人类去思索的主题，而关于它们的离散性和连续性本质的问题则可以视为主题之中的主题，在历史上曾经引起无数的论战。但无论如何，在物理学的一次次峰峦叠起的变革中，物质的离散性结构一直是一个有效的假设。这种离散性思想随着物理学的发展也经历了一次次的变革，不断赋予新的意义，在不同的时代有不同的表现形式。而最终，在物理学追求统一的过程中，它也必然达到与连续思想的最后统一。

量子世界的“测量难题”*

“测量难题”已经在科学界堂而皇之地存在了快一个世纪，让无数的国内外科学家和哲学家长期为之喋喋不休并最终被它搞得不知所云。然而，“测量难题”的具体内容是什么，这些难题怎样产生和难在什么地方，很少有人做系统考证。正因如此，“测量难题”给人神秘而且很难的感觉。

本文在重新审视量子力学和量子测量理论之来龙去脉的基础上，用历史主义的观点认真考察了“测量难题”的渊源和内涵，不仅彻底揭开了它那神秘的面纱，而且为进一步的讨论这个问题明确了目标。

一、第一个难题：测量结果难题

1887 年赫兹发现了光电效应，经典物理学的所有观点（无论是波动说还是微粒说）都无法对这一新的现象给予满意的解释。光电效应第一

* 本文发表于《江西社会科学》2005 年第 2 期，作者郭贵春、贺天平。

个证明了以牛顿和麦克斯韦等人为代表的经典物理学理论并不总是那么完善。一种新的思想逐渐萌发。

这种新的思想萌芽里，有人把光的波动性和粒子性统一起来，提出光的波粒二象性的说法。在进一步的研究中，科学家把这种想法先推广到电子，后来认为这是所有基本粒子所具有的普遍性质，“在原子和亚原子范围内，粒子和波动之间的严格区别已经失去意义”[①]。这种“量子理论最有代表性的特点”[②]实质上是一种应用经典物理学概念去理解量子原理的做法，大多数科学家坚决反对这种“二元论”。所以，1923 年德布罗意解释电子时，将描述波粒二象性的态函数称为“相位波”。德布罗意相位波表明实际上只有粒子才是真实的存在，虚拟的非物理场并不携带能量和动量，它只起到引导粒子运动的作用，加载于粒子运动之中。1926 年，薛定谔在德布罗意相位波的概念基础上，建立了量子力学方程，将原来的波的含义改造为“物质波”，相应地称自己的理论为物质波理论。这两种解释本质上是微粒说和波动说的翻版，不能令人满意。

1926 年德国物理学家玻恩提出态函数的统计诠释，认为波函数 ψ 描述的是系统的概率幅。概率幅是量子力学最重要的基本概念之一，“我们讨论量子力学的观念……其他的东西……多半都是这一概念的结论”[③]。概率幅提出之后，波粒二象性的二元对立也就彻底消失了，“完全消除了这一表观上的自相矛盾”[④]。正如马格脑所说：“电子既不是粒子也不是波。”“一个电子是一件抽象的事物，它不再能使用日常经验所熟悉的样子去直觉地理解……”[⑤]

至此，量子物理学终于找到了适合于自己的独特的基本概念，从而完全摆脱了经典物理学观念的隐蔽，走上了成熟发展的道路。概率波解释虽然平息了微粒与波动表观对立的矛盾，但是它所引发的新的

① 伯朗特，塔曼 . 量子力学图解 . 陆浩聪，苏清茂译 . 北京：中国宇航出版社，1990：1.

② 玻姆 . 量子理论 . 侯德彭译 . 北京：商务印书馆，1982：138.

③ Feynman R P. Theory of Fundamental processes. Colorado：Westview Press，1961：1.

④ 费曼，希布斯 . 量子力学与路径积分 . 张邦固，韦秀清译 . 北京：科学出版社，1986：1.

⑤ Margenau H. Fundamental principles of quantum mechanics//Bates D R. Quantum Theory，Part 1：Elements. New York：Academic Press，1961：6.

矛盾将比这个矛盾更难调和。概率波解释完全决定了测量结果的性质——统计性，这就是“测量难题”的第一个难题——统计结果难题。测量结果难题成为“测量难题”最根本的问题。“薛定谔的猫”就是对这个问题的形象描述。由于统计性的结果，我们陷入猫“既死又活”的悖论。

这个难题“难”在什么地方？第一，科学家难以理解更难以回答“为什么微观世界是不确定性的”。到了 19 世纪末，经典方案取得的成就给人印象极为深刻，“所有已知的物理现象似乎都能在一个普遍的物质（也就是微粒）和辐射（也就是场）的理论中找到他们的解释”[①]。物理学家悲痛地接受概率波函数的统计本性，“梦想回到牛顿 - 麦克斯韦的经典格式……是无望了，是误入歧途和不合时宜的”[②]。但是，这种统计性背后的实在是怎么回事呢？大自然为什么会这样呢？爱因斯坦斥责说：“上帝是不会掷骰子的。”第二，对于“这种统计性是系统的统计性还是个体的统计性”这样的问题仍旧长期争论？对该问题的回答存在鲜明对立的两派。有些人认为量子力学的这种统计诠释建筑在对大量测量结果统计平均的基础之上，完全否定对单次测量做出预言，这种观点被统称为“统计解释”。玻恩一开始提出波函数的概率诠释时就抱这种观点，爱因斯坦也明确声称：“波函数所描述的无论如何不能是单个系统的状态；它所涉及的是许多个体系……”[③] 与此相反，另一些人认为概率波可以描述个别系统的状态，这种概率观点并不违背拉普拉斯经典概率论，持这种观点的被统称为“非统计解释”。以玻尔为核心的“哥本哈根学派”是这种观点的主要信徒。

总之，“测量难题”的第一个问题源于 1926 年波函数的概率诠释的提出，测量结果的统计性，也就构成了“测量难题”中最基本的问题。

---

① 梅西亚. 量子力学（第一）. 苏汝铿，唐家镛译. 北京：科学出版社，1986：4.

② M. 玻恩. 我这一代的物理学. 侯德彭等译. 北京：商务印书馆，1964：181.

③ 爱因斯坦. 爱因斯坦文集（第一卷）. 许良英等编译. 北京：商务印书馆，1976：366-367.

二、第二个难题：同时性测量难题

回到历史发展的线条继续考察。

1927 年，海森堡受爱因斯坦狭义相对论里对“同时性操作”定义的启发，用高斯型波包的例子第一个导出了“测不准原理”[①]，当时他称作“不确定关系”（uncertainty relation）。当玻尔看到海森堡的工作时，欣然同意海森堡的结论，但是不满于海森堡没有从波粒二象性着手研究。同年秋天，玻尔在科莫会议上提出互补原理，并且通过波粒二象性的论证重新导出了测不准原理。后来，海森堡用电子单缝衍射实验、自由电子、束缚电子等例子试图论证测不准原理。实际上，海森堡只是“简单枚举”了测不准原理的实例，并没有给出严格的证明。这时，量子力学的基本数学结构和物理诠释都已建立起来了，人们自然马上尝试在量子力学基本假设的基础上，给出测不准原理的严密推导。这正是解决这一问题的合适途径。

实际上，1927 年夏天，海森堡的文章刚刚发表，肯纳德（Kennard）就在一篇评述性文章里采用不确定度的定义，第一次运用量子力学的数学公设证明了对任意态函数 ψ 有 $\Delta x\Delta p_x \geqslant h/2\pi$。这就是大家公认的坐标和动量的测不准原理。

1928 年，外尔（H. Weyl）在《群论和量子力学》里，首次写进了测不准原理的内容，并在泡利的建议下，使用施瓦兹（Schwarz）不等式进行推导。[②]1929 年，罗伯斯坦（Roberston）成功地把外尔的方法运用到任意两个不对易的力学量，得出一般情况下两个力学量的测不准原理。[③]今天我们看到的实质上就是罗伯斯坦推导的改写。1930 年，密切关注事态发展的薛定谔又改进了罗伯斯坦的结果，使之具有严格的形式，终于

---

① Heisenberg W，Z. Physik，1927，43：172. 英译文见 Wingner E P. Interpretation of Quantum Mechanics// Wheder J A，Zurek W H. Quantum Theory and Measurement. Princeton：Princeton University Press，1983.

② Weyl H. The Theory of Group and Quantum Mechanics. Dover：Dover Publications，1950：393.

③ Roberston H P. Physical Review，1929，134：163.

每年翻出新花样的测不准原理的推导告一段落。

测不准原理描述的是两个不对易的力学量“同时”被测量时，不能同时精确地决定粒子的两个量。测不准原理是“量子物理学中的一个具有创新和革命性的理论，它导致了人们对一些基本的物理概念和哲学思想的认识上的改变”[①]。但是，测不准的原因是什么？这就是“测量难题”的第二个难题——同时性测量难题：我们能确定地得到什么？

当我们尝试着回答上述问题时，感觉到存在以下困难。

第一，测不准原理里的“不确定度”描写多次测量结果的统计散布，还是指单次测量结果的精确度？以哥本哈根学派为首的非统计解释认为，既然态函数可以描述单个系统的状态，那么“不确定度”就能描述单次测量的精确度。然而，早在20世纪30年代，波普尔就在《科学发现的逻辑》一书中，对这种观点提出了责难[②]。从20世纪50年代开始沿着这一方向，经过马格脑、邦格（Bange）和玻姆等的努力，对正统解释展开了全面的批评[③]，明确指出该关系只限于多次测量的统计解释。按照统计解释，态函数的模方代表多次测量中测量值出现的相对频率分布，力学量的平均值也指对处于 ψ 状态的系统进行多次测量的结果。既然量子力学基本假设原则上不包含对单次测量结果的预言，那么由这些基本假设推演出的测不准原理只能理解成对于态函数描写的量子系统进行多次测量得到的统计散布 ΔA和ΔB 的限制；在单次测量里自然没有统计散布可言。这样一来，这个问题又转移到了第一个难题。

第二，非统计解释认为，单次测量所得到的两个不确定度关系，自然要求每次都能同时测量这两个量，而测不准原理就是同时测量的不确定度的限度。相反，统计解释全然否定这种同时性测量。代表非统计解释的玻尔认为，测不准的原因在于测量过程带了不可控制的干扰：“正是由于不可忽视系统和测量器械的作用，就意味着每一次观察都将引入一

---

① 阿莱斯泰尔·雷．量子物理学：幻象还是真实．唐涛译．南京：江苏人民出版社，2000：13.

② 波普尔．科学发现的逻辑．查汝强，邱仁宗译．北京：科学出版社，1986.

③ 雅默．量子力学的哲学．秦克诚译．北京：商务印书馆，1974：24-33.

个新的不可控制的要素。”[1]这种不可控制不仅仅产生在测量仪器和测量系统之间，甚至海森堡认为观察者本身都是一个不可忽视的因素：“在原子物理学中……观测者和客体之间的相互作用会对被观测体系引起不可控制的影响……我们会发现，在很多情况下，同时测量两个不同物理量时总是存在一个不能再提高的精度下限……即所谓测不准原理……”[2]这就是典型的扰动说，但它并非无懈可击，难免会被以下问题责难：难道宏观领域的测量就没有干扰吗？既然是干扰，什么量参与了这些干扰呢？他们并不能给出令人满意的答复。相反地，而统计解释认为，每一观察量的标准差仅由态函数来决定，它们反映的只是态函数的特征，而与其他各种因素无关。

这就是“测量难题”的第二个问题，1927 年与测不准原理相伴而生。统计解释和非统计解释为此进行了永不停息的论战。

三、第三个难题：测量过程难题

我们再一次回到科学发展的历史轨道。

20 世纪 20 年代末，冯·诺依曼开始对量子力学的理论体系做出公设化的表述，后来他把这些工作总结在《量子力学的数学基础》[3]一书中，成为经典著作。他认为量子力学的形式体系可以由以下五个公设构成。

公设Ⅰ　每一系统对应有一希尔伯特空间，其矢量（态矢量、波函数）完备地描述了系统的状态。

公设Ⅱ　每个可观察量 A 唯一地对应于一个作用于希氏空间中的自伴算符。

公设Ⅲ　对于一个处于态中的系统，对可观察量 A 的一次测量结果处于 λ_1 与 λ_2 之间的概率 P_A（λ_1，λ_2）为 $|E_{\lambda_1}-E_{\lambda_2}|$，其中 E 是属于 A 的恒

① 玻尔 . 原子物理学和人类知识 . 郁韬译 . 北京：商务印书馆，1964：50.

② 海森堡 . 量子论的物理原理 . 王正行等译 . 北京：科学出版社，1983：92.

③ von Neumann J. Mathematical Foundations of Quantum Mechanics. Princeton：Princeton University Press，1955：335.

等分解。

公设Ⅳ 态矢量 ψ 的时间演化由方程 $\hat{H}\varphi = \mathrm{i}\eta \frac{\partial}{\partial t}\varphi$（哈密顿量 $\hat{H} = -\frac{\eta^2}{2m}\nabla^2 + V(r)$ 只适应非相对论性单粒子情况）决定，其中哈密尔顿量 $\hat{H}$ 是演化算符。

公设Ⅴ 若对可观察量 A 的一次测量所得的结果在 λ_1 与 λ_2 之间，则系统在紧接着测量之后的态是 $E_{\lambda_1} \sim E_{\lambda_2}$ 的一个本征函数。

公设Ⅰ和公设Ⅱ称为对应公设，它们把原始概念与数学量联系起来，前者规定了使用什么样的基本数学框架描写量子力学里的物理系统，后者规定了如何描述物理世界的一个实在量。这种对应只是一种抽象的理论命题，还没有同经验事实发生什么联系，而这种联系从公设Ⅲ才开始挂上钩。公设Ⅲ是平均值公设，假定力学量的测量值谱就是相应算符的本征值谱，说明量子力学是统计性质的，对所有的诠释问题都起着至关重要的作用。需要注意的是，这种联系只是一般性的和初步的，因为它规定的力学量测量值的谱，只是一种可能性，还不是具体的现实性，为了了解在确定状态的物理系统的具体性质，还必须知道测量值在规定的谱上是怎样分布的，遗憾的是，公设Ⅲ只对测量结果的平均作了假定，仍然不够具体。其实对单粒子系统来说，以上三条公设实际上已经组成了量子力学的重要的甚至是全部的概念基础。公设Ⅳ是量子动力学公设，给出了量子力学的运动方程；对于单粒子系统或者所含粒子都不相同的系统，Ⅰ～Ⅳ已经可以组成一套完整的基本假设。公设Ⅴ又叫投影假说，刻画了量子测量的过程和性质。

根据冯·诺依曼第Ⅴ公设，在接受测量之前，系统处在 R 的非本征态。通过对 R 的测量，得到测量值必定是 R 的某一本征值 λ_n，测量之后系统的态变到 R 的本征值 λ_n 对应的本征态 ψ_n。换句话说，按上述假设，通过测量系统的态从 ψ 变成 ψ_n，也就是说 ψ “投影” 到它的一个分量 ψ_n 之上。正因如此把这一公设叫作投影公设。因为薛定谔理论中态函数被看成空间存在的真实的波，粒子是波的密集，称为“波包”；相应地，测量前后系统状态的这种变化被称为波包的“塌缩”或态矢的“坍缩”。

如此一来，就有新的问题出现了，即“测量难题”的第三个难题——测量过程难题：测量过程中发生了什么？如果真的存在“波包塌缩”，波包具体是怎样塌缩的？

测量过程难题的难点所在比较明显。第一，波包塌缩给出了测量演化的间断性，导致了逻辑推演上的不完备性和跳跃性，甚至动摇了量子力学的数学基础。第二，如果接受这种间断性，跳跃的具体情况是什么？跳跃的本质是什么？其实没有说清楚。“薛定谔的猫”也是对该问题的最极挑战。在猫论中出现了“既死又活”猫，这仅仅是一个结果，这个结果在测量过程中是怎样从一个统计的预言过渡到一个确定的实在的呢？这正是测量过程难题所要面对的。第三，在量子力学的标准框架中，经典仪器的引入是不可避免的。但是，人们希望量子力学成为描述整个宇宙的一个普遍理论，它不仅能够描述一个微观的物理系统，还应当描述观测着这个系统的宏观测量仪器。这就要求建立一种动力学的量子测量理论：通过仪器和系统的相互作用，把系统和仪器组合的系统看成一个服从量子力学的整体。如此一来，测量过程中产生了量子纠缠，量子纠缠是如何发生的呢？消相干又如何实现？这又和第二个难题缠绕在一起，至今都无明确的答案。

冯·诺依曼的公设化体系比较抽象，以希尔伯特空间为数学基础又包含了波包塌缩假设。因而，大多数人倾向于马格脑的比较简单明了的一套公设化体系。事实上，绝大多数物理学家认可的也是马格脑的体系。对于含有两个或更多全同粒子系统，在冯·诺依曼的公设化体系中没有假定，在马格脑的体系中将上述公设V改为全同性原理，甚至有人将它改成对称性公设，弥补了冯·诺依曼假设的不足之处。但是，马格脑不足的地方是，在他的理论中并未述及测量过程的性质。而且，由于冯·诺依曼的工作具有开创性的意义，使得马格脑的工作一直受到“遮挡”而不像前者那样声名显赫。

总之，1932年冯·诺依曼点燃了第三个难题的火炬，70多年来，从来没有人能够熄灭它。反过来想，也许真的是这个火炬鞭策了量子理论的不断前进的车轮。

四、第四个难题：定域性难题

以上我们沿着历史的河流，考察了量子力学成熟的道路上所遗留下的各种测量难题。但是，第一个难题是对某个系统测量结果的考察；第二个难题是对某个系统两个性质的同时考察；第三个难题是对某个系统测量过程的考察。他们涉及的只有一个系统，如果涉及两个系统（或者说一个系统的两个子系统的关联），又会怎样呢？

在经典时代结束以前，人们已经分清两类客体：微粒和场。微粒由牛顿方程决定，每个微粒在任意时刻的状态可以由它的位置和速度（或动量）定域地确定，例如力学和热学的研究；相反，场由麦克斯韦方程决定，场不能定域地分割成类似前者一样的微粒，却可以扩展到空间的一定范围，表现出具有类似波动的特性，例如电磁学和光学的研究。如果量子系统的不同部分会彼此产生影响，即使他们离得很远甚至之间并没有被人们了解的相互作用，那就是非定域性的；否则，就是定域性的。

从历史的视角来看，定域性问题发端于 1935 年的 EPR 佯谬。这一年，爱因斯坦、波多斯基、罗森三人联名发表《能认为量子力学对物理实在的描述是完备的吗？》一文，对量子力学体系本身的完备性提出质疑。该文章认为，量子力学要么是非定域的，要么是不完备的。莫尔卡诺夫曾说，现在许多物理学家认为 EPR 佯谬是‘第三朵乌云’，甚至是 20 世纪的“第三次风暴”或“狂飙”，它似乎必然会使我们的时间和空间观念发生根本改变。

玻尔通过否定微观世界的可分离性否定了 EPR 的观点，认为量子力学是完备的。玻尔认为，在微观领域，两个粒子是无法分离的，它们的关联永远存在；既然测量对系统产生了一定的影响，它就对整个系统产生影响，两粒子系统中远方的粒子也不能例外，因此“对远距离产生作用”的某种形式是必要的。这种关联性的非定域性被认为是量子过程所展现的自然界的一个固有的事实。

但是，由爱因斯坦和玻尔所点燃的这场战争，其火药味弥散到了整个科研领域直到今天，即“测量难题”的第四个难题——定域性难题：微观世界是定域性的还是非定域性的？从实验上又如何检验？因为不可分离性很难得到实验的证实，所以这场争论纯粹是观念上没有结论的空谈。

20 世纪中期，美国著名物理学家玻姆将 EPR 中的两粒子的坐标和动量改为不同的自旋分量，使争论有了新的发展。但是仍然停留在哲理性的讨论平台，而真正的突破是 20 世纪 60 年代中期贝尔理论的提出。

贝尔定理与隐变量理论密切相关。量子力学诞生之初，就有过隐变量理论的尝试，认为量子力学的统计性质是一种由更深层次的隐变量决定的表面现象，可是，1932 年冯·诺依曼的名著证明了如果态函数之外存在着隐变量，就不可能与量子力学的基本假设相容。在这一权威的结论面前各隐变量理论很快销声匿迹。1952 年玻姆提出冯·诺依曼的关于隐变量理论的“不可能证明”存在漏洞，并提出了新的隐变量理论，从此展开了新的争论。

在这样的背景下，1964 年贝尔提出可以实际检验隐变量解释同通常量子力学孰是孰非的一种方法：一个定域隐变量理论不能重现量子力学的全部预言。这是一个极其重要的理论推断，“它是近 30 年来，在这个领域的大多数理论和实验研究的主要动力”①，使关于量子力学的争论“从理想到现实跨出了决定性的一步”②。

贝尔的工作引起了广泛的注意，后来发现贝尔的结论实际上并不依赖于隐变量解释，只需要定域性及可分离性的基本假定。从 20 世纪 70 年代开始，各国物理学家完成了 10 多项检验贝尔不等式的实验工作，其证明与证否各有千秋，这就为该问题从实证的角度考虑增加了难度。

总之，1935 年 EPR 佯谬为难了整个微观世界，它所导引的定域性问题成为量子世界“测量难题”最难解决的问题，即使有了新的实验发展，仍然不能有一个确定的答案。

综上所述，量子理论已经走过了一个多世纪的历程，量子力学也度过了近 70 个春秋。然而，量子力学的真正完成仅用了三四年的时间。也

---

① 阿莱斯泰尔·雷．量子物理学：幻象还是真实．唐涛译．南京：江苏人民出版社，2000：47.

② 关洪．量子力学的基本概念．北京：高等教育出版社，1990：239.

正是在这短暂的时间内，量子力学圆满地完成了基本概念的成熟和基本体系的建构；同样地，也正是在这个过程中，“测量难题”相伴而生了。不仅如此，“测量难题”也与量子力学的基本概念和基本公设融为了一体，贯穿于量子力学基本概念和基本原理的始末。

考察历史上所有有关文献，凡是谈及量子测量的不外乎这四个问题，而且往往从一个具体问题“悄悄秘秘地”转移到另一个问题。也正是这种“悄悄秘秘地”转移，让人总是觉得这个领域很神秘，这个“题”很“难”。当然，这个难题的确很难，但是只要明确了这些难题是些什么之后，最起码它不再神秘。

这四个问题的关联是很紧密的，四个问题的每一个问题本身就很复杂，再纠缠在一起就更复杂了。更甚者，他们之间的相互依赖与转移使得四个问题形成了一个怪圈（图 1），永远都找不到哪个问题是产生问题的根本所在。既然抓不住问题的根源，又怎么解决问题呢？在量子世界内，产生这四个问题的概率波、测不准原理、波包塌缩和定域性都是基本概念或基本原理的关键词，无论从哪一个环节入手解决都是棘手的。第一个挑战者玻姆从最基本的数学建构提出隐变量理论，恢复决定性避免波包塌缩，这实际上是从第一个问题入手。第二个多世界解释，建构了多个世界避免波包塌缩，实际上是从第四个问题入手。第三个是模态解释，这是一种机会主义的做法，只想去弥补第三个问题。最后的结果都不是很理想。

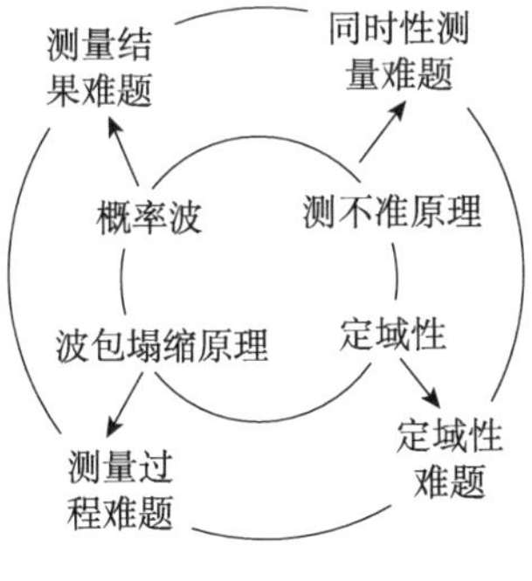

图1　四个难题形成一个怪圈

要真正地解决测量难题需要做到：①继续加强测量理论的研究。事实上，就测量而言，在量子力学基本问题研究中有一块很大的研究领域，称为“测量理论”。在测量理论里，讨论的常常是一些虚拟的“思想实验”或者专门设计来检验某些基本假设的物理实验。但是，“公正地说，物理学家……很少想过量子力学中的测量理论”[①]。除冯·诺依曼的《量子力学的数学基础》之外，只有玻姆的名著《量子理论》在最后一编论述过该问题；1957 年埃弗雷特提出多世界解释是对测量问题的专门回答；20 世纪 70 年代范·弗拉森提出模态解释，是对该问题的新的理论推导。测量理论是一块尚未成熟且远未取得一致意见的研究领域，进一步加强该领域的物理研究是从物理学本身消解测量难题的最理想的方案。②尝试从一个全新的角度诠释量子力学的本质。模态解释所采用的逻辑学与语义学相结合的分析方法将对测量难题的解决提供很好的借鉴价值。也许摆脱物理学传统的思维，将逻辑学的推理演化、语言学形式分析和语义学分析方法等相结合，会得到意想不到的结果。自然，有关这些想法我们将另文阐释。

① 威切曼．量子物理学．复旦大学物理系译．北京：科学出版社，1978：325.

量子引力时空语境分析*

在哲学和自然科学发展的历史中，对时空的探索是一个非常重要的问题。无论是对于试图研究一般自然图景的哲学家，还是对于探索自然本质理论的自然科学家来说，时空问题都不可回避。物理学上的相对论引起了时空观由绝对向相对的重大变革，而关于时空的讨论也由形而上的思辨发展到与物理学的形式语言紧密相关。但是，由于对相对论的理解不同，关于时空本质的争论一直存在。20 世纪 80 年代，由于量子引力理论的两种主流理论对时空的处理采用了相反的形式，因而再一次引发了时空哲学讨论的热潮。量子引力所提出的问题主要有：时空在物理学中到底应该以一种什么样的地位出现？是物理客体运动的背景，抑或只是物理客体关系的结果？量子引力时空范式与相对论、量子力学等旧时空范式之间有哪些区别和联系？它们自身之间的关系怎样？它们所暗示的时空的本体性如何？它们给人们对时空的认识带来了怎样的影响？物

* 本文发表于《中国社会科学》2005 年第 5 期，作者郭贵春、程瑞。

理学与科学哲学的结合应有助于这些问题的解决。本文试图从 20 世纪科学实在论的语境分析的角度出发，去理解量子引力理论的发展及其蕴含的深刻的哲学含义，为理解现代量子引力时空理论提供一种新的方法论视角。

一、超弦和圈量子引力理论时空的概念

在宏观物理学发展的顶峰时期，爱因斯坦的广义相对论曾经引起哲学界和物理学界关于绝对时空和相对时空的激烈争论，也对哲学家和物理学家的时空观念和思维方式产生了巨大影响。但是量子力学和量子场论的发展很快就使人们的视线发生了转移，从而减少了对时空的关注。1923 ～ 1926 年，通过德布罗意、海森堡、薛定谔和玻恩等的努力，建立了非相对论量子力学；1927 年，狄拉克把狭义相对论和量子力学结合起来建立了量子场论，由此建立了相对论量子力学；1929 年，海森堡和泡利建立了量子场论的普遍数学形式；1948 ～ 1949 年，重整化理论提出，从而建立了量子电动力学；1954 年，杨振宁和米尔斯提出规范场论；1967 年，温伯格和萨拉姆提出 $SU(2)\times U(1)$ 弱作用和电磁作用统一模型；1973 年，量子色动力学提出，建立了夸克之间强相互作用的 $SU(3)$ 规范理论；20 世纪 70 年代后期，人们提出统一强作用、弱作用和电磁作用的 $SU(3)\times SU(2)\times U(1)$ 的所谓标准模型。[①] 在这种情况下，对时空问题的思考和争论脱离了物理学和物理学哲学的主流。至少时空相对性与绝对性的争论显得烟消云散了。

但是到了今天，随着微观物理学发展到新的顶峰即量子引力理论的提出，时空这个物理学和哲学之间悬而未决的问题又一次出现而且难以逾越。量子引力理论是把广义相对论纳入量子理论框架的尝试，实质上也就是时空的量子化理论。量子引力中，传统的量子场论方法不再适用，因此物理学家建立了许多方案来实现量子引力，其中有超弦理论、圈量

① 冯宇，薛晓舟. M 理论及其哲学意义. 自然辩证法研究，2000，5：1-5，17.

子引力、欧几里得量子引力、拓扑场论、扭量理论和非对易几何等。目前最显生命力的是超弦理论和圈量子引力理论，本文主要就这两种理论对时空的处理展开讨论。

讨论之前我们有必要回顾一下关于时空的不同观点，主要是物理学上经典的绝对时空观和相对时空观，以便更好地理解超弦和圈量子引力时空的概念。绝对时空观是从牛顿经典力学发展起来的物理学时空观的传统，其主要思想是时间、空间是绝对的，它们各自独立，并作为客体运动的背景而存在。它的绝对性在于它是固定的，与物质的运动无关，是一种绝对的存在。相对时空观则是莱布尼茨、马赫和爱因斯坦等人所坚持的观点，由广义相对论具体实现。相对论主要揭示了时间和空间作为一种整体而存在，并且它的结构与物质的分布和运动紧密相关，因而不再是固定的，而是具有了动力学特征。相对时空观的直接数学结果就是爱因斯坦方程的微分同胚不变性。关于微分同胚不变性可以作这样的描述，即系统 S 的非微分同胚不变理论描述的是 S 中的客体就 S 之外客体所组成的参照系而言的演变；而系统 S 的微分同胚不变理论描述的是 S 内部客体之间就对方而言的动力学。局域化在此只是内部、相关地定义的，只是对于理论的其他动力学客体而言讲客体定域在某处，而不是对其之外的参照系而言的。

物理学的发展无疑证明了相对时空观的正确性。但是，值得注意的是，牛顿所坚持的时空作为背景存在的处理方法，在物理学的形式体系发展中并没有得到改变。场论中虽然量子化把场变量变成了算符，但是这些算符都是时间和空间的函数，物理态依赖于时间和空间。一直以来，虽然物理学的形式体系对时空的背景性并没有过多地关注，但在时空问题上物理学家们也没有形成一致的看法。量子引力中超弦和圈量子引力理论在时空问题的处理上，着手方向就完全不同。这无疑是物理学家中潜在的对于时空本质不同态度的一次碰撞。具体地讲，超弦理论实际上继承了物理学传统的对时空的处理方法，把时空当作物理学研究的背景；而圈量子引力理论则直接把相对论量子化，建立了背景无关的量子引力理论。因此量子引力的主流理论似乎又重新提出了一个老的问题：时空到底能否作为背景而存在？对这个问题的回答决定着物理学家建立物理学理论的基础。

在这里，要理解超弦理论和圈量子引力理论不同的时空态度，我们必须从量子引力建立最初的几种方法谈起。量子引力最初有很多种方案，其中一种运用了微扰的处理。微扰处理的主要思想是尝试把量子引力建立在微扰理论基础上，其基本的做法是把度规张量分解为背景部分 η_{ab} 和涨落部分 h_{ab}，所以

$$g_{ab}=\eta_{ab}+h_{ab},$$

其中，h_{ab} 是平直背景 η_{ab} 中的一个小激发。人们把微扰方法延伸到了量子引力理论中，最初这种方法由于不可重整化而失败了。但是由于超弦理论把场论中的点粒子改变成了一维延展的弦，因此可以处理发散，超弦理论就是一种微扰的量子引力理论。弦被看作在背景空间中运动的客体。这在超弦理论的形式体系中可以表现出来。如果一个闭弦在度规场为 $g_{ab}(x)$ 的弯曲时空中运动，那么弦在世界页（worldsheet）理论上的行为就表述为公式：

$$S_P=\frac{1}{4\pi\alpha'}\int \mathrm{d}\sigma\mathrm{d}\tau\sqrt{h}\left(h^{mn}\partial_m x^a\partial_n x^b g_{ab}(x)+\alpha' R_{(2)}\Phi\right),$$

式中，h_{mn} 是世界页上的度规；$R_{(2)}$ 是世界页的曲率；Φ 是膨胀标量场。这时，时空度规 $g_{ab}(x)$ 作为弦坐标 $x^a(\sigma,\tau)$ 之间非线性耦合的矩阵进入了弦的世界页的二维理论。

另一种建立量子引力的方法是正则量子化。正则量子引力是只有引力作用时的量子引力，它不包括其他力的作用。正则量子化方法一开始就引进了时间轴，把四维时空流形分割为三维空间和一维时间，从而破坏了明显的广义协变性。时间轴一旦选定，就可以定义系统的哈密顿量，并运用有约束场论中普遍使用的狄拉克正则量子化方法。正则量子引力的一个很重要的结果是所谓的惠勒 - 德维特方程，它是对量子引力波函数的约束条件。量子引力波函数描述的是三维空间度规场的分布，也就是空间几何的分布。①

① 卢昌海 . 追寻引力的量子理论 .《三思科学》电子杂志，2003 年夏季合刊，2003：7.

圈量子引力是正则量子化方案的发展，它深深地植根于广义相对论产生的概念革命之中。我们认为，广义相对论远远不只是关于引力的场论，从物理学的概念革命上讲，它是一种发现，是关于时间和空间的经典观念在基础水平上已经不充分并且需要深刻修正的发现，而这些不充分的观念就包含了物理学发生于其上的背景度规（平直的或弯曲的）的观念。圈量子引力在微分流形（一种没有度规结构的空间）上建立了量子场论，而一旦量子场定义在流形之上，那么一个经典的度规结构就由引力场算子的期望值来加以定义，这样它就完全避免使用度规场，从而不再引进所谓的背景度规，是一种背景无关的量子引力理论。同时，圈量子引力理论中微分同胚不变性的广泛应用是广义相对论思想在微观领域的扩展。与超弦理论的背景度规相比，一些物理学家认为圈量子引力的这种背景无关性是符合量子引力的物理本质的，因为根据时空度规本身是由动力学规律所决定的这个广义相对论最基本的结论，量子引力理论作为关于时空度规本身的量子理论，其中经典的背景度规不应该有独立的存在性，而只能作为量子场的期望值出现。

背景依赖性与背景无关性之间的选择无疑反映着物理学家在对微观世界的研究中所持的不同时空态度，因此在 20 世纪 80 年代引起了国外物理学哲学界的时空论战。这场论战被称为“时空实体论”和“时空关系论”之争。这次争论并非关于时空绝对性和相对性的争论，而是关于时空的本质地位的争论。实体论主要基于描述时空的数学工具——流形（manifold），认为流形上的点代表真实的时空点。他们的典型意见是“时空支配并高于处于其中的物质……即使没有物质存在于其中，时空也存在”[①]；关系论者的阵容比较强大，包括研究圈量子引力的许多物理学家，比如斯莫林（Lee Smolin）、罗夫利（Carlo Rovelli）等。他们对实体论提出反对意见，认为实体论者对时空的论述是一种误导，事实上并没有真实的时空点的存在，时空仅仅是物质所形成的关系。他们的重点论据是广义相对论的微分同胚不变性，认为微分同胚不变性与理论的时空背景

① Sklar L. Philosophy and Spacetime Physics. California：University of California Press，1985：8.

无关性紧密相连。关于这方面典型的论述有洞论[①]、狄拉克对规范对称性意义的分析[②]等，并且在朱利安·巴伯（Julian Barbour）、罗夫利等人之间有许多很好的讨论。从这些论述我们注意到实体论和关系论者的定义中有以下两个重要的含义：

（1）假定了“物质”和“时空”之间的直接区别。

（2）两种立场的争论实质上是时空本体论地位的争论，实体论者赋予时空优先的本体论地位，而关系论者却认为物质的本体论地位优先。

关于实体论和关系论者之间的具体争论，并不是本文要关注的话题。我们所要讨论的是物理学家在建构理论的过程中，有意或无意地潜含了对时空的上述两种观点的某一种，其物理体系也因此而大不相同。这种不同集中表现在超弦理论的背景相关性和圈量子引力理论的背景无关性上。背景相关首先预设了时空本体的优先性，而背景无关则预设了物质本体的优先地位。那么，哪一种理论才是对物理空间最真实的描述呢？我们如何选择？在超弦理论和圈量子引力理论复杂的形式体系中，物理学家和哲学家都在努力探寻，在经历了半个世纪的分道扬镳之后，他们能否以及如何在这个问题上得到统一的解答呢？这些问题都是必须回答的。

从超弦理论和圈量子引力理论目前的发展看来，它们的成功和缺陷是互为补充的。超弦理论的微扰展开包含了引力子，在一阶近似上给出了广义相对论，但是它缺乏完备的非微扰和背景无关的公式；圈量子引力理论在提供一个非微扰、背景无关的量子时空自洽的数学和物理学图景上是成功的，但是它与低能动力学的联系目前还不明确。现在已有物理学家正在致力于从基础上消解这两种理论的巨大分歧，试图使二者趋

① 这一方面的典型论述有：Earman J. World Enough and Spacetime：Absolute vs. Relational Theories of Space and Time. Cambridge：The MIT press，1989. Norton J. D. Einstein，the hole argument and the reality of space//Forge J. Measurement，Realism and Objectivity，Boston：D. Reidel，1987：153-188. Smolin L. The Present Moment in Quantum Cosmology：Challenges to the Arguments Elimination of Time. arXiv：gr-qc/0104097.

② Dirac P A M. Lectures on Quantum Mechanics. New York：Yeshiva University Press，Belfer Graduate School of Science Monographs Series，1964：2.

向融合。虽然只有一小部分物理学家在做这种工作，但这种努力无疑显示了两种理论可能的统一趋向性，而努力的主要途径是寻找一种背景无关的超弦理论。从目前的发展来看，一方面，超弦理论有五种最成功的方案——Ⅰ型、ⅡA 型、ⅡB 型、杂化 E 型和杂化 O 型，它们都预设了背景度规的存在决定着时空的因果结构；而另一方面，超弦理论中存在两种对偶，如果 A 理论在强耦合下和 B 理论在弱耦合下相同，则它们是 S 对偶的。S 对偶下，如果 f 是任何可观察的物理量，λ 为耦合常数，则

$$f_A(\lambda)=f_B\left(\frac{1}{\lambda}\right)。$$

类似地，如果在大尺度 R 空间下的紧致化理论 A 与小尺度 $1/R$ 空间下的紧致化理论 B 相同，则它们都是 T 对偶的。计算表明，ⅡA 型和ⅡB 型、杂化 E 型和杂化 O 型弦论分别是 T 对偶的，而Ⅰ型和杂化 O 型、ⅡB 型理论自身，分别是 S 对偶的。这种耦合之下不同弦论之间等价性的发现使得人们期望在弦理论的计算中能够得出背景无关的结果。威藤在 20 世纪 90 年代初就曾经在这方面做过详细计算，并且给出了背景无关的开弦场论公式。1995 年，威藤根据诸种超弦间的对偶性及其在不同弦真空中的关联，猜想存在一个根本的理论能够把它们统一起来，他把这个根本理论取名为 M 理论。人们研究了五种超弦理论与 M 理论之间的关系。他们之间的关系如图 1 所示。

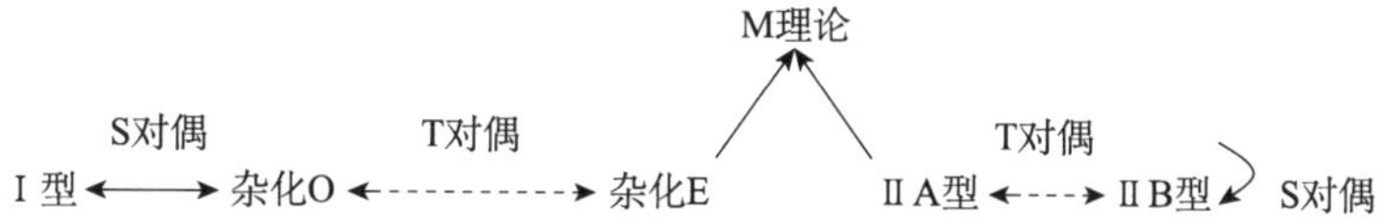

图1　五种超弦理论与M理论之间的关系

图中实箭头表示 S 对偶，虚箭头表示 T 对偶。弦论的五种方案由于对偶性而和 M 理论在一个对偶网中联结在一起了，它们分别是单一 M 理论的特殊情形。当然至今 M 理论的具体形式仍未给出，它还处于初级阶段。[①] 有学者认为，要完成对弦理论的理解，必须独立于时空来系统地阐

① 薛晓舟．当代量子引力及其哲学反思．自然辩证法通讯，2003，2：101-106.

述弦理论，其结果可能是一种模型，而时空可能是此种模型中相互作用的弦的关系的结果。就像戴维·格劳斯所说的那样，“原则上，我们可采用弦论并解出方程，然后把弦方程的解作为时空结构的理论，来决定时空拥有什么样的几何”[①]。虽然这只是许多看法中的一种，但是可以看出，目前，背景无关的超弦理论具有给出与圈量子引力理论关于时空态度一致答案的可能性。

超弦和圈量子引力理论的不同时空预设及其复杂的形式体系使得人们要完全理解它们的物理和哲学含义还需要一定的时间，但是我们无疑可以看出，物理学家在处理相异时空认识的态度上已经远离了形而上学的针锋相对，而是致力于寻求其统一的可能性，这是物理学理论发展中科学理性作用的鲜明体现，是一种趋于成熟的科学研究方法的展示。

二、量子引力时空理论纵向语境分析

从量子引力理论时空的概念我们明显看到，微观领域时空范式的论争已超越了时空的绝对与相对性认识上的分歧，发展为更深层次的关于时空本体地位的认识论碰撞。这是量子引力理论引起的物理学发展的反常期的重要论战。正如库恩所说，当面临反常或者批评时，科学家对于现存的范式持不同态度，而他们的研究性质也随之改变。[②] 但是超弦和圈量子引力的争论有其明显的特点，那就是，超弦理论和圈量子引力理论都处于解难题的过程中，是许多并驾齐驱的量子引力理论中的两种，在它们的争论中没有出现完全否定对方的现象。超弦理论试图改变它的背景相关性，以建立一个背景无关的、非微扰的理论，而圈量子引力也试图与超弦理论达到融合和统一。除此之外，量子引力理论显而易见的理论体系的复杂性、时空结构模型的多样性、物理学家思维的灵活性等都是物理学、数学的发展和物理学家思维转换的必然结果，带有很强的时

① Davies P C W，Brown J. Superstring：A Theory of Everything?. Cambridge：Cambridge University Press，1988：141-142.

② Kuhn T S. The Structure of Scientific Revolutions. Chicago：University of Chicago Press，1970：90.

代特色。在此，我们运用20世纪末科学哲学研究中兴起的语境分析方法，根据相对论和现代量子引力理论的比较，纵向地分析时空理论的变换，从整体上把握时空理论变化的深刻含义。

物理学理论的语境首先是表征公式、理论解释、物理学家的研究目的和信念等因素的集合，因此，要分析时空理论的变换，首先要从语形、语义和语用这三个方面去整体地把握。历史地讲，如果说从相对论思想的先驱马赫的相对时空思想向相对论形式语言的转化，可以看作是某种形而上学的构想向科学理性的转化的话，那么，这一转化是以特定的语形背景为基础的。确切地说，是闵可夫斯基空间和黎曼几何的成熟为相对论语言的形式化打好了语形的基底。但与广义相对论对黎曼几何的应用情形不同，研究量子引力的物理学家很难找到一种现成的量子几何形式来描述量子时空的特点。所以，他们不得不在发展量子引力的同时，一点一点地构筑一门新的物理学和数学的分支，来赋予时空新的几何性质。这个过程不仅仅是一种语形上的变换，而是内在地包含了物理学语言的语形、语义和语用的整体语境的变换。

首先，数学成果的现存性决定了时空理论形式语言的空间，即语形语境。闵可夫斯基空间的构造决定了狭义相对论可以在四维时空中确定其运动学方程；黎曼几何的弯曲时空坐标使得广义相对论引力场方程的建立成为可能；超弦理论中卡－丘空间的存在让理论的高维时空模型得以展现；而超弦和圈量子引力理论中群论、微分几何、流形、拓扑、非对易几何等的成功运用使得人们可以在严密的逻辑框架内得出时空在普朗克尺度下离散的结果。不同历史时期数学成果的现存性总能为时空理论框架披上华美的数学外衣，使其思想系统化、形式化、精确化和整体化，从而使时空范式明确化。只有在形式化的时空范式下，才能理解物理学各个领域细枝末节的理论。数学语言是物理学思想的形式语言，也是物理学与实验、现实世界得以联系起来的桥梁和纽带，只有通过数学的模型和计算，我们才能确定一个理论的精确性和可行性。但是，物理学理论的不可逾越性也来自数学成果的现存性，时空理论的发展也同样受到数学成果现存性的制约。马赫在19世纪末就曾经提出过高维时空的可能性，但由于没有数学的支持，思维无法深入，他很快便否定了自己的这一想法。现代量子引力理论也面临着需要新的数学工具才能展现其思路的情况。所以，语形语境作为时空理论形式语言的空间既是促进理论发展的因素，又是制约它发展的因素，现代时空理论的形式体系是与语形语境的变化紧密相关的。

其次，时空理论研究范围和思路的转变决定了其语义语境的转换。时空理论从宏观发展到微观，经历了公式的不断变化，也即语形的不断转变。而在此过程中，不断有新的物理学概念的提出，不断有新旧物理学符号和数学符号的更替。一方面，不同的概念和符号其所指的含义不同，特定的概念与符号被赋予了特定的意义；另一方面，相同的概念和符号在不同的研究范围、不同的公式体系中由于指称方式和对象的不同，往往有着不同的物理含义，这就构成了时空理论中语义语境的转换。例如，引力理论中 $g_{\mu\nu}$ 作为度规张量，在广义相对论中的所指是宏观的连续、弯曲的黎曼空间度规，而在超弦理论中它却不再是黎曼几何意义上的度规。而且，即便同样是在超弦理论中，不同的文献对 $g_{\mu\nu}$ 的选择也不尽相同，比如弦论中一种矩阵理论的拉氏量（玻色部分）是

$$L \sim \frac{1}{2}\mathrm{Tr}\left(\dot{X}^2 + \frac{1}{2}[X^i, X^j]^2\right)。$$

标志矩阵 X^i 的指数随闵可夫斯基度规或升或降，并且理论是洛伦兹不变的。换个形式说，拉氏量实际是

$$L \sim \frac{1}{2}\mathrm{Tr}\left(g^{00}g^{ij}\dot{X}_i\dot{X}_j + \frac{1}{2}g^{ik}g^{jl}[X_i, X_j][X_k, X_l]\right)。$$

这里，g 是取闵可夫斯基背景度规，隐含了理论作用中平直的背景。① 但在有些理论中，$g_{\mu\nu}$ 并不取闵可夫斯基度规，而是取量子有效作用量（quantum effective action）的解。也就是说，相同的物理概念或者符号在不同理论中因指称条件的不同，可能有着不同的物理含义，而概念与符

① Rovelli C. Strings，Loops and Others：A Critical Survey of the Present Approaches to Quantum Gravity. Plenary Lecture on Quantum Gravity at the GR15 Conference，Poona，India，arXiv：gr-qc/9803024 v3 7 Apr 1998.

号指称条件的确定依赖于主体的认识论背景和理论背景，确定指称的方式不同，说明它所依赖的理论背景和认识论背景的内容也不同。[①] 再比如说超弦理论中额外六维紧致化的卡－丘空间，卡－丘流形的总数多到数百万个，但是目前却不清楚应该选取哪一类来作为我们世界的真实描述。由于同一个概念包含了多种可能的内涵，不同物理学家对不同卡－丘流形的选取即意味着不同理论形式、不同物理含义的形成，这便造成了概念的语义扩张。这种语义的扩张通过再语境化的功能，转而又成为各种不同的新理论的语义语境。时空理论的动态发展过程充满着这种语义转变的再语境化功能的影响。

最后，不同形式语言的选取和构造反映了语用语境的动态变换。这主要反映在现代量子引力理论研究中物理学家和数学家对不同数学逻辑体系的选取、不同新数学工具的构建上。这里，语用语境成为一切建构的出发点和生长点，其语用性明显地体现了研究者从他们各自不同的理论认识结果，而不是从基础原因方面来考察知识并对发展的方向做出影响。这实际上反映了他们在研究目的、思维方式、理论背景和价值取向上的不同。这种语用语境带有很强的经验意义，也即是说，在物理学家和数学家以不同的（超弦或圈量子引力）理论作为其理论经验，并因之而确定其各自的科学信仰和价值取向时，他们在以后为了理论求解而选用或构造的相关形式系统就会大相迥异。比如在圈量子理论中，物理学家在继承了背景无关的思想之后，为了避免理论缺乏背景空间造成的难题，他们选取了把量子理论定义为经典可观察量的泊松代数的表示，并且这里的泊松代数可以在无度规背景的情况下定义。

概括地讲，时空理论语形语境的不同决定了理论研究的范围以及能在多么深的程度上反映物理空间的结构；建立在不同语形基础之上的物理空间结构也就确定了形式语言的含义，即语义的不同；而语言形式的多种选择和语义的不同造成了物理学家和数学家的不同“理论经验”，也就造成了他们不同的理论信仰和价值趋向，造成了研究过程中语用的不

① Sankey H. Failure between theories. Study in History and Philosophy of Science，1991，22（2）：226.

同；而不同的语用语境下构建的形式体系的不同也就自然而然地造成了语形语境的不同。可见，时空理论的语境转换实质上是语形、语义、语用共同转换的结果，这种转换构成一个环环相扣的整体演化的动态系统，如图2所示。

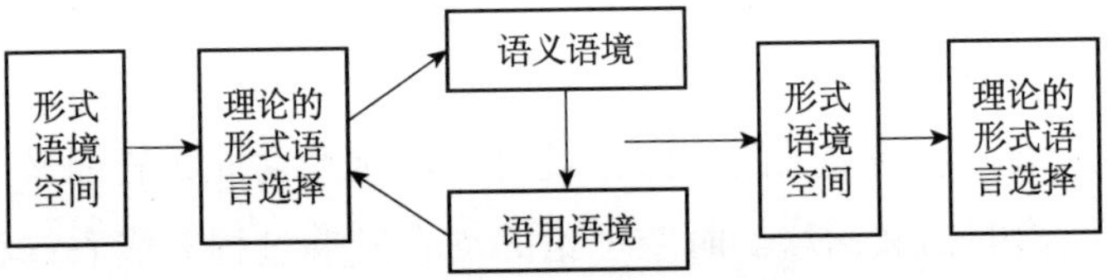

图2　时空理论的语境转换

在对现代物理学的哲学研究中，这种整体性地从语境的角度考察理论的发展已经形成一种现实的方法论趋向，对于时空理论而言，语境分析的方法尤显重要。这主要是由时空客体的特殊性决定的。与物理学研究的一般客体（包括目前尚不可观察的微观客体，因为它们是物理学逻辑演化的结果，有其可观察的理论、实验根源）相比较而言，时空客体的特殊性在于其不可观察性和作为物理理论逻辑基础决定性的重要地位。逻辑基础的地位决定了对时空客体的认识，主导着理论的发展方向，而不可观察性造成了对其进行哲学研究的过程中观察、实验环节的缺失。这样，时空理论的本体预设、语言演绎、理论解释就成为对其进行哲学研究的所有材料，因此，对时空理论进行语形、语义和语用的分析就显得尤其重要。我们以量子时空思想的推理过程之一为例：从广义相对论得知，时空与其他物理客体一样，其度规是动力学的；而量子力学告诉我们，所有的动力学实体都有量子特性，那么逻辑推论的结果是：在量子引力理论中，我们期望时空度规服从海森堡测不准原理，以小的波包或者时空量子等形式出现。整个推理的过程都是在严密的逻辑范围中进行的，我们没有对时空客体进行直接检验的可能性。在此，表征公式及理论解释的自然语言、物理学家对相对论和量子力学含义的理解以及它们所使用的数学物理方法等便成为研究时空可获得的全部材料。在时空客体不能进行实验检验的情况下，对这些材料的理解极为关键，不同的理解完全有可能得出不同的时空理论。所以，时空客体的特殊性造成了时空理论研究的语境依赖性。

三、量子引力时空理论横断语境分析

时空理论的纵向语境分析使我们了解了量子引力理论的语形、语义和语用的发展变化，接下来我们对现代量子引力理论做出一个横断的语境分析，以求更全面、更深入地理解量子引力时空理论的逻辑基础及逻辑演化的过程。我们所指的横断面是指把量子引力理论的整个体系，包括理论的提出和理论的求解，作为一个大的横断面，从语境分析的角度寻求说明理论的方法论意义。

1. 量子引力理论提出的现实语境

量子引力理论是研究广义相对论和量子力学相结合的理论，但是量子力学的形式体系在量子引力理论中却遇到了困难。首先，从理论根源上看，量子引力理论的建立有它自身特殊的现实语境，即广义相对论和量子理论自身的问题及其不相容性。我们知道，一个量子系统的波函数由系统的薛定谔方程

$$H\Psi = \mathrm{i}\hbar\frac{\partial}{\partial t}\Psi$$

所决定，方程式左边的哈密顿量 H 包含了对系统有影响的各种外场的作用。但是薛定谔方程属于非相对论量子力学，对于引力是不适合的。从广义相对论来讲，广义相对论的基本方程是引力场方程，方程的左边是描述时空的爱因斯坦张量 $R_{\mu\nu}$，而右边是物质的能动张量 $T_{\mu\nu}$，将时空的弯曲程度归结为里面的物质分布。这是一个经典意义上的方程。而如果考虑量子效应，我们知道物质场都是量子化了的，从而方程右边的物质能动张量 $T_{\mu\nu}$ 将不再是经典的量，而应该被量子化而成为算符。但是在弯曲时空量子场论中讨论空间时间度量性质的时候，$R_{\mu\nu}$ 仍然是经典的，这在理论上极不自洽。

其次，虽然广义相对论和量子理论在各自的领域中都获得了巨大的实验上的成功，但是它们也都面临着一些尖锐的问题。比如，广义相对论所描述的时空在很多情况下（如在黑洞的中心或宇宙的初始状态）存在所谓的“奇点”。在这些奇点上时空曲率和物质密度都趋于无穷。这些无穷大的出现是理论被推广到其适用范围之外的强烈征兆。无独有偶，量子理论同样被无穷大所困扰，虽然由于所谓重整化方法的使用而暂得偏安一隅。但从理论结构的角度看，这些无穷大的出现预示着今天的量子理论很可能只是某种更基础的理论在低能区的“有效理论”。因此广义相对论和量子理论不可能是物理理论的终极解。①

最后，从物理学概念的发展上来说。从牛顿时代到20世纪初，物理学一直建立在空间、时间、因果律和物质等少数概念之上。在20世纪前1/4时期，量子理论和广义相对论的成功对这些简单的概念基础进行了深刻的修正。而这种修正在它们各自内部的一致性和适用性却无法运用到它们之间的融合中去，没有一个新的一致的概念可以同时包容这两个理论。这是目前物理学的发展必然要解决的一个问题，因此，必定会发生一场大的概念革命，最终为物理学概念找到一个新的综合点。

以上三个原因构成了量子引力理论产生的现实语境。在这种语境下，寻求一个包含广义相对论和量子理论基本特点的更普遍的理论就成为一种合乎逻辑和经验的努力。量子引力的现实语境表明，我们用思辨的方式把握的客观世界的外部信息决定了我们关于物理实在的观念绝不是最终的。在不同的语境下，为了用逻辑上最完美的方式正确地处理所探索到的事实，我们必须尝试改变物理学的公理基础。时空图景的改变正是语境下的改变。

2. 量子引力理论求解的语境选择

分析量子引力理论求解的过程，可以看到这是一个充满着语境选择的过程。由于理论体系的复杂性，我们不可能给出所有过程的详尽分析，

① 卢昌海．追寻引力的量子理论．《三思科学》电子杂志，2003年夏季合刊，2003：7.

只能通过案例加以说明。威藤在 1992 年曾经试图给出一个背景无关的开弦场论的公式，[①] 在此，我们以这个过程为例，分析理论求解过程中的语境选择。

这个问题提出的基础是：当弦论的世界页和 σ 模型公式可以很明显地以背景无关的方式处理任何问题时，人们普遍猜测应当以某种方式，通过发现一种“所有二维场论空间”中适当的规范不变的拉氏量，来在这样的空间中处理弦场理论。但是要构造这样的理论存在两个困难：其一，定义这样的空间要求其切空间应该是所有局域算符的空间，包括高维算符、负维时间相关算符和包含镜像场的算符。而量子场论的紫外发散难题使得很难定义拥有这种切空间的“所有二维场论的空间”。其二，人们不知道这样的空间需要什么特性才能定义规范不变的拉氏量。威藤对第二个难题做了详尽的求解，而需要我们注意的有以下三个方面。

（1）理论构造的范围及求解目标的确定。首先确定了理论构造的范围，即考虑开弦。把理论的范围限制在开弦场论，就避免了要直接求解背景无关的所有弦场理论的诸多难以求解的问题，以求局部突破之后可以逐渐拓展到整个弦场范围。因此，范围的限定就是整个理论求解的基本语境，只有在开弦这个特定的语境中，求解的形式语言体系、论证过程和模型的解释才是有效的。因而，考虑开弦就意味着决定了世界页作用、对应于选择一个闭弦背景的静止的内部作用和任意边界相互作用，并且通过它们定义了开弦世界页理论，这样就决定了理论求解的目标是要在所有这种开弦世界页理论上定义规范不变的拉氏量。在这里，目标相对于理论构造的范围而言是语境化了的。

在此，语境的主要功能是给出了相关的制约：一方面，理论探索中研究的视野受到了语境的制约；另一方面，公式与符号演算的范围也受到了制约。开弦场论的选取内在地决定了在理论进行探索的这个阶段当中，研究者要解决的困难范围是什么，理论所运用的概念和符号的意义是什么，最需要解决的事实是什么，而把那些暂时解决不了的，比如说

① Witten E. On background-independent open-string field theory. Physical Review D，1992，46（12）：5467-5473.

闭弦的问题，“悬置”起来。

（2）形式语言的空间及论证策略。在求解过程中，威藤采用了 Batlin-Vilkovisky 形式。BV 形式是当时在闭弦场论中提出来的新方法，它在构造和理解经典的和量子的闭弦场论中、在量子化开弦理论中以及在弦的 Ward 恒等式中都有成功的运用。他采用 BV 形式是为了含蓄地定义假设的“所有开弦世界页理论空间”中规范不变的拉氏量。BV 形式的选择构成了背景无关开弦场论的形式语境，由这一套语言刻画的形式演绎结构在很大程度上构成了理论语境化了的形式系统。它的运用使得作用函数遵循的规范变换规则是封闭和严格定义的，语境地决定了构造规范不变的拉氏量的策略：①在所有的“开弦理论世界页空间”中，可以找到一个费米矢量场 V，ghost 数为 1，遵循 $V^2=0$。②在同样的空间中，可以发现 V 不变的反括号。那么拉氏量 S 就由 $\mathrm{d}S=i_v\omega$ 决定，它是规范不变的。这样，对规范不变的拉氏量的构造，也就是对背景无关的开弦场论的构造，就取决于费米矢量场 V 和 V 不变的反括号的定义。

BV 形式作为理论语形语境的重要性表现在，一方面，语形语境成为理论形式体系的决定性因素，对理论论证策略的形成有着决定性的作用；而另一方面，语形语境也非孤立的存在，它包含了大量的信息。比如说 BV 形式之所以能够作为这个理论的基本形式语言，是因为它在其他一系列理论中的成功运用。它的成功内在地包含了语义和语用的确定，同时也暗示了本理论和其他理论交流的可能性，从而表现了语境的整体关联性。

（3）论证过程的完成。最后威藤通过对开弦量子场论在圆面 Σ 上进行公式化，在所有开弦世界页理论的空间中定义了费米矢量场 V。其中要求开弦场论在 Σ 的刚性旋转下不变，但不要求它有其他对称性，比如保形不变性。这样就要求必须赋予 Σ 度规（而不仅仅是保形结构）。在 V 不变的反括号定义中首先解释了在壳反括号的定义和公式，为了可以在离壳时处理选择从 Σ 边界算符的角度重新表述那些方程。V 和反括号的定义满足了构造规范不变的拉氏量的两个充分必要条件，因此得出了背景无关的开弦场论，完成了他的求解和论证过程，得到 $V^2=0$ 的一组方程。

这些方程在相对意义上讲是背景无关的，在构造中不存在开弦背景的先天选择。

可以看出，在背景无关的开弦场论的构造及论证过程中，充满了语境的选择。从形式语言空间的选取到论证策略的实施再到论证过程的完成，是一个语境化的动态整体过程，语境的制约功能、语形的规定、语义的阐释及语用的预设，都是理论形成中必不可少的要素。这从一个侧面反映了量子引力理论的整体演化，量子引力理论基于物理学和数学长期的积累，其成熟的物理思想、庞杂的形式体系、繁复的推演结构是一个复杂的多层次体系，内在地包容了太多历史与现实的语境因素，要彻底地把握它必须拥有深厚的专业知识和系统的哲学思维。因此，在语境的基底上，进行整体性、综合性的宏观考虑是对量子引力理论进行哲学阐释的一种切实可行的方法论。

四、结语：语境下的统一

以上对量子引力理论纵向和横断的详细语境分析已经提供了整体把握量子引力理论及其时空观的新的方法论视角。语境分析依赖语形、语义和语用综合的分析能力给出量子引力理论的语言形式、为什么及什么时候该语言形式被选择，从历史和现实、交流的内容和目的等的统一性上说明理论存在的关联和意义。任何一个时空理论模型都有着特定的“语境假设”，这种假设的条件、结构及其目标均是在现有背景框架下直觉的或者逻辑地构造的，它既存在着强烈的理论背景，又蕴含着明确的心理意向。在语境分析的基础上，我们能够容易地理解时空理论中本体论、认识论和方法论的转变，从本体论、认识论和方法论上把握时空理论由宏观向微观、由单一向多样性发展的语境因素及哲学意义。

首先，对时空本体性的超越。相对时空观最初是在马赫实证论哲学的语境中提出的，在“经验的符合”和“解释的成功”等价的实证论哲学中，经验性和物理客体的本体论性紧密相关。马赫试图通过对牛顿水桶实验的反驳，证明绝对空间的不存在，无疑带有很强的思辨和形而上的性质。爱因斯坦的相对论体系在科学理性的层面取得了相对时空观的胜利，这其中实验验证的步骤仍然具有决定性意义。但是量子引力理论作为远远超出经验范围的微观时空理论，其经验验证的可能性到目前为止微乎其微。那么，什么才是理论成功的决定性因素？从量子引力理论的多样性和竞争性来看，物理学家在达不到实验验证的情况下，其理论的态度便暂时超越了对本体性的追求，在各种对理论前景起决定的因素中，“论证的优劣”代替了“经验的符合”。比如说，超弦和圈量子引力对时空的不同处理说明物理学家对时空的认识有所不同，因此它们的时空本体论预设不同，但是这并不会阻碍理论的发展。它们都能做出普朗克尺度下时空离散的计算，都能得出与霍金－贝肯斯坦公式相符合的黑洞熵公式，也都获得了各自理论推演的其他相对成功之处，这使它们获得了论证上的优势，因此它们便优越于其他各种量子引力方法。也就是说，物理学家在理论发展的一定阶段不再追求时空的本体到底是哪一种确切的形式，而是从理论论证的意义上决定时空理论的优劣，把“论证的符合”和“解释的成功”看作是相关的，这是一种对本体性的暂时超越，同时也是理论发展的必经阶段。

其次，认识论意义的转变。在理论的选择超越本体性以后，从认识论上信仰理论实体还是从语用上承认经验适当的理论实体，就不是科学本身的确证性问题了。物理学家无需在时空本体的认识上达成一致就可以在不同理论的逻辑体系内求解方程，并对它们做出物理解释，这并不会影响到理论本身的发展。比如说超弦理论和圈量子引力理论在逻辑上都是自洽的，也同样地对时空的量子结构和黑洞熵的计算都做出了成功的说明，因此就有量子引力理论中时空理论多样性的存在。这表明，一种理论的说明或解释之所以成功的原因，就在于它赋予了我们对特定语境中难题的求解。[①]没有任何解释或证明是唯一正确的，不同语境中的不同说明或解释不存在绝对的同一性，因而在不同的语境中，说明的意义或语境的意义是不同的。所以，在某种程度上讲，“不存在超越语境的，

---

① 郭贵春. 科学实在论的方法论辩护. 北京：科学出版社，2004：42.

具有独立意义的正确说明”①。再比如超弦理论的计算结果中包含的引力子，目前来说是一种纯几何的粒子，它是理论发展的产物，现实世界中无法观察，但它却与时空理论的关系密切。在马赫的实证论哲学中，时空是经验物质相互作用的结果，绝不会有纯几何的粒子，但是，超弦理论论证的合理性使它继续显示着强大的生命力。这表明这一解释或说明在超越本体论性之后，对理论实体的态度变得淡化，转而侧重于科学语境的解释问题。只有从语境基底去把握和认识，从整体的角度去理解时空理论的多样性，才是目前正确的科学态度。因为，对语境下多种模型并存的承认是科学可操作性的要求。

最后，方法论的统一。从牛顿时空到量子引力时空理论一步步的发展表明，时空理论并不是孤立的构造，事实上它镶嵌于广阔的认识论语境之中。它的发展内在地包含了不同时代物理学家对时空本质的思考、数学理论的发展和物理学形式体系的深入、表征公式和符号的语义变换与扩张、物理学家思维由绝对向相对的转化等一系列语境因素，并且这些因素在时空理论的动态发展中环环相扣，是一个错综复杂的有机整体。因此，要理解现代量子引力时空理论的意义，就需要一种“超越分割，走向整体”的方法论，语境地、整体地去分析。只有超越简单的分割方法论，站在整体论的立场上，才能真正合理地理解理论的意义。在此意义上，语境分析为解析时空理论的诸多元语境因素及其相互关联提供了一种统一的方法论，并由此构成了整个空间的十分“经济”的基础。语境分析的优点在于：第一，层次性与整体性的统一。一方面使得元语境各自的作用和影响详尽展现；另一方面又超越了简单的分割，将各种元语境交互地融合在一起，使得各元素结合得更紧密，渗透得更深入，交融得更有机。第二，历时性和共时性的结合。可以使各个不同历史时期不同时空理论的先后更迭以及各个时期时空理论鲜明的时代特色得到整体的、详尽的展示。第三，绝对性和相对性的一致。从而使得物理学追求时空本质的最终目标与理论发展中暂时的对时空本体性的超越、对理

---

① Leplin J. A Novel Defence of Scientific Realism. Oxford：Oxford University Press，1997：27.

论实体态度的淡化在语境基底上达到一致，最终达到认识时空本质的目的。另外，语境分析方法以其开放性和系统性，促进了不同观点的交流，对现代量子理论的多样性给出了一个合理地位，并为不同的时空理论确立了对话的平台，有助于人们理解不同理论的内涵及其内在的统一性。总之，语境分析方法以多层次、多视角来理解概念、观念和理论的内在意义和言外之意，具有独特的方法论优势。

在对量子引力问题的讨论中，其成果也是很重要的方面，它决定了理论的生命力，鉴于关于超弦和圈量子引力理论的成果及其对物理学统一的影响已在许多文献中有了详尽的说明，这里不再赘述。最后，我们要强调的是：量子引力含有物理学统一的思想，也是人们争论的焦点，在审视理论的合理性时，要从语境的角度正确地认识物理学统一和时空认识统一的这种尝试。一方面，要深刻地洞察这种统一的重大意义，因为这不仅仅是物理学意义上的电磁力、强相互作用力、弱相互作用力和引力四种自然界基本作用力的统一，也不仅仅是广义相对论和量子力学这两大物理学支柱的统一，它还是语境基底上思维多样性、理论多样性和方法论多样性在科学理性层面上的统一，更是哲学和物理学在 20 世纪末 21 世纪初的深刻交融。而另一方面，我们也要认识到统一的路还很长、很复杂，最终结果尚难以预料。但是，从语境基底上去把握量子引力的哲学含义，认识其发展的特征，是一种方法论上的崭新尝试，这种方法的系统性和开放性对我们理解现代物理学甚至是整个自然科学的发展无疑都具有很强的导引价值。

从信息传输看量子测量过程 *

对于量子测量过程的描述在不同的解释体系下各不相同，楚雷克试图用信息的遗失来形象描述量子测量的退相干过程①，但他并未深入下去。本文试图在区分实在信息和主体的意识信息的基础上通过信息传输来对量子测量过程做出分析，并进而认为量子测量过程是一个自在信息的转化和传递过程，同时也是意识信息转化的表征过程。最后，在此基础上，从破坏性与非破坏性的统一来对量子测量过程中的信息保持性进行了分析。

一、量子测量的实在过程——量子退相干

量子相干性是微观世界的根本特征，即微观客体的存在状态是相互

* 本文发表于《自然辩证法研究》2005 年第 9 期，作者郭贵春、赵丹。

① Zurek W H. Decoherence and the transition from quantum to classical. Physics Today，1991，10：36-44.

联系的。量子态的相干性在理论上的表现是态函数的可线性叠加性，在实验上最直观形象的表现则是双缝干涉实验中物质波的空间干涉行为。而量子测量则通过引入仪器的相互作用致使微观客体的量子相干性消失，即发生量子退相干（quantum decoherence），使测量后微观客体处于彼此独立的、互不相干的状态。

量子客体所载有的信息是一种自在信息，是没有与作为主体的人发生相互作用的信息，我们称之为信息 1，它在测量前由于量子状态的相干性故而是相干的，而在测量导致发生退相干之后则是确定的经典信息。当信息 1 传递至主体并与主体发生相互作用时表现为意识信息，我们称之为信息 2，它是主体通过测量而得到的对客体的认识。对于微观客体，信息 2 在测量前是不确定的概率信息，测量后相应也表现为确定的经典信息。如在相干的状态 $\Psi = \sum_n c_n \left|\alpha_n\right\rangle$ 下，主体测量前关于力学量 A 的取值信息 α_n 为概率 $\left|c_n\right|^2$，而测量之后得到 α_n 的概率或者为 1，或者为 0。如同相干性是微观客体所特有的存在方式，是实在的，信息 1 的相干性也是量子客体自身固有的，是实在的；同时信息 2 在测量前的概率性也并不是由于主体的认识能力不足而引入的不完备描述，它是相干的信息 1 在主体处的一致性反映。测量之后，由于测量时引入的经典仪器与微观客体的相互作用，对应信息 1 和信息 2 都转化为了确定的经典信息，信息 2 作为信息 1 在主体处的反映也是一致的。

量子测量最根本的是要实现从量子客体自身所蕴含的信息 1 到主体所获知的信息 2 的传递，这必然要求有一个主客体的相互作用过程，它即是通过引入测量仪器来实现的量子退相干过程。测量过程中宏观仪器与量子系统发生相互作用，继而形成关联引起量子退相干的发生，量子客体失去其量子相干特性，信息 1 由相干的转化为确定的，与此同时，概率的信息 2 被确定的信息 2 所取代，信息实现从客体到主体的传递。在这里，“仪器既是一个量子系统，又必须具有相应的宏观变量”①。仪器的引入一方面是要与被测量子系统发生相互作用，在它们之间形成某种关

① 何祚庥．谈谈量子力学测量问题．物理，1993，7：419-430.

联，当被测物理量取值信息为 q 时仪器的量子部分有唯一的 q'' 与之相对应；另一方面是起放大作用，将仪器的量子部分的信息 q'' 转化为 q'，其中 q' 为主体可直接理解的宏观信息。从被测量子系统载有的量子的信息到主体所识别的宏观信息，信息的传输可分为两个步骤（图 1）①：一是从微观客体至经典仪器；二是主体从经典仪器上对宏观信息 q' 的读取，对信息 1 的读取伴随着主体意识对信息 2 的建构。宏观仪器与量子客体之间的相互作用导致了量子退相干的发生，在此不必引入作为主体的观察者，从而避免了冯·诺依曼测量理论中主观介入的问题。

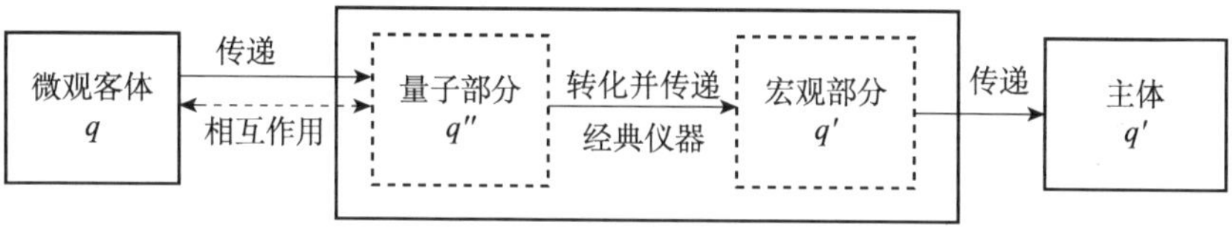

图1　量子测量过程中的信息传输

在冯·诺依曼的测量理论中，测量装置作为多粒子体系同样可用量子力学来描述，被测微观客体 S 同测量装置 M 作为一个复合系统处于量子纠缠态。测量时由于复合系统间的相互作用导致被测系统 S 发生退相干，而此时由于复合系统 $S+M$ 仍然是相干的，需要新的装置 M' 来使得 $S+M$ 退相干。这样一来，便会陷入无限的循环，直到引入观察者 O，才能最终地消除相干项。并且由于无限的仪器链内部的自洽性，最终会导出“物理－心理平行主义”②，从而会过分强调主观意识在客观行为发生中的重要性。

玻尔认为：在对某个量子物体实行一次测量之前，就把一组完全的属性委归于它，那是没有意义的。他在肯定观察的重要性的同时，彻底否定了传统意义上的客观实在性，认为实在性扎根于观察之中，没有具体的测量便无所谓量子客体的物理属性③。测量作为主体行为的一种方式

① 这里考虑的是理想情形，即测量时仪器不会对被测物理量产生干扰。若有干扰时，对应第一个箭头应是双向的，分别表示信息从客体到仪器的传递和信息从仪器到客体的反馈。

② 何祚庥．谈谈量子力学测量问题．物理，1993，7：419-430.

③ 戴维斯，布朗．原子中的幽灵．易心洁译，洪定国校．长沙：湖南科学技术出版社，1992：18.

是不可能离开主体进行的，故玻尔在强调测量对于客体属性存在的决定性的同时也突出了主体对于客体属性存在的决定性。惠勒则进一步引入了“参与者宇宙”概念：在某种意义上，宇宙本来是一个观察者参与者的宇宙……全能的宇宙，没有你，我们将不能存在，可是，每一个现象都依赖于观察这种行为，如果没有诸如像我们所进行的这种观察，你也绝不会成为存在[①]。从冯·诺依曼到玻尔，再到惠勒，作为主体的观察者在客观实在行为中的作用是越来越强烈。在量子测量中，不可否认主体的参与作用，主体作为测量的实施者在测量过程中起着导向的作用，测量仪器作为主体意志的实现者是按照主体目的的导向来运行的。但如上所述观点中，把主体作为客体及其属性存在等此类实在性的前提显然是很荒谬的，如同说在人没有看到月亮之前就说月亮不存在一样难以理解。微观世界是实在的，关于微观世界属性 1 的信息 1 也是实在的，只有信息 2 是不可以离开主体而言的，没有测量就没有我们对微观客体的认识，即没有信息 2 的存在。上述强调观察对于存在的决定性作用的观点是由于混同了实在和我们关于实在的认识，即混同了信息 1 和信息 2 两个不同范畴的结果。

量子测量的退相干过程作为实在的过程是以下几对矛盾体的统一。

（1）微观与宏观的统一。量子客体本身的退相干是不会表现出能够在宏观上所识别的有效信息的。要获得关于微观客体有效的信息，就必须引入经典仪器引起退相干的发生。这也是测量过程中信息的转化和传递所要求的，一方面信息的传递必须是由信源到信宿的满足因果性的过程，另一方面信息的传递是要消耗一定的能量的，经典客体的出现扮演着信宿和提供能量的角色。测量作为信息转化和传递的过程在宏观世界和微观世界间搭建起了一个信息传输的平台。

（2）主体与客体的统一。量子测量作为主体对客体认识的中介，对认识主体而言，它是主体为实现认识目的所创设的一类包含着理论构思的认识工具；对认识对象而言，它是自在存在转化为对象性存在的基本

---

① 吴国林．主体间性、客观性与量子力学的测量问题．自然辩证法研究，2003，19：17-20.

前提。通过测量客体的实在信息得以传输到主体，主体得以了解客体的属性，从而量子测量在主体与客体间建立起了关联性，实现了测量作为主体实践行为方式的一种与自然客体建立起了相关性联系。

（3）相干与退相干的统一。波粒二象性集中体现了量子客体状态的相干性，它是截然不同于经典客体的确定状态的。量子测量的目的要求，同时也是不可避免的，要使相干的量子状态丧失其相干性，在经典的层次上表现出类经典的存在状态，从而可以被主体所识别，进而获得量子客体的信息。这里，从量子相干性到退相干的实现是经典仪器参与的结果。量子测量连接了相干与退相干两种截然不同的存在方式，测量过程是量子状态相干与退相干的统一过程。

（4）决定性与随机性的统一。动力学和塌缩原理是相互冲突的……当我们测量时，塌缩原理对所发生的而言似乎是正确的，而动力学似乎很奇怪的是错误的，但是当我们不测量时它似乎又是正确的。[①] 量子动力学的薛定谔方程是决定性的，给定系统初始条件和系统演化的哈密顿量，我们就能够预言系统任意时刻的状态。而测量过程中的退相干却是随机的，测量时系统可能会塌缩到任意的可能状态之一，它是不能够预测的，是随机的事件。

（5）可逆与不可逆的统一。量子测量的退相干过程是一个熵增加的过程，是时间不可逆的，这也是信息传递的“因果性”所要求的单方向性的体现。而量子动力学理论是时间可逆的，这种可逆性也源于决定论的薛定谔方程。决定性的、可逆的量子动力学理论不可能对随机的、不可逆的测量过程做出表述，关于测量的理论需要独立地引入量子力学体系之内，这样才可以在逻辑上成为统一的闭合系统，这也正是量子力学测量难题产生的本源。

（6）破坏与非破坏的统一。量子测量的退相干过程由于引入了经典仪器的相互作用，从而对被测客体的状态造成了不可逆的破坏。量子测量的这种破坏性是不可避免的，要测量就必然要引起破坏，表现在信息

---

① Albert D. Quantum Measurement and Experience. Cambridge：Havard University Press，1992.

上则是信息 1 从相干到确定的转化。而测量的本意则是要把握客体的某种属性，要求测量是对某物理量值的宏观体现过程，当然是不能够破坏此物理量的。量子测量过程是对客体实在信息的部分破坏性与部分保持性的统一（关于此问题则在第三部分详述）。

二、量子测量的表征过程——波函数的塌缩

波函数的塌缩（wave function collapse）或波包塌缩是测量领域中对量子退相干的一种表征解释。波函数塌缩到表征被测物理量算符的本征态上（对单个量子系统而言）或量子体系的状态由相干的纯态转化为退相干后的混合态（对量子全同系综而言）。退相干是实在发生的，是一种可观察的效应，而波函数是一种人为引入的作为对微观客体状态的描述，属于信息 2 的范畴，是主体基于信息 2 建构出来的一种表征方式，它的塌缩作为一种假设对于理解和计算是十分方便的，但由于具体的塌缩过程和机制从未无歧义地建构起来，因而塌缩问题成为了传统解释中一直被攻击的众矢之的。

传统的量子测量中，测量对系综展开，波包塌缩的量子退相干过程就表示为从初始的密度矩阵到塌缩后密度矩阵转变的非对角项消失过程，即从纯态到混合态的转变。非对角项表征了被测微观客体和仪器之间相互作用的信息，它的消失表征了由于在微观客体与仪器的状态之间发生了纠缠从而引起的主体对于二者相互作用信息的丢失。测量中对部分有用信息的突显或获取伴随着对部分其他信息的模糊或丢失，这也表明了量子测量的退相干过程是不可逆的过程。

而对单个粒子的某个可观察量 A 进行多次重复测量时会得到相同的值，这可以解释为体系的波函数在测量时塌缩到了它的一个分支上 $|\alpha_n\rangle$，波函数发生了改变，再次测量时因为新的波函数 $|\alpha_n\rangle$ 是力学量 A 的本征态，结果当然只能是 α_n。这是对于单个粒子的测量而言的，塌缩后波函数仍然为纯态。

波包塌缩可以用经典的波来形象比拟。如图 2 所示[①]，左边呈高斯分布的波包表示粒子 y 坐标的分布，粒子存在于各点的概率等于该点波函数的波幅的平方，它是由粒子源和粒子束中运动的细节来决定的。实验者利用栅栏来测量每个粒子的 y 坐标。每一个栅栏单元包含有一测量装置，它在不干扰粒子的情形下记录粒子是否通过，则每一栅栏的宽度 Δy 定义了测量的精确度。假定粒子一个个分立通过栅栏，从而能够在测量的时间内关注单个粒子。若测量装置报告粒子通过某个特定单元，则测量后我们关于粒子位置的知识由曲线 2 表达的概率分布来描述。曲线 2 下的面积与曲线 1 下的面积相同，均为一个单位，因为我们知道在实验时间内只有一个粒子出现，且通过特定单元的某部分。若单元宽度 Δy 小于最初的分布宽度 y，则测量后的概率分布比之前的要窄。这个被测物理量的概率分布变窄的过程，伴随着对实验信息的提取，即称为波包塌缩。

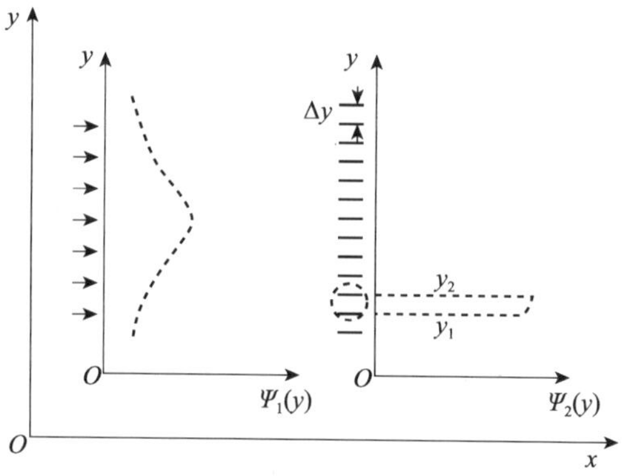

图2　波包塌缩的经典比拟

在波函数塌缩的过程中，主体拥有的关于微观体系的总的信息量即信息 2 的总量是保持不变的，而有效的经典信息量是增加的。这对于单个量子系统和量子系综均是成立的：突现或获取特定信息的同时模糊或丢失部分别的信息。塌缩前，量子体系是相干的，信息 2 关于相干的信息 1 的一致性反映是概率性的，所有概率的总和为 1。塌缩之后，量子相干性消失，信息 2 对确定的信息 1 的反映也为确定的结果，归一化条件

① Braginsky V B，Khalili F Y. Quantum Measurement. Cambridge：Cambridge University Press，1992：25.

要求某物理量对特定本征值的取值概率为 1 或 0。塌缩前后微观客体所传递至主体的信息总量或波函数所承载的信息总量保持不变，而我们能够据以进行某种实在操作的有效信息量，即用经典的术语所表征的确定的信息是增加的。比如在双缝干涉实验中，当我们不试图对粒子究竟从哪个缝中穿过进行测量时得到粒子的干涉图样，而在进行测量时干涉条纹消失，此时我们得到粒子选择路径的信息。在这里，我们或者得到粒子选择哪条路径的信息，或者得到粒子的干涉信息，二者是不可能同时得到的，反映在哥本哈根解释中即是玻尔的波粒二象性，波和粒子的特性不能同时显现出来。

现代的量子力学测量通常对单个粒子展开，而单次测量若在不知道单个量子客体的初始状态下进行时是得不出任何有效信息的。例如在电子的单缝衍射实验中，对于单个电子在照相底片上的测量，我们只能够说此电子处于波函数不为零的区域，而具体位于何处，仅仅是概率也是无从知晓的。对单个量子客体测量的有效性本质上取决于测量前主体关于客体状态的信息的把握，这也符合我们所提出的信息 2 的转化。

波函数的塌缩所反映的量子测量的表征过程是信息 2 的转化过程，它是量子测量退相干的实在过程中信息 1 的转化在主体意识处的反映过程，二者在形式上是一致的。波函数是否真的代表了系统的存在状态，波函数的塌缩是否真实地反映了量子测量的实在过程？对此类问题的回答现在还不太可能，并且在此处也并不重要，重要的是表征对实在的反映在形式上的一致性。信息 2 转化之后，主体所拥有的关于量子客体的信息转化为确定性的，而确定性的信息是与主体的需求相一致的，其相对于操作是有效的，这也正是测量的本意所在。

三、量子测量过程中的破坏性与非破坏性

经典的测量中测量仪器作为主体感知能力的一种延伸，在测量过程中与被测客体的相互作用原则上可以任意的小，并不会破坏被测客

体的自在属性，测量的误差可以通过提高仪器的精密度而趋于无限小，可以忽略不计，同时这种误差是单向的，不会在仪器与客体之间循环以造成额外的噪声干扰，从而保证了测量过程中信息传递的保持性和客观性。而在量子测量中，由于量子客体的特殊性，不再满足以上的基本约定。

量子测量无疑是具有破坏性的，这种破坏性表现在两个方面：一是测量的退相干所引起的对量子客体存在状态不可逆的改变。“突然间除了仅留下与‘答案’相对应的单一波图之外，所有其余构成波全都消失，干涉效应停止，继后波图全然改变了。”①这种破坏性对于量子测量是必然的，只要进行测量就必然会不可逆地破坏量子客体的存在状态，并且是无可挽回的，“我们不可能取消它，并恢复原来复杂的波图”①。二是在具体的测量过程中，由于仪器对客体的干扰作用，会影响被测物理量的真实取值。对微观客体的某一力学量进行精密测量时，将不可避免地对其共轭分量产生一个扰动，一般情况下，这一扰动在测量过程中又将反作用于原可观测量，且测量精度越高，扰动程度越大，从而产生测量噪声。这种测量中的反作用干扰是微观客体的量子特性所固有的，它的存在限制了对物理量测量的精确度，限制了信息从客体到主体传递过程中的精确保持性。例如对自由粒子位置的测量会由于时间的演化导致动量不确定度的变化而引入关于位置信息的噪声。这种量子测量的破坏性可以通过合理地选择系统的待测力学量和与之相互作用的测量仪器，从而克服测量过程中共轭分量的反作用干扰，使人们能以任意精度进行重复测量，同时不必在测量误差之外引入别的噪声，保证了测量所得到值的客观有效性，信息在传输过程中不被破坏或修正，而是保持性地传递，在信息 1 和信息 2 之间建立起精确的一致性关联。需要说明的是，满足此理想情形的物理量是少数的，比如自由粒子的动量等守恒量和与守恒量相对易的物理量。

冯·诺依曼提出了量子系统 S 的两种演化模式分别称为“过程 1”和

---

① 戴维斯，布朗．原子中的幽灵．易心洁译，洪定国校．长沙：湖南科学技术出版社，1992：24.

“过程 2”：一个是由测量引起的非幺正的、随机的、熵增加的演化，测量对象与测量仪器构成的组合系统的态从叠加态转变到其中的一个具体的可能态，微观系统的态发生了不连续的、不可逆的变化；另一个是由含薛定谔方程描述的幺正演化，描述了微观系统在未被测量时态随时间的连续的、可逆的演化过程[①]。这种过程的区分也可应用于测量的内部，第一步是非幺正的、随机的和熵增加的塌缩过程，唯一的由测量装置的条件概率 $w=(\tilde{q}|q)$ 所决定。$w=(\tilde{q}|q)$ 表示在测量中对应于物理量取值为 q 时仪器的读数为 $\tilde{q}$ 的概率，它表征了仪器的取值信息，对应于信息从微观客体至宏观仪器所经历的转化和传递。这一步不改变被测量的物理量的值，若应用于对系综的测量，则这一步之后所选定的可观察量的概率分布保持不变。第二步是幺正的演化，对应于测量中仪器对被测客体的干扰，它隐含在仪器的干扰算符中，并由测量过程的具体细节所决定。仪器的干扰作为信息反馈到达被测客体从而影响被测物理量的取值，这时信息在仪器与被测客体间的传输是双向的。

当仪器的干扰算符与被测物理量相对易时，测量的整个过程对于被测物理量不存在噪声，信息从客体到仪器的传输中不存在反馈，测量是在不破坏被测物理量相应表征的属性的条件下进行的，这种测量称为量子非破坏（quantum nondemolition，QND）测量，是由 V. B. Braginsky、K. S. Thorne、W. G. Unruh、C. M. Caves 等在 20 世纪 70 年代提出的。在测量前后，表征客体存在状态的波函数发生了不可逆转的变化，但所要测量的属性仍保持不变，关于被测属性信息的保持性传递保证了波函数塌缩前后客体形态的某种因果同构性，当然这种因果同构性只是部分的。

量子非破坏测量不对被测物理量进行破坏的特性在测量引起不可逆状态变化的情形下保证了测量结果的不变性，保证了测量的客观有效性，在量子测量的实验开展中具有十分重要的意义。当然量子非破坏测量的

① Bub J. von Neumann’s Theory of Quantum Measurement//Redei M，Stoltzner M. John von Neumann and the Foundations of Quantum Physics. Dordrecht：Kluwer Academic Publishers，2001：63-74.

过程仍然满足测不准关系。通过测量前态的制备能够以任意精度得到被测物理量的值，但同时会对与被测物理量相共轭的量进行干扰，此过程中的不确定关系为：$\delta X_{m1}\delta P_{add} \geqslant \hbar/2$。量子测量过程中的不确定关系表明对量子体系的信息获取是有限的，不完备的。对于信息的获取需要与携载信息的信源发生相互作用，而这种相互作用不可能被明确地从未受到干扰的客体行为中分离出来，故主体得到的意识信息不是量子客体实在信息的全部复制，只可能是部分的复制。它也反映了一个测量（信息获取）是相对的，究竟观测到了什么，既与作为信源的微观粒子有关，也与作为信宿的观测仪器有关，因为仪器作为信息传递的必然通道在测量中是必不可少的。

量子测量过程是破坏性与非破坏性的统一，破坏性是量子测量所不可避免的，而非破坏性则保证了量子测量的可能性和测量值的可信度，也正是基于对被测物理量信息的非破坏性，测量才能够是有意义的，测量的结果才是有用的。量子测量中破坏性与非破坏性的统一保持了一种部分的因果同构性，鉴于此，我们对量子测量的展开应该尽可能的加大同果同构部分的比例，增加非破坏性的因素，以提高测量的有效性。这为量子测量的开展指出了努力方向，而量子非破坏测量的发展正是沿着此方向前进的。

四、结语

关于量子测量问题的争论从量子力学诞生之日起就没间断过，物理学家和哲学家们从各自的视角提出了不尽相同的解释，对测量过程的解释也各有千秋。将基本的测量过程和它的表征过程区分开来加以分析是必要的，有助于我们对测量过程中主体和客体不同角色的把握，能够清晰地对物理概念的内涵和外延予以界定。实在过程是实在发生的，是可观察的效应，而表征过程是实在过程在主体意识中的反映。不同的表征体系从不同的视角，在不同的层面上表征着不同的物理内涵，即便如此，从实验的角度出发来寻找实验所支持的一种基本的立场，作为将来解决测量难题的出发点是可能的，也是可行的，并且是必要的，有重要意义的。因为实验是各种解释体系的一致出发点，也是理论最后得以验证和确立的归宿。本文正是沿此思路进行的，澄清量子测量的基本过程是进行下一步从实验出发的分析与研究的前提，而进一步的分析将在另文中进行。

模态解释：量子力学的新图景*

本文以“测量难题”的困惑和解决为线索，全面介绍了20世纪70年代以来量子力学的一种全新的诠释理论——量子力学的模态解释（modal interpretation of quantum mechanics）的思想内核和勾画的新的微观图像。文章不仅是对“测量难题”最新发展动态的认识，也试图对物理学哲学的最新发展主题作一剖析。

一、“测量难题”的困惑

1932年，冯·诺依曼证明量子力学可以表述为希尔伯特空间中厄密算符的运算，建立了完整的量子力学逻辑体系①，被公认为是“量子力学的标准体系”（standard formulation）。冯·诺依曼标准体系预言了测量基

---

* 本文发表于《自然辩证法通讯》2006年第2期，作者贺天平、郭贵春。

① von Neumann J. Mathematical Foundations of Quantum Mechanics. Princeton：Princeton University Press，1955.

本粒子的结果，这些预言与我们的观察吻合得非常好，对工具主义者来讲，这就是他们想从理论中得到的。如果人们认为物理理论就是一个严格工具主义的方法，那么标准体系就足够了。

但是，量子力学标准体系仍然存在不足，其中一点就是对量子系统本身的情况没有说清楚。在实在论者看来，关于基本粒子的真正的物理理论，旨在描述这些粒子存在的属性（property）。虽然量子力学与实验观察相吻合，但是标准体系并没有清晰描述基本粒子的属性，它仅仅涉及这些粒子的测量。所以，“如果人们对量子力学采取了更实在的态度，并且认为量子力学是关于电子、光子等独立于人们也独立于测量的理论，那么标准体系仅仅是一个开端”[①]。因此，从实在论的观点看，人们需要一种解释，用来说明：量子力学描述的实在是什么样的。那么一个解释需要做到什么呢？解释需要满足以下两点：（Ⅰ）解释应该是对实在很好的描述（well-developed description of reality）。也就是说，解释应该把位置、自旋、能量这样的量不仅仅看作系统的可观察量，更应该把它们看作系统拥有的、独立于观察或测量的物理量，其中将属性归属于系统和确定系统物理量的值是两项重要的任务。（Ⅱ）解释在描述实在上是经验上适当的（empirically adequate）[②]。这意味着一个解释应该恢复量子力学标准体系关于测量的预言，因为标准体系的预言的确与实验结果吻合得很好。首先对此做出解释并长期占据统治地位的是哥本哈根学派，他们的观点如下：

（1）标准体系中定义的可观察量被看作是物理量。在标准体系中用算符 A^α 描述可观察量，在解释中用相同的算符表示物理量，A^α 满足离散谱分解 $A^\alpha=\sum_j a_j\sum_k\left|a_{jk}^\alpha\right\rangle\left\langle a_{jk}^\alpha\right|$，其中 a_j 是 A^α 的本征值 $\sum_k\left|a_{jk}^\alpha\right\rangle\left\langle a_{jk}^\alpha\right|$ 是与之对应的本征映射。

---

① Vermaas. A Philosopher's Understanding of Quantum Mechanics：Possibilities and Impossibilities of Modal Interpretations of Quantum Mechanics. Cambridge：Cambridge University Press，1999：16.

② 范·弗拉森. 科学的形象. 郑祥福译. 上海：上海译文出版社，2002：248.

（2）认为 A^{α} 的本征值 $\{a_j\}_j$ 中的一个是物理量的确定值。物理量有值 a_j 的属性用与 a_j 对应的本征影射 $\sum_k |a_{jk}^{\alpha}\rangle\langle a_{jk}^{\alpha}|$ 表示。因此，物理量有值 a_j 当且仅当属性 $\sum|a_{jk}^{\alpha}\rangle\langle a_{jk}^{\alpha}|$ 存在。如果我们用［A^{α}］$=a_j$ 表示 A^{α} 有值 a_j 且用 $\left[\sum_k |a_{jk}^{\alpha}\rangle\langle a_{jk}^{\alpha}|\right]=1$ 表示 α 有属性 $\sum_k |a_{jk}^{\alpha}\rangle\langle a_{jk}^{\alpha}|=1$，那么分配值和属性描述的关系用下式表示：

［A^{α}］$=a_j$ 当且仅当

$$\left[\sum_k |a_{jk}^{\alpha}\rangle\langle a_{jk}^{\alpha}|\ |a_{jk}^{\alpha}\rangle\langle a_{jk}^{\alpha}|\right]=1 \tag{1}$$

也就是说，物理量 A^{α} 有确定值（即本征值）a_j，当且仅当系统 α 的态处于与该本征值 a_j 相对应的本征矢量 $|a_{jk}^{\alpha}\rangle$；进一步讲，如果系统 α 的态处于本征态 $|a_{jk}^{\alpha}\rangle$，则 A^{α} 的冯·诺依曼测量就会得到结果 a_j 且玻恩概率为 1。这样，物理量 A^{α} 有确定值 a_j 当且仅当 a_j 的玻恩概率为 1，即 $[\sum_k |a_{jk}^{\alpha}\rangle\langle a_{jk}^{\alpha}|]=1$ 当且仅当 $\mathrm{Tr}^{\alpha}[W^{\alpha}\sum_k |a_{jk}^{\alpha}\rangle\langle a_{jk}^{\alpha}|]=1$。这就是“本征值－本征态关联”(eigenvalue-eigenstate link)[①]。哥本哈根学派的解释就是在标准体系基础上增加了本征值－本征态关联，由于它被公认为是量子力学的最好的诠释，所以又被称为“正统解释”(orthodox interpretation)。

由于正统解释建立在冯·诺依曼标准体系的基础之上，所以正统解释与标准体系是完全一致的。也就是说，正统解释恢复了标准体系的预言，即仪器 μ 的指针读数物理量 $M^{\mu}=\sum_{jmj} R_j^{\mu}$ 得到结果 m_j 其概率为 $\mathrm{Tr}^{\mu}(W^{\mu}R_j^{\mu})$，与被测量的物理量 A^{α} 的本征值 a_j 相对应。这一点是通过“投影公设”实现的，测量仪器的态“塌缩”到

$$W=\frac{R_j^{\mu}W^{\mu}R_j^{\mu}}{\mathrm{Tr}^{\mu}(W^{\mu}R_j^{\mu})},$$

其概率为

① Fine A. Probabilities and the interpretation of quantum mechanics. British Journal for the Philosophy of Science，1973，24：1-37.

$$\mathrm{Tr}^{\mu}(W^{\mu}R_j^{\mu})=1 \tag{2}$$

因此，正统解释得到$[R_j^{\mu}]=1$测量之后，M^{μ}有值m_j其概率为$\mathrm{Tr}^{\mu}(W^{\mu}R_j^{\mu})$。这就是标准体系的预言。

至此，正统解释通过观点（1）和观点（2），实现了完成一个解释需要满足的要求（Ⅰ）和（Ⅱ）。我们或许会想，正统解释又一次宣告了量子力学的圆满结束：它把值分配给物理量，把属性归属给系统，恢复标准体系的预言，得到了可接受的实在描述。

然而，如果有人问：正统解释给了这些物理量和属性一个可靠的理论吗？那么，正统解释仍然不能令人满意。因为新的问题又出现了：正统解释所依赖的标准体系中，测量相互作用与系统之间的相互作用相比，有一个异常的特征，即波包塌缩

$$\Psi_0(x)\xrightarrow{\text{突变}}\Psi_{n'} \tag{3}$$

其中，$\Psi_0(x)=\sum_{nC_n}\Psi_n(x)$和$\phi_0(y)=\sum_{nC_n}\phi_n(y)$分别为被测微观客体和测量仪器的初始波函数。在接受测量之前，$\Psi_n(x)$只是原来态函数Ψ_0对力学量的本征态展开式中的一个分量。按冯·诺依曼理论，在测量之后，系统的态从Ψ_0变成$\Psi_{n'}$，或者说Ψ_0投影到它的一个分量$\Psi_n(x)$之上，所以最初冯·诺依曼把这一公设叫作“投影公设”。因为薛定谔理论中把态函数看成空间存在的真实的波，粒子是波的密集，所以称为“波包”，相应地该假设也被称为“波包塌缩”。

波包塌缩成了量子理论最受关注的主题之一。第一，波包塌缩是一种不连续、非因果的变化，不能约化为连续的、因果的变化，形象地刻画了测量前后系统状态的改变，以至于使得“测量”成为微观世界独立的、难以理解的而又神秘的物理现象①。第二，量子系统的两种演化方式存在鲜明的矛盾：第一种演化是熵不变过程，是决定性演化；第二种演化是熵增加过程，是非决定性演化。这就是臭名昭彰的“测量难题”。第三，波包塌缩成了量子力学务必跨越而又难以逾越的理论难题，科学家面对“波包塌缩”所能做的工作要么是修正波包塌缩理论，要么重新建

① 张永德．量子信息论——物理原理和某些进展．武汉：华中师范大学出版社，2002.

构量子力学基本体系，而这项工作中的任何一种选择都势必是非常艰巨而繁重的任务。第四，波包塌缩从提出之日起，就不断受到猛烈的抨击，最刻薄的挑战就是大家熟知的“薛定谔的猫”和“魏格纳朋友悖论”。以波包塌缩为核心构成的“测量难题”也成为物理学家和科学哲学家长期争论的焦点之一，成为科学哲学最热门的话题之一。

这样，我们又回到起点：从实在论的观点，我们需要一个解释；从方法论的观点，我们需要去除测量的异常特征。模态解释正是在这样的背景下，闪亮登场的。

二、模态解释的回答

一个新的诠释理论必须做到三点：一是避免波包塌缩，给出一致性解释；二是满足经验适当性原则，即恢复标准解释的预言；三是有一个客观实在的描述[①]。1972年，美国著名哲学家范·弗拉森率先提出量子力学的模态解释。由于模态解释在正统解释的基础上作进一步的分析，并没有破坏正统解释的观点（1），所以第三个要求是不证自明的。模态解释通过三步实现另外两个目标。前两步在拙作《量子力学的模态解释》中曾作过一番陈述，强调模态解释如何从物理学方程的角度处理问题；第三步，我们强调它所采用的方法，从方法论的角度分析模态解释的独到之处。

第一步，否定“本征值－本征态”的等价性，区分具有不同性质的态。模态解释抓住了量子测量过程中的不自洽性，认为正统解释中属性与可观察量、态和值的等价性是不可能的。正统解释确定可观察量的值和归属系统的属性都是有问题的，系统处于某态与某观察量有值必须分开来考虑，所以模态解释认为：

（1）微观系统 X 在时刻 t 处于态 S，称系统 X 有态 S：$X \rightarrow S_t$；

① 按前文所述，一个解释应该对系统做实在的描述。但是，模态解释对实在的描述并不存在统一的看法。模态解释的创始人范·弗拉森认为，科学理论是建构的，只需要满足经验适当性原则；而有些模态解释研究者认为模态解释需要对实在做出很好的描述。

（2）微观系统 X 的某一可观察量 B 在时刻 t 有值 b：$X \rightarrow B_t=b$。

由此，模态解释首先区别了微观系统的态的性质。模态解释在量子力学的基本体系中严格区分了微观系统扮演上述不同角色的量子态：

（1）理论态（theoretical state，用 T_S 表示）：详细描述孤立系统的演化和相互作用是如何反应的。

（2）事件态（state of affairs，用 S_{OA} 表示）：详细描述可观察量有值和值是多少。

二者的区别在拙作《量子力学的模态解释》中作了详细比较。而且事件态又分两种。量子力学基本理论指出，量子力学的态是由一组本征态叠加而成的，每一种本征态的出现都是“可能的”，而每一个本征态都对应于一个确定的值，具有多元性，被称为“可能事件态（possible S_{OA}）”；而测量的结果只能是该组本征态中任何一个本征态所对应的本征值，该本征态的出现是“一定的”，具有唯一性，被称为“实际事件态”（actual S_{OA}）。

这种二分法引起许多物理学家和物理哲学家的密切关注，认为可以解决更多的问题，从这种方法出发，建立了系统的模态解释理论。这种二分法是对“本征值－本征态关联”的彻底否定，是对量子力学标准体系的革新，也是对哥本哈根解释的修正性补充。

第二步，“测量”是从可能到现实的过渡，也是从可能事件态到实际事件态的过渡。从多种“可能”变成一种“确定”是原来的量子理论无法解释的，但是用模态逻辑来分析却是一个很自然的问题。[①]

概言之，逆着时间演变，当我们看到测量结果（实然命题：量子态 $|\psi\rangle$ 处于 $|\psi_1\rangle$）而“回溯”测量前理论所预言的多种可能（可能命题：量子态 $|\psi\rangle$ 可能处于 $|\psi_1\rangle$）时，整个分析是逻辑推演的必然结果，并没有矛盾。反过来，顺着时间演变，根据测量前理论所预言的多种可能（可能命题），跟踪下一步测量结果（实然命题），这是非有效的；但是，我们可以说，从某一种可能到某一个结果是可以满足的。所以，“可能的”理论到“实然的”事实证明只可满足，而非永远有效，事实证明也就是

① 贺天平，郭贵春．量子力学的模态解释．哲学研究，2004，9：50-56.

如此。这样就避免了波包塌缩①。

模态逻辑在量子力学中的移植是量子理论分析方法上的一次突破，也是语言分析方法在自然科学深层应用的一次尝试，对量子力学语言系统进行分析是量子理论分析中前所未有的全新方法。

第三步，语义理论的全面移植。应用逻辑推理避免波包塌缩，仅仅满足了解释的一个要求，由于否定“本征值－本征态关联”也破坏了标准体系的预言，所以如何满足另一个要求即恢复标准体系预言成为一个新的问题。模态解释在把模态逻辑引入量子力学的同时，把模态逻辑的语义理论全面移植到了量子理论，试图恢复量子力学标准体系预言。

模态逻辑语义理论以克里普克可能世界语义理论最为流行，其中心概念为模型。一个模型 μ 是一个有序的三元组〈W，R，V〉，其中 W 是可能世界的非空集合，W 的元素当然是各个不同的可能世界 w_1，w_2，…，w_n，…；R 是定义在 W 上的二元关系，通常被称为“可通达关系”，w_iRw_j 因此也被说成是由 w_i 可通达到 w_j，其直观意思是：w_j 相对于 w_i 是可能的；V 是一个赋值，它使模态公式 α 与 W 中的元素或者子集相联系，从而使 α 在这些元素或子集上为真或为假。

与可能世界理论 W 相对应，在量子力学中，测量所得到的每个结果 w_j 表示一个可能世界，所有可能世界的集合构成这个非空集合，而量子力学中的这个可能结果用 $\mathcal{DP}_j$ 来表示。由于模态解释的各种形式体系，该非空集合要么是一个布尔代数集，要么是一个赝布尔代数集，即 $\mathcal{B}(\{S_j^a\}_j)$ 或 $\mathcal{F}(\{S_j^a\}_j)$。

可能世界理论中关系 R 表示从一个“可能世界”到另一个“可能世界”可通达的规则。如果将 w_iRw_j 的关系式中的 w_j 视为现实世界，则该关系式就转化为从其中一个可能世界到现实世界的可通达关系，在量子力学中将这种“可能”到“实际”的转化简单表示为“可能世界”到集合 {0，1} 的影射。函数关系 R 用规则 $[\,.\,]_j$ 表示。

可能世界理论中 V 是一个赋值：如果该可能世界变为现实，则 V=1；如果该可能世界未变成现实，则 V=0。这时，我们能否问：某一可能世

① 贺天平，郭贵春．量子力学的模态解释．哲学研究，2004，9：50-56.

界变成现实的可能性大如何刻画？另一可能世界变成现实的可能性小又如何刻画？这种可能性的大小在亚里士多德哲学中用“潜在”（potential）的概念表示。量子力学中的概率波正是这种古老的“潜在”概念的定量描述，“这是正好介于可能性和现实性之间的一种新奇的物理实在”[①]。范·弗拉森也认为，“概率是一种模态，是一种分级的可能性”。这个赋值不再是真与假的选择，而是一种“可能世界”出现的可能性的定量刻画，在量子力学中用概率 P_k 表示。

如此一来，模态逻辑的语义学理论全面移植到量子力学，其对应关系表示如下：

语义学理论 $\langle V, W, R\rangle$

$M \quad M \quad M$

量子力学 $\langle P_k, \mathcal{DP}_j, [\,.\,]_j\rangle^n$

从数学形式体系上，模态解释称上述移植而来的三元组为“全属性归属”（the full property ascribed），通过 $W^a\alpha\langle P_j, \mathcal{DP}_j, [\,.\,]_j\rangle$ 将属性赋予系统，目前最新的全属性归属为

$$\rangle p_k = p(C_k^\alpha),\ \mathcal{DP}_k = \mathcal{DP}(C_k^\alpha), \left[O^\alpha\right]_k = \frac{\mathrm{Tr}^\alpha\left(C_k^\alpha Q^\alpha\right)}{\mathrm{Tr}^\alpha\left(C_k^\alpha\right)}\langle \qquad (4)$$

由此而建构的“新的本征值－本征态关联”将测量值分配给物理量

$[A^\alpha]=\alpha_j$	当且仅当	$[\sum_k \lvert\alpha_{jk}^\alpha\rangle\langle\alpha_{jk}^\alpha\rvert]=1$	
$[A^\alpha]\neq\alpha_j$	当且仅当	$[\sum_k \lvert\alpha_{jk}^\alpha\rangle\langle\alpha_{jk}^\alpha\rvert]=0$	（5）
A^α是否有值α_j不确定	当且仅当	$\sum_k \lvert\alpha_{jk}^\alpha\rangle\langle\alpha_{jk}^\alpha\rvert$不确定	

至此，模态解释以第一步为理论基础；通过第二步避免波包塌缩；第三步将属性归属于系统，将值赋予物理量，恢复了标准体系的预言，满足经验适当性。这样，模态解释既满足了本节开头所提出的两个要求，同时也很好地弥补了正统解释的缺陷。正是在这个意义上，范·弗拉森认为他的模态解释是对哥本哈根解释的一次修正，称为“哥本哈根模态

① 海森堡.物理学与哲学.北京：商务印书馆，1984：11.

解释”（the Copenhagen modal interpretation）。

三、模态解释勾画的新图景

模态解释彻底改变了传统量子力学的图景。

第一，改变传统决定性与非决定互相排斥的经典逻辑思路。就传统量子力学而言，一方面，大家公认量子力学描述了非决定性的世界（演化方式②）；另一方面，量子理论描述孤立系统的态是决定性地演化的（演化方式①）。面对这种不协调，许多科学家和科学哲学家想方设法改变这个事实。其方法有以下三种情况。①

（1）否定决定性。孤立的量子系统的态终究不会决定性演化。这种观点冯·诺依曼比较支持。

（2）否定非决定性。这种观点认为，测量过程不能看作孤立系统演化的过程，它是一种不完备描述的相互作用，遗漏了许多东西。这种观点的支持者比较多。最根本的一种就是认为量子理论应该是包括观察者（至少是测量环境）在内的演化理论，而这些部分往往被我们所遗漏。哥本哈根的早期文献就持这种观点。同时，艾弗雷特的多世界解释认为，非决定性只是人们的一种幻觉，如果描述我们身边的所有世界，非决定性就会消失。

（3）既不否定决定性也不否定非决定性。决定性是整个系统演化的决定性，非决定性是测量结果的非决定性，这两者是整个系统的两个方面但需要协调。

模态解释采取的是第三种方式。从态的区分来看，理论态是事件态的本体论基础，理论态实实在在刻画了微观系统的本质与结构演化。理论态永远遵循薛定谔方程决定性地演化，无论是否测量；而事件态是理论态的测量表现，但受玻恩概率的限制。具体讲，我们否定将值分配给可观察量和将属性分配给系统的等同性，这样，态就能够决定性演化，

① van Fraassen B C. Quantum Mechanics: An Empirist View. New York: Oxford University Press, 1991: 275.

但在值的改变上受统计性限制。

第二，改变了“本征值 - 本征态”的等价性。正如前文所述，一个科学理论要完成两项重要任务：其一，将属性赋予系统，即实际拥有属性的确定；其二，将值分配给物理量，即确定物理量的值。在冯·诺依曼看来，这种属性和物理量是等价的。属性通过系统的态来描述，物理量通过测量的值来描述。这样一来，态和值的分离就是不可能的，也正是在这种情况下，正统解释以“本征态 - 本征值关联”作为自己的理论支柱之一。

但是，上述观点存在着严重的问题。在经典力学中，“本征值 - 本征态”的等价是可以理解的，因为在经典力学的图像中，测量被看作是没有干扰的；任何时间任何可观察量都有唯一的一个值由测量确定地显示出来。但是量子力学要求我们必须将二者分开来考虑：改变本征值 - 本征态之间的等价性，就改变了系统属性和物理量之间的等价性，也就改变了属性性质和物理量值之间的等价性。

如图 1 和图 2 所示，在标准体系中，态与测量结果之间的一一对应关系已经被彻底摧毁，而代之以图 2 中所示的单向关系。系统的态概率地决定系统实际拥有的属性和概率地决定在此系统上执行的测量的结果；相反，一个孤立系统的实际拥有属性和在孤立系统上执行的准备测量的结果，都不能得到关于系统的态的总体信息；从属性和测量结果确定系统的态是非常难的。而且，系统初始拥有属性概率地决定在该系统执行的测量结果。但是，因为这个概率关系不唯一，只有在特殊情况下才是可推出的。

图1　标准体系量子图景

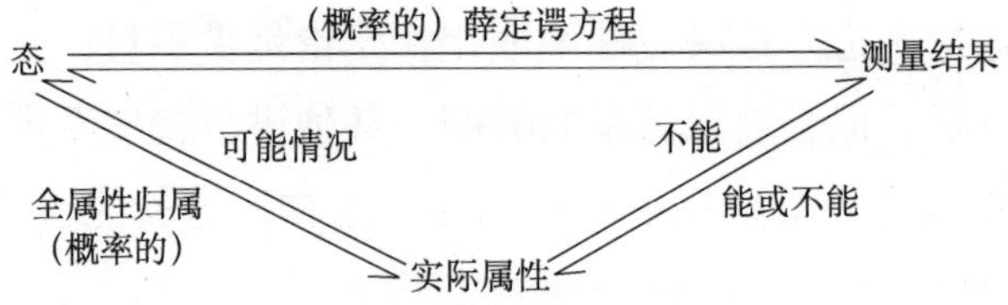

图2　模态解释量子图景

第三，改变了冯·诺依曼测量中的演化过程。模态解释认为，测量是一种模态演化。理论态的演化与测量无关，永远遵循薛定谔方程，而且是符合模态逻辑规则的。这样一来，模态解释就消解了冯·诺依曼的解释规则和“投影公设”（图 3 和图 4），并且预言了原来量子力学所预言的一切。在冯·诺依曼理论中仅有一种态的两种变化（见前文演化方式①与演化方式②），在模态解释中有相应的两种态的变化［见前文理论态（1）和事件态（2）］。模态解释中的第一种态（即理论态）的演化与冯·诺依曼解释中的态的第一种演化完全相同，即按薛定谔方程决定性地演化；冯·诺依曼解释中的态的第二种非决定性的非因果突变，在模态解释中是不需要的。我们从测量结果的仪器指针所显示的确定值，可运用模态关系回溯到理论态的可能值。理论态自身在整个测量进程中始终没有发生塌缩，模态解释以这种方式描述了所有时间内系统的性质，而无论是否作了一次测量。模态解释由此对量子测量做出了逻辑一致性的解释。

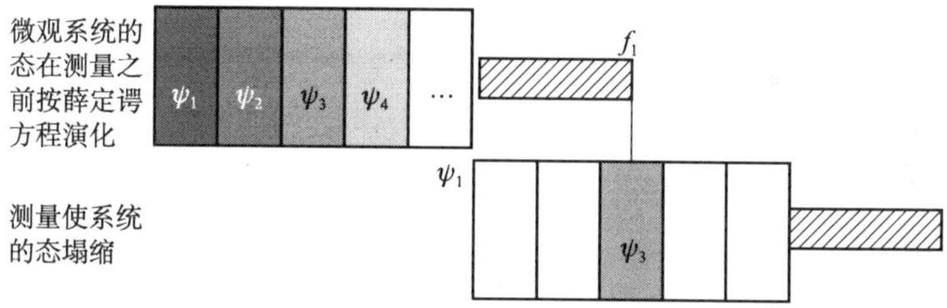

图3　冯·诺依曼解释示意图

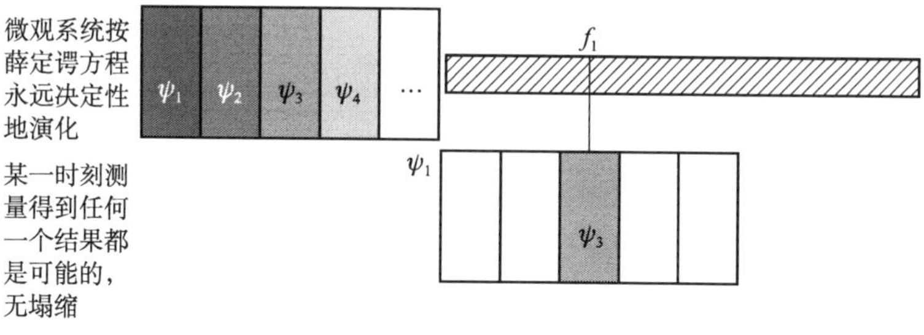

图4　模态解释示意图

第四，态被分配概率，模态被认为是一种实在。模态解释中的态在传统量子图景之内，但是该态给出事件实际发生的概率，这是超出传统量子力学图景的。如果事件真的被分配概率，它也没有超出量子力学图景，而态被分配概率就大不相同了。换句话说，态限制了什么能发生和什么不能发生以及怎么样发生，即限制可能、不可能和发生的概率，但是不能说实际发生什么。从可能到实际的过渡不是态的过渡，只是用态所描述的一种过渡。

虽然模态问题很早就被亚里士多德讨论过，但是在后期，唯名论和现代经验论极力反对这种模态的作用，他们认为模态仅仅是附属于观念之间的关系，或附属于言语关系，而不属于物理现象。正如范·弗拉森所言，这个问题在20世纪变得更加尖锐了，因为新的模态即程度不等的可能性在自然科学中占据了中心位置，这就是概率。

有关量子力学的模态问题，冯·诺依曼、玻尔、爱因斯坦、玻姆等都不曾把模态视为量子力学的一个主要问题来考虑，他们仅仅认为，概率是一种科学统计的工具，非决定性地描述了这个世界或非决定性地刻画了这个世界不确定性的实在。

我们认为，模态是一个实在，它同其他实在性质一样，在物理学上是通过物理量来描述的，如同质量描述实体的轻重，速度描述实体的快慢一样。这些物理量描述的是物质的实在性质。而概率描述的是实体的可能性即模态。一切事物都具有模态，模态是任何实体不可避免的实在。概率不再仅仅是描述事件发生的一个数学工具，而是刻画实体本质属性的一个物理量；模态不再仅仅是人们判别实体或事件发生的一种估计，而是系统本身内涵的一种实在。

因此，模态解释是继隐变量理论、多世界解释之后，解决“测量难题”的第三个非塌缩的解释理论，也是量子力学发展史上一个新的具有发展前景的量子力学解释理论。量子力学的模态解释给“测量难题”的解决提供了新的视角，勾勒了量子世界的新图景，给量子力学的解释输入了新的活力，为物理学哲学的发展开辟了新的方向。

论能量－时间不确定关系的解释语境*

自1927年海森堡提出不确定关系以来，关于其解释的争论一直未休，其中对于能量－时间不确定关系（energy-time uncertainty relation，ETUR）的争论更甚。物理学家们基于不同的解释语境阐释了能量－时间不确定关系的内涵和意义。时间在量子力学中是一个很模糊的量，在不同的解释语境下有不同的指称和意义，因而脱离了具体的解释语境去争论究竟能量－时间不确定关系存在否、它的意义是什么，只会导致更多的混乱。基于此，文章在对时间在量子力学中的三种不同角色区分的基础之上，分析了在不同解释语境下的能量－时间不确定关系的指称和意义，并从其意义的哲学基础出发，试图厘清在能量－时间不确定关系的解释上存在的混乱。

---

* 本文发表于《自然辩证法通讯》2007年第2期，作者郭贵春、赵丹。转载于中国人民大学复印报刊资料《科学技术哲学》2007年第7期。

一、认识论的解释语境

在量子力学中，时间 t 通常指的是牛顿的绝对时间："绝对的、真实的、数学的时间，由于它自身的本性，与任何外界事物无关地、均匀地流逝……" 在薛定谔方程中，t 是系统演化的参量，是外部的时间，它只是表示系统之外的事件之间的一种顺承关系，不包含物理事件。此种参量的时间由实验操作者实验室的时钟来确定，与系统无关。

作为参量的时间，它同能量之间的不确定关系不可以同位置－动量不确定关系（position-momentum uncertainty relation）建立在相同的基础之上的。因为位置、动量和能量都有相应的量子力学算符与之相对应，是量子力学可观察量，而时间只是外部的参量。那么，此种参量时间含义下的能量－时间不确定关系在何种意义上成立呢？能量指称什么？它的意义又如何呢？

1. ΔE 指称能量测量的不准确度

海森堡最初是通过对确定原子磁矩的斯特恩－盖拉赫（Stern-Gerlach）实验的分析来提出能量－时间不确定性关系的：原子穿过偏转场所需的时间 Δt 越长，在能量测量中的不确定性 ΔE 就越小①。这里，Δt 是外部的时间，是测量能量所需时间，它的测定是通过实验者的操作来实现的，若在 t_1 时刻开始测量，t_2 时刻测量结束，则有 $\Delta t=t_2-t_1$；ΔE 是测量能量的不准确度，它是在测量过程中由仪器的有限性引起的，若实测能量值为 E'，能量本身的值为 E，则有 $\Delta E = | E'-E |$。

玻尔对能量－时间不确定关系的推导是从经典的波列本身出发进行的，属于本体论的层面，但他对此关系的解释却是认识论的，表现为：一是时间和能量两个经典的概念在原子层次应用的不可兼容性，精确的时空标示和因果要求二者只能有一个得到满足，即互补性原理；二是在能量的测量中，由于仪器的不可控制的作用使得测量必须考虑到测量客

① 雅默．量子力学的哲学．秦克诚译．北京：商务印书馆，1989：76.

体、测量仪器等整个测量语境，这样一来时间的延续也作为测量语境的要素之一在起作用。“在此之后，玻尔开辟了将仪器作为量子力学解释中所考虑的主要因素的传统，这种对测量仪器的关注是与关注测量过程且不对系统的本性引入内在不确定性的对不确定的认识论解释相关联的。”①

至于海森堡的解释态度，我们能够借用他对位置－动量不确定关系的分析来理解。海森堡提出了一种操作性的假设——“测量即意义原则”：“粒子的位置”这个术语有意义，仅当能够描述一个测量“粒子的位置”的实验；否则这个短语就根本没有意义。②具体到能量－时间不确定性关系上，则是实验只允许我们在 Δt 时间内测得精度为 ΔE 的能量值，理论的意义极限即是如此。即便海森堡在一种操作主义或是实证主义的情形下，后来模糊了在本体论和认识论的不确定关系间的差别，但他对于不确定度的认识论解释态度相对是明晰的。

2. ΔE 指称测量中能量的变化量

朗道（Landauer）和派厄尔斯（Peierls）不同意前述解释，认为 $\Delta E\ \Delta t \geqslant \hbar/2$ 并没有断言不能在一个给定时刻精确地测量能量，而是指从一次可预告的测量结果中所得到的能量值同系统在测量后状态的能量值之间的差别。他们认为系统在测量后的态并不一定是同已得的测量结果相联系的态，测量会对系统产生不可估计的影响，从而带来数量级为 $h/\Delta t$ 的能量不确定量③。在这里，Δt 指称测量能量的时间，同样有 $\Delta t = t_2 - t_1$；若在某次测量前从可预告的测量中得到的能量值为 E，则此次测量后系统能量值不再是 E，而是 E''，则有 $\Delta E = \left|E'' - E\right|$。“能量－时间不确定性关系是把两个不同时刻的可以精确测量的能量值之间的差值同这两个时刻之间的时间间隔联系起来。”④

---

① Tanona S. Uncertainty in Bohr’s response to the Heisenberg microscope. Studies in History and Philosophy of Modern Physics，2004，35：483-507.

② Hilgevoord J，Uffink J. The Uncertainty Principle http：//plato. stanford.edu/ archives/win 2001 entries/qt-uncertainty/［2001-10-08］.

③ 雅默 . 量子力学的哲学 . 秦克诚译 . 北京：商务印书馆，1989：167.

④ 雅默 . 量子力学的哲学 . 秦克诚译 . 北京：商务印书馆，1989：168.

以上是哥本哈根学派内部关于能量－时间不确定性关系的两种解释。将前述海森堡和玻尔的解释与朗道的解释相比，二者间的不同之处主要在于对 ΔE 产生的原因解释不同，前者强调认识论的结果因素，即认识结果上的有限性，表现为精确时空标示和因果要求的不可兼容性；后者强调认识论的过程因素，即认识过程中的有限性，表现为仪器对客体在测量过程中的不可控作用。后者更加强调测量仪器与被测客体的不可分离性，体现了测量解释语境的整体性，也更接近于玻尔最终的整体论的量子力学解释语境模型，这也从一个侧面体现了玻尔思想的逐渐形成过程，毕竟前者是玻尔在早期的思想雏形。

但二者同作为哥本哈根学派的解释，有许多的相通之处，表现在如下四方面：一是 Δt 均指称外部的参量时间，是测量能量的时间间隔；二是$\Delta E\ \Delta t \geqslant \hbar/2$都表达了在能量的测量中体现出来的关于能量和时间不准确度间的关系；三是都认为测量仪器和量子系统之间的相互作用在某种程度上是不可控制的，从而产生了测量时的不准确度；四是不准确度 Δt 和 ΔE 是用具体的量来表征的，表明基于参量时间的 ETUR 解释语境是建立单次测量意义上的。反过来，也因为是在单次测量下的解释语境，ΔE 和 Δt 定量的衡量只能采用具体的量。

从上述哥本哈根学派关于能量－时间不确定关系的解释特点，可以看出其解释语境是基于测量语境构建的，是认识论的，体现为以下几方面。

（1）指称参量时间的时间内涵。绝对的时间背景作为主体和客体共同存在的空间，与物理客体和物理事件无关，与其直接相互联系的只有主体对客体的认知过程，即测量过程。其他如客体间的相互作用或客体内部的作用等都是通过它们相互作用的时间或客体内部的时间而与绝对时间间接关联。故参量时间含义的能量－时间不确定性关系只能表达一种认识过程中或是认识结果上的关系，反映认识论层面上的内容。

（2）基于测量语境的解释语境构建。上述解释语境的构造是建立在测量语境的基底之上的。测量语境是认识论的语境，是主体与客体的统一，是经验与客观的统一。测量展开的过程，是主体与客体发生联系、经验与客观寻求同构的过程。“对认识主体而言，它是主体为实现认识目的所创设的一类包含着理论构思的认识工具；对认识对象而言，它是自在存在转化为对象性存在的基本前提。”[①]

（3）对能量 - 时间不确定性关系意义的解释。海森堡认为不确定性关系表示认识论上的极限，即“在小的一端上的认识论闭合”[②]，“后一次测量将在一定程度上使通过前一次测量获得的信息失去预示意义”[③]，“不但对可由测量获得的信息的程度有所限制，而且也对我们能赋予这些信息的意义有所限制”[③]。当然，认识论的解释也可以具体分为几种：对量子实验操作上的限制，对系统信息获取的限制和对用来描述量子系统的概念的意义的限制。

（4）对其认识论解释的意义延伸。“海森堡不确定性关系的引入开辟了一条新的量子力学解释路径，它用我们能够测量到什么和我们够从这些测量中预言什么的问题代替了对于量子系统性质的提问。”[④]“能够测量到什么”和“能从测量中预言什么”揭示的是主体与客体相互作用的结果，反映了主体对客体认识的一种限度。以海森堡和玻尔为首的哥本哈根学派对于不确定性关系，甚至整个量子力学基本上都持有此认识论的态度。他们认为，整个物理学的目的就在于追寻现象间的关系，而不是揭示现象背后的物理实在。

关于上述对 ETUR 的解释，玻姆和阿雅诺夫（Aharonov）提出了异议[⑤]，指出它不可能由量子力学的数学体系推演出来，而是必须独立提出和证实的额外原理。他们通过所设计的实验表明可以进行可重复的和任意精度的短时能量测量，外部的时间和客体系统能量之间不存在不确定性关系。但最近阿雅诺夫却指出，他们原来所设计的实验中所测量的并

---

① 成素梅．在宏观与微观之间．广州：中山大学出版社，2006：261.

② 雅默．量子力学的哲学．秦克诚译．北京：商务印书馆，1989：92.

③ 雅默．量子力学的哲学．秦克诚译．北京：商务印书馆，1989：116.

④ Hilgevoord J，Uffink J. The Uncertainty Principle. http：//plato.stanford.edu/entries/qt-uncertainty/［2001-10-08］.

⑤ Aharonov Y，Bohm D. Time in the quantum theory and the uncertainty relation for time and energy. Physical Review，1961，122（1）：1649-1658.

非能量，而实际中能量测量必须满足不确定性关系，因为能量作为表征量子系统随时间演化的物理量，对它的测量需要时间的演化来实现，必须花费一定的时间[①]。

指称参量时间的能量－时间不确定关系的解释语境是对能量的测量语境，在最一般的意义上便可以成立。它是对于单次测量语境的解释，预示了认知行为对于认知对象不可避免的影响，反映了量子测量对客体必然的破坏性[②]，体现的是认识论过程中（朗道的解释）或是认识论结果上（海森堡和玻尔的解释）的限度，是一种认识论的解释语境。

二、本体论的解释语境

绝对时间 t 作为量子系统演化的参量，不属于任何特定的量子系统，自然也不是动力学变量，而能量是系统的动力学变量，那么，能否在物理系统中寻找到与外部时间 t 相对应的动力学时间变量 T，以与系统能量 E 相共轭而满足不确定性关系呢？

在量子系统中寻找与时间相类似的动力学变量，需要将绝对的外部时间内化到具体的量子系统内部，使其成为属于特定量子系统的动力学变量。内化了的时间变量 T 往往是系统自身存在的动力学变量，它与外部的时间相平行，“它在时间平移变换下与时间坐标 t 相同”[③]，即动力学时间变量的期望值（或观察值）通常只与绝对的参量时间相差一个常数。动力学的时间变量与外部的时间参量的区别，只是前者内在于特定的量子系统，反映的是系统自身的演化特性，而后者外在于物理系统，是绝对的用于衡量先后顺序的参考标度。内化了的时间变量 T 因为局限于特定的量子系统，它的存在是有边界的，这样一来它作为能量 E 的共轭量是与能量的离散性相一致的。而参量时间 t 因为其取值量是从负无穷到正

---

① Aharonov Y，Massar S，Popescu S. Measuring energy，estimating Hamiltonians，and the time-energy uncertainty relation. Physical Review A，2002，66（5）：1-11.

② 郭贵春，赵丹. 从信息传输看量子测量过程. 自然辩证法研究，2005，9：23-28.

③ Hilgevoord J. Time in quantum mechanics：a story of confusion. Studies in History and Philosophy of Modern Physics，2005，36：29-60.

无穷的整个实数轴，它若是与能量相共轭，会导出能量连续的结论。

那么动力学的时间变量同能量之间的不确定性关系是如何构建的呢？此时间变量与系统能量之间的不确定关系的意义又是什么呢？

1. ΔT 指称相互作用发生的时间

在朗道和派厄尔斯对 ETUR 解释语境的参量时间版本基础上，从外部的时间所在的广泛测量语境变换到特定的量子体系间的相互作用语境，则外部的参量时间 Δt 就受到了量子体系间相互作用时间 ΔT 的限制，成为反映量子体系间相互作用进程的动力学时间变量。此时在此相互作用发生的时间区间 ΔT 与量子体系能量的变化 ΔE 间就存在相互关联了，表现为动力学的时间变量 T 和量子体系的能量 ΔE 间的不确定关系 $\Delta E\ \Delta t \geqslant \hbar/2$。若对于体系 S 存在外部的扰动，扰动持续时间为 ΔT，体系 S 的能量由于扰动的作用会发生改变，变化的幅度称为不确定度（偏离其本真值的量度），记为 ΔE，则有$\Delta E\ \Delta t \geqslant \hbar/2$成立；若扰动是与另外的系统相互作用的话，则 ΔE 是对在时间 ΔT 内两个系统的能量相交换的度量[①]；若相互作用是与测量装置进行的，即在测量语境下，ΔT 是测量装置与被测量系统相互作用的时间，即测量所需的时间，有 $\Delta T = \Delta t = t_2 - t_1$，$\Delta E$ 为测量过程中系统能量的改变量；若是对能量进行测量，ΔE 则是测量能量引起的对能量的改变量，有 $\Delta E = |E'' - E|$，其中，测量前系统本身能量值为 E，测量后系统能量值为 E''。

这里，ΔT 是在动力学的意义上定义的，不同于在第一部分中讨论的外部的参量时间 Δt。前述 Δt 是由实验操作者通过在外部的时间标度中对测量所发生的时间段的测量而确定的，与主体相关；而这里的 ΔT 直接由物理体系间的相互作用进程来确定，与主体无关。ΔE 是在物理系统间相互作用过程中，系统能量由于与别的系统或测量装置的相互作用而改变的值，是单次相互作用意义上的，与前述朗道对于 ΔE 的解释相同。

---

① Busch P. On the Energy-Time Uncertainty Relation. Part I: Dynamical Time and Time Indeterminacy. Foundations of Physics, 1990, 20: 1-32.

2. Δt 指称量子系统自身的存在特性

玻尔对能量－时间不确定关系的推导是从经典波列本身的存在特性出发的。在经典波动力学中，时间和频率间的不确定关系分别为：$\Delta t\Delta\omega \geqslant 1$，根据德布罗意关系 $E = h\omega$，从而得到 $\Delta E\Delta t \geqslant h$。其中 ΔE，Δt 是在各自的表象空间中的波函数测量时的宽度。这里，时间 Δt 的表象空间是属于波列自身的内部的空间，Δt 表征了系统自身存在的特性，不同于外部的绝对时间背景；ΔE 是在能量的表象空间中测量时的不准确度，即波列在测量时所反映出来的存在特性，且 Δt 和 ΔE 指的是单次测量时的不准确度，其不确定性关系反映了量子波的能量的展开宽度和时间的展开宽度之积不能大于普朗克常数量级。

玻尔对 ETUR 的推导是结合量子客体的存在特性得出的，与他对 ETUR 的认识论解释是不一致的，究其原因在于用波来形象比拟量子客体，只是量子力学发展初期的抽象近似而已，并且“玻尔本人也强调经典的波是一种象征性的波，用来导出不确定性关系，只是意图表明经典概念对量子系统的有限适用性”①。

3. Δt_F 指称量子系统的演化特性

1945 年，曼捷斯坦（Mandelstam）和塔姆（Tamm）意识到在能量的弥散同力学变量的时间变化之间存在相互关联，而能量－时间不确定性关系是对此相关性的定量表述。他们从力学量 F 同哈密顿量 H 之间的测不准关系$\Delta F\Delta E \geqslant \frac{1}{2}\left|\overline{[F,H]}\right|$，以及二者所满足的运动方程$\mathrm{i}\hbar\frac{\mathrm{d}}{\mathrm{d}t}\overline{F} = \overline{[F,H]}$，导出$\Delta t_F\ \Delta E \geqslant \hbar/2$。其中，$\Delta t_F$ 的定义为$\Delta t_F = \Delta F/\left|\mathrm{d}\overline{F}/\mathrm{d}t\right|$，表示当力学量 F 的期望值变化一个标准偏差ΔF所经历的时间，它描写了力学量 F 变化的快慢，因而称为力学量 F 的“特征时间”②。此“特征时间”具有明确的物理意义，并不需要引入额外的假设，而且不确定性关系$\Delta t_F \cdot \Delta E \geqslant \hbar/2$可以

① Tanona S. Uncertainty in Bohr’s response to the Heisenberg microscope. Studies in History and Philosophy of Modern Physics，2004，35：486.

② 关洪 . 量子力学的基本概念 . 北京：高等教育出版社，1990：195.

直接从量子力学体系中导出，因此被普遍接受作为能量 − 时间不确定关系的标准形式。

上述解释语境中，Δt_F 表征体系演化的特征时间，是与力学量的标准偏差相关的，故 Δt_F 作为时间的不确定度是在统计意义上成立的；ΔE 是体系能量分布的标准偏差，有$\Delta E=\left[\overline{(H-\overline{H})^2}\right]^{1/2}$，是对在特定量子态下能量值多次测定的统计涨落（在定态下有 $\Delta E=0$ ）。Δt_F 和 ΔE 的所指决定了此种能量 − 时间不确定性关系的解释语境在统计的意义上表达了在能量弥散和体系演化进程之间的联系。

以上是在动力学时间意义之上的三种关于能量 − 时间不确定关系的解释语境。其间的不同主要有：①在解释语境的具体展开范围上，第一种解释是在量子系统间的相互作用语境中展开的，至少涉及两个系统，而后两种是在单个量子系统内部语境中展开的；②在 Δt 的指称上，尽管在三种解释中，都是指动力学时间，但在第一种解释中指的是相互作用的动力学时间，至少为两个量子系统所共有，而后两种解释中指的是属于特定量子系统内部的动力学时间，只是在一个系统的意义上而言的；③在 ΔE 的指称上，第一种和第三种解释是指不确定度，但第一种是指偏离系统能量本真值的不确定度，第三种指的是偏离系统能量期望值的不确定度，而第二种解释是指不准确度，是对测量能量时能量值的可能分布范围量度；④在解释语境成立的意义上，前两个解释是局限于单个量子过程的，而第三种解释是建立在统计的意义上的。

在动力学时间含义之上的能量 − 时间不确定关系解释是从量子客体内部出发来进行的，是一种本体论的解释语境，主要表现在以下几个方面。

（1）指称动力学变量的时间内涵。动力学的时间变量，是内含于具体的量子相互作用过程、特定的量子系统存在演化过程中的，反映了量子相互作用和系统演化发展的进程。它描述的是客体自身的特定信息，与主体无关。与此时间相联系的能量，也是属于客体自身的。在此动力学变量时间的指称之上，对能量 − 时间不确定关系的解释，其语境是本体论意义上的，只能反映客体自身内部间的联系。

（2）基于动力学演化的解释语境构建。上述三种能量－时间不确定关系反映的都是在系统的能量弥散和系统演化特征进程间的关系，都是存在于动力学过程之中的，故都与动力学方程相一致。动力学的方程是对量子客体运动演化的客观描述，这是毋庸置疑的，从而能量－时间不确定性关系作为其分析命题自然也是关于客体自身的描述，并不与主体的经验发生任何直接的联系。

（3）对能量－时间不确定性关系意义的解释。上述解释中，第一种解释反映的是客体间的相互作用特性，第二种解释反映的是客体的存在特性，第三种解释反映的是客体的演化特性，都是对客体特性的揭示，不需要像第一部分中所论述的认识论解释语境那样，在物理学之外引入附加的哲学假设来验证。这里所得出的能量－时间不确定关系是分析性命题，它的正确与否并不需要经验的证明。

指称动力学时间变量的能量－时间不确定性关系的解释语境是需要进行语境构造的，即在量子体系内部语义地构造一个动力学时间变量。它表征了体系内部存在特性间的一种相互关联，反映了系统的动力学演化同系统能量值变化之间的关系。它所反映的内容是在本体论层面上的，不表达任何关于人类认识客体世界的内容。其中，相互作用的解释和玻尔的存在解释建立在单个过程的意义上，特征时间解释建立在统计的意义上。

三、语义学的解释语境

将外部的绝对时间内化到具体的量子系统内部，则产生了属于特定量子系统的动力学时间变量。但动力学时间同能量间的不确定性关系仍然不能够与位置－动量不确定性关系相对等，须有可观察量的时间才可以实现两种不确定性关系的形式统一。因为位置、动量、能量都是量子力学的可观察量。

量子力学可观察量的构造是在动力学变量的基础上，通过数学规范来实现的：须与相应的自伴算符（厄米算符）对应，一方面以保证对此力学量的测量所得结果是实数，另一方面保证拥有足够多的本征态以组成完备集。而实际中还必须在操作上作要求，必须能够通过某种实验方案的实施实现对其的测量。动力学变量不一定是可观察量，而可观察量却一定是属于特定量子系统的动力学变量。如何才能寻找到可观察量的时间，以保证能量－时间不确定性关系在最严格的意义上成立，与位置－动量不确定性关系建立在相同的基础之上呢？建立在时间可观察量基础之上的能量－时间不确定关系的意义又如何呢？

下面将从两种不同的语义构造途径予以讨论。

1. tempus 可观察量

狄拉克曾直接将时间引入量子力学可观察量的范围，而未对参量的时间作任何的变换和修正，但他对时间的共轭量作了修正，使其不再是系统的能量，即哈密顿量，而是负的能量 $-W$，然后将时间 t 和负的能量 $-W$ 引入体系作为 $2n$ 个正则变量之外新的正则变量。这样一来，t 和 $-W$ 之间的对易关系就会与哈密顿方程 $H-W=0$ 不一致。[①] 后来狄拉克自己也放弃了这样的做法，认为它是“相当不自然的”[②]。

近些年，在狄拉克方法基础之上，不断有人试图从经典的哈密顿原理出发，来构造建立在时间可观察量之上的严格意义的能量－时间不确定性关系。这里我们只讨论其中一种——tempus 可观察量的构造。把自由粒子作为研究对象，时间可观察量的构造是从哈密顿原理出发，通过正则变换的量子化实现的。具体过程如下：将正则变量位置和动量（q，p）作正则变换，得到新的正则变量（q'，p'）。若选新的正则动量 p' 为系统能量 E，则新的正则坐标 p' 应是与能量 E 共轭的量，称为 tempus（时态）。tempus 具有同时间相同的量纲，但在概念上与系统的时间 t 不同。由于泊松括号的正则不变性，有 $\{q, p\}=\{T, E\}=1$。在此基础上，对 T 和 E 进行量子化，得出的 tempus 算符 $\hat{T}$ 和能量算符 $\hat{E}$ 满足正则对易关系，且保证了 $\hat{T}$ 是一自伴算符。$\hat{T}$ 算符的形式可以通过哈密顿原理和正则变

① 雅默．量子力学的哲学．秦克诚译．北京：商务印书馆，1989：69.

② 雅默．量子力学的哲学．秦克诚译．北京：商务印书馆，1989：165.

换求出，由基本的量子力学算符（如 q 和 p）所表达。这里，只要量子系统的 $\hat{T}$ 和 $\hat{T}^2$ 存在，$\hat{T}$ 和 $\hat{E}$ 就满足不确定性关系 $\Delta E\Delta T \geqslant \hbar/2$。对于保守系统而言，tempus 算符 $\hat{T}$ 的期望值等于系统演化的时间 t 加上一常数，是与普遍的时间参量直接相关的，但在概念上并不相同，tempus 是通过量子力学的算符所构造的可观察量。这里，ΔT 是 tempus 的涨落，ΔE 是系统能量的涨落。对自由粒子来说，能量为 $E = p^2/2m$，所构造的 tempus 算符 $\hat{T}$ 的形式为 $\hat{T}=1/2m(\hat{q}\hat{p}^{-1}+\hat{p}^{-1}\hat{q})$，二者之间满足关系 $\Delta E\Delta T \geqslant \hbar/2$，且由于它与外部时间 t 的相关性，可认为是属于系统的时间可观察量。[①]

在量子体系的内部语境中，从经典的哈密顿原理出发，利用量子化方法来构造可观察量时间算符，从而构建能量－时间不确定性关系。此种关于能量－时间不确定性关系解释语境的构造，完全是通过数学上的处理，在语义学上构造出一个可观察量的时间算符，达到能量－时间不确定性关系在与位置－动量不确定性关系相同的严格意义上的成立。这里，先预设了能量－时间不确定性关系在可观察量基础上的严格成立，然后从理论的数学构造入手，构建可观察量的时间算符，以此来论证能量－时间不确定性关系的严格成立，因而完全是把结论作为论证前提的循环论证。尽管所构造的时间可观察量满足可观察量的要求，并与外部的时间呈线性关系，但对于在此基础之上的能量－时间不确定性关系而言，解释语境的成立没有现实的理论意义和经验意义。

2. 正算符的时间可观察量

另一种构建可观察量时间的途径是从测量理论来进行的[②]：Busch 从测量理论入手，通过引入新的关于可观察量的定义，将时间列入可观察量的范围。通常可观察量算符是用自伴算符表示的，即谱测量是与自伴

① Kobe D H，Aguilera-Navarro V C. Derivation of the energy-time uncertainty relation. Physical Review A，1994，50（8）：933-938.

② Busch P. On the energy-time uncertainty relation. Part I：Dynamical time and time indeterminacy. Foundations of Physics，1990，20：5.

算符相关的。但用投影算符取值（projection-operator-valued）的谱测量对于处理可想象的实验情形是很有限的。若引入新的算符定义来与测量相关：用正算符取值（positive-operator-valued）或用效应取值（effect-valued）的测量，从测量的结果反推到算符，则可描述量子测量的普遍情形。可观察量算符的定义依赖于测量的结果，而不再像以前从数学上用自伴算符来定义，在物理上则解释为在任何态下其平均值为实数，且是完备的。

以衰变实验为例，将新的可观察量的定义应用到时间上去，以寻求时间可观察量。用在特定的时间 Θ 内观察到衰变事件 A 发生的相对频率来代替量子力学的概率 μ，与特定的概率 $\mu(t)$ 相联系是对应于该观察量的效应取值算符（正算符）$E(\Theta)$，算符 $E(\Theta)$ 与概率 $\mu(t)$ 通过在态 W 下的关系 $\mu(t)=\mathrm{Tr}[W, E(\Theta)]$ 一一对应，其取代值范围为 $\{0, 1\}$。这样一来，时间在测量中的可观察量算符就是 $E(\Theta)$，其期望值也是和外部的时间 t 相差一常数。在算符 $E(\Theta)$ 和系统的哈密顿算符 H 之间，通过求方差在统计的意义上能够确证不确定性关系 $\Delta T\Delta H \geqslant \hbar/2$ 成立。

这里需要注意的是，对于衰变的测量是把时间作为可观察量进行的，这与以往的测量把时间作为参量是不同的。通常是在某特定时刻 t_0 测量力学量 A 得到值 a 的概率为 $\mu(A;t)$；而对于时间的测量，则是时间间隔 Θ 内，力学量 A 的值为 a 的概率 $\mu(\Theta;A)$ 为多大。$\Delta T\Delta H \geqslant \hbar/2$ 的严格成立需要对事件发生的所有可能时间进行测量，而在现实操作中，若对客体信息无一定掌握是不太现实的。

在量子力学的测量语境下，给可观察量一个操作性的定义，从而将时间列入可观察量的范围。这里对时间可观察量的构造，是针对特定的测量过程进行的，不具有普遍性。所构造的时间算符 $E(\Theta)$ 虽是从测量的结果即概率出发，但也是从语义学上定义出来的，且它本身也不具有任何的物理内涵，只是对外部绝对时间的一种伴随而已。此解释语境的成立，也只能作为能量 - 时间不确定关系一种在可观察量算符的严格意义上成立的论证，并不能表明系统本身的本体论意义上，或人类与物理系统相互作用中认识论上的任何内容，只是在语义学上成立的。

上述是两种指称可观察算符时间的能量－时间不确定关系的解释语境。二者不同之处在于：首先，前者立足于对量子可观察量的原始定义，通过构造一个满足当下定义条件的时间算符，来论证此算符与能量间的关系；后者则打破了对可观察量的原始定义，定义了新的可观察量，从而把时间纳入可观察量之列。其次，前者的着手点在经典力学；后者则直接从量子力学的体系入手。二者的共同之处在于：①时间成为量子力学中的可观察量，是从语义学的路径实现的，完全是主体为了达到对能量－时间不确定性关系在严格可观察量意义上成立的论证，从理论的某一方面入手，在语义学上寻求所得到的，并不能体现特定的量子客体本身的属性，或是体现特定的主客体相互作用的认识过程中的特性；②对于能量－时间不确定关系的解释都是先预设了其成立，然后通过语义学上的构造和数学上的运算来循环论证的，包含了指向目的意义的解释语境基点，不具有现实的理论和经验意义。因而，在可观察量时间内涵基础之上的能量－时间不确定性关系的解释语境是语义学上的解释语境。

指称可观察量时间的能量－时间不确定性关系的解释语境，与指称动力学时间的能量－时间不确定性关系的解释语境相同，它需要构造特定的语义，仅仅在语义学层面上成立。它所表达的关系是统计意义上的，是与其所赖以成立的特定的语境的统计特性，即与可观察量的时间所共轭的能量是统计意义上的涨落相联系的。

四、结语

综上所述，在三种不同的时间含义之下的能量－时间不确定性关系的解释语境，分别表达了在认识论的、本体论的和语义学层面的内涵，即分别从主客体之间、客体、主体三个方面表达了能量同时间之间不确定性关系的特定内涵，如表 1 所示。

表1　三种对能量–时间不确定性关系的解释语境

解释语境	Δt 的指称	ΔE 的指称	语境构造基础	意义
认识论的	参量的时间	测量的不准确度、对其的改变	测量语境	“在小的一端上的认识论闭合”
本体论的	动力学变量时间	测量对其改变、能量的弥散	动力学演化语境	“理论决定我们能够观察什么”
语义学的	可观察量时间	能量的弥散	指向目的意义语境	在可观察量的严格意义上成立的论证

随着科学的发展，科学理论的抽象化程度越来越高，但仅仅有抽象的数学体系是不够的，在抽象的关系式 $\Delta E\,\Delta t \geqslant \hbar/2$ 之外，寻求其物理解释是必要的。鉴于物理学家们在进行物理解释时对时间所扮演的角色的不同预设、对其所属的不同哲学层面的认定等一些语境因素对其解释的影响，对能量–时间不确定关系解释语境的分析是必要的。只有在横向的、在意义基础的背景下来理解，才能对能量和时间的确切所指，对二者间不确定关系所反映的哲学内涵有一清晰的理解。

量子力学中的隐喻思维 *

将隐喻作为一种方法论的形式而不仅仅是修辞特征应用于科学探索过程的研究中，是伴随着“修辞学转向”运动的展开，越来越多的科学哲学家关注的重要课题。隐喻已经被认为不仅仅是在科学发现的语境中发挥重要的启发作用，而且“在科学的证明与辩护语境中发挥着重要的认知功能，在科学推理和理论性解释中也充满了隐喻”①。本文就试图通过对量子力学概念、解释及教学中的一些隐喻性思维的理解来探讨隐喻在科学研究中的作用。

一、隐喻是量子世界表征的必然要求

尽管隐喻一直被认为其非逻辑的、隐含的、不精确的修辞特征与科

---

* 本文发表于《科学技术与辩证法》2008 年第 3 期，作者郭贵春、王凯宁。转载于中国人民大学复印报刊资料《科学技术哲学》2008 年第 9 期。

① 迈克尔·布雷德．科学中的模型与隐喻：隐喻性的转向．王善博译．山东大学学报，2006，3：92.

学理论的严格精确的、逻辑的演绎特征格格不入，然而科学史的发展表明“隐喻对科学概念及范畴的重构，新的理论术语的引入乃至整套科学理论的构建和发展，发挥着重要的、不可替代的作用”①。量子力学作为革命性的物理学理论，其数学形式体系是超前于物理意义诠释的。由于其所研究的微观客体有着与经典力学所研究的宏观客体显著不同的特性，因此在其理论的建构中，隐喻就发挥其特有的意义映射功能，在经典力学与量子力学之间进行着“转换”和“传递”，将旧理论中的概念引入新理论中，并为其赋予了新的意义。例如，“波”、“场”、电子“轨道”、量子“跃迁”等概念，就是我们试图用经典术语去理解量子力学而借助隐喻来表达的，因为“光波在真空中传播时，不像池塘中的水波一样上下波动；场不像一片充满了干草的场地，而是力的强度及方向的一种数学描述；原子并没有照文字上说的，从某一量子态跳到另一量子态去；电子也不是真的绕着原子核走圆形轨道……我们运用这些字的方式是隐喻”②。

量子力学作为一种形式体系，其数学公式必须与具体物理测量和操作过程联系才能产生它的物理意义。数学化的语言形式与非形式化的概念结构需要提供物理意义的一致性，因此物理学对隐喻方法的引入就成为一种自然而必然的选择。“在物理学的发展史上，隐喻是由科学共同体集体约定并广泛认同的，具有确定的稳定性和一致性，而不是瞬时的、暂时的和权宜的东西。更主要的是，它具有重要的方法论的功能，而且常常是自然地、非强制地、潜在地、微妙地发挥着它的功能；同时，隐喻作为一种思维工具，是科学共同体为了求解难题，突破理论发展的概念瓶颈的一种集体约定的结晶，它不仅促进了科学共同体主体间的统一，同时通过新的理论假设的提出引导了新的科学预测，推动了科学假设的创立和发展。”③因此，在量子理论的发展过程中，作为一种科学共同体集体约定的语言调试手段，隐喻至少具有三方面的意义。首先，通过隐喻科学家找到了描述、理解以及交流微观世界规律的方式，从而使其模型、

---

① 郭贵春，安军．隐喻与科学理论的陈述．社会科学研究，2003，5：2.

② 柯尔．物理与头脑相遇的地方．丘宏义译．长春：长春出版社，2003：13.

③ 郭贵春．科学隐喻的方法论意义．中国社会科学，2004，2：98.

范式或图景的建立成为可能。其次，新的科学概念及理论的提出并不是发生在真空中的，而是建立在已有知识基础上的，隐喻正是这种理论跨越的桥梁和中介。最后，正是由于隐喻的连接和转换，科学理论才既不是既定的、一成不变的，又不是断裂的，毫不相干的，从而使我们认识到世界模型是在不断完善、发展和演化的。

正因为隐喻在科学中有着如此重要的意义，所以使用一个隐喻才不能是随意的，而是必须要遵循一定的规则。第一，科学隐喻要以相似性为前提条件。从相似性的视角可以将隐喻分为“存在性隐喻”和“可能性隐喻”，存在性隐喻是基于相似性的隐喻，可能性隐喻可以视为创造相似性的隐喻。这与布莱克的三种隐喻观表达了同样的意思，替代观与比较观认为隐喻基于感知到的类比或相似性，而相互作用观坚持相互作用的隐喻“创造”或者“诱发”相似性和类比。第二，科学隐喻必须以科学内容的确定性和科学推理的逻辑性为基础。也就是说模糊的隐喻语言背后要蕴含确切的科学内涵，而在隐喻的启发过后要以严格的逻辑规则进行推理。第三，科学隐喻要从语境化的视角加以理解。从本质上来讲，“科学隐喻是以一定语形构造为载体、在特殊的语用语境中生成的一种语义映射”①。在语形的层面隐喻是被构造的，在语义的层面隐喻是被转化的，在语用的层面隐喻是被选择的。“在一个特定隐喻的生成过程中或它的方法论要求的展开过程中，这些层面是内在地统一和同时作用的；或者说是在一个特定语境中相互作用给出的系统结果。因此，一个隐喻描述必须在语言转换的语境中历时地加以理解。”②

二、隐喻思维在量子力学中的表现

在量子力学中，隐喻思维有各种各样的表现，而且隐喻功能也是多重的和交织的。我们可以粗略的区分隐喻的三种功能，即在科学发现语境中的启发功能，在科学解释语境中的理论认知与解释功能以及在传播

① 郭贵春，安军. 隐喻的语境分析. 江海学刊，2002，4：42.
② 郭贵春. 科学隐喻的方法论意义. 中国社会科学，2004，2：94.

与交流语境中的教学法功能。因此，我们就将从以下三方面来认识隐喻思维在量子力学中的具体体现，从而探讨其在量子力学乃至自然科学中的重要功能。

1. 量子力学概念及形式体系中的隐喻思维

在量子力学的概念中，波粒二象性是非常重要的。“波粒二象性的不同描述及其互补性，本质上就是两种隐喻评价的功能互补。有人从语言学的意义上将二者的互补性称为相互的‘隐喻重描’。”① 普朗克对黑体辐射的研究突破了经典物理学在微观领域的束缚，揭示了光的二象性；而薛定谔又是以光和粒子之间的对比揭示了实体的波粒二象性。在他们的研究之初，以熟悉的材料为模，加上想象为型，隐喻实现着其在“发现语境”中的启示作用。在普朗克关于空腔辐射的研究中，谐波振荡器是最基本的工具。普朗克将空腔黑体的腔壁想象成由数目很多的带电谐振子组成。可以通过假定排列在辐射空穴壁上的电子，好像它们是弹簧上的带电粒子，来探索量子辐射。喻体物体“弹簧上的带电粒子”，带有它熟知的机械电子属性，允许普朗克探索不大为人所知的量子辐射的属性。他想象这些带电粒子为一个热力学体系的宏观状态的微观形式，它们是分立的、有限的，因而把总能量分配给谐振子的方式也应该是有限的，这就要求能量只能做有限的划分，即只能以能量子为单位进行分配。能量子的概念彻底改变了经典物理学中一切因果关系都是以物理量的连续变化为基础的物理学思想方法，而这样的概念正是从“把空腔壁看作很多的带电谐振子组成”这样的隐喻中产生的。

在光的波粒二象性逐渐被接受之后，薛定谔通过光与力学实体粒子之间的类比建立了量子波动力学理论。在 1928 年的一次讲座中，薛定谔说：“把普通力学引向波动力学的一步是一种类似于惠更斯的波动光学取代牛顿理论的进展。我们可以形成这样的符号比例：普通力学：波动力学 = 几何光学：波动光学。典型的量子现象类似于像衍射与干涉这样典

---

① 郭贵春 . 科学隐喻的方法论意义 . 中国社会科学，2004，2：100.

故的波动现象。”[①]薛定谔考虑到费马－莫培督原理给出几何光学与经典力学间的对应关系的完善理论，因此，他从哈密顿－雅克比方程出发，引入波函数的概念，得到了波动光学与波动力学之间的对应关系，从而做出了上述的类比，并建立了薛定谔方程。这样的类比，从本质上看，“是一个映射的选择结构，它映射了知识的一种域（背景）到另一种域（目标）的转换。类比的说明首先应当在类比的两个基本要素即对象（目标）域和来源（背景）域之间进行区分”[②]。在这一类比中，类比的来源域为几何光学与普通力学之间的对应性，即作为隐喻的喻体，而目标域为波动光学与波动力学之间的关系，即为隐喻本体。类比的过程即是隐喻映射过程。同样的类比发生在原子结构的卢瑟福模型中，卢瑟福将太阳系作为隐喻喻体，将原子结构作为隐喻本体，提出原子结构的太阳系模型：原子中心有一个质量很大、带正电荷的点状的核，核外则是一个很大的空间，带负电的、轻得多的电子在这个空间里绕核运动。尽管卢瑟福模型只是一个经典模型，并且按照经典电动力学理论，该模型是不能成立的。但玻尔认为，应该否定的不是卢瑟福模型，而是经典物理对它的说明。他以卢瑟福模型为基础，通过引入作用量子的概念，提出了原子结构的量子理论。可见科学类比作为一种启示性的工具，在科学发现的语境中起着重要的作用。而类比中有意无意地从一个领域汲取知识应用到另一个领域的情况，正是科学家自觉或不自觉地应用隐喻思维的结果。

隐喻思维在量子力学建构过程中的应用，并不仅仅局限于自然语言。从一般意义上讲，我们可以认为物理学的某些形式符号同样是科学隐喻存在的特例。量子力学形式语言中表示力学量的算符和具体表示方式表象就包含着隐喻思维。由于微观粒子具有波粒二象性，微观粒子状态的描述方式就和经典粒子不同，它需要用波函数来描述。量子力学中微观粒子的力学量（如坐标、动量、角动量、能量等）的性质也不同于经典粒子的力学量。经典粒子在任何状态下它的力学量都有确定值，微观粒子由于其波粒二象性，首先是动量和坐标就不能同时有确定值。这种差

---

① Schördinger E. Collected Papers on Wave Mechanics. New York：Chelse，1982：162.

② 郭贵春，安军．隐喻与科学理论的陈述．社会科学研究，2003，5：5.

别的存在，使得我们不得不用“和经典力学不同的方式，即用算符来表示微观粒子的力学量。”[1]算符在数学上实质是作用在一个函数上得到另一个函数的运算符号，如 sin x=y 中 sin 就是一个算符，它表示作用于 x 而得到 y。由于微观粒子的状态需要用波函数表示，而其演化特征是通过薛定谔方程来表述的。利用薛定谔方程与经典关系式的比较，引入了动量算符 $\hat{p}=-(\mathrm{i}h/2\pi)\dfrac{\partial}{\partial x}$，并从动量算符导出了角动量算符和哈密顿量算符等等。用经典力学量的算符形式代替物理意义不清晰的数学形式算符，正是隐喻连接经典思维与量子思维的方式。它将量子力学形式语言中的抽象符号与经典力学中可测量的力学量对应了起来，使原本受不确定关系制约而无法直接表示的力学量（如坐标表象中的动量）有了明晰的、与经典概念中相一致的表达式，进而得到了该力学量算符的本征值。即若力学量算符 $\hat{F}$ 的正交归一本征函数为 $\phi_n(x)$，对应的本征值为 λ_n，则任意状态函数 $\varphi(x)$ 可按 $\phi_n(x)$ 展开为

$$\varphi=\sum_n c_n\phi_n(x), \tag{1}$$

其中

$$c_n=\int\phi_n^*(x)\varphi(x)\mathrm{d}x, \tag{2}$$

而

$$\sum_n|c_n|^2=\int\phi^*(x)\varphi(x)\mathrm{d}x=1\text{。} \tag{3}$$

可见 $|c_n|^2$ 具有概率的意义，它表示在 $\varphi(x)$ 态中测量力学量 F 得到结果是 $\hat{F}$ 的本征值 λ_n 的概率。因此将力学量用算符隐喻表达，就为量子力学中没有确定值的力学量提供了一系列的可能值，这些可能值就是代表力学量的算符的本征值，并且每个可能值都以确定的概率出现。这些可能值按概率平均的法则，可以得到力学量 F 在 $\varphi(x)$ 态的平均值

$$\bar{F}=\sum_n\lambda_n|c_n|^2=\int\varphi^*(x)\hat{F}\varphi(x)\mathrm{d}x=1\text{。} \tag{4}$$

这就为量子测量赋予了统计学上的意义，而且这里的统计是不同于宏观

---

① 周世勋．量子力学教程．北京：教育出版社，1979：54.

的系综统计的，而是针对单个粒子（或单个体系）的统计。将概率理解为单体的性质，也为客观“实在”提供了更为丰富的意义。

与算符的引入相同，表象理论的提出也是隐喻的启发功能的体现。表象，其实就是量子力学中态和力学量的具体表示方式。而在量子力学中采用不同的表示方式正如在几何学中选用不同的坐标系一样。坐标系和表象其实是一个从几何学到量子世界的隐喻的喻体和本体，而一个三维的欧氏几何空间也可以看作量子态所在的态矢量空间的隐喻理解。在几何学中，一个矢量 A 可以用直角笛卡儿坐标中的三个分量（A_x，A_y，A_z）表示，也可以用球极坐标中的三个分量（A_r，A_θ，A_φ）表示，这两种表示在形式上是不同的，但它们所表达的几何规律是一样的；在量子力学中，一个态矢量可以用坐标表象中的一组波函数 $\varphi(x), \varphi_2(x), \cdots\varphi_n(x), \cdots$ 表示，也可以用动量表象中的另一组波函数 $\varphi_1(p),\varphi_2(p),\cdots\varphi_n(p),\cdots$ 表示，而其反映的量子力学规律是一致的。并且，在几何学和经典力学中，经常直接用矢量形式讨论问题而不指明坐标系，那么在量子力学中描写态和力学量，是否也可以不用具体表象？在这种隐喻思维的启发下，狄拉克引入狄拉克符号，即用 $|A\rangle$ 或 $\langle A|$ 来表示态矢量 A，从而建立了量子力学规律的一种普遍数学形式，它适用于一切量子体系，更适合讨论一般性的量子力学问题。若要将态矢量 A 在具体表象中表示，则通过左乘 $\langle A|$ 或右乘 $|A\rangle$ 得到，即

$$|A\rangle = \sum_n |n\rangle\langle n|A\rangle, \tag{5}$$

$$\langle A| = \sum_n \langle A|n\rangle\langle n|, \tag{6}$$

其中 $\langle n|A\rangle$ 和 $\langle A|n\rangle$ 分别是 $|A\rangle$ 和 $\langle A|$ 在 Q 表象中的分量。表象概念的提出和狄拉克符号的引入，实现了量子形式体系的语形转换，通过表象变换使在一个表象中较难处理或较难理解的问题在另一个表象中能得到方便的解决，为该形式系统在语义学方面的解释提供了方便，增强了物理理论的可接受性及可操作性的语用功能，是隐喻在科学中发挥表征功能的具体体现。

2. 量子力学解释中的隐喻思维

像其他各种物理理论一样，量子力学由带有某种诠释的数学形式体系组成。从量子力学创立以来，就不断有人提出各种诠释为其数学形式提供物理层面的解释说明。尽管这些说明都相互不同甚至相互对立，但由于他们大都在经典类比及模型分析的基础上建立的，因此，在这些诠释中，隐喻思维的介入是必不可少的。我们就从两种诠释中对波函数即对波粒二象性的理解来探讨隐喻在其中的作用。

1）“实体波”解释

在薛定谔建立波动力学时，他就同时提出了关于“波动”概念的理解。他在《量子化是本征值问题》一文中，将“量子化法则”的“整数性”概念看作是与“振动的弦的波节数是整数一样很自然地得出来的”。通过这样的隐喻，显而易见，波函数可以和原子中一个振动过程联系起来，而这种振动过程要比电子轨道的概念更接近真实。之后，他又提出电荷空间密度由$\Psi \cdot \frac{\partial \Psi}{\partial t}$得实部给出的假说，这样就在量子力学同经典电磁辐射理论之间建立了关联。通过将电荷密度定义为$e\Psi\Psi^*$（$\Psi\Psi^*$为权函数），利用数学推导就可以得到在这个定义下的各个波之积的电荷密度的辐射振幅。这样，波函数被赋予了一种电磁意义，从而将之形象化为实在的东西。在这个意义上，电子被隐喻地视为一团带电物质作松紧振动的实体波。物质波完全可以像电磁波、声波那样在时空中传播。这样的波系，是由正弦波所组成的，在各个方向上尺度都相当小的“波包”。假定这个波包所服从的运动规律和代表力学体系的一个形象质点的运动规律相同，只要我们能把波包看作是近似局限于一个点上，即只要和体系轨道的尺度相比能够忽略波包的任何扩散，那么就可以说波包与代表力学体系的质点是等价的。薛定谔的实体波解释，正是通过与经典理论的类比，将$m|\Psi|^2$看作物质密度分布，$e|\Psi|^2$看作电荷密度分布，并利用在各个方向上尺度都相当小的“波包”这样的隐喻，把波理解为唯一的实在，将粒子看作是一种派生的东西，从而说明了波动性和粒子性的统一。

2）“概率”解释

玻恩研究了薛定谔的理论后认为“薛定谔的形式体系是对量子定律的最深刻的描述”，但他对关于波函数的诠释却不很满意，他在对实体波诠释评论时写道：“当薛定谔的波动力学出现时，我立即感到它需要一个非决定论的解释，并且我猜测到$|\Psi|^2$是概率密度。”[①]玻恩的概率诠释思想，事实上是受了爱因斯坦对电磁场与光量子之间关系的看法的影响。“他（爱因斯坦）曾经把长波的振幅解释为光子出现的概率密度，这个观念使粒子（光子）和波的二象性成为可理解的，这个函数马上可以推广到Ψ函数，$|\Psi|^2$必须是电子（或其他粒子）的概率密度。”[②]玻恩认为，粒子的运动轨道和路径都是遵照概率法则的。量子力学的特色就是每个测量都将破坏事件的自然程序，引进新的起始条件，而且在概率函数的两个相干分支重叠时就出现概率的干涉。玻恩给出了波函数的明确意义：德布罗意波实际上是一种概率波，它并不表示任何媒质的真实振动，波函数在空间某点的强度及振幅绝对值的平方及粒子在该点出现的概率成正比，这种出现的概率以波的形式连续地传播。随后，海森堡在论文《量子论中运动学和动力学的可观测的内容》中提出了测不准原理。他认为，“量子力学基本方程表明，改变运动学和动力学的某些概念是十分必要的。用原来的观点看，具有一定质量m的物体，其重心的位置和速度，是有单一的、直观的意义，然而在量子力学中，物体的位置和速度却存在着$pq-qp=h/2\pi i$这种关系，这使不加考虑地使用‘位置’和‘速度’这样的词产生了疑问。如果在微小的时间中，承认事物的不连续性的特征，那么就会立即看出‘位置’和‘速度’这样的概念的不确定性”[③]。接着，玻尔从哲学的高度思考了波粒二象性的佯谬，提出了互补原理。玻尔认为，不管量子现象如何超越经典物理解释的范畴，但是对于实验的安排、观测结果和微观现象的说明，都必须用经典物理学的词汇

---

① 魏凤闻，申先甲. 20世纪物理学史. 南昌：江西教育出版社，1994：126.

② Born M. International of Quantum mechanics. Science，1955，14：675-679. 转引自魏凤闻，申先甲. 20世纪物理学史. 南昌：江西教育出版社，1994：126.

③ 魏凤闻，申先甲. 20世纪物理学史. 南昌：江西教育出版社，1994：128.

来表达，而把传统的物理属性强加给原子客体时，就不可避免地引入了本质上含糊不清的要素。“一些经典概念的应用不可避免地将排除另一些经典概念的应用，而这‘另一些经典概念’在另一些条件下又是描述现象所不可缺少的；必须而且只需将所有这些既互斥、又互补的概念汇集在一起，才能而且定能形成想象的详尽无遗的描述。”①

以玻恩概念诠释为基础，以玻尔互补原理为核心，以不确定性原理为精髓的哥本哈根解释是概率解释的代表。可见，在哥本哈根的解释中，当用“波”“粒子”“位置”“速度”“概率”等概念来描述原子世界时，这些已经不再代表我们过去理解的含义了。事实上这正是隐喻实现其意义再创的认知功能的过程，对一个旧的科学概念赋予新意，扩大和丰富了科学理论的概念和语言系统，是对我们所接受的语言意义的一种超越、丰富和深化。因为量子力学作为一个新的理论，其观点已经与被普遍接受的理论（经典理论）产生抵触，然而在实验、观测及微观现象的说明中，经典语言的使用又是必需的，这就使得该理论自身的清晰性和说明性受到了挑战。这时概念障碍的问题便彰显出来，导致该理论的发展受到了阻碍。在这种情况下，隐喻就发挥了其工具性的作用，将传统观念中的语词进行再概念化，使之创生出新的意义，从而解决理论内部和外部的概念问题，进而推动了理论的发展。因此正如海森堡所说的：“当进入原子领域时，语言只能在诗学的意义上使用。量子力学为我们提供了事实的显著的例证，即我们完全可以理解一种用法，尽管我们只能在图像和隐喻的意义上谈论它们。”②

3. 量子力学教学中的隐喻思维

在一项科学理论的发展过程中，教学对于理论的传承、发展和创新具有十分重要的意义。作为科学共同体成员与外部人员之间的一种交流，教学对隐喻的依赖性不言而喻。在量子力学的教学过程中，为了使学生能够理解基本的量子概念及理论，常常会结合一些理想的微观模型

---

① 杨福家．原子物理学．北京：高等教育出版社，2000：90.

② Zdravko R. Metaphors：Figures of Mind. Boston：Kluwer Academic Publishers，1997：57-58.

进行论述。这些模型往往都具有某些与宏观客体相似的性质，以便于想象和理解。例如，势阱模型、谐振子模型、势垒模型等。这些模型在本质上都可视为其说明对象的隐喻，他们反映了不同层次上的映射关系，因而在本质上都是隐喻性的。以量子力学中的势阱模型为例。在很多微观情况下，如金属中的原子、原子中的电子、原子核中的质子中子等粒子的运动都有一个共同的特征，就是粒子被限制在一个很小的空间范围内。这时，就可以将该粒子隐喻地视作是被关在一个理想反射壁的方匣里（在很多教材中的隐喻是一维的宽度为 a 的无限深势阱），粒子不可能穿过匣子而只能在匣内自由运动。这就是势阱模型。通过将量子力学的基本原理如波函数理论、薛定谔方程、力学量的算符及表象等应用到这个模型中，就可以得到有关概念和理论的意义，使量子力学的学习得到事半功倍的效果。

为了使没有高等数学基础的普通学习者也能很好地理解量子力学中的基本概念，国外的一些学者还发明了一种量子井字游戏（quantum tic-tac-toe），也是隐喻思维的一种具体体现。该游戏只是在传统井字游戏的基础上增加了一条可重位规则，如图 1（a）所示。①

在一个格中可以同时落两个及以上的棋子。因此对局面也就相应有了多种理解，而以逻辑合理的三子连线方为胜者。本文不对游戏规则做出说明，只针对其中的隐喻给出物理意义。首先，该游戏隐喻了量子力学的态矢量。在图 1（a）中，空间是被分隔的，棋子只能画到方格中，事实上就是量子化了的。一个态函数可以视为是几个方格中棋子状态的总和，如 $\Psi=|5\rangle_1|9\rangle_2|1\rangle_3$。其次，量子态的叠加原理也在该游戏中得到体现，例如在方格 1 中分别存在 X_1 和 O_2，则隐喻了一个量子叠加态 $\Psi=\frac{1}{\sqrt{2}}\left(|1\rangle_1+|2\rangle_1\right)$。再次，量子纠缠也得到了隐喻的表达，如图 1（a）中的情况，由于位置上重叠的两个棋子的非独立性，导致两个态的叠加，从而体现出了量子纠缠的性质。即

① Goff A. Quantum tic-tac-toe: A teaching metaphor for superposition in quantum mechanics. American Journal of Physics，2006，74（11）：963.

$$
\begin{cases}
\Psi_X = \dfrac{1}{\sqrt{2}}\left(|1\rangle_1 + |2\rangle_1\right), \\
\Psi_O = \dfrac{1}{\sqrt{2}}\left(|2\rangle_2 + |5\rangle_2\right), \\
\Psi = \dfrac{1}{\sqrt{3}}\left(|1\rangle_1|2\rangle_2 + |1\rangle_1|5\rangle_2 + |2\rangle_1|5\rangle_2\right) \neq \Psi_X\Psi_O\text{。}
\end{cases}
\tag{7}
$$

最后，当我们试图做出一种逻辑上合理的理解时，如图 1（b）所示，量子态就转化为了经典态，这就隐喻了一次量子测量的发生。量子井字游戏的图形隐喻提供了一种对量子理论的直观认识，使更广泛的受众能逾越概念的障碍，理解理论内涵的本质思维。从更高的层次上讲，它鼓励了学生思考科学发展的方式，以及科学是如何将革命性的思维和严格的逻辑推理有机融合起来的。科学隐喻的教学法功能在此展现无余。

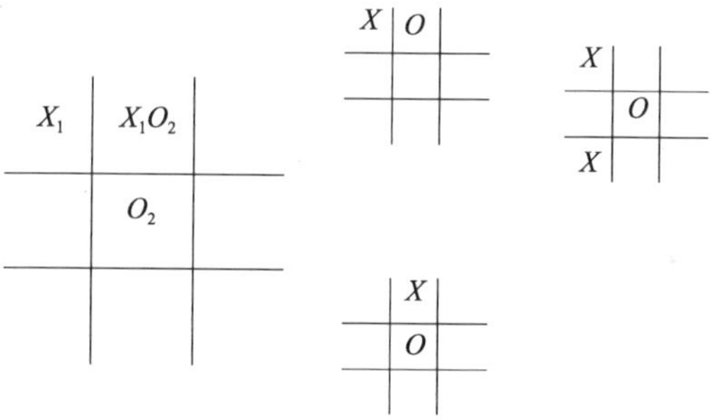

（a）可重位规则　　（b）量子态转化经典态

图1　量子井字游戏

三、结束语

量子理论的创立和发展作为隐喻在科学中广泛存在的强有力的论据，使我们认识到科学隐喻除了传统的修辞功能外，在科学理论的建构过程及解释中，还具有更多重要的功能。首先，量子力学的形式体系作为隐喻的语形载体，体现了隐喻思维的启发与表征功能；其次，在语义学意义上，量子力学解释中的隐喻思维又发挥了其理论解释功能，为数学形式的量子语形提供了物理及哲学意义上的诠释；最后，在量子力学传播与交流的语用语境中，隐喻思维也得到了广泛的应用，实现着其重要的教学法功能。可见，物理学从经典到量子的跨越，正是通过隐喻性思维的介入，类比于经典现象来建立量子模型，那些远离日常经验的微观图景才能逐渐地显现出来。然而在经典理论建立之初，像“力”“功”“电磁波”等这样的概念又何尝不是极其抽象的，远离日常经验的呢？又何尝不是通过隐喻表达的呢？正是在这种意义下，库恩把整个科学的发展看作是一个“具有隐喻特征的过程”（metaphor-like process），一个自始至终伴随着隐喻的过程，一个间或变换类比和模型，调整相似性模式的过程。不论自然科学发展到何种高度，它都只能面对一个建立在隐喻基础上的语言世界。①

当然，在大多数情形中，科学家使用隐喻并不是一个有意识的、有目的的过程，而是潜在的、自然而然引入的。这就导致当依据不加分析的相似性把熟悉的概念扩展到新的领域时，就有可能会犯严重的错误。所以，隐喻在科学中的使用是要以对科学语境的清晰认识为前提的，这就意味着对于科学隐喻的研究，应该结合语境论的方法，从语形、语义和语用的层次进行考察，才能科学地把握隐喻的本质。

① Kuhn T. Possible world in history of science. Nobel Symposium—August 1986，Typescript. 转引自李醒民. 隐喻：科学概念变革的助产士. 自然辩证法通讯，2004，1：24.

从量子计算视角看计算观念变革*

量子计算是遵循量子干涉、叠加及纠缠等量子力学规律来实现信息处理的一种全新计算模式。量子计算不仅表现出传统计算所具有的一些特征，如可重复的计算过程、物理构造的可实现性、理论上能计算所有经典意义上的可计算函数，以及能和传统计算相互融合等，并且还能利用量子世界的特有性质，通过量子状态下的并行操作进行快速信息处理，实现计算机完成复杂性计算的巨大飞跃。量子计算不仅将促使量子信息技术这一新产业形成，也必将引发人们对某些更深层问题的思考，而这些问题的研究又会反过来深化人类对自然界及人类自身的认识。

一、重新审视有效计算成为必要

量子计算学家多伊奇曾说："现在正是前进的时候，但是只有认认真

---

* 本文发表于《中国社会科学报》2010 年 8 月 5 日第 5 版，作者王凯宁、郭贵春。

真对待现在最好的理论，并把它们看成对世界的解释，才有可能向更好的理论迈进。”要将量子计算理论看成对世界的解释，就不可避免地要对量子计算有科学的理解和认识，且须对其性质进行深入的研究，而研究开展的前提则是要拓展传统的计算观念，为理解量子语境下的有效计算建立认识论基础。因为尽管量子计算表现出的特征使得绝大多数计算科学家从直觉上认为量子计算应属计算范畴，然而若严格按照计算的定义，量子计算则应被排除在有效计算之外。这种对量子计算性质的否定并不会带来任何具有实际意义的好处，相反却会阻碍量子计算研究的发展。因此，在量子计算语境下对有效计算进行重新审视，对于消解这种对不同计算模式的质疑就显得非常必要。

有效计算的概念源自可计算性的研究。1936 年，丘奇、克林尼和图灵等人各自就有效可计算性提出了递归性、λ 可定义性以及图灵机可计算性等定义，并最终承认各定义之间是等价的，从而形成了著名的“丘奇－图灵论题”：“有效可计算函数就是通用图灵机可实现的函数。”该论题指出，有效可计算函数就是指可以由人化的计算机执行的运算程序，而有效计算就是所有有效可计算函数的总和。人化的计算机在他们看来就是按照某个有效方法，对函数的值进行运算的抽象的人。某个方法能被称为有效方法（或有效程序），当且仅当它可以由一个理想化的人仅仅严格按照一系列有限的步骤用某些机械工具（如纸和笔）从开始执行到最后就能得到确定的结果，而不需要这个人本身具有任何洞见力和创造力。在这里，有效计算与有效方法是相互关联的，或者从某种程度上讲是等价的。这种人化计算语境下的有效计算存在两个方向上的理想化：一是人化计算机没有时间和存储空间的限制，二是它能严格执行运算步骤而不会出错。正是基于这种对有效计算的认识，大量学者认为可计算系统的类与有效方法的类是有共同扩张区间的。

二、量子计算促使有效计算突破限制

然而，量子计算是利用量子干涉、叠加及纠缠等量子特性，完成从输入到输出的数据转换。这些量子特性所涉及的资源是经典计算方式所不能提供的，而且对于人化的计算机来说也是无用的。尽管对于量子计算可实现的计算过程，有效方法的核心内涵中所涉及的抽象的人也可以完成，但“他”是通过经典方式而非量子方式实现的，而做出两种方法是否等价的判断不仅要考虑它们的条件和结果是否相同，而且要考察其计算程序是否等价。因此，从这个意义上来说，量子计算过程和图灵运算方式并不等价，也就是说量子计算不是有效方法。事实上，这里隐含了某种对黑箱计算的拒斥，即不承认可以不考虑力学过程而理解一种黑箱操作可以实现从输入到输出的过程，而这种拒斥也正是科学实在论所要求的。

既然量子计算（不包含只利用量子形式而不涉及量子特性表征的经典计算）不是一种有效方法，而从“丘奇－图灵论题”看，有效计算和有效方法是等价的，那么是否可以说量子计算不是一种有效计算呢？答案自然是否定的，因为从前文对量子计算特性的描述以及大多数学者的支持态度可以肯定，量子计算应被划入计算的范畴。因此，这种矛盾就要求我们考虑在量子语境下应该怎样合理定义有效计算。可以说，从量子计算角度看，计算应突破有效方法的限制，而被理解为一种遵循量子动力学规律的物理状态演化，通过对这种状态演化的表征，体现有效计算的形式化，实现其所体现的函数的功能。

事实上，多伊奇于 1985 年提出的“丘奇－图灵论题的物理版本”，就是对有效计算的一种广义认识，即“任何实在的物理系统可计算的函数就是图灵可计算的”。此处所言的实在物理系统的范畴相当广泛，可以说从巨大的天体到生命体，直至人类的心灵，都是实在的物理系统的子系统。也正是因为实在的物理系统是如此大的一个全称概念，导致至今也没有任何有力的科学证据能够反驳多伊奇的观点。他对有效计算概念的深化，也为计算主义者们将现实世界看作计算系统的观点提供了有力支撑。

三、世界的本质是计算

这种计算主义的思潮又促使量子计算研究逐渐向各个领域扩展，从而引起对计算实在性研究的广泛关注。"世界的本质是计算"在某种意义上更成为一个本体论预设，因为只有承认在本体意义上的整体性计算主义，才能在物理系统与通用模拟机器之间建立对等关系，从而相信基于计算的模拟是可行的。我们相信量子计算可以实现对量子系统的模拟，是基于量子实在不再如传统认识中由粒子堆砌而成，而是由结构和关系来表示的信息传输和计算过程，也就是说量子系统反映其本体上的计算实在性。而最大的量子系统其实是我们存在于其中的宇宙，因此，用量子计算机模拟宇宙演化，在理论上也成为一个可解问题。量子计算另一个有意义的研究方向则是用它来模拟人脑的信息处理过程，尽管目前还缺乏可靠的科学依据证明人脑确实是如同量子计算机那样运作，但未来这方面的研究将会为理解意识的计算本质提供更多可靠的依据。

社会应用方面，量子计算也将为解决乱序搜索问题，实现信息的远程传送，建立不可破译、不可窃听的绝对安全的保密通信系统等研究的开展开辟新方向。

因此，理解和把握量子计算的计算本质，形成更为广义的计算观念，将为量子计算的理论和实验研究的开展，建立可靠的本体论和认识论基础，而这也正是我们不断深入地探索量子计算哲学内涵的意义所在。

量子场论中的隐喻思维 *

科学隐喻被视为科学方法论研究的一个重要组成部分。隐喻越来越多地被用于其他学科，隐喻的介入使得我们在研究物理学哲学问题上有了更丰富的方法论手段。物理学家可以用隐喻来解释某个特定问题，如“电子是波”这个隐喻可以用来解释海森堡的不确定性原理。在作为当代物理学的前沿领域的量子场论的理论建构过程中，物理学家发现原有的语言框架不足以描述自己想要表达的东西，于是就借助于隐喻在原有的语言中发明或者创造出一种新的方式来表达它们。通过挖掘量子场论中隐喻思维的运用有助于我们进一步了解量子场论。文章通过对量子场论中隐喻思维运用的分析试着来讨论量子场论中一些重要的科学和哲学问题。

---

* 本文发表于《科学技术哲学研究》2010 年第 6 期，作者郭贵春、李德新。转载于中国人民大学复印报刊资料《科学技术哲学》2011 年第 3 期。

一、隐喻思维的引入是量子场论发展的必然要求

在当代，“关于量子场论的解释问题吸引了越来越多的哲学关注”①。哲学的主要任务就是对语言进行逻辑分析。量子场论作为比较复杂且完善的形式体系，必须进行语言分析来弄清其形式体系中系统的关联性，隐喻作为重要的语言分析工具，要进行语言分析就会很自然地用到隐喻。并且量子场论是量子力学和狭义相对论相结合的产物，量子力学所适应的范围是微观世界，狭义相对论则是在接近光速的高速运动中才起作用。这些都是远离我们经验世界的，正是由于我们经验的有限性，量子场论所涉及的对象越来越超出我们观察能力的范围，且越来越抽象。例如，“介子”“对称性自发破缺”“夸克禁闭”等量子场论中的重要概念，除了以隐喻方式就无法理解。并且要对量子场论进行分析，对它的数学结构及其物理描述的概念体系进行逻辑上的分析极其必要。其形式体系的数学表达和符号表征，如在量子场论框架中的量子电动力学中的服从运动方程的定域场算符、与粒子相联系的量子的产生和湮灭算符，以及量子场论中表征动量、角动量、同位旋等力学量算符都应用了隐喻的思维。可见，在量子场论理论的发展过程中，我们自觉不自觉地运用了隐喻的思维。

隐喻的使用对于科学理论的构造和发展具有相当的重要性，去探求并揭示它的方法论意义有着很重要的科学和哲学价值。科学隐喻为我们提供了一种重新建构和重新组织世界的方式，是科学语言和研究方法的统一，是语言形式和思维形式的高度融合。可以说，科学理论所描述的世界图景是我们运用概念隐喻进行的一种理性建构。“科学概念和范畴隐喻化的过程不仅仅是一个匹配和反映的过程，更多地是一个认知主体主动构造的过程。”②科学隐喻作为如此重要的方法论工具，厘清科学隐喻的基本特征可以使我们更加准确而合理地运用。

首先是科学隐喻的意向性特征。这里所说的意向性并不是隐喻语言

---

① Wayne A. Degrees of freedom and the interpretation of quantum field theory. Erkenntnis，1997，46：172.

② 贺天平，郭贵春. 量子场论模态解释及其方法论. 北京：科学出版社，2008：123.

本身具有意向性而是指科学隐喻的发明者的意向性。隐喻的意向性本质上是一种主体建构，主体的特定意向性通过隐喻的语言形式表现出来。科学隐喻的意向性是以涵盖这一隐喻的科学理论的语用语境为依托的。这种意向性并不是某个人单纯的意识状态，而是与科学文化环境和科学共同体语言系统密切相关的，在不同的科学文化背景下以及科学共同体中，科学隐喻的意向性也不尽相同，对科学隐喻的解释要与言说主体的意向性相一致。并且，成功的科学隐喻的运用，其意向性必须得到科学共同体成员的广泛认可。科学共同体可以通过科学隐喻的意向性态度来表达一个科学假说或科学预测。正是由于隐喻的意向性特征使得隐喻在某种程度上是片面的，也就是说要充分理解一个物理概念可能需要不止一个隐喻，如在双缝干涉实验中必须用波和粒子的隐喻同时进行描述。

其次是科学隐喻的语境化特征。科学隐喻的语境化特征是隐喻语形、语义和语用的统一。科学隐喻的意向性特征必须在特定的语境中才能适当地加以确定，这是因为科学隐喻的本质是依赖于现实的、具体的语用语境，是远远超越单纯的语义学或符号学范畴的。科学隐喻的语境化特征是以相关科学隐喻的语形结构作为载体的。在现实语境条件下，隐喻的意义总是受到限定的。而对于特定意义的限定正是体现在科学隐喻的语境化过程的结果中，也就是隐喻言说者原始意向性的回归。本质上讲，科学隐喻是以一定语形构造为载体，在特定语用语境下生成的语义映射。语境中语形构造、语义映射和语用选择的统一决定了科学隐喻的本质意义。例如，量子场论中，对于“夸克”（quark）这个重要概念是从爱尔兰著名作家詹姆斯·乔伊斯的小说《芬尼根守夜人》（*Finnegans Wake*）中借用的概念，在小说当时所在的语境中“夸克”代表的是一种海鸟的鸣叫声，而在量子场论的语境中，“夸克”则不能再表示海鸟的鸣叫声而是有着更加深刻的意义，我们将在后文中详细介绍。可见，必须通过语境分析才能更好地揭示科学隐喻的内涵，对于深化科学认识也有着重要的指导作用。最终科学隐喻的语境化特征的结果则表现为新旧隐喻的交替发展过程，这正是通过“再语境化”推动科学理论发展的动力学特征。朝向语境论的科学隐喻研究的光明前景有待于我们进一步挖掘。

最后则是科学隐喻的动力学特征。由于科学理论的不断发展，新的概念和理论的提出以及科学革命都需要对原有的科学语言系统进行改造。科学理论的革命正是隐喻革命或创造性发展的结果。量子理论的出现是物理学乃至整个自然科学最重大的革命性成果，这是一种新的科学范式的产生。这一范式是以量子的概念隐喻为基础的，从前的科学隐喻都不再具有适用性，这正是科学隐喻动力学特征的具体体现。科学理论发展过程中最深刻的就是以基础隐喻转换为基础的科学理论解释。例如：从牛顿所创立的经典时空观到爱因斯坦的相对论时空观的知识进化，其实质是隐喻的进化。这也是科学隐喻的动力学特征的体现。科学隐喻的动力学特征还体现在科学理论是无止境地发展的。要想更深入地理解科学隐喻的动力学特征，我们必须将一个死隐喻的功能和意义看作是新的隐喻或科学理论提供再调整或边界转换的手段。阿彼得（M. Arbid）和海西指出，对于科学理论的发展而言，隐喻是潜在的革命性的，旧的科学隐喻不再适用或具有局限性，新的科学隐喻将被提出，这就表现出科学隐喻的动力学特征。新的科学隐喻的发明直接推动了科学理论的发展。科学隐喻的意向性、语境化和动力学三个特征有机地统一于科学理论的建构、解释和发展之中。科学隐喻的意向性是语境中的意向性，科学隐喻的再语境化过程正是其动力学特征的体现。

二、隐喻思维在量子场论本体论研究中的作用

本体论的目的就是得到一个最基本的世界建构的有条理的图景，人们想知道有什么样的事物并且想知道它们是如何关联的，人们在对本体论的研究过程中仍想知道事物是由什么部分组成，是如何组成的，在其组成之外是否仍有基本实体存在。量子场论的本体论者特别关心的事情是量子场论要告诉我们世界的本质所在。当然，这是量子场论理论所真实地支持的，在对物理学本体论研究过程中很少看到物理学家的身影，只有当他们想检验它们的经验结果的时候，才可能在两个竞争的本体论解释中选择一个适合自己的。物理学家更加关注的是本体论解释的实用

性。关于量子场论的本体论研究更多的是物理哲学家所追求的，对于一般哲学家也是微乎其微的。量子场论的本体论研究是一个很重要且很难的方向，隐喻的介入使物理哲学家在研究量子场论本体论问题时有了更有效的工具。“量子场论本体论研究的首先是一系列相互作用的场，如电子场、夸克场、电磁场、胶子场等。”①这些都是作为量子场论建构的核心概念的概念隐喻。就拿电磁场来说吧，我们本体论研究的一般是自由场的本性和结构。电磁场是一个很复杂的整体，为了引出其最确切的结构，规范场论很成功地把场分解成为更小的实体。这些实体的本质，以及能量包等问题都是要研究的重要内容，是哲学中重要的本体论问题。研究这个问题可以通过讨论个别实体或特殊实体以及弄清个体性和特殊性的本质，这样才能得到关于量子场论中关于实体的更好的解释。

“反粒子”的存在会使我们从粒子的量子理论转向场的量子理论。而在此转向过程中场本体论逐渐取代了粒子本体论，并通过巧妙的隐喻思维的运用，使得“反粒子”这个重要的概念隐喻清晰地、形象地得到诠释。狄拉克认为如果存在负能态，电子就会落入这个态中。当然，电子必须通过辐射掉能量才能达到。如果有无限多个负能态，所有的电子都落入负能态，那么就会伴随着越来越多的能量辐射，结果将是非常不稳定的。由于泡利原理，一个能态被占据，就不会允许同样的粒子再占据这个态。于是狄拉克大胆地建议所有的负能态应当都已被占满，这个被占领的负能态海洋就是通常所说的狄拉克“海”，在这里，狄拉克“海”是对电子的隐喻重描。狄拉克认为，偶尔可能会出现负能态没有被占据的情况，这种狄拉克负能态海里的“洞”就像一个正能粒子，其电荷与电子电荷相反。这个狄拉克“洞”就是电子的反粒子，即正电子。如果电子填入这个洞可解释为电子与正电子对的湮灭，同时释放能量。反过来给其注入足够大的能量可以使狄拉克海生成电子 - 正电子对。狄拉克巧妙地引入狄拉克“海”和狄拉克“洞”，形象地预言了反粒子的存在。这里的狄拉克“海”和狄拉克“洞”何尝不是隐喻的表达，这里的隐喻

① Kuhlmann M，Lyre H，Wayne A. Ontological Aspects of Quantum Field Theory. Singapore：World Scientific Press，2002：112.

本体和喻体分别是电子、正电子和狄拉克“海”、狄拉克“洞”。也正是这些隐喻的运用使我们更加具体而清晰地理解了电子 – 正电子对的生成和湮灭。随着粒子的量子理论转向场的量子理论，场本体论也被越来越多的人接受。之后又把实物粒子还原为场的特殊形态。在这期间“真空涨落”“真空极化”等重要的概念隐喻的提出起到了决定性的作用。根据狭义相对论，真空应是零动量、零角动量、零能量、零电荷的不变态，也就是认为真空不能被看作物质。然而，在量子电动力学中，我们发现有真空涨落和真空极化现象存在。这说明真空必定是有物质的东西，而且，必须还得承认真空是基态的量子场而不是量子场的基态。如果认为真空是量子场的基态，那么就很难理解真空涨落中各种虚粒子的产生、消失以及真空极化中虚粒子云电荷分布的改变。要理解这些理论，首先要对“虚粒子”这个概念隐喻进行解释。在量子电动力学中引起带电粒子间相互作用的过程不同于经典电动力学。在经典电动力学中粒子间相互作用是通过粒子和场的相互作用表现出来的，而量子电动力学中这一过程体现在带电粒子发射和吸收光子，在电磁场中带电的基本粒子通过交换虚光子相互作用。虚光子即是我们不可以直接观测到的，虚光子是电磁场真空的粒子。现在我们知道，不仅有虚光子，而且有虚电子、虚正电子、虚夸克、虚反夸克、虚胶子等。这类粒子统称为虚粒子。德国物理学家海因茨·施贝瓦很形象地把这些虚粒子定义为“志愿粒子”（would-be particles），“这种粒子无确定质量，并且在短时间内及一微小空间里存在着”[①]。这样的解释又何尝不是隐喻思维的具体体现。并且，物理学中著名的不确定性原理正是体现在对“虚粒子”的隐喻描述中。

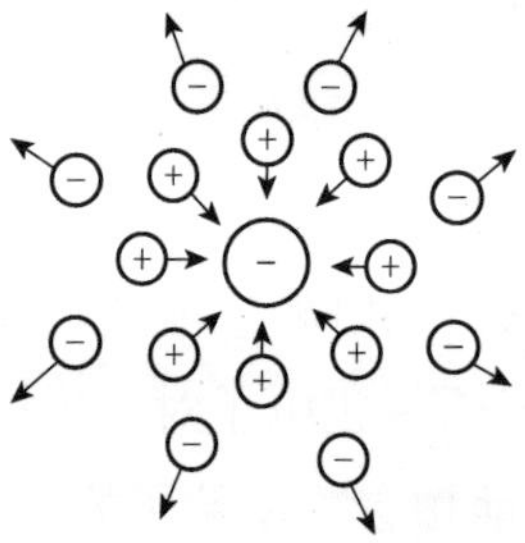

图1　量子电动力学中的真空极化

真空涨落就是真空中虚粒子的产生、消失以及相互转化的现象。而真空极化则可以用图 1 表示。

① 海因茨·施贝瓦．夸克．沈葹译．上海：上海翻译出版社，1987：120.

在真空中实际上填满了看不见的虚电子 - 正电子对，围绕着电子的四周涌现出电荷，由于电子带负电，它就排斥临近处所有的虚电子而吸引虚的正电子。此时，虚电子 - 正电子对被破坏，这种现象就是真空极化。

图 1 很形象地解释了真空极化现象。这种符号化的科学是隐喻理解科学的最高境界。当然，真空极化还可以用另外一种符号化工具形象地描述——费曼图。图 2 是 QED 中的真空极化过程的费曼图表示。

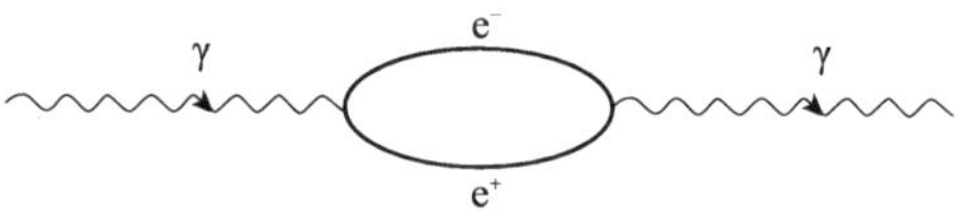

图2　真空极化

实线是带箭头的，表示电子，顺着箭头方向是电子，逆着箭头方向的是正电子，波线则表示光子。费曼图这种隐喻的运用不仅有鲜明的物理含义，而且也有严格的数学式子。在量子场论中，弱作用和强作用过程都可以用这种符号化科学隐喻地表示，如图 3[①] 所示。

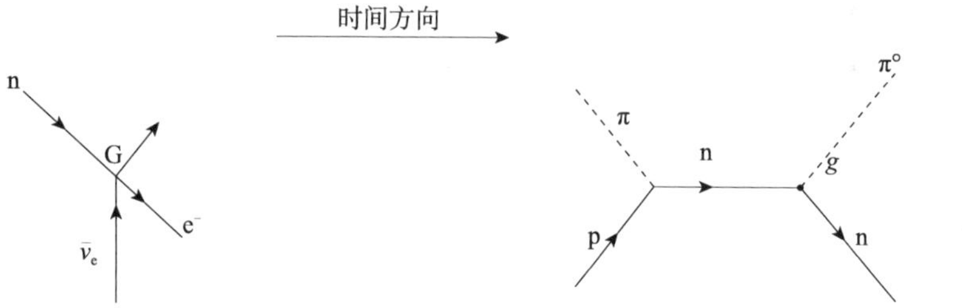

(a) 中子的 β 衰变过程 $n \rightarrow p+\bar{e}+\bar{\nu}_e$ 弱作用过程　　(b) π 与核子散射过程 $\pi+p \rightarrow n+n^0$ 强作用过程

图3　$\pi^- + p \rightarrow n + n^0$

从以上分析可以总结出隐喻思维在量子场论本体论研究中的特征有以下三种。

（1）在量子场论本体论研究过程中，既有作为科学理论建构的核心

① 陆土炎，罗辽复 . 物质探微 - 从电子到夸克 . 北京：科学出版社，2005：62.

概念的概念隐喻，也有作为科学假想或推理的隐喻思维活动，并且在解释概念隐喻的过程中又运用到了隐喻的其他表现形式。例如，对“真空极化”这个重要概念隐喻的解释中运用了费曼图这种符号化的隐喻思维活动。

（2）隐喻具有科学理论的发明功能。传统的规范所具有的语形和语义的束缚会严重地制约量子场论的发展。可以将传统的语词进行再语境化，从而使其创生出新的意义。由此引入的新的术语和概念意味着理论瓶颈问题的清除。例如，“真空”这个概念隐喻，当遇到本体论困难时，我们就重新定义“真空”。隐喻可以指概念和再概念化过程，对“真空”的再概念化使我们认识到量子场论语境下“真空”的真正含义。从而得到了真空是基态的量子场，真空态则是量子场的基态。这时场本体论被确立。

（3）隐喻思维的运用可以使抽象的理论和概念具体化、形象化。量子场论中费曼图的引入形象地描述了“真空极化”现象。又如，通过引入狄拉克“海”和狄拉克“洞”的隐喻表达我们更加清晰地理解了电子－正电子对的生成和湮灭。

三、隐喻在量子场论建构过程中的作用

“我们认为，在科学理论的陈述中，模型的运用有助于揭示理论说明对象的性质和结构关系，因此是一种理解理论，认识真理的有效手段。在科学理论语言中，隐喻与模型是一种深层次的平行关系。各种不同类型的科学模型都视为其说明对象的隐喻，它们反映了不同层次上的特征映射关系，因而在本质上都是隐喻性的。”[①]模型往往是一个直观事物，它用相对熟悉的概念和形象的材料说明抽象演算，使抽象演算不仅具有形式特征也具有实际内容。在量子场论中不得不提到的就是夸克模型，当然，夸克这个隐喻的引入有着重要的物理意义和哲学意义。夸克是本体

① 郭贵春.隐喻、修辞与科学解释.北京：科学出版社，2007：49.

论的隐喻，这种类型的隐喻允许我们指称某种特定的测量对象，从而扩张人们的经验，并据以构成理论表征的基础，是隐喻的科学理论表征功能的体现。量子色动力学理论预言了湮灭实验中所产生的粒子的动量分布情况。在实验过程中最后生成的强子的动量和初始状态夸克的动量有关，这些强子因所谓的夸克对碎裂而得到。也就是说，我们所观测到的是两个粒子“喷注”，每个喷注的动量等于每个初始夸克的动量，因此，粒子喷注只是一些沿着大致相同的方向飞走的强子。这些喷注可以理解成夸克的衰变产物，常常将其称为“夸克喷注”。因此，从电子－正电子湮灭的夸克喷注中，我们可以间接地“看到”夸克了。可见我们已经在“夸克喷注”隐喻的解释中间接地证实了夸克的存在。已有的证据是与这个图像相吻合的，即强子不是作为基本实体而是通过夸克参与相互作用的。另外，尽管有着许多似乎有理的理解，我们却仍然不能完全理解为什么夸克至今仍不能单独被发现。关于夸克，物理学家有两种不同看法。一种看法是，认为夸克粒子是实际存在的粒子，只是因为质量太大，用现在达到的能量不易发现它们，或者因为其他原因没有发现出来。如果是这样，也许能够在宇宙线的高能现象中发现它们。但是，遗憾的是我们没有发现这种粒子。“夸克作为自由粒子在原则上已经被假设为不可观察的，这一事实有时被现代量子场论看作是一种新的解释转向。”① 当然，夸克的质量还是不能太大，因为由夸克组成可观测到的基本粒子，这些粒子的质量必须是能观察到的大小。而另一种看法是，认为夸克粒子不是基本粒子，夸克只是整理基本粒子的方法，采用这种看法时我们会有这样的疑问：“为什么这种整理方法能够成立？”这时，我们需要回归到如何解释夸克粒子这一基本问题。我们也可以用上面所说的两种方法统一地说明基本粒子。其实，从上面的解释中可以看出，对于夸克的解释我们所采用的是“适度的”的科学实在论。而“科学隐喻引入实在论的视域，可以达到一种‘适度的’科学实在论”②。这种“适度的”科学实在

---

① Brown H，Harre R. Philosophical Foundations of Quantum Field Theory. Oxford：Oxford University Press，1988：32.

② 郭贵春 . 隐喻、修辞与科学解释 . 北京：科学出版社，2007：87.

论是介于强实在论与工具实在论之间，是一种特殊的、局部的、近似的实在论。当然这种“适度的”实在论并不否认存在一种实在的世界结构，也不反对科学对于此结构是不断地持续地挖掘出更多的内容。可见，从物理学家对夸克这个概念隐喻的实在论解释和隐喻所引入的实在论解释功能是一致的。

在科学发展的过程中，科学类比曾起到过重要的作用。当然，量子场论的发展也不例外。“科学类比这种由于当前问题缺乏直接答案，而有意无意地从一个领域汲取知识到另一个领域，填充相关知识空白的情况，正是科学家们自觉不自觉地应用隐喻思维的结果。类比的来源域相当于隐喻的喻体，目标域相当于隐喻本体，类比过程则相当于隐喻映射过程。”[①]在量子场论中，弱电统一这一重要的理论在其发展过程中，科学类比起到了让人为之惊叹的作用。在弱电统一之前，我们所考虑的杨－米尔斯的非阿贝尔规范理论都具有严格的定域对称性，因而，规范场是无质量的，这些理论用来构造强相互作用模型。然而，在历史上，杨振宁和米尔斯引入了非阿贝尔规范场之后，物理学家们奋斗多年企图建立一个有意义的，规范场是有质量的，定域对称性要明显地被破坏的理论。建立这类理论的动机来自对弱相互作用的研究，而自发对称性破缺的研究成了解决这一问题的切入点。

物理学家们在铁磁体中找到了自发对称破缺的例子。铁磁体系中，哈密顿函数具有旋转不变性。然而，系统的基态却表现出旋量对称性的破缺，而且建立在基态上的其他态也具有非对称性。美籍日本理论物理学家南部阳一郎提供了一个探索超导性和量子场论之间的富有成效的类比的恰当起点，即博戈留波夫（Bogoliubov）对 BCS 理论的重新表述中将对称性自发破缺概念引入量子场论。南部阳一郎认为，一个场理论的拉氏量具有某种对称性，而该体系的基态却破缺这种对称性。之后，他用下面的对应表 1[②] 总结了这个类比。

① 郭贵春．隐喻、修辞与科学解释．北京：科学出版社，2007：48．

② 曹天予．20 世纪场论的概念发展．李宏芳，李继堂译．上海：上海世纪出版集团，2008：366．

表1　南部阳一郎关于超导性和量子场论的类比

超导性	基本粒子
自由电子	裸费米子（零质量或小质量）
声子相互作用	一些未知的相互作用
能隙	观测到核子质量
集体激发	介子（束缚核子对）
电荷	手征性
规范不变性	${}^{r}_{5}$不变性（精确的或近似的）

南部阳一郎通过引入介子 – 核子系统的特殊模型，把从超导理论中得到的关于自发对称性破缺几乎所有的结果引入量子场论中。从上面的类比我们可以清晰地看到来自量子场论语境下的目标域（相当于隐喻本体）和来自固体物理语境下的来源域（相当于隐喻喻体）。正是南部阳一郎这种富有卓见的类比的隐喻思维的运用使得量子场论得以进一步发展。哥德斯通在南部阳一郎这一类比的基础上提出了哥德斯通定理，该定理认为在连续的对称性自发破缺时，存在零质量的无旋量粒子，也就是后来被称为哥德斯通玻色子的粒子。此定理后由哥德斯通、萨拉姆和温伯格得以证明。量子场论发展至此，理论上出现了两种零质量粒子，即由杨 – 米尔斯理论得出的具有严格对称性的无质量粒子和由哥德斯通定理所得到的零质量的哥德斯通玻色子。之后，贝尔实验室的凝聚态物理学家安德森对自发对称性破缺进行了超导案例分析。通过类比，他认为上述的零质量的杨 – 米尔斯规范玻色子和零质量哥德斯通玻色子可以彼此抵消而留下有质量的玻色子。后来，苏格兰物理学家希格斯提出的希格斯机制其实和安德森的理论具有异曲同工之妙。希格斯机制认为："当规范场和基本标量场相互作用时，若有对称性自发破缺存在，那么，哥德斯通玻色子和规范场将以特殊机制结合起来，规范粒子成为不为零的矢量粒子，此时对应于哥德斯通玻色子的自由度将变成矢量粒子的纵向自由度，这就消除了零质量的哥德斯通玻色子。"①

可见，通过量子场论的自发对称性破缺和超导理论中的自发对称性破缺的类比这一隐喻思维的运用，为弱作用和电磁相互作用的统一奠定

① 张会，薛晓舟．规范统一场论的发展及其哲学反思．自然辩证法研究，1992，3：3.

了重要的基础，从而推动了量子场论的巨大发展。并且科学隐喻起初也许不是一种规范的科学话语，但它却能够产生重要的科学发现甚至导致科学革命的产生。“自发对称性破缺”这一概念隐喻的运用正是体现了科学隐喻的这种发明功能。

并且，在量子场论中量子色动力学（QCD）概念体系的建立和完善也运用了类比的隐喻思维。在 QCD 建立之前，量子电动力学（QED）已经建立了完善的形式体系。QCD 通过与 QED 类比而最终得以完善。QCD 语境下的夸克类比于 QED 语境下的电子；QCD 语境下 d 夸克类比于 QED 语境下的 μ 子。依次还有色荷类比于电荷，胶子类比于光子，介子、重子类比于原子等。正是 QCD 语境下的目标域与 QED 语境下来源域的类比使得 QCD 的重要概念得以命名，形式体系得以完善。“是什么东西显示了隐喻所发挥的转向功能呢？答案是：隐喻的根据是类比或相似。”[①]从上面的例子也能看出科学隐喻是以相似性为前提的，正是隐喻本体和喻体的相似性使得类比得以实现。其实在经典场论建立的初期物理学家就曾对电磁理论和光学原理进行类比，从而把“以太”从光学中借用到电磁理论中。虽然“以太”这个隐喻最终被科学家所淘汰，但是正是“以太”的介入使得物理学家们在建构场论的过程中找到了正确的方向，并最终建立了经典场论。

“隐喻思维在量子力学的建立过程中的应用不仅仅局限于自然语言，从一般意义上讲：我们可以认为物理学的某种形式符号同样是科学隐喻存在的特例。”[②]当然，在量子场论中同样如此。在量子场论中，物理学家运用了大量的算符以及函数表达来构造和完善量子场论的形式体系，这些都是隐喻思维的具体体现。

以电子场的狄拉克方程

$$\left(\hbar' y^{u} \frac{\partial}{\partial \overset{u}{X}} - mc\right)\psi(x) = 0$$

---

① 保罗·利科．活的隐喻．汪堂家译．上海：上海译文出版社，2004：117.

② 郭贵春，王凯宁．量子力学中的隐喻思维．科学技术与辩证法，2008，3：3.

为例来分析这些形式符号是如何来表征电子场的。

我们在这个方程中可以分为四类术语：①变量，通常被称为时空参数；②动力学变量 ψ（x）称作定域场算符；③微分算符；④常数 h、m、c、Υ^u。我们将重点描述前两个微分算符在连接各种定域场和完整的电子场中起到的重要作用，它们在非定域作用中也起到了很重要的作用。

x 和 ψ 这两个变量在电子场中是很重要的本体论概念。我们将如何分别解释它们？也就是我们如何将电子场分析成一些小的实体。有两种基本方法，一种是横向分析，一种是纵向分析。横向分析认为变量 x 和 ψ 都是物理事实，把物理场分解为两层。x 所指称的这一层通常用在时空概念中。而 ψ 所指称的这一层则是能量外层，很可能是以激发的量子形式出现。这两个物理量通过互相支持和包含而确切地联系起来，时空包含能量层面。横向分析是浅薄的缺乏知识的，为了更好地了解场的结构，我们需要进行纵向分析。我们深入地将每一层概念分析成更小的实体，并且找到使它们相称的关键。把时空分成许多点或小区域，每一个点或小区域都是一个时空基。这样我们得到了关于实体的针垫模型，实体由两部分组成，这些时空基就是垫子，而插在其上的针就是实体的本质特性。显而易见，这个针垫模型的解释正是隐喻性思维运用的具体体现。其隐喻本体分别是时空基和实体的本质特性，隐喻喻体则分别为针和垫。这一隐喻思维的运用很形象地将电子场呈现在我们面前。

这些时空基是没有任何特点和性质的个体，被我们认为是最基本的物质。在量子场论中，时空基表示的是空的时空点或空的时空区域。时空基的概念在过去几个世纪备受批判，因为其拥护者不能解释如何使它们具体化或者如何指称它们。许多关于时空的哲学观点认为最基本的时空才是最完美最典型的要素，我们可以直接指称它们。我们预设了四维时空坐标这个概念，实际上，时空基的整个目的就是完成四维时空坐标的概念这项任务。因为凭直觉没有两件事物在同一时间位于同一位置。现在，我们来理解实体的针垫模型的独特性。它打破了常规的实体本身而使其变成两种实体：垫子和针。然后，指定四维时空坐标为垫子，本质特征为针。并将其假想为两种不同的实体，一种是有四维时空坐标而无本质，另一种则相反。我们通过纵向分析场可以得到比较弱的本体论。对于定域这种实体 $\psi(x)$ 可以理解为含有两层意义的算符。定域场是用两个一般概念所表示的特殊个体，这两个概念就是用 x 所表示的四维时空坐标和由 ψ 所蕴含的可能的性质。我们直接通过变量 x 指称某一定域并通过 ψ 来描述这一定域。这种解释的意思就是 x 是独立的变量而 ψ 是依赖于 x 的变量。而 $\psi(x)$ 则代表一组单独的实体，即定域场。电子场是一个由无穷多个动力学定域场组成的动力学系统，每个动力学定域场都是被时空参数 x 所确定。正是这些算符和符号的引入使得我们建立起完善的量子场论形式体系，这些以符号化的科学隐喻使得量子场论形式体系的语形结构得以确定，并使其语义表达更加清晰方便。并且，我们通过针垫模型这一隐喻思维来形象地解释算符这种形式符号隐喻地表征动力学量的具体方式及其意义。从某种意义上讲，隐喻是联结形式语言和自然语言的纽带。

从以上的论述中我们可以得出隐喻在量子场论建构过程中的作用及特征。

（1）隐喻思维是科学类比和科学模型的思想基础。量子场论中的夸克模型和量子场论中的自发对称性破缺与超导理论中自发对称性破缺的类比的隐喻思维的运用正体现了这一特征。隐喻性的思维方法深深地渗透在科学类比与科学模型的应用中，甚至可以说类比和模型仅仅是对隐喻结果的一种描述。并且从以上的关于模型和类比隐喻的描述中使我们意识到科学类比和科学模型这两种隐喻思维不是相互孤立而是相互作用的，科学类比很大程度上是两种或多种科学模型的类比。当然，在建立模型的时候也或多或少地会运用到类比的思维。

（2）相似性是科学隐喻得以存在的必要前提。新的理论和假说不是通过与十分不同的领域进行类比产生的，而是通过与相关或具有某种程度相似性的领域进行类比产生的，体现在两种关系的同一性和相似性上。隐喻的推动力取决于对相似性的发现。善于使用隐喻也就是善于发现相似性，我们可以把作为属性的最明显指代者的事物理解为转换项。隐喻将不同语境下的两种不同的缺乏部分结合成简单的意义。所以，它不仅涉及语词的简单转移，而更是思想之间的交流，也就是语境之间的和解。这一特征从量子场论中的自发对称性破缺与超导理论中自发对称性破缺的类比可以很清晰地看出。

（3）隐喻的科学实在论辩护功能。“夸克”这一概念隐喻的引入正是体现了存在一个不可能被观察到的独立于人心世界的本体论的实在论观点。并且，面对科学实在论所面临的困境，剑桥大学达尔文学院前院长丁·劳埃德爵士深信不疑地讲：“隐喻是帮助科学实在论走出困境的很有前途的方法之一。”[①]正是隐喻的这种科学实在论的辩护功能使得我们对隐喻的研究更加有必要也更有意义。

（4）隐喻对科学概念以及范畴的重构、新理论术语的引入乃至整套科学理论的构建和发展有着重要的作用，拓展了科学理论陈述所提供的意义空间，在某种程度上我们需要求助于隐喻来填充语义的空白。

四、结束语

文章通过挖掘量子场论中隐喻思维的运用及其作用特征，介绍了量子场论中部分重要理论和概念。其中，有的是科学解释中的隐喻描述，如“自发对称性破缺”“真空涨落”“夸克喷注”，以及费曼图等。有的是科学活动中的隐喻思维，如“夸克”“真空”“虚粒子”等。当然，还有夸克模型以及量子场论中自发对称性破缺和超导理论中的自发对称性破缺类比这样的科学隐喻的直观形态。这些都是科学隐喻的具体表现形态。隐喻思维在量子场论中的成功运用使我们更加清楚地看到隐喻方法论的重要性。量子场论一直是了解微观世界的一种重要的方法论工具，其中包含了场论、粒子物理、量子力学、量子电动力学以及相对论的相关知识。其中有算符表述、传播子方法及复变函数分析的经典数学运算。这些方法中都包含了科学隐喻的思维。“物理学是经验科学，当然必须依靠

① 郭贵春．科学实在论的方法论辩护．北京：科学出版社，2004：4.

经验知识而前进。”[①] 然而，在粒子物理发展的过程中，物理学家曾以独创的思考力作了很多光辉的预见。实际上，物理学家以合理的思考力和直观的洞察力走在事实的前面，运用类比的隐喻思维预测了许多有价值的理论。但是，由于物理世界的无限丰富性和难测性以及基本粒子研究日新月异的进展。甚至，新粒子的种类急剧增加，在命名它们时出现了希腊字母不够用的“危机”。面临着如此丰富的经验知识，我们不得不感叹理论的贫困。科学隐喻在科学理论陈述中的科学理论建构功能在缓解量子场论面临着如上困难的过程中起到了重要的作用。“隐喻可以通过引进概念术语，去指称其存在似乎可能但其许多特征现在仍未被揭示的世界。”[②] 科学隐喻成功地搭设了科学理论中所予与映射、判据与猜想、常规与假设之间的桥梁。科学隐喻的研究将极大地推动科学修辞学乃至整个科学哲学的深入发展，对科学理性的进步也将起到其应有的积极作用。当然，在科学解释中要谈论隐喻的方法论意义，离开语境的整体性是无用的，必须从语形、语义和语用统一地进行分析。这就是为什么说趋于一种语境论的隐喻观将成为当代隐喻研究中有前途的趋向。

---

① 汤川秀树，片山泰久，福留秀雄. 基本粒子. 张质贤译. 北京：科学出版社，1975：114.

② 郭贵春. 隐喻、修辞与科学解释. 北京：科学出版社，2007：47.

古典对称的语境特征及其意义*

在欧几里得几何学中，存在着两个图形关于点、线之间的变换关系，就像人的左手和右手，当双手合拢时，各手指之间存在相互对应关系，我们就将其视为古典对称，这是人们在认识客观世界过程中总结出的直观规律。将图形赋予物理意义，古典对称的适用范围逐步扩大。随着物理学的发展，许多物理学现象与规律逐步纳入对称概念的范畴，使得对称有了更为丰富的内涵。本文通过使用语义分析方法，将古典对称看作是有关对称理论的元理论，在这一过程中，首先利用语义分析方法将古典对称的概念与客观实在进行联系，在概念与现象之间建立起客观的、准确的关联，规范古典对称所描述的内容；其次通过分析古典对称在物理学上的意义，找出古典对称在结构上的特征，界定域语言、操作语言和操作关系的适用范围，展现出科学知识对于特定知识体系结构的分析、解决问题的方法，为对称理论研究提供一个范式；最后本文在把握对称

* 本文发表于《山西大学学报》2011 年第 2 期，作者郭贵春、李龙。

关系结构同一性的基础上，通过将对称概念在语义上上升，把握对称在物理学各个分支学科的应用，提供了一种解释和解决物理学难题的方法。而在物理学各个分支学科的研究过程中，对称作为一种物理学分析方法几乎贯穿于物理学研究的各个领域。那么，我们抛开学科界限，把握对称所展示出的本质特征，通过扩大古典对称语境，将物理学各个分支学科的对称现象加以归纳和解释，从而构造出一个横断于物理学研究的纲领，本文的意义也就在此。

一、古典对称的定位及数学分析

随着物理学的发展，人们将电磁学、原子物理学和相对论等诸多物理学的分支学科中的相似命题归纳到对称这个概念的范畴之内，扩大了对称这一概念的内涵，并就这个概念进行全新阐释。当对称概念摆脱传统观念的束缚后，脱离了经验层面上可观察两个图形的完全重合这一标准，将不变量与守恒量引入理论，充分显示出该理论所具备严谨的逻辑性和完备性，使得对称理论在数学、物理学研究中赋予更为广阔的应用范围和丰富的结论。纵观几何学、牛顿力学、电磁学、粒子物理学等学科，每个学科中蕴含着各不相同的研究思想与研究方法，对称在这些学科中所体现的意义也是千差万别的，这就需要用一个横断研究的方法来阐述对称概念本身及其意义。而语境分析则正好可以完成这个使命，因为“任何要素都只有在与其他关联存在的具体的或历史的语境中，才是富有生命力的”①。

古典对称就本质上来说是关于几何图形的对称，其内容来源于人类自身对环境的观察与总结，是最为直观的对称类型，也是人们在数学、物理学研究中所认识到的最初级的对称，前面所提到的近代物理学中的诸多类型的对称就是以此为基础。

古典对称创立与发展的基础是我们日常生活中的空间，欧几里得几

① 郭贵春. 语境分析的方法论意义. 山西大学学报（社会科学版），2000，3：1.

何对空间的描述由于符合人们对所处空间的认识而被广泛接受。欧氏几何中定义了维度这个概念，并规定我们所处的空间是三个独立的维度，且在各个维度上都具有各向同性。这些也就构成了我们关于空间这一概念的认识基础，同时也是古典对称研究的数学基础。在划分古典对称的类型时，不同的划分方式将引导出不同的结论。古典对称存在以下几种划分方法：

（1）按照对称图形的个体数量来说，有单一物体对称，即图形的一部分与另一部分之间的对称；有两个物体之间的对称；有一组图形（图形数量≥2）与另一组图形之间的对称。

（2）就图形之间的对称关系来说，有关于点对称的；关于直线对称的；关于平面对称的。例如，我们日常生活中的镜像对称，自己和镜子中的像所具有的对称。

（3）按照对称变化是否连续来划分。例如，平面图形中的圆将会根据其自身的任意一条直径产生对称变换关系，当直接连续变换时，圆中的对称关系也是连续变换的；而图形不能满足连续变换规律时则认为是不连续的。

（4）按照空间维度进行划分，这也是最常见的划分方法。在欧氏几何中将空间确定为三个相互不同的维度，图形之间的对称关系存在于一维、二维和三维空间。

以上所提及的古典对称的不同划分方法，分别代表了不同的分析问题的角度与分析方法，其侧重点虽各不相同，但并不排斥，如二维平面中的圆自身的对称性，从维度上说是二维的，从数量上说是单体，从对称种类上说是点或直线对称，对称关系可以看作是连续的。在古典对称研究中所体现出的方式和结论是大致相同的。当我们谈及两个大小、形状相同的几何图形的对称性时，通常情况下是指这两个图形通过某个操作（平移或转动）后可以完全重合。古典对称的研究通常以人们所熟知且容易区分的空间维度作为主要的划分标准。对于平面图形的重合，两个图形的重合不会有物理上的障碍，即它们无论是作为几何的符号还是作为实际存在的物理客体来说都是会重合的。当对于三维图形来说，三维空间的图形对称还需要附加一些条件，因为三维空间中所体现出的对称性将更加丰富。在三维空间中不仅存在着平移对称与转动对称，还有一种特殊的对称——螺旋对称，螺距均匀的圆柱形螺旋线有旋转对称性，其主要特征为将其沿轴线提升一个距离 X 及旋转一个角度 α 后的新螺线与原螺线重合。可见，古典对称的发展已经颠覆了我们传统思维中的概念，虽然仍基于自身观察，但是已经逐步远离人们的经验，变得更加逻辑化。当我们谈论不同类型的古典对称时，由于语境的不同，古典对称所指的内容也相差极大。

当我们用传统几何学的方法证明图形的对称时，首先观察图形是否“相似”，然后通过欧氏几何中所预设的公理、定律等条件逐步完成全等的证明过程。在这个演绎的、综合的几何证明过程中，被论证的公理被认为是“自明之理”，这个“自明之理”以及由此推导出的定理本身就缺乏严密的逻辑起点，故我们认为欧氏几何所证明的图形对称也仅仅是从总体上粗略地比较两个图形是否完全重合而已。在欧几里得所创建的几何大厦中，给出了大量的真理，但在其理论体系中并未解释为什么会是这个样子，也没有指出是如何发现这些规律的。[①] 欧几里得所做的证明也仅仅可以告诉我们什么样的图形是可以看作对称的，甚至可以告诉我们这类对称图形有哪些性质，但在他的理论中并没有阐述图形对称的原因。

解析几何的出现，为我们研究古典对称提供了一个新的范式。在这个新范式中，古典对称理论有了新的量化标准，这就提供了研究古典对称的具体操作步骤，从而简化了研究手段，使得研究结果更加精确。解析几何开创了由传统的几何、算术到普遍的数学的传统。

在几何图形的数学化分析过程中，图形中的每个点都与坐标相对应，可以将确定的几何图形与空间位置用准确的数值来描述，通过简单的比对函数数值来确定图形之间的关系，甚至可以将图形中的变化情况用数字进行描述。在整个分析过程中，解析几何为我们展示了一个分析的几何过程而并非综合的几何过程。[②] 在解析几何中可以将之描述为一个图形

---

① 罗杰·彭罗斯.通向实在之路.王文浩译.长沙：湖南科学技术出版社，2008：19.

② 笛卡儿.笛卡儿几何.袁向东译.北京：北京大学出版社，2008：78.

经过一个数学变化后与另一个图形保持一致，那么我们将图形间的几何关系转化为一种数学关系。关于几何对称问题，有点与点之间的对称关系，也存在图形之间的对称关系。而我们可以将图形之间的对称看作是一个集合中的点经过对称操作后与另一组集合之中的点存在着一一对应关系，那么我们可以认为图形之间的对称包含点之间的对称关系。

二维空间中点对称的数学变化可以由下列算式描述：

$$\begin{pmatrix} x \\ y \end{pmatrix} \to \begin{pmatrix} x' \\ y' \end{pmatrix} = \begin{pmatrix} a_{11} & a_{12} \\ a_{21} & a_{22} \end{pmatrix} \begin{pmatrix} x \\ y \end{pmatrix} \quad \{a_{ij}\} \text{ 是正交矩阵（} ij=1，2，3 \text{）}$$

在三维空间中的对称描述为

$$\begin{pmatrix} x \\ y \\ z \end{pmatrix} \to \begin{pmatrix} x' \\ y' \\ z' \end{pmatrix} = \begin{pmatrix} a_{11} & a_{12} & a_{13} \\ a_{21} & a_{22} & a_{23} \\ a_{31} & a_{32} & a_{33} \end{pmatrix} \begin{pmatrix} x \\ y \\ z \end{pmatrix} \quad \{a_{ij}\} \text{ 是正交矩阵（} ij=1，2，3 \text{）}$$

从古典对称变换的数学公式中可以看出，我们以研究点的对称操作为基础，将点与点之间的对称变换看作是一个正交矩阵作用在这个点上的过程。其中，正交矩阵的模存在着多种不同的取值情况，分别代表了图形在各自维度上所进行的缩放。在对称变换过程中，正交矩阵的模为1，表明两个点到对称点的距离是相同的，如平面中一个圆的两个半圆关于圆心的对称。当我们在欧氏几何所描述的空间中研究对称现象时，古典对称在不同维度中所体现出的公式差异，仅仅是在描述点的函数中加入新的独立变量，且在正交矩阵中做出相应变化。

利用解析几何方法分析古典对称问题，先利用数组将图形中的点在坐标轴上定位，然后将图形看作是空间中的点按照一定规律所排列的集合，用 $\varphi(x,y)$ 或 $\varphi(x,y,z)$ 来表示，则对称变换公式可改写成 $\varphi(x,y) \to \varphi(x',y') = \{a_{ij}\}\varphi(x,y)$ 或 $\varphi(x,y,z) \to \varphi(x',y',z') = \{a_{ijk}\}\varphi(x,y,z)$。在对称变换前后，函数中的自变量发生改变是由于图形的位置发生改变；变化前后图形保持着一一对应关系，用函数形式的不变来表征形状并未发生改变；在变换过程中引入了正交矩阵，说明图形没有进行缩放。整个古典对称变换的过程是一个分析的过程，而不是欧氏几何证明中所体现出的综合的过程。

二、古典对称的物理意义与结构特征

古典对称在数学分析过程中所体现出严谨的逻辑性和精确性为物理学所借鉴，将古典对称理论引入物理学研究之中，并辅以物理学分析的合理性，使古典对称理论显示出强大的工具性，从而使得对称理论在物理学中得到长足发展，极大地丰富了古典对称理论的内涵，主要体现在以下几个方面。

第一，古典对称利用其直观化的优势，通过赋予几何图形以物理意义，从而引导物理问题寻求几何化求解方法，从而将物理问题较为直观地呈现，使物理思维变得更加明晰，简化分析物理问题的过程，这就是从 20 世纪初一直延续到现在关于对称性问题研究的趋势。

第二，古典对称理论在固体物理、结晶学等学科中的应用。这里，我们着重研究对称操作的个数。当一个图形在某一正交变换下保持不变时，我们就可以将这个正交变换看作是一个对称操作，当一个图形可以完成更多的对称操作而保持其不变性时，该图形就表现出更高的对称性，例如平面等腰三角形所满足的对称操作个数明显小于圆所满足的对称操作个数，则可知等腰三角形所具有的对称性小于圆的对称性。在结晶学和固体物理学中，晶体的宏观性质就是由内部格子的对称性所决定的。不同的晶体之间具有不同的对称性型，可以根据晶体的对称特点划分出不同的晶族和晶系；晶体对称性从本质上来说取决于内部格子的构造，所以，晶体的各项物理性质都是取决于其组成质点的种类和排列方式，因此晶体中凡是具有方向性的物理性质，如折射率、电导率和硬度等都会呈现出对称关系。晶体的对称性决定并影响着晶体中涉及几何和物理两方面的一切性质；反之，可以通过晶体的几何外形以及它们的一些物理性质来正确地确定晶体的对称性。

第三，随着古典对称理论的发展，对称已经不仅仅是在可观察层面上的图案重合，通过继承对称关系中的逻辑性及其推导过程，对称理论已经逐渐远离经验层面而继续向物理学各领域渗透。在物理学的各个分支学科中，人们利用对称变换推导并总结出不变量与守恒量，并在随后的理论与实践中得到验证，使人们逐步接受对称性，并坚信对称性的普遍存在，从而发展对称理论。接着积极地在各种有意义的现象之间建立关联，充分利用对称理论分析问题，并预测未知现象。

第四，利用对称性，在两个看似不同的对象中寻找它们的共同特征，并建立相互关联。一旦我们确定两事物之间存在某种对称性，于是通过确定这个对象的特征，利用对称性之间的相互联系来推导出另一对象的相应特征。这样，我们发现从表面上看上去彼此无关的对象，如果将它们放在对称性语境中加以考察，可能会发现其中存在的某些遗漏和缺陷，以此更加全面地了解对象的更多特征。例如，我们日常生活中的空间与时间的问题，通常人们会认为空间和时间是相差很大的两个对象，牛顿力学关于空间和时间的研究尤为丰富，它指出：它们分别属于两个不同的量纲，代表着不同的物理意义，用不同的单位来度量，实验中使用不同的仪器来测量。而爱因斯坦看到了空间和时间之间的一些共同特征，认定它们之间存在着某种对称性，然后通过对称理论将时间统一为第四维度的空间，从而扩展了相对论的内容。在 19 世纪末 20 世纪初，物理学家利用对称原理发现了当时存在于物理学中若干重大佯谬，并随之做出相应地修正。[①]在20世纪中后叶，利用对称理论大胆预测了当时尚未发现的微观粒子。

第五，推动数学分支学科——群论的发展。古典对称变换操作中，透过图形变换这一表象，把握其操作后保持不变这一特征。牛顿力学与量子力学因可以准确地描述宏观与微观世界中的物理规律而被广泛地认同，在经典宏观系统与微观系统中的物理特征分别由拉氏函数与哈密顿量决定，宏观与微观世界的对称性分别表现为拉氏函数与哈密顿量在变换中保持不变的集合来描述。这样，在不同的变换规则下产生出不同的群，对称变换的集合描写系统的全部对称性质。根据系统的对称性质，通过群论方法研究，可以直接得到系统许多精确的、与系统无关的重要

① 孙宗杨 . 物理学中的对称性 . 合肥：中国科学技术大学出版社，2009：5.

性质。[①]群论的出现为物理学提供了一个有效的数学工具，而物理学的发展反作用于群论，推动群论的深入研究。

任何科学知识都是通过特定的科学语言系统获得其自身存在的物质外壳，从而展现它描述、解释和把握客观世界规律的本质。[②]

对称性作为物理学中的普适原理之一，描述对称性原理的科学语言在结构上存在着两重性，域语言（area language）在深层的语义结构内在地规定了相应知识系统所涉及的范围，是一种定性的描述；而操作语言（operating language）在表层句法上直接地规定了相应知识系统在其研究领域的操作规则，是一种定量描述。一个确定的知识系统图景就可以表示为 $S_t = \Sigma(OdA)$。其中，O 表示操作语言，它作用于域语言 A；d 表示由该知识系统所允许进行描述的确定操作关系；下标 t 表示这一系统的特定发展阶段或时期；Σ 是整个研究域和这一系统中各操作要素的集合算符。[③]

就古典对称来说，其研究对象为日常生活中可观察的几何图形，这些几何图形存在于欧几里得所规定的一维、二维和三维各向同性的空间中。科学哲学中关于对象的划分有着多种不同的方式，在这里我们参照弗雷格关于对象的划分标准，他将心理学对象与逻辑对象，主观对象与客观对象明确区分开来，将对象划分为三类：物理的（物质客体）、心里的（灵魂）和抽象的（像数这样的抽象概念）。经验主义把“数”这个概念视为外在事物的抽象描述，这样将数与物质客体进行联系，并且可以被用于外在的物理对象等。[④]对称图形中的每个点都是物质客体，而将图形看作是一系列点按照一定规律排列所组成的集合，函数在空间中的轨迹与图形相对应，而这个函数则应当被视为抽象客体。对称变化过程中的操作语言，在公式中表示为正交算符，它代表了一种数学变化具体操作过程。

科学实在论者坚信，科学为我们所展示的途径是真实的，它的每个

---

① 马中骐．物理学中的群论．北京：科学出版社，2009：18.

② 郭贵春．科学知识动力学．武汉：华中师范大学出版社，1992：4.

③ 郭贵春．科学知识动力学．武汉：华中师范大学出版社，1992：5.

④ 江怡．当代西方数学哲学中的实在论与反实在论．浙江学刊，2004，2：75.

细节都值得我们信赖，科学中假设的实体也是实在的，科学是通过一个个的发现而获得进步的。[①]哥白尼、开普勒、笛卡儿等都认为自然界的某些现象是与数学十分吻合的，他们甚至认为上帝不仅创造世界，而且也创造了与人相一致的数学思维。科学实在论者继承并发展了柏拉图将数字看作是共相的观点，认为数学是独立于数学家的运算以及普遍人的思考，数学是对客观存在的实体的科学研究，就像是物理学对实体研究一样。

在研究古典对称变化过程的数学公式中，描述几何图形中点的坐标或者点之间位置相互关系利用函数来表示，这是弗雷格所定义的概念客体；古典对称变换的操作语言矩阵也是概念客体——数。数通常被认为是内在最直观的对象，就数的关系的运算通常被认为是精神的活动。精神在这种活动中就把它最特有的关系，或者最为本质的关系以最直观的方式展现出来。算术是一种分析科学，因为在算术对象中出现的一切关联和区别，都并非在对象本身中，而完全是从外面作用于对象的。它并没有具体的对象，具体对象有自在的内在关系，起初隐藏着不被认知，不是在有关对象的直接观念中就呈现出来，而是要由认知的努力而获得。[②]我们关于古典对称的系统认识是建立在数学基础之上，即一个描述几何图形的状态函数在对称操作下保持不变。

三、古典对称的句法及其意义

古典对称是以日常生活中的观察现象为基础，通过现象总结出规律。而一个观测（总结出）的理论可能会详细地说明在特定条件下所发生的现象，并且不仅在概念上，在上下文中可能真正地给出局部特征；而定律则会有更严格的要求，它不仅会列出作为真的可能性条件，而且会要求给出在上下文中什么是真的可能性的完整特征。[③]这些可观察的物理量、

① van Fraassen B C. The Scientific Image. New York：Oxford University Press，1980：6.

② 黑格尔 . 逻辑学 . 杨一之译 . 北京：商务印书馆，2010：226.

③ Kuipers T A F. General Philosophy of Science：Focal Issues. Ansterdam：Elsevier，2007：8.

客观实在不仅构成科学语言中的“所指”，还称为人类日常生活所形成的常识的基础。科学、哲学以及理性思维都必须以常识为出发点[①]，但常识并非是一个可靠的出发点，因为常识其不具备物质客体的特征，是不为经验论者和唯名论者所认同的。人类在获取知识的过程中，以常识为出发点，获得进步的手段是批判。传统的经验论者和唯名论者都承认物质客体的客观性与实在性，而概念客体是从日常生活中总结出来的规律，不具有客观实体的特征。

人们在观察客观世界时仅仅得到了关于世界的外在的、直观的表象，并将概念、词项和客观实在相对应，构成语义分析中所指的内容；而科学理论要求掌握其内在的、具体的意义，通过利用句法规则构成能指的形式。语义分析正是一个将表层语言的句法结构与深层本质的语义结构之间的内在关联获得实现。[②]

在古典对称中，对称变换构成科学理论语义分析中“能指”的内容，正交矩阵则形成“能指”的形式；几何图形、状态函数、重合、不变量等构成“所指”的内容，几何图形中点的排列方式和状态函数中点所形成的轨迹则称为“所指”的形式。通过分析所指内容中的几何图形，我们可以得到一些表象的特征，也是初级特征。而几何图形的更深层特征只有通过句法的形式系统，即利用一个操作域，图形经过变化后将始末状态连接起来，操作域构成了连接始末状态的桥梁。就像化学反应是连接反应物与生成物的桥梁一样，在没有发生化学反应之前，只能观察到物质所具有的物理特性，当发生化学反应后，其所具有的深层的化学性质才能以体现。古典对称就是利用对称操作将静态的几何图形转化为动态的演化过程。在这个过程中，几何图形的位置发生的改变，这一过程通过改变状态函数 φ 中的坐标来实现；几何图形变化后所处的位置由正交矩阵所确定。而在古典对称过程中，几何图形的形状和大小并没有发生改变。通过分析几何图形的状态函数 φ，当变化前后 φ 相同时，则表示图形的形状不变；而几何图形的大小不变则是通过变换过程中，正交

① 卡尔·波普尔．客观知识——一个进化论的研究．舒炜光译．上海：上海译文出版社，1987：35.
② 郭贵春．科学理论的语义分析——科学实在论的重要研究方法．社会科学研究，1991，3：44.

矩阵的模为 1 来实现的。在古典对称中，虽然图形的位置发生改变，但是图形的大小与形状并没有改变，那么在这里古典对称体现出了一种经过变换后的不变性。

随着现代科学越来越远离经验的发展，科学理论已经被人们视为表述为真值的符号网络。在这个网络的构架过程中，越来越多的客观实在抽象地归纳于系统之中，使这个符号网络具有更高的层次和更复杂的结构。在物理学各分支学科如牛顿力学、电磁学、量子力学等领域，古典对称现身其中并发挥着不可替代的作用，使得对称理论的对象得到扩充，从而导致域语言、操作语言和操作关系都随着发生改变。在扩展过程中，古典对称的理论内核——古典对称的语义分析并未发生改变，我们应当把深层的语义分析看作是对真理的揭示，那么科学形式表述的结构同一性就比语义分析“更基本”。[①] 古典对称在物理学的发展中，摒弃原来仅依靠几何图形而完成的对称操作，利用逻辑关系，开始逐步利用这种对称操作，将物理学中看似不相关的两个对象联系在一起，从而保持句法结构上的同一性，并随之规范操作语言和操作关系，通过域语言的上升和引入新的术语和新的语义和句法的规范性，扩展了对称这一概念的语境范围，使对称理论在动态变化中继续保持域语言、操作语言与操作关系之间的协调性。

语义分析方法在哲学背景上从来都不是中性的，它始终与本体论的假设联系在一起。[②] 利用语义分析方法分析古典对称问题，在图形与规律之间利用科学语言将其规范化描述，在它们之间建立起多层次、具有逻辑关系的桥梁，使二者可以在科学解释中形成相互转化的过程。

在笛卡儿尚未使用数形结合的思想描述几何图形之前，当在传统视野下判断古典对称关系时，仅仅依靠欧氏空间中对几何图形的观察，这是非常不准确的；更糟糕的是，即使去推导或证明对称关系，那也是通过欧几里得所创立的几何学来判断。众所周知，欧氏几何是建立在一些自明之理或公设基础之上的，这些公理或公设本身也是建立在常识基础

① 郭贵春．科学知识动力学．武汉：华中师范大学出版社，1992：40.

② 郭贵春．语义分析方法的本质．科学技术与辩证法，1990，2：4.

之上。常识所描述的客观世界在一些情况下是准确的，但有时所描述的客观世界也是不准确的，如两千多年前亚里士多德曾认为重的物体下落的快。那么基于常识基础的对称关系判断则表现出了不完备，或者说是逻辑基础不严密的；而使用了解析几何的方法，不仅可以将图形数学化描述，而且将对称变化的过程进行数学化描述，这样，古典对称自身则具备了准确的数学基础和完备的逻辑基础。

观察总是不精确的，而理论却做出绝对精确的断定。[①] 在解析几何中引入了坐标轴与坐标系，将几何图形放入坐标轴或坐标系中，为图形中的点与坐标形成一一对应关系，这样就可以用代数确定几何图形。在代数与图形的结合过程中，可以利用数学准确地表明图形与图形之间的关系，那么对称关系就可以表述为一个数学公式，将古典对称过程中的几何图形之间是否重合翻译成解析几何中数值是否相等，这样就可以通过数字对古典对称过程进行准确的分析与判断。古典对称自身则具备准确的数学基础。

古典对称仅仅建立在逻辑基础之上仍然是不够的，要完成将古典对称作为普遍性原理，还需要我们要以毫无间断的连续的思维运动来思考问题，这样探索古典对称的过程才会更加完备。这是由于那些并非从自明之理中直接演绎出来的真理，如果要保证它的确定性，必须遵守一个连续的推导过程。当推论的连续步骤过多时，如果我们到达真理，已经不能完整地重复推导过程，这样的话，需要用连续思维来弥补这个过程的缺陷。以过程 A → B → C → D 为例来加以说明，由事物 A 可以推导出事物 B，紧接着可以推导出事物 C，然后可以推导出事物 D，这是一个连贯的逻辑推导过程，当我们忽视 B → C 这一环节，那么我们是不能轻率地给出 A 与 D 之间的关系，在这里 A 与 D 之间的关系推导就丧失其确定性，因此我们有必要再重新回顾 A 到 D 的整个推导过程。仅仅通过连贯的逻辑推导是不能得到真理的，笛卡儿指出，要达到事物之真理，需要通过双重途径，一条途径是我们刚才提到的演绎，另一条途径是我们

---

① 卡尔·波普尔. 猜想与反驳——科学知识的增长. 傅季重译. 上海：上海译文出版社，2001：265.

的经验。故还需要一个列举或归纳，这个过程的意义在于我们可以得到明显而确定的结论，从而避免由于粗心而忽略某些问题。

四、结论

通过以上分析可以看出，古典对称问题可以看作是对称问题的一个基础问题，率先引入了数学中的算术部分，将对称关系以数字的形式呈现在我们面前，从而开创了古典对称问题的逻辑传统，为我们继续研究对称理论提供了一个良好的范式。在把握古典对称语义特征的背景下，将古典对称问题进行演绎与推理，使对称理论扩展为一个普适理论，逐步融入自然科学之中。而在古典对称问题中所体现出的语义学分析与解决问题的方法，为研究其他领域的对称问题提供了很好的借鉴作用。

对称问题虽然起源于数学研究，但是在物理学中有着十分广泛的应用。爱因斯坦在回顾物理学的研究历程之后指出，当物理学描述客观世界时，不得不借助于分析几何学，那么我们可以将物理学的对称问题转化为几何学的对称问题来加以研究，物理问题的几何化研究方法从 20 世纪初一直延续到今天，其重要性也逐渐体现出来，如利用对称性原理发现守恒定律，推导出某些未被观察到的粒子等。物理学中各事物之间的对称关系并不像几何图形一样直观明了，事物之间的相互关系往往隐藏在系统内部，我们通过把握物质及物质所体现出来的不同的运动状态，将看似毫不相关的事物，用对称关系将它们联系在一起，这样就使得物理学所研究的问题变得更加简化。由于对称只需要考察事物的始末状态，而无需考虑其过程中的烦琐细节，可以根据某个对象通过对称性理论去推测另一对象在某方面的特征，然后进行检验。这样可以跳过烦琐的细节，有效地简化解决问题的过程，从而体现出对称性理论的优越性，它已经在物理学的理论研究中发挥出重要的作用。

量子计算的语形表征及其意义*

自1982年物理学家费曼（Feynman）提出量子计算机的思想模型以来，作为量子力学最具潜力的发展方向之一，量子计算的研究在理论、算法及实验等方面得以广泛开展。1985年，牛津大学的多伊奇（Deutsch）提出了第一个量子计算机的设计蓝图、量子计算机的网络模型，定义了量子图灵机，预言了量子计算机的潜在能力。1994年绍尔（Shor）证明了大数质因子分解以及离散对数（discrete logarithm）问题可以用量子计算机迅速地解决，1995年格罗佛（Grover）给出了在一个没有实现排序的数据库中的搜索问题可以通过量子计算机大大地提高速度的方案，而这两个问题对经典计算机来说是非常困难的，这就激发了越来越多的物理学家和计算机科学家对量子计算的兴趣，在国际上掀起了量子信息技术的研究热潮。那么，什么是量子计算呢？简单地讲，量子计算就是利用量子态的叠加、干涉和纠缠等性质来完成信息处理的计算

---

* 本文发表于《科学技术哲学研究》2011年第2期，作者郭贵春、王凯宁。

模式。从科学哲学的视角看，我们更关注的问题是：量子计算的概念是在怎样的背景下提出的？如何表征其运算过程？量子计算的特点和优势是什么？量子计算的研究又为我们带来哪些启示？文章试图通过对量子计算的语形表征进行研究，从中探讨和分析量子计算的性质和意义，进而揭示出量子计算的哲学内涵。

一、经典可逆计算的量子语形表征

量子计算概念的提出最早源于对经典计算机中可逆操作的研究。通过研究用量子语言对经典可逆计算进行表征，科学家考虑了利用量子系统进行计算的可行性，从而将研究的方向转向了量子计算本身。

从 20 世纪六七十年代开始，随着计算科学的发展，理论物理学家就一直在考虑有关计算物理学极限的一些基本问题。这个物理的分支被称为“计算物理学”（physics of computation）。一个在计算物理学中被广泛涉及的问题就是：“进行一个基本的计算步骤所消耗的最低能量是多少”，也即计算的能耗问题。这个问题之所以受到关注，是由于能耗会导致计算机芯片的发热，影响芯片的集成度，从而影响计算速度的提高。如果计算的能耗问题能够得以解决的话，硅片上元器件的密集程度将能得到大幅提升，甚至可以实现大规模的三维电路，并且理论上没有尺寸的限制，这对于计算速度的提高将会是空前的。那么计算机能耗产生的原因是什么呢？

计算物理学家朗道最早考虑了计算过程中能耗的来源，他认为能耗产生于计算过程中的不可逆操作。在计算机里产生热量的是“重置”内存寄存器的过程，也就是清除它们的内容并且重置为零的操作。清除寄存器内容意味着增加它的次序，让它减少随机性。从热力学第二定律的角度讲，在封闭系统中熵值不会减少。所以如果一个寄存器的内容被清除，它的熵，即随机程度将减少，那么既然熵值不能减少，多余的熵只能以热的形式散发到计算机部件的周围环境中去，从而就产生了热量，这就是计算机能耗的来源。而这个消除信息或者说清除比特的过程，正是热力学的不可逆过程。以对两比特信号的异或操作为例，将两比特信号的输入转化为单比特信号的输出，这是一个不可逆的过程，也就是说，不是总能通过输出的结果来推断输入的状态是什么。比如如果输出是 1，那么输入可以为（0，1）也可以为（1，0）；如果输出是 0，也不能确定输入到底是（0，0）还是（1，1）。事实上，正是由于这一过程导致系统损失了一个自由度，因此是不可逆的过程，根据热力学定理，可知必然会有一定的能量转变为无用的热量，从而造成能量的损失，也即产生了能耗。但这种不可逆性并不是必须的，事实上，只要对异或门的操作做出简单的改进，将一个输入比特保留至输出端，使输入和输出信号同样为两比特的，那么该操作就可变为可逆的了。如图 1 所示，保留输入端 b 到输出端，则若 $a \oplus b$ 为 1，b 为 0，则可确定输入端 a 为 1，b 为 0，也即可通过输出的结果来推断出输入的状态，实现了计算过程可逆性。

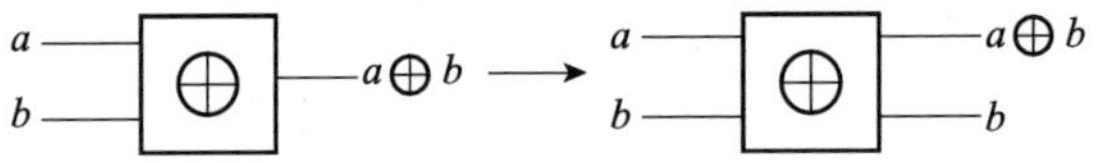

图1　不可逆异或门变为可逆异或门

因此可以看出，既然可以将不可逆操作转变为可逆操作，而可逆过程是没有热量产生的，那么就能通过这样的转变来实现能耗的降低，并且物理原理并没有限制能耗的下限。而其后 Bennett 更严格地考虑了此问题，并证明所有经典不可逆的计算都可以改造为可逆计算，而不影响其计算能力。

既然计算机中的每步操作都可以改造为可逆操作，在量子力学中，系统的动力学演化过程为幺正过程，而幺正变换又是可逆的，那么计算机中的可逆操作可否用一个幺正变换来表征呢？于是 Benioff 考虑了用量子力学系统的动力学演化来描述可逆计算过程的可行性。他认为存在量子可逆计算机，二能级的量子体系可以作为信息比特的载体，量子体系可以处于 $|0\rangle$ 和 $|1\rangle$ 上，代表经典计算中的二进制逻辑，但规定其不能处于它们的叠加态上。整个体系的态就用这些二能级体系本征波函数的直积来描述，如 $|\Psi\rangle = |1,0,1,1\rangle$。由于整个体系始终处于计算基 $|0\rangle$ 和 $|1\rangle$

上，而不处于叠加态，因此在最后通过测量得出计算结果时也不会存在所谓波包塌缩的问题，从而不会影响整个计算体系的可逆性。

费曼用可逆的通用逻辑门非门（NOT）A_a、受控非门（controlled NOT）$A_{a,b}$ 和 Toffoli 门（controlled controlled NOT）$A_{ab,c}$ 的叠加来实现所有可逆计算的逻辑操作，[①]而在量子可逆计算中用幺正矩阵 M 来表征逻辑操作，例如：

$$M = A_{a,b}A_{ab,c}A_aA_{b,c}$$

并将 A_a，$A_{a,b}$ 和 $A_{ab,c}$ 用升降算符 a、b、c 和 a^*、b^*、c^* 来表征，即

$$A_a = a + a^*$$

$$A_{a,b} = a^*a(b + b^*) + aa^*$$

$$A_{ab,c} = 1 + a^*ab^*b(c + c^* - 1)$$

其中

$$a = b = c = \begin{bmatrix} 0 & 1 \\ 0 & 0 \end{bmatrix} \text{为降算符，} a^* = b^* = c^* = \begin{bmatrix} 0 & 0 \\ 1 & 0 \end{bmatrix} \text{为升算符。}$$

那么可逆计算的过程就能表征为：$|\psi_{\text{out}}\rangle = M|\psi_{\text{in}}\rangle$，接下来要考虑的问题就是如何通过量子力学的方法来构造一个矩阵 M，从而实现从输入到输出的计算过程。我们知道，量子系统的动力学演化为：$|\Psi_{\text{out}}\rangle = e^{iHt}|\Psi_{\text{in}}\rangle$，其中 H 为系统的哈密顿量。因此，问题就转化为找到某个哈密顿量 H，使得它在时刻 t 时恰好与矩阵 M 对应，从而实现所需要的幺正变换，就可以成功地完成所要求的可逆计算了。

可以说，量子可逆计算的核心任务就是对应于具体的问题，寻找合适的哈密顿量来实现幺正矩阵的功能，即完成量子态的转化。事实上，这种在经典可逆计算研究语境下提出的量子可逆计算，是为了实现理论上零能耗的经典计算，用算符和幺正变换等符号表达可逆过程，却并没有利用量子力学的本质特性即量子叠加性和相干性，而且也只能通过寻找生成特定幺正变换的哈密顿量，完成某种特定的计算任务，即只能实现特例计算，并不能通过编程来解决一般性的问题。因此，早期的量子

① Feynman R P. Quantum mechanical computers. Foundations of Physics，1986，16（6）：512.

可逆计算实际上只是用量子力学的语形结构表征了的经典可逆计算，不过它也为以量子力学特性为基础的计算研究提供了前提，从而为量子计算概念的提出创造了条件。

二、量子计算的语形表征

1982 年，物理学家费曼在试图用传统的数字计算机模拟量子力学对象的行为时遇到一个问题：量子系统的行为通常具有过大的信息量，导致要完成一个模拟所需的运算资源（时间和空间）变得相当巨大，甚至是不切实际的天文数字。以光的干涉现象为例，在干涉过程中，相互作用的光子每增加一个，有可能发生的情况就会呈指数增加。模拟这样的实验所需的计算量实在太大了，相应的计算资源是难以提供的，因为这样的问题在经典计算中是不能用多项式来表达的，也即属于 NP 类问题，是无法用经典计算机解决的。但是从逆向的角度思考，能够发现：量子力学系统的行为是真实发生的，同时也具有良好的可预测性。比如在干涉实验中，只要给定初始条件，就可以推测出屏幕上影子的形状。费曼推断：如果算出干涉实验中发生的现象需要大量的计算，那么搭建这样一个实验，测量其结果，不就恰好相当于完成了一个复杂的计算吗？因此，可以通过在真实的量子力学对象上完成实验，并把实验结果整合到计算中作为输出状态，从而获得远远超出传统计算机的运算速度。这就是最早的量子计算的思想模型，而利用量子系统的特性完成计算正是其超越经典计算的内在原因。

自然科学的发展过程表明，将基本科学理论在数学及逻辑的形式语言中建构是自然科学飞速发展的前提。对于计算科学，一套完整的形式语言的建立更是其算法设计和功能实现的基础。量子计算既然有了思想模型，那自然就需要一套合适的语形表征体系，而将量子力学的表征方式与经典计算的二进制逻辑结合就成为了其必然的选择。可以看出，量子计算同经典计算一样，采用了二进制的数据结构，而量子力学中的狄拉克算符表征为其提供了语形空间；将可逆的量子逻辑门表达为量子幺正变换，是量子计算过程形式化的必然选择。事实上，可以对比于经典计算，通过对数据的存储，计算过程和结果的输出这三方面的分析来讨论量子计算的语形表征。

1. 量子位：信息的存储方式

传统的数字电子计算机的语形基础来自图灵（Turing）计算模型，也就是二进制的逻辑语形。在这样的语形语境中，信息的存储单元是一个二进制的位（Bit），它能够处于 0 态或 1 态。因此，当存在 N 个这样的语形单元时，可存放 2^N 个数据中的一个，而这个数据所包含的信息是 N 位的。类似于这种二进制的经典计算语形，在一个二进制的量子计算机中，定义了一个量子位（qubit），它是量子计算语形的信息存储单元。这个量子位可以像经典计算机中的位一样，处于 0 态或 1 态。但与之不同的是，由于量子力学中的态叠加原理，量子位还可以处于 0 态和 1 态的叠加态，也就是说它既是 0 态又是 1 态。用狄拉克符号表示一个量子位为

$$|q\rangle = a|0\rangle + b|1\rangle，其中|a|^2 + |b|^2 = 1。$$

那么，对于两个量子位组成的语形空间，则叠加态为

$$|\Psi\rangle = |q_1\rangle \otimes |q_2\rangle = c_0|00\rangle + c_1|01\rangle + c_2|11\rangle + c_3|10\rangle。$$

也就是说这个叠加态处于一个 2^2 维的希尔伯特空间，其有四个相互正交的基本态：$|00\rangle$，$|01\rangle$，$|11\rangle$，$|11\rangle$。

因此，定义一个 N 位量子寄存器为 N 个量子位的有序集合，则它的叠加态为

$$|\Psi\rangle = |q_{N-1}\rangle \otimes |q_{N-2}\rangle \otimes \cdots \otimes |q_0\rangle。$$

$|\Psi\rangle$ 是 2^N 维的希尔伯特空间中的单位向量，它有 2^N 个相互正交的基本态。

$$|\Psi\rangle = \sum_{i=0}^{2^N-1} c_i|i\rangle，其中 \sum_{i=0}^{2^N-1} |c_i|^2 = 1。$$

这就意味着在量子计算机中，处于叠加态的 N 位量子寄存器中的数是从 0 到 2^N-1 的所有的数，它们各以一定的概率同时存在。因此，一个

N 位量子寄存器就可以同时保存 2^N 个 N 位二进制数。量子寄存器位数的线性增长使存储空间呈现指数增长，这是量子计算语形的基本特征，也是量子计算速度能大大超越经典计算速度的前提。

2. 量子逻辑门：计算过程

在量子计算语形中，相应于经典计算中的逻辑门，对量子位的态进行变换以实现一些逻辑功能，实际上也就是量子计算的过程，是通过对量子位的态进行幺正变换实现的。量子语形中的幺正变换是具有可逆性的，因此，量子逻辑门也全部都是可逆的。也就是说，如果一个量子输入态经过一个量子逻辑门成为了输出态，那么输出态经过一个逆向的量子逻辑门又成为输入态，这与经典计算所不同。在经典计算中，“与”门、“或”门等就是不可逆的。这种所有逻辑门的可逆性也是量子计算语形的一个特征，可表达为：

$$U|x\rangle=|f(x)\rangle,$$
$$U^{-1}|f(x)\rangle=|x\rangle。$$

而且，由于幺正变换是对量子态左乘一个幺正矩阵，因而量子语形中的逻辑操作是对于所有的基本量子态同时进行的，量子计算的这种特性称为量子并行性。这意味着“量子计算机对 N 个量子存储器实行一次操作，即同时对所存储的 2^N 个数据进行数学运算，等效于经典计算机重复实施 2^N 次操作”[①]，这对于计算速度的提高无疑是巨大的。

那么，量子计算的并行处理与经典并行计算有什么不同之处呢？这其实是与两种计算结构的语义不同性相关的。在经典计算中，并行性的核心思想是将一个计算任务分配给多个处理器同时运行，要快于使用一个处理器来运行。在理想的情况下，将工作分配给 K 个处理器就应该使计算时间缩短为原来的 $1/K$。但是 Amdahl 在 1967 年发现这种加速性有一个极限，当达到这个极限时，即使再增加处理器的数量，也不能使计算速度有所提高。这是因为在经典计算中并不是所有的运算都可以分给

① 夏培肃 . 量子计算 . 计算机研究与发展，2001，10：1158.

多个处理器来做，因为有些运算是具有连续性的，必须在得到上一个运算的结果之后才能开始下一步的运算。因此，“可以将经典计算分为可并行计算和不可并行计算的两部分，分别用 P 和 S 来表示，并用 T_p 和 T_s 分别表示用一个处理器进行两种运算所需要的时间。定义一个经典计算使用 K 个处理器的加速能力 $S(K)$ 为使用一个处理器操作所用的时间 $T(1)$ 与使用 K 个处理器操作所用的时间 $T(K)$ 之比，即

$$S(K)=\frac{T(1)}{T(K)}=\frac{T_s+T_p}{T_s+{T_p}/{K}}。$$

即使当 $K\to\infty$，加速能力也会存在一个极限，即

$$S(\infty)=\frac{T_s+T_p}{T_s}=1+\frac{T_p}{T_s}。$$

可见，一个经典计算所能达到的加速能力的极限是由该计算中的连续计算决定的。”[①]而实际情况是，加速能力还应该更弱，因为以上的讨论还没有将分离可并行计算部分给多个处理器和并行计算过程中和结束后处理器之间数据传输所耗费的时间计算在内。由此可以认识到，经典计算的并行性事实上是一种不彻底的并行性，它并不是通过一次操作来改变所存储的全部数据，而只是将数据分配给多个处理器来同时进行操作，因此，当连续运算出现时，就导致了其并行计算加速能力极限的出现。

与经典计算中的并行性不同，由于量子计算的语形结构特点是数据的可叠加性质和操作的幺正变换本质，从而就决定了量子计算的语义特征是完全意义上的通过一次操作即可改变全部数据的并行计算。与经典计算对比来看，“将一个 N 位量子寄存器中的 2^N 个数据同时通过一次幺正变换（即进行一次运算）所需的时间定义为 t_q，而经典计算中对一个数据进行运算的时间为 t_c，因为一次量子计算就对所有的数据做了并行处理，所以量子计算加速能力可以表示为

$$S(K)=2^N\,t_c/t_q，$$

假设 $t_q=t_c$，则 $S(K)=2^N$。这与 $K=2^N$ 的完全可并行经典计算的加速能力

---

① D'Hooghe B，Pykacz J. Quantum mechanics and computation. Foundations of Science，2004，9：399.

$$S(K=2^N)=\frac{T(1)}{T(K)}=\frac{T_s+T_p}{T_s+{T_p}/{K}}=\frac{0+T_p}{0+{T_p}/{2^N}}=2^N$$

是相等的。”[①] 这表示量子计算中的一个处理器的一次并行运算就相当于经典计算中 2^N 个处理器同时各自完成对一个数据的运算。由此也可看出量子并行计算的加速能力是没有极限的，因而是完全的并行计算。量子计算的并行性之所以不同于经典计算的并行性，正如尼尔森与川所指出的原因，在于经典计算机上的选择总是互相排斥的，而在量子计算机上“选择却可能通过相互干涉，而给出函数的某些全局性质”[②]。

3. 量子测量：输出结果

虽然一个 N 位量子寄存器能容纳 2^N 个 N 位二进制数，但是输出的结果却只能是其中的一个 N 位的二进制数，这是由量子计算输出结果的方式决定的。因为在量子计算语形中，量子寄存器所存储的数据是叠加的，也就是处于一种未知的状态。而将结果输出的方式就是通过对寄存器中的每个量子位进行测量来完成的。对于每个量子位来说，测量就会使它们从叠加态塌缩到一个基本态，因此，N 位量子寄存器中的所有可能数据就会塌缩到一个确定的 N 位二进制数，这就是输出的结果。以一个两位的量子寄存器为例，测量前为叠加态：

$$|\Psi\rangle=c_0|00\rangle+c_1|01\rangle+c_2|11\rangle+c_3|10\rangle。$$

测量后将会塌缩到 $|00\rangle$，$|01\rangle$，$|11\rangle$ 或 $|10\rangle$ 中的任一个，其概率分别为 $|c_0|^2$，$|c_1|^2$，$|c_2|^2$ 和 $|c_3|^2$。同样地，量子计算的一次操作即幺正变换虽然也可产生 2^N 个结果，但也和 N 位量子寄存器一样，只能读出其中的一个结果。也就是说，虽然量子并行计算对所有数据都进行了操作，但却不能将结果全部输出。通过量子并行计算只是得到了一些潜在结果，不过只能输出其中的一个。这里需要注意的是，测量后塌缩的结果是随机

---

① D'Hooghe B，Pykacz J. Quantum mechanics and computation. Foundations of Science，2004，9：400.

② Nielsen M A，Chuang I L. Quantum Computation and Quantum Information. Cambridge：Cambridge University Press，2000：29.

的，是不能选择的，这就说明量子计算是一个真正随机计算过程。这就要求设计的量子算法要“利用量子态的干涉特性，使所需的结果增强，同时使不需要的结果减弱，从而使所需的结果在测量时以相当高的概率出现”①。已经设计出的一些能体现加速性的量子算法，如大数因子分解的Shor算法②和遍历搜寻问题的Grover算法等③，其设计的核心思想都需要考虑利用量子态的干涉特性，通过多次量子逻辑门操作，使所需结果的概率幅增大，从而所需的结果在测量时能以相当高的概率出现。这些量子算法适用于解决求解困难而验证容易的经典慢算法问题，当通过量子计算得到结果后，将结果带入问题中进行验证，若不正确则返回重新计算。因此从结果输出的角度看，量子算法是一种概率算法。

三、量子计算的哲学意义

通过对量子计算语形表征及其意义的分析，可以看出，量子计算是量子力学和计算理论内在融合的产物。它借用了经典计算基于二进制数据存储和操作的语形特点，又使这种数据具有了叠加性、纠缠性以及可塌缩性等量子世界特有的性质，从而实现了超越经典计算意义上的并行运算。量子计算不仅在解决某些经典慢算法问题方面具有实际的应用价值，而且在哲学层面具有重要的启迪意义，为我们理解客观世界开拓了全新的思路。

首先，量子计算超越了经典计算语境的局限，克服了经典计算关于计算复杂性方面的困难，如Shor算法与Grover算法对经典慢算法的解决以及对量子系统演化的模拟等。事实上，量子计算解决的计算复杂性是一种基于算法的复杂性，它是由于所选择的计算模式而造成的。因为在经典计算语境下，某些算法如大数因子分解问题算法的复杂性随输入规

① 夏培肃．量子计算．计算机研究与发展，2001，10：1162.

② Shor P W. A Logarithms for Quantum Computation：Discrete Logarithms and Factoring. New Mexico：IEEE Computer Society Press，1994：124-134.

③ Grover L K. Quantum mechanics helps in searching for a needle in a haystack. Physical Review Letters，1997，79：325-328.

模的增加要快于多项式的速度增加，这就使其难以在合理的时空尺度下完成计算，从而成为一个不可计算的问题。但在量子计算语境下，利用量子 Shor 算法就可将其转化为一个可以在多项式时间内完成的算法，从而成为可计算的。这种语境转换下计算复杂性的变化，一方面说明了经典计算复杂性（非通用图灵机规定的不可计算性）只是操作层面上的复杂性，并不是客观世界的复杂性；另一方面也为量子计算这种新的计算模式可应用于实际问题求解的认识提供了强有力的支持。其意义的体现，不仅在于量子计算模式下一些实际问题解决方案的提出以及对局域量子系统模拟的探讨，更在于通过一些具体的研究使我们更清楚地认识到量子力学逻辑对于理解客观世界的威力，为突破经典逻辑“非此即彼”的固有模式，促进逻辑理论的发展奠定了基础。

不过，我们也应该注意到，量子计算以量子系统特有的复杂性可以处理经典计算中遇到的一些复杂性问题，但并非可以普遍性的解决所有经典复杂性问题，例如已证明对于旅行商问题，如果使用量子算法则所需功率将会按指数增长，因而也是不可实现的。[①] 可见，量子计算并不是万能的，而是局限于量子语境的，它的极限也就是量子系统自身复杂性的极限，这与经典计算所受经典物理规律所限是相同的。其实这是因为量子计算与经典计算基于通用图灵机一样，是基于量子图灵机的，它只是将经典概率图灵机当前读写头的状态和当前存储单元内容由经典的正交态变成了量子态，将概率函数变成了取值为复数的概率幅函数。所以量子计算的理论基础仍然是丘奇－图灵论题，因而不能计算不可计算的函数，也不能解决停机问题。因此，只有从量子语境的角度理解量子计算对于计算复杂性的克服才是适当的，也就是说将语境分析作为工具来探讨和把握量子计算的适用范围是有效的也是必要的。

其次，量子计算改变了我们对计算概念的认识，这种理解不再被局限于传统逻辑意义上的经典计算语境，而扩展为广义的基于自然机制的物理状态变换。在经典计算语境下，计算系统被认为与应用有效方法的

---

① Cerny V. Quantum computers and intractable（NP-complete）computing problems. Physical Review A，1993，1：116-119.

系统属于同一范畴，而在量子计算的语境下，计算不再等同于有效方法。尽管“有效方法”并没有一个统一的定义，但是其概念一定包含一些确定的核心要求，其中之一就是所谓有效方法必须可以由一个无帮助的人独立地执行。经典计算是能够满足这个要求的，但是对于量子计算而言却不能得到满足。根据 Copeland 对有效方法给出的定义：“一个数学方法被认为是‘有效的’或者‘力学的’当且仅当它能由一个人仅仅严格按照该方法的步骤用纸和笔就能从开始执行到最后，而不需要其具有任何洞见力和创造力。”[①]可以看出，在经典计算语境下，计算和有效方法被广泛认为是同义的，“计算就是遵循一定的规则或有效方法而得到函数的值或解决问题的过程”[②]。然而量子计算是应用量子资源来实现计算的，这些资源包括量子干涉、量子叠加及量子纠缠等，这些资源对于应用经典方法的无帮助的人是完全无法获取的。对于一些函数，分别应用经典方法和量子方式进行运算，可以得到同样的计算结果，但是这种相同只是对于输入和输出而言的，对于计算过程，二者是完全不同的。

量子计算不能等同于有效方法表明了我们原先对于计算的认识过于局限，而完全忽视了自然机制下物理状态变换所内含的信息变化。而量子计算正是受到量子力学所规定的自然机制的制约，突破了传统计算语境下一些假设的要求，如记数位“非此即彼”的排中性，记数位的可复制性，数据读取（测量）不变性以及对某数据操作不会影响其他数据的性质等，利用量子态的相干性、纠缠性、不确定性、不可克隆性以及非定域性等完成了信息的传送及转化，构成了一个全新的计算语境。计算语境的不同就决定了符号的表征、计算的操作方式以及算法设计的不同，从而造成计算复杂性的差异。正是这种差异与不同使我们认识到计算并不局限于一种模式，而是基于不同机制的多样性，数据的表征既可以是电流的有无也可以是电子的自旋，操作过程既可以是经典的逻辑门方式也可以是量子幺正变换，算法设计则只要保证在特定语境中满足操作的

---

① Copeland B J. Narrow versus wide mechanism. Journal of Philosophy，2000，96：12.

② Burkholder L. Computing（A Companion to the Philosophy of Science）. Oxford：Blackwell Publishing Ltd.，2000：47.

递归性即可。这种对计算认识的扩展说明通过从不同的计算语境基底来把握和认识计算的多样性，才是正确的合理的科学方式，从对某种计算所依赖的自然机制的研究出发来设计算法是该计算能高效执行的必要前提。

最后，量子计算还促使计算主义的思潮逐渐向各个科学领域扩展，从而引起对计算实在性研究的广泛关注。当代计算主义发端于认知科学，“认知的本质是计算”这一假说作为人工智能理论的本体论预设，为人类心智方面的计算化研究建立了语境基础。随着生物信息学以及人工生命领域研究的进展，其影响范围逐步得以扩展。当量子计算学家多伊奇于1985 年提出“每个有限可实现的物理系统，总能为一台通用模拟机器以有限方式的操作来完美地模拟”①这一经验性的命题时，“世界的本质是计算”就成为某种意义上的本体论预设，因为只有承认了在本体意义上的整体性计算主义，才能在物理系统与通用模拟机器之间建立对等关系，从而相信基于计算的模拟是可行的。这也为量子计算提供了语境支持，我们相信量子计算可以实现对量子系统的模拟，是基于量子实在不再如传统认识中由粒子堆砌而成，而是由结构和关系来表示的信息传输和计算过程，也就是说量子系统反映了其本体上的计算实在性。而最大的量子系统其实是我们存在于其中的宇宙，用量子计算机模拟宇宙演化，由于计算复杂度将会是多项式函数，因而在理论上是个可解问题。这就表明，作为整体的宇宙可以由其中的某部分得以体现，如果不从宇宙的本质是信息和计算的角度来理解，这显然是不可想象的。除了对量子系统的模拟，量子计算另一个有意义的应用是用它来模拟人脑的信息处理过程。尽管目前还缺乏可靠的科学依据证明人脑确实是如同量子计算机那样运作，但未来这方面的研究将会为我们理解意识的计算本质提供更多可靠的依据。事实上，从密尔本（G. J. Milburn）将多伊奇的命题修改为“所有有限可描述的物理测量系统的结果都可以很好地为一台通用量子计

① Deutsch D. Quantum theory, the church-turing principle and universal quantum computer. Proceedings of the Royal Society of London, 1985, 400: 97.

算机以有限方式的操作完美地模拟，测量结果的记录是最终产物"[①]，就可以看出，量子计算为计算实在性的确立提供了多么充分的科学依据。

当然，量子计算作为一种全新的计算模式，尽管在理论研究方面已经取得不少进展，但是在物理实现、算法结构以及哲学理解等方面还都有待突破。从语境论的视角对量子计算的语形表征进行分析，作为研究其哲学内涵的一种新尝试，无疑具有重要的导向作用。对于量子计算在语义及语用语境层面的意义，我们今后将会在另文中给予关注。

① 杰拉德・密尔本．费曼处理器：量子计算机简介．郭光灿，周正威，张永生译．南昌：江西教育出版社，1999：128.

物理学规范理论基础的语境分析 *

当代物理学中有两个标准模型，一个是微观世界的“粒子物理标准模型”，另一个是宏观世界的“大爆炸宇宙”模型。说它们是标准模型，主要因为它们在迄今的理论和实验观察方面是最成功的。“粒子物理标准模型”统一描述了电磁力、弱作用力和强作用力，它们的理论基础都是以杨－米尔斯理论为核心的量子规范场论；“大爆炸宇宙模型”的理论基础是爱因斯坦的广义相对论，广义相对论可以看作另一种规范理论。规范理论是描述自然界中四种基本相互作用力的统一框架。如此统一的规范理论框架是如何来描述这些不同作用力的？这就是规范理论的基础问题，其中最核心的问题是所谓“规范论证”。本文使用科学理论结构观中的“语境论理论观”来分析这一问题，尤其是规范论证中数学剩余结构跟物理经验之间的关系问题，试图指出：迷信规范对称性原理显得过

* 本文发表于《哲学研究》2012 年第 4 期，作者李继堂、郭贵春。转载于中国人民大学复印报刊资料《科学技术哲学》2012 年第 7 期。

于乐观，而完全否认局域规范对称性原理的物理内容又过于悲观；其实，局域规范对称性原理能够随附在物理经验上。

一、规范理论的基础

关于规范理论的哲学问题，近十年来得到越来越多科学哲学家的系统研究。大多数都是从规范对称性问题入手的，我们这里先根据里拉（H. Lyre）的论文《规范对称》①，介绍一下规范理论的基本思想，然后讨论规范论证。

1. 规范对称性原理

人类历史上第一个规范理论应该是经典电磁场理论。经典麦克斯韦电动力学的拉格朗日量 $L_E=-1/4F_{\mu\nu}F^{\mu\nu}-J^{\mu}A_{\mu}$ 中，场强张量 $F_{\mu\nu}$ 不仅包括电磁场强度，还包括了矢量势 A_{μ}，如果把 A_{μ} 作为基本变量，在势 A_{μ} 的规范变换下：$A_{\mu}(x)\rightarrow A'_{\mu}(x)=A_{\mu}(x)-\partial_{\mu}\Lambda(x)$，则电磁场 $F^{\mu\nu}$ 保持不变。这里的 Λ 作为一个可微标量函数，既可以是常数，也可以跟时空变量 x 有关，所以麦克斯韦电动力学在整体和局域规范变换下具有规范自由，不过这种规范自由在很长时间中没有被认识到。在历史上规范理论的提出源于 1918 年外尔对爱因斯坦广义相对论的推广。外尔认为不仅引力场可以几何化，电磁场也应该可以几何化，从而提出规范不变性原理。在被爱因斯坦批评为与实验事实不一致后，1929 年外尔又在量子力学的背景下提出现代意义的规范原理。下面我们来看看规范原理和杨－米尔斯理论。

在场论中场方程以拉格朗日量为基础，对于自由狄拉克物质场 ψ 的拉格朗日量 $L_D=\psi^{\dagger}(i\gamma^{\mu}\partial_{\mu}-m)\psi$，作规范对称变换 $\psi'=e^{i\Lambda}\psi$，并形成幺正群 $U(1)$，而对场 ψ 所做的这种变换叫作第一类规范变换，根据诺特第一定理，$J^{\mu}=\psi^{\dagger}\gamma^{\mu}\psi$ 满足荷流密度守恒，具有明显的经验内容。而在 $U(1)$

---

① Greenberger D，Hentschel K，Weinert F. Compendium of Quantum Physics：Concepts，Experiments，History and Philosophy. Berlin：Springer，2009：248-255.

规范理论中，假定 L_D 在与位置 x 有关的局域相位变换 $\psi' \to e^{i\Lambda(x)}\psi$ 下要具有不变性，要使这个假定成立，就要用协变微分 $D_\mu=\partial_\mu+iA_\mu(x)$ 代替 L_D 中的普通微分 ∂_μ；矢量场 A_μ 满足的 $A_\mu(x) \to A'_\mu(x) =A_\mu(x)-\partial_\mu\Lambda(x)$ 式叫作第二类规范变换。只要把 A_μ 等同于电磁规范势，就可以得到物质场和相互作用场的总拉格朗日量 L_{DM} 在数学形式上不变，并满足局域规范不变性，这就是所谓规范对称性原理（简称规范原理）。这个原理在场论中的应用，最先形成的是阿贝尔群 $U(1)$ 的规范理论，它成为量子电动力学的基础。1954 年杨振宁和米尔斯把规范原理扩展到非－阿贝尔规范群 $SU(n)$。而粒子物理标准模型中，弱电统一理论则是研究味和超荷的 $SU_I(2)\times U_Y(1)$ 规范理论，强相互作用理论研究的是核子色荷的 $SU_C(3)$ 规范理论。这时的场强表示 $F^a{}_{\mu\nu}$ 更为复杂，但是规范对称性原理还是其关键。

2. 规范论证

规范理论的核心就是所谓的规范对称性原理，这个原理认为自然界的基本相互作用的形式是由局域规范对称性原理所决定的，比如，前面所述的 $U(1)$，$Su_I(2)\times U_Y(1)$，$SU_C(3)$ 就描述了自然界中电磁、弱电和强相互作用。正如温伯格（S. Weinberg）在《终极理论之梦》中所言："对称性原理的重要性在本世纪尤其是最近几十年达到一个崭新阶段：（我们）具有了决定所有已知自然力存在的各种对称性原理。"① 事实上，在许多教科书中都有类似于温伯格所谓对称原理"决定"相互作用的过于夸大的说法，如芮德（L. H. Ryder）说："当今理论……讲基本场（像电子、夸克、弱矢量玻色子等）之间的相互作用都是由规范原理决定的……显然，为了具有局域对称性，我们需要自旋为 1 的无质量规范场，它跟'物质场'之间的相互作用是被唯一决定了的。"②这就是在运用规范原理时涉及的所谓规范论证，这个论证从具有整体对称性的自由物质场出发，通过要求其中的整体对称性变成局域对称性之后，一定要引进一

---

① Weinberg S. Dreams of a Final Theory. New York：Pantheon，1992：142.

② Ryder L H. Quantum Field Theory. 2nd ed. Cambridge：Cambridge University Press，1996：79.

个新的所谓规范场，和原来的物质场进行相互作用。就像前面介绍规范原理时所涉及的这个论证过程，在量子电动力学中，满足 $U(1)$ 整体规范变换的自由粒子波函数 $\psi(x)$，用 $e^{i\Lambda} \in U(1)$ 这个元素（即相位因子）来进行作用，得到的波函数 $\psi'(x)=e^{i\Lambda}\psi(x)$ 在物理效果（比如荷密度和流密度）上，跟原来的波函数一样；按 $\psi'(x)=e^{i\Lambda}(x)\psi(x)$ 进行局域对称（即位置相关）变换后，其物理效果不能保持不变（比如流密度改变了），为了实现局域规范不变性，在协变导数下必须引进一个新场即规范势 A_μ，使电荷和整个系统发生相互作用，得到物质场和相互作用场的总拉格朗日量 L_{DM}；甚至为了使矢量场的质量项满足局域规范不变性的要求，还能够进一步得出矢量场（即光子）必须是无质量的。看上去，所谓的规范论证决定了规范场的引入及其基本相互作用的形式。然而情况果真如此吗？

物理哲学家们对规范论证进行了反思。早在 1999 年，雷德黑德（M. L. G. Redhead）就提出："对称性只是靠普通表象的选择如何就能够完全决定整个物理学原理？"[①] 马丁（C. A. Martin）在其论文《规范原理、规范论证和自然法则》中对此进行了系统的考察，认为规范论证只能作为一个启发式原则，规范论证所声称的"规范对称性原理决定了基本相互作用形式和规范场存在"的说法并不准确，要求局域规范不变性的意图也不明确，包括对拉格朗日量的修正都不是唯一的。特别是，局域规范不变性不像整体不变性那样直接对应物质场，相应的局域不变性要求本身并没有一个直接的物理对应物；规范论证所要求的局域规范不变性，被认为只是出于为局域性而局域性的要求。[②] 从整体规范不变性到局域规范不变性，多少使得局域性场论成为可能，这恰好是我们建构新理论所需要的，或者像杨振宁和米尔斯 1954 年论文那样的一种期望；然而这只是一种愿望。一般来说，明确整体跟局域之不同，对于在时空意义上划

① Redhead M L G. Review：S. Y. Auyang，How is quantum field theory possible？ British Journal for the Philosophy of Science，1998，49：504.

② Martin C A. Gauge principles，Gauge arguments and the logic of nature. Philosophy of Science，2002，69（3）：221，225.

分规范变换意义重大；处于构形空间中的各种场和变换，有必要“落实到”时空之中。不过，这只是一种类似于相对论时空观要求的启发而已，并不存在理论上的必然性。正如马丁所言：“我不明白人们如何能够以局域性的名义走上局域规范对称的任何论证。”①也就是说，找不到把局域规范不变性作为一条基本原理的理论根据。厄尔曼（John Earman）在《规范问题》一文中认为：“不存在配称为在基础物理中其作用的物理学规范原理。”②这种极端观点甚至直接否认规范原理具有物理内容及其相应作用，可以称为反规范论证。

历史上，外尔在 1929 年论文中首次利用规范原理导出电磁场时，就曾经指出：“对我来说这个新规范不变性原理，源自实验而不是思辨，它告诉我们电磁场是一个必然伴随的现象，（此现象）不是引力的而是用 ψ 表示的物质性波场。”③这个说法把规范原理视为源自实验。当然，也有少数物理学家意识到规范论证中的局域规范对称，不能决定基本相互作用的存在和特性，正如艾奇逊（I. J. R. Aitchison）和海（A. J. G. Hay）所言：“我们必须强调最终不存在从整体相位不变性到局域相位不变性这关键一步的必然逻辑，前者（整体相位不变性）是在量子场论中保证局部电荷守恒的充要条件，当然，规范原理（即从局域相位不变性的要求导出了相互作用）提供了一个令人满意的概念性统一框架，统一了出现在标准模型中的相互作用。”④不过，在人们强调规范原理的作用时会忽略这关键一步的逻辑必然性，特别是要求局域规范对称性具有经验内容，走向一个极端。相反的情况是，物理学哲学家们开始批评规范论证后，又倾向于另一个极端，就连希利（Richard Healey）《规范实在》一书（此书曾获 2008 年拉卡托斯奖），在详细研究了物理学哲学家们有关“规范

---

① Martin C A. Gauge principles，Gauge arguments and the logic of nature. Philosophy of Science，2002，69（3）：227.

② Earman J. Gauge matters. Philosophy of Science，2002，69（3）：209-210.

③ Electron W H，O'Raifeartaign G L. The Dawning of Gauge Theory. Princeton：Princeton University Press，1997：122.

④ Aitchison I J R，Hey A J G. Gauge Theories in Particle Physics：A Practical Introduction. Bristol：Hilger，In Association with the University of Sussex Press，1982：72-73.

论证”之后，也做出如下总结：“当规范论证试图作出各种基本相互作用属性的进一步解释性统一的时候，规范论证肯定没有决定了它们必定存在，同样，电荷守恒的事实可能间接支持了物质场的经验性常相位对称性，但是规范论证既不依靠也不包含一个有任何直接间接经验输入的‘局域’规范对称原理，它不过是拥有一种电磁、弱电和强相互作用规范理论约定形成方式上的特征。”① 总体而言，物理学哲学家们是强调反规范论证的。

二、语境论的分析

规范理论是当代物理学的核心，描述电磁力、强弱相互作用力的杨 - 米尔斯理论和描述引力的广义相对论都是规范理论，如此统一的理论框架跟四种不同自然力的关系问题，不仅是物理学问题也是科学哲学问题；尤其是这些规范理论是如何实现对这些不同作用力表示的，有必要用语境论进行分析。

1. 语境论的理论观

即便存在规范问题——规范论证把整体规范不变性简单推广到局域规范不变性原理，而后者原则上是无法决定规范场及其相互作用的，规范对称在物理学理论中的重要性也还是为物理学家和哲学家们所认同，他们一致认为规范对称在物理学理论建构中起着重要启示作用。因为不是所有的理论对称都对应着自然界中的对称，哪怕这个理论能够很好地表示我们这个世界的重要特征；所以在对称性问题上，数学结构（包括数学实体及其关系）总是大于物理结构（包括物理实体及其关系），超出的那部分就叫剩余结构。正如希利在《规范实在》一书中得出的一个原则所表明的：“由于规范对称的确是一个纯粹形式上的要求，没有哪一个规范理论的物理结构能够依赖于规范选择。一门心思地坚持这个原则会

① Healey R. Gauging What's Real：The Conceptual Foundations of Contemporary Gauge Theories. New York：Oxford University Press，2007：167.

揭示很多数学要素只是‘剩余结构’，同时引发对把任何真正的物理现象看作是一个规范不变量的兴趣。”①也就是说，所谓规范论证是想证明整体规范对称转换成局域规范对称之后，局域规范对称成为一个数学形式上的要求，并且会引出相应的物理经验内容。可见，规范论证实际上是在具体讨论数学和物理之间的关系问题。

从科学哲学的角度看，规范论证涉及的是规范理论作为一个科学理论的性质问题，尤其是理论结构问题。而且，规范论证说明规范对称只是一种纯粹数学形式上的要求，应用到具体的相互作用上时则完全取决于具体的语境，有必要进行语境分析。无论是从语言哲学的层面看，如科学理论结构从语形学（句法学）、语义学到语用学考察的转向，还是从分析工具的角度看，如科学理论从由命题集组成到由数学结构组成的转向，都强调对科学理论结构的分析最好是直接分析科学家使用的数学及其与经验之间的关系。那么如何进行分析呢？“语境论理论观”认为科学理论的各个部分是各种因素的交错重叠关系，尤其是一个科学理论中的数学结构与其中物理内容之间的关系更是如此。在《量子力学基础的语境分析》一文中，本文作者之一曾经指出：“语境论理论观认为科学理论的大大小小各部分之间的关系，是像纺绳时‘纤维’般关系，整根绳是靠诸多比绳短的‘纤维’‘纠缠’在一起而形成的。而且诸多‘纤维’的纠缠是一种‘附着’、‘附在’，而不是一种‘结点’式联结。所以我们的语境论理论观不同于迪昂和奎因的网状式整体论。理论诸部分间的‘附着’有其特有的‘弹性’保证了逻辑和现实的真正统一。”②要言之，“语境论理论观”本身就强调科学理论中数学结构跟物理内容之关系问题的分析。下面对规范论证进行语境分析，尤其是对规范论证中局域规范对称对规范场和相互作用场的引入的约束作用进行分析。

① Healey R. Gauging What's Real：The Conceptual Foundations of Contemporary Gauge Theories. New York：Oxford University Press，2007：xvi.

② 李继堂. 量子力学基础的语境分析. 理论月刊，2003，9：46.

2. 语境分析

我们主要依据芮德的《量子场论》[1]和希利的《规范实在》[2]的论述进行语境分析。如前所述，对于一个满足克莱因－高登方程及其共轭方程的标量场 ψ，其拉格朗日量 L_0 在整体规范变换 $\psi'=e^{i\Lambda}\psi$ 下，根据若特第一定理，荷流密度守恒，与此相关的是守恒的若特电荷 N，当 ψ 表示的是荷物质，取 $Q=eN$，就容易理解若特荷守恒跟电荷守恒关系，其中的 e 即场量子的电荷。在这种情况下，电荷守恒的实验现象就是通过相互比较得出的 L_0 的常相位不变性的经验证据。也就是说，规范论证的出发点是整体规范不变性；通过根据若特第一定理，对应着整体规范不变量拉格朗日量，用来描述已知守恒流，是有直接的经验对应物的。问题在于：把物质场拉格朗日量 L_0 的整体不变性，扩展到在局域变换 $\psi'=e^{i\Lambda(x)}\psi$ 下的局域不变性时，局域规范对称本身无法决定规范场和相互作用场；这些新物理场的引入需要考虑具体的语境，它们一方面不能从理论上直接导出，另一方面也不能直接从经验证据归纳出来——按希利的说法就是“局域规范对称没有经验内容”，而是要综合方方面面的考虑才能得到，这就使得规范论证具有明显的语境依赖性。我们重点来看规范场的引入过程。在局域变换下相位是随 x 而变的，场 ψ 的拉格朗日量密度 L_0 变换成：$L'_0=L_0+(\partial_\mu\Lambda)J^\mu$，这里多出一项与荷流密度有关的项。在局域规范变换下，为了满足变化相位的不变性，首先要引进规范场，具体办法是通过添加一项 L_1 到拉格朗日量中使 $L=L_0+L_1$，$L_1=-J^\mu C_\mu$，变换时用来抵消 L'_0 中的与荷流密度有关的项，而局域变换时，$C_\mu\to C_\mu'=C_\mu+\partial_\mu\Lambda$，这样一来，在 ψ' 和 C_μ' 的联合变换下，L_0+L_1 又不是不变量了，于是不得不再加一项 $L_2=C_\mu C^\mu\psi^\dagger\psi$，使得 $L_0+L_1+L_2=(D_\mu\psi)(D^\mu\psi^\dagger)-m^2\psi^\dagger\psi$（其中的 $D_\mu\psi\equiv(\partial_\mu+iC_\mu)\psi$，$D^\mu\psi^\dagger\equiv(\partial_\mu-iC_\mu)\psi^\dagger$，$D_\mu$ 为协变微分算符的微分），这种变换分别跟 ψ 和 $\psi^\dagger$ 一样，而用 D_μ 替代 ∂_μ 这个过程即是规范原理，$D_\mu=\partial_\mu+iA_\mu(x)$ 中的 $A_\mu(x)$ 就是规范场（在经典电磁理论

---

① Ryder L. Quantum Field Theory. 2nd ed. Cambridge：Cambridge University Press，1996：90-97.

② Healey R. Gauging What's Real：The Conceptual Foundations of Contemporary Gauge Theories. New York：Oxford University Press，2007：159-167.

中叫规范势）。重要的是，从 $A_\mu(x) \to A_\mu'(x)=A_\mu(x)-\partial_\mu\Lambda(x)$，到 $C_\mu \to C_\mu'=C_\mu+\partial_\mu\Lambda$，没有任何理性推理，纯粹是一种相似；很多物理学哲学家都指出，虽然 A_μ 表示电磁场的规范势，但是没有什么理由认为 C_μ 对应着新物理场的势，它有可能只是把物质场理论模型扩展到相应的截面任意选择的一种技巧，比如从相位丛或者主丛到伴矢丛相关的截面选择。希利认为“C_μ 对应着某个场”，准确地说只是提供了一个理由来给拉格朗日量添加一个新的运动学项，以表示跟 C_μ 有关场的能量，显然这一项在 $C_\mu \to C_\mu'=C_\mu+\partial_\mu\Lambda$ 变换下要有不变性，以保证整个拉格朗日量的不变性，但是这也不是推理，而只是提议加一个 $L_3=\lambda E^{\mu\nu}E_{\mu\nu}$，其中 $E_{\mu\nu}=\partial_\mu C_\nu-\partial_\nu C_\mu$，$\lambda$ 是常数。由于 L_3 不仅在 $C_\mu \to C_\mu'=C_\mu+\partial_\mu\Lambda$ 下有不变性，同时也是洛伦兹不变量，这自然诱使人们把 $E_{\mu\nu}$ 跟电磁张量 $F_{\mu\nu}=\partial_\mu A_\nu-\partial_\nu A_\mu$ 联系起来，特别是 $\partial_\nu E^{\mu\nu}=0$ 很像电磁场的麦克斯韦方程。但是仍然没有任何论证可以证明 $E_{\mu\nu}$ 或 C_μ 必然要代表任何新的物理场，因为相应的，如果正好 $E_{\mu\nu}\equiv 0$，那么这个假设的新场就会既无能量也无动量，也不会和物质场有任何作用。当然，要是我们根本就不知道电磁场的存在，我们也会基于上述考虑提议跟 $E_{\mu\nu}$ 和 C_μ 对应的新场，但这也不是一种逻辑关系而是一种启发式思维。也就是说，在局域规范变换下，规范对称的确只是一个纯粹数学形式上的要求，表面上为了抵消规范变换时才添加那些项去修正拉格朗日量，包括引进新场和规范势，并耦合到新的相互作用物质场上，但是这些修正或引进并不是唯一的。从语境论理论观的角度来看，局域规范对称这个纯数学部分，在规范场论的建构中，是“附着”在拉格朗日量上，拉格朗日量又“附着”在新引进的各种场上，某种场可能正好有经验对应物。相互作用场的产生过程中也有类似的情况，考虑对于场 $\psi^\dagger$ 和 ψ 的作用量 $L_0+L_1+L_2$ 的改变产生的欧拉－拉格朗日方程，加上对于 A_μ 的总拉格朗日量 $L_{\text{tot}}=L_0+L_1+L_2+L_3$ 的改变产生的欧拉－拉格朗日方程，然后在一系列考虑和相关常数的取值之后，最后通过比较 $L_0+L_1+L_2=(D_\mu\psi)(D^\mu\psi^\dagger)-m^2\psi^\dagger\psi$ 和 $L_{\text{tot}}=L_0+L_1+L_2+L_3$ 可以得到物质场 ψ 和电磁场的最终拉格朗日量密度：$L_{\text{tot}}=(D_\mu\psi)(D^\mu\psi^\dagger)-m^2\psi^\dagger\psi-1/4F^{\mu\nu}F_{\mu\nu}$。从另外的物质场比如狄拉克场出发，使用差不多的方法也可以得到量子电动力学的拉格朗日量密度 $L_{QED}=\psi^{\dagger}(i\gamma^{\mu}D_{\mu}-m)\psi-1/4F_{\mu\nu}F^{\mu\nu}$。可见，同样不存在一个这样的论证，从实验上基于规范不变性原理，得出一个电磁相互作用的存在，使其性质就是像 L_{QED} 和 L_{tot} 一样的拉格朗日量密度的结果；而是综合各种各样的考虑和取值最终得到这些结果的。正如希利所言："所谓的规范论证包含几个不恰当的前提和大量的随意推论，或许可以说存在一个较弱意义上的扩展，即物质场的一般不变相位对称原理的扩展，间接受到电荷守恒观察现象的支持，通过假定一个该扩展所容纳的相互作用场，从而解释了电磁场的这些性质。"① 当然，如果正好存在这么一个场，那么就有可能通过把它等同于电磁场，完成一个理论的大力简化和统一。按照"语境论理论观"的说法，就是把各种考虑"附着"在相互作用场上。

可以看出，部分物理学家出于对规范原理的偏爱，认为局域规范不变性原理不仅从物质场导出规范场，而且还决定了相互作用场，形成所谓的规范论证，并对规范对称性原理过分推崇。与此相反，物理学哲学家们通过对规范论证的考察，强调"不存在配称为在基础物理中起作用的物理学规范原理"，通常站在反规范论证的一边。如前所述，从语境论的理论结构的观点来看，科学理论的大大小小各部分之间的关系，是像纺绳时"纤维"般的关系，"整根绳是靠诸多比绳短的'纤维''纠缠'在一起而形成的"②。事实上，在建构理论时是很难找到贯穿整个理论的基本原理的，正像维特根斯坦所说，没有也不必要有跟绳一样长短的纤维，一根长绳是靠诸多短纤维形成的。③ 同样，规范论证不可能"决定"规范场和相互作用场。然而，只是因为规范论证不能完全决定规范场和相互作用场的形式，就否定它的存在和作用，同样是错误的。从"语境论理论观"来看，规范场的引入不纯粹是人为的，添加 L_3 时除了考虑规范变

---

① Healey R. Gauging What's Real：The Conceptual Foundations of Contemporary Gauge Theories. New York：Oxford University Press，2007：166.

② Wittgenstein L. Philosophical Investigations. Anscombe G E M Trans. New York：The Macmillan Company，1964：167.

③ Wittgenstein L. Philosophical Investigations. Anscombe G E M Trans. New York：The Macmillan Company，1964：167.

换之外，还想到了规范势 A_μ，进一步想到了荷守恒跟 C_μ 的关系，再从形式上着想得出相互作用场的总拉格朗日量。也就是说，建构物理学理论时各种因素是纠缠在一起的，甚至还有些因素是来自理论外部，比如美学原则、理论的统一、理论的可重整化等。同样，确定物质场跟规范场之间的相互作用场时，不能说局域规范不变性一点作用也没有；虽然局域规范对称对拉格朗日量的修正可以不是唯一性的，但不管怎么说还是得到物质场和相互作用场的总拉格朗日量密度，即便有人认为这种作用只是相当于“简单性原则”的作用。又如，添加运动学项 $-1/4F_{\mu\nu}F^{\mu\nu}$ 进 L_{tot} 可能有结构原因，这一项靠自己导出熟悉的无源麦克斯韦方程，但是人们可以添加更多的项而不会破坏“局域”规范不变性，所以理论结构只是像绳中的纤维部分在起作用。当然，各种可能性可以被附加的约束所排除，特别是包括从总拉格朗日量得出重整化理论的要求，这些约束也是“附着”在整个理论上的。一方面，这样的添加更加动摇规范论证的逻辑必然性；另一方面，虽然拉格朗日量中的运动学项的添加弱化了规范论证，但是它却赋予拉格朗日量物理意义。可见，从“语境论理论观”的角度看来，规范理论中的局域规范对称性要求虽然只是一个纯粹数学形式上的要求，但是它并不是完全没有原因的，它通过多次反复使用，结合物理学方法的各种原理，最终把物质场、规范场和相互作用场结合在一起。所有这一切都说明，规范论证中的数学结构跟物理结构的结合是一种交错重叠关系，规范对称有多出来的剩余结构，也有“附着”到物理经验上的部分。

三、结论

规范理论是当代物理学的基础理论，是描述自然界四种基本作用力的统一理论框架，故在其所谓的规范论证中出现的规范问题，是一个科学理论结构观的问题。运用“语境论理论观”来分析规范论证，我们认为规范论证中的规范对称虽然是一种数学形式上的要求，但是通过规范变换很容易跟其他物理学原理结合起来，最终出现物理经验内容，是一种典型的数学结构跟物理结构的关系问题。同时，由于规范理论的基础性、统一性和精确性，对它进行语境分析，又有利于发展科学语境论，尤其是把“语境论理论观”跟“剩余结构理论观”结合起来，既可以避免规范论证过于乐观、过高估计规范原理的倾向，也可以避免否认局域规范原理的悲观倾向，即认为局域规范对称性原理完全无物理内容、不成其为物理学原理的看法。其实，正是规范对称性原理的形式特征才使其有如此好的普遍统一性，而正是它的具体运用才使其具有经验内容。最后，这个案例显示出语境论研究纲领的优越性。

规范理论解释和休谟式随附性

——从物理学到形而上学 *

随着量子规范场论和粒子物理标准模型的成功，对规范理论进行解释成为物理学哲学甚至形而上学的紧迫任务。目前，美国科学哲学家希利在《规范实在——当代规范理论的概念基础》（该书出版于 2007 年，2008 年即获得拉卡托斯奖）中，通过对各种规范理论（包括经典电磁场理论、A-B 效应、非 - 阿贝尔杨 - 米尔斯理论及广义相对论等）的考察，认为三种关于规范势属性（gauge potential properties）的观点（无规范势属性观、局域规范势属性观及非 - 局域规范势属性观）中，非 - 局域规范势属性观最成功，并把经典杨 - 米尔斯理论的非局域规范势属性观发展成整体解释（holonomy interpretation，也译作“和乐解释”），这样的解释对形而上学中的休谟式随附性（Humean supervenience）的理解具有

* 本文发表于《哲学动态》2012 年第 4 期，作者李继堂、郭贵春。

重要意义。本文通过这个例子说明物理学的进步导致形而上学的进步。

一、解释经典规范理论

为了理解各种规范理论，包括经典电磁场理论、A–B 效应、非 – 阿贝尔杨 – 米尔斯理论、广义相对论等，希利是从经典电磁理论谈起的。经典电磁场理论的核心，就是众所周知的麦克斯韦方程组。

经典电磁理论的规范不变性的依据就是电磁势的变换是理论对称的。人们逐渐发现，随着研究的深入，采用的数学方法（矢量运算 – 张量分析 – 纤维丛理论）越来越抽象，规范理论可能抓住了自然界的本质特征，或者认为规范理论表示的某些物理过程是附着在自然界质的固有属性（qualitative intrinsic property）上。而且，经典电磁理论可以进行很多推广，包括推广到杨 – 米尔斯方程后用来描述除引力之外的所有相互作用，而换成纤维丛理论这种数学框架后，电磁势不是表现为时空流形 M 上的一种场，而是一种以 M 为底空间的所谓纤维丛上的联络，从曲率表示电磁场，而规范变换由作用在纤维结构元素上的各种群来表示。也就是说纤维丛理论使得有可能洞悉规范理论的深层结构。①

所谓“质的固有属性”，希利解释道：“直观上，一个对象的属性是固有的，仅当指的是对象内部自身具有的属性，而不涉及任何外在事情，这跟外在属性相反，后者是依赖于对象跟其他东西可能有也可能没有的关系……质的属性和个体的属性之间的不同也的确存在，这里讲属性是质的（相对于个体的），只要求它不依赖于任何特定个体存在。”② 要确定物体的真正质的固有属性是件困难的事情，不过希利认为：“基础物理关注最基本的物理系统，试图描述这些系统的物理状态，以便决定构成这些系统的物理属性，一个对象的物理属性，只有在那个对象拥有的这些属性是由构成那个对象的所有基本系统下面的物理状态和物理关系所完全决定的情况下，才既是质的又是固有的。当然，这种意义的真正

① Healey R. Gauging What's Real. Oxford：Oxford University Press，2007：12-13.

② Healey R. Gauging What's Real. Oxford：Oxford University Press，2007：46-47.

完备描述还没有达到，可能永远也达不到，但是，就其是成功的意义上，它已经规定了一类重要的质的固有属性。”① 特别是，通过希利的“分离性”概念反过来也有利于“质的固有属性”的理解，他所谓“(弱的）分离性”指的是“占据时空区域 R 的任何物理过程随附在 R（或者在这些点的任意小邻域）内的时空点上质的固有物理属性的赋值（assignment）上”②。比如，在经典电磁理论中满足弱分离性条件，同时也就满足局域作用和相对论局域性，所有电磁效应有可能被看成是随附在电磁势上，从而可以把电磁势看作质的固有属性。

二、规范势属性观和和乐解释

有了对规范理论的初步了解，我们再来看希利在《规范实在——当代规范理论的概念基础》中的三种关于规范势属性（gauge potential properties）的观点（无规范势属性观、局域规范势属性观及非－局域规范势属性观）以及和乐解释。而规范势的作用典型地表现在 A−B 效应的现象中。在磁 A−B 效应中，螺线管完全封闭并且足够长，如果双缝后面的螺线管没有电流通过，那么就会在屏幕上看到熟悉的双缝干涉图案。而有电流通过螺线管的情况下，在螺线管内部跟双缝平行的方向产生一个恒常磁场 $\boldsymbol{B}$，干涉图案的波峰和波谷会全部移动，移动的距离为：$\Delta x=(l\lambda/2\pi d)(|e|/\hbar)\varphi$。其中，$d$ 是缝距，l 是双缝到屏幕间距离，$\lambda=h/p$ 是电子束（带负电 e 和动量 p）的德布罗意波长，而 φ 是穿过螺线管的磁通量，$\varphi=\int \boldsymbol{B}\mathrm{d}\boldsymbol{S}=\oint \boldsymbol{A}\mathrm{d}\boldsymbol{r}=\int \nabla\times\boldsymbol{A}\mathrm{d}\boldsymbol{S}$。如何解释这个现象呢？③ 表面上看，由于 $\boldsymbol{B}$ 在螺线管外面都为零，电子正是从 $\boldsymbol{B}$ 为零的这个区域取道从双缝传播到屏幕上的，显然螺线管内部的磁场一定有对电子的非－局域效应。但是阿哈罗诺夫（Aharonov）和玻姆否认这个效应是非－局域的，而认为它的出现纯粹是和磁矢量势 $\boldsymbol{A}$（或者更一般的电磁矢量势 A_μ）的局域

① Healey R. Gauging What's Real. Oxford：Oxford University Press，2007：47.

② Healey R. Gauging What's Real. Oxford：Oxford University Press，2007：46.

③ 成素梅．论 A-B 效应解释的语境依赖性．科学技术与辩证法，2006，1：22-26，46.

作用有关，他们认为，在经典力学中被看作纯粹只是为了方便计算引入的电磁矢量势，量子力学却证明它是物理上真实的场（这个观点被费曼物理讲义广为传播）。按他们的原话就是："我们被引向认为（规范势）是个物理变量，这意味着我们一定能够在单靠规范变换形成的两个量子态之间做出物理上的区分。"①而且在非相对论量子力学中，电磁场的量子力学描述也是通过电磁势引入的。可见，如何看待规范势的作用是关键。

1. 无规范势属性观点

尽管有像 A–B 效应这种看上去支持电磁势是个物理量的现象，人们还是会说，单凭经典电磁理论在量子领域的成功应用，不足以说明超出电磁场的电磁势所表示的任何事情的实在性。希利称其为无新的电磁属性观。其拥护者坚持认为经典电磁学跟量子力学（而不是经典力学）联合起来达到的经验成功，不能致使人们接受电磁势以某种方式表示了新增加的质的固有电磁属性。而所谓无规范势属性观，则是明确认为只需要规范场就直接表示规范性质，甚至在量子领域中，规范势也只是数学剩余结构，在理论中使用的也只是作为计算规范场的一种方式。反对无新的电磁属性观主要是基于如下事实，在 A–B 效应的语境中，它意味着超距作用的电磁学，这对无规范势属性观也会提出类似的反对。但是对无新的电磁属性观产生的别的反对，一个是出现在非阿贝尔杨 – 米尔斯规范理论的情况下，另一个出现在广义相对论的情况下。

2. 局域化的规范势属性观点

按照局域化的规范势属性观，一个理论的规范势表示了时空点（或其任意小领域）上面（或者其内）质的固有属性，这种用规范场表示不了的属性。这样的属性有几种不同的产生方式，这不仅依赖于数学对象在理论的特定形式下的规范势中所起的作用，也依赖于这个对象是如何被描述的。比如，非阿贝尔杨 – 米尔斯理论的规范势，可以用时空上主

---

① Aharonov Y，Bohm D. Significance of Electromagnetic Potentials in the Quantum Theory. Physical Review，1959，115：491.

纤维丛上的李 - 代数 - 值 1- 形式表示，用在时空流形自身的（一个开集）上的李 - 代数 - 值 1- 形式表示，或者由一个按照作为丛结构群的李群的表示在其自身中变换所处的时空（一个开集）上矢量场集合来表示。人们用来表示质的固有规范势属性的数学对象，会影响这个观点如何应用的细节，但是无论什么样的细节，使这些属性局域化的是如下想法：用所研究的数学对象表示局域地固定（在时空点或者它们的任意小领域上）的规范势属性。希利认为局域化规范势属性观的问题主要在于，无论如何努力最终还是没有真正道出局域化电磁势属性在该区域的赋值是什么。

3. 非 - 局域化规范势属性观

按照非 - 局域化规范势属性观，理论的规范势表示了用规范场表示的那些物理量之外的质的固有属性，不过它们只是被断言在扩展了的时空区域上，而不是在构成这些区域的点上。这并不是说这些区域是由时空流形的开集所表示，也不是说它们在其内在拓扑学中是 4 维的。希利认为相关区域是在时空中闭合曲线的有向的“像”——因此是由时空流形 M 的闭合子集所表示的，在拓扑学上，这个子集是 M 中的环流形 S^1 的浸入的“像”：当闭合曲面是非自 - 嵌的，它的“像”就是 M 中的一种拓扑学体现。希利把这个子流形表示的时空有向区域称为圈，因此一个圈对应于一个时空流形中的连续的、逐块光滑的、非自 - 嵌封闭曲线的有向的“像”。之所以提出非局域化属性观，主要考虑到规范势属性的结构取决于规范不变量的内容，出于这样的想法就认为规范势属性正好是规范不变量所表示的那些属性。而这个想法有必要发展成规范理论的和乐解释。

4. 和乐解释

首先来看经典电磁场的情况，如果矢量势 A_μ 是规范依赖的，那么它的线积分 $S(C) = \oint_C A_\mu dx^\mu$ 围绕闭曲线 C 就是规范不变量，因此，包括狄拉克相位因子 $\exp(ie/\hbar \oint_C A_\mu dx^\mu)$ 的 $S(C)$ 的函数也是规范不变量，它们才可能是描述质的固有属性的，当吴大峻和杨振宁说提供一个不多不少完备描述的正是相位因子的时候，他们明显持有经典电磁理论用狄拉克相位因子表示非 - 局域规范势属性的观点。在 A–B 效应中同一个区域中不同的物理情形可以拥有同样的 $F_{\mu\nu}$，一个区域中的场强不足以解释那个区域中带电量子化粒子的行为；如果围绕闭合曲线的相位每增加 nh/e（n 为整数），从而保持任何这样的曲线的相位因子不变，使得区域中电荷的量子化粒子的可观察行为可能是完全相同的，但是这还不能辩护狄拉克相位因子一定正确表示了圈的质的固有属性。相位不能描述一个区域中的电磁场自身，描述的只是具有特定电荷 e 的量子化粒子的电磁场效应；类似地，任何电荷 e 的狄拉克相位因子不能单独描述电磁场，描述的至多是关于电荷 e 的粒子上的电磁场效应。而只有在所有的电荷都是某些基本量 e_0 的整数倍时，狄拉克相位因子看来才可能声称描述电磁场自身，而不是特定电荷的粒子上的电磁场效应。因此在发展经典电磁理论非局域规范势属性观时面临这样一个选择，我们可以把这些属性用 $S(C)$ 表示——围绕闭曲线 C 的矢量势的线积分；或者，如果存在一个 e_0 的最小量子，通过对应于它的狄拉克相位因子。希利认为我们应该从经验证据出发采取后一种解释，通过单位的适当选择我们就能把 e_0 和 $\hbar$ 纳入 A_μ，这么做时，我们就会得到如下观念：一个区域中非 - 局域电磁势属性是由在该区域中所有闭曲线的和乐 $\exp(-i\oint_C A_\mu dx^\mu)$ 表示的（指数中的负号是在定义狄拉克相位因子时的一个约定的选择结果）。这正是希利坚持的经典电磁理论的和乐解释。这个观念自然扩展到其他杨 - 米尔斯规范理论上，即便对于这些非 - 阿贝尔理论情况要复杂些，比如，合理假设存在一些跟相互作用有关的一般荷的最小单位，于是可以得到闭曲面的非 - 阿贝尔和乐复杂表达式：$H(C)=\wp\exp(-\oint_C A^a{}_\mu T_a dx^\mu)$；更复杂的情况是封闭曲面的和乐依赖于它的基点 m 使 $H(C)$ 变成 $H_m(C)$。一个不考虑作用在其上的粒子类型的曲面和乐属性的明确表达式，是由在主纤维丛上的和乐映射所给定的，其中规范理论形式化为：$H(C)=\wp\exp(-\oint_C A_\mu dx^\mu)$，这里的 A 表示在主纤维丛上的联络 ω 的时空流形上（一个开子集）的李 - 代数 - 值的 1- 形式。希利认为关键之处并非和乐属性如何表示，而是规范理论的确表示了这种圈的非 - 局域属性。

三、休谟式随附性

休谟式随附性是刘易斯受休谟对必然性联系的否定的影响发展起来的一种形而上学理论。按照刘易斯的说法："所有存在于这个世界上的是一个庞大的一个接一个的局域具体事实的马赛克……我们具有的几何：时空上不同点间的外部关系系统，或许是时空自身的点，或许是物质和以太或场的点状小片，也可能两者都是。并且在这些点上我们拥有局域性的特性：无需比以点为例更大的完美的自然固有属性，总之，我们拥有一种特性的排列（arrangements of qualities），而那就是全部。不存在没有在特性质排列中有所不同的差异，一切都随附在这上面。"[①] 也就是说，存在一个局域性的质的固有属性的分布，这样的属性举例来说不必比时空点有更多要求。就刘易斯的随附性（supervenience）概念而言，其含义在形而上学层面上跟心灵哲学中随附性是一致的，他本人也把随附性描述成对独立变化的否定，随附性也是一种依赖性等。刘易斯在《改进过的休谟式随附性》一文中讲道："在我们这样的世界中基本关系正是时空关系：距离关系、类空和类时、也可能有点状事情和时空点之间的占据关系。在我们这样的世界中基本属性都是局域的属性：所有点或者点的占据者的完美本质固有属性。全部都自始至终随附在局域特性的时空排列上，无论过去现在还是将来。"[②] 其实，在某些语境下用分离性来代替局域性的说法，同样跟随附性问题相关。比如，卡拉科斯塔斯（V. Karakostas）所表述的受爱因斯坦广义相对论启发得到的分离性原理："每个物理系统拥有其自身不一样的分离状态——决定其质的固有属性——而任何复合系统的整个状态完全是由其子系统的分离状态及其时空关系

---

① Lewis D. Philosophical Papers（Volume Ⅱ）. Oxford：Oxford University Press，1986：x.

② Lewis D. Humean superveniece debugged. Mind，1994，103：473-490.

所决定了的。”[①]或者像卡拉科斯塔斯所说的，这样的分离性原理不仅因为复合系统的状态取决于子系统的状态而体现出一种随附性，而且它跟刘易斯的休谟式随附性是兼容的；同时，也认为它们是跟经典物理一致的，而在量子力学中情况就不一样了。

莫德林（Tim Maudlin）进一步把休谟式随附性归纳为下面两个论断：①分离性：世界的全部物理状态是由每一个时空点（或点状对象）的固有物理状态和这些点之间的时－空关系所决定（随附）的。②物理状态主义：有关世界的所有事实，包括模态的和律则的事实，都取决于其总的物理状态。[②]分离性问题主要关注休谟式随附性的基础，即所谓的“休谟式马赛克”，这种把固有属性实例化了的点状对象的分布；物理状态主义主要是随附问题，世界上的所有事实都随附在其总的状态上，这些事实包括有关定律、反事实条件、可能性、时间的流逝以及因果关系的事实。相对于历史上通过语言的主谓结构分析本体论，莫德林是通过现代物理学提供的本体论结构来进行论证的。他通过对规范理论的解读，论证了不存在形而上学上纯粹的外在关系，也就不存在形而上学上纯粹内在关系，而由于内在关系假定是由对象的内部固有属性决定的，因此也就没有形而上学上纯粹固有属性。就“形而上学上纯粹的”关系或者属性是指只有通过关系体的存在才能得到的而言，他论证了时空关系是一种外在关系，时空关系有赖于距离关系，而两点间距离关系有赖于它们之间路径的存在，从而时空关系不是“形而上学上纯粹的”。具体来说，他论证了欧几里得空间中的平行方向、球上不同点的方向、球上的平行移动及欧几里得空间内平行输运，都依赖于特定的路径，都不足以成为形而上学上纯粹固有属性。重要的是，虽然规范理论中所使用的抽象矢量也不是形而上学上的纯粹固有属性，但是“规范理论准确地把我们用来刻画对方向加以比较的这种结构用在其他种类的基本物理属性和

① Karakostas V. Nonseparability，potentiality and the context-dependence of quantum object. Journal for General Philosophy of Science，2007，38：279-297.

② Maudlin T. The Metaphysics within Physics. Oxford：Oxford University Press，2007：51.

物理量上”[①]，规范理论使用的是纤维丛理论，也就是说，纤维丛上的联络可能也不是一种形而上学上纯粹的固有属性，但是它在事实上的确为我们理解整个世界提供了一个好框架及其相应的本体论。然而，在物理学上这已经进入规范理论的语境。

四、和乐解释对休谟式随附性的意义

希利也认为，“经典的杨－米尔斯规范理论的和乐解释具有显著的形而上学意义……形而上学家会更加接受来自物理学有关这个世界将会怎么样的新知识”[②]。特别是和乐解释中把和乐属性作为一种非局域性的规范势属性，为了更好地反映出和乐属性的非局域性，希利在其他地方出于同样目的已经采用了“非分离性”术语。所谓非分离性：“占据一个时空区域 *R* 的某些物理过程不是随附在 *R* 的时空点上质的固有物理属性的赋值上。”[③] 关于和乐解释，经典的杨－米尔斯理论描述了非分离性的过程，因为存在这样的过程，其中和乐解释被赋值在时空圈上，这些圈并不随附于处于这些圈上的那些点上的任何属性（诸如局域化规范势属性）的赋值上。这可能看上去没有那么新颖，因为有理由相信甚至经典力学也描述了非分离的过程，比如，采用瞬时速度：这通常是在那一点的连续小的时间邻域内平均速度的极限，有理由否认在那一点的粒子的瞬时速度是随附在赋予那一点的属性上。但是和乐属性的非分离性更根本些，按照和乐解释，经典杨－米尔斯理论描述了明显非分离性的过程，即所谓强非分离性：“占据时空的一个区域 *R* 的有些物理过程，不是随附在 *R* 的点和／或者这些点的任意小领域内的质的固有物理属性的赋值上。”[③] 基于这样的强非分离性，希利认为，“任何种类的非分离性都违背刘易斯休谟式随附性，但是经典杨－米尔斯规范理论的和乐属性解释根本上违

① Maudlin T. The Metaphysics within Physics. Oxford：Oxford University Press，2007：94.

② Healey R. Gauging What's Real. Oxford：Oxford University Press，2007：123.

③ Healey R. Gauging What's Real. Oxford：Oxford University Press，2007：124.

背了休谟式随附性，因为它有强非分离性”[①]。再次回顾磁A–B效应的意义，它意味着围绕核心螺线管上的大圈的电磁和乐属性，这样的圈并没有随附在“特性质的排列”上——不仅仅是圈上的点，还包括螺线管外面的任何点。因此希利认为，“如果和乐解释是对的，那么一个杨–米尔斯规范理论为真的世界只能伴随于休谟式随附性后边形而上学中的重大修改”[①]。

问题在于如何修改。希利进一步认为这样一个世界会展现一种有趣的整体论，所谓物理属性整体论：“存在一些源自于只满足 *P* 类过程的领域 *D* 的物理对象集合，并非全部质的固有物理属性和关系，都随附在处于其基本物理部分的随附基础之中的质的固有物理属性和关系上。”[①]这样的整体论观念一般出现在物理整体不能由其构成部分的属性所决定的时候。这里的整体包括时空的各个区域之中的事件或过程，部分则是相对于整体而言的区域及其对应物。就规范理论中的部分及其与整体的关系来说，从和乐解释的角度来说它们是非分离性的，从而是如上所说的整体论，在这种物理属性整体论的案例中，要以圈上的点（或者发生在它们身上的事件）算作圈的基本物理部分（或者产生它的事件），因为处于圈上的和乐属性并不是由局域化的规范势或者这种组分的任何其他固有属性决定的，甚至也不由它们当中的时空和固有的各种关系一起决定。相反，经典的广义相对论是可分离的，因为广义相对论圈上描述的质的固有物理属性，都是随附于赋值在圈上时空点的无穷小领域内，也就是说经典广义相对论所描述的引力并不展示这种物理属性的整体论。希利认为笛卡儿对牛顿力的批判跟广延的接触作用那种过时的形而上学紧密相关，直到牛顿理论的成功才使笛卡儿的批判变得不相关，并导致形而上学和科学的进步，或者准确说是自然哲学的进步，但是遗留下来的引力如何可能超距作用的问题要等到爱因斯坦建立广义相对论后，才为牛顿理论提供了一个引力作用是按一个有限速度来传播做出合理解释。因此希利最后的结论是：“各种杨–米尔斯理论的成功表明休谟式随附性形

① Healey R. Gauging What's Real. Oxford：Oxford University Press，2007：125.

而上学和所有物理过程的可分离性同样过时了，并且，反对和乐属性及其倾心的整体论和非分离性的当代形而上学家们，可以相信非局域作用没有（像牛顿力学那样）类似的遗留问题。”①

五、结语

在规范理论的解释中，经典电磁理论引入的规范势，在无规范势属性观看来不过是些数学剩余结构；A-B 效应的解释自然地提出局域化规范势属性观，认为是规范势而非电磁场表示了时空点上的质的固有属性，但是无法搞清这些固有属性的赋值情况；非局域性规范势属性观则认为规范势不能表示时空点上质的固有属性，这样的固有属性即便能够被电磁场表示也只能赋值在时空区域上。经典的杨－米尔斯规范理论的和乐解释则认为和乐表示了圈上所有的点构成的时空区域上质的固有属性，因为和乐不仅是规范不变量而且还可以推出规范势，所以和乐解释比前面三种规范理论解释更好，更重要的是经典的杨－米尔斯规范理论虽然和量子化粒子有相互作用，但是规范理论本身未经量子化处理，使得和乐解释中的非定域性跟量子非定域性有所不同。当然，规范理论中的非定域性跟量子力学的非定域性之间的关系问题有待深究。但是，和乐解释的成功明显打破休谟随附性那样的旧的形而上学理论，甚至比莫德林对纤维丛上联络这种不同时空点上的纯粹固有属性的分析更合理些，并且很容易提出新的整体主义形而上学观点，这一点是可以肯定的，也就是说物理学的进步导致形而上学的进步。希利对规范理论的解释不仅响应了“量子场论是形而上学研究的当代焦点”的号召，而且也显示出“传统形而上学”经历了“分析的形而上学”的洗礼后进入“科学的形而上学”的趋势。

① Healey R. Gauging What's Real. Oxford：Oxford University Press，2007：128.

量子逻辑与量子计算逻辑

——语境视角下的“量子逻辑”辨析*

20世纪90年代以来，随着一些具有重要实用意义的量子算法不断提出，量子计算的研究逐渐受到了科学家们的广泛关注。作为数学、物理学和计算机科学相互结合形成的交叉学科，“量子计算大致由四个递进的研究层次组成，即量子计算的物理实现，物理模型，数学形式和逻辑基础”①。对量子计算逻辑基础的研究揭示了存在一种新的“量子逻辑”，目前普遍称之为“量子计算逻辑”②。这种基于量子计算的逻辑并不同于通常意义上指的正交模格量子逻辑，它们既不是在同样的科学语境下被提出和使用，也不具有相同的表征形式。不过，由于在量子计算中经常使

---

* 本文发表于《山西大学学报》2012年第3期，作者郭贵春、王凯宁。

① Ying M S. A theory of computation based on quantum logic. Theoretical Computer Science，2005，344：140.

② Gudder S. Quantum computational logic. International Journal of Theoretical Physics，2003，1：41.

用到“量子逻辑门”的概念，从而导致量子计算逻辑很容易就被误解为“量子逻辑”，量子逻辑门则被视为遵从“量子逻辑”的逻辑操作。因此，对两种不同语境下的“量子逻辑”进行区分，明晰量子计算的逻辑基底，是探讨量子计算相关哲学问题的基础。

通常意义下的量子逻辑概念起源于毕克霍夫和冯·诺依曼于1936年发表的论文《量子力学的逻辑》，主要是指以格演算来对应希尔伯特空间的操作，从而实现量子力学中实验命题的逻辑形式化。与这种方法不同的是，赖兴巴赫（Hans Reichenbach）于1944年提出了具有“不确定”中间值的三值量子逻辑，通过使排中律失效来解释量子实在。但赖兴巴赫的三值量子逻辑自从他提出之后没有得到什么发展，而毕克霍夫和冯·诺依曼的工作则于20世纪60年代以后又引起了人们的关注。因此目前文献中提到的量子逻辑通常就是指由毕克霍夫和冯·诺依曼提出，并在20世纪60年代之后修改或发展而形成的正交模格量子逻辑。

与通常意义下的量子逻辑有明确的定义和较久的发展不同，量子计算逻辑这个概念直到2002年才被明确地提出，齐埃尔等认为，“量子计算中的逻辑门操作蕴含了一种自然逻辑形式，这是一种独特的量子逻辑结构”①，而量子逻辑门这个术语的使用，也正是量子计算逻辑容易被混淆为量子逻辑的原因之一。事实上，量子计算逻辑看起来更接近于布尔逻辑，因为量子图灵机和量子自动机的概念是借鉴经典图灵机和自动机而建立的，量子逻辑门是在经典逻辑门可逆化演进的基础上形成的，量子逻辑门也可以实现全部的经典逻辑操作。不过，由于量子力学的一些特性，量子计算也包含了诸如相位变换这样的一些无经典意义的逻辑门操作，因此量子计算逻辑应该被视为一种扩充逻辑。

从两种逻辑理论的起源与发展可以看出，量子逻辑与量子计算逻辑虽然都源于量子理论，但二者却分别是在量子逻辑与量子计算这两种不同的科学语境下被提出和使用的，因此要探讨和比较二者推演规则及逻辑语义的异同，首先就要分别在量子逻辑语境和量子计算语境下，理解

---

① Cattaneo G，Chiara M，Giuntini R. An unsharp logic from quantum computation. International Journal of Theoretical Physics，2004，8：1803.

这两种特殊逻辑的形式和意义。事实上，这两种不同的语境也正反映了量子理论发展的两条不同进路：公理化与实用化。

一、量子力学的公理化进路：量子逻辑语境

量子逻辑由毕克霍夫和冯·诺依曼于 1936 年提出，它源于量子力学的公理化。标准的量子力学被构建于无穷维可分离的希尔伯特空间中。在这样的空间中，我们用自伴算符表征可观察量，用密度算符表征量子态，用投影表征实验命题，用幺正算符表征动力学演化，就建立起了一套量子力学的形式化系统。但事实上，如果从严格公理化的角度出发，我们需要从可观察量、量子态或实验命题这三者之一出发，来考虑这套形式化系统的基础即希尔伯特空间存在的必要性。毕克霍夫和冯·诺依曼选择了以实验命题作为最基本的元素，来实现量子力学的公理化。

在量子力学中，实验命题与理想化的量子测量相联系，一个命题的真或假对应于一次测量中得到某个本征值的概率为 1 或 0，这意味着验证量子体系是否处于可观察量的某个本征态上，即希尔伯特空间的某个闭子空间上。因此，毕克霍夫和冯·诺依曼认为，实验命题是与系统的希尔伯特空间的闭子空间相互对应的，那么实验命题之间的逻辑联系与闭子空间之间的关系就分别有以下的对应关系：逻辑合取对应闭子空间的交集，逻辑析取对应闭子空间的直和，逻辑否对应闭子空间的正交补。但是，这其中存在一个问题，就是与经典系统中的情况不同，量子系统中经典逻辑析取对应的闭子空间的直和不构成一个新闭子空间，也即不对应一个实验命题，但是却存在一个另外的闭子空间包含这个直和，因此就需要引入一个新的实验命题来对应这个闭子空间，也即引入“量子析取”。这样，就可以类似于经典逻辑，将量子系统中的逻辑关系依据结合力的关系来排序，使希尔伯特空间上的闭子空间按照包含关系排序而形成一个格，我们称之为正交模格。事实上，希尔伯特空间的所有闭子空间构成正交模格，正如经典力学系统由相空间的闭子空间来描述，而这些闭子空间又构成了布尔格一样。因此，类似于布尔代数是经典逻辑

的代数形式，正交模格是量子力学逻辑的代数形式。

有关格的理论形成于 1935 年前后，是代数学的一个分支，其基础是集合和次序关系。即对一个集合 P 和一个二元次序关系 $\leqslant$，且 p，q，$r \in P$，如果满足：

（1）$p \leqslant p$（反身性），（2）$p \leqslant q$，$q \leqslant p$ 当且仅当 $p=q$（反对称性），（3）若 $p \leqslant q$，$q \leqslant r$，则 $p \leqslant r$（传递性），那么 P 就构成一个偏序集（P，$\leqslant$）。

格是指其非空有限子集都有一个上确界和一个下确界的偏序集合，即：p，$q \in$（P，$\leqslant$），存在 $p \wedge q$ 和 $p \vee q$，则：

$p \wedge q \leqslant p$，q，任取 $r \in$（P，$\leqslant$）且 $r \leqslant p$，$r \leqslant q$，那么 $r \leqslant p \wedge q$；

p，$q \leqslant p \vee q$，任取 $r \in$（P，$\leqslant$）且 $p \leqslant r$，$q \leqslant r$，那么 $p \vee q \leqslant r$。

偏序集（P，$\leqslant$）就称为一个格（P，$\leqslant$，$\wedge$，$\vee$）。

格（P，$\leqslant$）具有下面的性质：

（1）$p \wedge p=p$，$p \vee p=p$（幂等律）。

（2）$p \wedge q=q \wedge p$，$p \vee q=q \wedge p$（交换律）。

（3）$p \wedge (q \wedge r) = (p \wedge q) \wedge r$；$p \vee (q \vee r) = (p \vee q) \vee r$（结合律）。

（4）$p \wedge (p \vee q) =p$，$p \vee (p \wedge q) =p$（吸收律）。

如果格 P 中包含了最小元 0 和最大元 1，则 P 是一个有界格（P，$\leqslant$，$\wedge$，$\vee$，0，1）。

1. 布尔格与经典系统

如果 p，$q \in$（P，$\leqslant$），$p \wedge q=0$，$p \vee q=1$，那么 p 和 q 就互为补元，记为"$p=q'$"，若 r 属于 p 则 r 不属于 q（排中律）。

如果 P 的元满足分配律，即：p，q，$r \in$（P，$\leqslant$），满足 $p \wedge (q \vee r) = (p \wedge q) \vee (p \wedge r)$ 及 $p \vee (q \wedge r) = (p \vee q) \wedge (p \vee r)$，那么 P 是一个分配格。如果 P 是一个分配格，那么 P 的元至多只有一个补元。

如果 P 是分配格，并且 P 的元都有唯一的补元，那么 P 就是一个布尔格（P，$\leqslant$，$\wedge$，$\vee$，$'$，0，1）。布尔格构成了一个完整的代数系统，将符号“$\wedge$”，“$\vee$”，“$'$”分别对应换成与、或、非这些逻辑算子，那么布尔代数系统就变为布尔逻辑系统。

在一个经典物理系统中，所有与系统相关的信息量被称为纯态。例如存在于该物理系统中的一个经典粒子，它的纯态就可以由一个六个实数组成的有序集组成，即（x_1，x_2，x_3，p_1，p_2，p_3），其中前三个为位置变量，后三个为动量变量。考虑一个经典系统中的实验命题 P，组成该命题的所有物理量的纯态就构成了相空间的一个子集，或者说这个子集的代数性质就可以完备的描述这个实验命题。而经典相空间就是一个布尔格，因此布尔逻辑就构成了经典系统中的逻辑结构。

2. 正交模格与量子系统

从代数角度考虑，量子系统是一个在希尔伯特空间上的投影算子所构成的演绎系统，而在希尔伯特空间上的投影算子与该空间上的闭子空间构成一一对应的关系，所以这些闭子空间从集合包含关系看也构成一个格 X，其包含了整个空间为最大元 1，以及原点为最小元 0，因此 X 为一个有界格。那么这个格 X 与布尔格有什么区别呢？

与经典系统相比，量子系统的一个最主要不同就是不遵守排中律，即在经典系统中，一个实验命题只能为真，或者为假。然而量子系统却是本质上为概率性的，一个量子事件 P 的纯态由它的概率幅 ψ 来表征，ψ 可以为 0，1，还可以为 0 和 1 之间的叠加。那么 P 可以为真，或者为假，还能处于一种本质上不确定的状态。因此，一个量子事件的“非”，即格 X 的一个元 x 的补就是不唯一的，于是对格 X 定义了正交补：

在格 X 中，任取 p，$q \in X$，满足：$p \wedge q=0$，$p \vee q=1$，$p=q'$，若 $p \leqslant q$，则 $q' \leqslant p'$，那么 X 为一个正交补格。

那么量子事件的“与”和“或”逻辑在格 X 中又如何对应呢？毕克霍夫和冯·诺依曼认为，“与”逻辑仍然对应于合取“$p \wedge q$”，因为希尔伯特空间中两个闭合子空间的交还是一个闭合的子空间。然而“或”逻辑却不能对应于经典析取“$p \vee q$”，因为希尔伯特空间中两个闭合子空间的并不是一个闭合的子空间，例如，ψ_1 和 ψ_2 为希尔伯特空间中的两个量子纯态，那么它们的任意线性叠加 $\psi = c_1\psi_1+c_2\psi_2$ 构成的集合为 ψ_1 和 ψ_2 的“或”逻辑，而不是 $\psi_1 \vee \psi_2$，当然 $\psi_1 \vee \psi_2$ 也应该包含于其中。于是重新定义格 X 中的析取“$p \vee q$”为包含 p 和 q 的最小闭合子空间，因此，量子系统所在的希尔伯特空间中格 X 的完整结构为：$(X, \leqslant, \wedge, \vee, ', 0, 1)$，其中 X，$\leqslant$，$\wedge$ 与布尔格中的定义一致，$\vee$，$'$ 为上述新定义，而 0 和 1 分别代表希尔伯特空间中的最小子空间原点和最大子空间整个希尔伯特空间。对于格 X 来说，布尔格中的分配律不再适用了，但它满足比分配律弱的模律，即在格 X 中，$p, q, r \in X$，若 $q \leqslant p$，则 $p \wedge (q \vee r) = q \vee (p \wedge r)$。因此，格 X 为正交模格。将符号 $\wedge$，$\vee$，$'$ 分别对应换成与、或、非这些逻辑算子，正交模格就构成了量子逻辑系统。

由此可以看出，量子逻辑系统中的合取与经典逻辑中的交一致，析取则不同于经典逻辑中的并，而对应于包含析取项的最小闭合子空间，否定的语义也发生了改变，对应于子空间的正交补。从现代逻辑的视角看，量子逻辑修改了经典逻辑关于析取的定义，从而导致了分配律的失效，符合变异逻辑的定义：“变异逻辑是由否定或修改经典逻辑的一个或多个假定而导致的系统，它们至少在某些定理上与经典逻辑不一致：经典逻辑的某些定理不再是它们的定理，它们的某些定理也不是经典逻辑的定理。”① 因此，量子逻辑属于变异逻辑。

二、量子力学的实用化进路：量子计算语境

如果说传统量子逻辑语境下的正交模格逻辑是基于量子力学公理化目的的话，那么近些年随着量子计算与量子信息研究的深入才产生的量子计算逻辑，则指明了量子力学研究实用化的发展方向。简单地讲，量子计算的研究内容就是利用量子力学系统来实现的信息处理过程，其核

① 陈波．经典逻辑与变异逻辑．哲学研究，2004，10：58.

心步骤是：首先将通过量子算符来表征的信息作为初始态，接着利用量子系统的特性来完成状态的演化，最后对演化的终态进行测量得到计算的结果。在量子计算语境下，信息单元为量子位，是表征一个量子系统的语义基础，它可以处于 0 态或 1 态或它们的叠加态。将量子力学中的某些幺正（unitary）算符作用于量子位，使量子位的状态发生变化，就可以实现一种逻辑功能。因此，这些幺正算符就相当于经典计算中的逻辑门，我们称之为量子逻辑门。这些量子逻辑门的集合，自然地形成了一个新的逻辑系统，这个逻辑系统实际上是以形式语义对量子逻辑门进行描述，由于是在量子计算过程产生的自上而下的逻辑，并为了与传统的量子逻辑进行区分，因此普遍将其称为量子计算逻辑。可见，理解量子计算逻辑与确定量子逻辑门的性质，并掌握幺正变换的规则是相一致的。

（一）量子逻辑门的可逆性

经典计算机的逻辑门实现的是单向逻辑过程，即通过逻辑门由输入态可得到输出态，而输出态一般不能再逆向通过逻辑门得出输入态（经典非逻辑门除外）。在量子计算中，为了保持量子位的态所在的希尔伯特空间中本征态的正交归一性，对量子位的态进行变换的矩阵应为幺正矩阵，这种幺正矩阵就是量子逻辑门，这种变换就是幺正变换。由于幺正变换的可逆性，因此，量子逻辑门也具有可逆性，即输入态经过某个量子逻辑门成为输出态，输出态再经过相当于该量子逻辑门的逆向变换又成为输入态。为了保证量子计算的可逆性，除了量子逻辑门必须为幺正矩阵外，还应使量子逻辑门的输入端位数和输出端位数相等。在量子逻辑门的设计中，可将部分输入端直接送到输出端，使输出端位数增加到和输入端位数相等。

其实，经典逻辑门的不可逆性也不是必须的，比如经典异或门可以通过保留一个输入端到输出端而转变为可逆的异或门。“本内特于 1973 年就已经证明所有经典不可逆的计算都可以改造为可逆计算，而不会影响其计算能力。”[①] 事实上，正是这种对经典不可逆操作的研究导致了量子计算思想的产生，“既然计算机中的每步操作都可以改造为可逆操作，在量子力学中，系统的动力学演化过程为幺正过程，而幺正变换又是可逆的，那么计算机中的可逆操作可否用一个幺正变换来表征呢？于是贝尼奥夫考虑了用量子力学系统的动力学演化来描述可逆计算过程的可行性。”[②] 由此可知，早期的量子逻辑门是对经典逻辑门的可逆化改造，当然所有的经典计算都可以由量子逻辑门来实现了。

（二）基础量子逻辑门

单量子位旋转门和双量子位可控制非门是基础量子逻辑门，用它们的组合与变化就可以完成所有的经典计算和量子计算的特有算法。

1. 单量子位旋转门

单量子位旋转门的作用是使一个量子位的态在 $|0\rangle$ 和 $|1\rangle$ 及它们的叠加态之间变化，主要包括 *I* 门、*X* 门、*Y* 门、*Z* 门、*H* 门及相移门等。

I 门即单位门，表示不对量子位进行任何操作；*X* 门为量子非门，功能为将 $|0\rangle$ 变换 $|1\rangle$ 和将 $|1\rangle$ 变换为 $|0\rangle$，与经典非门一致；*Z* 门为相位反转操作，功能为对 $|0\rangle$ 不变换，将 $|1\rangle$ 变换为 $|-1\rangle$；*Y* 门为先通过 *Z* 门再执行 *X* 门的操作，即将 $|0\rangle$ 变换为 $|-1\rangle$，将 $|1\rangle$ 变换为 $|0\rangle$。

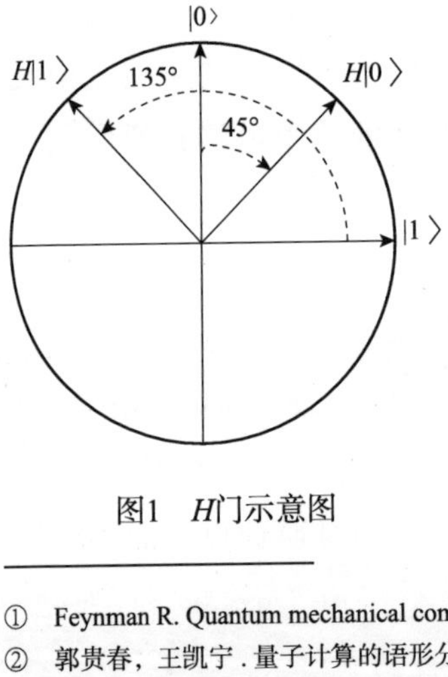

图1　*H*门示意图

H 门（Walsh-Hadamard 门）（图 1）的定义为

$$H:|0\rangle \to \frac{1}{\sqrt{2}}(|0\rangle+|1\rangle),$$
$$|1\rangle \to \frac{1}{\sqrt{2}}(|0\rangle-|1\rangle)。$$

① Feynman R. Quantum mechanical computers. Foundations of Physics，1986，16（6）：509.

② 郭贵春，王凯宁 . 量子计算的语形分析及其意义 . 科学技术哲学研究，2011，2：2.

相当于将$|0\rangle$顺时针方向旋转 45°，将$|1\rangle$逆时针方向旋转 135°，如图 1 所示。*H* 门是一个非常重要的量子逻辑门，分别对 *n* 个输入为$|0\rangle$的量子位进行 *H* 变换，可产生 2^n 个基本量子态的叠加，它包含了从 0 到 2^n-1 的所有二进制数，即

$$(H\otimes H\otimes\cdots\otimes H)|00\cdots0\rangle = 1/\sqrt{2^n}\left((|0\rangle+|1\rangle)\otimes(|0\rangle+|1\rangle)\otimes\cdots\otimes(|0\rangle+|1\rangle)\right)$$
$$= 1/\sqrt{2^n}\sum_{x=0}^{2^n-1}|x\rangle$$

将处于该叠加态的量子位通过一次量子逻辑门，就可以同时对这 2^n 个二进制数进行操作，相当于在经典计算机中，由单个处理单元循环操作 2^n 次或 2^n 个处理单元并行工作，即实现了量子并行运算（quantum parallelism）。

单个量子位的相移门为

$$\Psi:\ |0\rangle \to |0\rangle\quad,$$
$$|1\rangle \to e^{i\phi}|1\rangle\ 。$$

相移门可以使$|1\rangle$转动 0 到 2π 之间的任意一个角度，这在一些量子算法的设计中会起到重要的作用。

由于量子逻辑门实际上就是量子力学中的幺正变换，因此，对单个量子态的任意的幺正变换都是一个单量子位逻辑门。将 *H* 门和相移门结合起来应用，就可以实现对一个量子位的任意幺正变换。

2. 控非门

双量子位控非门（Controlled NOT）由两个量子位组成，由第一个量子位$|x\rangle$的状态决定第二个量子位$|y\rangle$状态的变换，当$|x\rangle$处于$|0\rangle$时，$|y\rangle$保持不变；当$|x\rangle$处于$|1\rangle$时，$|y\rangle$取非。由可控非门的真值表（表 1）可以看出，其逻辑功能相当于经典“异或门”，只是在输出中仍保留了输入的第一个量子位，因此，它也被称为“量子异或门”，如图 2 所示，其中黑点表示控制位，圆圈表示受控位。

表1　量子异或门真值表

输入 x	输入 y	输出 $x\oplus y$	输出 y
0	0	0	0
0	1	0	1
1	0	1	1
1	1	1	0

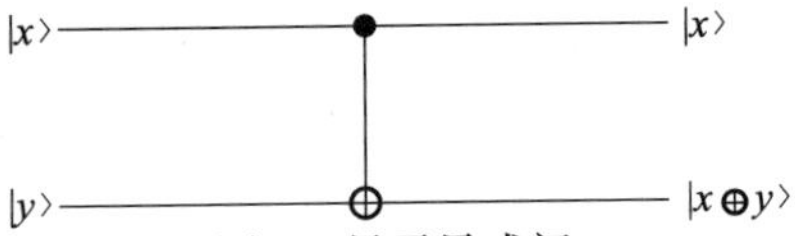

图2　量子异或门

（三）用量子逻辑门实现布尔逻辑

在前文中我们提到，所有经典计算都可以由量子逻辑门实现，其中能够从基础量子逻辑门的真值表中看出的是，经典“非”运算可直接由单量子位的 X 门实现，经典“异或”运算可由双量子位控非门实现。而经典“与”运算可由三量子位的 T 门（Toffoli 门）来实现。

T 门也称为控控非（controlled controlled NOT）门，它需要用到三个量子位，如图 3 所示，其中黑点表示控制位，圆圈表示受控位。T 门的作用是只有当 $|x\rangle$ 和 $|y\rangle$ 同时为“1”时，$|z\rangle$ 的状态才会改变，可以表示为

$$
\begin{aligned}
T:\ & |000\rangle \to |000\rangle \quad |001\rangle \to |001\rangle \\
& |010\rangle \to |010\rangle \quad |011\rangle \to |011\rangle \\
& |100\rangle \to |100\rangle \quad |101\rangle \to |101\rangle \\
& |110\rangle \to |111\rangle \quad |111\rangle \to |110\rangle
\end{aligned}
$$

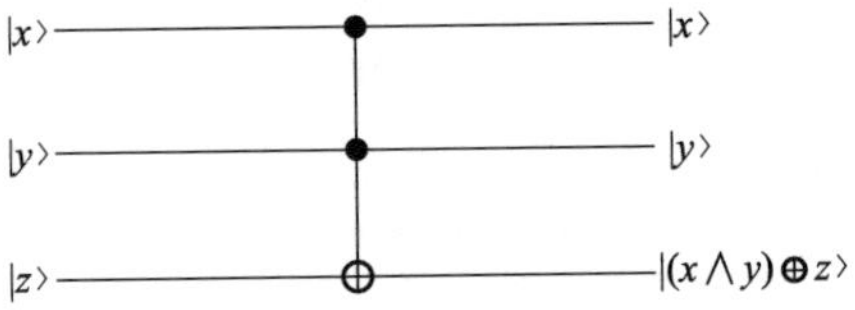

图3　T 门示意图

由上面的变换规则就可以看出，当输入端 $|z\rangle$ 始终为 $|0\rangle$ 时，其对应的输出端为 $|x\wedge y\rangle$，即 T: $|x, y, 0\rangle \to |x, y, x\wedge y\rangle$，此时 T 门就实现了经典“与”逻辑。事实上，T 门还可以实现经典“非”逻辑，即保证输入端 $|x\rangle$ 和 $|y\rangle$ 始终为 $|1\rangle$，那么输入端 $|z\rangle$ 对应的输出就为 $|\neg z\rangle$，可表示为 T: $|1, 1, z\rangle \to |1, 1\neg z\rangle$。由于“与非”门可以实现所有的布尔逻辑，因此 T 门也可以实现所有的布尔逻辑。

（四）量子逻辑门的意义

一些常用的量子逻辑门，如量子非门、控非门和 *T* 门等，完全是以经典逻辑的方式工作的。由 *T* 门可以实现所有的布尔逻辑运算可以看出，量子计算中的部分规则是遵从布尔逻辑的。理解某些量子运算的逻辑基础为布尔逻辑的最明显例子是一位全加器的量子逻辑网络结构。作为所有计算理论试金石的一位全加器（full adder），其量子逻辑网络结构由皮瑞斯（A. Peres）于 1985 设计出来，它由控非门和量子与门组成，即使输入的只是经典数据，该逻辑网络也可以完成运算，因而其被认为是一个经典的有效算法。对这样的算法来说，量子位的叠加只是出现在动力学演化过程中，而不是量子计算的逻辑中。也就是说，从计算科学的角度我们可以理解为叠加只出现在输入数据的准备阶段而非量子算法的执行阶段。因此，通过量子逻辑门操作如量子非门、控非门及 *T* 门等是可以极大地提高计算速度的，这是因为量子位中处于叠加状态的数据在一次逻辑门操作中就能全部完成转换，等价于经典计算中由单个处理器循环操作 2^n，然而这些量子门操作本质上却是以经典逻辑的方式而实现的。

但是，除了上述那些具有经典逻辑意义的量子逻辑门外，“量子计算中还有一些对量子位的操作，特别是那些对处于叠加态量子位的操作，乃至量子位的叠加本身，从通常的计算科学角度看，是没有任何逻辑意义的”①。比如单量子位的 *Y* 门、*H* 门及相移门等，它们所代表的相位反转和旋转操作，只是在希尔伯特空间才有意义。然而，在目前提出的一些量子算法中，比如大数因子分解的绍尔算法、格罗夫的量子搜索算法等，则大量应用了 *H* 门和相移门等相位旋转操作，可见，在这些算法的构造中是存在非经典逻辑规则的。这些非经典逻辑规则的量子本质与前面的可逆经典逻辑一起构成的量子计算逻辑，既保证了经典逻辑中全部推理的有效性，又附加了新的逻辑常项及推理规则，因此，量子计算逻辑系统应该属于扩充逻辑。

---

① Pykacz J. Quantum logic as a basis for computations. International Journal of Theoretical Physics，2000，39（3）：840.

三、量子逻辑与量子计算逻辑的区别

从前述的分析我们知道，量子逻辑和量子计算逻辑分别是在两种不同的语境下而言的，这两种语境也分别代表了量子力学演进的两个不同方向。从公理化与实用化两种路径出发得到两类“量子逻辑”，其建构途径是不同的：正交模格逻辑是直接基于公理化的底层建构方式，即先确定演绎推理的形式结构，再建立其数学形式体系，进而形成物理理论，最终解释物理现象（如量子力学解释）及实现物理功能（如建立以量子逻辑为基础的计算）；量子计算逻辑却正好相反，是一种从上至下的建构方式，先存在着一套幺正变换的数学形式体系，并且很好地适应了量子算法的要求，才要求我们去寻找一个合适的逻辑体系，来明确算法结构底层的严格推理规则。

这两种建构方式的不同就决定了量子逻辑与量子计算逻辑之间最本质的区别在于它们对一个基本语义问题的回答不同，即在一套给定的形式语言系统（量子力学）下，究竟应该以什么作为表征句子意义的基础？

量子逻辑对这个问题的回答是：基础语句的意义是由量子客体的状态集决定的。由于这些状态集对应于希尔伯特空间的闭合子空间，因此，在正交模格量子逻辑中，句子的意义可以解释为物理系统所处希尔伯特空间的某个闭合子空间。“从本质上说，量子逻辑的逻辑连接词、基本算符、命题及其关系运算就是以量子力学家实际使用的科学推理（它使用希尔伯特空间的语言）为现实原型的，当然最终以量子理论实体和量子世界的相关经验证据为背景。”①

量子计算逻辑对这个问题的回答则与之完全不同：基础语句的意义是由信息量来表征的，具体来讲，在量子信息理论中，就是量子位或者更普遍的量子寄存器。与量子体系的状态相比，将信息理论中的一个抽象客体信息量作为语义基础，使得量子计算逻辑在具体操作方面具有更

① 沈健，桂起权．量子逻辑：一种全新的逻辑构造．安徽大学学报，2011，1：52.

大的自由度，但是却更难于形成严格的逻辑推理规则。由于量子计算逻辑是由经典逻辑与无经典逻辑意义的量子态相位旋转等操作的总和，因此这种总和可以看作是通过增加部分规则，形成的以经典逻辑为基础的一种扩充逻辑。尽管目前量子计算逻辑还并没有严格意义上的逻辑常项与推理规则，也即没有形成一类固定的逻辑系统，但是量子计算逻辑确实满足了很多量子算法的要求，实现了逻辑操作的功能。

可以看出，对量子计算来说，构成其语境的核心要素是可逆计算，量子逻辑门的设计是从实现可逆计算的角度考虑的，由此而形成的量子计算逻辑就没有必要也不应该修改经典逻辑的规则，这样才能实现包括经典可逆计算在内的通用计算。当然由于量子系统的特点，在量子计算中规定量子位可以处于叠加态，将其视为与经典数据不同的数据存储结构，并增加了一些只在希尔伯特空间中有意义的幺正变换作为量子逻辑门，这样而形成了经典逻辑的一种扩展。对量子逻辑而言，构成其语境的核心要素是逻辑，以符合量子经验的严格逻辑规则建构为目的，因而为符合希尔伯特空间中量子叠加态的特殊性而修改了逻辑连接词的语义以及分配律这样的逻辑规则，这样就构成了一种不同于经典逻辑的异常逻辑。因此可以说，对比于量子计算逻辑，量子逻辑更符合量子力学的规律，是量子系统的固有逻辑。

既然量子逻辑是量子系统的固有逻辑，那么是否可以设计基于量子逻辑的计算，充分利用量子力学的特点来提高计算速度呢？事实上，已经有一些量子逻辑方面的学者们考虑了这样的问题，例如波兰学者佩卡兹（J. Pykacz）设计的基于量子逻辑的全加器，由于全加器被视为所有计算理论的试金石，因此设计基于量子逻辑的全加器是基于量子逻辑的计算具有可行性的一种标志。我国学者应明生还考虑了基于量子逻辑的有限自动机（finite automata machine）的相关问题，并称这种有限自动机为正交模格自动机，以区别于量子计算语境下的量子有限自动机。由于有限自动机是计算机科学的重要基石，因此探讨正交模格与自动机之间的内在联系是非常重要的基础工作。当然在这些研究主要涉及的还是量子逻辑计算的数学形式方面，而非物理模型与物理实现方面。

基于量子逻辑的计算理论研究表明，“有限自动机基础性质的证明过程与其逻辑基底所对应格的分配律是紧密相关的，这意味着有限自动机的这些性质必须基于布尔逻辑而非量子逻辑，并且有理由相信对于下行自动机和图灵机情况也一样。从某种意义上讲，这样的发现对于发展基于量子逻辑的计算理论无疑是一个消极的结果”[①]。这个消极结果更明确的含义是，基于这些特定性质的计算方法在经典计算系统中可以很好地得到执行，但却无法应用于以量子逻辑为基础的计算系统中。不过，基于不确定原理的可交换性能够提供一种局域的分配性，从而保证基于量子逻辑的自动机的这些性质具有局域的有效性。因此，我们也可以从积极的视角来理解这个消极的结果，因为它激发了我们从逻辑观点重新审视数学理论的兴趣，以确定对于特定的数学理论需要什么样的逻辑基础，以及什么样的逻辑结构适合构建计算系统。

四、结束语

本文通过分别对量子逻辑门和量子逻辑的语义分析，指出了在量子计算和量子逻辑这两个不同的语境下，“量子逻辑”的概念具有完全不同的指称。这至少可以缓解逻辑学家和量子计算学者们的一些失望，因为当逻辑学家搜索关键词“量子逻辑”时，却发现很多量子计算领域的研究正大量地使用着“量子逻辑门”的概念，却与他们的熟悉的正交模格逻辑结构没有任何关联；这样的情况对于量子计算学家们也是一样，当他们希望从“量子逻辑”领域寻找量子计算逻辑时，却发现它与量子逻辑门的逻辑结构完全不同。“在两个领域的学者使用相同的概念分别指称不同的事物时，这样的误解是不可避免的。但是对于‘量子逻辑’情况甚至更糟，因为目前分别在量子计算和量子逻辑这两个领域内部，这个

---

① Ying M S. A theory of computation based on quantum logic. Theoretical Computer Science，2005，344: 212.

概念也没有给出一致的定义。”①

在量子计算语境下，对于量子计算逻辑，目前仍存在不同的理解。一些学者认为量子图灵机和量子自动机都是在经典逻辑的基础上建立的，在它们的每一步逻辑操作中并没有涉及普遍的逻辑性质，如量子干涉、量子纠缠以及非确定性等。另一些学者则认为量子计算逻辑一定是非布尔逻辑，理由是量子计算中存在着如相移门这样没有经典意义但在量子算法中起重要作用的逻辑门，以及广泛存在于逻辑门操作过程中的量子位叠加，在结果输出的时候又必须塌缩到某一个特定的本征态，体现着明显的量子力学性质。我们认为在量子计算属于非经典逻辑中的扩展逻辑，即并没有修改经典逻辑的规则，但增加了一些新的逻辑操作。不过在找到一套适合的形式体系描述之前，量子计算逻辑还无法得到一个明确的定义。

在量子逻辑语境下，有关量子逻辑的基础性问题也存在着争议。这些争议主要集中在四个方面：①为什么要引入量子逻辑？②量子逻辑对解决量子力学中的难题有帮助吗？③量子逻辑是真正的逻辑吗？既然量子力学的数学形式是基于经典逻辑的，那量子逻辑又有什么现实的应用？④量子逻辑是否确证了‘逻辑是经验性的’这样的论断？②甚至有学者认为，“量子逻辑可以说既不是‘量子的’也不是‘逻辑的’，说它不是‘量子的’是因为与布尔逻辑构成经典理论的逻辑基础不同，量子理论的数学形式体系并不是基于量子逻辑的；而说它不是‘逻辑的’是因为它更像是一种代数结构而非逻辑结构”③。

正是由于这些争议的存在，究竟通常意义上的量子逻辑和基于量子计算的逻辑哪个更适合“量子逻辑”这个称谓，目前仍是一个值得讨论的话题。但需要指出的是，“量子计算机需要量子逻辑”这种普遍的观点

---

① Pykacz J. Quantum logic as a basis for computations. International Journal of Theoretical Physics，2000，39（3）：848.

② Chiara M，Giuntini R. Quantum logics.（Gabbay G，Guenthner F（eds.）. Handbook of Philosophical Logic）. Dordrecht：Kluwer Academic Publishers，2002：225.

③ Pykacz J. Quantum logic as a basis for computations. International Journal of Theoretical Physics，2000，39（3）：849.

是不正确的，事实上它混合地表达了两种认识：①量子计算逻辑需要得以明晰；②应该发展以量子逻辑为基础的计算理论。由此可见，将量子计算和量子逻辑作为不同的语境平台，合理的区分这两种语境下的“量子逻辑”，是量子计算理论与基于量子逻辑的计算理论未来深入发展的基础。

原子的对称性语境分析及其意义*

在牛顿力学中将宏观物体位置随时间的改变认为是物理学中最简单的运动形式，将宏观物体之间（或物体内各部分之间）的相对位置变化定义为机械运动。[①] 而宏观物体的形状和大小是千差万别的，为了突出研究对象的运动学特征，在对所做的动力学研究影响较小的情况下，我们引入了"质点"这一有质量而无体积的理想模型。人类在研究世界的物质组成时沿革了亚里士多德所提出的原子观点，承认宏观世界是由大量纳米级的微观粒子所组成，而这些微观粒子自身有着多种不同的运动形式，如我们所熟知的自旋、跃迁等。

一切对称性的根源在于某些基本量的不可观测性[②]，我们可以将这种不可观测性理解为在特定操作下所体现出的不变性。本文将利用语义分析方法，从语境的视角分析原子内部及原子之间所存在的对称关系，通

---

* 本文发表于《科学技术哲学研究》2012 年第 4 期，作者郭贵春、李龙。

① 赵凯华，罗蔚茵 . 力学 . 北京：高等教育出版社，1995：7.

② 李政道 . 粒子物理与场论简介 . 北京：科学出版社，1984：149.

过界定原子在对称变换过程中所使用的域语言，明确文中所研究实在客体的自组织形态；通过分析原子在对称变换过程中所使用的数学工具，明晰了对称变换中的句法规则，规范了原子间对称变换的操作语言。在利用语义分析原子的对称性问题的实际操作过程中，首先分别界定了原子在对称变换中的域语言和操作语言，然后通过寻找两者之间的关联，从而将表层的操作语言与深层的域语言进行有效结合，试图实现操作语言和域语言的有效统一。而正是由于域语言与操作语言的统一，从语义结构与句法结构上，构成科学知识动态发展的动因之一。[①] 本文正是借助于上述的语义学分析方法，最终揭示原子间对称所体现出的本质特征，即经历操作变换后所保持的不变性。

一、原子间对称性的定位及数学分析

“原子”这一概念来源于古希腊，德谟克利特在当时的语境环境中赋予其组成宏观物体的最小微粒这一概念。随着科学的发展，在现阶段被人们所公认的原子是组成元素基本单位认识的层面，德谟克利特的“原子”应当比现阶段人们所认识的“原子”更微小，虽然原子仍可分，但本文中所阐述的原子即现阶段被人类所公认的原子。

在原子层面上所进行的对称性研究始于 20 世纪 50 年代，在其后所发展的半个多世纪中取得了巨大的成就。在这期间，将原子间所体现的对称性作为物理学问题进行分析，这些成就也都是将对称现象建立在数学工具基础之上所进行的梳理，特别是群论这一高效的数学研究工具的出现，发现了原子之间对称关系的内涵，丰富了对称的内容。由于原子个体不能用肉眼直接观测，原子物理学这门学科的研究对象并不直观。随着科学理论越来越远离经验的发展，在如何构造、理解和诠释科学理论方面，语义分析越来越成为不可忽视的科学研究方法，并赋予时代特征。[②] 本文从语境的视角出发，利用语义分析方法就原子的对称现象进行

---

① 郭贵春 . 科学知识动力学 . 武汉：华中师范大学出版社，1992：5.

② 郭贵春 . 科学理论的语义分析——科学实在论的重要研究方法 . 社会科学研究，1991，3：43.

解读，提供了一种研究对称性问题的新方法，并且丰富了原子间对称性的内涵。

在经典物理学中，当引入质点这一理想模型时，将物体看作是只有质量而不占据空间体积的点，从而忽略了物体所具有的其他物理量；原子的尺度虽然非常小，在某些情况下可以将其视为质点，但其作为整体所具有的静态性质包括原子核的电荷、质量、半径、自旋等，这些性质都是与原子核密切相关的。①

古希腊人在研究几何图形时提出对称概念，我们将其命名为古典对称——对称理论的雏形，即几何图形在经历某种变换操作后所显示出的不变性。当解析几何创立之后，图形与函数完美地结合，使得对称性问题的研究更加符合逻辑、严谨和完备，使得对称性理论作为一种有效的工具，广泛地应用在数学、物理学研究的各个领域。在经典物理学中所体现出的对称现象，人们可以在宏观世界中找到与之对应的现象，非常直观，便于判断，为人们可以广泛接受；在原子物理学中所出现的对称现象，虽然其所研究的内容与宏观物体间所体现出的对称性大体相同，但由于原子的尺度过小，原子间所体现出的对称性并不能通过人眼直接观察到，这样就要求我们在推导对称理论过程中更加严谨。

在研究原子尺度所出现的对称现象时，可以将其大致分为两类：时间－空间对称性和内禀对称性。

时空，亚里士多德物理学中的时空观认为，存在着欧几里得三维空间 E^3，用来表示物理空间，空间中的点在时间上保持自身的同一性。而时间也可以表示为一种欧几里得空间，只是相当平凡，仅是一维空间 E^1。我们可以将时间和空间统一看作是一种“欧氏几何”，而不是一种实值线 R 的拷贝。在实值线 R 中存在表示时间上为 0 的优先元，如果存在优先的时间上的原点，那么在原点之后的时间里，动力学规律则发生变化。因此，亚里士多德的动力学时空观中在实践上并不存在优先元；同时也不认为存在优先的空间原点，空间在所有方向上无限延伸，使动力学规

① 朱栋培，陈宏芳，石名俊等. 原子物理与量子力学（上册）. 北京：科学出版社，2008：225.

律处处起着完全相同的作用，所以在亚里士多德所构建的框架下，时空被看作是简单的积 $A=E^1 \times E^3$。①

由于时空具有连续性和各向同性，那么在该时空中所出现的对称变换就具备了连续变换的特征，具体有以下四种。

（1）空间平移不变性。当空间发生坐标平移变换时，原子所组成的系统的运动规律保持不变。在数学上体现为系统的哈密顿量在空间上进行平移操作之后所保持的不变性，这种不变性将导致系统的总动量保持不变。如两个可以视为质点的原子发生弹性碰撞后总动量保持不变；原子在发生衰变时总动量守恒等。

（2）空间旋转不变性。与空间中所做的平移操作类似，由于我们处在各向同性的欧氏空间中，那么在空间中将坐标转动一个任意的角度时，系统的运动规律保持不变。在数学上表述为系统的哈密顿量在经历角度变化后仍保持不变性，这种不变性将导致系统的总角动量守恒。

（3）洛伦兹变换不变性。前面提到空间中存在的平移不变性和旋转不变性，是将原子在空间中进行坐标变换；而当宏观物体发生洛伦兹变换时，可以将其视为空间相对于物体在运动，在这个变换下，系统的运动规律是不变的。而在微观领域，当我们不清楚支配一个系统的运动规律的哈密顿量时，通常利用描写系统的场量来构成一般形式的洛伦兹不变量，在变换式中存在一定的参数，然后通过实验来确定这些参数，这已经成为原子物理学中对称性问题研究的重要方法。

（4）时间平移不变性。当时间坐标发生变化时，可以看作是 E^1 坐标由一点变为另一点，由于时间是均匀的，那么系统的哈密顿量在时间轴上经过平移后则保持其不变性，而在这个变化中将导致系统的总能量保持不变。

同古典对称类似，在各向同性的均匀时空中，原子间不仅存在连续对称性，同时存在着分立对称性，如空间反演、时间反演等。

（1）空间反演不变性。即将三维空间中的各个维度进行反转时，系

① 罗杰·彭罗斯. 通向实在之路. 王文浩译. 长沙：湖南科学技术出版社，2008：275.

统的运动规律保持不变。空间反演也就是镜像变换，当系统以某种方式运动时，镜像的运动方式也是实际存在的，系统与镜像的这种变换不变视为系统在空间中宇称不变。在没有任何外界条件的影响时，微观粒子的内部无论其运动情况如何复杂，其宇称是不变的，即微观粒子系统在对称变换前后，宇称守恒。

（2）时间反演不变性。考察亚里士多德所描述的一维时空，当我们将描述原子的变量 T 变换成（$-T$）时，系统的总能量保持不变。在这里的时间反演并非连续变换，而是分立变换。例如，当原子系统吸收一个粒子后，如果将时间进行反演，那么将变成新的系统放出一个粒子，那么其动量也必定进行反转，同时自旋方向也发生改变。正是由于动量和自旋都发生反转，粒子自身的旋量将保持不变。一个粒子系统的运动规律在时间反演下保持不变就意味着如果将这个原子变换过程进行严密地反推，其逆过程也是合理且存在的。

原子之间的内禀对称性表现为在时空坐标不变的条件下，仍存在着仅变换波函数形式的变换 $\phi_a(x)\to\phi'_a(x)$。[①] 而内禀变换的具体形式因粒子类型而异，常见的有电荷共轭、置换变换、电磁场规范对称 $U(1)$、同位旋变换 $SU(2)$、$SU(3)$ 对称等，因其涉及量子场论和群论的内容，本文中将不展开讨论。

当研究原子的时空对称现象时，我们选取了一个给定的参考系 Σ，原子的空间位置就是利用这个参考系来标定的。当原子发生平移、转动等操作时，用数学表示为描述原子空间位置坐标发生坐标变换或者矢量变换。前面我们提到，在亚里士多德的时空观中并不存在时间上的优先元，时间作为空间的第四个维度具有均匀性。时空被看作是简单积 $A=E^1\times E^3$，这是一个简单的偶（t，X）空间，t 是 E^1 的元素，X 是 E^3 的元素。通过比较 $E^1\times E^3$ 上的点，我们可知两个事件是否发生在同一时刻，也只是两个事件是否发生在同一地点。

那么原子在时空中的均匀平移（Δt，a_x，a_y，a_z）表示为

---

① 桂起权，高策 . 规范场论的哲学探究 . 北京：高等教育出版社，2008：3.

$$\begin{cases} t \to t' = t + \Delta t, \\ x \to x' = x + a_x, \\ y \to y' = y + a_y, \\ z \to z' = z + a_z。\end{cases} \tag{1}$$

当原子发生转动时，以在 xy 平面内转过一个角度 θ 为例，在这种情况下，公式变为

$$\begin{cases} t \to t' = t + \Delta t, \\ x \to x' = x\cos\theta - y\sin\theta, \\ y \to y' = x\sin\theta + y\cos\theta, \\ z \to z' = z。\end{cases} \tag{2}$$

而洛伦兹变换是一种参考系之间的变换。任何一个事件在参考系 K 中由时间 t 和三维空间坐标 $\varphi(x,y,z)$ 来表示；在参考系 K' 中由时间坐标 t' 和空间坐标 $\varphi'(x',y',z')$ 来表示，假设光沿 X 轴传播，洛伦兹变换表示为

$$\begin{cases} t \to t' = \dfrac{t - \dfrac{v}{c^2}x}{\sqrt{1-\dfrac{v^2}{c^2}}}, \\ x \to x' = \dfrac{x - vt}{\sqrt{1-\dfrac{v^2}{c^2}}}, \\ y \to y' = y, \\ z \to z' = z。\end{cases} \tag{3}$$

当我们研究原子在时空中的对称性时，将原子看作是质点在其中进行位置变换。原子虽然在宏观上体积很小，在微观尺度上其存在着精细结构。

二、原子间对称性的物理意义及结构特征

物理学中一切对称性原理的成立都是以某些基本物理量的不可观测为基础的，一旦这些物理量可以被观测，或者说可以被区分，那么对称性将会被破坏。对称性原理与不可观察性假说、有关数学变换下的不变性及作为物理结果的守恒律（或选择定则）三方面的内容是密切相关的，

理论的真理性是通过这些守恒定律的可检验性来获得确证和否证的。[①] 在这里，不可观测性存在以下两种情况：一种是某些物理量确实不可以被观测；另一种是，某些物理量在目前的观测条件下不可以被观测，当实验仪器更加精密时，这些不可观测量将转换为可观测量。此时，对称性将出现破坏。在物理学中，对称性中所体现出的变换不变性可以作为检验物理理论真理性的重要依据。那么，当我们试图将不可观测量在物理实验中转化为可观测量时，其内在对称性将被人为地破坏。这迫使我们不得不寻找在不破坏其对称性前提下可以进行的分析，语义分析方法可以满足我们这一要求。

在经典力学中，宏观物体在时空中进行平移、转动等对称变换后，某些物理量如能量、角动量等并没有发生改变，我们从而分别得到了相应的守恒定律；在原子间所体现的对称性中，当我们将原子看作是整体进行与宏观物体所做的类似对称操作后，我们同样发现原子间相应的物理量没有发生改变。而原子自身是具有更加精细的微观结构，当我们继续研究原子的亚层结构时，发现原子亚层存在更加精细的结构，如：原子核自旋，核外电子的分组分层排列，同轨道电子绕相反方向自旋等。由于其自身带有微小的电荷量，在现阶段很难做到在不影响原子亚层结构的前提下做出的测量，故当我们对其测量时，自身的对称结构则被破坏。在古典对称问题研究中，我们发现对称性通常是与守恒量紧密地联系在一起，这就要求我们应当对原子间的对称性问题做出相应的研究。这时，语义分析方法则显示出其迷人的特征，即通过语义分析方法研究原子亚层中存在的对称性问题，这样扩展了对称性问题的研究内容，使得对称的意义更加深远。

首先，继承古典对称观念，并将其理想化地应用于微观世界。我们首先来研究单个原子自身所具有的对称性。在宏观世界中的球体自身存在着多种不同类型的对称性，球体上的任意点都关于球心对称；在研究电子绕核运动时，将原子看作是一个标准的球体，核外电子的空间位置

① 胡塞尔．哲学作为严格的科学．倪梁康译．北京：商务印书馆，2010：261.

虽然发生改变，但我们只能确定电子与原子核的距离，而不能确定电子跃迁前后的坐标。这里体现了原子物理学中古朴的几何对称思想。当我们研究由原子所组成的系统时，从统计物理学的观点看，所研究的系统应当是玻色系统。玻色系统中的微粒和经典物理学系统中的物体都可以看作是“小球”，但是在这两个系统中的“小球”却有着很重要的差异：经典物理学系统中所指的“小球”可以区分，而玻色系统中的“小球”不可以区分。因为宏观物体的可区分性是建立在其自身有一定大小基础之上，而当对象缩小到分子尺度大小时，可区分性将会消失，取而代之的是原子所体现的全同性。将可观察的宏观对称性应用于不易观察的微观世界，第一需要将宏观对称性在理论上进行合理外推；第二原子间所体现的对称性需要在宏观上得到实验验证。这样，宏观世界与微观世界有着相同的对称性。

其次，扩展了对称理论的适用范围。我们在日常生活中，将一个物体经过变换而保持不变的现象称为对称现象。一种对称必定对应着一种具体的形态变换，而这种形态变换则显示出不变性。在经典物理学中，宏观物体所具有的对称性通过四维时空中的变换来体现，往往借助平移、转动、反演等具体形式来实现。那么，在四维时空中的原子也同样具有宏观物体所具有的对称性。这就说明，原子物理学中的对称，与经典物理学一样，使用同一个各向同性的四维时空。此外，虽然我们以微小的纳米尺度来衡量原子的大小，但原子自身仍具备更加精细的微观结构，从而出现了许多原子物理学中特有的对称性。

再次，加深对称性与守恒量之间的联系。诺特定理指出，如果运动规律在某一变换下具有不变性，那么必定存在着一个相应的守恒定律。在经典物理学中，宏观物体在时空中变换后某些物理量保持不变，从而导致相应的守恒定律。在原子物理学中不仅认同了从经典物理学中复制来的对称性与守恒定律，同时又将挖掘出原子间所具有的电荷、重子数、轻子数等守恒。在研究原子尺度的守恒定律时，由于原子本身很难观察，原子的整个变换过程更难观测。在利用对称性和守恒定律研究时，我们可以不考察变换的中间过程，只考察原子的始末状态，从而大大简化研究的难度。

最后，促使群理论发展。一个运动规律在某个特定对称变换下保持不变性时，则对应着确定的守恒定律。假设这个运动规律在某些变换下偶尔可以保持不变性，那么就均存在着相应的守恒定律，而这些变换则构成了对称变换群。

任何科学知识都是通过特定的科学语言系统获得其自身存在的物质外壳，从而展现它描述、解释和把握客观世界规律的本质。[①]

科学理论从创立、发展到进步是一个抽象程度越来越高的过程，导致科学符号与科学实在之间的层次性和结构性更加复杂和多样。在利用对称性原理描述宏观物体之间所存在的几何对称这一科学实在中取得成功，随着科学符号的"上升"和"远离"，表明科学符号与实在之间摆脱了原始的、直观的、简单的一致而导致深刻的、抽象的、复杂的统一，对称性理论在微观领域的广泛使用也很好地印证了科学符号与实在之间的关联形式和关联结构的发展和变化。作为普适原理，关于对称描述的科学语言可以分为两个层面，我们利用域语言规范深层语义结构内在的相应知识系统所涉及的范围，可以看作是一种定性的描述。在刚才的描述中，科学符号"远离"经验层面越强，其包含的经验层面越大，包含的实在内容越多。利用操作语言在表层句法上直接规定相应知识系统在其研究领域的操作规则，是一种定量的描述。任何一种符号语言系统都从它自身特定的目的和应用范围确定了该系统中特定的句法规则，这些句法规则规定了该系统中的逻辑规则，所以在一个符号系统中，它的句法规则与逻辑规则是同一的。[②] 这样，一个确定的知识系统图景就可以表示为 $S_t = \Sigma(OdA)$ 。其中，O 表示操作语言，它作用于域语言 A；d 表示由该知识系统所允许进行描述的确定操作关系；下标 t 表示这一系统的特定发展阶段或时期；Σ 是整个研究域和这一系统中各操作要素的集合算符。[③] 可以看出，任何一个知识体系在建构过程中都处于动态发展，由于

① 郭贵春．科学知识动力学．武汉：华中师范大学出版社，1992：40.

② 郭贵春．科学知识动力学．武汉：华中师范大学出版社，1992：41.

③ 郭贵春．科学知识动力学．武汉：华中师范大学出版社，1992：5.

知识系统自身会随着与科学语言相关的难题和操作关系的变化而发生内在的变化，这样将不会保证该知识图景有相同的结构和内容。而对于同一个知识图景来说，域语言 A 与操作语言 O 之间在更深层次内存在内在的对应性和一致性。借助于确定的语言形式规则，域语言的深层语义结构转化为特殊的语言陈述从而表现为适当的形式结构；而操作语言之间的句法结构，正是借助于相关的语义结构的内在约束通过逻辑操作表征了深层的意义本质。

本文中所讨论的原子间存在的对称性，其研究对象是分子和原子，它们在化学中被定义为组成自然界的微小粒子，这个观点包含自然主义哲学的韵味。自然主义是对自然之发现的结果现象，自然在这里是指一个按照精确的自然规律在空间、时间存在的统一意义上的自然。[①] 与精神科学家相对，自然科学家趋向于将一切都看作是自然，精神科学家将一切看作是精神。所以当我们关注自然主义者，在他们的眼中看到的自然首先是物理的自然。一切存在客体都是物理的，隶属于物理自然的统一联系，或虽然是心理的，但却只依赖物理因素而发生变化的东西。所有存在者都具有心理物理的自然，这是根据确定规律被明确定义的。即使在实证主义意义上，物理的自然以感觉主义的方式消融在感觉的复合之中。

由多个原子组成的分子，由于空间结构不同，所构成的分子则具有不同的对称类型，而结构上的对称性又是基本运动对称性在特定相互作用下的表现。原子核之间的相互作用，核外电子之间的相互作用，原子与核外电子之间的相互作用，核外电子自旋与核外电子分层排布的相互作用，这些共同作用形成核外电子运动的对称性。原子的态用状态函数 φ 来描述，原子从一个态变换到另一个态的过程体现为函数 $\varphi \to \varphi'$ 的变化过程。若变化前后两个态是等价的，或状态函数 φ 在经历某个特定操作后其函数值并未发生改变，那么这一操作对于该系统来说是对称的。若存在 N 个操作都可以使原子的状态函数经过变换后保持不变，那么这

---

① 胡塞尔．哲学作为严格的科学．倪梁康译．北京：商务印书馆，2010：8.

N个操作就可以看作是该状态函数的对称变换群。

科学只探讨对象的结构特征[①]，卡尔纳普曾指出一切科学命题都是结构命题。在描述科学命题之前，首先应当界定这个命题的特征描述，即域语言；然后找出其关系描述，即操作语言。当我们谈及科学命题时，对象应当是客观的，当我们在观察过程中，那些属于质料而不属于结构的东西与所有可以具体显示的客体归根到底都是主观的，因此科学命题应当转化为当且仅当客观存在的结构命题。原子是客观存在的，原子之间所存在的关系也是客观存在的，对称关系作为存在于原子之间的一种特殊的关系，它也是客观存在的，在原子的对称变换过程中，与经典力学中描述的系统一样，我们用坐标p和动量q来描述系统中粒子所处的状态，用哈密顿函数H来表示，系统的本征态与本征值，将会决定该系统的各个定态和处于此定态时所具有的能量，即，H决定了该系统随时间变化情况。与经典物理学中的对称性相同，原子之间所体现的对称性通过原子系统的哈密顿量的变化来体现，即哈密顿函数H保持变换后不变。

$$Q^{-1}HQ = H \quad Q^{-1}HQ = H。 \tag{4}$$

一般来说，如果物理系统有某种对称性质，那么与之相应的线性变换算符可以和哈密顿算符对易，表示为

$$[Q, H]=0, \tag{5}$$

而其中的对称变换Q所构成的群被称为对称变换群。

三、原子间对称的句法特征及其意义

当我们着手研究原子大小层面所存在的对称问题时，那么这些纳米大小的微粒则构成所要研究的客体，原子物理学的研究对象正是这些客体。原子物理学作为一种理论，在每个阶段都得到缓慢发展，在这个理论中必然留下许多空白。[②]对其空白进行研究，通常存在两种方法：其一，先做出假设，随后对假设进行检验；其二，先进行实验，获得数据，然

① 鲁道夫·卡尔纳普.世界的逻辑构造.陈启伟译.上海：上海译文出版社，2008：19.

② van Fraassen B C. The Scientific Image. Oxford：Clarendon Press，1980：74.

后利用逻辑关系合理外推，利用理论陈述形式，填补正在形成、发展中的理论空白。正如迪昂早已强调，对于新的更深层次的经验规律的寻求，正是隐藏于理论的语言之中。

一个科学假设、模型或者理论的提出，其自身就蕴含着一种内在的语义分析框架，这个框架构成了它尔后进行论证、解释和争辩的基础。[①]每个科学理论都是一个复杂的多层次的系统，在前面已经提到，我们分别通过规范域语言界定每个系统自身所包含的概念，通过分析操作语言理清概念之间的关系，然后利用语义学分析方法，将每个理论语言的“表层构造”和“深层结构”实现区分、关联和统一。在经典物理学中所出现的各种对称现象，由于其自身具有可观察性，在描述宏观物体时较为直观，其对称关系建立时逻辑关系十分清晰，从而留有深刻印象。随着科学研究领域逐步向微观迈入，由于分子、原子自身的微观结构，使得关于分子、原子等微观粒子的描述只能部分地建立在观察基础之上，它们的大部分性质和特征已经逐步脱离人们的日常观察，这样在微观粒子研究中逐渐形成以符号方法、数学方法和逻辑化方法作为基本科学研究方法的语言系统。

经典物理学中的哈密顿量包含了物体在空间中的坐标和动量，当我们描绘单个原子的哈密顿量需要同时得到原子的坐标和动量时，测不准原理将告诉我们这是徒劳的。那么当我们在进行原子间对称性问题研究时，由于单个原子和原子所组成的系统有着不同的组织形态，表现出不同的特征。为了简化问题研究，我们分别赋予了原子不同的自组织形态，当研究原子自身在四维时空中的运动时，我们将其看作是经典物理学中的质点；而当研究原子自身所具有的对称性时，将其近似地看作行星模型；而当研究由原子所组成的系统时，由于玻色子和费米子具有不同的性质，那么我们将会分别讨论，这些模型都可以用态函数来表示。

在研究原子层面的对称问题时，我们用态函数描述原子客体所处的态，这个态构成语义分析中“所指”的内容；作为客体的原子自身的不

① 郭贵春．科学理论的语义分析——科学实在论的重要研究方法．社会科学研究，1991，3：43.

同自组织形态则构成“所指”的形式，而原子自身的态是一个时刻变化的过程，体现为在其自身的态函数 φ 中显含时间 t，在数学上，这些变换过程分别用不同的正交矩阵来表示。

原子的初态和末态即原子自身变换前后，原子与原子之间存在着多种相互关系，具体地说，当一个变换操作作用于原子时，原子在这个操作下进行态函数的改变，像洛伦兹变换、时空平移等关系则构成语义分析中“能指”的形式，而变换后原子的态函数与原先保持一致，从而体现出经历变换后所保持的不变，在这些变换中所体现出的不变量与守恒量则构成了“能指”的内容。而这些对称变换，则具体表现为操作算符与原子的哈密顿量对易。原子物理学的发展已经逐渐脱离传统的经验观察，已逐步发展成为科学符号之间的计算，而对科学符号的运算及结果的诠释成为理论构造及其阐述的一个重要内容，它深刻地表明了科学认识方法或者科学研究主体把握客观世界的能动性的深化和强化。①

语义分析方法的具体展开，就是理论语言的“表层结构”和“深层结构”之间的辩证统一。②本文针对原子大小尺度上所出现的变换不变进行语义学分析，把握变换规律，通过语义上升挖掘深层结构的内涵，为对称性问题的研究提供了新的视角、新的哲学方法，丰富了研究内容，因此有着非常重要的意义。

首先，揭示了对称变换的深刻内涵。语义分析作为科学研究中一种横断的研究方法，可以透过纷繁复杂的物理现象，把握其背后的本质特征，从更高层面为科学问题研究提供方法支撑。范·弗拉森在《科学的形象》一书中曾经指出，不要将观察（一个实体，诸如事物、事件或过程）和观察到的（某物和他物）混淆起来。在科学研究中人们总是善于观察，现象总是在事物的最表层上予以呈现，而其中的规律又或深或浅地隐藏在现象之中。对于原子大小尺度的微粒来说，粒子的质量、电荷等物理量仍可以准确地测量，而轨道半径、自旋等粒子的精细结构则是在观察宏观现象之后合理外推得到的，温格曾经指出，在光谱学研究中

---

① 郭贵春．科学知识动力学．武汉：华中师范大学出版社，1992：36.

② 郭贵春．语义分析方法的本质．科学技术与辩证法，1990，2：2.

几乎所有的规则都可以利用对称性之一特征导出[①]，所以通过分析对称性，可以帮助人们更有效地分析这些微粒的微观性质，从而更深入地研究原子结构与特征提供一种有效的方法。

其次，试图实现语言形式和内容的统一。任何科学理论都是由科学语言和科学内容组成的，对称性理论作为一种科学理论来说，迫切地需要其内容和形式统一。作为逻辑实证主义的以语言为中心的科学哲学，理论的经验含义要通过把语言分解为理论和非理论部分来确定。这是一种哲学的分解，是从外部强加的分解，并且你不可能把你的赞同限于理论的经验含义，除非你的语言在原则上仍然限制在理论语言的非理论部分。[②]本文利用语义分析方法对原子间的对称现象进行分析，通过分析原子对称变化过程中的域语言和操作语言，明确了所要研究的客体，语义分析中的“能指”和“所指”的形式和内容，为原子对称变换构架了一个多层次的对称性理论知识网络，然后通过将原子尺度上的对称现象与规律有机地结合，将对称性理论的语言形式和内容与语义结构结合在一起，并贯穿于原子物理学对称性问题研究的始终。

最后，发展对称性理论。任何科学知识都不是一个静态的过程，而是一个处于不断变化和发展的过程，是纲领之间相互竞争的过程，同时也是句法的表层结构与语义的深层结构之间的相互关联的动态转化过程。语义分析方法是从本质上承认了再理性思维机制与客观实在机制之间存在着一种同构。[③]本文以语义分析作为基本方法，在把握原子状态函数在变换后所体现出的不变性，通过扩展域语言，将研究客体由宏观扩展到微观；接着深化操作语言，扩展对称关系所包含的内容。数学变换中由不变性所产生的对称在物理学中意味着守恒，即不变量总是与守恒量联系在一起的。在原子状态函数的变换中，不仅可以看到古典对称变换中所体现出的动量守恒、角动量守恒等，同时还可以观察到原子中所特有

① von Neumann J，Winger E. The mathematical foundations of quantum mechanics. Physic，1929，30（2）：294.

② van Fraassen B C. The Scientific Image. Oxford：Clarendon Press，1980：80.

③ 郭贵春．语义分析方法的本质．科学技术与辩证法，1990，2：4.

的光谱对称分布、能级对称分布等新的事实，新的发现不仅为原子层面的客体研究提供新的方法，同时也继续发展和深化对称理论的研究领域。

四、结语

对称性在原子物理学中有着广泛的应用。对称性在物理学研究中所体现出的连续性，表现为以经典物理学中的对称现象为对照，应用于原子物理学中的问题研究，而原子物理学中对称问题的深入研究为对称理论的发展注入新的活力。

对称性问题从狭义上来说属于数学、物理学问题，但我们利用语义分析方法对其进行研究，从更为广阔的背景上提出这个横断的分析方法，从而使我们在新的高度上研究对称性问题，并为对称理论研究提供新的视角，为原子物理学的研究提供新的方法。而原子物理学中所研究的客体很小，在实验上不易验证的理论，我们通过借助对称性原理将其推导出来，这里就体现出对称理论在物理学问题研究中的优越性，同时对称理论的发展也将会在物理学的发展中发挥举足轻重的作用。

如何考察大型强子对撞机LHC物理的研究范式 *

用时20年耗资54.6亿美元的大型强子对撞机（large hadron collider, LHC），2009年11月23日实现首次对撞以来取得了重大进展，特别是2012年7月4日欧洲核子研究中心（CERN）新闻发布会上，来自ATLAS和CMS合作组的科学家同时公布，在置信度为5倍标准偏差质量为126Gev附近，发现希格斯玻色子存在的证据（虽然发言人说还需要花点时间去确认这些结果）。使当代物理学研究真正进入LHC物理的时代。对其考察也就成了物理哲学和科学哲学问题乃至工程哲学问题研究的前沿。LHC物理不仅仅是国际合作的大科学，共有85个国家和地区近10 000名科学家和工程师参加（包括中国科学院物理所和山东大学等几所高校组成的中国联合组几百名研究人员，在LHC上所有四个大型探测器ATLAS、CMS、ALICE和LHCb的建造及其实验数据的物理分析工作）；更重要的在于它是基础研究，因为它的基本目的是探索物质的

* 本文发表于《自然辩证法研究》2013年第3期，作者李继堂、郭贵春。

内在结构、维持这些结构的基本相互作用力，以及更好地理解宇宙演化。LHC 首要任务就是寻找希格斯玻色子，从而检验和发展粒子物理的标准模型，而粒子物理标准模型的理论基础是量子规范场论，如果找不到希格斯粒子，物理学家会发展标准模型，重点考虑超对称理论，甚至弦论。大科学 LHC 物理时代的科学哲学研究，应该深入理解 LHC 物理，建立在对 LHC 物理研究范式的考察基础之上，最终以 LHC 物理为案例揭示当代科学研究的范式。

一、作为理论物理和实验物理相结合典范的粒子物理标准模型

作为当代科学研究范式的典型代表，LHC 物理根植于当代物理学的量子场论等基础理论，自从狄拉克结合狭义相对论和量子力学，通过重整化完成量子电动力学，把量子电动力学的成功向核相互作用拓展时，使外尔的规范理论的思想得以复活，在量子场论中引入局域对称性原理，形成了以杨振宁 – 米尔斯理论为核心的量子规范场论，在此基础上形成了所谓的粒子物理的标准模型，按照这个模型物质由包括夸克和轻子的 48 种费米子构成，而它们之间的基本相互作用通过 13 种玻色子来传递，而所有粒子的质量都由 1 种希格斯玻色子的希格斯场来产生，这个模型预言的 62 种基本粒子也只有希格斯玻色子还没有找到。于是才有类似卡库（Kaku）下面的说法：“量子场论作为亚原子力的成功理论今天主要体现在所谓的标准模型中，事实上，目前还没有从标准模型中推导不出的已知实验（引力除外）。”[①] 卡库还指出：“相对于 20 世纪 50 年代，那时物理学家们被淹没在没有一个理论框架来理解它们的实验数据当中，90 年代的情形可能相反，实验数据全部跟标准模型一致，结果是，没有重要线索来自实验，物理学家提出的都是在目前技术水平不能检验的理论。实际上，即便下一代粒子加速器也不足以排除目前研究的理论模型，换言之，50 年代是实验引导理论，而 90 年代是理论引导实验。”[②] 也就是说，

---

① Kaku M. Quantum Field Theory：A Modern Introduction. Oxford：Oxford University Press，1993：3.

② Kaku M. Quantum Field Theory：A Modern Introduction. Oxford：Oxford University Press，1993：14.

有了LHC后才能真正检验和发展粒子物理的标准模型，其实，自相对论和量子力学使科学进入高速微观领域之后，物理学研究常常是先根据数学推理提出理论再进行检验，从而判定其是否成功，并且通常每个环节都体现出大科学的特征。

事实上，粒子物理标准模型作为描述自然界基本粒子及其相互作用力的基本理论，包括弱电统一理论和量子色动力学两方面，是在量子场论取得一系列进展的基础上发展起来的。正如温伯格（S. Weinberg）在《标准模型简史》[①]一文回顾的："我将把大家带回到标准模型之前的20世纪50年代，那是一个充满挫折与困惑的年代。本来40年代末量子电动力学的成功曾给基本粒子理论带来了一段蓬勃的发展，但很快整个领域就崩溃了。"[②]并且一度对量子场论"丧失信心"。温伯格认为，直到20世纪五六十年代产生了三个出色的想法后局面才发生改变，第一个是1964年盖尔曼与茨威格独立提出的夸克模型，第二个是1954年杨振宁和米尔斯提出的杨－米尔斯理论中的局域规范对称性，第三个是1959年南部阳一朗等人的自发对称性破缺思想。与此同时，在20世纪30年代搞清楚原子由电子、质子和中子组成（同时期还发现中微子）的基础上，20世纪40～60年代利用宇宙射线和高能加速器，陆续发现自旋为半整数并且带电的μ子等轻子，自旋为整数的π介子、K介子、η介子、ρ介子、ω介子等，Λ超子、Σ超子、Ξ超子等，以及自旋为半整数的Δ共振粒子和Ω共振粒子等。当时把上百种这些粒子都统称为"基本粒子"。不过，那时候的量子场论甚至无法统一解释那些新发现的粒子，正如派斯后来回顾的："我现在准备给出这个时期的一个一般性特征。观察到的现象显示出显著增加的复杂性；用新的现象学规则对它们进行描述，变成一致重要的和富于成果的新型活动，但它们的动力学解释却落在后面，并且使人们感到灰心丧气。它一直保持这种状况，直到60年代中后期出现了一种对新旧参半的并以夸克和胶子等术语表述的强相互作用粒子的新描述，

① 原文是 The Making of the Standard Model，这里参看了卢昌海先生的译法叫"标准模型的简史"。

② Weinberg S. The making of the standard model. The European Physical Journal C，2004，34：5-13.

才引起了一场戏剧性的变化。”[①] 终于在 20 世纪 60 年代末温伯格和萨拉姆利用希格斯 1964 年提出的希格斯对称性机制，提出严格的弱电统一模型（跟格拉肖在 1961 年提出的最初模型结构上一致），并且在 1971 年和 1972 年霍夫特和韦尔特曼还证明弱电理论是重整化的，而 1973 年格罗斯和波利茨两人与威尔茨克分别得出量子色动力学的完善数学模型，得到粒子物理标准模型，最终把基本粒子分成发生强、电弱作用的夸克（18 种）和只发生电弱作用的轻子（6 种），再加上它们的反粒子（24 种），以及传递这些相互作用的 13 种规范玻色子和 1 种产生所有粒子质量的希格斯玻色子，总共 62 种基本粒子。更重要的是，这个模型不仅解释了当时所有的实验观察现象，而且所预言当时还没有发现的粒子，包括传递强作用力的胶子和传递弱作用的 W 玻色子和 Z 玻色子，分别于 1979 年和 1983 年找到。可见，粒子物理标准模型建立在无数次失败和大量实验观察证据基础上，不仅是像量子场论这样理论物理的成功，也是高能实验物理的胜利，大有化学元素周期律昔日之风，甚至有过之而无不及，也像历史上的元素周期律，先有整个周期表再到自然界去按图索骥之势，不同之处在于粒子物理标准模型只有在大科学工程下才能完成。

总之，标准模型预言的62种基本粒子（包括太弱没观察到的引力子）只有希格斯玻色子还没有找到，回顾标准模型的成就，它真是理论物理跟实验物理相结合的典范，即便有一天它被超越，也对后来理论具有示范作用。量子规范场论基础上的粒子物理标准模型跟前 LHC 的观察实验已经开始相互证立。不过，LHC 物理最终证立的除了粒子物理标准模型之外，主要还是超出标准模型的新物理，而超出标准模型的新物理已经不仅仅是粒子物理的基础理论，也应该是天体物理和宇宙学等的基础理论，相应地新物理容易超出量子规范场论，LHC 物理也能够把理论研究和实验现象同时推向新的台阶。即便确定找到希格斯粒子，也会在 LHC 实验基础上发展超出标准模型的新物理，由于标准模型的理论基础是量子规范场论，到时人们会进一步重点考虑超对称理论、超引力、弦论甚

① 阿白拉汉・派斯．基本粒子物理学史．关洪等译．武汉：武汉出版社，2002：625.

至全新的理论，考察大科学 LHC 物理的研究范式，就是要考察 LHC 是如何来甄别这些基础理论的。

二、作为基础研究中大科学工程的 LHC 物理的基本问题

在搞清楚粒子物理标准模型是如何建立起来的之后，再来考察 LHC 物理的研究范式，主要是考察 LHC 物理是如何来检验和发展粒子物理标准模型的，特别是用 LHC 来发展超出标准模型的新物理，从而总结出其中的研究范式。

第一，要明确 LHC 物理的基本目的是什么的问题。LHC 物理的目的是探索当代物理学前沿的基本问题，尤其是物质结构、基本作用力的统一及宇宙的演化问题。当代物理哲学的出发点已不仅仅是现成的一些哲学命题，也不是物质基本结构到底是哪些理论实体（粒子、场或者弦）的直接回答，而是重点考察关于这些问题的相关物理学理论（包括经典量子场论、量子规范场论、超对称理论、超引力和超弦理论）哪一个更完备，更可能和更有必要在实验上检验。

第二，要明确 LHC 的主要物理目标是什么。考察粒子物理标准模型和超出标准模型的理论研究中，哪些是能够用 LHC 实验来检验的？应该说标准模型是人类有史以来最成功的理论，前 LHC 的实验跟标准模型的预言完全一致。然而，标准模型还有很多没有解决的基本问题，包括产生所有粒子质量的希格斯玻色子这块标准模型的拱心石还没有最终确定找到、物质和反物质的细微不同、基本相互作用力的统一，以及宇宙学中物质的起源问题和暗物质及暗能量的实质问题，这些都是当代物理学前沿问题。而具体研究表明 LHC 能够要么找到希格斯玻色子，要么支持用超出标准模型的超对称等新物理来涵盖它，其他问题也有可能得到答案。

第三，针对物理学前沿问题如何规划和设计大科学装置 LHC？主要是四个大探测器的设计，ATLAS 和 CMS 主要用来发现希格斯粒子以及检验超对称模型和多希格斯模型的预言，ALICE 主要用来研究早期宇

宙 QCD 预言的打破“色禁闭”的“夸克－胶子等离子体”之类的相变，LHCb 主要用来研究‘味’物理以解释宇宙中正反物质不对称的问题。另外还要考虑到，历史表明往往还会有无法意料的新发现。

第四，考察大科学装置 LHC 是如何具体建成的？作为人类有史以来最庞大最复杂的大科学装置，没有周密组织、创造性实施和细心监管是不可能的，尤其是如此巨额预算的国际合作项目，必定考虑诸多因素：包括项目启动时核心技术、生产工艺和仪器制造本身，各成员国的国家利益和工业回报，如何在尽量降低成本和完成任务之间寻找平衡，以及紧张的预算和工期要求尽量降低基本部件研制和加工的时间，还要考虑到企业倒闭、超支等情况出现。

第五，考察 LHC 物理是如何来处理和分析实验数据的？LHC 对撞时记录下的海量信息达到每秒 1PB（$1PB=10^{15}$byte，相当于 20 万张 DVD），即便在线压缩后，每年也会以 15PB 的速度增加，如何管理如此巨大的信息使其最终进入分布在全世界几千位科学家手中进行分析呢？对此有人专门提出一门 E-science 新学科，也是 LHC 物理研究范式的一部分。

最后，在上述考察基础上才能总结大科学 LHC 物理中的科学研究范式，特别是上述考察的每一步是如何影响 LHC 新物理的。总体而言，LHC 物理的研究范式跟之前的研究模式比，不是简单地从实验归纳出理论也不是通常说的理论决定我们能观察到什么，而是理论物理和实验物理在大科学工程中交错重叠的反复过程。

三、作为 LHC 物理个案的 ATLAS 实验探测器

LHC 是一个质子－质子（p-p）对撞机，其设计时理论上质心能量和最高峰值亮度可以分别达到 14Tev 和 $10^{34}/(cm^2 \cdot s)$。ATLAS 是 a toroidal LHC apparatus 的缩写，本义是超导环场探测器，一个 LHC 上的多用途探测器谱仪（而在希腊神话中 ATLAS 是巨人族的一员，科学家希望 ATLAS 探测器重任在肩）。ATLAS 主要用于完成 LHC 探测希格斯

机制的目标，ATLAS 于 1992 年就提出设计方案，总重量约 7000 吨，总投资 4.7 亿瑞士法郎。ATLAS 由多种子探测器组成，包括用于重建带电粒子的轨迹并且测量它们的动量的内层探测器、测量沉积其中的粒子能量的量能器，以及探测并测量 μ 子动量的 μ 子谱仪。ATLAS 实验内容包括寻找希格斯玻色子、超对称模型、基本费米子的复合模型以及超维等，这里重点考察希格斯机制能否在 ATLAS 上得到实验数据的判据。

希格斯机制是粒子物理标准模型的一部分，标准模型中群 $U(1)\times SU(2)\times SU(3)$ 对应的粒子物理系统的拉格朗日量为①

$$L_{SM}=\int-\frac{1}{4}B_{\mu\nu}B^{\mu\nu}-\frac{1}{4}W_{\mu\nu}W^{\mu\nu}-\frac{1}{4}G_{\mu\nu}G^{\mu\nu}。$$

其中，L_{SM} 表示标准模型的拉格朗日量；$B_{\mu\nu}$、$B^{\mu\nu}$ 是规范场 $U(1)$ 的元素；$W_{\mu\nu}$、$W^{\mu\nu}$ 是规范场 $SU(2)$ 的元素；$G_{\mu\nu}$、$G^{\mu\nu}$ 是规范场 $SU(3)$ 的元素。而 $SU(2)$ 部分对应弱相互作用，希格斯对称群 $SU(2)$ 和电荷 −1 的 $U(1)$ 对应的场是个复旋量：

$$\varphi=\frac{1}{\sqrt{2}}\begin{pmatrix}\varphi^{+}\\ \varphi^{0}\end{pmatrix},$$

其中 φ 代表希格斯场，φ^{+}、φ^{0} 分别代表场的正电和不带电部分。希格斯场的拉格朗日量又可以表示为①

$$L_{H}=\left|\partial_{\mu}+\frac{i}{2}(g'Y_{W}B_{\mu}+g\vec{\tau}\overline{W}_{\mu})\right|^{2}-\frac{\lambda^{2}}{4}(\varphi^{*}\varphi-v^{2})^{2}。$$

其中，L_H 是希格斯场的拉格朗日量、g' 是电磁耦合常数，g 是弱耦合常数，λ 是希格斯玻色子的耦合强度，v 是真空期望值。正是真空期望值不为零并且可以通过置 $\varphi^{+}=0$ 和 φ^{0} 为实数而赋予玻色子质量。可见，希格斯机制融入标准模型之中。当然，理论物理学家也可以对标准模型进行扩充或者提出不带希格斯玻色子的理论，比如流行的扩充模型是最小超对称模型。具体来说，在 LHC 上的 ATLAS 和 CMS 寻找希格斯玻色子是把产生和衰变结合起来，特别是测量希格斯粒子质量时，有两种可能的过

---

① 孟召霞. 利用ATLAS探测器测量质心能量$\sqrt{S}=7$Tev下 $W\rightarrow\tau\nu$ 的反应截面. 山东大学博士学位论文，2011：8.

程，第一种是：胶子和胶子熔合产生希格斯粒子，然后衰变到两个光子。第二种是：弱玻色子和弱玻色子熔合产生希格斯粒子，然后产生一个实的中性玻色子（Z）和一个虚的中性玻色子（Z^*），再衰变成两对带电轻子（$\bar{L}_1\bar{L}_1$）。这些都是要靠实验探测器运行和对实验数据的分析来判断。

ATLAS 实验探测器又是如何探测新粒子的呢①？ATLAS 探测器又由不同目的的子探测器组成，包括由内而外的内层探测器（ID）、螺旋管磁铁（Solenoid）、电磁量能器、强子量能器和μ子谱仪②。ID 为了实现目标，又分成三种子探测器，由内而外分别为：像素探测器（pixel），半导体轨迹探测器（SCT）和穿越辐射轨迹探测器（TRT），各个子探测器又有自己的组成部分。量能器安装在内层探测器之外，包括电磁量能器和强子量能器，用来测量由 p-p 对撞产生的粒子的沉积能量。而内层探测器主要用于重建 p-p 对撞所产生的带电粒子并且测量其动量。这样，包括上述测量希格斯粒子质量的两个过程中产生的粒子能量和动量都能探测。为了减少 ATLAS 探测器的数据读出频率（从 40MHz 减到 200Hz），在 ATLAS 上的触发分成三个级别：第一个是基于硬件的 LVL1，第二和第三个是基于软件的 LVL2 和 EF。通过触发的数据形式是原始数据（RDO），RDO 经过重建写到事件总结数据（event summary data，ESD）中，ESD 再进行重建写到分析目标数据（analysis object data，AOD），它们都由 ATLAS 数据读取和重建的框架结构规定。总而言之，根据 ATLAS 探测器记录的数据就能够分析计算出希格斯粒子是否存在。

总之，LHC 在每次碰撞中一个质子就能达到 7Tev 的高能，碰撞频率每秒达到上百万次，无论是其实验的设计和管理，还是实验数据的处理和分析都是空前的。由于 LHC 项目是国际化基础研究，不仅无密可保而且还积极宣传，使得我们可以直接对 LHC 物理的理论体系、大科学装置、实验数据等各个环节进行研究，得出 LHC 物理的研究范式。特别是，要把当今最基础、最复杂、最国际化、最前沿、最主流的 LHC 物理的研

① 孟召霞. 利用 ATLAS 探测器测量质心能量 $\sqrt{S}=7$Tev 下 $W\rightarrow\tau\nu$ 的反应截面. 山东大学博士学位论文，2011：13-26.

② 山东大学 LHC 合作组为 ATLAS 研制安装 400 台 μ 子谱仪。

究范式搞清楚，就要先通过分析各种理论的数学结构和物理预言，然后再来考察理论模型跟实验数据之间的关系问题。当然，数据的积累和分析有个过程，而且 LHC 物理会持续研究十几年，所以需要跟踪研究。

四、作为基础研究中大科学工程的 LHC 物理的新特征

在 LHC 物理出现之前人们就认识到大科学时代科学研究的科学技术一体化、数学化、高度综合化与分化、全球化和国际化及大科学跟实验和社会经济文化密不可分的特征。考察大科学 LHC 物理的研究范式，一定要反映出当代科学研究范式的特征，除此之外，还要注意到作为基础研究的大科学工程的 LHC 物理新的特征。

首先，LHC 物理对粒子物理标准模型的检验，不仅仅是一般意义上的科学技术一体化，而且在各个环节都体现出大科学工程的工程化特征，可谓是科学的工程化或者基础科学研究的工程化，并且不单是大科学装置建造工程的狭义工程化，每个环节都具有大工程的意义。由于粒子物理的标准模型涉及整个当代物理基础理论中把相对论和量子力学结合起来的各种量子场论（经典量子场论、量子规范场论、超对称理论、量子引力理论甚至弦论）、原子物理和核物理，以及相关的各种数学理论，使其在这些理论探索的层面都牵涉全世界的科学家，而体现出理论物理的工程化研究。在 LHC 大装置的规划、设计和建设方面的大工程特征更不必多言，包括对其实验数据的获取、储存、分类、分析和处理都具有大工程特征。此外，为了得到社会资助，其宣传普及在基础研究中也是空前的。

其次，作为基础研究中的大科学工程，在处理小科学跟大科学关系问题方面也独具特色。LHC 物理这样的大科学工程，固然跟传统的科学家个人单枪匹马的沉思和独自在私人实验室的情形形成鲜明对比，但是两者并不是毫无联系。由于大科学装置成为科学研究不可替代的必需品，其科学方法也发生了相应的改变，但是，两者在科学研究的目标、价值和动机方面是一样的，科学家的求知欲和科学信念没有变，都是为了扩

展人类知识和探索真理。特别是，既有主要目标是探索微观世界的基本粒子及其相互作用力的 ATLAS 和 CMS，又有主要用来研究整个宇宙产生和演变规律的 ALICE 和 LHCb。所以，LHC 物理在研究的思维方法上，不存在所谓认识论上的“深度研究”跟“泛泛研究”、“还原”跟“建构”，以及“基础主义”跟“多元主义”之间的冲突①。这跟小科学背景下的不同科学家沿不同思路探索的效果接近。同时，LHC 物理还可以避免个人研究往往会犯的低水平重复等毛病。甚至，由于 LHC 物理作为基础研究无密可保，任何个人都可以关注和加入包括其实验数据的分析处理在内的研究活动中来。总之，在 LHC 物理中大科学工程和小科学的关系应该是一种互补关系，或者像生态系统中不同物种的生态平衡关系。

最后，LHC 物理作为有史以来最复杂最具野心的基础研究工程，由于是基础研究的原因其全球化和国际化更加明显。LHC 大科学工程跟社会经济的关系也有新的特征，特别是容易做到真正的国际合作，能够避免单靠一个国家（哪怕是超级大国）财政支持的缺陷。比如，1993 年 12 月被美国国会取消而下马的超导超级对撞机项目，取消的原因主要是费用增加和预算赤字以及国际合作等问题。相比之下，LHC 物理的真正国际合作得到包括美国在内更多的支持。

五、结语

当代物理学根据物理学基本原理和庞大的数学体系，提出了一系列引人入胜的理论物理学理论，还必须通过实验物理的检验才能成立，特别是 LHC 物理把理论物理中比较坚实的理论体系、大科学装置技术和经费的可行性结合起来实现其科学目标，体现出当代科学研究范式的特征，具有重要的科学方法论意义。因此，LHC 物理虽是大科学工程更是基础研究，我们不但要从科学社会学、科学知识社会学及科技管理层面，更重要的要从科学本体论、科学认识论和科学方法论层面，特别是科学研

① Giudice G F. Big science and the large hadron collider. Physics in Perspective. 2012，14（8）：95-112.

究的方法论角度考察。为此，考察 LHC 物理的研究范式，一定要先考察 LHC 物理在理论上的充分准备，包括从哲学思考到理论体系的完善、从理论体系到理论预测；然后才是大科学装置 LHC 的规划、设计和建造；最后是实验数据的获取、处理和分析，并最终回到理论本身。考察 LHC 物理的研究范式就在于，始终抓住 LHC 物理的目标在于检验标准模型和发展新物理，通过考察理论实体－数学结构－物理内容－前沿问题—大科学装置—实验运行—经验数据—数据分析等一系列环节，并重视理论模型和实验模型的作用，揭示当代科学的研究范式是追求更加统一的理论体系跟更加广泛的实验现象相互证立的过程，最终搞清楚当代科学前沿的研究范式。

规范论证中发现的语境和辩护的语境*

按照当代物理学，构成我们这个物质世界的基本粒子之间的基本相互作用力只有强作用力、弱作用力、电磁力和引力。描述粒子之间电磁作用的是量子电动力（电磁理论是人类最早知道的规范理论，量子化后成为量子电动力学），描述粒子之间的强作用力的量子色动力学，描述电磁作用和弱作用所统一成的弱电作用是弱电统一理论，描述引力的是广义相对论，弱电统一理论和量子色动力学的核心是杨－米尔斯理论。杨－米尔斯理论是一种非－阿贝尔规范理论，量子电动力学是阿贝尔规范理论，广义相对论可以看成是不同于杨－米尔斯理论的另一种规范理论。也就是说量子电动力学、杨－米尔斯理论和广义相对论都可以看成是规范理论，使得规范理论成为一个统一的理论框架。为什么不同的粒子之间的相互作用力都能够用规范理论描述呢？这就是所谓规范论证的问题，

---

* 本文发表于《苏州大学学报》2013 年第 2 期，作者李继堂、郭贵春。

对此问题我们在《物理学规范理论基础的语境分析》① 一文中从科学理论结构观角度进行过分析，这里我们进一步从发现语境和辩护语境角度重新考察。

一、规范论证中的发现语境和辩护语境

规范不变性原理在各种规范理论中都起到关键作用，问题是这样的作用有多大？很多物理学家都认为，量子电动力学和弱电统一理论以及量子色动力学中的规范场及其与物质场相作用的相互作用场的引入，都是把整体规范不变性原理推广到局域规范不变性原理的结果。把整体规范不变性直接推广到局域规范不变性原理，并且认为规范场和相互作用场都是由局域规范不变性原理所决定的，这种对规范不变性原理的理解就叫规范论证。事实上，从爱因斯坦认识到对称性原理在相对论建立中的作用，以及人们明确量子力学中守恒定律跟对称性之间的关系后，在量子场论和粒子物理学中很多科学家越来越认识到对称性的作用，除了像温伯格所说的“(我们)具有了决定所有已知自然力存在的各种对称性原理”②，杨振宁也多次强调“对称性支配相互作用”。许多教科书中都有类似于温伯格所谓对称原理“决定”相互作用的过于夸大的说法。可见，物理学家们出于对规范原理的偏爱，认为局域规范不变性原理不仅从物质场导出规范场，而且还决定了相互作用场，形成所谓的规范论证，并对规范对称性原理过分推崇。与此相反，物理学哲学家们通过对规范论证的考察，强调“不存在配称为在基础物理中起作用的物理学规范原理”③，强调规范对称性原理只是一个形式上的约束，最多具有启发意义的方法论原则，谈不上是什么物理学原理，通常站在反规范论证的一边。

---

① 李继堂，郭贵春．物理学规范理论基础的语境分析．哲学研究，2012，4：103-108.

② Ryder L H. Quantum Field Theory. 2nd ed. Cambridge：Cambridge University Press，1996：79.

③ Martin C A. Gauge principles，Gauge arguments and the logic of nature. Philosophy of Science，2002，69（3）：233-234.

1. 发现语境和辩护语境的区分（DJ 区分）

为什么对于规范论证物理学家和物理学哲学家之间有这么大的分歧呢？甚至看上去似乎是相互对立的观点。我们认为这实际上就是发现的语境和辩护的语境的区分问题。在现代科学哲学中，一般认为这个区分是赖兴巴赫在 1938 年的《经验与预言》一书中提出来的。DJ 区分在该书第一章出现时，主要想表明“思考者发现定理的方法”和“将定理呈现在公众面前的方法”间的不同；在该书最后一章，DJ 区分与爱因斯坦事例结合指出“理论到事实的关系独立于理论的发现者”。而 1951 年赖兴巴赫在《科学哲学的兴起》一书中，明确认为科学发现是不能进行逻辑分析的，科学辩护的语境才用得上逻辑分析。随后对 DJ 区分存在各种解读，尼克尔斯列出了七种解读，并认为赖兴巴赫本意倾向于第一种解读：DJ 区分首先是心理过程与逻辑论证之间的逻辑区分，也就是说，在纯粹描述性的语境处理和规范性 - 评价性 - 重构性的语境处理之间所做的逻辑的非时间性的区分。① 或者如尼克尔斯所说：“赖兴巴赫实际所作的区分仅仅是一种科学活动本身跟逻辑重构之间的区分，而不是在发现和辩护或者准确说发现或产生新的理论、定律、说明的过程跟辩护它们的过程之间所作的任何容易引起反感的，或者其他划分。” ②

DJ 区分在 20 世纪六七十年代历经库恩等后经验主义者的批评得以保留，目前最新的成果是谢科厄（Jutta Schickore）和施泰因勒（Friedrich Steinle）主编的《重审发现和辩护——关于语境区分的历史的和哲学的看法》，包括霍伊宁根 - 休恩（Hoyningen-Huene）在其 1987 年论文《发现的语境和辩护的语境》基础上的新论文《发现的语境跟辩护的语境和托马斯 · 库恩》。总体来说，霍伊宁根 - 休恩分析比较不同版本的 DJ 区分，认为五个版本中的多数版本都以发现和辩护的假定为前提，而应该从事实性和规范性两个视角看问题，找到一个分布在其中两个版本中 DJ 区分的核心，即 DJ 区分的支持者和反对者都认同的精益区分（lean

① 石诚 . 发现语境与辩护语境区分的再分析 . 科学技术哲学研究，2010，4：15-19.

② Nickles T. Introductory Essay：Scientific Discovery and the Future of Philosophy of Science. Dordrecht：Reidel，1980：12.

distinction）：事实的和规范的或者评价性的双方之间的抽象区分，并认为这是既能为认知断言之类的科学知识所认同，又能为诸如法律的、伦理的或者美学之类具有不同特征的断言所接受的两种视角的区分。从描述性的角度，霍伊宁根－休恩关注的是已然的事实及其描述，这些事实大多可能是些我们想描述的科学史中提出来的认知断言，而从规范或者评价的角度看，霍伊宁根－休恩关注的是具体断言的评价，我们说的认知断言是诸如真理、可重复性、主体间的可接受性及其可接受性之类的东西，而认知规范（相对于比如说伦理的或者美学的规范）决定这样的评价。特别是像库恩一样的DJ区分反对者也没有反对过这样的DJ区分。[①]可见，科学发现的语境跟辩护的语境之间的DJ区分至今仍然成立，其核心思想认为，科学哲学研究的是辩护的语境而不是实际发现的语境，哲学家关注的是由科学家发现了的科学理论的理性重建（规范性角度），而科学家不太管理性重建，只管新理论的发现（描述性角度）。不过，发现的语境已经不仅仅是发现的过程，辩护的语境也不仅仅是辩护的过程，而是在描述的与规范的不同视角基础上，做出两者分属于事实性跟规范性不同的精益区分。也就是说，发现的语境主要是一种像科学史描述的新理论发现的活动，自然也包括对理论的统一活动的描述，而辩护的语境主要是对发现的理论进行评价的方法，当然也包括对理论的方法论评价。

2. 规范论证中的发现语境

如前所述，虽然规范不变性原理可以追溯到外尔对相对论的推广，但是规范论证还是粒子物理标准模型中的对杨－米尔斯理论成功推广引出的话题。特别是发现规范理论的纤维丛形式化体系后，意识到各种规范理论具有差不多相同的统一数学结构。杨振宁还强调："像麦克斯韦场那样的规范场，不仅可以用纤维丛的几何语言来表示，而且必须这样来

① Paul H H. Context of discovery versus context of justification//Kuhn T，Schickore J，Steinle F. Revisiting Discovery and Justification：Historical and Philosophical Perspectives on the Context Distinction. Dordrecht：Springer，2006：128-129.

表示，才能表达它们的全部意义。”[①]也就是说，规范论证的提出本身就是意识到各种规范理论的统一性时的事情，规范论证作为物理学家对各种规范理论中共同的规范不变性原理的总结，特别是在纤维丛理论框架下这个总结也成为当代规范理论的一部分。所以，可以把规范论证视为发现的语境。而规范论证中的论证因素留待后面讨论。

在纤维丛的框架下，量子化的“力”场可以用纤维丛联络表示，而和它相互作用的量子化物质场用伴矢丛的截面表示，然后这些场之间的相互作用在从变换或者说规范变换下是些不变量。纤维丛体系有什么样的作用呢？我们来看一个添加相互作用项的例子[②]，对复数场 $\varphi(x)$ 拉格朗日量密度如下：$L_0=(\partial_\mu\varphi)(\partial^\mu\varphi^*)-m^2\varphi^*\varphi$。通过相应的拉格朗日量 $L_0=\int L_0\mathrm{d}^3x$ 的变分作用 $S=\int_{t_1}^{t_2}L\mathrm{d}t$，得到克莱因－高登方程：$\partial_\mu\partial^\mu\varphi+m^2\varphi=0$；$\partial_\mu\partial^\mu\varphi^*+m^2\varphi^*=0$。现在拉格朗日量密度 L_0 和作用量 S 在整体规范变换 $\varphi\rightarrow\exp(\mathrm{i}\varLambda)\varphi$ 下是不变量，那么根据若特第一定理得到若特流守恒：$J^\mu=i(\varphi^*\partial^\mu\varphi-\varphi\partial^\mu\varphi^*)$：$\partial_\mu J^\mu=0$。这就蕴含着电荷守恒：$Q=\mathrm{e}\int J^0\mathrm{d}^3x$，无源电磁场的拉格朗日密度 $L_{\mathrm{EM}}=-1/4F_{\mu\nu}F^{\mu\nu}$ 在常相位和变相位的变换下是不变量。如果把 L_{EM} 加到 L_0 上，在 $A_\mu(x)\rightarrow A_\mu(x)+\partial_\mu\varLambda(x)$ 和 $\varphi\rightarrow\exp(\mathrm{i}\varLambda)\varphi$ 式联合变换下最后作用仍为不变量，因此所加的电磁作用保持了联合理论的常相位不变性。而一旦把 $A_\mu(x)\rightarrow A_\mu(x)+\partial_\mu\varLambda(x)$ 中的常相位变成随 x 的变相位 $\varLambda(x)$：$\varphi\rightarrow\exp(\mathrm{i}\varLambda(x))\varphi$，那么这种理论的作用在最后的联合变换下不是不变量。因而，在 $A_\mu(x)\rightarrow A_\mu(x)+\partial_\mu\varLambda(x)$ 和 $\varphi\rightarrow\exp(\mathrm{i}\varLambda(x))\varphi$ 式联合变换下，不变性的保持是靠增加进一步的相互作用项到总拉格朗日密度，使其成为 $L_{\mathrm{tot}}=L_0+L_{\mathrm{em}}+L_{\mathrm{int}}$，其中 $L_{\mathrm{int}}=J^\mu A_\mu$。如果放在纤维丛体系下情况又如何呢？正如希利指出的：“纤维丛形式化体系帮助人们理解为什么要添加一个 L_{int} 这样的相互作用项到物质场的拉格朗日量密度上使得 $\varphi(x)$ 恢复了理论在第二类规范变换下的对称性，如果是在像 ∂_μ 这样普通导数在拉格朗日量（及其运动的结果）

① 杨振宁．杨振宁文集（上集）．上海：华东师范大学出版社，1998：291.

② Healey R. Gauging What's Real：The Conceptual Foundations of Contemporary Gauge Theories. Oxford：Oxford University Press，2007：18-20.

中被所谓的协变导数 D_μ 所代替，那么这么一项就是自动添加上去的，在物质场被表示成矢量丛的截面时其添加的需要变成显然的”。[①] 可见，在纤维丛的框架下，规范论证中为了满足规范对称性原理引进相互作用项这样的新的项更加自然，各种规范理论中共同的规范不变性原理更明显，这相当于是在发现统一的规范理论纤维丛形式化体系的同时，从统一性的角度对规范论证在一定程度上进行了总结，所以规范论证是处于发现的语境之中的。

3. 规范论证的异议和辩护的语境

如前所述，物理学家支持的规范论证跟物理学哲学家对规范论证的异议，焦点在于规范论证中的局域规范对称性原理是否为一个严格的物理学原理，包括从整体规范对称性原理推广到局域规范对称性原理有没有逻辑必然性，局域规范对称性原理是否仅仅为一个形式上的原理，它有没有经验内容。科学哲学家和物理哲学家对规范论证的逻辑分析及其形式特征分析，完全是一种规范性的辩护活动，正是体现出一种辩护的语境。比如，在物理学家看来，从整体规范对称性原理到局域规范对称性原理是自然而然的事情，这就是一种发现的语境的话，相比之下，物理学哲学家认为从整体规范对称性原理到局域规范对称性原理没有逻辑必然性，就是一种辩护的语境。

按照希利的《规范实在》的论述[②]，对于一个满足克莱因－高登方程及其共轭方程的标量场 ψ，不仅在变换 $\psi'=e^{i\Lambda(x)}\psi$ 下的局域不变性时，用 $D_\mu=\partial_\mu+iC_\mu$ 替代 ∂_μ（这个过程即是局域规范原理）没有逻辑必然性，而且局域规范对称本身无法决定规范场和相互作用场。比如经常讨论的规范场的引入过程，在局域变换下相位是随 x 而变的，场 ψ 的拉格朗日量密度 L_0 变换成：$L'_0=L_0+(\partial_\mu\Lambda)J^\mu$，这里多出一项与荷流密度有关的项。在局域规范变换下，为了满足变化相位的不变性，首先要

① Healey R. Gauging What's Real：The Conceptual Foundations of Contemporary Gauge Theories. Oxford：Oxford University Press，2007：20.

② Healey R. Gauging What's Real：The Conceptual Foundations of Contemporary Gauge Theories. Oxford：Oxford University Press，2007：159-167.

引进规范场，具体办法是通过添加一项 L_1 到拉格朗日量中使 $L=L_0+L_1$，$L_1=-J^\mu C_\mu$，变换时用来抵消 L'_0 中的与荷流密度有关的项，而局域变换时，$C_\mu \to C_\mu'=C_\mu+\partial_\mu \Lambda$，这样一来，在 ψ' 和 C_μ' 的联合变换下，L_0+L_1 又不是不变量了，于是不得不再加一项 $L_2=C_\mu C^\mu \psi^\dagger \psi$，使得 $L_0+L_1+L_2=(D_\mu \psi)(D^\mu \psi^\dagger)-m^2\psi^\dagger \psi$，用 D_μ 替代 ∂_μ 这个过程即是规范原理，并且 $D_\mu=\partial_\mu+\mathrm{i}A_\mu(x)$ 中的 $A_\mu(x)$ 就是规范场（在经典电磁理论中叫规范势）。就像前面讲的，从物理学家的发现语境角度看，拉格朗日量中新项的引入和规范场的引入都非常自然，特别是在纤维丛的框架下看来更加自然。但是，物理哲学家总是强调，从 $A_\mu(x) \to A_\mu'(x)=A_\mu(x)-\partial_\mu \Lambda(x)$，到 $C_\mu \to C_\mu'=C_\mu+\partial_\mu \Lambda$，没有任何理性推理，纯粹是一种相似而不是逻辑推理。包括在理论跟经验的关系问题上，很多物理哲学家都指出，虽然 A_μ 表示电磁场的规范势，但是没有什么理由认为 C_μ 对应着新物理场的势，它有可能只是把物质场理论模型扩展到相应的截面任意选择的一种技巧，比如从相位丛或者主丛到伴矢丛相关的截面选择。可见，物理学哲学家对规范论证的异议，主要是把规范论证中从发现的语境看来“自然而然”的步骤评价为“没有逻辑必然性”，这显然不是一种科学史式的事实性或者描述性的断言，而是一种评价性的论述活动，在他们心目中物理学原理具有一定规范标准，正是要用它们来衡量局域规范对称性原理不是真正的物理学原理，当然也就得出和物理学家不一样的结论。

二、规范论证的语境分析

从科学哲学的角度看，规范论证涉及的是规范理论作为一个科学理论的理论结构问题。在我们对科学哲学上的一系列理论结构观考察的基础上，认定一种更好的理论结构观是“语境论理论观”，这种理论结构观认为科学理论的各个部分是各种因素的交错重叠关系，尤其是一个科学理论中的数学结构跟其中物理内容之间的关系更是如此。语境论理论观除了强调科学理论中数学结构跟物理内容的关系外，还有利于澄清规范论证中的发现语境跟辩护语境之间的关系。

1. 规范论证中的发现语境和辩护语境的关系

表面看来，物理学家的规范论证跟物理哲学家对规范论证的异议是完全对立的，而从规范论证中的发现语境与规范论证异议中的辩护语境的角度看，和 DJ 区分中的发现的语境和辩护的语境一样，一个是发现，而另一个是辩护，应该说它们是不同的活动。虽然规范论证中的发现语境牵涉各种规范理论的统一性，而规范理论的异议中的辩护语境深入对局域规范对称性原理的评价，但是规范论证中的发现语境和对规范论证异议中的辩护语境分属于不同的语境，因而并不是直接对立的。而有了 DJ 的精益区分之后，分别从描述性和规范性的角度做出事实性的和评价性（或者规范性）的中性区分，使得无论是 DJ 区分的反对者还是支持者都接受这样的精益区分，自然也使得规范论证中的发现语境和辩护语境的区分更加中性；于是，我们至少可以认为规范论证中的发现语境与规范论证异议中的辩护语境是不同的，同时也不应该是矛盾的。

再来看看规范场的具体确定，希利从辩护语境的角度，认为“C_μ 对应着某个场”没有办法从物理上具体落实，即便提议加一个 $L_3=\lambda E^{\mu\nu}E_{\mu\nu}$，其中 $E_{\mu\nu}=\partial_\mu C_\nu-\partial_\nu C_\mu$，$\lambda$ 是常数。而且 L_3 不仅在 $C_\mu\to C_\mu'=C_\mu+\partial_\mu\Lambda$ 下有不变性，同时也是洛仑兹不变量，自然诱使人们把 $E_{\mu\nu}$ 跟电磁张量 $F_{\mu\nu}=\partial_\mu A_\nu-\partial_\nu A_\mu$ 联系起来，特别是 $\partial_\nu E^{\mu\nu}=0$ 很像电磁场的麦克斯韦方程。但是仍然没有任何论证可以证明 $E_{\mu\nu}$ 或 C_μ 必然要代表任何新的物理场，因为相应的如果正好 $E_{\mu\nu}\equiv 0$，那么这个假设的新场就会既无能量也无动量，也不会和物质场有任何作用。但是，从规范论证中发现语境的角度看，“C_μ 对应着某个场”已经非常自然，而且还是洛仑兹不变量，$\partial_\nu E^{\mu\nu}=0$ 在方程形式上也很像电磁场麦克斯韦方程的条件下就更加自然不过了，已经完全满足做出发现的条件。而希利从辩护语境角度进一步认为，要是我们根本就不知道电磁场的存在，我们也会基于上述考虑提议跟 $E_{\mu\nu}$ 和 C_μ 对应的新场，但这也不是一种逻辑关系而是一种启发式思维。这更加说明发现语境不需要辩护语境那样的逻辑性要求，相反，要是在这些条件下还想不到“C_μ 对应着某个场”那才是怪事。当然，从辩护语境的逻辑上讲，在局域规范变换下，规范对称的确只是一个纯粹数学形式上的要求，表面上为了抵消规范变换时才添加那些项去修正拉格朗日量、包括引进新场和规范势，并耦合到新的相互作用物质场上，但是这些修正或引进并不是唯一的。可见，发现语境跟辩护语境是在不同的语境中，因而是在不同的标准下的断言。

2. 规范论证和规范论证异议之间的关系

由于规范论证中的发现语境跟规范论证异议中的辩护语境分属于不同语境，因而并非是对立的，从而规范论证跟规范论证的异议之间的关系也应该是能够协调起来，并非是完全对立的。当然，这种说法是在 DJ 精益区分和语境论理论观的基础上而言的。从 DJ 精益区分和语境论理论观的角度来看，局域规范对称这个纯数学形式，在规范场论的建构的发现语境中，是“附着”在拉格朗日量上，拉格朗日量又“附着”在新引进的各种场上，某种场可能“正好”有经验对应物。在规范论证异议的辩护语境中，这样的“附着”不全部是逻辑必然性的，这里的“正好”也不是推导性的。也就是说，“附着”也好、“正好”也好，既适合发现的语境，也适合辩护的语境。换言之，在发现语境中规范论证是成立的，在辩护语境中说明规范论证的异议也有道理。总之，它们分属于不同语境因而并非矛盾。

相互作用场的产生过程中也能说明这个情况，考虑对于场 $\psi^{\dagger}$ 和 ψ 的作用量 $L_0+L_1+L_2$ 的改变产生的欧拉 – 拉格朗日方程，加上对于 A_μ 的总拉格朗日量 $L_{tot}=L_0+L_1+L_2+L_3$ 的改变产生的欧拉 – 拉格朗日方程，然后在一系列考虑和相关常数的取值之后，最后通过比较 $L_0+L_1+L_2=(D_\mu\psi)(D_\mu\psi^{\dagger})-m^2\psi^{\dagger}\psi$ 和 $L_{tot}=L_0+L_1+L_2+L_3$ 可以得到物质场 ψ 和电磁场的最终拉格朗日量密度：$L_{tot}=(D_\mu\psi)(D_\mu\psi^{\dagger})-m^2\psi^{\dagger}\psi-1/4F^{\mu\nu}F_{\mu\nu}$。从发现语境角度看，这也是“合情合理”的。而从辩护语境的角度看，同样不存在一个这样的论证，从实验上基于规范不变性原理得出一个电磁相互作用的存在，使其性质就是像 L_{QED} 和 L_{tot} 一样的拉格朗日量密度的结果。事实上，从另外的物质场比如狄拉克场出发，使用差不多的方法也可以得到量子电动力学的拉格朗日量密度 $L_{QED}=\psi^{\dagger}(i\gamma^{\mu}D_{\mu}-m)\psi-1/4F_{\mu\nu}F^{\mu\nu}$。

这样一个发现语境的事实本身说明规范论证的确是成立的，规范对称性原理的确综合各种各样的考虑和取值最终“附着”到经验上。也就是说，得到相互作用场的方法可以迁移或者具有可重复性；也可以说是，规范论证中对各种规范理论的统一描述所体现出来的“论证”因素，从发现语境角度看是描述性的，而从辩护语境的角度看又具有规范性方法的特征。这一点似乎否认了 DJ 区分。同样，在物理学哲学家反对规范论证时所强调的局域规范对称性原理仅仅只是形式上的约束并没有经验内容时，的确也发现了规范对称性原理的重要方面，甚至是被物理学家所忽略了的内容。但是，抽象的 DJ 精益区分作为 DJ 区分支持者和反对者共同接受的最小部分是中性的，发现语境中的“论证”因素和辩护语境中的“新发现”都不是物理学家和物理学哲学家的目标，也不是发现语境和辩护语境的主流，不会威胁到 DJ 区分。我们完全可以在坚持 DJ 的精益区分的前提下，从语境论理论观的角度出发，认为发现语境中的“论证”只是拓展新理论的一个小的环节，而辩护语境中的“新发现”也只是为了辩护所作的评价性说明，至少这里的“发现”“辩护”“论证”和“新发现”互相不矛盾。或者，纯粹从语境论理论观的角度出发，因为语境论理论观是一种科学理论的结构观，对 DJ 区分的支持与反对之间的争论更是中性的，所以，作为发现语境的规范论证（包括其中的“论证”）和作为辩护语境的规范论证的异议（包括其中的“新发现”），只是科学研究活动（包括发现活动和辩护活动）中交错重叠的大大小小的不同部分而已。总之，从语境论理论观来看，发现语境没有必要追求辩护语境中的逻辑必然性要求，辩护语境也应该全面评价发现语境中非逻辑思维的作用。实际上，当物理学家说对称性原理“决定”或者“支配”相互作用的时候是在强调其发现的功能，而物理学哲学家说规范对称性原理不是真正的物理学原理时是在评价其没有逻辑必然性，所以，规范论证和规范论证的异议之间不是完全对立的，它们同为科学研究活动中交错重叠的不同部分。

量子场论的指称理论语义分析*

量子场论是一种与爱因斯坦的狭义相对论要求相容的关于量子粒子的量子理论，是远离我们的经验世界的物理理论。要想对量子场论的形式体系进行构造和解释，就要用到语义分析方法，因为语义分析可以使量子场论的概念结构和关于它的物理解释很好地结合起来。在量子场论理论体系的研究中，弄清量子场论形式体系的基本概念，尤其是指称特定实体的基本概念，对于弄清量子场论的实在论问题极其必要。弄清这些概念如何作用于场理论以及在特定的概念系统中如何指称实体，我们就能更好地得到关于量子场论形式体系的理解。

一、如何指称量子场？

微观世界的不可观测性以及经验的不确定性，使语义分析在量子场

---

* 本文发表于《哲学研究》2013 年第 10 期，作者郭贵春、李德新。

论的构造和解释中具有重要作用。我们发现，在远离经验的微观世界中确定量子场的基本实体，需要用到其他领域的帮助。所以，从语义学的角度研究实在，可以作为物理学和哲学相互合作的桥梁，通过语义分析来确定并指称量子场论中某些场的基本实体。为了得到不同的基本实体，我们需要预设的概念框架是不同的，最终指称它们的指称理论也是不同的。知道了预设的概念如何作用于场理论以及在特定的概念系统中如何指称基本实体，我们就能更好地理解量子场论的基本实体，而在这个分析过程中指称理论需要理论预设的帮助。

理论预设大体上可以分为语义预设和语用预设。语义预设的概念进入当代语言哲学和语言学是从弗雷格开始的，之后又经过了罗素、斯特劳森以及范·弗拉森等的发展。语义预设被认为是命题和命题之间的关系："在语义理论中，预设通常被定义为句子对之间的二元关系。"[①] 所以它也叫逻辑预设；预设的内容取决于句子的语法结构。假设 P 和 Q 都是命题，命题 P 语义地预设命题 Q，当且仅当 P 可以推出 Q，并且非 P 也可以推出 Q，即 P 语义地预设 Q' 当且仅当 $(P \to Q) \wedge (\neg P \to Q)$ 。

斯托内克尔（R. Stalnaker）引入了第二种预设，预设的语用概念，也就是语用预设。他认为："言说者在一个交谈中的给定时间里预设 P 仅当在他的语言行为中，他倾向于这样的行为：好像他认为 P 理所当然为真，并且好像他假设他的听众承认他们也是那样认为的"。[②] 语用预设就是对预设进行语用分析，而语用分析有很强的语境依赖性。我们所做出的预设都是在特定的语境下进行的，在这个特定的语境下，言说者假设听众和他一样认为预设具有真值，不同的语用语境对应的预设是不同的。对于量子场，我们得到了量子场的基本实体，但是当量子场在表现出粒子性和场的特性的语境下所预设的概念框架不同时，所得到的基本实体也是不同的；这里用到的就是语用预设。

为了知道我们如何指称量子场论中的实体，首先要看我们是如何一般指称的。当我们指称事物时，语言就会很自然地遇到"实在"的问题。

---

① Beaver D，Kamp H. Presupposition.Amsterdam：University of Amsterdam Press，1996：2.

② Stalnaker R. Presuppositions. Journal of Philosophical Logic，1973，2（4）：448.

当面对最常见的"主词－谓词"命题时，我们选出一个实体作为主词，然后通过谓词来描述它，挑选命题中的主词是指称理论需要做的事情。关于指称的两种理论主要是描述性指称理论和直接指称理论：描述性指称理论有弗雷格的含义理论、罗素的摹状词理论和维特根斯坦的簇摹状词理论，直接指称理论主要是克里普克的历史因果命名理论。摹状词是具有描述功能的词，它可以描述一个对象的特征；描述性指称理论认为我们可以通过一个或一组摹状词来确定一个特定对象的指称。

而克里普克则认为一个对象的指称并不是由这个对象的特征或特征簇决定的，摹状词并不能决定专名的所指。在他看来，指称是由与使用该名词有关的社会历史的传递链条所决定，并通过历史因果链条来传递。他把专名和通名都看成严格指示词。对于严格指示词，他认为："如果在每个可能世界里，它都指示同一对象，那么我们就称它为严格指示词，否则就称为非严格或偶然指示词。当然，我们并不要求这个对象存在于所有可能世界里。"[①] 这是克里普克的诸多立论的基础和出发点。他认为，摹状词是非严格指示词，并非在所有可能世界都为真；摹状词只能表示所指对象的偶然属性，所以不能决定专名的指称。其实克里普克也不是完全否定专名和通名可以通过摹状词来确定所指，他认为摹状词的表达方式在命名仪式上确定了专名或通名的指称，随即就失去了作用，它们的指称通过历史因果链条一环一环传递下去。

我们在指称量子场中的基本实体时，还需要用单称词项来指称最终的基本实体。单称词项是指称理论中的重要概念，是表示指称特定的个体事物的词。斯特劳森在《论指称》中将指称个人、单个对象、特定事件、特定地方和特定过程的用法称为"唯一指称用法"，"在这种方式下经常使用的表达类型有：单数指示代词（"这"或"那"），专名（如"威尼斯""拿破仑""约翰"），单数人称代词和单数非人称代词（"他""她""我""你""它"），前面是定冠词后面是单数名词的词组（如"这个桌子""这个老人""这个法国国王"）"。[②] 这些都是指称特定个体的词，

---

① Kripke S A. Naming and Necessity. Cambridge：Harvard University Press，1980：48.

② Stawson P F. On referring. Mind，1950，59（235）：320.

属于单称词项。单称词项还包括单数所有格结构，例如“我的宿舍”。在量子场论的语义分析过程中，我们可以通过对预设的概念框架进行分析，来确定我们研究的量子场的基本实体，并通过单称词项来指称它。

二、描述性指称量子场

前面已经提到，量子场可以表现出“粒子”的特性，这时量子场的基本实体可以被认为是量子场论语境下的“量子粒子”。而在量子场论的语境下，“量子粒子被认为是特定场模（field mode）的量子激发”①。在量子场论中，电子被认为是电子场模的量子激发，也就是“电子＝电子场模的量子激发”。我们知道，“电子”是通名，也就是弗雷格所说的概念词，“电子场模的量子激发”是一个摹状词。弗雷格认为概念词和专名一样具有含义和指称，概念词和专名都可以通过摹状词来赋予它们含义。所以按照弗雷格的观点，“电子＝电子场模的量子激发”这个同一关系相当于用“电子场模的量子激发”这个摹状词赋予概念词“电子”含义。但是，克里普克认为，专名和通名都是严格指示词，而摹状词不是严格指示词。并且，克里普克所说的通名指的是自然种类通名。“电子”也可以被认为是自然种类通名的延伸，所以，根据克里普克的观点，“电子＝电子场模的量子激发”不是一个必然为真的命题，因为“电子”在所有可能世界里都指示同一粒子，而“电子场模的量子激发”在某些可能世界里指示的可能不是“电子”。

在量子场论中，“量子粒子”被认为是量子场激发的场量子：“一个场激发的场量子仅仅是一份符合场的色散关系（dispersion relation）$h\omega_k$的一份能量。”②其中k代表波矢、自旋以及其他相关量子数。波矢、自旋以及其他量子数都表示该场量子的不同特征，例如，自旋向上就是其中

① Redhead M. Quantum field theory and the philosopher// Cao T Y. Conceptual Foundations of Quantum Field Theory. Cambridge：Cambridge University Press，1999：76.

② Kuhlmann M，Lyre H，Wayne A. Ontological Aspects of Quantum Field Theory. River Edge：World Scientific，2002：115.

的某一特征。我们通过确定 k 来确定 $h\omega_k$ 的值，这里的每一个值对应于一个谓词 G，因为 k 有很多的值，所以 $h\omega_k$ 就适合很多场量子。其实 $h\omega_k$ 对应的是场量子的态。也就是说，当 k 相同的时候就表明这两个粒子在同一个态上，我们无法区分它们。如果我们想区分一个场量子和另一个场量子，我们需要增加一个明确的唯一性标准。这些标准有的可行，有的不可行：可行标准的一个很普通的例子就是像电子场这样的费米场中的场量子，电子场中的场量子就是电子。按照泡利不相容原理，我们知道不可能有两个电子处在同一个态上。也就是说，对于这些电子不可能存在相同的 k 值。有了这样一个附加的标准，描述性指称理论就成功地指称了一个单独的电子。这样的成功是有条件的，所激发的场量子必须仅在自由的量子场中，“自由量子场是完全不考虑相互作用的量子场”①。

如果场之间有相互作用的话，场量子就变成了不确定的实体。并且，如果不是电子场，而是像电磁场这样的玻色场，这时的场量子就是光子，我们可以得到指明光子态的色散关系的值。但是，光子是玻色子，它们可以处于同一个态；当它们取相同的色散关系的值时，我们就称一束激光是相干的，因为这一激光束是由无数个处在同一态的光子组成的。所以，我们可以知道有多少相干态的光子，却无法区分它们。这种情况正是描述性指称的不足之处。

可以看出，描述性指称把所有的基本实体都建立在“特征”的概念基础上。这样，我们预设的概念就是“特征”这一概念，然后得到“场量子”这样的基本实体。但是，在量子场论中我们只能处理很少一部分内容，因为只用“特征”来保证指称的唯一性是不可行的；当我们考虑的量子场不是自由的量子场时就不可行了，尤其是考虑到由基本的场结合成复杂场时，就显得更加困难了。虽然指称的描述理论在量子场论的本体论研究中有一定的局限性，但是在量子场论色散关系 $h\omega_k$ 中我们仍然可以通过预设“特征”这一概念而最终得到“场量子”这一基本实体。对于特定的 k 值，我们得到唯一的电子，我们将这个电子用单称词项“符

① Redhead M. Quantum field theory and the philosopher//Cao T Y. Conceptual Foundations of Quantum Field Theory. Cambridge：Cambridge University Press，1999：35.

合色散关系 $h\omega_k$（k 为特定的值）的场量子”来指称它。

三、直接指称定域场

规范场论把对称群定域化到每一个点而产生了定域场，这时的量子场表现出“场”的特性。定域场需要用时空点位置来确定，每一个时空点对应于一个定域场，时空点是区分它们的标准，这和哲学概念“此性”（thisness）的作用是相同的。“此性是同一于特定个体的特性，而不是我们可以共有的同一于其他个体的特性。”[①]“此性”的概念意味着通过单称词项指定的个体是唯一的，不论它的特征如何。比如说，多利羊在特征上和它的母体一样，但它是不同的个体，这时候“此性”就可以作为区分它们的标准。并且，每个定域场都是所有可能态空间中的特有的态，这里的可能的态空间包含了态的所有可能性。所以，当量子场表现出“场”的特性的时候，我们预设的概念可以是“此性”和“可能性”，然后在这个概念框架内可以通过直接指称理论来指称量子场中的定域场。

量子场论中定域场的“此性”可以用时空变量 x 表示，而“可能性”则是与态空间相关。哲学界仍然在争论我们如何认识属于同一类的一群事物，庆幸的是这个问题在基础物理学中不是很重要，因为在基础物理学中并没有很多种类的场。在物理学中描绘一类系统最普遍的方法就是找到它的态空间，这个态空间包含这类系统所假设的所有可能的态和所有可能的性质。态空间并不是物理空间，而是数学形式的结构，或者是赋予特定结构的数学实体的集合；一个态空间不仅包含一组可能的态，还包括存在于这些态之间的关系。

场的一个最基本的特征就是对称性。也就是在特定系列变换下具有不变性。不同的量子场具有不同的对称性。例如，电磁相互作用相对应的是 $U(1)$ 对称群，而强相互作用则对应于 $SU(3)$ 对称群。每个对称群里的元素组成了群空间，而一个场的对称群空间也是它的态空间。例如，

① Adams R M. Primitive thisness and primitive identity. The Journal of Philosophy，1979，76（1）：6.

电子场的态空间就是 $U(1)$ 的群空间，这个空间就像是一个球体，球体上的每一个点就是电子场的一个可能的态，这就是引入“可能性”的概念的原因所在。以电子场为例，我们必须把电子场分解成一组定域场以便能够指称它们，所有的这些定域场都应属于同一类别，它们都是电子定域场。电子定域场和夸克定域场是明显不同的，因为夸克定域场要考虑内部相互作用。定域场的态空间都是同一对称群 $U(1)$ 的镜像，所以，这些定域场都属于同一类定域化的态空间，它们之间彼此都没有联系。

当谈论一个特定的电子定域场 $\psi(x_1)$ 时，我们会从它的态空间的结构知道它是电子场而不是其他场。为了区分和其他完全相同的态空间的定域场，我们可以从它的时空变量 x_1 来区分，态空间和时空变量是共同指称同一个单独的定域场的两个概念，它们分别对应于“可能性”和“此性”。场方程只是电子场具有基本特征的形式体系，在一个特定的边界条件下，电子场处在一个特定的态，意思就是每一个定域场实现了从许多可能的态中找到一个特定的适合自己的态。例如，定域场 $\psi(x_1)$ 实现了它的态 ω_1 ，另一个定域场 $\psi(x_2)$ 实现了另一个态 ω_2 。所有定域场实现了的态组成了一个整体的电子场实际的态。在另一边界条件下，电子场将实现另外的态。因此，在电子场中有很多可能的态，用哲学术语表述，就是对于定域场存在很多可能的世界。尽管有许多可能的态，时空参数 x 保持不变，不论这个定域场处在什么样的态， x_1 始终和定域场 $\psi(x_1)$ 保持一一对应关系，这是因为微分算符是作用于场态 Ψ ，而不是作用于变量 x 。它仅仅表示随着 x 的变化从一个定域场到另一个定域场的态的变化。

从语言学角度来看，时空变量 x 和代词“它”的作用是一样的。代词“它”在不同的语境下所指称的事物是不一样的，但是在一个特定的语境下其作用就像是指代一个特定事物的名字。在量子场论中，我们可以通过挑选特定的坐标系来确定语境，对于每一个 x ，我们设置一个由四个数组成的集合来作为它的坐标，因为我们是在四维时空中讨论量子场论的。用坐标 $x_1{}^{\mu}$ 作为定域场 $\psi(x_1)$ 的名字， $x_2{}^{\mu}$ 作为定域场 $\psi(x_2)$ 的名字， $x_n{}^{\mu}$ 作为定域场 $\psi(x_n)$ 的名字等，它们可以被认为是专名，都是单称词项。

我们可以将物理对象还原为某些时空区域，将时空区域还原为数的四元组之集，也就是说最终的四元组之集就是最终不可再分的基本实体。为了适应量子场论的解释体系或者其他的物理理论，任何“实在”都必须为时空的概念以及固有的几何特征提供一席之地。可以看出，我们通过挑选特定的坐标系为时空及其几何特征提供了一席之地。这样一个坐标系系统地指定了所有可能的定域场的名字，这些名字只是一个标记。我们可以用这些坐标标记定域场，是因为每一个定域场都与一个坐标一一对应，这就是“此性”概念的作用。也就是说，这些名字都是克里普克所称的严格指示词，在所有可能世界的电子场中，它们都固定地指称同样的定域场。可见，直接指称理论用于指称量子场论中的规范场是可行的。

“实在”的选择很大程度上取决于我们预设的一些概念。在量子场论的色散关系中，我们通过预设“特征”这一基本概念最终得到“场量子”这一基本实体；在量子场论的 $U(1)$ 对称群中，我们通过预设“此性”和“可能性”的概念而最终得到“电子定域场”这一基本实体。

表 1 说明量子场表现出“粒子”性和“场”的特性所预设的概念系统是不同的，直接指称理论和描述性指称理论通过预设的不同概念框架而指称不同的基本实体；这两种指称方式不是彼此相斥的，而是互补的。指称理论的选取视情况而定。指称的描述理论在概念层面略显简单，仅仅“特征”这样一个基本概念不能完全应付量子场论中的实体。描述性指称理论虽然有一些缺陷，但也是需要的：当我们用色散关系描述场量子的激发时就要用到指称的描述理论。然而，场量子这样的实体对于量子场论来说太简单了，故为了更好地指称特定实体，我们还需要其他更基本的概念。

表1　量子场

表现的特征	预设的概念	指称理论	指称的实体
“粒子”性	特征	描述性指称	场量子
“场”的特征	此性、可能性	直接指称	定域场

从以上指称量子场基本实体的论述中，我们可以得出如下结论。

（1）基本实体的相对非确定性。这一特征是量子场的“粒子”性和“场”的特性决定的，也是由指称理论以及预设理论自身的内在要求决定的。语义分析告诉我们，“实在”依赖于语言，“实在”是相对于一定的语言框架而言的，与我们预设的概念系统以及概念结构密切相关；我们对用自然语言表达的理论进行语义整编的方法也不是唯一的，这些都导致了基本实体的相对非确定性。并且，我们预设的概念系统不同，得到的基本实体就不同。正如前面所述，在量子场论中，我们通过预设不同的概念系统而运用不同的指称理论来指称基本实体。在量子场论的色散关系 $h\omega_k$ 中，我们通过预设“特征”这一概念最终得到对应的“场量子”这样的基本实体。在 $U(1)$ 对称群，我们通过预设“此性”和“可能性”作为概念系统，而最终得到电子定域场这样的基本实体。其中时空变量 x 是以“此性”的身份出现，而态的概念则是以“可能性”的身份出现。

（2）基本实体选择的意向性特征。语义分析使我们意识到语言对于“实在”的重要性。正如奎因所陈述的那样，我们所关心的与实际上有什么东西存在无关，而是与我们说有什么东西存在有关，这体现了言说主体的意向性特征。语言通过表征来表达我们的思想，在揭示语言表征功能的时候就很自然要碰到语言的意义、指称和预设问题，会涉及人的心理意向活动。意向性问题涉及语言如何与世界相连接，这种意向性本质上是一种主体建构，主体的特定意向性通过预设的概念系统表现出来。言说主体的意向性是以涵盖特定的概念系统的语用语境为依托的。

（3）定域场指称的语境依赖性。只预设时空变量 x 是不能指称最终确定的电子定域场的，定域场的态空间起到了很重要的作用。在一个特定的边界条件下，电子场处在一个特定的态，意思是每一个定域场实现了从许多可能的态中找到一个特定的适合自己的态。这里的特定的边界条件正是限定了特定的语境，正如前文所说的，从语言学角度来看时空变量 x 和代词“它”的作用是一样的；代词“它”在不同的语境下所指称的事物是不一样的，但是在一个特定的语境下其作用就像是指代一个特定事物的名字。并且，在量子场论中，我们巧妙地挑选特定的坐标系来确定语境而最终确定了电子定域场的指称，从中可以看出只有在特定的语境下才能赋予指称以确定性。

四、总结

从以上论述中可以看出，在量子场论的指称中我们用到的直接指称理论远远多于指称的描述理论，这是由量子场论的形式体系和理论结构决定的。因为在量子场论中有很多的对称不变性。例如，在量子场论中“考虑到一个态方程 $\psi(x)$，它的绝对相位是任意的，因此 $\psi(x)$ 和它的整体相位变化，$\psi(x)\to\psi'(x)=e^{i\theta}\psi(x)$，它们具有同样的物理意义”①。这里的物理意义主要是对应的物理特性，整体规范变换和局域规范变换中物理系统对应的拉氏量不变，所对应的物理特性也一样。不管是整体规范变换还是局域规范变换，对应的相位都发生了变换；相位的变换代表的是时空性质的变换。$\psi(x)$ 和 $\psi'(x)=e^{i\theta}\psi(x)$ 绝对不是同一个事物，因此用描述性指称是不能区分 $\psi(x)$ 和 $\psi'(x)=e^{i\theta}\psi(x)$ 的，这就是描述性指称理论的局限性。

然而，直接指称理论在量子理论中也有其局限。全同粒子的哲学问题是物理学中的一个重要的哲学问题。全同粒子就是内秉属性完全相同的粒子，例如一组电子，质量、电荷、自旋等内秉性质完全相同，它们就是全同粒子。正因为全同粒子具有相同的内禀属性，所以我们不能通过描述它们内秉属性的摹状词来指称它们，以达到区分的目的。在经典理论中，同类粒子虽然具有相同的内秉性质，但每两个粒子间的可区分性仍由其空间关系的特异性来确定。开始只要给各全同粒子编号，然后沿着它的轨道跟踪它，是完全可以区分和辨认出来的。这时只要预设一个空间位置参量 x 便可直接指称它们；由于位置的不同，我们可以给它们编号，直接指称粒子 1、粒子 2 等。但在量子理论中，由于位置和动量的不确定性原理，粒子以概率的形式在空间分布，根本就是没有轨道的，并且全同粒子在量子力学模型中所描述的一切内秉属性都相同，也

① Teller P. An Interpretive Introduction to Quantum Field Theory. Princeton：Princeton University Press，1997：467.

就是说它们是处于相同态的粒子，因此这种全同粒子是不能对其进行轨道跟踪来区分的。在量子世界有两类典型的基本粒子，即费米子和玻色子，而“在量子力学中，一般认为，玻色子是不可区分的全同粒子，因为它们在排列变换下呈正对称关系。因此它们是完全的不可区分，即个体性丧失了”[①]。由于个体性的丧失，我们不能通过直接指称单独粒子来区分它们。

尽管指称理论在物理学的研究过程中有一定的局限性，但是不可否认，跨学科的研究为我们提供了一种新的研究视角。指称理论在量子场论中的成功运用为我们展示了语义分析方法对于物理学研究的重要性，这正是跨学科跨领域研究的魅力所在。

① 万小龙．全同粒子的哲学问题．哲学研究，2005，2：115.

量子对象的模糊同一性问题 *

在传统上，模糊性和语言以及思维联系在一起，所以模糊性似乎只是一个传统的形而上学问题。物理理论很少为形而上学的问题提供直接的答案，并且形而上学往往不能直接由物理学证明，就好像物理学不能仅有经验数据来证明一样。然而，随着量子物理理论的出现，量子不确定性，也就是量子模糊性作为量子理论的主要特征又将模糊性和"实在"联系在一起，这将对模糊性的传统哲学观点造成一定的冲击。本文试图通过量子不确定性将模糊性和物理实在联系起来，得出实在本身可以具有模糊性的观点。

一、量子模糊性

对于模糊性，罗素认为，"模糊性和精确性一样，都仅属于表达的特

---

* 本文发表于《自然辩证法研究》2014 年第 2 期，作者李德新、郭贵春。

征，如，语言表达的特征”。[①] 此外，达米特表达了类似的观点，在他看来，“被模糊描述的事物在实际中是模糊的，这样的观念是完全不可理解的”[②]。刘易斯同意他们的观点，他认为，“模糊性的解释仅仅能定位在我们的思维和语言中，……，模糊性是语义学的不确定性”[③]。根据他们的观点，我们认为，山、沙堆、船等都可以是模糊的。然而，这些情况下的模糊性只是在概念层面上的，或是语言层面上的，只是“船”或“堆”这些词被认为是模糊的，而并不是对象本身。例如，“堆”的概念，我们不知道多少沙子或大米可以构成一“堆”，所以这是关于词“堆”的模糊性问题，而并不是对象本身。模糊性的普遍哲学观点认为模糊性只存在于我们的语言表征上而不是真实存在的，模糊性的解释有语义的或者认识论的解释，并不存在本体论的解释。根据语义的解释，如果一个词的含义是不精确的，那么它就是模糊的。“认识论解释的支持者认为，模糊性是由于一个对象或过程是否具有某一特性的不精确知识导致的。”[④]

然而，仍有一些学者认为存在真实的模糊对象，也就是本体的模糊对象，部分学者借助模糊属性来定义模糊对象，例如奥拉夫·阿歇姆（Olav Asheim），在他看来，“某一对象 a 是模糊的当且仅当就某一属性 F 而言这个对象是否具有这一属性是不确定的”[⑤]。而弗伦奇（French）和克劳斯（Krause）则认为“模糊对象可以被看作是具有不确定属性的对象”。[⑥] 但是最常见的观点认为模糊对象就是时空边界模糊的对象。例如，泰伊（Tye），他以珠穆朗玛峰为例，他认为“不存在区分组成珠穆朗玛峰的物质和它之外的物质的严格界线”[⑦]。也就是说，存在空间上的模糊对象——云、山、沙漠、岛，这些对象都是模糊的，因为它们的空间边界是模糊的。并且，目前关于本体的模糊性几乎全部集中于这些宏观对象。

---

① Russell B. Vagueness. The Australasian Journal of Psychology and Philosophy，1923，1（2）：85.

② Dummett M. Wang’s paradox. Synthese，1975，30：314.

③ Lewis D K. On the Plurality of Worlds. Oxford：Blackwell Publishing Ltd.，1986：212.

④ Chibeni S S. What is ontic vagueness？Presented in the 3rd“Principia”International Symposium，2003：2.

⑤ Asheim O. Vague objects and the logic of vagueness. Studies in Logic，2008，1（2）：34.

⑥ French S，Krause D. Quantum vagueness. Erkenntnis，2003，59（1）：97.

⑦ Tye M. Vague objects. Mind，1990，99（396）：535.

这些宏观对象几乎都遵守经典物理规律，宏观对象的属性附属于它们的基本成分的属性，经典物理学所对应物体的基本成分的属性原则上都是精确的，前者的模糊性原则上通过还原成后者而被消除，正是这个原因使得传统上的讨论几乎都反对本体的模糊性。随着量子理论的提出以及发展，人们将研究的物理对象从宏观的经典对象转向了微观的量子对象。并且量子理论最重要的特征之一就是量子不确定性，也就是量子模糊性。那么，量子模糊性对传统的模糊性的冲击能否像量子力学对经典力学的冲击一样巨大？让我们首先对量子模糊性进行深入讨论。

量子模糊性涉及量子理论的完备性。1935 年，爱因斯坦、波多尔斯基和罗森（EPR）在美国《物理评论》杂志上发表了一篇题为“量子力学对物理实在的描述是完备的吗？”的文章。[①] 他们认为，当且仅当物理实在的每一个要素都能在该物理理论中找到对应的部分，那么这个物理理论就是完备的，这就是 EPR 的完备性条件。也就是说，一个完备的物理理论必须能够准确描述物理实在的每个要素。对于物理实在性，他们认为在对系统没有任何干预的前提下，如果可以准确地预言某个物理量的值，那么这个物理量就具有实在性。不管是经典理论还是量子理论，物体的属性分为两类：一类就是态独立属性，也就是内秉属性，如静质量、电量和自旋等；另一类就是态决定属性，也就是外在属性，如位置、动量等。内秉属性通常都是精确的，而外在属性在量子理论中通常并不是确定的。量子模糊性正是体现在量子对象外在属性的不确定性，例如，量子对象的位置是不确定的，这也导致了它们运动轨迹的不确定性。经典理论中的粒子态通过一个六实数集合来表示，其中三个位置分量和三个动量分量。在量子理论中一个粒子的纯态是一个复值函数，通常也可以用波函数表示，其实就是希尔伯特空间的向量。经典理论中的确定态可以预测物体所有的力学量，如：动能、角动量等。然而，量子态不能精确给出量子对象所有的外在属性，它不能精确地预测所有的力学量。那么根据 EPR 的完备性条件，他们得出了量子力学不完备的结论。对于

---

① Einstein A，Podolsky B，Rosen N. Can quantum-mechanical description of physical reality be considered complete？Physical Review，1935，47：777-780.

这个结论，量子理论的支持者也给出了对应的解释。我们这里不去讨论量子理论关于完备性的争论，我们只是想探索它和本体模糊性的联系。对于量子理论完备性解释是非常复杂的，根据量子理论的发展，我们分析出四种对应理论。

（1）量子理论的正统解释。玻尔认为测量仪器与客体实在是不可分的，物理性质的客观实在与观测有关。他认为这不符合 EPR 提出的“不对体系进行任何干预”的前提，从而否认了量子理论不完备的结论。这个理论仅是关于现象的，而不是关于现象背后的实在的理论。这使得物理描述的实在的概念被抛弃，因此本体的模糊性也就不存在了，这也是一个反实在论的观点。

（2）不确定性原理。物理对象被认为具有精确的属性，但它们原则上都是未知的。海森堡认为对量子态进行测量会使观察的作用量在量子态上引入一个不可避免的扰动，这使得我们得到的是扰动以后的值，它们的属性的精确值都超出了我们的范围。缺失的信息在实验上是得不到的，根据实证主义的观点，我们认为量子理论不具有描述这些属性的能力。这个理论原则上被认为是完备的，在这种情况下，不存在本体的模糊性，只有认识论的模糊性。

（3）隐变量理论。对于 EPR 提出的量子力学是不完备的结论，玻姆认为，存在着某个我们不知道的附加元素或参量，这个元素或参量决定每一次测量的结果，这个附加的元素或参量的引入使得物理系统的状态和观测量的值是确定的，系统的动力学演化过程也是完全确定的。“根据通常解释的观点，这些附加的元素或参量被叫作‘隐’变量”，①玻姆将他提出的这个隐变量理论应用到量子力学的理论框架，对原有的理论进行了修正，使得量子力学具有完备性。这样的理论类似于经典物理学的理论，所以不存在本体的模糊性。

（4）实在本身是模糊的。量子理论中量子对象没有确定的外在属性被认为是客观的，这使得量子理论缺少理论值在客观上是模糊的，这意

① Bohm D. A suggested interpretation of the quantum theory in terms of “hidden” variables I. Physical Review，1952，85（2）：168.

味着在量子理论中的实在是模糊的。也就是说，量子实在的模糊性是本体论层面的模糊性，通常的精确对象的本体被模糊对象的实在的观念取代，这一理解和量子形式体系所表现出来的是相匹配的。这是一个实在论观点，只是这里的实在是模糊的。根据这个理论，量子理论被认为是完备的，只是对应的实在本身是模糊的，存在本体的模糊性，量子模糊性可以理解为本体的模糊性。

根据（4），我们得到量子实在本身具有模糊性的结论，这等价于量子对象是本体的模糊对象，这个结论和量子理论形式体系的表象是一致的。对于本体的模糊对象，微观的量子对象似乎符合我们前面提到的弗伦奇和克劳斯关于模糊对象的观点，因为量子对象具有不确定的外在属性，如位置和动量等。然而前面提到的关于模糊对象的定义几乎都是针对宏观的经典对象，虽然也有微观的量子对象符合的定义，但是那些定义都没有体现出微观的量子对象所独有的不确定性。根据前面的分析我们知道，宏观的经典对象和微观的量子对象的不同就是前者的外在属性是确定的，而后者的外在属性是不确定的。所以，我们可以通过对弗伦奇和克劳斯关于模糊对象的观点进行修正而得到关于微观的模糊对象的定义：模糊对象就是具有不确定的诸如位置和动量等外在属性的对象。也就是说，量子模糊性主要表现在量子对象外在属性的不确定性上。我们列举一个量子对象位置不确定的例子，根据德布罗意假说，物体是物质波，物质具有波粒二象性。我们可以用波函数$\psi(x,t)$来表示粒子的位置。假设这个波函数的空间部分$\psi(x)$是单色平面波，那么：

$$\psi(x) \propto \mathrm{e}^{\mathrm{i}k_0 x} = \mathrm{e}^{\mathrm{i}p_0 x/\hbar}\text{。}$$

其中，k_0是波数，p_0是动量。根据玻恩定则，波函数可以用来计算概率，在位置a和b之间找到这个粒子的概率P为：

$$P[a \leqslant x \leqslant b] = \int_a^b \left|\psi(x)\right|^2 \mathrm{d}x\text{。}$$

对于单色平面波，$\left|\psi(x)^2\right|$是均匀分布的，这个粒子的位置极端不确定，因为，它在a和b之间任意位置的概率都一样。当然这个定义对于经典的宏观对象是不适用的，因为经典物理学的基本规律就是决定论和

严格的因果律，它们研究的物理对象的外在属性都是确定的。

二、量子模糊性和量子粒子的非个体性

量子粒子是最基本的量子对象，量子粒子的属性可以很好地反映量子对象的属性。假设在一个量子系统中有两个内禀属性相同的量子粒子，且最初被认为是个体，将其标为粒子 1 和粒子 2，对应有两个可能的纯量子态为$\left|a^r\right\rangle$和$\left|a^s\right\rangle$，我们认为有以下四种可能性：

（1）两个粒子在$\left|a^r\right\rangle$态上；

（2）两个粒子在$\left|a^s\right\rangle$态上；

（3）粒子 1 在$\left|a^r\right\rangle$态上，粒子 2 在$\left|a^s\right\rangle$态上；

（4）粒子 1 在$\left|a^s\right\rangle$态上，粒子 2 在$\left|a^r\right\rangle$态上。

在经典统计力学中，（3）和（4）是不同的，但是，在量子统计中，不管是费米子还是玻色子，（3）和（4）是一样的。但是，从本体论上讲，如果量子粒子是个体的话，（3）和（4）就是不同的。因为，个体具有自我同一性，我们说某事物是一个个体，那么我们就可以区分它和其他事物，即使它们很相似。根据量子统计，量子粒子的交换不被看作是产生了一个新的结果。正是由于量子统计的这个结果，波斯特（Post）认为量子粒子是非个体（non-individual）。①将量子粒子看作非个体的学者还有海塞（Hesse）②和薛定谔③等。这个观点只是从量子统计的角度得到的，那么到底是什么原因导致了量子粒子的非个体性呢？一个非常普遍的观点认为，“这个‘非个体性’的出现正是由于在量子力学中时空轨迹并不是完全确定的”④。而导致时空轨迹的不确定性的原因正是量子粒子的外在

---

① Post H. Individuality and physics. The Listener，1963，70：534-537.

② Hesse M B. Models and Analogies in Science. Notre Dame：University of Notre Dame Press，1966.

③ Schrodinger E. Science Theory and Man. London：George Allen and Unwin，1957.

④ Krause D，French S. A formal framework for quantum non-individuality. Synthese，1995，102（1）：198.

属性的不确定性，也就是量子模糊性。并且，确切地说，这里的模糊性是统计意义上的模糊性。量子模糊性导致了量子粒子的非个体性，将量子粒子看作非个体才能很好地表现出量子模糊性。量子粒子的非个体性观点和量子场论的观点极其吻合，因为在量子场论的语境下，量子粒子是量子场的激发，是一份能量，所以不具个体性。

量子粒子的非个体性能够带来很多哲学思考。粗略地讲，通过非个体性，我们就不能说它和其他的同类对象相同或者不同，这是无意义的。在语言表达上，我们不能说"这是 a"或者"a 位于 b 和 c 之间"。并且，从严格意义上讲，"非个体的集合是无序的，它们不能被计数，也不能按次序放置"[①]。量子粒子的非个体性主要体现在自我同一性的丧失，对于量子粒子自我同一性的丧失，我们并不是说它和自己本身不同，而是同一性和非同一性可能已经不适合它们了。从某种意义上讲，在量子粒子中，同一性的概念可能是无意义的。量子粒子自我同一性的丧失使得我们需要对物理对象重新认识。当然，这些都是从理论上对非个体进行分析，在当代物理学中，我们仍习惯于称呼"粒子 a""这个电子"等，传统的物理学仍习惯于对量子粒子进行标记或命名。但是，对量子粒子进行标记或命名似乎是没有意义的，因为，量子粒子表现出集体行为，并且对于全同粒子而言，即使我们开始标记"粒子 1""粒子 2"，但是根据量子统计，我们不能根据它们的时空位置来区分它们，我们根本不知道哪个粒子是"粒子 1"哪个粒子是"粒子 2"。正如科尔特斯所说的："假设我们考虑的对象可以命名等价于承认它们是个体。"[②]对于经典粒子，我们可以对其进行标记或命名，因为它们可以被认为是个体。那么，我们要想对量子粒子进行标记或命名，我们可以通过某种方式找到可以区分它们的属性，并通过这个属性将量子粒子个体化，或者直接找到某种可以对非个体进行标记的理论。

为了对量子粒子进行标记，雷德黑德和泰勒（Teller）将"先验个体

① Krause D. Remarks on quantum ontology. Synthese，2000，125：162.

② Cortes A. Leibniz's principle of the identity of indiscernibles：a false principle. Philosophy of Science，1976，43：498.

性”（transcendental individuality）的概念引入量子粒子，也就是赋予量子粒子先验个体性。这个先验个体性被认为是在它们的内禀属性之上或是超越了它们的内禀属性。他们认为，“一个对象的先验个体性并不是它的另一个属性，但却可以使这个对象获得它的同一性”[①]。也就是说，通过先验个体性使量子粒子具有理论上的自我同一性，我们可以通过赋予量子粒子先验个体性对其进行标记或命名。但是这个理论很有局限性，因为根据量子统计，我们前面所提到的（3）和（4）被认为是一样的，量子粒子在统计的意义上不能被认为是个体。尽管如此，他们仍在形而上学层面为我们提供了一种个体化量子粒子的方法。克劳斯在 1992 年提出了一种适合非个体的集合理论[②]，这种集合理论和标准的集合理论不同，它们是标准集合理论的延伸，所以称之为“类集合理论”（quasi-set theory）。这里的标准集合理论是策梅洛 - 弗兰克尔集合论（Zermelo-Fraenkel set theory），策梅洛 - 弗兰克尔集合论的元素包括：M 元素和集合。克劳斯在策梅洛 - 弗兰克尔集合论的基础上构造了类集合理论，他的类集合理论包括三类基本元素：m 元素（被认为是微观对象，可以认为是非个体），M 元素（被认为是宏观对象，可以被认为是个体）和类集合。其中，M 元素就是标准策梅洛 - 弗兰克尔集合论中的基本元素。也就是说，类集合理论包含策梅洛 - 弗兰克尔集合论，它是后者的延伸理论。它既包括通常的宏观对象也包括量子粒子这样的微观对象，类集合理论为我们提供了一个处理不可区分粒子的集合的数学背景。我们可以通过类集合理论来挑选出量子粒子，它为我们提供了一个讨论非个体和非个体集合的形式结构，类集合理论是又一个数学和物理巧妙结合的理论。

---

① Redhead M，Teller P. Particle labels and the theory of indistinguishable particles in quantum mechanics. The British Journal for the Philosophy of Science，1992，43（2）：203.

② Krause D. On a quasi-set theory. Notre Dame Journal of Formal Logic，1992，33（3）：402-411.

三、量子对象的模糊同一性

传统模糊性的观点同样适用于模糊同一性，普遍的观点认为模糊同一性陈述只存在于语言陈述中，而不存在于真实世界中。对于模糊同一性，埃文斯在1972年发表的《可能存在模糊对象吗？》[①]一文中通过归谬法证明了同一性句子“a=b（‘a’和‘b’都是单称词项）”没有模糊的真值，也就是说，同一性陈述“a=b”不可能是模糊的。通过分析，我们将他的证明过程整理如下：

假设“a”和“b”都是单称词项，且“a=b”是模糊的，表示为：“$\nabla(a=b)$”，其中符号“∇”表示不确定算符，即：

（1）$\nabla(a=b)$，这意味着b具有这样的属性：是否同一于a是模糊的，表示如下。

（2）$\hat{x}[\nabla(x=a)]b$，然而，a是否同一于自己不是模糊的，表示如下。

（3）$\neg\nabla(a=a)$，并且，a不具这样的属性：是否同一于a不是模糊的，表示如下。

（4）$\neg\hat{x}[\nabla(x=a)]a$，根据（2）和（4）可以看出，谓词“$\hat{x}[\nabla(x=a)]$”对于$b$是正确的，对于$a$是不正确的，可见$a$和$b$是不同的，根据莱布尼茨原理得到。

（5）$\neg(a=b)$。

根据（5）可以知道，“a=b”为假，a和b的同一关系是确定的，也就是说，它们的同一关系不是模糊的，与假设$\nabla(a=b)$矛盾，所以当a和b都是单称词项的时候，a和b的同一关系不是模糊的。然而，刘易斯认为埃文斯的结论是完全错误的，他列举了一个模糊同一性的例子，“普林斯顿 = 普林斯顿区”。他认为，“‘普林斯顿’仅仅指示市区还是需要加上周围的镇区是不确定的”[②]，所以这个同一性是模糊的。其实，埃文斯的

---

① Evans G. Can there be vague objects？ Analysis，1978，38（4）：208.

② Lewis D. Vague identity：evans misunderstood. Analysis，1988，48（3）：128.

错误显而易见，因为，同一性陈述等式两边的单称词项只要有一个是模糊指示词，这个同一性陈述就是模糊的，刘易斯的例子正是如此。再例如，“世界上最伟大的领导者是世界上最英勇的领导者”就是一个模糊同一性的例子。因为，单称词项“世界上最伟大的领导者”是模糊的。这个单称词项的模糊性是由于谓词“……最伟大的领导者”的模糊性。因为到底什么标准下的领导者才是最伟大的是不确定的，例如，聪明、英勇、谨慎等都可以是标准，语言的规则无法确定这个角色。也就是说，这个词的多标准适用条件导致了它的模糊性。具有模糊性的指示词被称作“非精确指示词”（imprecise designator），与之对应的就是“精确指示词”（precise designator）。对于精确指示词，加勒特（Garrett）认为，“指示词‘*Z*’是精确的当且仅当它的指称不是通过模糊性描述来确定的，且它所指示的也不是模糊的”[①]。在他看来，严格指示词和精确指示词是不同的，所有的严格指示词（rigid designator）都是精确的，但并不是所有的精确指示词都是严格的。然而，我们不同意他的这一观点，例如，前面所提到的“普林斯顿”是一个专名，也是一个严格指示词，但却不是一个精确指示词。当然，不是所有的精确指示词都是严格指示词，例如，“这个房间里最高的人”是一个精确指示词，但却不是一个严格指示词。后来，努南（Noonan）修正了埃文斯的论证，他认为埃文斯的目的是要表明，“如果同一性陈述‘$a=b$’具有模糊的真值，那么等式两边的单称词项至少有一个是指称不确定的词——非精确指示词”[②]。所以他将埃文斯论证中的 a 和 b 假设为精确指示词，这时已经不存在语言层面的模糊性了，如果它们的同一关系仍是模糊的，那将是真实的模糊同一性或者说是本体论上的模糊同一性。最后通过归谬法证明当 a 和 b 都是精确指示词的时候，a 和 b 的同一关系不是模糊的。也就是说，通过归谬法证明了不存在本体论层面的模糊同一性，只存在语言层面的模糊同一性。

洛（Lowe）在《模糊同一性和量子不确定性》一文中认为，“传统的关于模糊对象和模糊同一性的哲学问题因为没有考虑量子不确定性而有

---

① Garrett B. Vague identity and vague objects. Noûs，1991，25（3）：342.

② Noonan H W. E J Lowe on vague identity and quantum indeterminacy. Analysis，1995，55（1）：14.

所遗漏”[①]。在他看来，量子粒子的同一性让我们在本体论层面上支持模糊的同一性。他列举了一个非常重要的例子，在一个电离室内，一个自由电子 *a* 被一个特定的原子得到而变成阴离子，过了一会儿，这个阴离子通过释放一个电子 *b* 而又恢复到中性原子。根据量子统计理论，我们不知道 *a* 是否同一于 *b*，也就是说，*a* 是否同一于 *b* 是不确定的。这个例子的关键特征是，在这样一个解释中，相关原子最外层的电子 *a* 和其他电子进入了纠缠态，在这个态上电子的数目是确定的，但是它们中的哪一个电子是 *a* 是不确定的，因此，电子 *a* 和释放的电子 *b* 是否同一也是不确定的。所以他认为，根据量子理论的正统解释，这里的不确定性是超出认识论层面的，是本体论层面的模糊性。

对于洛的例子，学术界也提出了许多反对的声音。例如，努南提出了质疑，他认为“原子吸收的电子 *a*”在洛的例子里并不是精确指示词，因为，“‘原子吸收的电子 *a*’进入纠缠态后指示的可能是一些新的电子集合的一部分”[②]，所以，最终的模糊同一性仍是语言层面的。此外，霍利（Hawley）认为，最终不论哪个电子被释放出去，“将‘释放的电子’命名为‘电子 *b*’都误导了我们”[③]。面对质疑，洛随后承认，“限定摹状词‘释放的电子’不能确定地挑选出唯一的实体”[④]。也就是说，“电子 *b*”并不是唯一具有“释放的电子”资格的。但是，在他看来，虽然“电子 *b*”和“释放的电子”是非精确指示词，但是它们的模糊性具有本体论的解释和来源。虽然他没有直接回应努南的那个质疑，但是，似乎这个质疑也可以用上面的解释回应。对于洛的这个例子，我们将结合前面的分析做出如下修正和讨论。

洛在他的例子中明确地将电子看作个体，那么他讨论的两个电子至少有一个必须限制在纠缠态上。因为，如果它们都不在纠缠态上的话，“原子吸收的电子 *a*”和“原子已经释放的电子 *b*”指示的都是测量以后

---

① Lowe E J. Vague identity and quantum indeterminacy. Analysis，1994，54（2）：110.

② Noonan H W. E J Lowe on vague identity and quantum indeterminacy. Analysis，1995，55（1）：19.

③ Hawley K. Indeterminism and indeterminacy. Analysis，1998，58（2）：101-106，103.

④ Lowe E J. Vague identity and quantum indeterminacy：further reflections. Analysis，1999，59（4）：328-330.

的电子，根据量子理论，测量以后的电子都是确定的粒子，所以它们都是精确指示词。由于个体具有历时同一性，那么它们要么是同一个电子要么就不是同一个电子，它们的同一关系是确定的。这样得到的结果和埃文斯的结果是一样的，不能成为反例。并且，洛的例子中讨论的电子必须有且仅有一个处在纠缠态上，因为，“如果处在纠缠态上的是确切的两个电子，那么这两个纠缠的粒子是否同一在本体论上就不可能是模糊的，这是由于这些对象在本体论上是否同一是模糊的相当于那些对象的数目是模糊的”[①]。为了避免这个问题，可以将“原子吸收的电子 *a*”限制在纠缠之前，那么最终讨论的同一性就是它和处在纠缠态上的电子的同一性。然而，处在纠缠态上的个体性粒子的概念在理论上是存在问题的，因为，在纠缠态上它们的自我同一性丧失。如果例子中的个体被认为是我们前面提到的先验个体的话，理论上不存在上述问题。然而在纠缠态上，电子还没有被释放出去，我们根本就不能将其标记为“原子释放的电子 *b*”，而应该是“原子即将释放的电子 *b*”。而这个词不能唯一地选择电子，所以是一个非精确指示词。这时它们的同一关系确实是模糊的，但是这里的模糊同一性只是语言层面的模糊同一性。这个结果的主要原因是他将量子粒子看作个体，那么它们的量子不确定性就只能体现在量子纠缠态上，然而在纠缠态上的讨论又带来了语言层面的模糊性。

从上面的分析我们可以看出，当我们研究对象为个体的时候，分别用精确指示词选出来的两个个体要么相同要么不同，它们的同一性是确定的。这正是由于个体和其他个体的可区分性以及个体的自我同一性导致的。即使在本体论层面存在具有个体性的模糊对象，它们之间的同一关系也是确定的，因为“每一个模糊对象确定地不同于每一个确切对象和每一个其他模糊对象”[②]。

那么，如果我们将洛的例子中的电子看作非个体的话，可能就会出现不一样的结论。我们前面提到量子粒子的非个体性表现出自我同一性的丧失，而自我同一性的丧失正是由于量子粒子时空位置和运动轨迹的

---

① Odrowąż-Sypniewska J. Quantum indiscernibility without vague identity. Analysis，2001，61（1）：67.

② Noonan H W. Are there vague objects？ Analysis，2004，64（282）：131.

不确定性。也就是说，量子粒子自我同一性的丧失是由量子不确定性导致的，而量子纠缠可以很好地表现出它们的非个体性，所以我们将在纠缠态上讨论它们的同一性。根据量子理论，纠缠态上的全同粒子并不是确定地不同，当然也不是确定地同一，因为如果确定地同一，这个纠缠态上就只有一个粒子，所以，它们是否同一是不确定的。理论上非个体对象是不可以命名的，但是克劳斯为我们提供了一种适合非个体对象的“类集合理论”，通过这个集合理论我们可以挑选出理论上的“电子 *a*”和“电子 *b*”。那么，洛的例子相当于首先利用类集合理论从纠缠态上任意挑选出一个电子作为理论上的“电子 *a*”，然后再从原来的纠缠态上挑选出理论上的“电子 *b*”，而并不是从挑选出“电子 *a*”以后的系统挑选出“电子 *b*”，这样就符合了洛例子中的实际描述。当通过类集合理论挑选出来电子的数学形式不同时，根据前面的分析，它们的同一关系是模糊的。因为数学形式是确切的，所以不会带来语言层面的模糊性，所以这个模糊同一性是本体论层面的。当然可能会出现数学形式相同的情况，相当于挑选出来的是“同一个”电子。而量子粒子自我同一性丧失，这并不是说它们与自己不同，也不是说它们与自己相同，而是说它们与自己的同一关系是不确定的，是模糊的。那么，当挑选出来的电子的数学形式相同的时候它们的同一关系也是模糊的。这和量子逻辑中不存在 $\forall x\,(x=x)$ 的形式在理论上是一致的。也就是说，不管挑选出来的电子的数学形式是否相同，它们的同一关系都是模糊的。因为我们挑选电子的时候没有用到单称词项，那么它们的同一关系的模糊性就不是语言层面上的，而是本体论层面上的。其实，当量子粒子为非个体的时候，埃文斯的论证步骤（3）认为 *a* 同一于自己是不正确的。也就是说，把洛的例子中的电子看作非个体理论上就可以作为埃文斯论证的反例。通过上面的分析可以看出，它们的模糊同一性来自量子粒子本身的模糊性。总之，通过对洛的例子的分析讨论和修正，我们认为存在本体论层面的模糊同一性，量子纠缠态上的粒子之间的同一性就是其中的一个例子。

四、结语

传统的哲学家反对模糊对象的存在某种程度上是因为他们的思维还停留在先前的经典理论。通过一些特定的例子对量子模糊性进行分析，我们认为量子理论将模糊属性赋予了物理对象。此外，在粒子物理学中的一些理论上和实验上的结论都是模糊对象存在的有力证据，并且，试图将量子对象看作精确对象的理论都会遇到一些约束条件。我们最终认为量子对象就是模糊对象，量子模糊性就是本体的模糊性。量子模糊性表现为量子对象的外在属性的不确定性，这导致了量子对象的非个体性，表现为自我同一性丧失，这似乎反驳了奎因著名的“没有同一性就没有实体”①的理论。在洛的例子中他将电子看作个体就不能表现出量子不确定性，本体的模糊同一性就不可能出现。所以，我们将洛的例子中的电子看作非个体，并且类集合理论为我们提供了一种挑选非个体对象的数学工具。这使得我们挑选出来的电子具有确切的数学结构，最终得到本体论层面的模糊同一性。此外，我们所支持的理论至少是一种温和的实在论观点，所以我们并不支持普特南的这个看法：“根据实在论的观点，可以存在模糊概念和模糊的表达方式，但却不能存在模糊对象。”②

① Quine W V O. Ontological Relativity and Other Essays. New York：Columbia University Press，1969：23.

② Putnam H. Vagueness and alternative logic. Erkenntnis，1983，19：299.

从新埃弗雷特解释到多计算解释

——量子计算语境下多世界解释的演变*

量子计算作为量子信息科学最重要的一个组成部分，近年来在理论、实验及算法方面都得到了很大的发展，然而就当前来说，对于量子计算过程本身，我们却并没有一个明确的物理图景。这种情况有其必然性，因为建立一个关于量子计算的整体图景，是与确立一个令主流学者满意的量子力学解释紧密相关的。当然，现在我们已有了多种多样的量子力学解释，从最初的正统解释到隐变量解释再到模态解释等；不过正如牛津大学量子计算中心的霍斯曼（C. H. Horsman）博士所认为的那样，“选择多世界解释作为量子计算的物理基础，会比其他解释或者不做解释更有优势”①。

---

* 本文发表于《哲学研究》2014 年第 4 期，作者王凯宁、郭贵春。

① Horsman C H. An introduction to many worlds in quantum computation. Foundations of Physics，2009，39：869.

量子力学的多世界解释并不是一个单一的解释理论，而是一个由多种解释集合而成的解释群。从多世界解释各种进路之间批判与继承的历史关系[①]来看，它们是建立在一种共同的哲学基础之上的，即它们都在一定程度上承认“微观世界”中的态叠加现象在“宏观世界”中也是存在的且是真实的。这就意味着传统观念上的量子与经典之间的鸿沟并不存在。按照这种观点，我们就很容易建立一种对量子计算的一般性认识，因为在多世界解释的语境下，经典比特与量子比特之间并没有本质的不同，经典处理器也不过是处于特殊环境中的量子处理器的一个子类而已。这样做的好处是显而易见：一方面我们不需要在一个计算过程中明确地划出量子计算与经典计算的分界线，另一方面我们也很容易在不同的计算资源之间建立一种基本关联。这两方面的优势在事实上支持了一种泛计算主义（computationalism）世界观，即认为一切自然事件的演化都是某种自然规律下的计算过程，我们可以用计算的观点来解释所有物理现象。当有学者将其应用于量子力学时，就形成了一种新解释，即多计算解释（many-computations interpretation），它可以被看作一种特殊形式的多世界解释。

一、量子力学的新埃弗雷特解释

量子力学多世界解释的最早形式是由埃弗雷特于 1957 年提出的相对态解释（relative-state interpretation），其主要观点是：“在量子测量系统中，冯·诺依曼的‘塌缩’解释所描述的组合系统从叠加的‘可能态’向具体的‘现实态’的跃迁是根本不存在的。实际上，是观测者的观察状态分裂（split）成了同时存在的各个不同的‘分支’（branch），每一个分支对应于客体系统中的一种本征态，代表了观测者获得的确定的（虽然是不同的）测量结果。”[②]尽管埃弗雷特理论在提出之后的近十年内一直未受到重视，但到了 1967 年之后，多世界解释又开始兴起，并沿着不

① 贺天平．量子力学多世界解释的哲学审视．中国社会科学，2012，1：51.

② 成素梅．量子测量的相对态解释及其理解．自然辩证法研究，2004，3：25.

同进路迅速发展，成为一种受多数物理学家支持的新正统解释。当前多世界解释已经有 10 多种不同的有影响力的分支理论，主要包括相对态解释、多宇宙解释、多心灵解释、多历史解释及多纤维理论等。从“态－宇宙－心灵－历史－纤维”[①]这种对物理世界结构的不同理解来看，这个解释群中的每种解释在其理论内核上都是具有独立性的。我们并不能将它们简单地兼并包容，来说明量子计算背后的物理图景。因此，本文中我们主要引入一种具体形式的多世界解释，即由埃弗雷特、桑德斯（S. Saunders）和楚雷克的思想相融合而成的一个理论框架，有学者称之为“新埃弗雷特解释”。[②]

量子力学之所以需要解释，是因为量子物理学中存在一个非常重要的基本问题，即测量问题：在未进行测量之前，量子系统按照薛定谔方程幺正地演化，其过程是决定论的、可逆的；在测量之后，量子系统发生突变，叠加态随机“塌缩”到一个本征态，其过程是非决定论的、不可逆的。当我们考虑一个将宏观结果与微观状态相联系起来的实验（如“薛定谔的猫”思想实验）时，由量子力学所描述的微观状态在演化过程中的决定论性与在测量过程中的非决定论性之间的矛盾就会被放大到宏观领域，从而表现为客体的状态由观测者的主观测量所决定。但这是明显有悖于常理的。因此，这就要求人们提供一种合理的陈述，以说明被测系统、测量仪器以及主观观测者之间的关系，即对量子力学做出解释。

在多世界解释之前，几乎所有为解决测量问题而提出的量子力学解释在一开始都会假设量子叠加态不能描述宏观的物理实在。人们普遍认为除了那个“真实的”物理状态经过测量会保留下来外，叠加态中其他的项都会以这样或那样的方式消失。但埃弗雷特提出了一种新观点，即无论是微观的还是宏观的物理实在都可由量子态来描述，其中构成叠加态的每一个状态都同样是“真实的”。在这种观点下，我们需要解释两方面的问题：其一是测量问题本身，即如果叠加态中的所有项都是真实的，

① 贺天平．量子力学多世界解释的哲学审视．中国社会科学，2012，1：52.

② Horsman C H. An introduction to many worlds in quantum computation. Foundations of Physics，2009，39：874.

那么为什么测量之后我们只会得到一种状态？其二是逻辑问题，即我们要如何解决事物同时处于多种不同状态这个逻辑上的矛盾。针对第二个问题，多世界解释可以通过引入一些外部参数来化解这种矛盾，例如通过引入区分不同的世界、分支或宇宙的参数，我们可以说在这个世界（或分支、宇宙等）中猫是死的，而在另一个中是活着的。这与我们使用时间参数是一样的，例如，我在这一时刻处于打字的状态，在下一时刻处于休息的状态，这就不会在逻辑上造成矛盾。同样地，如果将这些区分不同世界的参数的应用范围扩展到包括观测者在内的整个系统，我们就容易消解第一个问题，即在某个世界中，观测者看到猫死了，而在另一个世界中，观测者则会看到它是活着的。

当然，这只是各种多世界解释都认可的一种比较笼统的观点，每一个明确的解释都会以其特定的方式将这种观点具体化，我们这里所讨论的新埃弗雷特解释也是这样。新埃弗雷特解释认为物理实在作为一个整体可由“多重宇宙”（multiverse）的态$|\Psi\rangle$来描述，这里多重宇宙是全部世界的主结构。在这个主结构中，我们可以将其子结构定义为具有不同历史的单一宇宙，来代表我们直觉地感受到的那些分支宇宙（即我们所存在的世界）。霍斯曼给出了新埃弗雷特解释下宇宙、分支与世界的概念：“多重宇宙：物理实在的总体，它由‘完全态（universal state）’来描述，再没有比它更大的系统了；分支（branch）：多重宇宙的子结构，我们会直觉地称之为‘宇宙’，它是一个具有确定（或准确定）的随时间稳定演化历史的可辨识的宏观范围；世界（world）：类似于分支，只是在很长的时间尺度上，其结构并不稳定，在适当的时间尺度（即在对我们有意义的足够长的时间范围）内，我们可以从主结构中辨识它，但在很长的时间尺度上，它不能稳定地演化并保持其结构。”[①]

新埃弗雷特解释的一个重要特点就是将多世界解释与退相干（decoherence）理论相结合，指出我们得到世界的稳定性的主要方式是退相干。退相干理论最早于1970年由德国海德堡大学的泽（H. Zeh）提出，

① Horsman C H. Quantum Computation and Many Worlds. http：//arxiv.org/abs/quant-ph/0210204，2002：3.

他认为实际的系统不是封闭的，它们与环境不断发生相互作用，导致了描述系统的波函数的各本征态之间的相干性会被破坏。我们“不能把退相干理论作为一种独立的量子力学解释体系……退相干理论是在量子力学框架内，在冯·诺依曼测量理论基础之上，对实际情形中的量子系统及观察效应进行量子力学描述的一种动力学理论，是对封闭系统量子力学研究的补充”①。新埃弗雷特解释指出，在由完全态描述的多重宇宙内，具有确定子结构的分支系统随时间进行着稳定的演化，然而当测量发生时，被测量系统通过与一个更大环境发生纠缠而导致原系统内发生退相干过程，令其波函数各个基之间的相干性消失，从而在叠加态的分裂过程中分别选择一个新的在动力学上稳定的演化方向，形成不同的分支世界。新埃弗雷特解释与早期的多世界解释相比，最主要的区别在于它们对分支、世界等子结构的理解方式不同。新埃弗雷特解释认为子结构的定义并不是基本的或精确的，它们是为了实用目的而被定义的，其标准根据需要可以是可辨识性或随时间的稳定性等，即只要在我们研究所需的时间内能确保不同分支之间是消相干的就可以了。这样就可以避免“必须为量子力学找到一个解释基础”的问题，即多伊奇指出的，“无论是经典解释还是埃弗雷特解释，都没有建立一个明确的解释基础。但是如果量子力学想要成为一个普适性的物理理论，那么量子力学的解释基础不仅需要被明确地说明，而且这个基础还应该完全能由量子理论的形式体系来表征”②。这种观点意味着量子力学的解释基础也必须是精确的、绝对的，对于多世界解释来说就是分支或世界的定义必须精确，但这恰恰是多世界解释无法做到的。因此新埃弗雷特解释认为我们必须改变这种从基础物理理论层面解决量子测量问题的思路，而是从方法论层面来理解“世界”这个概念，即在未能明确地以形式化方式给出“世界”的定义之前也可以使用“多世界”这个术语来解释量子测量问题。这就类似于虽然我们缺乏对时空的精确形式化定义，但仍然能相对地使用“时

---

① 赵丹. 退相干理论的意义分析. 哲学研究，2009，11：86.

② Deutsch D. Quantum theory as a universal physical theory. International Journal of Theoretical Physics, 1985, 24 (1): 22.

刻”的概念。因此，接受新埃弗雷特解释对世界或分支的这种模糊化认识，就意味着在不同的层次或范围内，我们能够通过对世界或分支的具体结构给出不同的定义来对量子现象做出解释。

二、新埃弗雷特解释下的量子计算

用新埃弗雷特解释来说明量子计算过程，一个主要的好处在于我们容易由此分析量子计算相对于经典计算表现出加速性的原因。从本质上来说，量子计算与经典计算一样，都是利用一个物理系统随时间演化来实现系统状态变化（即信息处理）的过程，其区别只是在于前者遵循量子物理规律演化，而后者按照经典物理规律变换。正如对经典计算来说并不是所有的算法都有同样高的计算效率一样，要实现高效的量子计算，还必须通过巧妙地设计算法来充分地利用量子系统的特性以降低计算复杂度，从而提高计算效率。因此，我们接下来就结合多伊奇算法这个最简单的量子算法来讨论如何利用新埃弗雷特解释为量子计算过程建立一个整体图景。

1. 多伊奇算法

多伊奇算法是由多伊奇于 1985 年提出的，也是第一个能真正体现出量子计算优越性的量子算法，它被用来判定一个函数为“常数函数”还是“对称函数”。假设 $f(x)$ 为一个定义域和值域都为 $\{0,1\}$ 的函数，若 $f(0)=f(1)$，则我们称其为“常数函数”，若 $f(0)\neq f(1)$，则我们称其为“对称函数”。如图 1（a）所示，在经典计算中，最快的算法也至少需要两次运算才能判定这个函数，即第一次将输入位 x 赋值为 0，将输入位 y 赋值为 0，测量输出位 $y\oplus f(x)$ 的值，若为 0，则说明 $f(x)=0$；若为 1，则 $f(x)=1$——这里 $\oplus$ 表示模 2 加（即异或操作，输入相同输出为 0，输入不同输出为 1）。第二次将输入位 x 赋值为 1，将输入位 y 赋值为 0，同样测量输出位 $y\oplus f(x)$ 的值以确定 $f(x)$ 的值。将两次计算得到的 $f(x)$ 的值进行比较，就能确定其为“常数函数”还是“对称函数”。

与经典计算不同的是，在量子计算中，利用多伊奇算法我们可以仅进行一次运算就完成对这个函数的判定。如图 1（b）所示，多伊奇算法对数据的操作主要为两个变换，即单量子比特哈达玛（Hadamard）变换：H 和双量子比特幺正变换：$U:|x\rangle|y\rangle \rightarrow |x\rangle|y\oplus f(x)\rangle$。

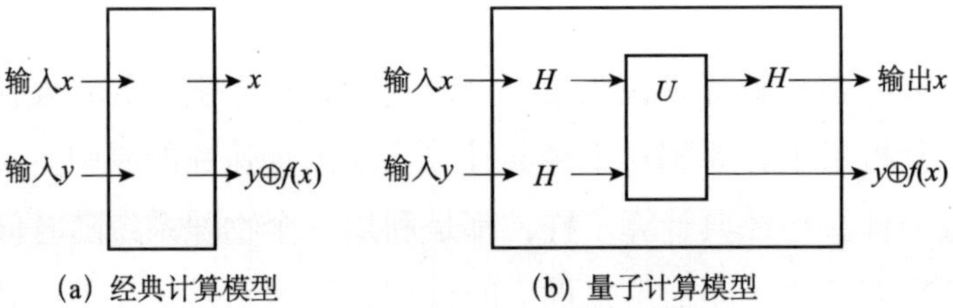

图1　经典计算模型与量子计算模型

首先，我们将一个两比特量子寄存器赋值为$|0\rangle|1\rangle$，这与在经典计算中为一个二比特寄存器赋值为 01 是相同的。从新埃弗雷特解释的视角看，由于我们只能存在于多世界中的一个分支上，这个分支与世界的其他分支是消相干的，在其中系统的状态是确定的，因此我们只能为一个状态赋予确定值，即 0 或 1。

接着，利用量子态的叠加特性，我们可以通过哈达玛变换 H 将第一量子比特$|0\rangle$变为叠加态$(|0\rangle+|1\rangle)/\sqrt{2}$，将第二量子比特$|1\rangle$变为叠加态$(|0\rangle-|1\rangle)/\sqrt{2}$。这一步变换从形式化表征上是容易理解的，但它却是量子计算中最重要的一步，因为它将一个代表确定值的经典态转变为了代表不确定值的叠加量子态。根据新埃弗雷特解释，我们可以认为叠加态事实上占用了两个分支世界的资源，并且在此后对叠加态的幺正变换操作都同时会在这两个世界中产生作用，但此时这两个世界仍然是平行的。

然后，我们将幺正变换 U 作用到上面得到的两个处于叠加态的量子比特上，即

$$U:[(|0\rangle+|1\rangle)/\sqrt{2}][(|0\rangle-|1\rangle)/\sqrt{2}] \\ \rightarrow (1/\sqrt{2})[(-1)^{f(0)}|0\rangle+(-1)^{f(1)}|1\rangle][(|0\rangle-|1\rangle)/\sqrt{2}] \quad (1)$$ ①

从形式化角度看，我们利用么正变换 U 将上述两个原先分别处于叠加态，但并不相干的量子比特纠缠在一起了，即将表征这两个量子比特的粒子以量子力学特有的方式相互关联起来。而且在未来的演化中无论它们之间相隔多远，这种关联都不会消失，直至我们对其中一个粒子进行测量，使它们分别处于一个确定的状态。在新埃弗雷特解释下，我们认为这一步操作使得原本相互平行的两个分支世界由于分别包含着不可分割的物理实体的一部分而相互关联了起来，这里的物理实体就是纠缠在一起用来表征两个粒子。

最后，我们分别在 $f(0)=f(1)$ 和 $f(0)\neq f(1)$ 的情况下对（1）式进行推导，并将一个哈达玛变换 H 作用到第一量子比特，就会得到当 $f(0)=f(1)$ 时，量子寄存器处于态 $|0\rangle[(|0\rangle-|1\rangle)/\sqrt{2}]$，当 $f(0)\neq f(1)$ 时，量子寄存器处于态 $|1\rangle[(|0\rangle-|1\rangle)/\sqrt{2}]$。这时通过一次对第一量子比特的测量，我们就能判定 $f(x)$ 是什么函数了：当测量结果为 0 时，$f(x)$ 是“常数函数”；当测量结果为 1 时，$f(x)$ 是“对称函数”。在新埃弗雷特解释下，这里进行的测量意味着我们令这两个粒子构成的系统与一个包含测量仪器和观测者在内的更大环境发生纠缠，从而导致原系统内发生退相干过程，这个两比特量子寄存器的不同基之间的相干性消失了，分裂后的叠加态则分别在不同的演化方向上进行选择，形成不同的分支世界。存在于这两个分支世界其中一个之内的观测者，就会测量到一个确定的第一量子比特的值，从而确定了函数 $f(x)$ 的类型。

2. 量子计算的整体图景

通过上述对多伊奇算法的分析我们发现，量子计算充分利用了微观粒子包含着多重世界中的一些全局信息这个特征，通过对粒子的状态进

---

① 为简单起见，我们略去了一些烦琐的形式推导，详细步骤请参见李秀林，李阳．量子计算基本原理．杭州：浙江科学技术出版社，2006，66-67。

行巧妙的变换，我们能使所需的那部分信息在测量发生时以非常高的概率（在多伊奇算法中为 1）被提取到我们所在的分支世界中。事实上，这意味着在新埃弗雷特解释下，我们能够更容易地将量子计算过程（即可控的量子系统演化）看作一个信息处理过程，其中量子态制备对应于信息存储，量子态幺正变换对应于信息处理，对量子态的测量对应于信息提取。

在信息存储阶段，当我们利用哈达玛变换将一个量子定态转变为叠加态时，就意味着我们将两个经典比特中的信息 0 和 1 储存在了一个量子比特中。对比这两个经典比特与这一个量子比特，容易发现它们包含了同样多的信息量。那么量子比特是如何能够做到多存储一比特信息的呢？如果按照量子力学哥本哈根解释的观点，我们很难对此做出说明。因为哥本哈根解释认为量子叠加态是不确定的，只有通过测量叠加态才会以一定的概率坍缩到一个确定的状态上，其中隐含着的关于信息的观点就是：处于叠加态的量子比特是不包含任何信息的，信息是在有主体参与的测量发生时才被创造出来的。事实上这种观点人为地增加了量子信息的神秘性，将其彻底与经典信息进行了区分。相反，在新埃弗雷特解释下，我们则容易得到上述问题的答案，即量子寄存器利用量子态的叠加特性将两比特信息分别存储在了多重世界的两个分支中，而经典寄存器则只能将这两比特信息存储在一个分支世界内，因此就需要两位经典比特。

在信息处理阶段，由于量子叠加态在多重世界的两个分支中分别拥有一比特信息，且幺正操作决定了叠加态中这两个线性无关的状态会同时发生变换，因此一个量子处理器就实现了对两个分支世界中信息的并行处理。这就等价于一个分支世界中的两个经典处理器并行地对两比特信息同时进行运算，从而体现出了量子计算的加速特征。

在以上两个阶段，我们一直都将关注点放在仅由我们所关注的量子态构成的系统之上，即我们假设该系统是孤立的或者通过创造条件保证该系统是孤立的，但是在信息提取阶段，对量子态进行测量则必然会导致该系统与包括测量仪器和观测者在内的更大的环境发生相互作用，使得量子比特存储在不同分支世界中的信息只能有一部分——即存储在观测者所在的那个分支世界中的那一比特信息——被我们提取到。这时候，量子计算并行性与经典计算并行性之间的区别就得到了体现。以上面多伊奇算法中最后得到的信息为例：利用量子计算，我们最终得到的是一比特信息，即只是确定了 $f(0)=f(1)$ 还是 $f(0)\neq f(1)$，关于究竟 $f(0)$ 为 0 还是 1，以及 $f(1)$ 为 0 还是 1，我们并不知情；作为对比，通过经典计算，我们则最终得到了两比特信息，即 $f(0)$ 为 0 还是 1，以及 $f(1)$ 为 0 还是 1。所以，虽然量子计算具有并行处理数据的优势，但由于作为观测者的人只能感知多重世界的一个分支，因此最终我们所能掌握的只能是量子态所包含的这个分支世界中的信息，这也是计算学家之所以需要精心设计量子算法以使得所需的信息能以最大的概率出现在这个分支世界中的原因。相反虽然经典计算（相对于量子计算来说）不能使计算过程加速，但由于所有的数据都是在一个分支世界中被处理的，因此最终我们得到了关于被计算系统的全部信息。

按照新埃弗雷特解释，我们可以简单地将量子计算的整体图景描述如下：一个孤立于环境的量子叠加态包含了超过一比特的信息，它们分别被存储于多重世界的不同分支中；当量子处理器对该量子态进行幺正变换操作时，这些信息在不同的分支世界中并行地发生着转化；测量使得孤立的量子态与外部环境之间产生了纠缠，导致了量子退相干现象的出现，量子态存储在各分支世界之间的信息变得不再相互关联，这时观测者就得到了他所能感知的那个分支世界中的部分信息。这样一幅关于量子计算的整体图景，事实上改变了我们对量子计算与经典计算关系的认识：量子与经典之间泾渭分明的界限变得不复存在，量子计算应该被视为在多重世界中更基本的信息处理方式，而经典计算只是它的一个子类，是我们在受到系统与环境相互作用的限制下，不得不忽略处于不同分支世界的状态之间的相干性，而仅利用某一个分支世界中系统的状态变换来完成信息处理任务的方式。这种将量子计算与经典计算相统一的观点，不仅具有方法论方面的功能，使得我们容易在实现计算的不同类型资源之间建立起基础性关联，建构一个包含多种计算方式在内的整体模型来完成复杂性计算，而且在认识论方面支持了当前流形的计算主义观点，让我们能够从信息表征和信息处理的视角重新认识量子力学系统，从而为提出更合理的量子力学解释开辟了一条新的路径。

三、量子力学的多计算解释

计算主义最早源自于人工智能及认知科学方面的研究，其主要观点是计算能为人类的意识活动和认知能力提供一种解释。不过这里的计算只是一个缺乏语义定义和真实物理过程的模糊概念，因此，“许多计算主义者，基于不同的考虑，把各自心目中的计算主义进一步推进和具体化。一种推进就是进一步阐发计算的概念，一些人认为计算就是对形式符号的操纵，一些人按照图灵机理论和可计算性理论来理解计算的概念，还有一些人认为计算就是信息处理”①。从最后这种对计算的认识来看，计算主义仅考虑如何将认知和意识理解为计算就显得过于局限了。很显然，包含个体意识和人类社会在内的系统的演化都是信息处理的过程，因此可以说任何自然事件的发展都是在执行某种意义上的计算。类似于将粒子或能量看作世界的本质那样，我们也可以将计算看作世界的本质，这就是泛计算主义观点。

泛计算主义为我们提供了一个不借助身心二元论来解释客观的物理系统与有意识的观测者之间关系的框架，因为在其观点下观测者自身的意识也是一种利用脑部状态变化来实现的计算，观察不过就是不同计算类型之间的映射而已。当然，为了避免由这种认识导致的将任何物理系统都等价于心灵的泛灵论，即确保“一切事物不会实现一切计算”（everything doesn’t realize every computation）②，我们还是必须考虑计算的执行（implementation），即某个物理系统是以何种方式实施计算的。通过合理地定义计算的执行，我们能够明确某个物理系统能完成哪些计算，

① 程炼．何谓计算主义．科学文化评论，2007，4：5.

② Chrisley R. Why everything doesn’t realize every computation. Minds and Machines，1995，4（4）：403-420.

这样，当在给定某个计算问题时，就能确定哪些系统能实施对这个问题的计算，哪些则不能。对计算的执行方式进行区分可以区别不同类型及不同复杂程度的计算。一个执行低复杂度计算的物理系统一定能够通过某种方式被映射到执行高复杂度计算的物理系统之上，反之则不然。这样就能在“心灵”（mind）与“岩石”（rock）之间做出区分，从而避免了泛灵论。这里我们并不想一般性地讨论如何将客观物理系统映射到意识的问题，而是将关注点放在如何利用泛计算主义来更好地解释量子力学特别是量子测量的问题上。很显然，从物质世界即计算世界的观点出发，可以认为量子力学系统本质上就是执行量子信息处理的一个计算系统，这一点在众多量子计算的文献中已经得到了印证；而有意识的测量则是将量子计算映射到观测者“心灵”所进行的计算上的过程。这使得我们能够避免采用“身心二元论”来解释量子系统线性演化与有意识的测量导致波包塌缩这两个过程的不一致性，从而有利于形成一个更少引入非物理假设的量子力学解释——多计算解释。

量子力学多计算解释的思想起源可以追溯到查尔莫斯（David Chalmers）关于意识所做的研究。他认为：“量子力学中的（测量）问题看起来是与观测者身份的概念紧密相关的，而这个概念中至关重要的部分是如何理解一次主观体验与世界其余部分之间的关系……（量子力学中的）问题与（有关意识的）问题之间以一种微妙的方式相互联系着，如果量子力学不能解释意识的话，或许关于意识的某种理论能使量子力学中的问题清楚的显现出来。”① 可见，查尔莫斯认为解释量子力学的困难就在于量子测量问题，同时这也是一个关于意识的问题。他将这两个研究领域联系起来的观点为解决量子测量问题提供了一条思路，而多计算解释正是该思路下的一种尝试。在泛计算主义视角下，我们可以不失一般性地将测量问题表述为：对于一个能执行许多不同计算的系统来说，我们必须恰当地“计量”（count）完成每一个计算的执行步骤，以使得观

① Chalmers D J. The Conscious Mind：In Search of A Fundamental Theory. Oxford：Oxford University Press，1996：311.

测者能够将其测量结果与他们提前预测的结果出现的概率对应起来，因为他们预测的概率是与计算的执行步骤相关的。因此，解决测量问题就是给出一套标准来定义计算的执行，并制定一个方案来计量执行步骤。一套定义计算执行的标准是由一个形式化系统及该系统内部变量的变换规则构成的，早期是通过有限状态自动机（finite state automaton，FSA）这个模型来对其进行定义的。FSA 具有有限个状态，不同的状态代表不同的意义。输入到 FSA 的字符串中的全部字符构成一个字母表，当系统处于某个状态时，FSA 根据当前状态和输入的字符串将系统变换为一个新的状态。由于普特南利用 FSA 的定义质疑计算主义的实在论性质，因此查尔莫斯提出了一个组合状态自动机（combinatorial state automata，CSA）的模型对其进行反驳。[①]CSA 与 FSA 的区别在于 FSA 的状态为标量，而 CSA 的状态为矢量，它由有限多个子状态分量构成。CSA 的框架既包括了数字计算也包括了模拟计算，而量子计算就是一种模拟计算。有了定义计算执行的标准，我们还需要确定执行步骤的数量。由于很多物理系统特别是量子力学系统在完成给定的计算任务时，计算过程的各执行步骤之间并不是完全无关的，因此要计量执行步骤，我们需要做的是给出一个标准以明确哪些步骤可被看作是相互独立的，从而计量这些独立的执行步骤。为此马拉罕（J. Mallah）提出了一个“测量计量执行无关性”（measure counting implementation independence，MCII）的标准：“一个给定计算的执行步骤之间是相互独立的，如果这些执行步骤被同时映射到同一个物理系统时，它们各自对应的形式化变量是独立无关的话”。[②]在这个标准下我们就能将一个执行步骤看作是在实施一个具体计算，而许多这样的具体计算联合起来构成了一个完整的计算过程，计量执行步骤就意味着统计这些独立的具体计算。

将上述标准应用于量子力学系统，我们就能够得到量子力学多计算解释的主要观点：有意识的观测者得到量子系统状态的某个确定性测量

① Chalmers D J. Does a rock implement every finite-state automaton. Synthese，1999，108（3）：324.

② Mallah J. The Many Computations Interpretation（MCI）of Quantum Mechanics. http：//arxiv.org/abs/0709.0544，2007：24.

结果的概率是与该系统所实现的量子计算中的执行步骤数相关的。量子测量问题是由于我们无法将量子计算中的全部执行过程映射到人类意识计算中的相关态上导致的。合理地解释量子测量问题就是要正确地定义量子计算的执行，并建立一个从量子计算到意识计算的映射模型，以说明“粗粒化”的意识计算在计量量子计算的执行步骤数时如何略去了某些独立的具体计算，从而使得我们不能掌握量子系统包含的全部信息。需要说明的是，目前多计算解释尚处在思想建构阶段，还不能精确地说明量子力学过程，也无法确定是否可由其推导出量子力学的玻恩规则（Born rule），它的发展更多地有赖于关于意识方面研究的进一步深化。尽管如此，量子力学多计算解释还是为我们找到了一条摒弃量子力学中令人难以接受的“二元论”的新思路。可以说作为一个针对具体问题的科学解释，它至少具有以下三方面的意义：首先，多计算解释以“世界的本质是计算”这样的观点来说明多世界解释中不同分支世界的真实性，支持了多伊奇提出的平行世界理论，避免了由于“观测引起世界分裂”的认识所导致的某个可能世界具有特殊性的问题，确保所有分支世界在计算中都具有的平权性，从而消解可能世界与现实世界的关系问题；其次，多计算解释坚持对科学问题做出实在论解释，否定了工具主义所主张的从观察结果出发寻求预言的科学说明观点，强调科学解释的目的是寻求科学理论背后普遍蕴含的客观真理性，而非仅仅通过增加一些背景假设来说明具体的科学现象；最后，多计算解释以计算主义的认识论观点，将量子力学中的“经典－量子二元论”与意识研究中的“身心二元论”联系了起来，这有可能促成不同领域科学研究之间的相互交叉，为新科学研究范式的提出指明了方向。

四、结语

从量子力学的新埃弗雷特解释出发，一方面，我们重新梳理了量子计算与经典计算的关系，探讨的问题从“为什么量子计算可以做得更多”转变为了“为什么经典计算会受更多限制”，因为我们将量子计算看作更加基础，而这自然拓展了“计算”概念的外延；另一方面，我们将计算主义认识论应用于量子力学，通过利用多计算解释理论对测量问题做出解释，来避免自在物理世界的线性演化与有意识的观测者引起的波包塌缩之间的矛盾，消解量子力学中的“二元论”问题。因此，可以说在量子计算的语境下，我们能够以多世界解释理论说明计算，还能由计算主义认识得出新的量子力学解释。这个循环上升的逻辑过程不仅仅意味着通过多世界解释来建立量子计算的物理和哲学框架是合理、可行的，更重要的是反映了以计算的视角来认识世界的本质是可操作的、有意义的。

当代物理学哲学的研究现状及趋势*

物理学哲学是当代科学哲学最重要的研究领域之一，从某种程度上来说，它也是年代最久远的一个哲学分支。之所以这么说，是因为与物理学相关的哲学探讨在古希腊时期就已经出现，亚里士多德的自然哲学著作以《物理学》命名就是对这种观点的有力证明。当然，从古希腊时期一直到 16 世纪中叶，物理学尚处于对自然现象的观察和积累阶段，因此亚氏的《物理学》充其量只能算作物理学哲学的萌芽。从 16 世纪中叶到 19 世纪，与自然科学基本概念相关的那些哲学观念的演变，促成了经典物理学的建立与发展，并且直接导致了那一时期占统治地位的机械论、还原论与决定论观点。不过在经典科学时期，物理学的概念指称与定律所描述的现象，都有明确的经验对应物，物理学理论是以完全的因果性与绝对的实在性为基础，并不需要专门针对基本问题做过多的哲学分析，

---

* 本文发表于《哲学动态》2014 年第 4 期，作者郭贵春、王凯宁。转载于中国人民大学复印报刊资料《科学技术哲学》2014 年第 7 期。

因而此时的物理学哲学只是作为形而上学的一部分而存在。物理学哲学是伴随着 19 世纪末到 20 世纪初的现代物理学革命才逐渐成为一个专门研究领域的，并最终演化成了一个内容丰富且充满生机的哲学分支。

物理学哲学在 20 世纪的蓬勃发展源于两方面的因素：一是现代物理学的三个主要分支——热物理学（或统计物理学）、相对论与量子力学的理论创立，对当时处于早期阶段的哲学分析运动起到了巨大的影响；二是自 20 世纪 20 年代之后，现代物理学内部涌现出的众多基本问题，如时间与空间的相对性、量子测量结果的概率性、物理理论的整体性和还原性等问题受到了物理学家们的广泛关注，他们针对这些问题进行的讨论也吸引了越来越多科学哲学家们的注意。第一方面因素的主要表现是从科学哲学正式确立至今，其主要流派的代表人物如逻辑实证主义的石里克、逻辑经验主义的卡尔纳普、批判理性主义的波普尔、历史主义的库恩、科学唯物主义的邦格等人都曾接受过系统的物理学训练，且他们多数情况下都是以物理学的概念演变和理论发展作为案例来阐释其主要科学哲学观点的。第二方面因素即哲学之外的原因可以追溯到玻尔和爱因斯坦关于量子力学完备性的论战，在此之后，这种由物理学家针对基本概念及理论做出哲学思考的传统逐渐得以形成，并随着物理学研究的深入一直延续至今，直接为物理学哲学提供了很多非常重要且有意义的论题。

一、当代物理学哲学的研究范围和总体目标

简单来说，物理学哲学的主要任务是针对物理学理论及定律做出一般性解释，并对其基本概念和研究方法进行批判性考察。其中，一般性解释的目标是要找到物理学理论的本体论基础，主要说明在某个或某些特定物理学定律的语境下，我们存在于其中的世界是什么样的；批判性考察则关注物理学的认识论和方法论方面，主要讨论物理学中基本概念的意义演变如何反映出我们对世界认识的变化，以及物理学研究如何通过采取还原法、粗粒化法等具体方法获得知识等问题。从历史视角来

看，科学哲学在最初建立的时候，对科学方法等问题的探讨就是以物理学作为其主要研究对象的，如惠威尔（William Whewell）正是通过对牛顿之前力学体系的发展进行考察后，才提出其科学归纳理论的。当然这并不奇怪，作为精确化研究的范本，物理学一直都是自然科学的主要象征，再加上自20世纪初起西方大多数有影响力的科学哲学家都曾接受过系统的物理学训练，从而导致一般科学哲学中的很多传统论题最早都是以同时代的物理学为案例进行研究的。可以说，作为早期科学哲学最主要部分的物理学哲学，实际上涉及了从因果性的本质、还原论的自然图景到实在论与反实在论争议、观察负载理论等方方面面的科学哲学问题。不过，科学哲学自历史学转向之后就越来越偏向于从社会建构的视角对科学进行分析，而物理学哲学则始终坚持不受自然科学以外因素的影响，逐渐形成了一个专门致力于物理学中基础问题研究的科学哲学分支。

在当代物理学哲学中，绝大部分研究都是围绕20世纪初建立的现代物理学三大分支（量子力学、相对论和统计物理）展开的，其中量子理论引起了物理学家和哲学家们对决定论和客观性的激烈争论，狭义和广义相对论使得关于空间与时间的哲学发生了颠覆性的变革，统计物理学的理论发展则激发了哲学家对概率本质的关注。在20世纪90年代之后西方出版的综合性物理学哲学著作与论文集中，没有哪部书会忽略这三个主要研究领域中的任意一个。例如，在1992年出版的《物理学哲学》一书中，美国科学哲学家斯科拉（Lawrence Sklar）重点讨论的三个主题就是与相对论密切相关的时空问题、统计物理学中的概率问题以及量子力学展现出的客观世界的量子图景。他认为："对物理学哲学中的所有重要问题进行全面、系统的研究是一项非常漫长且困难的工作"，选择这三个论题"可以让我们能够纵览物理学哲学当前问题域中那些最令人困惑也是最基础的方面"。[①] 作为一本引导性读物，斯科拉在论述这三大主题时更多地偏向于采用历史分析方法，从我们的日常感受出发来引出问题，再回顾不同时期物理学理论对这些问题的认识，最后在当代语境下深入

① Sklar L. Philosophy of Physics. Oxford：Oxford University Press，1992：9-10.

主题。与斯科拉为扩大读者范围而避免引入过多物理学公式和数学表述的论证方式不同，由巴特菲尔德（Jeremy Butterfield）和厄尔曼主编的《物理学哲学》则更加侧重于对每个论题进行详尽且专业的探讨，因此看起来更接近于物理学而非哲学。作为2007年爱思唯尔公司出版的《科学哲学手册》系列中篇幅最大（近1500页）的一卷，它收录了包括诺贝尔物理学奖获得者特霍夫特在内的当代知名物理学家和科学哲学家供稿的14篇论文，涉及了当代物理学哲学的诸多重要论题。两位编者在该卷的前言中指出："这些论题的大部分可以概括为五大主题，前三个主题对应于现代物理学的三大支柱：热物理学、量子理论和相对论，第四和第五个主题则是这些支柱的结合（量子场论和量子引力），并由此引出对物理学未来的思索。"① 相比起来，其后2008年由悉尼大学的物理学哲学家里克斯（Dean Rickles）主编的《阿什盖特当代物理学哲学指南》虽然篇幅较少（396页），但研究内容同样非常具体且深入，它主要集中于对四方面论题的讨论，即非相对论量子力学哲学、统计力学的理论基础、量子信息理论的相关哲学问题，以及量子引力研究的当代路径。里克斯认为："（物理学哲学）问题过去总被以陈旧的方式来讨论，并且这些讨论经常会局限于固定的范围内，将时空问题理解为双生子佯谬，认为统计力学就代表了时间不对称性，量子理论就等价于测量问题……这使得物理学家们觉得科学哲学似乎与他们现在的工作并不相关。"② 因此，在他主编的这本指南中，各部分内容都重点关注于物理学研究的前沿，以当代视角对现代物理学三大分支中的基础问题进行了分析。

当然，从另一方面讲，在理论物理学的演进过程中，上述三大分支学科并不是完全独立发展的，通过理论之间的不断交叉，当代物理学正试图走向融合。因此，如果我们将物理学看作一个整体的话，那么就容易发现当前物理学哲学的主要工作其实就是要在现代物理学的三个要素——形式体系、物理学本体论与物理现象——之间建立合理的联系，以保证我们能够以在逻辑上一致的物理学来理解和认识客观世界。在这

① Butterfield J，Earman J. Philosophy of Physics. Amsterdam：Elsevier，2007：xiv.

② Rickles D. The Ashgate Companion to Contemporary Philosophy of Physics. Farnham：Ashgate，2008：4.

种意义上，我们可以认为当前数量庞大且主题繁杂的物理学哲学文献在本质上都是为了解决三个物理学中的普遍性问题：①理论的形式体系如何能够通过某种特定的物理学本体论与物理现象之间建立关联？②在什么情况下不同的形式体系能表征相同的物理学本体论？③如何确立一个统一的物理学本体论，以协调看似不相容的物理现象？

在经典物理学时期，对于一个成功的物理学理论来说，第一个问题并不难以回答。例如在经典电磁学中，“电磁场作为一种特殊的物质存在方式”的观点构成了该理论的物理学本体论基础，因此我们能够容易地在磁场强度矢量的形式化表征与电磁体产生的磁场这个现实对象之间建立关联。但是在量子力学中，建立这种关联却存在相当大的困难：自量子力学诞生时起，关于“量子理论的形式体系对应的物理学本体论应该是什么”就一直存在着争论，并且直到现在学术界也没有形成一致性的认识。从一开始哥本哈根学派主张将塌缩假设看作是理论的核心，到玻姆、埃弗雷特等认为必须将塌缩假设从理论中清除出去，再到最近有学者认为“量子力学在本质上是关于信息的表征和操作理论”[①]，与“量子力学解释”相关的大量文献在很大程度上都是为了寻求量子理论的物理学本体论。因此，微观粒子的薛定谔波动方程最初被认为是对应于某种类似于电荷分布的物理现象，后来又被理解为是对潜在的概率波的描述，现在则被看作对信息的表征和操作。可以看出，就量子力学哲学来说，回答上述第一个问题仍然是当前研究的首要任务。

针对第二个问题，事实上在很多物理学理论中我们已经找到了答案。“牛顿定律在伽利略变换中保持不变；狭义相对论定律在洛伦兹变换中保持不变；广义相对论定律具有广义协变性；量子力学定律在狄拉克的‘表象变换’理论中保持不变；而规范场论中的‘局域规范不变性’最具包容性，最彻底、最深刻地体现了‘物理学定律在变换中保持内在不变性’的理念。”[②]由此可见，正是在对称变换和规范变换下，无论形式体系是否发生变化，我们都能够确定其表征的物理学本体论是不变的。一般

① Bub J. Quantum mechanics is about quantum information. Foundations of Physics，2005，35：541-560.

② 桂起权，高策等 . 规范场论的哲学探究 . 北京：科学出版社，2008：13.

认为，对称变换能保持一个理论的数学结构不变，而规范变换虽然会改变数学结构，但在某种程度上我们有理由相信，变化了的数学结构所表征的物理学本体论是不变的。因此，在具体的物理学理论中，我们实际面对的是“如何通过找到相应的对称变换或规范变换，来确保物理学本体论的稳定性”的问题。

在当代物理学哲学研究中，第三个问题则是我们必须要面对的难题。当我们从不同的理论语境出发来分析某个物理过程时，我们往往面对的是看似互不相容的物理现象。时间的不对称性就是一个典型的例子。从微观物理学看，在相互作用过程中时间都是可逆的；然而在宏观世界中，时间却表现出具有明显的方向性。事实上，如何确立一个统一的物理学本体论，以解决时间的微观可逆性与宏观不可逆性之间的矛盾，是自统计物理学建立之初，就一直受到物理学家和哲学家们重点关注的基础问题。另一个与日常经验相距较远的矛盾现象与黑洞奇点处粒子的物理状态有关。根据广义相对论，由于黑洞的密度无限大，因此其内部时空会弯曲为一个点，即奇点。当粒子被黑洞捕获后，最终会落在黑洞的奇点处。然而按照量子力学的不确定性原理，当粒子的速度无限精确时，其可能出现的位置范围则会无限大。因此它完全可能并不处在黑洞的奇点处，相反却可能逃离黑洞。可以看出，就这个现象的预测来说，量子力学和广义相对论是相互矛盾的（实际上二者在很多方面都是矛盾的）。可以说，寻求量子力学与广义相对论之间矛盾的化解方案，是当前理论物理学研究中一项非常重要的工作。

综上所述，当代物理学哲学就是以回答上述三个普遍性问题作为其总体目标的。就此我们可以看出，哲学并不像部分物理家们认为的那样，仅仅关注那些无助于经验性物理学的空洞命题。相反，作为物理学发展过程中必不可少的部分，哲学分析实际上已经渗透到了理论解释和理论建构的整个过程中。可以说，当代物理学哲学研究的意义不仅在于阐明现代物理学为我们展现的世界图景，还在于它甚至会影响物理学未来的发展方向。

二、当代物理学哲学的研究方向

随着现代物理学研究的深入，面对物理学的众多分支及其中蕴含的形色各异的问题，物理学哲学家们只有沿着一些特定的研究路径，就某个或某些具体问题进行深入分析，才能得到有意义的成果。通过对西方物理学哲学文献进行简单的梳理，我们认为当代物理学哲学的具体研究主要是在以下三个方向上展开的。

1. 以分支学科为边界的理论解释方向

将现代物理学中的不同分支学科作为研究重点，对理论的功能和意义进行解释，对其中涉及的基础问题进行哲学分析，是当代物理学哲学研究最明显的一个方向。在这个方向上，目前主要的研究工作都聚焦于对量子力学、相对论与时空物理学、统计物理学、量子场论、量子引力、量子计算与量子信息等物理学分支中基本问题的讨论。

（1）量子力学中的基本问题是当代物理学哲学研究中最主要的内容之一。我们知道，与起始于几条基本物理学原理的相对论不同，量子力学最初是通过其形式体系的建立而成为一门物理学分支学科的。之所以出现这种情况，是因为包括量子力学创立者在内的众多物理学家们并没有就其基本原理形成统一的认识。也正是由于这样的原因，导致量子力学自创立至今，尽管在预言和实验方面已经得到明确的检验，但是仍然吸引着许多学者就其正确性进行各种各样的争论。这些争论主要集中在量子力学的基本问题方面，包括量子力学描述的不一致性、量子测量问题以及量子非定域性等，并由此扩展到了对决定论、客观性以及实在论等一般科学哲学问题的探讨。当然，如果仅限于在量子力学哲学内部来看的话，那么这些争论中所构成的两个重点研究领域分别为：①量子测量问题及其导致的多种量子力学解释；②量子非定域性以及由此展开的关于量子力学完备性的讨论。

（2）“时空物理学哲学，不同于针对时间和空间的一般哲学，是专门针对狭义相对论和广义相对论进行的哲学研究。”[①]从20世纪20年代开始，哲学家们就已经认识到相对论的基本原理是解决空间与时间哲学的关键。赖兴巴赫在1928年出版的经典著作《空间和时间的哲学》中就是用相对性原理以及爱因斯坦关于引力的理论来研究空间和时间概念的。从广义相对论诞生到20世纪60年代，包括爱因斯坦在内的很多物理学家和哲学家们普遍认为“广义协变性”说明了经典物理学时期的绝对时空观对空间和时间的客观实在性认识是错误的，从而导致时空的反实在论成为了当时流行的观点。在20世纪60年代之后，由于科学实在论的兴起，使得物理学哲学家们又重新开始思考“究竟时空是一种实体的存在还是关系的存在”，从而导致了那一时期关于“时空本质是实体还是关系”的争论。直到20世纪90年代，随着结构实在论观点的提出，再加上物理学哲学家们在量子引力中对时空本质进行了深入分析，才使得实体论和关系论之争逐渐平息，转而形成了关于时空的结构实在论认识。

（3）针对统计物理学的哲学研究主要关注于概率概念和概率解释的意义。具体来说，科学哲学家们希望寻求一个理解概率的实在论基础，以此来分析我们选择某个概率分布而不是其他概率分布的理由，说明概率如何能为观察到的现象提供解释，并探寻概率解释所对应的物理世界的本质。此外，在统计物理学建立之前，描述热现象的热力学中也存在一些基础性的争论，特别是关于如何对平衡途径进行描述的问题。在该分支学科创立之初，麦克斯韦与玻耳兹曼并没有对此达成一致，直到现在这方面的争论还一直在继续。当然，热力学中最重要的一个基本问题还是“时间之箭”的问题，即热力学原理要求物理过程在时间上是不对称的，而这与系统的微观动力学中的时间反演不变性相矛盾。特别是在量子力学、混沌理论以及现代宇宙学等理论建立之后，这个矛盾实际上已经渗透到了现代物理学的各个分支之中。

（4）量子场论产生于量子力学与狭义相对论的结合，它是当代基本粒子物理学的数学基础和概念框架，其主要任务是描述相对论性粒子之

① Callender C，Hoefer C. Philosophy of space—time physics//Machamer P，Silberstein M. The Blackwell Guide to the Philosophy of Science. Oxford：Blackwell Publishing Ltd.，2002：173.

间的相互作用和相互转化。在量子场论中，尽管关于量子力学的基本问题，如量子测量与非定域性问题同样存在，但这并不是量子场论哲学关注的重点。事实上，量子场论中出现了许多不同于量子力学的基本问题，其中最为显著的问题是："粒子的本性（包括局域化问题），对重整化的解释，规范结构的解释，正则对易关系的幺正等价表示的存在性。"[①]

（5）量子引力作为量子理论与广义相对论的结合，到目前为止尚不存在已经完全确定的理论，甚至对于"建构理论的最好路径是什么"也没有达成一致。换句话说，现在量子引力还仅仅是多种不同的研究方案，这些方案在技术目标、动机与概念框架上都不相同。因此，在这种情形下我们或许可以用一种全新的眼光来看待构成该研究领域的"因子"理论，即量子力学和广义相对论中的各种基本问题。例如，量子引力有可能会否定正统量子力学的幺正性，因而顺便就解决了量子测量问题；广义相对论中的广义协变（微分同胚不变性）是否提供了揭示空间与时间的终极量子本性的重要线索？在通向量子引力的主要途径中，弦理论和圈量子引力理论是目前最有希望的两个理论。

（6）量子计算与量子信息是由量子力学与计算机科学、信息论相互交叉而形成的一门新兴科学。自 20 世纪 80 年代费曼最早建构量子计算机的思想模型以来，一大批物理学家和计算机科学家投入量子计算与量子信息的研究中来，使得这一交叉学科迅速成为了一个非常热门的研究领域。伴随着理论和实验研究的快速开展，量子计算与量子信息所内含的基本问题也受到了哲学家们的普遍关注。德霍夫（B. D'Hooghe）和皮克兹（J. Pykacz）研究了量子计算并行性的问题，指出量子并行计算完全不同于经典并行计算，其输出结果是以非经典方式叠加的，并强调了纠缠特征在量子计算中的重要性。[②]哈格（A. Hagar）和克洛雷（A. Korolev）讨论了通过量子计算解决停机问题的可能性，以此分析量子

---

① Butterfield J，Earman J. Philosophy of Physics. Amsterdam：Elsevier，2007：xvii.

② D'Hooghe B，Pykacz J. Quantum mechanics and computation. Foundations of Science，2004，9：387-404.

计算对可计算性以及计算复杂性理论的影响。① 休伊特－霍斯曼（C. Hewitt-Horsman）关注于量子计算并行性产生的原因，指出将多世界解释看作量子计算的基础，就理解量子计算并行性来说，与其他解释相比有着非常明显的优势。②克利夫顿（R. Clifton）、巴伯（J. Bub）和霍尔沃森（H. Halvorson）则试图将信息理论作为第一原理来重新推导出量子力学。③

2. *以概念和方法为主题的横断研究方向*

除了上述以学科分支为边界对理论中的基本问题进行研究之外，物理学哲学研究的另一个主要方向是以涉及一般物理学的基本概念和方法为主题，进行"横断"的意义分析和方法论探究。我们知道，一方面，物理学中许多最基本的概念，如物质、能量、时间、空间、场等在物理学理论演进的过程中通常会发生变化，如果我们只是在某个特定的理论语境下静态地分析这些概念的话，往往不能厘清这些概念变化的原因，从而无法在新旧理论之间建立关联。此外，一些新的概念又会伴随着新理论的诞生而出现，也需要我们通过哲学分析来明确它们的含义。另一方面，"现代物理学的发展更清楚地表明，物理学每前进一步，都伴随着方法上的重大革新与改进；而物理学作为一门基础科学，它的每一步发展，又为人们创造新的方法、设计新的实验仪器和设备提供了新的理论基础" ④。在这个研究方向上，典型的著作就是物理学哲学家兰格（Marc Lange）在2002年出版的《物理学哲学简介》⑤，它从对定域性、场、能量和质量等物理学基本概念的哲学分析入手，来建构基于物理学的那些形而上学认识，如因果关系、决定论、还原论等。此外，由布拉丁

---

① Hagar A，Korolev A. Quantum hypercomputability. Minds and Machines，2006，16：87-93.

② Hewitt-Horsman C. An introduction to many worlds in quantum computation. Foundations of Physics，2009，39：869-902.

③ Clifton R，Bub J，Halvorson H. Characterizing quantum theory in terms of information-theoretic constraints. Foundations of Physics，2003，33：1561-1591.

④ 万小龙，殷正坤 . 当代物理学哲学研究途径浅析 . 哲学研究，1996，12：35.

⑤ Lange M. An Introduction to the Philosophy of Physics：Locality，Fields，Energy，and Mass. Oxford：Blackwell，2002.

（K. Brading）和卡斯特拉尼（E. Castellani）主编的《物理学中的对称性：哲学反思》[①] 收录了专门以连续对称性、离散对称性、对称破缺等概念为研究主题的 29 篇论文，专注于从哲学视角分析现代物理学中各类对称性的意义。

3. 以认识深化为视角的历史分析方向

物理学哲学的第三个研究方向专注于人类认识的深化过程，以历史分析方法来看待物理学理论的演进。具体来说，这主要包括两个方面，一方面是对概念和理论演变的历史研究，另一方面是对历史上重要物理学家观点的深入剖析和重新认识。就第一方面来看，比较有代表性的著作是库欣（James Cushing）于 1998 年出版的《物理学中的哲学概念》[②]，其主要关注于从古代到 20 世纪物理学的发展过程，并就此对哲学和物理学理论之间的相互关系进行了全面概述。库欣从亚里士多德对物理学的影响开始，介绍了日心说、牛顿力学体系、相对论和量子力学等历史上各个时期的主要物理学理论体系，为我们呈现出了整个物理学的发展演进和范式转换过程。另一部以历史视角分析物理学哲学的论著为托瑞迪（Roberto Torretti）于 1999 年出版的《物理学哲学》[③]，重点探讨了自伽利略之后物理学概念体系的发展。在第二个方面来看，专门针对某位物理学家或某一时期主要物理学家的哲学思想进行研究的专著和论文是非常多的。例如专门探讨玻尔科学哲学思想的《解读玻尔——物理学与哲学》[④] 与《是什么使经典概念成为经典的？——还原尼尔斯 · 玻尔的物理学哲学》[⑤]，以及回顾统计物理学建立时期科学家思想碰撞的《玻尔兹曼与吉

---

① Brading K，Castellani E. Symmetries in Physics：Philosophical Reflections. Cambridge：Cambridge University Press，2003.

② Cushing J. Philosophical Concepts in Physics：The Historical Relation between Philosophy and Scientific Theories. Cambridge：Cambridge University Press，1998.

③ Torretti R. The Philosophy of Physics. Cambridge：Cambridge University Press，1999.

④ Plotnitsky A. Reading Bohr-Physics and Philosophy. Berlin：Springer，2006.

⑤ Howard D. What makes a classical concept classical？ Toward a reconstruction of niels bohr's philosophy of physics. Boston Studies in the Philosophy of Science，1994，153：201-229.

布斯：一次和解的尝试》①。

从总体上看，物理学哲学家们在上述三个方向上的研究也并不是完全分立的，在针对各物理学分支中具体理论所做的哲学解释中，一般都会涉及基本概念的分析和研究方法的探讨，而概念和方法的更新又是认识深化的必然结果。可以说，我们对上述方向的区分只是说明：作为对物理学的发展历史与研究现状进行全面反思的当代物理学哲学，包含了丰富的研究主题和多样的研究方法，吸引了许多学者和学术团队从不同视角出发对其进行专门的探讨和分析，形成了诸多富有意义且影响深远的理论成果。当然，随着物理学理论的不断深入，物理学哲学的研究也展现出了一些新的发展趋势。

三、当代物理学哲学的研究趋势

通过对当代物理学哲学研究现状的分析，我们认为当代物理学哲学的研究趋势主要体现在以下几个方面。

1. 物理学和物理学哲学之间的边界正在逐渐变得模糊

从国外专门关注于物理学基础问题的三本最主要期刊（《现代物理学的哲学和历史研究》《物理学基础》及《物理学基础快报》）上发表的论文来看，我们已经很难明确地区分到底哪些文章是关于理论物理学的，哪些是关于物理学哲学的。我们经常会发现，很多时候物理学家和科学哲学家们会一起合作来进行某些既包括“物理学内容”也包括“哲学内容”的研究，如爱思唯尔出版的《物理学哲学》中就收录了著名物理学家特霍夫特的论文。这是因为：一方面，当代物理学哲学研究需要以同时代的物理学成果作为出发点；另一方面，哲学研究有时也会促成物理知识的形成，特别是现代物理学理论还尚未建构完全的研究领域。最明显的一个例子就是针对于量子引力的研究。在专门的物理学期刊中我们

---

① Lavis D. Boltzmann and gibbs：an attempted reconciliation. Studies in History and Philosophy of Modern Physics，2005，36：245-273.

经常会发现有物理学家在评论亚里士多德、莱布尼茨、赖兴巴赫等的思想，而在专门的科学哲学期刊中又有学者会重点分析量子引力中的时间概念、广义协变性的意义等物理学问题。这种现象的出现源自于两方面的原因：一是典型的量子引力效应现在还没有得到实验的支持，物理学家在尝试建构理论的过程中只能从一般性的原理出发，那么他们回顾与此原理相关的哲学家的观点就是很自然的事；二是量子引力中的很多论题本来就是科学哲学所关注的问题，哲学家们对这些问题的深入探讨也必然会涉及物理学本身。因此可以说，这一趋势恰恰表明了在基本问题研究方面物理学和物理学哲学本来就是紧密相关的。

2. 当代物理学哲学研究越来越注重方法论的选择

由于现代物理学在不断深化的过程中日益朝着远离经验的方向发展，因此承担理论解释任务的物理学哲学在对科学文本进行分析时，必然会更加注重采用最适当的分析方法，也就是说，方法论的选取在当前针对物理学进行的科学说明过程中受到了更加突出的关注。例如，在时空物理学哲学的研究中，我们看到“当代时空实在论的发展趋势是试图在当代物理学语境中合理地分析和理解理论的内涵，试图寻找一条能够融合实体论和关系论，并且能对时空实在性进行合理说明的方法论”[①]。那么在具体的物理学概念分析和理论解释过程中，究竟采取什么样的方法才算得上适当呢？我们认为，可以为科学文本构建一个完整“语境假设”的语境分析方法就是一种适当的方法。之所以选择语境分析作为方法，是因为物理学哲学家如果不选取一个特定语境将物理学家为理论预先假设的条件、结构及目标逻辑地构建成一个整体的话，那么他们就无法读懂科学文本的意义，从而也无法在理论的形式结构与具体的物理现象之间建立关联。实际上，物理学哲学家并非只是分析物理学家留下的形式化文本或者对已完成的科学理论进行解释，很多时候他们还会重构理论的核心概念和基本原则，而语境分析对科学文本、科学测量、科学实验及

① 程瑞，郭贵春．当代时空实在论研究现状及其述评．哲学动态，2011，4：100.

其他科学活动的再语境化，恰好为他们提供了合适的平台。因此在这种意义下，我们可以认为语境分析方法是当代物理学哲学研究最好的方法论选择。

3. 伴随着物理学与其他科学的交叉，当代物理学哲学的研究范围也在逐渐扩大

在当代科学的发展过程中，由于研究方向的日益分化和研究内容的不断深入，在某个学科范围内，往往会出现已有的理论不能有效解决现实问题的情况，这时候研究者通常会将视线转向其他相关学科，要么借用其中的理论来分析问题，要么综合两门学科的现有成果来提出新的理论以解决问题。事实上，在这个过程中，两个学科间原有的边界就被打破了，于是两个学科相互交叉和融合，最终导致全新研究领域的出现。物理学作为现代自然科学中最成熟的分支学科，经常会为其他相关学科的研究提供理论支持，因而也非常容易和其他学科发生关联，进行形成交叉学科，典型的例子就是上文中提到的量子力学与信息科学以及计算机科学相互交叉形成的量子信息科学。自然地，以量子力学中基本问题作为研究对象的物理学哲学，也会将关注点放在这个新的交叉学科之上。实际上，我们在上文中已经指出，与量子信息相关的哲学研究现在已经成为了物理学哲学研究的一个主要方向。这意味着当未来物理学与其他科学相互交叉的情况不断出现时，物理学哲学的研究边界也将会持续不断地得以扩张。当然，另外一种可能的现象是，当物理学哲学与其他哲学分支学科出现交叉时，物理学也将会对应地扩大其研究范围。因此，当艾斯菲尔德（Michael Esfeld）在《心灵哲学和物理学哲学中的整体论》[①]一书中将量子力学中的整体论与心灵哲学中的整体论放在一起讨论时，其实就已经预示了量子理论与神经科学未来可能出现的关联。

从上述三个方面的研究趋势我们可以看出，物理学哲学的研究正在“更深入”“更广博”且“更讲求方法”的方向上越走越远，这既为物理

① Esfeld M. Holism in Philosophy of Mind and Philosophy of Physics. Dordrecht：Kluwer Academic Publishers，2001.

学哲学家提供了能够与物理学家就基本问题进行交流和对话的机会，同时也是一种挑战，特别是对于国内的物理学哲学研究者来说，我们的物理学理论功底是否扎实，我们对物理学的概念体系、逻辑发展是否足够明晰，决定了我们是否真正能通过这种交流和对话来实现充实哲学自身的目的。因此，我们只有持续且深入地关注物理学中的基本问题，不断拓宽自身的学术视野，敢于提出有特色的方法论研究纲领，才能逐步走上与西方物理学哲学接轨的道路，在国际舞台上发出我们自己的声音。

玻姆语境下作为法则的波函数*

1919年，爱因斯坦在伦敦《泰晤士报》发表了《什么是相对论》的文章，在这篇文章中他针对相对论提出了一个明确而又简明的非技术性解释，对“建构性理论”和“法则性理论”进行了区别，并且指出为了适当地理解相对论的性质，我们应该把它看作是一个“法则”。在爱因斯坦看来，物理学理论一般可以分为建构性理论和法则性理论两种类型。建构性理论（constructive theory）“企图从比较简单的形式体系（formal scheme）出发，并以此为材料，对比较复杂的现象构造一幅图像”①；法则性理论（principle theory）与建构性理论不同，它“使用的是分析方法，而不是综合方法。形成它们的基础和起点的元素，不是用假说构造出来的，而是在经验中发现的，它们是自然过程的普遍特征，即法则，这些法则给出了各个过程或它们的理论表述所必须满足的数学形式的判据”②。

---

* 本文发表于《科学技术哲学研究》2014年第6期，作者郭贵春、刘敏。

①② 爱因斯坦．爱因斯坦文集（第一卷）．许良英等编译．北京：商务印书馆，2010：183-184.

一般来说，物理学中的大多数理论都属于建构性理论，但是法则性理论却有其不可或缺的重要性。文章的目的就在于分析玻姆语境下的波函数如何可以被看作为法则，指出在物理特性的相关语境中理解波函数的一种新方式。

一、作为法则的波函数

除了具有与建构性理论相同的完备性、适当性和明确性之外，法则性理论还具有它自己独特的优点，那就是，逻辑的完整性和基础的牢固性。法则性理论的起点是经验法则的一组集合，从当前理论视角出发，这一法则性理论可能会与位于其中的某些理论发生矛盾。因此最主要的问题就是对这些法则进行分析，从而进一步对理论框架中的事件进行限制，理论框架对于确保经验法则来说是必不可少的。为了充分地理解玻姆理论下的波函数作为法则性理论的适当性，我们首先需要对玻姆理论进行阐述，然后分析其为何可以被理解为法则性理论。

1. 玻姆理论概述

在一个 N 粒子的玻姆系统中，$\psi=\psi(q_1, \cdots, q_n)$ 是最通常的量子力学波函数，最简单的波函数是自旋为 0 的粒子的“通常位置”（generic positions）的复值函数。玻姆理论的波函数包括实际粒子的波函数和由 $Q_1, \cdots, Q_N$ 所共同确定的位形 Q。这里，$q_1, \cdots, q_N$ 表征通常的位置变量和量子理论中的位形变量，$Q_1, \cdots, Q_N$ 表征实际的位置和位形。虽然在规范的量子理论中并不存在未经测量的实际位置，但是人们还是会用到实际的位置变量来描述波函数。

在玻姆理论中，粒子位置除了与测量相关，它的变化还可以作为变量。在 N 粒子组成的系统中，第 K 个粒子位置的运动方程为

$$\frac{\mathrm{d}Q_k}{\mathrm{d}t}=\frac{\hbar}{m_k}\mathrm{Im}\frac{\psi^*\nabla_k\psi}{\psi^*\psi}(Q_1,\cdots,Q_N)。\quad (1)$$

这里第 K 个粒子的速度是由波函数和其余所有粒子的位置来共同确定，

K=1，…，N。因此，当对某个微观粒子进行研究时，必须把这一粒子与其他粒子联系在一起作为一个整体进行考虑。在某种意义上，粒子之间、粒子与多体波函数之间的这种不可还原的相互参与的这一事实，体现了量子测量语境依赖的整体性特征。多体波函数直接与整个量子系统相关，是在所有粒子的位形空间中被定义的。在玻姆理论中，不仅可以用通常的方式来对波函数进行定义，而且还假设粒子具有确定的位置和动量。因此，粒子总是沿着特定轨道运动。粒子的位置和轨道与波函数相关，大量粒子的分布由概率密度所确定。

在物理哲学界，根据杜尔（Durr）、戈德斯坦（Goldstein）和奘惠（ZangHi）的观点，在玻姆理论中，粒子的位置具有初始本体论性（primitive ontology）①。“初始”这一概念表明，理论客体与测量对象之间存在对应关系。如果按照这种观点来分析玻姆语境下的波函数，可以看到，波函数对粒子的位置的变化进行描述，指示器正是根据这一变化最终进行指示并且得到最终的实验结果，这正是量子力学需重点解释的内容。由于波函数描述了粒子的运动，所以我们认为波函数与具有初始本体论性的测量对象相关，然而从本质上讲波函数本身并不是测量对象，因为在玻姆理论中的测量对象是粒子。贝尔就曾认为玻姆“隐变量”名称不当的原因就在于，波函数只有在大量测量结果中才作为一个场统计性地显露，在单次测量中直接显露的反而是粒子变量。而现在我们知道这个矛盾的统一恰恰是玻姆理论的精要所在。

2. 玻姆理论中波函数作为法则的可能性

正统观点认为，波函数为物理系统提供了一个完备描述。目前位形在玻姆理论中是作为部分实在而存在，这自然产生了一个优于正统观点的有利条件，即它允许存在一个更加明确且自然的子系统的波函数的概念。但在根本意义上，玻姆宇宙中的波函数自身作为一个大的整体才是唯一真正的玻姆系统。由于宇宙波函数在量子力学的实际操作中难以理

---

① Dürr D，Goldstein S，Zanghí N. Quantum equilibrium and the origin of absolute uncertainty. Journal of Statistical Physics，1992，67：843-907.

解并且很难实现，所以大多数物理学家在实践过程中并不处理作为一个整体的宇宙，而是一直处理子系统，比如氢原子，斯特恩－盖拉赫磁铁中的粒子以及玻色－爱因斯坦凝聚等。不可否认，玻姆宇宙中子系统的波函数这一概念对于拓展玻姆理论的含义来说至关重要，但在玻姆看来，现行量子力学仅仅从现象层次上进行描述是远远不够的，因为这些量子现象实际上是由亚量子层次的因素所决定。[①] 玻姆力学方程描述了大量粒子的运动情形，它通过宇宙波函数（wave function of the universe）ψ 来对这一运动进行了确切表征。玻姆在阐述其整体论思想时曾经说过："波函数似乎只抓住了在类似测量的统计系统中所发生的东西的某些方面，而这些方面在本质上只是全部过程的更大语境中的一个单一元素。"[②]

为了理解子系统的波函数，我们需要了解玻姆宇宙中客观存在的宇宙波函数 ψ 与其位形（configuration）Q。整个位形 Q 分解为 $Q=(Q_{sys}, Q_{env})=(X, Y)$，$Q_{sys}=X$ 表征子系统的位形，它是由子系统中所有粒子的位置所形成的"X 系统"；$Q_{env}=Y$ 表征子系统的环境位形。也就是说，要想了解一个子系统波函数，必须充分理解宇宙波函数 $\psi(q)=\psi(x, y)$ 和子系统的位形 X 以及子系统的环境位形 Y 这一大的整体。

我们假定，宇宙层面子系统波函数的位形不受外力的作用，那么这些波函数即存在于测量对象的其他元素之间。因此，子系统的波函数所构成的宇宙波函数则并不是一个独立的理论实体，而是属于特定测量关系种类的集合，它的存在是法则性的而不是物质的。换句话说，玻姆语境下的宇宙波函数并不应该被看作是一个具体的测量对象，而是应该被看作是一个法则。它的实在性意义更应该被看作是法则意义上的实在。

在经典力学中，"作用－反作用"（action-reaction）法则几乎等价于动量守恒，它自身就具有伽利略不变性，这样就符合了诺特定理，即每一个对称性都存在一个与它相对应的特有的守恒定律，反之亦然；因此

① 聂楚杉．戴维·玻姆整体论思想研究．华中科技大学硕士学位论文，2010：16.
② 戴维·玻姆．隐变量与包卷序．张桂权译．哲学译丛，1999：1-53.

在大多数物理学家看来，量子力学具有同样的特性。然而，在玻姆理论中，宇宙波函数的位形并不受反作用和其他方向的影响作用。因为它是一个一级理论，即使没有反作用，我们也能实现旋转不变性。也就是说，玻姆理论在根本上与经典力学的结构并不相同，人们并不能要求用作用－反作用法则来实现对称性。①

引导方程（1）在语义上表明，波函数确定地影响了粒子的位形的运动方式，其简化形式为

$$dQ/dt = \upsilon^{\psi} Q。 \tag{2}$$

波函数存在于规范的量子理论中，根据薛定谔波动方程自发进行演化。然而，它在规范的量子理论中并不存在实际的位置或位形，所以位形 Q 在薛定谔波动方程中并不能直接显现。

一个（非零）标量乘以一个波函数所表征的新量子态在物理意义上等价于初始波函数所表征的量子态。由此，量子态所表征的并不是一个场，而是一类等价的场。所以，在规范的量子理论和玻姆理论中，波函数只是描述了一个更加物质的"量子态"。在多粒子系统中，波函数被认为是存在于位形空间，而不是通常的三维空间。把多粒子系统的波函数看作是物理空间的一个场，其物理意义需要进行更清晰的解释。在那种测量对象中，波函数对应的东西比我们迄今所要表达的更加抽象。目前，对玻姆理论是否可以采取实体性说明，有人支持，有人反对。在反对者看来，在量子信息理论中，就是用波函数或量子态来描述量子信息，波函数的不同线性组合传递不同的信息，而其中的主动信息（active information）的作用就是"规范"粒子的运动。这意味着，人们更倾向于把波函数看作是一个法则，而不是一种具体的测量对象。方程（2）更像是一个运动方程，一个运动法则。

① Dürr D，Goldstein S，Zanghí N. Bohmian mechanics and the meaning of the wave function. Arxiv：Quant-Ph，1995，29：9.

二、作为法则的波函数的困境以及解决方式

虽然有人赞同把玻姆语境下的波函数看作是法则，但在反对者看来，把波函数看作法则会遇到确定性、控制性及对称性的困境。我们有必要对这三种困境的具体内容进行阐述并且提出相应的解决方案，而且要指出的是，通过与经典哈密顿量进行类比，可以证明把波函数看作法则具有一定的合理性。

1. 作为法则的波函数的确定性困境及其解决方式

按照爱因斯坦的定义，法则性理论是自然过程的普遍特征，那么，它就应该是一种确定性的理论，因此，它不应随时间发生改变，但一般来说我们认为系统的波函数是随时间发生改变的。

就此困境而言，在玻姆语境中，宇宙子系统的波函数 ψ 是根据宇宙波函数 ψ 所确定，所以我们实际上只需要考虑宇宙波函数这一最根本的函数。对宇宙波函数而言，Wheeler-Dewitt 方程是规范的量子宇宙学中最重要的方程。作为 Wheeler-Dewitt 方程的一个解，宇宙波函数 ψ 可以表征为[①]

$$L\psi=0。$$

在宇宙波函数 ψ（q）中，q 指的是立体几何，并且其中包含一些其他物质，这些物质所对应的结构位于立体空间之上。正确的量子理论正是先从一个经典的拉格朗日表述形式出发，然后再进行一个有明确规定的量子化过程。由于经典运动方程是从拉格朗日函数通过哈密顿原理得到的，所以量子化过程的任务就是如何构造正则动量算符、哈密顿算符和量子力学方程，这样才能满足玻尔所提的“对应原理”，所以在量子力学中，我们只需要讨论拉格朗日函数，因为只有得到它之后，该理论形式才能确立下来。

① Dewitt B. Quantum theory of gravity. Physical Review，1967，160：1113-1148.

在这个方程中，L 是一种广义的拉普拉斯变换，它是薛定谔哈密顿量 H 的宇宙论说法。但与薛定谔方程在语形表征上的不同之处是，Wheeler-Dewitt 方程的一侧为零，而不是一个关于 ψ 的时间导数。因此它的自然解不依赖于时间，并且这些解在量子宇宙论中彼此相关。由此，既解决了把波函数看作法则所存在的时间难题，又体现了整体性思想。总之，从玻姆的立场来看，ψ 的确定性（即不随时间发生改变）并不是一个难题。

波函数在玻姆理论中的主要作用是规范粒子的运动。但粒子在玻姆理论中所发生的改变很大程度上不是因为波函数的改变而是由于 Q 的规范，根据波函数所确定的法则

$$\mathrm{d}Q/\mathrm{d}t=\upsilon^{\Psi}(Q)。\tag{3}$$

时间难题在玻姆宇宙中彻底消失，因为法则是不随时间发生变化，所以我们对波函数不随时间变化这一特性有了更充分的理解。

2. 作为法则的控制性困境及其解决方式

因为法则性理论使用的是分析方法，那么它应当是不可控的，但是，因为人们通常在一定的量子态中预设具有某一波函数的一个系统，所以量子系统波函数的选择是以预设的形式出现的，是作为初始条件受到其他东西控制的。在这个意义上，我们能够控制一个系统的波函数，但是我们并不能控制法则。

就此困境而言，对宇宙波函数而言，它的另一个优点是其具有唯一性的特征，这同时意味着它是不可控制的，人类实际宇宙的那个确定的波函数将会是唯一的波函数。尽管 Wheeler-Dewitt 方程可能有许多的解，但是当用Hartle-Hawing边界条件之类的附加的自然条件进行限制时①，这个解可能变成唯一的。总之，这种唯一性很好地吻合了把波函数看作是法则的要求。

简言之，对前两个困境而言，当对宇宙波函数 ψ 本身而非一个典型

---

① Hartle J，Hawking S. Wave function of the Universe. Physical Review，1983，28：2960-2975.

的子系统的波函数进行研究时，情况会发生极大改变。因为不但 ψ 是不可控制的，它就是它自身，而且 ψ 也可能不依赖于时间，这就解决了把波函数看作是法则所存在的困难。

3. 作为法则的波函数的对称性困境及其解决方式

从理论的逻辑特征上讲，法则性理论应当具有对称性的特征，但通常的波函数并不具有对称性。具体来说，法则在洛伦兹作用或其他对称性操作下保持不变，如果波函数表征一个法则，那么它必须在洛伦兹操作下保持不变，但通常洛伦兹转换或者其他对称操作总是破坏波函数的位形，以上内容是作为法则的波函数的对称性困境的明确表达。

就此困境而言，把宇宙波函数继续看作是一个法则有以下两种解决方法：一种解决方法是像大多数人建议的那样，放弃宇宙波函数在根本意义上所具有的洛伦兹不变性。另一种解决方法是利用位于波函数之外的附加的具有洛伦兹不变性的动力学结构来确定波函数。比如，根据万有引力度规和时空中的物质来确定一些合适的类时矢量场。

长期以来，人们坚持认为不存在一个洛伦兹不变的玻姆理论，根本原因是系统的位形在玻姆理论起到了重要作用，即或者是给定时刻对粒子位置的描述，或者是对理论的初始本体论的详细阐述。

但是，在杜尔等物理哲学家看来，可以通过以下方式来获得一个洛伦兹不变的玻姆理论，即不是通过一个不随时间发生改变的超曲面，而是考虑通过一个广义的类空超曲面来对位形进行确定。比如，粒子本体性可以通过曲面上的时空点来确定曲面的位形，其中曲面的曲面线是由 N 个点粒子所组成的。因此，如果在实践上能以某种方法把一个洛伦兹不变的时空结构排列进入类空超曲面上，那么便可以根据这个时空结构进行玻姆操作并且对一个玻姆型的动力学进行定义。①

在实践中，或许最具有可行性的操作方法为，利用某个洛伦兹不变规则对宇宙波函数的时空结构进行确定。通过这种方法，波函数与其时

① Durr D，Goldstein S，Munch-Berndl K. Hypersurface bohm-dirac models. Physical Review A，1999，60：2729-2736.

空结构之间出现一个协变的图景。通过上述方法所形成的洛伦兹不变的玻姆理论具有洛伦兹不变性的优点。更重要的是，在洛伦兹度规之外通过恰当地引入附加的时空结构，进而利用一系列烦琐的变换操作，任何理论都可以具有洛伦兹不变性，由此引发对具有洛伦兹不变性结构的识别。1967 年，安德森（James Anlerson）对这一问题进行过处理，他通过利用理论中所不存在的一些附加的固定结构来对固定结构和变化结构进行区分，进而对理论的洛伦兹不变量进行识别。[①] 也就是说，波函数在一定程度上具有洛伦兹不变性。因此，可以根据协变的客体来对波函数进行单独定义。

总之，对玻姆宇宙系统而言，通过对玻姆理论所具有的洛伦兹不变性进行研究，我们可以对宇宙波函数的时空结构进行更深入的理解，进而可以得出宇宙波函数在根本意义上具有洛伦兹性的结论，进而走出对称性的困境。

4. 作为法则的波函数的类比性证据

把波函数看作一个法则这个观点有许多争议，而经典哈密顿力学似乎无人质疑，所以下面我们将对波函数 ψ 与经典哈密顿量 H 这两种情形进行比较。

在位形空间上，N 粒子所构成的波函数的空间维度是 $3N$ 维，人们通常认为这一点是不同寻常的。在经典力学中，N 粒子系统的相空间维度为 $6N$ 维，是波函数空间维度的二倍。在相空间上，系统的哈密顿为 $H(q,p)=H(\chi)$，为了定义经典力学的运动方程，对方程进行求导后，把 H 放在运动方程的等式右边。但是我们从未听到任何人质疑经典力学在相空间中产生了一个在物理意义不明晰的场并且询问那种场是什么，所有人把哈密顿量仅看作一个可以根据运动方程进行恰当表达的实用工具。

因此我们认为可以用近似相同的方式来看待波函数。为了与经典力学更加相似，不是把 ψ 本身而是把一些类似于 $\lg\psi(q)$ 的东西作为

① Anderson J. Principles of Relativity Physics. New York：Academic Press，1967，160：1113-1148.

对应的哈密顿量 $H(\chi)$。原因是，玻姆理论中的速度正比于标量波函数 $\nabla\psi/\psi$ 的虚部，对 ψ 取对数后再对其进行求导，方程（1）可以表征为

$$\mathrm{d}Q/\mathrm{d}t = \mathrm{der}(\lg\psi)。$$

在经典力学中，也有类似形式的演化方程

$$\mathrm{d}\chi/\mathrm{d}t = \mathrm{der}\,H。$$

给 H 增加一个常数这一操作并不会使其运动方程发生改变。用一个常数乘以波函数能产生新的波函数，这一操作相当于给其对数增加一个常数，新的波函数在物理意义上通常等价于初始波函数。在玻姆力学中，新的波函数和初始波函数确定了完全相同的位形速度和运动方程。

选择合适的常数分别对 $\psi(q)$ 和 $H(x)$ 进行恰当的"归一化"后所得到概率形式也极为相似。在经典力学中是"玻尔兹曼－吉布斯"概率，H 被合适的归一化后，由 $e^{-H/kT}$ 所给出

$$\lg\mathrm{Prob} \propto -H。$$

在玻姆理论中是由 $|\psi|^2$ 所表征的概率

$$\lg\mathrm{Prob} \propto \log|\psi|。$$

通过比较可以看出，经典力学中的"玻尔兹曼－吉布斯"概率与玻姆理论中的概率在表征上具有极大的相似性。这种相似性一方面体现在数学结构的语形表征上，这是理论之间的逻辑连续性的表现。另一方面则在于前语境中的形而上学解释对新理论的形而上学假设的影响。因此，既然可以把经典哈密顿力学看作是法则，那么通过上述相似性的比较，把波函数看作是一个法则也未尝不可。从这个例子中可以看出在玻姆语境中提出把波函数看作是法则具有类比性证据。

三、结束语：特定语境下的一种新平台

通过对不同语境下波函数的意义进行研究，我们可以看出，把波函数看作法则需要多个限制条件，并且会产生许多无解的难题。如果把玻姆语境下的波函数看作是表征运动的法则，那么从子系统的波函数到宇

宙波函数的过程中还存在诸多难题。例如，为何运动方程可以表征为公式（3）的形式？为何 ψ 具有如此的演化方式？控制宇宙中元素的运动法则为何具有如此形式？为何波函数可以被简洁地表达等。虽然目前为止这些问题仍需要进行更深入的研究，但是这些问题将会帮助我们更好地理解量子力学所描述的世界。目前看来，许多物理学家对波函数是否在根本意义上是法则并不真正关心，但是我们认为，法则有非常重要的意义，而这个意义的核心就在于法则是简单的。如果我们相信宇宙波函数是法则，那么这种信念必然会影响我们对物理学发展的期望，而这种期望将会以特定的方式帮助我们更清晰地理解物理学。

在对作为法则的玻姆理论下的波函数进行分析的过程中，我们可以看出，之所以把波函数看作是法则，是因为它具有法则的如下特性。

（1）普遍性。按照爱因斯坦的定义，我们可以用某些简单的普遍适用的法则来认识客观实际，法则性理论是自然过程的普遍特性。玻姆理论下的波函数所描述的量子态所表征的不是一个场，而是一类等价的场，从而具有了普遍性的特性。

（2）规范性。规范性法则为人们提供模式、标准、样式和方向，它是一种一般的、抽象的行为规则，规定着一种行为模式或行动方案，在相同的条件下可以反复使用。在玻姆理论中，波函数构成的主动信息"规范"粒子的运动，起着规范的作用。

（3）简单性。正如爱因斯坦所言，简单性是指"一切科学的伟大目标，即要从尽可能少的假设或公理出发，通过逻辑的演绎，概括尽可能多的经验事实。"[①] 这里的简单性指的是逻辑简单性而不是广义上的简单性。也就是说，如果科学体系所包含的彼此独立的假设或公理最少，那么，无论其形式体系如何庞大，推论如何众多，仍不失为一个具有逻辑简单性的科学理论。在量子力学中的玻姆理论中，我们只需要通过讨论拉格朗日函数，便可以确定量子力学的理论形式。在本文中则应用到了宇宙波函数之中，并且作为法则的波函数具有对称性形式美，对称即简

① 爱因斯坦．爱因斯坦文集（增补本）（第一卷）．许良英等编译．北京：商务印书馆，2009：528.

单，满足了科学家、尤其是物理学家通常用对称性作为理论美的评价标准的要求。

在上一部分的分析中我们也看到，把玻姆理论下的波函数看作是法则会遭遇到确定性、控制性以及对称性的困境，这与法则所具有的普遍性、规范性以及对称性形式美相违背，面对这些困境，我们利用了一些方法来实现把玻姆理论中的波函数看作是法则。首先，我们把波函数拓展到宇宙空间，利用宇宙波函数与时间的无关性来解决确定性困境；其次，利用了某个附加的自然条件来对宇宙波函数的解进行限制，通过这种方法所得到的解来克服作为法则的波函数所面对的控制性困境；最后，利用了位于波函数之外附加的具有洛伦兹不变性的动力学结构来确定波函数，从而得到具有对称性的波函数，这样便解决了把波函数看作法则所要求的对称性。

在这一过程中可以看出，这些困境的解决离不开物理学语境的相关功能：科学中许多法则并不是严格普遍性的法则，把波函数解释为法则需要极其严格的限制条件。第一，为了解决玻姆语境下把波函数解释为一个法则时所面对的三大困境，只有把波函数放在宇宙层面，通过把宇宙波函数看作一个大的整体，进而增加合适的限制条件和一些动力学结构才可以成功解决那三大困境，这是物理学语境制约功能的体现；第二，从规范的量子力学中关注波函数 ψ，到玻姆理论中共同关注波函数 ψ 和微观粒子，最后到宇宙玻姆理论中把宇宙波函数 ψ 从具体的物理实在中升华，进而把其看作是法则，仅用 Q 来描述物理实在，这一系列过程充分展示了对波函数进行解释的逐步语境化的过程。这种发展变化的理论形式部分地服从相同的数学表征。这就保证了语境交替中意义的相关性，这是物理学语境转化功能的体现。最后，以 ψ 开始，以 Q 结束，这正是波函数从一种表征方式到另一种表征方式的变化的语境依赖性的体现。众所周知，在语言哲学中，语境和意义是成反比关系的：语境越大，适用范围就越大，普适性就越强，但意义变弱；语境越小，适用范围就越小，规律的普适性越弱，但意义越强。与此类似，在物理学中也是如此，给定的范围或语境越大，规律的普适性越强，但是规律的精确性越弱；

给定的范围或语境越小，规律的普适性越弱，但是规律的精确性越强。[①] 显然，波函数从规范的量子力学转换到玻姆理论，再从玻姆理论转换到宇宙玻姆理论，其语境越来越小，需要的限制条件越来越多。玻姆理论下的波函数语境是一种具体的语境，把宇宙波函数看作法则也只能在宇宙层面，利用许多附加的限制条件才成立。

总之，我们只有在物理特性的相关语境中，利用语境的关系进行理解，才能够实现把玻姆理论下的波函数看作为法则这一目标。无论如何，把玻姆语境下的波函数看作法则是一种新的平台，这种平台能够帮助我们更清晰地理解物理学理论发展过程中众多理论之间的相关性以及各种特定理论自身的物理学内涵。

---

① 郭贵春 . 科学实在论的方法论辩护 . 北京：科学出版社，2004：69-80.

热物理学中对称现象的语境分析及其意义 *

对称现象在自然界中普遍存在，外尔关于这一概念曾经做出较为完备的定义：若存在某一客体，对其做某种事情，做完之后，该客体看起来仍和先前一样，那它就是对称的。① 本文从热学中的对称现象出发，通过全面分析描述对称关系的科学语言和形式化的数学语言，从而把握其中的句法特征及其意义。在语境的视野下认识、理解和把握对称关系的深刻内涵，可以丰富对称理论的内容，扩展对称理论的应用范围。

一、热学中的对称现象及其应用

宏观系统是由微观粒子组成的，热学研究分别从宏观和微观两个视

---

* 本文发表于《哲学研究》2015 年第 2 期，作者郭贵春、李龙。

① Feynman R P. The Feynman Lectures on Physics（Vol Ⅰ）. Oxford：Oxford Public Library，1964：499.

角展开。系统的宏观特性易于观察，实验完成后归纳总结得到规律；微观系统中的规律是在建立理想化模型后，借助经典理论模型合理外推得到，经典理论在解决多体问题时会显示出自身的局限性，利用规律之间的对称性，可以从已知的宏观规律中推导出相应的微观规律。对称关系在热学中的成功应用，并不单纯是宏观世界微观化的结果，说明它们之间存在本质关联，也可以认为是宏观理论制约了微观理论的选择范围。① 宏观层面使用热力学描述方法，针对热现象做出大量观测之后总结出经验性的普适定律，进而从逻辑上推导出物质宏观性质之间的相互关系、物理进程的方向及其限度等内容。微观层面使用统计物理学描述方法，当粒子数足够多时，系统的宏观性质可以由微粒热运动的统计平均值决定，从而得到宏观物理量与微观物理量之间的关联。②

对称性是在观察自然和认识自然的过程中总结出的一条规律，在早期的物理学研究中仅将其作为限制物理现象可能性的一个条件。科学理论是一个从感性归纳到理性演绎的动态发展过程，对称关系的把握在这一过程中逐渐强化，并最终形成理论。与对称相对的是对称破缺，两者之间相互联系、相互转换，在某种条件下表现出的对称性会在新的条件下发生破缺。

1. 热学中的对称现象

对于某一热学系统，其内能由态函数表征。孤立的处于平衡态的热学系统所具有的时间平移对称性与经典物理学中的完全相同，相应地可以推导出热力学第一定律。从微观层面看，在温度没有到达绝对零度时，分子会永不停息地做无规则的热运动，速度的大小和方向包含多种不同情况，分子之间发生的频繁碰撞使得速度不断发生变化，难以研究单个分子的时间平移对称性。系统是由大数分子组成，满足统计的相关性。处于平衡态的系统在时间平移作用下会表现出对称性，即虽然单个分子碰撞后动量和能量都发生改变，但对于所有分子组成的系统来说，具有

---

① 孙宗扬 . 物理学中的对称性 . 合肥：中国科学技术大学出版社，2009：53.

② 秦允豪 . 热学 . 北京：高等教育出版社，1999：1-3.

相同能量的分子个数不随时间改变，满足能量守恒。空间的均匀性和各向同性是系统实现平移对称和转动对称的前提。从宏观上看，作为一个静止系统在平移和转动后自身的动量和角动量保持不变；从微观上看，经历平移和转动操作后的粒子仍满足统计相关性，所有微粒总的动量和角动量守恒。研究天体的热运动时，系统的动量、角动量同能量一样非常重要，使用数学方法表述一个广义正则系统的概率密度后可知，广义热力学第一定律应当是时空平移和转动的一个结果。①

经典物理学中的线性定律都会表现出时间反演对称性，单独考察热学系统中的某个微粒，时间反演对称对于单个粒子及其相伴场的亚微观动力学无疑是正确的。②热学运动过程在时间反演作用下表现为不可逆，具有非对称性，体现在热力学第二定律的开尔文表述中（Kelvin expression）：不会仅从单一热源吸热使之完全变成有用功而不产生其他影响；克劳修斯的表述（Clausius expression）是：热量不能自发地从低温物体向高温物体传导而不引起其他变化。这两种表述方式分别从功与热之间的关系和自然变化的角度表征热学演化过程在方向上的非对称性。非对称性本质上体现了系统能量的分布变化，这一过程体现系统能量趋于扩散。在宏观层面，热学系统借助熵增加原理限制演化的方向，在经历绝热过程后熵永不减少；在微观层面，孤立系统内发生的过程总是由出现概率小的宏观态向出现概率大的宏观态进行，通过统计解释揭示微粒有序运动与无序运动的非对称性，有序运动可以自发地完全转化为无序运动，而无序运动却不能自发地转化为有序运动。③

系统科学与传统科学都坚信自然界中存在秩序。完全的对称、均匀和各向同性并不会表现出秩序，只有在对称性发生破缺、各部分之间出现差异时才可以实现排列或有序。自然界的有序演化是对称破缺的结果④，只有完全对称与对称破缺相互补充之后才能形成和谐完美的物理学

---

① 包科达．对称性和热学．大学物理，1999，2：10.

② Penrose R. The Road to Reality. New York：Knopf Publishing Group，2007：494.

③ 张兰知．非对称性和热学．哈尔滨师范大学自然科学学报，2000，3：68.

④ 武杰，李润珍．对称破缺的系统学诠释．科学技术哲学研究，2009，6：32.

理论。

2. 对称性在热学中的应用

宏观规律与微观规律之间存在对称性，将其作为热学研究的指导原则后，可以实现宏观规律与微观规律之间的推导和预测，从而丰富对称理论的内容，简化分析过程。例如，使用对称关系推导系统的麦克斯韦速率分布、状态分布和熵的统计表达式。

统计物理学以物质的微观结构作为立足点和出发点，并在把握微粒运动及其相互作用后研究物体宏观的热性质。对于一定质量的理想气体来说，每个微粒的速度都不确定，在一个连续范围内任意改变。当理想气体处于平衡态时，每一个微粒的运动情况都用一个三维矢量表征，分子的麦克斯韦速率分布是在忽略气体分子间相互作用前提下得到的，并对所有速度的可能情况和相应概率进行积分后值为 1，满足数学要求。从统计物理学视角来看，所有宏观上可观测的物理量都是相应微观量的统计平均值，①利用概率分布函数可以求得理想气体分子平均速率等物理量。物质同一性将作为宏观规律与微观规律之间对称关系实现的前提。例如，热学教材中的定义：温度是分子平均动能的标志。

作为描述热学系统的状态函数之一，熵的变化体现出系统特定发展方向。对于某个系统，当自发地从某一态向另一态变化时，熵增加。利用热力学方法推导出单原子理想气体的熵变化，满足粒子系统的可加关系，熵的表达式也是合理的。②根据规律之间的对称性，熵可以在微观层面做出统计解释。理想气体分子可以处在多个分立的能级中，各个能级存在自身的简并度，预设各能级上分布的粒子数分布，利用等概率原理，得到古典统计下的状态数分布。对于确定的热学系统，无论使用热力学方法还是统计物理学方法得到的结果都相同。古典统计理论中系统的可能状态并不能准确描述热学系统中的微粒，借此可以最终找到玻色－爱因斯坦状态数（Bose-Einstein statement）。

---

① 胡承正．统计物理学．武汉：武汉大学出版社，2004：1.

② 秦允豪．热学．北京：高等教育出版社，1999：74.

系统自身具有的同一性决定宏观规律与微观规律之间存在着对称性，将其作为理论思维的立足点和出发点，能够实现宏观规律与微观规律之间的相互导出与验证，可以强化物理学规律的客观性和合理性，丰富物理学理论的基础内容。

二、热学中对称现象的物理意义及其结构特征

对称现象在自然界中普遍存在，物理学家透过现象归纳出对称关系的本质特征，并将其作为一种完备的性质演绎使用。对称关系有多种表现形式，每种形式都包含两个客体（一个客体的两个态）和一种关系，表现为两个客体完全相同（一个客体在变换前后态保持不变）。

1. 热学中对称变换的物理意义

自然科学的进步使得研究的对象远离经验，内容变得抽象，方法更加理性。热力学和统计物理学分别从两个不同的角度研究系统的热运动，它们之间相互关联、互为补充，热学中对称关系的成功应用成为联系宏观世界和微观世界的一座桥梁。

首先，热学系统中的对称关系的应用是古典对称理论的继承和发展。对于确定的研究对象，若从不同的物理学视角对其分析和解构，即使路径不同，结论也应相同，可知规律中存在某种对称关系。物理学中的变换不变性总是与守恒量关联，具有不变性的热学系统此时处于平衡态，系统内的微观粒子排序规则表现出对称性。热学系统在时间平移操作下，系统的总能量守恒，在此基础上总结出热力学第一定律，并被视为诺特（Nother）定理在热学领域成功应用。此外，热学系统可以在空间平移后实现动量守恒，在空间转动后实现角动量守恒。将热学研究方法运用于天体物理学中，得出的广义热力学第一定律，不仅扩展热力学第一定律的应用范围，而且还可以丰富其物理意义。

其次，引入一种新形式的对称变换——对称破缺，作为一种特殊形式的对称变换，丰富对称理论的内容。自然界始终处于运动、变化、发

展之中，在这个过程中，完全对称被逐步取代，对称破缺逐步显现，客观世界自身有序程度逐渐变高。现实世界具有对称破缺的性质，对称破缺创造了现实世界。[①] 热学系统中存在两组矛盾关系：对称与对称破缺、平衡与非平衡。它们之间相互对立、辩证统一。没有完全对称，对称破缺也就不能界定；没有对称破缺，对称自身的物理意义也不会这么深刻。矛盾双方又是相互依存、相辅相成的。平衡与对称性对于自然界来说是一种自组织机制，某一方面或层次的不平衡、不对称可能为另一方面或层次的平衡、对称性的存在提供条件或者基础。[②] 对称与对称破缺之间同样可以实现自由转化，在某一条件下表现出来的对称，在新的条件下则可能表现为对称破缺。而自然界就是在从对称到对称破缺，然后又形成新的对称，再转变为新的对称破缺这样的过程中螺旋式地深化发展的。

最后，对称理论在热学中运用，可以进一步区分微观粒子玻色－爱因斯坦状态数与古典分布状态数之间的关系，建立关于微观粒子新的认识视角。两个孤立的温度不相等的系统相互靠近后，系统之间发生热传递可以导致系统总熵逐渐增加。在科学史中，热学研究的统计物理学方法曾经使用经典意义下系统呈现出的状态数对熵做出统计解释，其结果并不满足宏观上推导出的熵的可加性结果。将对称性作为热学中的指导原则使用时，统计物理学中研究的对象——微粒继续看作古典粒子的话已经不能满足本体的客观需求，应当将其视为玻色系统。古典分布状态数与玻色－爱因斯坦状态数之间存在差异，在古典系统中，每个粒子是可以区分的；在玻色系统中，每个粒子不可以区分。在凝聚态物理学中，超流现象的成功处理证明了玻色分布符合实际情况，是对称理论在物理研究中的又一成功运用。[③]

2. 热学中对称变换的结构特征

客观世界是一个多层次结构系统，科学理论就是关于该系统全面的、

---

① 武杰，李润珍．对称破缺的系统学诠释．科学技术哲学研究，2009，6：31.

② 梁玉娟．对称性与对称的破缺性．广西物理，2003，4：24-29.

③ 孙宗扬．物理学中的对称性．合肥：中国科学技术大学出版社，2009：80.

系统化的认识。它不仅可以帮助我们有效指导改造世界的实践活动，而且在其自身具有客观性、独立性和逻辑性的前提下，对未知领域和未知实践做出合理的预判。当前科学研究领域已经逐渐脱离经验层面向宇观和微观层面发展，直接观测归纳总结的规律逐渐变少，而通过演绎得到的规律逐渐变多。在利用这些规律描述、解释甚至预测客观世界时，无不需要借助科学语言的符号系统阐述和呈现世界的本质。

在罗尼·凯恩（Ronnie Cann）的著作《规范语义学：导论》的开篇就有这样的陈述：在广义中，语义学是关于意义的研究；语言的语义学是关于人类语言中的词组、短语和句子所表达的意义的研究。科学理论是系统化的科学知识体系，它用概念、判断、推理的形式完整地反映客观对象的本质及其规律。[①]而这个过程自身也同时包含着语义分析的框架，为理论中的语言做出“意义”的解释，从而揭示科学语言与客观实在之间的本质关联，科学的最终目标是在本质层面找出关于客观世界最为合理、有效的陈述。热学研究中，热力学使用观察现象、归纳特征、把握规律、演绎使用的研究方法；统计物理学使用了预设前提、演绎归纳的研究方法。虽然两种研究方法有着不同的认识论立场，但都使用科学语言进行描述和表征。

首先，科学理论在语义分析过程中分别从表层结构和深层意义中把握对称变换的本质关联。语义分析过程也就是进一步解释理论语言中的“意义”，并在本质层面把握理论语言和客观世界之间的内在联系的过程，意义的完全展开就意味着理论语言语义分析的完成。科学理论动态发展的特征要求实现对称变换的对象范畴逐渐扩大，由原始的、直观的图形和物质客体向深刻的、抽象的函数和态转变；实现对称变换形式的扩展，由对象之间简单的重合扩展为保持不变性的所有操作；实现对称变换应用方式的多样性转变，由简单判定对象之间是否满足对称变换转向将对称性作为定律应用于对象物理性质的预测。描述和表征科学理论的符号语言系统可以分为操作语言和域语言两个部分，操作语言是一种定量的

---

① 刘元亮. 科学认识论与方法论. 北京：清华大学出版社，1987：337.

描述，作用在科学理论语义分析的表层，限制和规定科学研究的具体操作规则；域语言则是一种定性的描述，作用在科学理论语义分析的深层，界定和规范科学理论知识体系的边界。语义分析方法的具体展开，就是在明确对象客体与符号语言指称关系本质基础之上，深层次实现理论语言的“表层结构”与“深层结构”之间的辩证统一。①

其次，热学中的对称变换在语义分析时使用与经典物理学相同的符号语言，并利用相同形式的数学公式描述。关于描述科学理论符号语言的认识论立场，伽达默尔（H. G. Gadamer）在《真理与方法——哲学诠释学的基本特征》一书中提到，人类并非通过语言认识这个世界，而是以语言为基础拥有并描述这个世界。书中明确指出“语言就是世界观”。而科学理论都是带有确定认识论立场的符号语言系统，客体之间的逻辑关系需要通过符号语言经过演绎之后用公式

$$S_t = \sum(OdA) \qquad (1)$$

表征。等式左侧的时间角标说明由符号语言建构的知识图景处于特定时期，Σ代表在特定时段内系统中非连续操作算符的累加，*O* 则代表具体累加过程中可能的操作语言的集合，*d* 则是系统中可能存在的操作关系，*A* 是进行运算的域语言。可见，科学理论的知识系统被定义为一个集合，集合中的元素分别是表征科学理论演绎过程中操作关系的符号语言，而针对科学理论做出语义分析就是要通过形式化的符号语言建构出系统描述和说明特定的语言现象。②

最后，语义分析方法通过界定“所指”与“能指”的形式和内容来实现客观实在与符号语言的相互转化。在语义分析的过程中，客观实在及其自组织方式构成科学理论语义分析“所指”的内容和形式；所有用来描述客观实在的符号语言及其非功能性内容构成科学理论语义分析“能指”的内容和形式。语义分析完成后，可以在“所指”与“能指”的内容和形式之间进行本质关联，从而不仅实现实在客体与符号语言的相

---

① 郭贵春. 走向语境论的世界观——当代科学哲学研究范式的反思与重构. 北京：北京师范大学出版社，2012：185.

② 郭贵春. 当代语义学的走向及其本质特征. 自然辩证法通讯，2001：6.

互转化，也能完成客体之间逻辑关系与符号语言的句法形式之间的相互转化。本文以自然界中与热学相关的对称现象作为研究的内容，将对称现象的载体——物质客体作为研究对象，分别从宏观和微观两个视角对热学中的对称现象做出研究。对称现象的认识是一个由表及里的过程，具体研究时以可观测的宏观现象作为开端，在使用理论思维，特别是对称性思维的过程中逐步深入、发展并形成对称理论，它的应用实现在宏观规律与微观规律的关联中做出判断和预测。

三、热学中对称变换的句法特征及其意义

在热学理论建构中，无论是热力学系统还是统计物理学系统，都是一个由大数粒子组成的宏观物质系统。从微观视角出发的热学理论并不能在不做出理想化的前提下对大数粒子中的每一个粒子的运动状况做出完全真实的描述。通常情况是在研究物质客体宏观表象的基础上，利用宏观物理学参量对大数粒子集合做出“符合常理”的描述。物质客体的热学宏观表象本质上是对大数粒子集合的一种统计学平均值的合理描述，它们之间的本质关联本身就是对称关系的一种表现形式。在讨论热力学系统关注的任何一个具体命题之前，首先需要使用规范的形式语言作为前提性陈述提出一个意义明确的界定。① 语义分析作为一个系统化的方法在科学理论研究中发挥着重要作用。任何科学理论在建构过程中都会首先明确其作用的范围，界定出科学理论的研究对象——客体以及在科学理论中的表述形式——符号、概念及非功能性术语，分别作为“所指”和“能指”的内容共同组成科学理论的域语言；然后，总结客体之间的所有自组织形态，并通过符号语言之间自身的句法规则进行表征，分别作为“所指”和“能指”的形式共同组成科学理论分析的操作语言。将“所指”与“能指”的内容和形式本质上关联，再做出关于意义的解释，意味着科学理论语义分析的完成。

---

① 杨本洛. 非平衡态热力学和流体力学形式逻辑分析. 上海：上海交通大学出版社，2013：7.

任何一种理论语言都是形式和内容的统一，而语义分析方法的功能就是通过对意义的揭示，内在地将语言的形式和内容以及多层次的语义结构有机地联结起来。[①] 本文研究热学中的对称现象，物质系统和微粒分别从宏观和微观两个层面构成语义分析中“所指”的内容，由描述热学系统的物理学参量所表征的态函数与描述单个粒子运动的速度、动能等物理量构成语义分析“能指”的内容；系统在宏观上和微观上经历某种操作后而保持不变的操作以及可以实现通约的宏观系统与微观系统之间的关系构成语义分析中“所指”的形式，状态参量在经历变换后保持不变的数学操作构成语义分析中“能指”的形式。科学方法的定义在于有序地将事实分类，紧接着辨认它们的关系和重现的顺序，科学的判断是基于这种辨认和摆脱个人偏见的判断。[②] 使用语义分析方法研究热学中的对称现象，不仅指出对称关系作为宏观与微观世界的本质关联，而且可以扩展为一个普适理论，强化宏观现象和规律与微观现象和规律之间的契合和通约，成为宏观世界与微观世界之间的桥梁与纽带。作为一种横断的科学研究方法，语义分析在功能上始终具有强烈的哲学背景，是哲学与科学的辩证统一。[③]

首先，通过分析热学中现有的对称现象，在把握对称变换本质特征的基础上，深层次地探究对称变换的内涵，丰富对称变换的适用范围。任何一个科学理论都是将基本概念和基本理论作为核心和基础，与其他的概念和理论之间形成特定层次关系的开放系统。只有当这个系统不断与实践以及其他理论相互作用时，才能不断得到丰富和发展。[④] 使用语义分析方法研究自然界中对称现象，做出相关意义的解释，可以在把握对称变换的本质——不变性这一特征基础上，推广对称理论，实现对称操作域从牛顿力学扩展至原子物理学、量子力学、热学等物理学的诸多

---

① 郭贵春. 走向语境论的世界观——当代科学哲学研究范式的反思与重构. 北京：北京师范大学出版社，2012：185.

② 卡尔·皮尔逊. 科学的规范. 李醒民译. 北京：商务印书馆，2012：19.

③ 郭贵春. 走向语境论的世界观——当代科学哲学研究范式的反思与重构. 北京：北京师范大学出版社：2012：187.

④ 刘元亮. 科学认识论与方法论. 北京：清华大学出版社，1987：347.

分支学科，实现由宏观向微观，由具体向抽象的转变。热学系统中对称变换与守恒量之间的关联与经典物理学中的情形相比，相似但略有不同。相似之处在于，热学系统从时间平移对称性出发可以得到能量守恒，也就是热力学第一定律；热学系统在经历空间平移和转动对称操作之后相应地得到动量守恒和角动量守恒；不同的是可以将对称变换纳入天文学这个范围更大的操作域中推导出广义热力学第一定律，从而丰富对称变换与守恒量之间的关联。

其次，通过分析描述热学中对称现象语言的句法结构，试图实现科学中符号语言与科学实在的统一。所有科学理论在描述科学实在的过程中都需要通过使用符号语言界定客体自身以及客体之间的逻辑关系。逻辑实证主义者对这个过程中分别来源于观察和理论的语言做出严格的区分，即观察术语并不等同于理论术语，以此必定会产生由热现象观察产生的术语与作为理论热力学中包含的术语之间的不协调，科学理论的语义分析在将自身的客观性、相对性和绝对性的统一作为基础的前提下表现出特有的优势。科学认知的主体建构出的科学理论语言是包含信息的“意义载体”。在对科学理论分析、阐述和解释的过程中产生的语义观念既来源于外部世界的真实结构和性质，也来源于与此相关的形式对象的客观存在。在语义分析过程中，正是认识主体的理性思维活动，才使得语言功能与世界的本质发生最佳的“谐振”，从而实现语词的意义，实现客观世界与符号语言之间的关联与契合。[①] 在本文中，针对热学系统中存在多种形式的对称现象，从本质上把握客体在发生对称变换过程中句法的语义形式结构，明确对称变换过程中的域语言和操作语言，分别将能指与所指的内容和形式进行语义学关联，在热学系统中多角度建构关于对称理论的知识体系，实现对称理论中形式语言与热学系统中客观实在的语义学关联，从而将语义分析方法贯穿于热学理论中的对称问题研究之中。

再次，作为科学方法论中的一个重要组成部分，语义分析可以从本

① 郭贵春. 走向语境论的世界观——当代科学哲学研究范式的反思与重构. 北京：北京师范大学出版社，2012：187.

质上把握不同形式的对称变换，扩展对称理论的内容。科学理论在建构过程中自身具有的复杂性和层次性决定了科学研究方法的多样性，每一种科学方法论都会从不同的视角出发，沿着不同的路径，使用不同的手段构造、阐述和解释科学理论。科学理论的语义分析通过使用句法分析和语义分析的合取，一方面以严格的、精确的逻辑规则约束并保证了理论解释的简单性、和谐性和准确性；另一方面又以丰富的、生动的本质意义和深层内涵要求和决定了理论解释的相关性、一致性和普遍性。[①] 对于某一系统来说，处于平衡态的系统在经历对称变换后可以保持不变，处于非平衡态的系统则相应地表现出对称破缺。在语义分析中，平衡态与非平衡态分别构成能指的内容，而对称与对称破缺则构成能指的形式。从能指的内容与形式的相互关联中可知，对称与对称破缺有着相同的本质基础。在物理学研究中，从看似毫不相关的现象中分离出共性和个性，挖掘隐藏在其中的对称成分和对称破缺，然后建立特定条件下的完全对称理论，构建由对称和对称破缺互补而成的科学理论，体现出理论自身所具有的科学美学特征。[②]

最后，对称理论在经过语义分析之后，加强自身的可接受性，并作为一个普适理论，可以在其他物理学分支学科中得到广泛使用。物理学理论的逻辑性和合理性在数学工具中得到体现，对称现象中客体的客观性，数学表述中的逻辑性，物理规律的合理性都会在语义分析中得到展示。语义分析的根本目的是揭示科学理论关于物理实在的语言重构，全面地、系统地深层次展现科学语言的指称本质，揭示科学语言的意义，强化科学理论的真理性和可接受性。科学理论具有的普适性与科学方法的绝对有效性都依赖于一个人的心智与他人的心智之知觉官能和反映官能之间的类似性。[③] 本文使用科学语言界定、表征和分析热学系统中的多种对称现象，就是在规范客体客观性与逻辑推理客观性的前提下，利用

---

① 郭贵春．走向语境论的世界观——当代科学哲学研究范式的反思与重构．北京：北京师范大学出版社，2012：188.

② 秦允豪．热学．北京：高等教育出版社，1999：176.

③ 卡尔·皮尔逊．科学的规范．李醒民译．北京：商务印书馆，2012：103.

公理和客体之间的逻辑关系就对称变换的规则进行推演，使句法标准满足理论语言陈述的公理化标准。而语义分析的具体模型又与对称理论的形式选择无关，这就可以保证对称理论的真理性条件及其意义在语义分析过程中得以实现，并逐步成为人们理解、接受、把握、反驳、修正和发展对称理论的思维方式和路径。将对称理论作为一个普适规律用于热学研究，不仅可以简化研究的步骤，还可以发现由常识出发所得到的微观规律中的谬误，并且成为研究和分析热学理论的重要手段和工具，为物理学研究拓展出新的形式。

四、结束语

客体总是作为各种关系的载体，本文使用语境分析方法研究热学中的对称现象，归纳对称变换的本质属性和特征，将不变性作为对称关系的本质属性建构并扩展对称理论。在把握对称变换本质特征基础之上将对称破缺视为一种新形式的对称变换归纳到对称理论之中，扩展对称关系的种类和认识域，语境分析的成功运用有以下几方面的意义：首先，客体的同一性在逻辑上要求结论具有一致性，不同研究方法之间必然存在内在对称，规律之间保持更为直接的对称关系。对称关系不仅可以用于经典系统的理论分析，而且将对称理论推广到自然科学理论研究中会有更重要的意义。其次，科学理论的语义分析可以实现研究对象与符号语言的契合，将逻辑关系通过句法形式准确描述，体现出逻辑关系的自洽性和同一性，强化对称理论的客观性、合理性、可接受性和普适性。最后，在此过程中，语义分析提供了一种新的认识论视角，认识、理解、把握和使用语义分析方法已经在经典物理学、场理论等多个物理学分支学科对称现象的研究中发挥了重要作用，在化学、生物学等自然科学理论研究中也体现出自身的价值，极大地扩展了对称研究的适用范围和深刻内涵，丰富了对称理论的内容。

固体物理学中对称现象的语境分析及其意义*

晶体中存在多种形式的对称现象，不仅在宏观晶体之间而且在微观晶格之间。作为晶格周期性排列的宏观表象，晶体表现出的对称现象本质上由晶格对称性决定。晶体中的对称现象分为几何对称和物理对称，晶体的宏观物理性质是由原子组成种类及其排列方式决定。晶格的对称性决定了晶体的对称性，晶体的对称性又影响晶格的几何对称和物理对称。确定晶体几何对称和物理对称之间的关系，可以了解、认识和把握晶体宏观和微观性质之间的关系。晶体中电子的对称性表现为单电子平移对称性，以此形成并发展的能带理论，在固体物理学中发挥重要作用。

一、对称现象及其数学表征

18 世纪，法国矿物学家阿羽依（A. Haüy）在理论中导出：晶体宏观

---

* 本文发表于《自然辩证法研究》2015 年第 6 期，作者李龙、郭贵春。

表现出的几何外形是原子周期性排列的结果，晶体的物理性质与原子的排列方式密切相关，固体物理学正是联结宏观世界和微观世界的桥梁和纽带。晶体会表现出明显的对称现象，不同晶体内部的对称形态并不相同，结晶学按照对称要素，划分出不同的对称型，扩展和延伸出不同的晶族和晶系。

对称关系是客观世界中的一种规律，也可以认为是由信念产生出的一种方法，对称现象有着丰富的表现形式，不变性是对称现象的本质特征。李政道在《粒子物理与场论简介》一书中明确指出："一切对称性的根源都在于某些物理量的不可观测性。"而这个不可观测性也是经过某种操作后保持的不变性。周期性排列的晶格在经历平移、旋转等操作后保持的不变性构成晶体对称操作的具体形式和内容。①

1. 对称现象

固体物理学沿着先宏观后微观，先整体后个体的路径演化，随着研究的深入，不同方法的使用必然以不同的认识视角为前提，晶体对称性的研究将分别从宏观和微观两个层面展开。

1）宏观对称现象

宏观层面，晶体表现出的对称现象包含几何图形之间的对称现象和物理关系之间的对称现象。晶格的周期排列决定了晶体几何图形的宏观对称性，只有符合晶格构造规律的对称形态才会在实际晶体建构中出现。②晶体生长过程满足对称规律，在研究晶体宏观构型的过程中，任何一种对称操作都必须凭借相应的几何要素作为标准，形成关于面、轴、中心以及转动对称。

除几何对称外，晶体中包含关于物理性质的张量本征对称，即若晶体在对称操作下保持表观不变，则在相应的坐标变换下晶体物理性质的张量形式也应保持不变。③描述晶体物理性质的量都属于张量，存在着

---

① 黄昆，韩汝琦．固体物理学．北京：高等教育出版社，1988：19.

② 王萍，李国昌．结晶学教程．北京：国防工业出版社，2008：36.

③ 江少林，华保盈．浅谈晶体物理性质的对称性．大学物理，1998，3：24.

固有对称性，在实际操作中，不同物理量在张量分析中所处的阶数不同，如质量等标量可以用零阶张量表示；电场强度等矢量可以用一阶张量表示；介电系数等物理量可以用二阶张量表示；压电模量等物理量可以用三阶张量表示；弹性系数等物理量可以用四阶张量表示。[①]

2）微观对称现象

晶体微观结构中的对称性表现为晶格之间的对称性和晶体中电子平移的对称性，后者奠定了固体物理学能带理论的基础。

任何晶体都是由周期性排列的晶格组成，晶格等同于结晶学中单胞，其中包含 7 个晶系和 14 种布拉伐格子，即原子周期排列的形式，晶格中不仅包含平移对称，还包含转动对称，或转动后加反演对称等，表 1 列举晶系与布拉伐格子之间的关系。

表1　晶系与其对应的布拉伐格子

晶系	三斜晶系	单斜晶系	正交晶系	三角晶系	四方晶系	六角晶系	立方晶系
布拉伐格子	简单三斜	简单单斜 底心单斜	简单正交 底心正交 体心正交 面心正交	三角	简单四方 体心四方	六角	简单立方 体心立方 面心立方

在理想晶体中，原子周期性排列形成晶格，其中少量核外电子可以自由移动。假设原子核处于平衡位置时，电子不再束缚于某一个原子核，而是在整个固体内运动，描述电子微观运动状态的态函数保持不变，即单电子运动平移的对称性。

2. 对称关系的数学表征

研究固体物理学中的对称现象，在确定客体之后，其中蕴含的对称关系作为意识的反映可以使用多种形式的数学工具表征。

1）正交矩阵

晶体的几何对称类型包括平移、旋转和中心反演三种，在对称变换操作中晶体间两点的间距不变，都属于正交变换类型，可以使用表 2 中

① 俞文海．晶体物理学．合肥：中国科学技术大学出版社，1998：4.

的矩阵表示。

表2　晶体宏观对称的矩阵表示

平移	旋转（绕 z 轴转 θ 度）	中心反演
$\begin{pmatrix}x\\y\\z\end{pmatrix}\to\begin{pmatrix}x'\\y'\\z'\end{pmatrix}=\begin{pmatrix}a_{11}&a_{12}&a_{13}\\a_{21}&a_{22}&a_{23}\\a_{31}&a_{32}&a_{33}\end{pmatrix}\begin{pmatrix}x\\y\\z\end{pmatrix}$	$\begin{pmatrix}x\\y\\z\end{pmatrix}\to\begin{pmatrix}x'\\y'\\z'\end{pmatrix}=\begin{pmatrix}\cos\theta&-\sin\theta&0\\\sin\theta&\cos\theta&0\\0&0&1\end{pmatrix}\begin{pmatrix}x\\y\\z\end{pmatrix}$	$\begin{pmatrix}x\\y\\z\end{pmatrix}\to\begin{pmatrix}x'\\y'\\z'\end{pmatrix}=\begin{pmatrix}-1&0&0\\0&-1&0\\0&0&-1\end{pmatrix}\begin{pmatrix}x\\y\\z\end{pmatrix}$

2）张量分析

在物理量描述的过程中，当坐标轴转换时，张量的所有分量都会随之发生改变，而对物理量进行描述的张量自身却不发生改变，表现出张量平移的对称性。

零阶张量不具有方向性，用函数 $\Phi\left(x_1,x_2,x_3\right)$ 确定。平移操作时，函数值保持不变，

$$\Phi'=\Phi \tag{1}$$

它们是真标量，如温度等；另一种是赝标量，平移操作后，函数值变为相反数

$$\Phi'=-\Phi \tag{2}$$

如旋光率。

一阶张量分量的坐标变换就是点坐标的变换。坐标系 O 中的空间某点 P 和一个矢量 $\vec{r}$ ，$\vec{r}$ 表征坐标系中各分量的值有

$$\vec{r}=x_1\vec{e}_1+x_2\vec{e}_2+x_3\vec{e}_3=x_i\vec{e}_i(i=1,2,3)\ , \tag{3}$$

$\vec{r}$ 矢量在新坐标系 O' 中的各分量值有

$$\vec{r}'=x_1'\vec{e}_1'+x_2'\vec{e}_2'+x_3'\vec{e}_3'=x_i'\vec{e}_i'(i=1,2,3) \tag{4}$$

矢量 $\vec{r}$ 在坐标系中的数学变换与坐标 P 在坐标系中的变换完全相同，可知

$$\vec{r}=\vec{r}' \tag{5}$$

在坐标系 O 中

$$x_i'=a_{ij}x_j(i,j=1,2,3)\ , \tag{6}$$

在坐标系 O' 中

$$x_i'=a_{ij}x_j(i,j=1,2,3) \tag{7}$$

矢量分量的变换和坐标系基矢的变换完全一样，[①] 具有平移对称性。

任意一个二阶张量都联系着两个矢量，$\vec{p}$ 、$\vec{q}$ 矢量与张量 N 间满足以下关系：

$$\vec{P}_k = n_{k1}\vec{q}_1 \text{，} \tag{8}$$

其矩阵式为

$$\begin{pmatrix} p_1 \\ p_2 \\ p_3 \end{pmatrix} = \begin{pmatrix} n_{11} & n_{12} & n_{13} \\ n_{21} & n_{22} & n_{23} \\ n_{31} & n_{32} & n_{33} \end{pmatrix} \begin{pmatrix} q_1 \\ q_2 \\ q_3 \end{pmatrix} \text{。} \tag{9}$$

二阶对称张量 N 满足

$$N^T=N \tag{10}$$

关系，在图 1 中具体呈现。

$N_{ij} = N_{ji}$	$N_i^{-j} = N_{-i}^{j}$
$\begin{bmatrix} N_{11} & N_{12} & N_{13} \\ N_{21} & N_{22} & N_{23} \\ N_{31} & N_{32} & N_{33} \end{bmatrix} = \begin{bmatrix} N_{11} & N_{21} & N_{31} \\ N_{12} & N_{22} & N_{32} \\ N_{13} & N_{23} & N_{33} \end{bmatrix}$	$\begin{bmatrix} N_1^{-1} & N_1^{-2} & N_1^{-3} \\ N_2^{-1} & N_2^{-2} & N_2^{-3} \\ N_3^{-1} & N_3^{-2} & N_3^{-3} \end{bmatrix} = \begin{bmatrix} N_{-1}^1 & N_{-1}^2 & N_{-1}^3 \\ N_{-2}^1 & N_{-2}^2 & N_{-2}^3 \\ N_{-3}^1 & N_{-3}^2 & N_{-3}^3 \end{bmatrix}$
$N_{-j}^{i} = N_j^{-i}$	$N^{ij} = N^{ji}$
$\begin{bmatrix} N_{-1}^1 & N_{-2}^1 & N_{-3}^1 \\ N_{-1}^2 & N_{-2}^2 & N_{-3}^2 \\ N_{-1}^3 & N_{-2}^3 & N_{-3}^3 \end{bmatrix} = \begin{bmatrix} N_1^{-1} & N_2^{-1} & N_3^{-1} \\ N_1^{-2} & N_2^{-2} & N_3^{-2} \\ N_1^{-3} & N_2^{-3} & N_3^{-3} \end{bmatrix}$	$\begin{bmatrix} N^{11} & N^{12} & N^{13} \\ N^{21} & N^{22} & N^{23} \\ N^{31} & N^{32} & N^{33} \end{bmatrix} = \begin{bmatrix} N^{11} & N^{21} & N^{31} \\ N^{12} & N^{22} & N^{32} \\ N^{13} & N^{23} & N^{33} \end{bmatrix}$

图1　二阶张量分量的对称关系及其矩阵表示图[②]

3）矢量

在描述晶格周期性时引入原胞和基矢两个概念，用 $\vec{a_1}$、$\vec{a_2}$、$\vec{a_3}$ 表示：

$$\vec{a}_1 = m_1\vec{i} + n_1\vec{j} + o_1\vec{k} \text{，} \tag{11}$$

式中，$\vec{i}$ 为 x 方向单位向量；m 为常数。

$$\vec{a}_2 = m_2\vec{i} + n_2\vec{j} + o_2\vec{k} \text{，} \tag{12}$$

$\vec{j}$ 为 y 方向单位向量，n 为常数。

$$\vec{a}_3 = m_3\vec{i} + n_3\vec{j} + o_3\vec{k} \text{，} \tag{13}$$

① 陈纲，廖理几．晶体物理学基础．北京：科学出版社，1992：17.

② 黄克智．张量分析．北京：清华大学出版社，2003：50.

式中，$\vec{k}$ 为 z 方向单位向量，o 为常数。

每个原子的坐标是 $l_1\vec{a}_1+l_2\vec{a}_2+l_3\vec{a}_3$，平移操作后为$\vec{r}_a+l_1\cdot\vec{a}_1+l_2\cdot\vec{a}_2+l_3\cdot\vec{a}_3$，因为满足

$$\vec{r}_a+l_1\vec{a}_1+l_2\vec{a}_2+l_3\vec{a}_3=l_1\vec{a}_1+l_2\vec{a}_2+l_3\vec{a}_3\ , \tag{14}$$

晶格在平移操作后保持不变。

4）群理论

利用空间群理论描述全部对称操作分为两类：所有布拉伐格子晶格矢量的平移操作对应的集合是平移群；以晶格的系列转动或加反演的对称操作构成的集合组成点群。

空间对称群是$\left\{\alpha\middle|\vec{a}\right\}$群的一种特殊类型，$\alpha$ 代表一个转动操作，且$\left\{\alpha\middle|\vec{a}\right\}$ 的不变子群具有特殊形式$\{\varepsilon|\vec{R}_n\}$，$\vec{R}_n$是晶体中格矢，

$$\vec{R}_n=l_1\vec{a}_1+l_2\vec{a}_2+l_3\vec{a}_3\ 。\tag{15}$$

也就是说，平移群 $\{\varepsilon|\vec{R}_n\}$ 是$\left\{\alpha\middle|\vec{a}\right\}$ 的不变子群。

$$\{a|\vec{a}\}\{\varepsilon|\vec{R}_n\}\{a^{-1}|-a^{-1}\vec{a}\}=\{\varepsilon|a\vec{R}_n\}\ , \tag{16}$$

$\{\varepsilon|\vec{R}_n\}$ 和 $\{\varepsilon|a\vec{R}_n\}$ 属于同一不变子群。$\vec{R}_n$ 与 $\alpha\vec{R}_n$ 都是晶体的格矢，在晶体中的 α 只能绕某些轴转 60° 或 90° 整数倍的正当转动与非正当转动，空间群的转动部分所处的群就是点群。具体表述为，在群 $\{\alpha|\vec{R}_n+\vec{v}_p(a)\}$ 中，$\vec{v}_p(a)$ 是沿转轴移动方向

$$\vec{v}_p(a)=\vec{R}_a/n, \tag{17}$$

n 是点群操作 α 的阶，晶体的宏观对称分别是 32 个点群的概括。[①]

5）函数

晶格的周期性排列决定晶体具有周期性，宏观上表现为各向同性。晶体的周期性决定了等效势场$V(\vec{r})$ 的周期性，电子在等效势场中运动满足波动方程

$$\left[-\frac{\pi}{2m}\cdot\nabla^2+V(\vec{r})\right]\varphi=E\varphi, \tag{18}$$

又有

① 谢希德．群论及其在物理学中的应用．北京：科学出版社，2010：306.

$$V(\vec{r})=V(\vec{r}+\vec{R}_n)。\qquad (19)$$

在晶格的等效势场自身具有周期性的情况下，波动方程 φ 具有如下性质

$$\varphi(\vec{r}+\vec{R}_n)=e^{i\vec{k}\cdot\vec{R}_n}\varphi(\vec{r})。\qquad (20)$$

根据布洛赫定理，可以将函数改写为

$$\varphi(\vec{r})=e^{i\vec{k}\cdot\vec{r}}u(\vec{r}),\qquad (21)$$

$u(\vec{r})$ 是电子在晶格等效势场中的势能，与晶格具有相同的周期性，即

$$u(\vec{r}+\vec{R}_n)=u(\vec{r})。\qquad (22)$$

引入平移操作算符 T，对于任意函数 $f(\vec{r})$ 有

$$T_\alpha\cdot f(\vec{r})=f(\vec{r}+\vec{a}_a),a=1,2,3,\qquad (23)$$

晶体中单电子的哈密顿（Hamilton）量为

$$H=-\frac{\eta^2}{2m}\cdot\nabla^2+V(\vec{r}),\qquad (24)$$

可以得到 T_a 与 H 对易，即

$$T_aH-HT_a=1,\qquad (25)$$

晶体中单电子具有平移对称性。

莱布尼茨（G. W. Leibniz）曾对数学的真理性做出详细的阐述：数学是一种必然的真理，其中直接的逻辑真理来源于自身存在的原始理性真理，间接的逻辑真理来源于推理的真理，真理中的必然性是逻辑必然性的体现。不同的学科会从自身出发，沿着不同的认识路径完成关于客体的详尽分析，使用不同的数学工具对物理模型做出限定和描述。以真理性为前提，努力实现边界限定的准确性，同时积极实现对象描述的合理性。按照笛卡儿（R. Descartes）提出的关于认识秩序的思想，借助演绎方式由简单到复杂的相互关联次序，实现物理学与数学的相互促进和发展。

二、对称现象的物理意义及其结构特征

物理学中有效的对称性，不那么宽泛，也不那么直观，是在看似不

同的对象中找出共同性质（对称性）。[①] 几何图形之间的对称关系最为原始和直观，有着悠久的历史和丰富的内涵，不仅在经典物理学发展中起着重要作用，也为现代物理学的产生和发展指明方向。语义分析作为一种特殊的形式化方法与科学实在论的其他研究方法一样，从更本质的层面反映科学理论的本体论特征，在构造和解释中体现理论的实践本性。[②] 固体物理学中的对称现象纷繁复杂，种类多种多样，表述方式各不相同，使用语义分析方法的优势在于深层次把握对称变换操作的句法结构及其特征，本质上把握对称变换的演变路径，丰富对称理论的内容。数学和物理学分别从不同的视角找出客观、连续、准确的数学工具描述和表征对称现象，从语言陈述的句法结构中总体把握对称变换的本质关联。

首先，晶体中对称现象的研究是几何对称的继承和发展。在晶体学和结晶学等学科中，对称关系作为判定晶体类型的基础。宏观晶体的构型是以微观晶格周期性排列作为结果，晶体的宏观构造受到晶格自身构造及其排列方式的限制，晶体与晶格在构造过程中满足对称规律，从而对晶体可能出现的类型做出限制。除了几何对称，晶体中还存在物理意义上的对称，表现为具有方向性的物理性质呈现出相应的对称关系。作为晶体物理学的基础理论，诺特（A. E. Neumann）原理指出：晶体中任何宏观物理性质的对称元素，必须包括晶体所属点群的全部对称元素。[③] 该定律指出晶体物理性质的对称元素和所属点群的对称元素之间的关系，晶体的物理性质取决于原子及其排列方式，晶体的几何对称与物理性质结合起来，可以确认晶体的对称性。晶体对称性的研究不仅可以认识自身的一系列物理性质，还为晶体的应用指出方向。

其次，对称现象的研究和数学理论的发展密不可分。对称现象总是与两个（或多个或一个图形分为两个或多个部分）图形或两个（或多个）态相关，数学工具可以准确表征图形以及图形之间的变换关系，态和态

---

① 孙宗扬．物理学中的对称性．合肥：中国科学技术大学出版社，2009：5.

② 郭贵春．走向语境论的世界观——当代科学哲学研究范式的反思与重构．北京：北京师范大学出版社，2012：185.

③ 陈纲，廖理几．晶体物理学基础．北京：科学出版社，1992：97.

之间的变换关系。数学表征过程中通常使用矩阵、态函数、矢量、群论等工具，张量分析在描述固体物理学中对称现象以及对称关系中发挥了非常重要的作用。宏观上，描述晶体性质的物理量是由可观测的物理量之间的关系定义，无论是场量还是物质量，都可以用阶数不同的张量表示。晶体中既包含各向同性的物理性质，也包含各向异性的物理性质。甚至针对同一固体材料，某一物理性质表现为各向同性而另一物理性质表现为各向异性。因此使用张量分析既可以反映物理性质的数量特征，也可以表示出它的方向特性。语言只有在表达意向性时才有含义，在数学活动中与被建构的方式和数学应用密切相关。利用多种形式的数学工具对晶体中的对称关系做出分析和表征，可以实现物理现象中的客观理性借助数学工具的逻辑理性充分表达。

最后，借助对称现象强化客体中的不变性。任何一种形式的对称变换都会涉及图形之间或者态之间的变换，对称变换的要求和结果是图形或态在经历对称操作后保持不变。晶格的微观对称是宏观对称的基础，晶格中所有平移对称性和晶体的平移对称性都被看作是平移变换不变的微观体现和宏观体现，也是晶体均匀性的表现。对于电子平移对称与不变性之间的关联，涉及单电子近似的哈特里（Hartree）– 福克（Fock）自洽场方法。这个方法成为单电子理论的基础和出发点，在固体物理学中独立地作为一个根本原则的角色。[①] 原子在结合成固体时价电子会发生改变，将原子核与电子共同看作是离子实，单电子运动过程中的平移对称则意味着哈密顿量保持不变，单电子能谱和等能面形状不变。[②]

科学是一个系统化、组织化的知识体系，在建立过程中，试图发现并在一般术语系统中表述各个事件发生的条件，然后根据说明性原则对知识进行组织和分类，[③] 知识的丰富和扩展又会使科学处于变化发展之中。科学发展的过程是一个复杂程度和抽象程度逐渐升高的过程。普特南（H. Putnam）在其著作（*Renewing Philosophy*）中提到，当今世界并不

---

① Anderson P W. Concepts in Solids. Singapore：Worldscientific Publishing Co. Pte. Ltd，1997：9.

② 伐因斯坦 . 现代结晶学（第二卷）. 吴自勤译 . 合肥：中国科学技术大学出版社，1992：310.

③ Nagel E. The Structure of Science. Cambridge：Hackett Pub Co Inc.，1979：4.

是一个“绝对世界的轮廓”，而是一个形而上学世界的轮廓，理论语言处于不断变化发展之中。任何一种语言都是形式和内容的统一，都是一个多层次的网络系统。①科学理论借助理论语言规范并阐释自身内容，涉及语言阐述的“意义”，此时，语义分析方法表现出自身的优势。对科学语言做出“意义”解释，揭示特定语言与实在之间的本质关联，实现理论语言的“表层结构”和“深层结构”之间的辩证统一，理论意义展开之后也就意味着语义分析的完成。对称理论作为一个普适理论，在其发展过程中，不再继续着眼于原始的、直观的几何图形之间的对称现象，而是关注对称关系演绎之后体现出深刻的、抽象的内涵。

哲学家从语言的维度思考科学理论本身，使科学理论演化成为具有确定语言和公理集合的系统。②在这个系统中，符号语言形成系统中特定的句法规则，与理论中公理和命题有着相同的逻辑基础。知识图景表征的集合系统可以用公式

$$S_t=\sum(OdA) \tag{26}$$

表示。从公式中看出，知识体系的形成需要界定所处的特殊阶段，将研究域中的各种操作关系通过操作语言形成关于操作集合算符的一个汇总。总体来说，科学理论在形式上是一个特定的语言系统，在结构上是将符号语言逻辑关联的演算系统，在功能上又是利用符号语言描述对象客体现象及其特征的描述系统，在本质上是对象客体规律性整体表征的系统。那么，科学理论的语义分析就是要通过表征或使用符号化的形式系统分析、描述和说明特定的语言现象，③实现关于知识系统的符号化描述，揭示科学理论真正“意义”的目的。

固体物理学中的对称现象有着广泛的物质基础，实现对称变换的客体种类丰富——晶体、晶格和原子的最外层电子，对称变换的类型多种多样——晶体的几何对称、物理对称、晶格平移对称、原子最外层电子的平移对称，对称变换的形式纷繁复杂——平移、旋转、旋转反伸、中

① 郭贵春．语义分析方法的本质．科学技术与辩证法，1990，2：2.

② van Fraassen B C. The Scientific Image. New York：Oxford University Press，1980：64.

③ 郭贵春．当代语义学的走向及其本质特征．自然辩证法通讯，2001，6：11.

心反演。对称现象语义分析的本质是把握语言陈述的句法规则及其结构，在物理学视角上表现为客体（图形或态）在经历某个操作后保持不变，在数学上表现为描述客体的算符（函数、矢量、矩阵、张量、群）与对称算符进行运算后保持不变。对称变换是客体之间相互作用关系的一种体现，按照关系实在论者的观点，作为关系者的事物及其本质是由特定的关系定义的，关系的改变，在一定条件下对应于对象及其本质属性的改变。[①]

三、对称现象的句法特征及其意义

语义分析可以在更本质的层面上把握科学理论的本体论特征，在构造和解释路径中体现理论的实践本质。科学理论在本质层面限定和描述客观对象之间的相互关系，其中的定理和定律则被看作是对象之间逻辑关系表征的命题陈述，迪昂（P. Duhem）曾经在其著作《物理学理论的目的与结构》一书中明确指出：物理学定律是符号之间的逻辑关系。对于理论陈述的表层形式——语言符号，在《皮尔士选集》中定义为“某种对某人来说在某一方面或以某种能力代表某一事物的东西”，在具体实践中，符号作为能指内容将会成为形式语言表征的对象客体。对于逻辑关系，在皮尔士看来，逻辑独立于推理和事实存在，其基本原则不是公理而是“定义和划分”，这些都最终来自符号的性质和功能。所以，逻辑关系也可以被看作是“关于符号的一般必然规律的科学”。[②]

物理学并不排斥实在，实在论者将物理概念的本质理解为物理学对客观实在进行语言重构的基元，是物理理论形式化和物理对象一致性的表现；将定律中的逻辑关系理解为客观实在的物理学关联的语言表述，是定理的独立性和逻辑关系客观性的表现。数学并不完全接纳实在，因为数的客观性保证了数的实在性不依赖于人的主观意识，而数的抽象性并不能确保数作为一种物质对象。理性主义的本体实在论者弗雷格证明，

---

① 罗嘉昌. 从物质实体到关系实在. 北京：中国人民大学出版社，2012：13.

② Hawkcs T. Structuralism and Semiotics. Berkeley：Universityof California Press，1977：103.

数既不是密尔意义上的物理对象，也不是心理学意义上的主观表象，而是客观的逻辑对象。[①] 数学工具不仅可以表征物理概念，而且可以使用运算方式表征逻辑关系。数学工具在物理学中的成功应用，是证明数学方法在经验上和对象上取得合理性后实现的哲学解释，数学在物理学经验中获得成功，表明自身的客观性并给出合理的哲学解释。[②]

科学理论的语义学分析，首先明晰科学理论的作用域，明确其中对象客体及对其做出表征的符号语言，指称本质是一种语义学的规定。[③] 语义分析的过程，正是将"能指"的内容与"所指"的内容、"能指"的形式与"所指"的形式本质进行关联的过程。使用语义分析方法研究固体物理学中的对称现象，晶体、晶格和最外层电子作为物质客体构成"所指"的内容，函数、矩阵、矢量、张量和群等数学工具表征物质客体，构成"能指"的内容；客体之间存在多种相互作用关系，对称关系作为其中之一构成"所指"的形式，函数运算后保持不变的数学操作构成"能指"的形式。语义分析的过程既是对象客体与物理指称本质关联的过程，又是物理概念数学化描述的过程。科学理论在发展过程中，研究的内容逐渐扩展，研究方法也不断丰富。语义分析方法的具体展开揭示科学理论自身意义，在这个过程中内生地规范语言的形式和内容，实现理论语言的"表层结构"与"深层结构"的辩证统一。[④] 固体物理学中对称关系的研究，是在把握对称变换不变性的前提下，借助语义学分析方法，将保持不变性的多种现象归纳到对称范畴之中，丰富对称理论的形式和内容，在更广泛视野下和更深程度上把握对称变换的理论内涵。

首先，扩展对称理论的适用范围。固体物理学中对称现象研究，把握不变性这个本质特征，使用语义分析方法解释对称变换的深刻内涵。科学知识增长的连续性指出，科学知识具备理性特点和经验特点。科学知识增长的过程是一个旧的科学理论被推翻，由另一个更完备的理论或

① 康仕惠．数学实在论的语义分析及其意义——从弗雷格的语义分析谈起．哲学研究，2008，3：108.

② 郭贵春．走向语境论的世界观——当代科学哲学研究范式的反思与重构．北京：北京师范大学出版社，2012：75.

③ 叶闯．语言·意义·指称——自主的意义与实在．北京：北京大学出版社，2010：50.

④ 郭贵春．语义分析方法的本质．科学技术与辩证法，1990，2：2.

更合乎要求的理论进行取代的过程。[①] 在不同理论相互竞争中，使用语义分析方法，可以把握科学理论的本质特征，分别系统地、多层次地阐述竞争理论。针对相同的物质客体，从不同的认识立场出发，使用不同的研究方法，必然会得到不同的分析结果。固体物理学中的对称现象，分别从宏观尺度、微观原子尺度和亚原子尺度分析晶体中存在各种形式的对称变换，把握不变性本质之后将其归入对称理论，丰富对称理论的内容。

其次，试图实现科学语言与科学实在的统一。任何科学理论都会使用各自的符号语言表征科学实在，使用形式语言表征科学实在之间的关联。在科学实在论者看来，科学理论的语义分析方法有两个功能：首先，可以从科学语言的意义和参照的统一性上构造一个理论；其次，可以从科学语言的意义和参照的统一性上去说明和阐释一个理论。[②] 科学理论完成语义分析后，实现理论对象与描述和表征的物理过程或物理实在的统一,一致性说明科学理论具有真理性。科学理论是逻辑演绎系统，逻辑关系的真理性与形式语言的完备性本质关联。晶体中存在多种形式的相互关系，按照科学理论的研究路径，明晰研究对象——晶体，确定操作语言——对称变换，使用语义分析方法分析晶体、微观晶格和原子的最外层电子中存在的对称现象，将“所指”的内容和形式与“能指”的内容和形式进行语义学关联，构建从宏观到微观的对称问题研究体系，实现科学实在和语言形式的统一。

最后，强化对称理论的可接受性。语义分析的展开，不仅强化了客体与指称之间的本质关联，而且实现对称理论在固体物理学中的语言重构。在语义分析过程中，语词的选取与对称理论的形式无关，确保语义分析的客观性；对称理论在表述中使用公理化的句法规则，确保理论自身的完备性和真理性。语义分析过程正是真理性条件和意义实现的过程，在认识、理解、接受、反驳、修正和发展之后，成为对称理论研究的重

---

① Popper K R. Objective Knowledge-An EvolutionaryApproach. Oxford：Oxford University Press，1972：308.

② 郭贵春 . 语义分析方法和实在论 . 社会统战科学，1992，1：44.

要手段和方式。对称关系需要通过数学工具描述和表征，说明数学方法在经验上和对象上的合理性，数学借助物理学获得经验成功，则表明自身具有的客观性。对称关系被认定为一种数学关系，完美的数学就是演绎和经验的结合。[①]在利用语义分析可以把握对称现象本质特征的基础上，可以系统地分析对称现象在固体物理学中的真理性和在数学中的客观性，从两方面强化对称关系的理论本质，加强对称理论的可接受性。

对称关系作为客体之间的一种特殊关系，广泛存在于物理学各个分支学科，具有连续的应用域，固体物理学中对称现象的研究可以看作是对称理论的延续和发展。物理学中对称现象的形式和表象多种多样，将固体物理学中多种保持形态不变的操作归纳到对称变换之中，丰富对称理论的形式和内容。语义分析作为一种横断的分析方法，将客观实在赋予指称意义之后，找出对称变换的数学本质，为理解可观察和不可观察世界的差异，客体与指称之间的差异，逻辑描述和本质理解之间的差异提供新的视角和立场。认识、理解、把握和使用科学理论的语义分析方法，不仅可以在固体物理学研究中发挥巨大作用，同时也可以扩展至物理学的其他领域，丰富对称理论应用域。

---

① 郭贵春，康仕惠．从语形和语义的关系看数学的本质．江海学刊，2004，4：39.

量子空间的维度 *

在20世纪的科学认识系统中，量子空间维度作为量子空间的一部分，对其进行全面解读能够有助于更深刻地理解量子力学的精髓，有助于在经典力学、广义相对论和量子场论的空间之间架起一座理解与沟通的桥梁。这对于厘清物理哲学的发展脉络、把握主流思想的逻辑路径和探索面向未来的演变趋势，有着重要的理论价值和现实意义。在当代物理学语境的发展过程中，虽然量子空间维度的解读具有明显的语义上的多维性，但人们并未放弃对维度真假的探索，而是在探索的过程中去体现语境的边界性和动态性，从而得出“在给定的语境下对量子空间维度形成统一的认识是合理的”这一结论。

---

* 本文发表于《哲学动态》2015年第6期，作者郭贵春、刘敏。

一、量子空间维度的语义多维性

量子空间是量子力学的逻辑基础，对其维度进行解读是人们理解量子空间中的物质构成、运动及其规律的重要前提。然而，人们对量子空间维度的解读却一直具有语义多维性，这是由于人们对量子世界的不精确知识导致的。语义多维性的表现形式主要有三种：量子空间的3维语义解读、3*N*维语义解读和其他维语义解读。

1. 量子空间的3维语义解读

我们对量子空间的3维语义解读源于以下几种角度的理解：

（1）源自对量子力学起源分析的语义解读。在量子力学的起源中，玻尔的互补性原理是对量子力学模糊性的经典阐述。这一原理的基本认识是，量子力学不能描述世界，只能描述给定的实验结果。然而，当用经典方式描述给定的实验结果时，只能在3维空间进行描述。弗兰森和胡克就曾指出，有人之所以认为玻尔对量子理论的理解是模糊的，原因之一就在于他们仅从数学方程的角度去作单纯句法形式的理解，而缺乏系统的语义分析，以至于不能真正理解玻尔的物理哲学立场。[①]薛定谔在其波函数中考虑了量子力学的实体在3*N*维空间的演化，在他看来，“量子力学的过程可以在‘*q*空间’中实现”(薛定谔用‘*q*空间’指涉位形空间，在本文中，位形空间指的是3*N*维空间，*N*是系统中的粒子数)，但这一陈述是在单粒子系统的语境下做出的，位形空间在这个语境下的维度是3维。针对双粒子系统，薛定谔则认为，“无论初始条件是什么，存在于3维空间中的6个变量组成的波函数在抽象特性方面的表达有困难”。虽然薛定谔并未明确阐明具体的困难内容，但他无疑更倾向于在“真实的”3维空间中来理解波函数；洛伦兹在1926年写给薛定谔的信中也明确表明，当处理多粒子系统时，与矩阵力学相比，他更喜欢波动力学，因为更直

---

① 郭贵春．语义分析方法在现代物理学中的地位．山西大学学报，1989，1：28.

观，只需要处理 x、y、z 三个坐标。①

（2）源自对粒子特性分析的语义解读。对于一个 N 粒子系统而言，其波函数的数学描述就是存在于 3 维空间的演化场，而波函数是 N 粒子系统量子态的一个表征。波函数所描述的量子态是某些可观察量的本征态，而根据本征值 – 本征态映射就可以解释 N 粒子系统中波函数所描述的所有信息。换句话说，我们并不需要一个在物理上存在于 $3N$ 维空间中演化的波场，波函数所蕴含的系统的所有信息都可以用物理上存在于 3 维空间的 N 粒子的系统特性来表征。② 迈腾（Monton）就是这一语义解读的支持者。在他看来，单独的 3 维空间就是基础空间，量子力学在根本上讨论的是这一空间的粒子，波函数仅仅是一个定义在抽象的位形空间上的、描述普通粒子的量子力学特性的数学工具。正如笔者讨论过的一个观点，把波函数看作一个法则来“规范”存在于 3 维空间中粒子的运动。③

（3）源自对经验图景分析的语义解读。在经验论者看来，现实世界在现象学意义上的表现与真实世界的内在结构在某种程度上具有一致性，即理论模型具有经验上的适当性，这种性质表明量子理论所蕴含的结构的维度就是 3 维。有些学者认为，量子空间的维度之所以是 3 维，是因为与我们日常所经验的图景相吻合，这是一种符合论的观点。迈腾就运用类比思维，认为既然生物、化学等其他领域的研究是在 3 维空间中进行的，那么物理学中的量子空间的维度也是 3 维，从而把生物化学的映像与物理学的映像统一起来，体现了量子空间这一理论实体内在的“同一性”。从这一解释来看，维度这一理论术语应当与操作和观察中的经验术语相互联系起来，这样，操作和观察就构成了量子空间维度语义分析的基础。

---

① Monton B. Against 3N-Dimensional Space//Albert D，Ney A. The Wave Function：Essays in the Metaphysics of Quantum Mechanics. Oxford：Oxford University Press，2013：154-167.

② Monton B. Quantum mechanics and 3N-dimensional space. Philosophy of Science，2006，73：779.

③ 郭贵春，刘敏 . 玻姆语境下作为法则的波函数 . 科学技术哲学研究，2014，6：1-6.

2. 量子空间的 3N 维语义解读

针对 3 维空间支持者的观点，倡导量子空间是 3N 维的哲学家和物理哲学家以 3 维空间理论不能解释量子纠缠等实验现象为依据，提出以下策略来进行解读。

（1）源自历史动态性分析的语义解读。量子力学的创立者并非是量子力学正确与否的最终仲裁者，不同时期的人会对同一科学理论给出不同性质的语义分析，对量子空间维度的语义解读具有历史上的动态性。阿尔伯特（Albert）和刘易斯（Lewis）等 3N 维支持者认为，薛定谔方程描述的是存在于 3N 维位形空间的波函数，而不是 N 粒子系统在 3 维空间中的特性。与经典力学中的电磁场相类似，波函数可以被看作是存在于 3N 维位形空间中的一个波场，波函数实体论者就持这种观点。在他们看来，波函数不仅是一个数学工具，更是一个能对测量结果做出真实解释的实体。在某种意义上，玻恩作为一个波函数实体论者，认为应该把概率波，甚至是 3N 维空间中的概率波，看作真实的东西，而不只是作为数学计算的工具。在他看来，“如果我们凭借这个概念不能指称某种真实的且客观的事物，我们怎么能够信赖概率预测呢”[①]。

（2）源自动力学规律分析的语义解读。由于我们并不能直接观察到实在的基本层面，“动力学规律作为世界基本特性的引路人”[②]，能够引导我们理解世界的基本特性。物理学中的动力学规律，能够确定世界的基本本体中所涉及的基本空间及其结构，并能概括物理客体如何运动以及与其他客体之间的相互作用。正如经典力学的动力学规律描述了物质随时间的演化，量子力学中的动力学规律也描述了波函数随时间的演化。刘易斯把这点描述为，“波函数与经典力学中的粒子采用了相同的方式，其随时间的演化成功地解释了我们的观察结果，结论是波函数在地位上与粒子相等同”[③]。具体而言，刘易斯赞同贝尔对玻姆理论、多世界理论与自发坍缩理论的语义解读：其一，“没有人能理解玻姆理论，除非他愿意

---

① Born M. Physics in My Generation. London，New York：Pergamon Press，1956：98.

② North J. The“structure”of physics：a case study. Journal of Philosophy，2009，106：58.

③ Lewis P. Life in configuration space. British Journal for The Philosophy of Science，2004，55：714.

把波函数看作是一个真实客观存在的场……这个场不是在 3 维空间而是在 3N 维空间拓展”。其二，“在多世界理论中……波函数作为一个整体存在于一个更大的空间，而这个空间的维度是 3N 维”。其三，类似的论证适用于自发坍缩理论中的非坍缩假定规律，“波函数存在于高维的位形空间，而不是通常的 3 维空间”。[①] 在这三种语义解释中涉及薛定谔方程系统和坍缩假定。如果动力学规律所需要的结构和量子世界的基本结构相符合，通过对特定的物理理论进行语义分析能够对这些理论进行严格的逻辑空间定位，那么量子空间就是 3N 维的高维空间，所以，把量子空间看作是 3N 维，就能够对波函数进行一致性的逻辑研究。

（3）源自最新实验结果分析的语义解读。根据量子逻辑的解释，各种事件的物理状态之间的逻辑关系是由理论的构造和对这一理论的科学检验所决定的。在 3N 维的支持者看来，量子力学所讨论的范围是我们平时经验不到的微观领域，这使得传统哲学因为没有考虑微观量子对象而有所遗漏。在量子力学中，整体大于部分之和，量子纠缠就是其中很好的一个证明。从对量子力学的解释上看，在关于 EPR 论证和贝尔不等式的争论中，人们所谈论的能否接受局域性和非局域性的问题，就是一种关于量子语义分析和量子逻辑的解释问题，由于量子逻辑上的矛盾性而引起了语义分析上的模糊性。20 世纪 70 年代以来，各个国家的物理学家先后做了多项 EPR 实验来反对局域实在论，它们都揭示出：量子纠缠和非局域性具有真实性。因为量子纠缠不能在 3 维空间描述，只能在 3N 维空间进行描述，而量子纠缠又被证明是真实的。所以，量子空间的维度是 3N 维。

3. 量子空间的其他维语义解读

以杜尔（Dürr）为代表的少数人认为，量子空间是由普通的 3 维空间和高维的位形空间叠加在一起，从而形成了一个 3+3N 维的高维超曲面。我们日常经验到的宏观物体存在于 3 维空间，而微观物体存在于高

---

① Bell J. Speakable and Unspeakable in Quantum Mechanics. Cambridge：Cambridge University Press，1987：128，204，134.

维的 3N 维空间。在这个高维空间中，有某个到目前为止我们还不清晰的未知物理特性把二者联系在了一起，这有待于人们的进一步探索。

总之，人们对量子空间维度的解读具有以下特征：①量子空间的 3 维解读支持者大都站在历史的角度，持一种直觉的和经验主义的态度；②量子空间的 3N 维解读的支持者站在工具实在性的角度，持一种逻辑理性的态度并关注最新的实验进展；③量子空间的 3+3N 维支持者则站在一种综合的角度来认识量子空间的维度。这样我们可以看出，由于语义分析条件的确定性和语义分析性质的多样性之间的矛盾，造成了量子空间维度解读的多维性。具体而言，一种维度的解读，其自身就包含着一种内在的语义分析框架，这个框架构成了它尔后进行解释、论证和争辩的基础；但同时，语义分析也是有边界的，因为任何物理理论都有其内在的逻辑性和自洽性；对同一物理理论不同的人之所以会给出不同性质的语义分析，是因为任何解释者都有自己的哲学立场，这深刻体现了语义分析具有强烈的哲学背景因素。最终，量子空间维度多维性的语义解读的趋向性必须与经验的解释、实验的验证、实践的检验以及哲学的思考相一致。不同的研究者从不同的理论背景认识量子空间，这实质上反映了他们的研究目的、思维方式、理论背景和价值取向的不同。与此同时，因为解释者们的认识活动是以真实的量子空间为本体，所以，他们的理解既受到量子空间本身的客观信息的制约，也受到认识条件的限制，因而形成其不同的特定图像。但是，这些图像永远是开放的和可修正的，这体现了在科学探索活动中，科学家理解世界的方式总是具有丰富的多样性特征。

二、量子空间维度的真假探索

量子空间维度的解读在语义上的多维性，造成了人们对量子空间维度的不同理解。在对这些不同维度的解读过程中，人们并未放弃对维度解释孰真孰假的探索，而这一探索的过程恰好是物理解释的本质反映。也就是说，要在特定的物理学语境中去揭示物理语言使用的主体、要素、目标及其结构的关联，进而就必然会在这些关联中去发掘物理对象的意义、表征系统被确定的过程及其在不同认识系统中的真假说明。

量子空间的不同认识维度是量子空间在不同物理语境下表现出的不同现象。从另一个角度讲，“现象”二字在语义学中暗含着所显现的东西。在海德格尔看来，现象概念有两层意义：第一层意义是指现象显示的是对象自身，第二层意义是指现象显示的是对象表象。这两层意义若要在结构上进行关联必然会含有一个生发和维持被显现者的意向活动的机制，而正是这种心理意向性影响着人们对量子空间的维度及其空间关系的认识。在对任何一个量子空间维度真假命题的具体探索中，命题态度都必然地体现了语言使用者的心理意向，这种心理意向与形式结构的演算具有同一性。3 维空间和 3*N* 维空间哪个空间是真实的量子世界的显示，哪个空间仅仅是假象，不同学者站在不同的语用立场上主要有以下三种分析。

1. 分析一：3*N* 维空间是真实的，3 维空间是假象

阿尔伯特认为，我们在量子世界中所谈论的 3 维空间是一种假象。在他看来，“量子力学的任何实在性解释都必须把量子世界的历史看作是在 3*N* 维位形空间中展开，无论我们感觉自身是生活在 3 维空间还是 4 维时空，都是一种假象”①。就像普特南著名的“瓮中之脑”这一假想：把某人的大脑与身体相分离，放进一个盛有维持脑存活营养液的瓮中。脑的神经末梢与计算机相连接，这台计算机按照程序向脑传送信息，以使他保持一切完全正常的幻觉。对他而言，他可以感觉到自己的手和身体的体验没有发生任何变化，但这只是一种假象。同样，量子世界中的某个“计算机”给了我们 3 维世界的假象体验，我们实际上是生活在 3*N* 维的量子世界中，3 维现象这一假象是通过描述系统演化的动力学规律生成的。描述波函数的 3*N* 个参数有多种具有操作意义的分组方式，把坐标以 3 个为一组进行分类具有表达上的简单性和便捷性，这种分法所具有的特

① Albert D Z. Elementary Quantum Metaphysics//Cushing J，Fine A，Goldstein S. Bohmian Mechanics and Quantum Theory：An Appraisal（132）. Berlin：Springer Science & Business Media，1996：277.

性并不出现在其他分组方式中。况且，把量子空间解读为 3 维并不能解释量子纠缠，这也从侧面论证了量子空间的维度是 3*N* 维。

3*N* 维支持者认为，正像麦克斯韦方程组作为物理规律的集合，能够描述电磁场随时间的演化，在量子世界中存在的动力学规律也能够完备地解释世界，描述波函数随时间的演化。在他们看来，位形空间中的波函数上的每个点都有振幅和相位，因此波函数可以看作与电磁场在地位上相等同。奈伊（Ney）从动力学规律出发，阐述了不同的量子力学解释下的量子空间的维度和与其相关的理论实体，如表 1 所示。[①]

表1　不同的量子力学解释下的量子空间的维度和与其相关的实体

量子力学的实在性说法	动力学规律	直接理解	空间结构的简明理解
GRW 自发坍缩理论	薛定谔方程 + 非确定性坍缩规律	波函数	3*N* 维位形空间
埃弗雷特量子力学（多世界理论）	薛定谔方程	波函数	3*N* 维位形空间
玻姆理论	薛定谔方程 + 粒子方程	波函数 + 许多粒子（粒子方程的多粒子理解）	3*N* 维位形空间 + 普通 3 维空间
		波函数 + 单个“世界粒子”（粒子方程的单粒子理解）	3*N* 维位形空间

在奈伊看来，在 GRW 自发坍缩理论中，存在两个基本规律：第一个是具有确定性的薛定谔方程，第二个是具有非确定性的坍缩规律；在多世界理论中，只存在薛定谔方程这唯一确定性的规律，它描述了量子系统中的波函数随时间的演化；在前两种量子力学解释下，量子空间的维度都是 3*N* 维。在玻姆理论中，存在两个基本规律：第一个是薛定谔方程，它确定地描述了波函数随时间的演化；第二个是“粒子方程”。人们对粒子方程所描述的对象有两种理解：第一种是粒子方程描述了一个多粒子系统随时间的演化；第二种是粒子方程仅仅描述了一个世界粒子（world particle）随时间的演化。由于不同的量子力学解释对应着不同的

① Ney A. The status of our ordinary three dimensions in a quantum universe. Wiley Periodicals，2012，46：534.

量子空间维度的理解，即便是在同一个形式体系表征的玻姆理论中，也存在相互竞争的两种量子空间维度的解释。然而，只要把粒子方程所描述的对象理解为是存在于 3*N* 维位形空间中的一个世界粒子，那么，就可以完全解释量子空间的维度是 3*N* 维。

2. 分析二：3 维空间是真实的，3*N* 维空间是假象

马奥德林和阿洛里（Allori）等认为 3 维空间才是真实空间，他们并不赞成波函数在地位上与电磁场相等同。在他们看来，由于波函数在真正量子空间的位置上并没有振幅，所以不能把波函数看作是一个场。在经典电磁学中，由于电荷的位置可以描述电磁场的散度，所以如果没有带电粒子，就不会对电磁场进行完备描述。同样，没有振幅的波函数并不能对动力学规律进行完备描述。退一步讲，即使量子世界中的动力学规律能够完备地解释世界，其在形式体系上的完备性与本体上的精确性也是不一致的。卡特莱特主张，“在谈到理论检验时，基本规律要比那些被期望解释的现象学规律的境遇更糟”。[①] 因为基本规律所显示的解释力并不能证明它的真理性，解释的成功只是理论逼近真理的一个象征，这是由证据对理论具有的非充分决定性造成的，所以根据量子纠缠并不能得出量子空间的维度就是 3*N* 维的结论。

赖辛巴赫从经验的角度提出，作为经验证据的物质，为了建立局域因果性，物理实体的空间必须是 3 维的。他曾谈道，“空间的三维性通常被看作是人类感官的仪器，……正是三维性这一特点产生了物理实在的连续因果性定律”[②]。所以赖辛巴赫主张，除了3维物理空间，不可能假定其他合理的物理空间理论。在经验主义者看来，在量子力学中，3 维空间能精确表征量子世界的基础空间，3*N* 位形空间中的波函数仅仅是描述普通粒子的量子特性的一个数学工具，并不具有实在的意义。

迈腾反对阿尔伯特所持的 3*N* 维空间为真的观点，认为 3 维空间是真实空间。在他看来，把描述波函数的 3*N* 个坐标以三个为一组进行分类，

---

① Cartwright N. How the Laws of Physics Lie. Oxford：Clarendon Press，1983：3.

② Reichenbach H. The Philosophy of Space and Time. New York：Dover Publications，1958：274.

虽然会使哈密顿量的形式满足简单性的要求，但没有相关性。站在坐标表象的角度，以 6 维空间为例，改变坐标轴的原点和方向，两个 6 维点之间的距离不变。如果把 6 维空间的点解释为存在于 3 维空间中两个粒子结构的位形的描述，我们会发现，粒子的位形在坐标转换下会发生改变，① 即把高维空间的维度进行划分后会发现，生成的物质波函数并不等于位形空间的波函数。与经典粒子所具有的整体等于部分之和的特征不同，我们不能把位形空间的波函数看作仅仅是代表粒子的集合态函数。在迈腾看来，3*N* 维位形空间中的一个点实际上并没有对普通空间的客体的排列进行阐述，而是对 3*N* 个参数值的描述，但在这个空间中并没有任何内禀属性来说明哪些参数对应于 3 维空间的哪个粒子。

基于以上理由，迈腾认为，普通的 3 维空间与高维的 3*N* 维空间之间存在"附随"（supervene）关系，它们之间存在着一个"杠杆"能够把二者联系在一起。粒子和波函数分别存在于 3 维空间和位形空间，动力学规律把二者联系在一起，由于量子力学在根本上讨论的是 3 维空间的粒子，所以量子空间的维度是 3 维。

迈腾的"附随说"的缺点在于，它具有比其他观点所假定的单空间理论更复杂的结构。在他的双空间理论中，每个单空间都有各自的结构。但为了解释高维空间的哪一部分和哪些维度对应 3 维空间的哪一部分和哪些维度，就需额外附加一个结构。这样，每个结构在其自身之外还有额外的结构，深层次的结构在两个基础空间之间起着连接作用。然而，通常认为，位形空间中的坐标各向同性，所有维度的地位相等，不存在位形空间中的哪些方向维度会引起 3 维空间粒子的运动。所以，附随理论除了会产生额外的结构之外，还会引起空间坐标的不均匀性责难，由此违背结构经济原理。

3. 分析三：3 维空间和 3*N* 维空间都是真实的

与迈腾的空间"附随说"的结构复杂性相比，华莱士（Wallace）和廷普森（Timpson）的"生成说"的结构在一定意义上具有简单性。他们

① Monton B. Wave function ontology. Synthese，2002，130：265-277.

认为，3 维空间及其实体是从 3*N* 维空间及其实体中生成的。与 3*N* 维空间的真实性一样，3 维空间也都是真实的，它只是量子空间在大尺度上的一个很好的近似。这就解释了以下事实：3 维空间中发生的任何事情都不会超出波函数存在的 3*N* 位形空间的范围。因此，如何理解 3 维空间“真实但并不重要”这个话题就很困难，但最新观点认为，我们不能做出“真实但并不重要的空间是不存在的”这样的陈述，因为不重要并不代表不相关，3 维空间和 3*N* 维空间具有形式上的相关性。

至于为什么从高维空间中生成的是 3 维空间而不是其他维度的空间。有以下几种解释：华莱士和廷普森认为，是退相干导致了我们所经验的 3 维世界；而刘易斯认为，3*N* 维空间中存在某个特殊的内禀属性可以自动把 3*N* 个坐标以三个为一组进行分组，因为量子力学告诉我们，所有的动力学实体都有量子特性。

还有一些物理哲学家，比如格林（Greene）借鉴“弦论”的观点提出，在量子空间中共有 3*N* 个维度，其中的 3 个维度与我们的日常经验相关联，而剩余的 3*N*−3 维太小而被卷曲起来。我们不能根据存在于 3 维空间的粒子来判断 3*N*−3 维是无意义的，因为剩余的 3*N*−3 维全部指涉不同的空间方向，且动力学规律在这 9 个维度下保持不变。[①] 但直到目前为止，“弦论”尚未被充分地予以证明，所以本文不做详细讨论。但是，笔者认为，在某种意义上，这个观点也有“生成说”的影子。

通过本节对量子空间维度的真假探索，我们可以得出，任何一个命题态度都是给定语境下的理解，不同语境下的理论模型可以提供对量子空间维度不同的描述与理解，从而语词及其所指称的对象就会具有不同的意义。比如，根据“瓮中之脑”模型、自发坍缩理论、多世界理论和玻姆理论的其中一个解释，我们可以得出“3*N* 维空间是真实空间，3 维空间是假象”的结论。由于语境的本质就是一种“关系”，而关系的设定则依赖于特定语境结构的系统目的性。因此，我们可以从附随关系得出“3 维空间是真实的，3*N* 维空间是假象”的结论；而从生成关系得出“3

---

① Greene B. The Elegant Universe：Superstrings，Hidden Dimensions，and The Quest for the Ultimate Theory. New York：W. W. Norton，1999：202.

维空间和 3*N* 维空间均为真”的结论。不同物理学语境结构关系的选择暗含了不同言说者的心理意向性，从而造成了对量子空间维度真假认识的复杂性。

三、量子空间维度在给定语境下的统一

不言而喻，量子空间维度的语义解读的多维性与真假辨析以及量子空间结构关系的多样性这些困境最终源于我们理解量子理论的方式。具体体现在以下几个方面。

（1）我们以何种立场看待量子空间，是站在经验的角度还是理性的角度、历史的角度还是当前科学实验发展的角度来认识量子空间；在判断空间维度真实与否时更倾向于采用哪个标准，是简单性、逼真度还是结构经济性标准。比如赖辛巴赫认为，物理学的 3 维几何空间能够保持局域因果性这一点具有合理性，但他的理论只符合当时的历史，当我们站在当前理论发展的前沿讨论量子空间的维度时，局域因果性会破坏。

（2）我们如何认识量子空间，是把它看作一个超曲面的实体，还是作为容器的背景空间。量子空间维度解释具有多维性，原因在于“维度”这一理论术语本身在语义学说上就具有多维性，人们可以通过它来表征独立参数，进而详细说明在量子态空间中的点的演化，或者人们也可以用它来指涉独立坐标轴的数来强加到空间的坐标上。与此同时，量子空间维度的真假辨析体现出“动力学规律的完备性能否代表本体上的精确性，基本规律所显示的解释力能否证明它的真理性”均是可进一步探究的。总之，真理的表征不一定总是从最佳的模型中体现出来，所以，任何对量子空间维度的成功解释都不能得到量子空间真理性表征的唯一标志。

（3）量子空间维度的多维性体现出量子空间这一微观客体作为“实体 - 关系 - 属性”三位一体的有机整体的结构在认识论方面的复杂性。在量子空间关系的解释中，3 维空间与 3*N* 维空间之间的附随关系的缺陷在于会引起空间坐标的不均匀性责难；而生成关系的解释虽然满足简单

性要求，但把真实与假象归因于量子空间的内禀属性等尚未证明的特性上，缺乏直接的证明力。而量子空间关系共有论的缺陷则在于它们都产生了逻辑和直觉的矛盾。

（4）我们如何看待量子理论中的波函数，是把它看成存在于抽象的位形空间中描述 N 粒子系统的一个数学工具，还是看成一个物理场，即工具论和实体论之间的辨析。具体而言，把波函数看作工具还是实体，取决于波函数是否与电磁场具有等价的地位。有人认为，根据概率解释，只有波函数的振幅才有“物理意义”，它的相位没有“物理意义”，所以把波函数看作是一个工具；但在反对者看来，相位在规范变换下的行为决定了所有粒子和场之间的相互作用规则，所以波函数的相位有着极其重要的不可直接观察的物理意义。还有人认为，真正量子空间的位置上并没有振幅，而真正的电磁场是有振幅的，所以波函数是否与电磁场等价就成为分析量子空间维度的其中一个重要标准。

以上这些认识过程中的选择困难体现了量子理论解释中所面临的四个矛盾：确定性与不确定性之间的矛盾，实体和工具之间的矛盾、局域性与非局域性之间的矛盾，以及逻辑和直觉之间的矛盾。

（1）确定性与不确定性之间的矛盾。在自发坍缩理论中，动力学规律具有确定性，坍缩原理具有不确定性。鉴于量子系统的自身特性与某个时刻的坍缩概率相关，一旦坍缩发生，系统由确定性转为不确定性，这样确定性与不确定性就先后出现在同一个理论中。在玻姆理论中，粒子总具有特定的位置并且确定性地按照动力学方程进行演化，虽然这个理论中的两个规律都具有确定性，但粒子方程中的“粒子”究竟是描述一个实体还是描述一个实体系统又具有不确定性。这样，量子理论的不同解释中的确定性与不确定性之间的矛盾产生了量子空间维度解释的多样性。

（2）实体与工具之间的矛盾。量子空间和波函数究竟是被看作实体还是工具，不仅会导致不同的量子空间维度真假认识，而且会建构出不同的量子空间结构关系。具体来说，量子空间被看作一个超曲面时，其维度为 $3+3N$ 维；被看作背景空间时，又有 $3N$ 维和 3 维两种情形。波函数被看作实体时，其存在的空间维度是 $3N$ 维；被看作工具时，其存在

波的空间维度有 $3N$ 维和 $3+3N$ 维两种情形。与此同时，3 维、$3N$ 维和 $3+3N$ 维解释之间空间关系又各有差异。

（3）局域和非局域之间的矛盾。事物之间的关系在现象学意义上体现为具有局域性，但经实验证明的量子纠缠却是非局域的。在某种意义上，如果用一个波函数描述 N 粒子系统，那么这些粒子就注定相互纠缠在一起，这样，对这两个粒子往后的运动的描述就一定会导致非局域性。从量子纠缠与非局域性概念都源于波函数的这一特性角度出发，这两个概念在基本意义上具有一致性。

（4）逻辑与直觉之间的矛盾。逻辑语言在一定程度上能够保证物理洞察的精确性与可靠性，具有客观性。直觉是区别于逻辑理性的另一种认识活动，具有主观性。直觉主义者认为，只有内心体验的直觉，才能使人理解事物的本质。量子空间的特殊性在于其不可观察性和作为物理理论逻辑基础的重要决定性。我们认识量子空间有两种途径：第一种是通过证据来证明动力学规律和世界的结构是吻合的，第二种是通过直觉来推断世界的基本结构。但由于直觉的主观性和证据对理论的非充分决定性，两种途径可能会得出不一致的结论。比如，量子纠缠这种非直观的现象，违背了我们普通人的直觉但与逻辑相符合。

综上所述，我们认为，上述四对矛盾在给定语境边界条件下均是可转化的。在量子空间维度的解释中，所给出的任何一种维度解释都是给定边界条件下的理解，而给定了边界条件，就是给定了求解相关解释的语境。不同的量子空间理论以及不同的空间结构关系，确立了不同的语形边界。在确定了语形边界的前提下，相关语境的内在的系统价值趋势就必然地规定了特定表征的语义边界。语义的构成性原则规定了相关的语义解释的意向价值，语用边界的范围内所具有的价值意义和价值取向也由此确立。所以，语境的语形、语义和语用边界是一致的：语用给定了语形和语义的边界和价值趋向，而语形和语义则表征和显现了语用的价值及其确定边界的目的要求。[①]

---

① 郭贵春. 语境的边界及其意义. 哲学研究，2009，2：98.

同时，量子空间的不可观察性造就了量子空间维度解释的语境依赖性，不同理论语境下的模型可以对量子空间维度提供不同的理解与描述，但不同的空间认识之间则不存在优劣之分，都具有平等性。因此，我们应该整体地、相关地看待这种不一致性。正如诺贝尔得主丁肇中曾在多次演讲中所提到的“物理学上的真理是随时间而改变的”。与此同时，随着时间的不断变化，随着语境的不断更迭，语境和语境之间的不一致性并不等于它们之间的不相关性。这样一来，科学解释的“再语境化”过程便形成了量子空间维度解释的相对确定性与整体连续性的统一。因此，笔者认为，确定性与不确定性、实体与工具、局域与非局域、逻辑和直觉这四对矛盾在一个大统一的物理学语境平台上是可理解的和相容的，而这种融合会随着时间的变化而生成一致性的整体认识。

总之，在语境的基底上对量子空间的维度进行有意义的分析，使其摆脱目前认识论上的复杂性和多维性的困境。在本体论上，我们要“超越现实，走向可能”；在认识论上，要“超越实体，走向语境”；在方法论上，要“超越分割，走向整体”；[①]从而在具体的语境中理解量子空间的维度及其空间关系，通过语境解释来消除量子空间维度的多维性和空间关系的复杂性，从而获得有意义的统一解。

---

① 郭贵春，成素梅．当代科学实在论的困境与出路．中国社会科学，2002，2：95-96.

丘奇－图灵论点与人类认知能力和极限 *

一、引言

“计算”的概念对于认知科学的基本重要性，就像“能量”和“质量”的概念对于物理学的基本重要性一样，就像“蛋白质”和“基因”的概念对于生物学的基本重要性一样。没有计算的概念就没有把智力的研究建立在现代科学基础之上的认知科学。马尔曾举例说，要理解人类的知觉如果仅仅研究人类的神经细胞，就像要理解鸟的飞翔只研究鸟的羽毛一样，是不够的。要理解鸟的飞翔我们必须理解空气动力学；只有理解了空气动力学才能真正理解羽毛的结构和翅膀的形状。计算理论的分析对理解认知和智力过程的重要性，就像空气动力学对理解飞行的重要性一样。① 无论人脑和计算机在硬件层次乃至在软件层次可能是如何的

---

* 本文发表于《齐鲁学刊》2004 年第 5 期，作者郭贵春、郝宁湘。

① 马尔．视觉计算理论．姚国正，刘磊，等译．北京：科学出版社，1988：27.

不同，但是在计算理论的层次，它们都具有产生、操作和处理抽象符号的能力；作为信息处理的系统，无论是人脑还是计算机都是操作处理符号的形式系统。这种符号的操作过程就是图灵机意义下的“计算”。

丘奇－图灵论点是可计算性理论中最重要的基本结论。它的确立，回答了计算的本质是什么、哪些问题是可计算的、哪些问题是不可计算的等这些人类曾长期探索过的具有重大哲学意义的问题。其意义不仅体现在数学、逻辑学、计算机科学等方面，而且也体现在大脑与认知的哲学方面。丘奇－图灵论点的人工智能形式是霍夫斯塔特所做的最后一个哲学拓展，也是其之所以给出这一系列哲学拓展的最终目的。我们认为，其拓展在一定意义上是可以接受的，它们为人们理解人类认知之本质提供了有意义的哲学观念。西方认知科学领域中占中心地位的计算主义学派，最集中地体现了这种哲学思想。我们相信，计算主义这条路是颇有前途的。这里我们并不是说计算主义是唯一可行的途径。我们相信并认为，在探索人类认知、意识和大脑之谜的过程中，各种不同的观点和理论会有着相互补充、相互促进的积极作用。霍夫斯塔特是一位对人工智能持乐观、积极态度的学者。相信丘奇－图灵论点为人工智能的最终实现奠定了牢固的基础。不过我们与霍夫斯塔特有所不同：他所关注的问题是，能不能制造一台像人一样思维或认知的计算机。对此，他的答案是肯定的。而我们的兴趣或所关注的问题是，一种怎样的理论才能有效地解释人的认知。我们认为，丘奇－图灵论点对于人们创建一种有效的认知理论是极富启示性的，尤其对考察人类的认知能力和极限更有着最直接的指导意义。

二、不可解性与人类认知的可数无限性

我们认为，丘奇－图灵论点以及可计算性理论乃至整个数理逻辑科学，在哲学上，尤其在认知哲学上均有着极其重大的意义。可以说，它们在最抽象的意义上有效地解释了人类认知的诸多现象和特征。特别是对人的认知能力和极限的认识有非常重要的启示。现实中，许多人似乎

从来就没有经过认真地思考便不由自主地接受了人的认知能力是无限的、没有根本性限制的观点。我们认为，对于任何一个受了人的认知能力是无限的这种思想影响的人，当他面对20世纪许多最深刻和最令人难忘的“限制性或否定性”科学结论时，他都不可避免地要陷入一种尴尬的境地。通常人们最熟悉的这种限制性成果大概要数哥德尔不完备性定理和海森堡测不准原理。不过我们这里要提到的是可计算性理论中的丘奇－图灵论点。从表面上看，丘奇－图灵论点是一个肯定性命题，但也正是基于这个论点，人们才有了对什么是不可计算性的明确认识，并在此基础上相继发现了一大批不可计算或不可判定的问题或命题，丢番图方程有无整数解问题、半群（群）的字问题、四维流形的同胚问题等就是其中的典型代表。这些事实的确定，逐渐让人们体会到，在数学和逻辑领域中，人的认知能力是有限度的。

首先，有了可计算性的精确定义，也就等于有了不可解性的精确定义，即对于一个问题，如果我们证明了其“没有相应的一般递归函数”或“没有相应的一般递归谓词”，那么就可以确切地说该问题是不可解的。这是在数学史上人类第一次认识到，从逻辑意义上讲数学中存在着不可解的问题。以往人们总是以为，任何一个精确表述的数学问题，总是可以判定它是对还是错，是有解还是无解。暂时没有解决，以后也一定会解决。现在看来，有一些问题是根本就不存在算法的，这无疑是对人类智力的一次最深刻、最严峻的挑战。在我们看来，不可计算或不可判定问题的存在（以及哥德尔不完备性定理），不仅是对计算机的限制，而且是对我们人类自己的限制——对人类认知的限制。

其次，根据计算复杂性理论与丘奇－图灵论点，数学家把各种数学问题从其复杂性、难解性的角度作了如下一个分类：一是现实可解问题，即具有多项式复杂性算法的可以有效地解决的P类问题；二是理论上可解但现实不可解问题，包括仅有指数复杂性算法的较难的NP类问题、特殊的最难解的NPC类问题及“NP难的”问题和完全无法有效地解决的超NP类问题；三是理论上不存在任何算法的被证明为不可解的问题。这一结论无疑使任何数学问题都是可解的，甚至都是具有有效算法的幻想彻底破灭了。而这意味着：当我们费尽心思去求解一个数学问题时，我们可能是在求解一个不可解的问题；当我们绞尽脑汁去判定一个数学命题时，我们可能是在判定一个不可判定的命题。我们想要解决的问题可能已经包含了某些超越我们的智力所能把握的困难。而且由于数学家们还认识到，可计算函数共有可数无穷多个，而全体函数的个数却是不可数无穷的，因此不可计算的函数要比可计算的函数多得多（多无穷多个）。也就是说，在理论上，可以求解的问题尽管是无穷的，但不可求解的问题更是无穷的，而且是更高层次的无穷。这便是可计算性理论等数学理论告诉我们的一个铁的事实。

最后，数学和科学是不完备的。基于哥德尔不完备性定理——没有一个演绎推理系统能够回答所有的利用该系统的语言所描述的问题。每一个足够有力量的、一致性的逻辑系统都是不完备的——人们已经认识到数学是不完备的。同样，自然科学也是不完备的——自然科学的不完备性主要表现在存在着许多不可解的科学问题和一些否定性的科学结论。在一篇文章中，我们一方面根据人的认知的不完备性说明数学、科学的不完备性，另一方面又根据数学、科学的不完备性说明人的认知的不完备性。这似乎陷入了一个矛盾的循环论证之中，但我们认为，与其把这视为一个矛盾的循环论证，毋宁把它看作一个真实的现状。不完备的人创造了不完备的数学和科学，这不显得更真实、更符合逻辑吗？人类认知的不完备性正好通过自己的不完备的创造物得以显现，自己的创造物正是反观自己的最好镜面。

由此我们得到启示：①并不是每一个问题都是可求解的，一个问题没能求解，并不总是因为人们没有找到求解它的方法。我们相信，有些问题无法求解、是由该问题的本性所致，即使将来人类的思维更加发达，技术更加先进，这些问题也依然是不可解的，或依然是没有求解它的方法的。②理论上可解决的问题并不一定可现实地解决，因为任何问题都有它的时间复杂性和空间复杂性，时间和空间的极限就是求解问题的极限。在我们看来，理论上可解但现实上不可解问题的存在，更主要是对人类计算技术的挑战。无疑，计算不论是现代计算机的计算，还是中国古老的算盘计算，或是人脑的计算，它们在本质上都有一个物理的操作运行过程。这一过程的完成需要最起码的运行时间和计算装置（空间），即计算存在一个基本物理极限。计算的时间复杂性和空间复杂性的存在正是从时间和空间两个方面对计算技术的深刻挑战。③人类认识（认识主体）的无限性是可数的、不完备的，而有待人类去认识的对象（认识客体）的无限性是不可数的、完备的。也就是说，尽管人类的认识是无限的，但人类认识（认识主体）的无限性远远小于有待人类去认识的对象（认识客体）的无限性。因而人类总有着永远也无法穷尽的世界奥秘，世界上存在不可知的部分或客体。换句话说，也就是人类不可能成为万能、全知的上帝。注意，我们这里并没有否认人类认识的无限性，人类的认识确实处于无限的发展过程之中。但是，如今从丘奇－图灵论点对人类认知能力的限制，我们进一步看到，人类认识的无限性是一种递归无限性，有待人类去认识的对象的无限性是一种非递归的无限性。

三、丘奇－图灵论点对人类认知能力的限制

我们认为，丘奇－图灵论点最根本的哲学意义，就在于它表明了人类认知的一种计算主义特征，预示了人类的认知能力和极限，即它不仅是对机器认知的限制，而且是对人脑认知的限制。在具体论述前，我们首先明确一个前提，大家知道，认知科学的一个被广泛接受的方法论原则是，对认知和智力的理解应从三个不同的层次来分析研究：第一个层次是最抽象的“计算理论”层次，它关注的主要问题是：计算的本质是什么？或认知的本质是什么？第二个层次是“表征和算法”的层次，它关注的主要问题则是：计算或认知的具体方法是什么？是如何操作的？完成计算任务的效率如何？第三个层次是“计算的物理实现”层次，它关注的主要问题又是：实现计算的物质载体是什么？它是如何运转的？[①] 我们的论点主要是在最抽象的第一个层次即计算的层次上言说的。当然，

① 马尔．视觉计算理论．姚国正，刘磊，等译．北京：科学出版社，1988：24-25.

也不排除其他两个层次。

确切地说，丘奇－图灵论点具体地表明了：①人的认知结构是一种递归结构；②人的认知过程是一种递归计算过程；③人的认知能力是受递归规律限制的，即人只能在递归的意义上认知事物。我们不妨把它称为“递归认知假说”。基于篇幅所限，这里我们仅就“递归认知假说”的第三部分做一论述。我们说人的认知能力是受递归规律限制的，人只能在递归的意义上认知事物，这包含两个含义：一是指人只能认知（计算）具有递归结构或递归性质的事物；二是指对于非递归结构或非递归性质的事物，人只能做递归性的认知。何以这样说呢？其实只要接受了认知计算主义纲领，上述观点便就是很自然的推论。因为认知计算主义纲领中所说的“计算”就是“递归计算”或“图灵计算”。西方认知计算主义学派的基本口号是“认知就是计算”，说的更具体些更确切些，实际上就是“认知就是递归计算”。既然认知就是递归计算，那么说人的认知结构是一种递归结构，人的认知过程是一种递归计算过程，以及人的认知能力是受递归规律限制的，即人只能在递归的意义上认知事物，便也就是很自然的了。不过下面我们还是给出我们何以提出这一更加具体明确的看法的几点理由。

（1）可计算理论或递归论是研究计算的最一般性质的理论，即并不是专门研究现实中具体的计算机的计算能力的，因而它的结论具有很强的普适性、抽象性。由丘奇－图灵论点所揭示的计算本质，它不仅包括数值计算、定理推导等不同形式的计算，而且包括人脑、电子计算机等不同“计算器”的计算，尤其在理论上还包括了DNA计算机、量子计算机等新型计算机的计算。大家不要忘了，以丘奇－图灵论点为基石的可计算性理论是在电子计算机诞生之前的20世纪30年代提出的，即它不是在对电子计算机进行总结与抽象的基础上提出的，但它又深刻地刻画了电子计算机的计算本质。如今最先进的电子计算机在本质上就是一台图灵机，并且人们又进一步认识到，目前尚在实验室阶段的DNA计算机、量子计算机，在本质上也是一种图灵计算。这说明不同形式的计算、不同“计算器”的计算，在计算本质上是一致的，这就是递归计算或图灵计算。因此我们有理由相信，丘奇－图灵论点是对一切“计算器”的计算能力的限制，进而也就是对人类认知能力的限制。我们想，这或许正是由威格纳所说的“数学那不可思议的有效性”决定的。数学是研究模式的科学。这个模式既可以是一种现实世界的模式，也可以是一种逻辑可能世界的模式。而数理逻辑研究的模式是一种思维的模式、认知的模式和推理的模式。基于数学那不可思议的有效性，数理逻辑研究的这种思维的模式、认知的模式和推理的模式不仅是指人脑的思维、认知和推理模式，还包括一切非人脑——动物、机器等的思维、认知和推理模式。即具有高度的普适性、抽象性和有效性。另外，数理逻辑是人类大脑的产物，我们猜测，这种人类大脑的产物正好是反观大脑自身的最好镜面。我们相信，数理逻辑中许多具体的理论、定理，尤其是递归论、模型论中的理论、定理，均有着丰富而深刻的认识论意义和认知哲学的内涵；而且数学中人们只能解决具有递归性的问题，而对非递归性问题不可解的这一事实，是对我们上述观点的有力支持，亦可看作是一个例证。

（2）尽管理论上和现实中存在大量不可解的问题，但对这些问题人们也不是无所作为的，人们依然可以从计算的角度将问题按其计算的难易程度和复杂性进行分类、分层，从而进一步了解有关问题的特征或解的性质。另外，无论是理论意义还是现实意义上的不可解，指的无非是无法得到精确解、解析解，这并不意味着不能得到近似解、概率解和局部解或弱解。对于一个不可解的问题，人们通常可以采取以下研究途径：①不去解决一个过于一般的问题，亦即不妄图去解决一大类问题，而是通过弱化有关条件把问题限制得特殊一些，来解决这个一般问题的特例或更窄的小类问题。②寻求问题的近似算法、概率算法。这是目前十分流行的研究方法。这就是说，对于不可计算或不可判定的问题，人们并不是束手无策，而是依然可以从计算的角度，把不可解的问题——或为非递归问题、或为高指数复杂性问题——转化为递归问题或非指数复杂性问题，从而给予解决。这也就是我们所说的，对于非递归结构或非递归性质的事物，人只能做递归性的认知。

（3）质疑和反对认知计算主义的人们的一个错误在于把某些问题计算机不能解决而人能解决这一暂时的事实绝对化。他们认为，尽管今天的计算机可以做人不能做的许多复杂工作，但在模式识别、感知和在复杂境域中决策的能力远不及人。确实，今天的计算机在模式识别、感知和在复杂境域中决策的能力远不及人，但这并不从逻辑上或从根本上构成对计算主义纲领的否定。因为今天的计算机在模式识别、感知和在复杂境域中决策的能力正在不断提高，至多只是提高的速度还不能让大多数人满意。这里我们也想提醒质疑者们注意这样一个事实：计算机在模式识别等方面的发展还不足 50 年，而人的大脑却已进化了数百万年。要想在如此短的时间里让计算机全面地达到人脑的水平，是不是太苛刻了些？在我们看来，从这个角度质疑认知计算主义纲领的朋友们实际上是对计算机提出了一个不现实的极其苛刻的要求。谁能料想得到百年后、千年后计算机的模式识别能力将会是什么样的？无疑，计算机不是万能的，计算机不能做的事有很多。但是，我们对这些计算机所不能做的事要有一个清醒的认识，比如非递归函数它是不能计算的，具有高指数复杂性的问题它也是很难解决的，不过这些也是人脑所无法解决的。质疑和反对认知计算主义的人们的另一个错误在于默认和假定了人脑能解决任何问题。这种假定实际上把人想象成了充满无限真理的一个无限复杂的有机体或无所不能的“上帝”，认为人脑可以进行无限复杂的各类认知（计算）。在我们看来，认为人的认知是没有任何根本性的局限性或限制性，这是毫无根据的形而上幻想，是一种乌托邦。因此，只要放弃这种没有根据的幻想，我们就不难体会到丘奇－图灵论点也会是人类认知能力的一种限制。

（4）更有人认为，数理逻辑中的一些结论，尤其是哥德尔不完备性定理，证明了计算机的能力是有限的，甚至认为，该定理表明了人工智能的极限，宣告了“人心永远胜过计算机”。对此，图灵早就指出：“尽管它（哥德尔不完备性定理）已经证明任何一台特定的机器都是能力有限的，但它并没有任何证据说，人类智能就没有这种局限性。另外，哥德尔不完备性定理是不是表明了人工智能的极限，宣告了“人心永远胜过计算机”，这也不是像某些人说的那么简单。“电脑能否代替人脑”“人类能否沦为机器的奴隶”“人心是否永远会胜过计算机”？这是哲学家和人工智能专家及其反对者争论了半个多世纪的问题。在这一争论过程中，哥德尔不完全性定理扮演了一个重要角色。一批具有数理背景的科学家和哲学家很难抵御用哥德尔不完全性定理论证“人心胜过计算机”的诱惑。因为哥德尔不完全性定理告诉我们，在任何包含初等数论的形式系统中，都必定存在一个不可判定命题。在有了图灵机概念以后，它的等价命题是，任何定理证明机器都至少会遗漏一个真的数学命题不能证，数学真理不可能完全归为形式系统的性质。这似乎表明，在机器模拟人的智能方面必定存在着某种不能超越的极限，或者说计算机永远不能做人所能做的一切。那么，依据哥德尔不完全性定理真能直接推出人的智能必定超过人工智能的结论吗？心、脑、计算机、哥德尔不完全性定理之间究竟有什么关系？哥德尔本人对此又是如何评价的？有人依据近年来公布的哥德尔的重要手稿及私人谈话记录，探讨了他对心－脑－计算机问题的认识。① 根据有关材料介绍，哥德尔本人认为，仅仅依据他的不完全性定理不足以推出如此强硬的论断，需要附加其他的假定。在哥德尔看来，附加了“人类理性提出的问题人类理性一定能够解答”这样一个哲学假定，就能从不完全性定理推出“人心胜过计算机”的结论。即便如此，哥德尔也意识到，这种对于计算主义的否证未必令人信服，因为它毕竟是一种推论式的。然而在我们看来，想要附加的假定“人类理性提出的问题人类理性一定能够解答”本身就已经被证明是错误的。数学中大量被证明不可解或不可判定的问题，难道不是由人类理性提出来的吗？只要承认丘奇－图灵论点，丢番图问题等的不可解就不得不承认。当然，寻求丢番图问题的近似解、局部解或弱解是可以的，但这已与我们所讨论的问题不相干了。这个结果也许多少会超出某些人士的想象。我们认为，这是大家应该接受的一个十分客观的结论。

以上我们简要地阐明了我们何以认为“人的认知能力是受递归规律

---

① 刘晓力．哥德尔对心－脑－计算机问题的解．自然辩证法研究，1999，(11)：29-34.

限制的，人只能在递归的意义上认知事物”的几点理由，类似的理由还可以举出不少，但我们知道，这些都主要是一些哲学思辨，而且很粗略。它的确认还需要更为严谨的论证和大量的例证。尤其需要从一般意义上确认“认知就是计算”这一基本纲领，使其不仅是一个科学假说，而且是一个能够通过各种检验和实证的科学命题。

四、来自计算神经科学的证据

人类对于脑与意识、脑与认知的关系的探索已经走过了漫长的道路，并且在这条道路上立下了一个又一个里程碑。计算神经科学与神经计算科学就是其中两块重要的里程碑。它们在探索大脑－认知－计算之间的关系问题上做出了重要的贡献。计算神经科学的目标在于阐明脑的信息处理的基本原理，理解神经结构如何达到其效应，探索神经系统完成何种功能，揭示由神经系统的状态所实现的表象的实质，其宗旨就是研究脑是如何工作的。神经计算科学则在于探索神经计算的数理基础和计算原理，并将其应用于发展新的脑式信息处理系统。可以说，前者的目标侧重于从计算的角度理解脑，后者侧重于受神经计算的启示来创造脑。二者相互支撑，使人类在认识自身的道路上向前迈进了一大步。

计算在向各门学科的渗透过程中，最终也成为神经科学中的一个重要观念。在认知科学中，计算指在符号操作层次上，在能提供语义解释的符号代码的形式表达上，所进行的某种受规则约束的变换。在计算神经科学中，计算指任务分析或信息处理。如果我们从计算的角度去发展某些理论来解释神经系统某一部分的功能——如一个神经网络，或者某一单独神经元，或者某一个突触，或者某一网络系统，那么这些结构可以被看作是在进行计算，于是它们可以被看作是某种计算机。当然，这并不是指神经系统就是目前的一台电子串行数字计算机。因为脑与电子串行数字计算机在许多最重要的方面有较大差异。于是，问题变成了“脑是一种什么样的计算机？”当今，关于在神经系统中的计算的想法是将脑看作是一台混合计算机。

马尔从计算机科学中的层次概念出发，定义了视觉信息加工的三个层次：计算层次、算法层次和物理实现层次。计算神经科学继承并发挥了这一层次观。神经系统的组织层次按空间尺度有：分子、膜、突触、神经元、核团、回路、网络、层、投射、系统。对于每一结构层次，都可以提出关于计算的问题。应当指出的是，神经系统的每一个组织层次，仅仅是概念上的分离，功能上的相对独立，而不是物理上的可分性。在脑内，它们全都属于一个综合的、统一的、复杂的生物计算系统的不可分割的一部分。这就是说基因组信息和信号传导会作用到离子通道，神经元的功能依赖于突触的信息传递，而神经元的信息处理又依靠它与另外的神经元在微回路中的相互作用，而回路本身又由它在脑内的总的几何位置而起到特定的作用等。神经系统还存在若干生理层次：离子运动、通道结构、动作电位等，还可能有另外的一些插入层次。这样多的组织层次表明存在许多实现层次，而每一个层次又都伴有对任务的描述，于是又存在许多算法的分支。可以说，层次之间有着自相似的嵌套结构，在某个层次上它们是“元素”，在低一个层次，每一个“元素”又是一个“结构”，如此往复。在计算神经科学的框架中，计算任务、算法与实现三个层次并不是互相独立的，也是“你中有我”“我中有你”“我中有自己”的嵌套结构，算法中有实现，实现中又包含计算任务；自上而下看，是实现层次，自下而上看又是算法。如从神经元之间的通信观点看，动作电位可以被看作是实现，若从离子分布的观点看，动作电位又是计算，因为它是对许多信息源整合的结果。没有一个神经模型可以期望贯穿全部层次。在某一个层次上看上去是本质的特征，而对另外一个层次却可能是某种无意义的细节。假如出现一种完备的“脑理论”，它就必将是连续的、相互重叠的，从低层次到高层次确立推理的链条，以及包括不同空间的、时间的、结构的和计算的层次。并且，只有到那时，计算神经科学才可能达到自己最终的目标——理解脑是如何工作的和如何发展脑式的信息处理系统。①

---

① 郭爱克. 计算神经科学. 上海：上海科技教育出版社，2000.

总之，随着科研手段的不断进步，人类认知研究已从哲学和心理学范畴进入当今世界最前沿的科学领域。科学家已经开始从分子水平上来揭示人类认知之谜，甚至开始利用这些新发现研制生物计算机。科学家已经从分子层次上发现，生物大分子之间遵循着化学和物理规律发生相互作用，在相互作用过程中一些生物大分子形成了“生物电路”。“生物电路”具有类似计算机的信息传输和处理，甚至逻辑运算的功能。科学家认为，最能体现“生物电路”功能的是在生物胚胎阶段，不同的细胞产生的反应不同，不同的细胞之间需要进行信息传递，并在细胞内部处理传递的信息。细胞之间的反应十分协调，最终能生长成一个生物体，这表明细胞之间的信息传递和处理功能十分强大。另外，美国斯坦福大学的科学家也在细菌中发现了“生物电路”。他们在生物利用能量的糖酵解过程中发现了逻辑运算现象，并找到有关的“逻辑门”，逻辑门电路是电子计算机的主要构件之一。

确实，人们一直对计算机能否像人一样思维存在争论，目前已经问世的各种人工智能计算机远未达到人类的智能。但最新的研究表明，能够与人类智能媲美的计算机完全可能问世。根据这些新发现，一些科学家提出了生物计算机的设计思路。这些设想中的生物计算机运算速度和贮存容量将大大超过现有的电子计算机。而在这些生物计算机中科学家最看中的就是 DNA 计算机。因为 DNA 上含有大量的遗传密码，它通过生物化学反应完成遗传信息的传递，这一过程是生命现象的基本特征之一。科学家认识到，DNA 分子中的密码相当于存储的数据，DNA 分子之间可以在某种酶的作用下瞬间完成生物化学反应，从一种基因代码变为另一种基因代码，反应前的基因代码可以作为输入的数据，反应后的基因代码可以作为运算结果，如果控制得当，那么就可利用这种过程制成一种新型计算机。美国南加利福尼亚大学的伦纳德·阿德拉曼博士提出的“DNA 计算机理论”，就是这方面的开创性工作。生物计算机是人们多年来的梦想，它可彻底实现现有计算机所无法真正实现的模糊推理功能和神经网络运算功能，是智能计算机的一个突破口之一。当然，生物计算机的实现还需要一个漫长的过程。但是，DNA 计算机理论的提出，以及个别案例在实验室中的成功运算，无不说明生物大分子不仅存储着大量的数据（信息），而且是按照“计算”的方式在处理数据（信息）。这一切为我们从分子水平上说明认知、思维是一种递归计算，提供了现代生物学的支持。

试论科学心理学解释的自主性 *

在心理哲学（philosophy of psychology）和心灵哲学（philosophy of mind）中，存在着一个基本的问题，即科学心理学解释在传统的自然科学解释中的地位问题，或者说它与物理科学解释相比，到底有什么样的区别与联系，是否具有自主性。在对这个问题的探讨中，一直存在着两种彼此完全对立的观点：自主论与还原论。自主论的支持者认为心理现象建立在一个独立于物理科学的体系中，并且表现出独立于物理科学的规律和定律，因而科学心理学解释必定与物理科学解释有着实质性的区别。赞同还原论的学者则将实证精神贯彻到科学心理学的解释过程中，并试图“将心理现象简化为物理、化学、生理过程，试图以生物的、生理的或机械运动形式来解释人的复杂的心理现象”①。笔者认为，根植于逻辑学、数学以及物理学定律基础之上的所谓正统的科学哲学把物理学

---

* 本文发表于《科学技术与辩证法》2004 年第 6 期，作者王姝彦、郭贵春。

① 高峰强 . 科学主义心理学的理论误区探析 . 自然辩证法通讯，2002，(3)：36.

看作是科学的标准范式，导致了科学心理学解释中的还原论倾向，严重地影响了科学心理学的发展。而事实上，科学心理学无论在其解释对象、解释策略方面，还是在其解释语言的使用方面都有着与物理学所不同的特性。科学心理学解释理所应当是具有自主性的一种综合性解释。

一、科学心理学解释对象的复杂性

作为科学心理学的一个目的，科学心理学解释就是要对具有非心理系统所缺乏的高度的复杂性的心理系统做出科学的描述与说明。因而，科学心理学解释的自主性首先在于其解释对象的复杂性。科学心理学解释的对象是心理现象。心理现象深藏于内，难以直观，而且变化多样、结构复杂。其复杂性具体体现在以下几个方面：第一，心理现象具有多样性。诸如感觉、知觉、意识、注意、记忆、思维、情绪、态度、动机、信念、期待、想望等都属于纷繁的心理世界。第二，心理现象具有多维性。从动态－稳态这个维度上来看，它涵盖了心理过程、心理状态和心理特征等不同的内容；从整体性与差异性来看，它又可诠释为个性心理特征、个性心理倾向性和自我三个不同的结构层次；再从能否被知觉到的角度来看，心理现象又可区分为意识与无意识两大类型。第三，心理现象具有层次性。正像认知过程包括感觉、知觉、思维、记忆等层次一样，许多心理过程具有多层面的心理形式。第四，心理现象具有主观性。与物理、化学现象相比，心理现象不具形体性，是人的内部世界的主观精神生活，他人无法直接进行观察，也无法完全运用物理语言描述清楚。例如，作为心理现象本质特征之一的意识现象是由内在的、质的、主观的状态和过程构成，“这种第一人称本体论的主观性是不可还原、不能归结为或等同于物质的东西的”[①]。意识的这种主观性使意识现象在解释过程中呈现出与理化现象不同的复杂性，即它不能像热、液体性、固体性之类的其他自然现象那样被还原为第三人称现象。固体性可以通过

---

① 约翰·塞尔. 心灵、语言和社会——实在世界中的哲学. 李步楼译. 上海：上海译文出版社，2001：4.

网络结构中的分子振荡运动来给予完全的因果性解释，也就是说，它可通过微观要素被还原为分子运动。但是，如果我们将意识现象还原为一些神经元的放电活动，那么还原的结果实质上是遗漏了其自身最本质的特性——主观性。第五，心理现象具有“直接性”或“当下性”。心理现象中有特定的感觉质（qualia）在其中扮演重要角色的感觉现象（包括痛觉、色觉、听觉或看到某一事物时的情绪感受等），满足了对心之为心的标志的传统看法之一，即“直接性”或“当下性”。这个标准是知识论方面的，这就是说，一个人关于自己的心理状态的知识是直接的或当下的，它无需任何中介，也无需证据的支持。但是，我们关于物理、化学现象的知识则不具有这种直接性或当下性。除了上述五方面的内容，非直观性与有机性等许多其他特性都是心理现象复杂性的具体体现，这里就不一一赘述了。总之，心理现象的这些复杂性特征决定了科学心理学解释必然是复杂的，同时也是自主的。

很显然，科学心理学解释对象的性质与物理科学的解释对象有着很大的不同。如果说物理学解释的是物性的变化，那么科学心理学需要解释的则是人性的变化。人性与物性相比，至少在以下几方面是复杂的。首先，物性的特征是外显的，因此根据个别物性的外显特征去解释一般物性是较为容易的；而人性的特征除少部分外显之外，多半是内蕴的，这样根据个体人性的外显特征去解释团体个性，则极为困难。其次，物性的变异较少，同质性较高，个别差异较小，根据个体物性推论团体物性较为容易；而人性的变异极大，个体之间差异也很大，根据个体人性而推论团体人性的方法是相当困难的，这种异质性恰恰是复杂性的典型特征之一。最后，对物性的测量，较易采用数据的量化方式处理，而且容易做到客观与验证的标准；对人性的测量则不同，其测量的结果往往存在着很大的差异。基于此“研究对象中人性与物性不同；物性所反应在测量上的结果是‘客观的客观’（客观工具测出客观结果），而人性在测量工具上的反应，却是‘客观的主观’（客观工具测出主观意识）”[①]。

① 张春兴．现代心理学．上海：上海人民出版社，1997：8.

科学心理学是结构复杂的、系统的、整体的一门科学，有其自身独立的范畴。这些范畴通过一些基本概念，诸如感觉与知觉、意向与态度、意识与思维、信仰与期待等来勾画心理世界的轮廓，研究心理系统所特有的规律性，并以此反映出心理现象的本质。因此，欲对心理现象进行全面的解读就需要对科学心理学中独有的概念做出必要的阐释与说明。在科学心理学中，许多重要的理论进展都涉及一些新概念的引进和发展。尽管和物理学、化学主要通过新的事实的发现而推动人类对世界的了解和认识相比，科学心理学在这方面显得非常逊色，但科学心理学在概念的引进和改善与新事实的发现之间并不是相互排斥的。相反，在历史上的心理学中，新概念的改进比新事实的发现更能有效地促进我们对世界的理解。例如，弗洛伊德将“潜意识”“本我”“自我”“超我”等新概念引入其心理学理论中，开创了现代心理学中影响力最大，也是20世纪内影响人类文化最深远的理论之一——精神分析学，从而极大地推动了整个心理学的向前发展。再如，布伦塔诺将“意向性”这一概念引入他的意动心理学（act psychology）理论中，进一步阐明了纷繁复杂、灵活多变的心理现象与物理现象相比所具有的特殊性质，对心理学的理论发展起到了推波助澜的作用。对于科学心理学来说也是如此，“新概念和概念的多少带有根本性质的变化和事实及对事实的发现比较起来，常常具有同等的，甚至更重要的意义”[①]。也就是说，科学心理学的进步并不完全依靠新事实的发现，在很大程度上，它是以新概念逐渐的、但是决定性的发展和从前占统治地位概念的抛弃为特征的。科学心理学解释的自主性在一定程度上体现在其对概念自主性的解释上，所谓自主性概念是指那些不能运用物理－化学术语进行描述和定义的概念。例如，上文中提到的“意向性”“超我”等概念都属于自主性概念，从科学心理学理论的客观构建过程来说，这些“自主性概念”是直接从心理现象中认定的，它们是理论中不可再分解的最基本、最原始的元素，是解说其他现象的起点。自主性概念之所以自主，是由于它直接反映了心理现象特有的本质，

---

① Mayr E. The Grouth of Biological Thought. Cambridge：Harvard University Press，1985：78.

因此，作为理论的起点，不必给予也不可能对之进行物理－化学描述。可见，科学心理学中的自主性概念对科学心理学解释提出了更高的要求，这种要求使得科学心理学解释呈现出与物理解释所不同的独立而自主的一面。

二、意向解释与提供理由在科学心理学解释中的地位

如上所述，科学心理学解释对象的复杂性决定了科学心理学在解释策略及方法运用上必然呈现出多元化的发展趋向。这就是说，除了自然科学中传统的物理解释方法外，意向解释等方法在科学心理学的解释过程中亦发挥着至关重要的作用。在此基础上，给出一种解释的标准，也并不在于说明原因，提供一个好理由亦可获得同样的解释价值。

1. 意向解释与物理解释同样重要

科学心理学作为一门独立的科学必然在其解释方法上拥有一定的自主性。心理学解释的自主性在很大程度上体现在意向解释（intentional explanation）的自主性上。意向解释是与物理解释相对立的一种解释方法，二者的区别首先在于在对心理的意向现象进行解释时，是否关注意向现象的物理组成。例如，在解释“布什赦免了温伯格”这一现象时，如运用意向解释需考虑到布什对政局的估计、其自身的信念、愿望、其他建议者的影响等；而运用物理解释时，涉及的则是布什脑神经细胞等身体各部的运动方式，其在文件上的物理性文字标注，以及由他发出的声波等。这就是说物理解释依赖于微观物理的基本性质，将意向现象（如宽恕、赦免等）看作是由非意向现象（如声波、脑神经状态）构成的。在对这一问题的争论中，自主论的反对者声称“物理解释相对意向解释是更深一层次的解释”或与地心说取代日心说一样，“意向解释终将会被物理解释所取代”①。也就是说，意向解释最终将还原为物理解释抑

① Backer L R. Explaining Attitudes：A Practical Approach to the Mind. Cambridge：Cambridge University Press，1995：127.

或干脆被取消。为了进一步论证其主张，他们采用了“附随性”这一概念，认为意向性质是附随在物理性质之上的，而物理性质是更为基础的一种性质，因而物理解释是更深一层次的解释方法。事实上，这犯了一个严重的错误，即把附随性关系（性质之间的关系）同组成关系（事物之间的关系）等同了起来。只有在非意向系统中，附随与组成才是同一的，如水与水分子之间的关系便是这样。而涉及心理的意向现象（如信念、态度等）情况则完全不同。某一事物由某些分子构成并不意味着它的性质要附随在这些分子上，正如油画的意境是出于设计者的某种意向，而不是决定于构成它的油彩分子。至于意向解释会像氧化说取代燃素说一样，最终会被取消的观点，则更为荒谬了。意向解释同物理解释之间并非与氧化说同燃素说之间一样是竞争关系，也非对错或深浅关系。从根本上讲，二者并不具有可比性，在不同的领域，二者是完全可以同时存在的。

显然，科学心理学解释的许多特征是物理学解释中所没有的，其中最突出的便是科学心理学解释往往要诉诸命题态度（propositional attitude）来遵循标准的解释原则，即“在描述其人的命题态度时，我们总是试图尽可能地使此人的思维与行为更为理性”①，在物理学中，却没有类似的标准原则被运用。这便是意向解释的“理性建构观念”（constitutive ideal of rationality）。缘于此，也因为命题态度解释中存在着不可还原的标准元素，科学心理学解释的自主性自是不言而喻了。固然，将意向解释作为一种科学的解释理论，其准确性与充分性尚待进一步地讨论，但它在科学心理学中的解释效力仍是不容忽视的。强调意向解释的重要性并不是对物理解释的否弃。在对科学心理学问题的分析过程中，只有兼顾意向解释与物理解释各自的作用，其解释效力才是充分、全面而整体的。

2. 提供理由与说明原因同样有价值

科学解释是西方科学哲学的基本问题之一，纵观其发展的历史与逻

---

① Crane T. Autonomy of psychology//Wilson R A，Keil F C. The MIT Encyclopedia of the Cognitive Science. Cambridge：The MIT Press 1999：65.

辑，表现出语义学研究传统与语用学研究传统的对立，科学心理学作为一门独立的学科，在对其解释的过程中，必然受到两种传统的双重影响。但由于科学心理学从其产生之日起便与逻辑实证主义有着深刻的不解之缘，因此，脱离了解释者的纯粹的语义学研究一直是科学心理学解释的主要方法。这样的方法将解释的重心放在了“说明原因”与逻辑重建，认为“存在于世界之中并为科学解释提供基础的关系是因果关系”①，因而解释的目的就是要“说明原因”，解释的过程也“不考虑语言的使用者而只分析表达式和它们的指谓关系”②。但是，这样的解释必然是不完全、不充分的，因为它忽视了科学心理学中存在的人的需要、目的和意向、动机等心理因素，忽视了解释的“语用学维度”。事实上，旨在“提供理由”并以语境为基础的语用学解释在科学心理学中也是至关重要的。语用学解释的优越性在于可为被解释项提供“有理由”的保证。其“有理由标准”超越了科学逻辑的严格界限，可在特定的信仰、态度和行为基础上做出有意义的判断与分析。因此，它代表了一种基本信念，在决定科学心理学的可接受性上反映了一种历史建构的心理价值取向，甚至折射了一种对外在世界的背景信仰。这样的解释必然在逻辑上更为自由，其解释的维度也更为宽泛。虽然仅提供理由的解释在物理学、化学等其他自然科学中的地位远不及“说明原因”的因果语义学解释，但它在科学心理学中却有着同样甚至更高的解释价值。这也正是科学心理学独立于物理、化学等学科表现出自主性的一面。按照上面的分析，在科学心理学的解释中，只有在语义学解释与语用学解释的相互关联中，在坚持“说明原因”与“提供理由”相统一原则下才能建构一种“立体的”“全面的”解释策略。从某种意义上讲，这一策略是对传统的西方解释理论的一个超越，从而进一步表明了科学心理学解释的自主性与综合性。

---

① Salmon W C. Scientific Explanation and the Causal Structure of the Word. Princeton：Princeton University Press，1984：121.

② Carnap R. Introduction to Sematics. Cambridge：Harvard University Press，1942：9.

三、科学心理学解释中目的论语言使用的合理性

目的论是科学哲学中的一个重要的问题。在古希腊罗马时期尤其是在柏拉图和亚里士多德的哲学框架中，目的论占有极为重要的地位。自伽利略开始，科学家开始搁置目的论的问题，结果是推动了物理科学的发展。物理学家反对任何形式的目的论，然而科学心理学的研究者却难以对心理世界中存在的目的论问题视而不见。事实上，科学哲学家对科学心理学领域中的目的论语言是非常感兴趣的。当然，需要说明的是这里所指的科学心理学中的目的论问题与上述传统意义上的目的论是有一定差别的。我们要探讨的是一种在科学心理学中基于心理描述或心理解释层次上的目的的趋向性，更确切地说是一种自然选择的预设性。这就是说，在自然过程中存在着一种发展的倾向性，存在着事先决定了的目标。人类的感觉、知觉、意识、思维、情绪、记忆、意向等心理现象在个体生长发育过程中的生长程序与发育机制早已通过自然选择目的，定向、预设在了“人”这个物种的各种遗传程序中。举个非常简单的例子，人类在心里感到恐惧时发出的声音会出现很高的相似性，而这种相似性并不需要人进行后天的学习，它来源于人类先天的本能，这种本能就是带有预设性与目的性的。可见，在科学心理学的描述与解释中“需要一种目的论概念，它以不同的程度出现，或至少允许描述具有不同程度的目的论性质……这里的程度是由服从‘诉诸终极原因（ultimate explanation）的解释’所决定的”①。而这里的“诉诸终极原因的解释”又进一步可重构为一种进化论解释。试想，“如果目的论描述本身可用进化论术语予以解释，那么我们的心理状态本身的性能就更有把握借助最终原因予以阐明，我们为什么有疼痛、信念、愿望等也就更好理解了”①，而事实也正是如此。心理性质是生物体的心理性质，在生物的层次上，并不仅仅是物理规律在发挥作用，目的的规律（teleonomy）（这一术语

---

① Lycan W G. The Continuity of Levels of Nature//Lycan W G. ed. Mind and Cognition：An Anthology. Malden：Blackwell Publishing Ltd.，1999：54.

通常被科学心理学家用来不十分严格地指传统目的论思想中的一部分内容，即能够在自然选择的过程中找到基础的内容）也起着同样甚至是更加重要的作用。生物体作为进化的产物和自然选择的结果，其认知机制和心理活动规律是服务于生物体整体的生存和繁衍的总目的的。从进化论观点出发，决定生物体心理性质的绝不仅仅是（或主要不是）生物体近端的性质，而是生物体的种系在进化的漫长过程中通过自然选择与环境之间形成的一种整体性关系。对于近端的解释模式来说，心理活动对于其环境可能是“盲”的，而对于远端的进化论的解释模式来说，心理活动是以远端环境为背景而设计（通过自然选择）的。可见，生物体的远端环境比生物体的近端关系对于生物体的心理性质具有更强、更深刻、更充分的解释作用。如果仅仅从近端的直接因果关系来解释生物体的心理活动，而忽略掉远端程序目的性目标取向，那么，我们就无法把握心理活动的内在整体性，从而使其许多重要特点排除在了解释之外。由此，我们注意到这样一个问题，即在物理科学中只存在近因的研究，而科学心理学中不仅有近因的研究，同时也涉及带有目的性色彩的远因、进化的原因、历史的原因的内容。在科学心理学的历史中，许多混乱都是因为单单注意近因或单单注意远因所造成的。事实上，物理主义者的错误就在于只看到了科学心理学中近因的研究而没有看到远因的研究，所以才把科学心理学解释与物理学解释等同起来。因此，在科学心理学中，除非近因和远因都得到阐明，否则就无法完满地解决更多的心理问题。于是，心理世界目的论的程序本质在这里就成为最能体现科学心理学解释自主性、独立性的代表之一，因为它所关注的远期原因在物理科学解释中根本找不到对应的学科。

通过以上的分析可知，运用有机体的目的论图式以对心理现象加以定义、解释和描述在一定意义上不仅是合理的，而且也是“合法”的。这样的描述与解释往往同“功能”这个概念有着密切的联系。尽管，在科学的语境中，对“功能”的理解也并非是确定的，但借助“功能”概念理解心理现象的性质却是非常必要的。作为心灵哲学中形形色色的功能主义之一的“目的功能论”（teleo-functionalism）便是运用了这样一种

"与传统目的论理论有着更加密切联系的，更加丰富的，生物学上的功能概念"①。反之，从目的论上理解"功能"对心理现象的探讨有着同样至关重要的好处：首先，对"功能"的目的论理解有助于说明心理状态在与化学和物理学概念没有明显联系意义上的被知觉到的无缝隙性；其次，通过将目的论要求加于功能实现的概念之上，可以完全避免掉机器功能主义所面临的标准反例；最后，目的论功能论还有助于我们理解生物学、科学心理学规律的本质（如前所述）。因此，在目的功能论者看来，某种心理现象具有实质性意义的不是它趋向于做什么，而是它被设想为要做什么，即心的目的是什么。这样从功能的角度来讲，心理的东西如何存在于物理世界之中的问题（心理现象解释的自主性问题）与心理的东西所做的事情是什么的问题（心理现象的目的描述问题）在很大的程度上就成为同一个问题。正是在这个意义上，承认科学心理学描述中目的论语言的合理性的同时，也就认可了科学心理学解释的自主性。

然而，在承认科学心理学中的目的论语言使用的合理性的同时，也会带来新的问题。"一些关于目的论概念常识上的直觉很可能成为对所有自然主义分析的恒久的障碍。"②因为当代心灵哲学与心理哲学的主流是自然主义的，意向实在论、工具主义和取消主义都同撑着一把自然主义的大伞，甚至一些性质二元论的主张者也想分得这张大伞下的一块地盘。③从这一点来看，坚持科学心理学解释的自主性并支持其目的论描述似乎与心灵的自然化主题格格不入。但事实并非如此，当前的许多自然化理论正是通过目的论途径来建构的。例如，密立根的意向性自然化构想便是运用生物目的论解释，将心理表征作为一种以语句为范式的意向记号（intentional icon），并以通过历史性和规范性概念而得到解释的稳定的专有功能（proper function）为基础来开展的。④再如，巴格丹的目的进化

① Smith P G. Complexity and the Function of Mind in Nature. Cambridge：Cambridge University Press，1996：13.

② Smith P G. Complexity and the Function of Mind in Nature. Cambridge：Cambridge University Press，1996：20.

③ Chalmers P G. The Conscious Mind. Oxford：Oxford University Press，1996.

④ Millikan R. Language，Thought and Other Biological Categories. Cambridge：The MIT Press，1984.

论将目标指向性（goal-directedness）看作是对心理认知的目的论的终极解释的根据。而这种目标指向性恰恰是自然生命的一个最基本的特征，因此，“用目标指向性来对意向性等（心理）问题做出解释是完全与自然主义的目标相一致的”。[①] 只是在自然主义框架中，这种解释“并不是处于对于物理世界来说最具一般性和最基本的因果层次，而是处于物理世界中的生命等级相应的目的论层次”。[②] 由此可见，科学心理学目的论描述语言的运用与心灵自然化立场选择并不矛盾，它在捍卫了科学心理学解释自主性的同时，又为心灵自然化设想提供了一个理想的方案。也许正是在此意义上，科学心理学解释的自主性与心灵的自然化最终找到了新的融合点与生长点。

四、结语

20 世纪，由于逻辑实证主义对科学统一性问题的关注，掀起了关于科学心理学解释自主性问题大规模的争论与探讨。对于实证主义者来说，物理科学有着独特的本体论与认识论上的权威性，其他科学（包括科学心理学）对世界的描述与解释都必须将之还原为物理语言才能得以辨明。在这样的哲学背景下，一些学者认为如果坚持科学心理学解释的自主性，就会破坏科学必然统一的前景。笔者认为，上述这种看法，只有把科学与物理学等同起来才是正确的。科学的兴起是在从哲学分立以后，由于同样的分化，不同的学科领域之间必然也是相对独立的。科学心理学的独立尽管是稍晚一些的事，但它也是基于科学发展的一定时期与历史局限性相关的多元性的。当然，坚持科学心理学解释的自主性，反对物理主义的统一观点并不意味着就要放弃科学能够统一的信念。现实中的确存在科学统一的可能性，但统一是不可能通过将科学心理学解释还原成物理学解释的办法来完成的。真正的科学统一应该也必须放弃对僵化的本质论和规定论的依附以便有利于更广泛地了解传统的科学哲学中所缺

---

① Bogdan R J. Grounds for Cognition. Hillsdale：Lawrence Erlbaum Associates，1994：ch. 2.

② 田平 . 自然化的心灵 . 长沙：湖南教育出版社，2000：252.

乏的随机过程、因果关系的多元性、自然界中的大量等级结构形式、在较高等级层次突然出现事先未曾料到的性质、复杂系统中的内聚力，以及许多其他概念。也就是说如果将科学概念加以扩展，不仅包括物理科学的，而且还包括科学心理科学的基本原理和概念，则科学的统一是确实有可能实现的。从这个意义上讲，承认心理学解释的自主性不仅不会破坏科学的统一性，反而会使我们充分认识到科学的多元性，扩展并加深了我们对科学的理解，并在更广的学科域面与更宽的哲学基底上为我们带来全新的洞见。可见，只有坚持科学心理学解释的自主性，才能为寻找新的心理哲学与心灵哲学研究的基点，为促进对科学心理学的进一步深入探讨，提供更加合理的途径与方法。

人工智能与智能进化 *

在谈到人工智能的重大意义时，人们往往会作这样一个类比：工业革命解放了人类的四肢，用机器替代了人们繁重的体力劳动，极大地促进了人类的社会进步和经济发展。以计算机和人工智能为代表的智能革命解放的则是人类的大脑，人工智能为实现整个人类脑力劳动的机械化、自动化，进而实现社会生产力的进步奠定了坚实的技术基础。然而我们认为，人工智能的重大意义绝不只是这一点——把人类从复杂的脑力劳动中解放出来；人工智能更大的意义在于对人类智能的深刻理解和积极影响，尤其是对未来人类智能进化方式的改变，即人工智能的发展将促使人类智能的进化方式发生进化。

---

* 本文发表于《科学技术与辩证法》2005 年第 3 期，作者郝宁湘、郭贵春。

一、人工智能的产生及其重大意义

制造和使用一种能够代替人脑从事复杂智力活动的机器，是人类长期以来的愿望。由于20世纪数理逻辑等学科的迅速发展，终于在1945年研制成功了人类第一台电子计算机。从而揭开了用机器替代人脑从事脑力劳动的历史序幕，尽管开始时计算机只能替人们做一些很肤浅的加减乘除。然而，计算机在本质上就是要模拟人脑的行为和功能，使计算机成为人脑的延伸。而对于人脑的行为和功能的模拟，主要就是模拟人的思维、认知过程。正是基于计算机科学所追求的这个目标，它才在模拟人脑的思维、认知过程中，无论从广度还是深度方面讲，都有了长足的发展。

西蒙，一位在现代管理科学和认知科学方面做出重要贡献的美国学者。就是他，在拓展其"管理就是决策"的著名思想时，于20世纪50年代初就逐渐明确了决策的本质就是问题求解的过程，并认识到，作为问题求解过程的人类思维是一个"符号操作系统"或"信息加工系统"；研究人类问题求解，也即研究人类思维这个信息系统，其最好途径便是用计算机去模拟它。使计算机模拟人类问题求解的过程，也就是使之具有人类的智能，这就是人工智能的研究。1955年12月5日，西蒙给出了罗素和怀特海的《数学原理》中漏掉证明的定理2.15的证明流程图。他把这一天看作是计算机人工智能的诞辰。又经过半年的努力，西蒙等人用自己制定的信息加工语言把上述流程图描述为计算机的程序，于1956年8月由计算机执行，成功地完成了这条定理的证明。同时还证明了其他38条定理，开创了利用计算机研究人类思维活动规律的工作。这一天正式标志着人工智能的诞生。

如今，人工智能有了蓬勃的发展，专家系统、智能决策、智能机器人、自然语言理解，以及机器学习、机器发现、机器证明等方面的成就均显示了人工智能的巨大威力。这些都是人们津津乐道的事。比如自动化推理及机器定理证明。证明定理是人类特殊的智能行为，不仅需要根据假设进行逻辑演绎，而且需要某些直觉技巧。机器定理证明就是把人证明定理的过程通过一套符号体系加以形式化，变成一系列能在计算机上自动实现的符号演算过程，也就是把具有智能特点的推理演绎过程机械化。中国科学院的吴文俊教授提出的平面几何及微分几何的判定法，就得到了国内外高度评价。1983 年，全美定理机器证明学术会议在美国的科罗拉多州举行，一位由中国大陆赴美求学的青年学者周咸青，在会议上作了《用吴方法证明几何定理》报告。他用自己所写的通用程序在计算机上自动地证明了 512 条不平凡的几何定理，而且证明每条定理所用的机器时间一般只有几秒钟。这一重大突破实现了人们用机器证明几何定理的古老的梦想。而周咸青所用的方法，正是中国数学家吴文俊教授创立的机械证明的代数消元方法。具有数千年历史的手工式的初等几何研究终于跨入了机械化、自动化的时代。无怪乎有人说："今后，当人们在初等几何范围内提出新命题而不知其真假时，只要上机一试，便知分晓。而人的工作则主要是猜测、发现，并从机器的定理中挑选那些最漂亮的加以分析，以及寻找简化的证明。"①之后，周咸青等在 1994 年又实现了世界上第一个非欧几何定理证明自动生成的程序和算法，该算法对于相当大一类构造性非欧几何定理是完备的和有效的。用这个程序已经产生了一百多个非欧几何定理的可读证明，其中一半以上是从未见过或未被证明过的。人们认为，这是用计算机自动推理程序来系统地发展一门数学学科的一次成功尝试。在这里，新的不平凡的定理不是个别的，而是成批地被"生产"出来。所以有人说："仅就数量而言，似乎在一夜之间，计算机告诉我们的非欧几何新定理就比过去许多年的积累还要多。"②

用机器替代人脑去证明定理，这是历史上许多数学家、科学家和哲学家的不懈追求，从笛卡儿之梦到吴文俊理论，当人们走过这条漫长而艰难的道路之后，终于有了令人欣慰的丰厚收获。这收获的意义是深远的，它将对实现人类脑力劳动的机械化，促进科学技术和社会生产的巨

① 文俊．王者之路——机器证明及其应用．长沙：湖南科技出版社，1999：28.

② 文俊．王者之路——机器证明及其应用．长沙：湖南科技出版社，1999：82.

大发展产生难以估量的积极作用。以蒸汽机为代表的工业革命解放的是人类的四肢，而以计算机为代表的信息革命解放的将是人类的大脑。大脑的解放在很大程度上无疑就是脑力劳动的机械化、自动化，机器定理证明和推理自动化无疑抓住了这一信息革命（实为智能革命）的关键，在为实现整个人类脑力劳动的机械化、自动化的进程中找到了一个突破口，进而也为社会生产力的进步奠定了坚实的技术基础。

但是，人工智能巨大的意义绝不只是这一点——把人类从脑力劳动中解放出来了。如果只是这一点作用或意义，那么从长远的角度讲，这就不会只是一种积极的意义，相反很有可能将是人类进化过程中的一种巨大的代价。我们曾在 1997 年表达过这样一种观点：信息革命可能带给人类的负面影响之一就是导致人类智能的退化。理由是：从一定意义上说，人类的许多进步之所以产生，多半是由于人们发明了一种更好的、更有用的工具。机器的产生使人类的四肢得到一定程度的解放，这无疑是一种进步。但这一进步的代价则是相应肢体在功能和技巧方面的退化。由于人类最终是以大脑而非四肢称雄于世界动物之林，过去所有新机械的诞生都没有使得大脑被替代，因此，人类的智能并没有退化，人类之本性也未因工业革命的不断深化而丧失。然而目前这次革命是对大脑的替代，尽管这也是一次进步，甚至是更大意义上的进步，但任何进步都是要付出代价的，这次进步的代价就是人类智能的退化。这是大脑被逐步替代的必然结果。一种器官一旦成为多余物，退化是它必然的结果。这是生物学告诉我们的道理。① 不过，我们目前对自己几年前的这一认识有了一个重大的修正，因为当时我们没有看到人工智能对人类智能进化可能存在的积极影响，而是只看到了它对人类智能的替代。因此，目前我们认为，人工智能更大的意义在于对人类智能（而不是人工智能）的深刻理解和积极影响，尤其是对未来人类智能进化方式的改变。我们相信，人工智能的不断发展将使人类智能的进化方式发生进化。

① 郝宁湘．信息革命的潜在危机：人文生态的破坏．云南社会科学，1997,（5）：67.

二、人类智能进化的基本形态与方式

为了论证以上观点，有必要先对人类智能进化的基本形态与方式作一简要论述。我们认为，从一种广义进化论的视角讲，人类进化与发展的基本形态是：生物进化（自然社会）—文明进化（文明社会）—智能进化（信息社会）—精神进化（精神社会）。

第一个进化形态是自然的生物进化形态，社会性是进化的附属产物或非主要特征。因为，根据 20 世纪 80 年代以来新的古人类学研究，人的系统（人科）本身起源于 500 万～ 700 万年以前一种已经能够两足直立行走的古猿（以南方古猿化石为标志）；大约 250 万年前人（属）的进化开始（以脑量开始增大的猿人为标志）；约 15 万年前现代人开始起源，前一阶段为古人阶段，后一阶段为新人阶段（约 2 万年前开始）；前 1 万年左右最终实现文明人的进化（农业萌芽的出现是其标志）。总之，经过约 200 万年的原始自然进化过程最终才完成了人的起源与生物学进化。这是这一进化阶段的主要特征，其社会性还未脱离动物社会性的属性。自然社会在整个人类发展史上的地位和作用（人的起源及其生物学进化的完成）是空前的，在随后几千年的农业社会与工业社会的发展过程中，作为生物学的人再也没有什么根本性的变化。

第二个进化形态是文明进化形态，它包括农业社会与工业社会两个文明的进化阶段。从广义进化论的角度看，在经历了漫长的生物自然进化阶段之后，人类便进入了另一个更高层次上的进化阶段，也即文明（文化）的进化阶段。这时人的生物学意义上的进化相对稳定和缓慢，其显著标志是人类文明的迅速发展和社会财富的迅速积累，科学技术的发展是其中最突出的一点。文明进化是人类为了能更好地适应自然社会，成为这个世界上最强大、最优秀的物种而不可或缺的手段，也是生物进化的一种继续。在这个阶段，只有进化程度（深度、广度）的不同，而没有本质上的区别，即都是文明进化而非生物进化。然而，就是这几千年的文明、文化进化，构成了人类下一步新的“生物进化”的物质性基础。这里说的人类下一步新的“生物进化”指的就是信息社会中的智能进化。我们认为它是类似原始自然社会的一种生物进化，当然，它不同于原始的以人的起源为核心的生物进化，而是一种更高层次的全新的智能进化，即以大脑功能为主的生物进化。

第三个进化形态是智能进化形态，智能进化并非信息社会独有的，在原始社会和文明社会中同样伴随着人的智能的进化，这里关键在于说明信息社会中的智能进化是如何地不同于原始社会和文明社会中的智能进化。大体地讲，原始社会里人的智能进化主要是一种纯自然的生物进化，表现为手脚的分工、脑重量的增加、脑结构的完善等。到了文明社会，人的那种纯自然的生物型智能进化基本完成，取而代之的是外在的文明进化、文化进化，主要表现在各种科学技术和文化的形成与发展，以及新型的物质财富的不断丰富，农业文明尤其是工业文明是人类文明进化的杰出代表。这时人的智能处在一种较为缓慢的准自然进化过程中，这时的智能进化是在受到各种人为因素（如文化）的影响下的进化，是一种“半文化半生物型”的进化。应该指出的是，这时各种人为因素的影响，对于进化主体来说是不自觉的、被动的，甚至是无意识的。到了信息社会，人类智能进化的历程又将翻开新的一页。

我们认为，人工智能将是信息社会中最重要的促进人类智能进化的技术手段之一。下面我们就用一个已经发生的案例来说说人工智能是如何影响并将怎样促进人类智能的进化。

大家可能还没有忘记 1997 年 5 月的“人机大战”。国际象棋世界冠军卡斯帕罗夫以 2.5/3.5 的总分败给了名为“深蓝”的计算机。消息传来，举世震惊。如何正确认识和评价“深蓝”的胜利，一时成为人们普遍议论的话题。应该说，这不仅是一个重要的人工智能问题，而且是一个具有重大意义的哲学问题。

首先，很多人认为，“深蓝”完全是靠默无声息地高速计算来取胜的，而根本不是依靠对象棋战略战术的理解进行智能推理。我们认为，“深蓝”不仅是一台高速运算的机器，其实“深蓝”还是一部美妙绝伦的程序设计杰作。它构成了一个国际象棋专家系统，至少是利用了知识工程。当然，无可匹敌的分析运算能力是“深蓝”取胜的关键。说一台没有生命的机器具有智能是令人难以理解的，但正如我国学者童天湘认为：“棋赛毕竟是智力竞赛，机器没有智能，仅凭高速运算和高量存储就可取胜是难以想象的。”卡斯帕罗夫就深有体会，“几年前，对于计算机是否拥有智慧我总是报之一笑”。“然而现在我不再那么肯定了。1996 年我在费城同‘深蓝’的比赛迫使我重新考虑这个问题。有时我真的会有这台机器偶尔也会有智慧的感觉。”因而童天湘教授继续指出：“机器战胜世界冠军，就其效果而言，与人的智能行为是同等的。”①

其次，与别的电脑程序一样，“深蓝”只是忠实地执行它的制造者的指令。在本质上，“深蓝”只是在计算，不停地快速计算。甚至权衡利弊得失在机器内部也只不过体现为比较某个函数的计算值。然而就是这样一种几乎单纯的计算行为却产生了高度智慧的结果。对于这样一个事实，我们应该给出一个合理的哲学解释。我们认为，计算（认知或思维）的速度，对计算（认知或思维）的结果有着直接的影响。当计算速度充分快时，就可以获得计算速度相对慢时所无法获得的计算结果。AI 的发展现状也表明，当一个算法的复杂性达到某一个“临界”值后，会要呈现出一些精神品质。由此说明，利用算法可以实现智能的量化。可以把下棋走高招与取胜这样的质的困难性化为量的复杂性，运用计算机的高速度和高容量来解决。这种把质的困难性化为量的复杂性，恰恰是由量变到质变的反过程。然而，过去的哲学家只发现了量变到质变的规律，尚未曾发现质变也可还原为量变。①这一切无不说明，人的认知、思维可以利用算法得以量化，认知、思维的质的规定性可以化归为量的复杂性。我们以为，这或许就是“深蓝”胜利具有的重大哲学意义之所在。

最后，人类有一种根深蒂固的“失控情结”，忧虑自身终将无法驾驭自己所创造的事物，甚至被其取而代之。广义地讲，人工智能是对人类思维的模拟。由于人类目前还没有充分了解大脑的功能，因此制造能够真正像人类这样思维的机器也就非常困难。但是，有很多科学家还是锲

---

① 童天湘. 从“人机大战”到人机共生. 自然辩证法研究，1997,（9）: 3.

而不舍地想使机器能够思考。比如，美国得克萨斯州的勒纳特教授，他已花了 13 年时间把数百万种常识（如父亲的年龄比儿子大等）输入一台名叫 CYC 的计算机中，希望通过这种教育子女的方法使机器具有智能。即让机器接触一些事实，然后让机器自己搜集信息并且做出决断。

目前人工智能的发展方向主要有两个，一是从生理和心理角度了解思维的性质；还有一个是研制越来越复杂的计算系统——智能机器，帮助人们摆脱望而却步的烦琐计算工作。[①]“深蓝”就是第二种意义上的一种比较复杂的计算系统。至于将来会不会研制出能够真正像人类这样思维的机器，这不是一个现在就可以下定论的哲学问题，而是一个尚需艰苦探索的科学问题。IBM 的一位科学家指出：谁胜谁负并不重要，重要的是进一步理解人脑的思维方式，以便将这类成果应用于研究开发处理能力更强的计算机，使之成为能够帮助人们决策的辅助工具。所以，从帮助人类方面来说，“深蓝”不是我们的敌人，而是我们的朋友和工具。

信息时代的人类智能进化将具有一种全新意义上的进化方式。信息的指数式增长、社会竞争的日益激烈、进化压力不断加大，使人们对智能进化的程度产生了前所未有的要求，然而由于人的生物进化速率相对缓慢和稳定，使人们必然采取一种技术性的手段来帮助自己加速智能进化的速度。到了信息社会（主要是在中后期），人为因素对人的智能进化的影响将是自觉的、主动的，人们将迫不及待地利用一切可以利用的技术手段（生物的、医学的、物理的等）来提高自己的智能，加速智能的进化程度。这时的智能进化已经不是自然生物意义上的进化，而是一种文化技术型进化，即是一种可以按照人的意志进行设计和控制的进化。这种文化技术型进化的结果便是产生一种“人机”混合型的全新人类，人脑与“电脑”可以充分地双向自由连接，实现“人机合一”。当然，那时的“电脑”也不是现代意义上的电脑，它将是一种全生物型的“电脑”，并且是植入大脑内的“电脑”。这也就是说，那时的网络终端就是大脑本身。如果不是可能会有的特殊用途，人们将不会看到如今安放在

---

① 博登 . 人工智能哲学 . 刘西瑞，王汉琦译 . 上海：上海译文出版社，2001：180-195.

办公室、家庭的各种现代电脑，因为那时人们最不需要的就是电脑，需要的仅仅只是一个网络接口。我们相信。脑科学、神经科学、纳米科学以及各种全新的计算机科学（如 DNA 计算机、量子计算机等）的有机结合，将会创造出一种全新的人类、全新的社会。

我们认为，任何一种进化都是以特定的物质、文化为前提与基础的，特定的物质、文化前提与基础对于进化方向、进化速率以及进化所能达到的程度有着重要的制约作用。人类史前的全部生物进化是人的起源与原始进化的前提与基础；原始的生物型进化是后来文明（社会）进化的前提与基础；数千年来的文明进化则又是更高层次的智能、精神进化的前提与基础。文明社会客观上是在为人类智能、精神的下一个进化阶段做着各方面必要的准备，但是这些准备还远不是充分的，进化速度相对缓慢的信息社会前期（当代）将是进一步为人类智能、精神加速进化做出物质与技术上的准备的一个时期。只有当各类有利于提高人类智能、加速智能进化的各种技术手段逐步完善和成熟，并从实验室走向全社会时，人类智能的高速进化时代才真正出现。综上所述，我们认为，人类进化的方式并不是只有单纯的自然生物进化这一种，而是多种多样的，即进化既可以是自然的、纯生物的，也可以是文化的、技术的；既可以是被动的、不可控制的，也可以是主动的、人为设计的、可控制的。而且随着社会的不断发展，人类的进化将是越来越趋向于文化的、技术的，以及主动的、人为设计的和可控制的。当然，同时也是自然的和生物的。

三、未来人工智能对人类智能进化的作用

当今的信息智能革命是对人类脑力劳动的解放，这种解放是以对大脑功能的替代为基本方式的，尽管这也是一次进步，甚至是更大意义上的进步，但它要付出的代价可能是人类智能的退化，这将是大脑被逐步替代的结果。因此，为了防止人类智能的退化，乃至被高智能机器所替代，发展一种智能控制技术——将人的大脑同计算机直接相连，让机器智能对人类智力做出贡献，而不是起威胁作用，应是人类一个积极而必

然的选择。

用现有的计算机技术模拟人工智能已取得较大成绩。但是，由于计算机芯片的微型化已接近极限，所以，人们越来越寄希望于全新的计算机技术能够带动人工智能的发展。目前至少有三种技术有可能引发全新的革命，它们是光子计算机、生物计算机和量子计算机。根据推测，未来光子计算机的运算速度可能比今天的超级计算机快 1000 到 1 万倍。而一台具有 5000 个左右量子位的量子计算机可以在大约 30 秒内解决传统超级计算机需要 100 亿年才能解决的素数问题。相对而言，生物计算机研究更加现实，美国威斯康星麦迪逊大学已研制出一台可进行较复杂运算的 DNA 计算机。据悉，1 克 DNA 所能存储的信息量可与 1 万亿张 CD 光盘相当。如果未来上述三种技术能够成熟运用，那将对人工智能的发展起到决定性的作用。我们预计，一旦 DNA 计算机全面实现，那么真正的“人机合一”就会实现。到那时，人们最不需要的就是电脑，因为大脑本身就是一台自然的 DNA 计算机，人们真正需要的只是一个接口。DNA 计算机蕴含的理念不仅可以使计算的方式产生进化，而且可以使人类的大脑、思维产生进化。

据 2001 年 9 月 2 日出版的英国《观察家》报道，享誉世界的英国剑桥大学数学教授霍金 2001 年 9 月 1 日在接受德国《焦点》杂志采访时说，人类应通过基因技术修改和完善自身的 DNA，从而确保对飞速发展的计算机的智力优势，以遏止可能出现的智能机器人“统治世界”的局面出现。他表示，鉴于计算机的发展速度是如此迅速，“其性能每月就会进步一倍”，而相反，人类的智能发展却越来越缓慢，所以人类必须改变自身 DNA 的结构，否则就有被计算机超越的危险。“计算机智能将最终发展到取代人类成为世界统治者的危险性是现实存在的。”霍金还认为，应发展“电脑控制技术”——将人的大脑同计算机直接相连。他说：“我们必须尽快开发出这种技术，让机器智能对人类智力做出贡献，而不是起威胁作用。”我们认为，霍金的看法是很有意义的，如果人们不能通过技术的方法使人类加速进化，那么就很有可能落后于某种高级智能机器。

我们认为，这将是人类进化在更高层次上的展开，是人类智能进化对纯自然进化或纯生物进化方式的突破。它预示了进化规律尤其是智能进化规律的新的形式或表现，从生物进化时代到文明进化时代，再到现在的智能进化时代。而在智能进化时代之后，我们认为将会出现一个更高层次的精神进化时代，但这是一个对于我们完全陌生的世界，在此我们无法对其做出任何具体描述。

当今计算机技术的发展速度确实让人难以想象，到了明天，我们会不会觉得，今天的计算机看起来像早年的机械计算器一样迟钝和落后？目前计算机已能以人类远远不能企及的速度和准确性，完成原本是属于人类思维领域的大量任务。但是，如果有朝一日计算机在我们自以为优越的重要品质——精神上超过人类，那时人类还有什么优势呢？这一切离我们还有多远呢？

人工智能正在向人类精神逼近。人类智能与机器智能的区别越来越多地来自人类智能的设计，而机器智能则能使人类智能得到越来越大的提高。无疑，人工智能的目标是用机器尽可能地模拟人的活动，并且或许会最终改善并超出人的能力。它在机器推理、专家系统、心理学和精神等方面的结果已向世人展示了它的重要意义。于是，有人很自然地认为，计算机最终能完全代替人脑甚至超过人脑。至少，当计算机的算法行为变得足够复杂时，痛苦和快乐、对美丽和幽默的鉴赏、意识和自由意志就会自然地涌现出来，像电影《机器战警》《终结者》中的情形一样。到那时，“人类”这个概念便也就脱胎换骨了。

尽管人工智能在目前还无法接近人脑以及绝大多数其他动物的头脑，但是这并不妨碍它对人类精神的模拟。许多人都认为，人工智能的发展现状表明，当一个算法的复杂性达到某一“临界”时，就会呈现或突现出精神品质。如今已知，所有现代的通用计算机都是普适图灵机。人工智能给我们呈现的世界图像是：世界上所有的物理活动，实际上只不过是一个庞大的计算过程，所以我们的头脑和精神只能按照这种计算来理解。作为强人工智能哲学基础的最重要因素之一是：在物理计算仪器之间的这种等价，硬件似乎相对地不重要，而软件也就是程序或者说算法被认为是一切的关键。

这里已经涉及深层的智能与计算的关系问题。认知的计算主义理论强调，精神智力的本质是通用图灵机的计算，即精神和智力的活动在本质上跟其物质载体大脑和跟大脑相互作用的物理环境没有关系，只有其执行的、可以用图灵机来描述的、抽象离散符号的操作才是精神和智力活动的本质。如果真是这样，那么人工智能的最终目标一定会实现。但是，面对目前占统治地位的认知计算主义理论，还是有人问道：计算是否就是人类的认知和智力活动的主要乃至全部的内容？我们认为，简单的计算主义对认知和智能的认识是不全面的，它无法回答有关智能的所有问题。但抛弃计算主义也是不妥的，它毕竟在最抽象的层次上解释了认知和智能的本质，只不过它还需要一些补充，一些算法和实现层次上的补充。

首先，我们认为，认知和智能的问题不可能仅在最抽象的计算层次上得到全面的解答，对认知和智能的认识还必须从算法和实现层次上给予解释。因为任何人的认知和智能，都是具体的现实的，是在进化过程中为了解决问题所形成的具有适应性的本能。抽象层次上的计算是没有时间概念、进化概念和效率概念的，但现实中的认知和智能却是与时间、进化和效率相关联的。

另外，也有人以计算机的计算是串行计算而人脑的计算是并行计算为由来反对认知的计算理论，这显然是站不住脚的。也许脑的计算是一种高度并行的计算，并且不同于序列串行式的电子计算机计算，但是，将要出现的DNA计算机、量子计算机都是高度并行的。人脑不同于当今电子计算机的计算，并不能否认人脑在深层上是在进行计算。串行与并行的问题或区别只是一个算法层次上的问题，而不是计算的深层特性，它只涉及计算是如何进行或怎样进行的。同一计算可以由多种不同的算法来实现。在计算层次上，人脑的计算与人脑这个硬件是由什么——碳或硅——构成的确实无关，但是，从现实的算法层次上讲，也许计算就不再是与硬件的构成无关了，因为这里涉及一个算法或计算的效率问题。

总之，我们认为，正是基于这种智能与计算的深层关系，人工智能的发展将有助于解决现实层面的各类问题，从而直接促进人类智能的进化，以及人类智能进化方式的进化。我们既不同意这样一种观点：机器智能永远无法达到人类的智能；也不同意另一种观点：机器最终将征服整个人类世界。[①]我们认为，更有可能的结果是：人机合一、人机共生。机器既不会永远落后于人类，也不会最终消灭人类。通过科学技术的进化，人类高度发达的意识与机器永不磨损的躯壳将趋于完美的结合，最终使人类变得不朽！

我们每一个人都会成为“超人”，让我们翘首以待吧！

① 门泽尔．机器人的未来．张帆，钟皓译．上海：上海辞书出版社，2002：7-23.

分子生物学符号的操作性及其在学科传播中的意义*

自然科学家往往试图发现有机体的结构与功能之间的关系，而分子生物学又将这种传统发挥到极致。分子生物学家研究有机体的组织结构，直至最终了解细胞内发生的分子之间的相互作用，而研究也是从显而易见的物理性质入手。作为自然科学中的结构－功能主义的传统模式就是研究解剖与生理，而结构功能主义发展到具有重要生物学意义的分子条件基本成熟是在20世纪30年代。物理化学家鲍林确定了研究分子内原子排列的物理规律。伯纳尔发现X射线晶体学可以研究诸如蛋白质等大分子结构。但是，对于生物学中所存在的疑问，持有还原主义思想的人们总是运用一些缺乏分子细节，仅仅反映出暂时性的或存在人类自我中心限制的解释来回答①。直到20世纪50年代DNA概念提出前，这种情况还在持续着。之后，遗传学和生物进化学便将DNA当作包含生物机体及

---

* 本文发表于《自然辩证法研究》2007年第3期，作者郭贵春、赵斌。

① Philip K. And All That：A Tale of Two Science. Philosophy Review，1984：93，335-373.

有关其进化方面的信息载体，其中的一些观点尽管备受争论，但是从生物的蛋白质结构到其复杂的表型特征间一切事物已经被这些观点所支配，无论对这些事物的精确解释是通过一个正确还是从错误方式而来[①]。而对于结构到功能之间的鸿沟必然需要一种极具操作性的符号语言系统作为桥梁，这也是分子生物学研究符号体系的重要存在价值之一。

一、分子生物学符号系统所体现的可操作性

布里奇曼曾在他的理论体系内对“操作”（operation）进行了划分，其中，他将科学家在研究活动中的思维活动归结为“精神操作”（也称“智力操作”），并又将其分为两大类，一类是“纸与笔的操作”，即类似于物理学家在进行数学处理时所进行的操作，包含了所有被应用于物理学的数学符号处理；一类是“语言操作”，包括语言和思维（潜在的语言）[②]。可操作性这一性质在关于基因组学的研究当中得到充分体现。从某种意义上来说，生物学的各个分支都与基因组的研究有关，因为生物体的每个特征本身就是由它的基因组决定的（诸如解剖学和动物学这样的学科不在此范畴）。在某一观点上，生物哲学家们是共通的，那就是作为遗传信息的满意依据，必须抓住它的语义本质，而这点正是基于数学理论的信息符号无法做到的[③]。即每一个分子生物学符号都有无法被取代的生物学指称含义，而这正是他们不同于数学、物理符号的地方。生物学符号基因组学包含了庞大的数据集，比如人类基因组内就约含 30 亿个碱基对，对其的研究采用的也是高通量（high through put）的方法，即一种快速获取数据的方法。在其领域内包括 DNA 测序、在物种内进行基因组多样性的采集以及基因转录调控的研究。在分子生物学产生的许多年来，其一直作为“还原解释”的工具，被用来剖析细胞、理解细胞中各

---

① Stent G S. Strength Weakness of the Genetic Approach to the Development of the Nervous System. Annual Review of Neuroscience，1981，4：163-194.

② 刘大椿 . 科学逻辑与科学方法论名释 . 南昌：江西教育出版社，1997：235-236.

③ Sahotra S. Genes Encode Information for Phenotypic Traits//Hitchcock C（ed.）. Contemporary Debates in Philosophy of Science. London：Blackwell Publishing Ltd.，2003：259-274.

个部分的独立工作方式。分子生物学中能被真正作为这种工具的部分应该是它的符号语言系统。它将传统的生物学功能学说与现代微观分子领域研究紧密联结，并不断发现新的关联性。

最显著的例子就是人类基因组项目的研究，分子生物学的符号语言系统正式作为这些研究的核心工具，一种建立在遗传物质表达符号与遗传物质构造模型基础上的信息系统。对基因组学研究的核心主要体现在大量存在于染色体上的基因片段的测序工作。当把原始的序列数据组装成连续区域后，随之而来的任务是分析编码在序列中的信息。通过已知基因的比较或者搜索已知的基因特征来鉴定原始数据中的基因。而在比较方法中，某些算法如 BLAST（basic local alignment search tool）是通过引入最少的错配和间隔将待查的序列与数据中的所有序列比对。得到由统计意义上的 hit（打击）意味着共同的结构和生化特征。一个 DNA 序列被转录（编码序列）的直接证据来自一个已知的 EST 和 mRNA 序列的匹配。判断一段序列代表一个基因的间接证据是它与人类或者其他生物的基因或者蛋白质同源。同时测序其他模式物种——特别是大肠杆菌、啤酒酵母、秀丽线虫、裂殖酵母、果蝇、小鼠和拟南芥，以产生越来越多数据提供给强大的已知基因数据库①。

从这些基因研究的方法中我们不难看出，现代分子生物学研究中所体现的研究方法越来越近似于一种信息的采样、处理工程。各种生物的特性统统表现为大量的核苷酸序列排布方式，这种排布方式的表现形式正是分子生物学符号语言表达形式之一。它将不同种的生物、不同类的组织、器官通过一串序列符号表达出来，将研究对象由研究实体转变为语言信息。而进一步的，作为转基因技术的基因改造工程也是以这些符号信息为先导，通过信息间的重组达到给予实验课题的合理实验设计。这种符号信息上的操作成为驾驭微观实在的有效工具，成为所研究对象的可操作系统。研究者所面对的是这一操作系统中的符号信息，通过对这些符号信息的对比操作完成实验的设计和推理。而这一操作系统中的符

① Campbell A M，Heyer L J. Discovering Genomics，Proteomics，and Bioinformatics. London：Pearson Education Inc，2003：3-8.

号信息是直接建立在所研究的、被认为存在着的微观实在基础之上。这一点类似于计算机的工作原理：进行实际工作的是计算机的硬件系统，它所处理的不过是大量的 0、1 符号所组成的二进制运算，输入 CPU 的指令以及所产生的运算结果都为二进制数字。而软件系统的功用就是为这些二进制数字赋值，用以代表所要执行的不同操作，作为这种操作的结果才是计算机使用者可掌握的信息。分子生物学研究中所使用的研究语言系统正是它的操作系统，为研究者探索微观客体提供了一个便捷、有效的途径。

所以，在对分子生物学符号操作性功能的理解上不难做出如下总结。

首先，作为学科研究的用语，分子生物学语言最大的作用体现在为研究者提供了一种可直接进行模拟研究的平台，一切理论成果的推导和解释都围绕它来完成，从而能够满足 D–N 模型（演绎 – 法则解释）。

其次，分子生物学研究（如基因研究）最常采用的方法往往是通过以已知客体为模板来对比所研究客体，从而认识所研究客体。但两个客体在通常情况下是不能通过研究者感觉经验来对比的，只有在分子生物学符号系统内才表现出可通约性。

最后，分子生物学的某些研究工作需要其他学科领域工作人员来协力完成，对于这些具体工作的进行方式，工作人员是通过分子生物学符号语言为操作媒介来进行本领域内的处理（如电脑操作人员利用计算机来处理基因数据）。

总之，分子生物学研究中的大量工作都是在分子生物学符号体系框架内完成的，而这些功用所体现出的正是分子生物学符号的优越性所在，即符号以及符号之间所展现出的生物学意义与符号在数据处理方面的功用是分离的。离开这一框架，研究者将很难对所研究的客体做出清晰明确的认识。

二、分子生物学符号系统对于其传播的意义

学科的发展与学科在不同科学共同体间以及整个社会中的健康传播密不可分。而对于一门新兴的学科，或者暂时只能称之为一种理论、一

种思想，对于它们的产生在初期以至相当长的一段时间内一直存在着认识认同的问题，这往往决定了它在今后的思想取向、概念图式、范式、问题群以及探索工具等诸多方面。关于认识的认同就是指同样对这一研究领域感兴趣或只是由于自身工作需要而不得不对这一领域保持关注的科学家们，他们在各自的工作中所取得的进展需要在这个松散共同体内得到初步的认同，从而逐步在这一研究方向上确立自己的领域并规范今后研究的模式。只有达到一定范围内的认识认同，并通过学科的传播最终得到社会认同，才能最终形成学科的制度。这一制度决定了这个领域招募新成员的模式，培训和教育的程序，以及个人研究和合作研究的程序。更重要的是，这其中也包括了基本的交流模式，其中既有非正式的交流模式，也有那些在杂志中所确立的学科的交流模式，在或大或小的程度上提供给这个学科的交流模式。因而对于从事彼此相关研究、相互交流信息，并且鲜有争论的研究者而言，这些最终促使了研究者们的“无形学院”①的出现。它可理解为一群群地域上分散的科学家，他们彼此之间认识上互动，比与更大的科学家共同体的其他成员之间的认识互动更为经常。所以，对于研究者所获得的研究信息以及做出的理论假设必须在这个“无形学院”内进行流通才可获得应有的认可，进而成为独立的研究领域获得后续发展的可能。在至关重要的知识流通中，流通信息的形式无疑是决定性的。

1. 合理的研究策略对分子生物学发展的助推作用

从生物学发展的历史回顾便会发现，在分子生物学兴起之前所有的实验方法对充分了解基因来说都不一定适用，而也正是这种基因情结推动着分子生物学产生之前的微观生物学研究的发展。从 1900 年到 1950 年间，遗传学家们究竟持有哪些基因概念很难确定，在这里主要提到四种认识：可能最古老的观点是将基因本身看作是生物的结构物质。达尔文的微芽学说可能接近这一观点；广泛流行的是第二种观点，即认为基

---

① 罗伯特·默顿．科学社会学散记．鲁旭东译．北京：商务印书馆，2004：8-10.

因是酶（或像酶一样起作用），作为体内化学过程的催化剂。这一观点在主要原则方面可以追溯到哈伯兰德和魏斯曼；当核酸的重要性开始被人们认识时，基因被看成是能量传递的一种手段；最后一种观点是把基因看作是特殊信息的传递者，在 1953 年以前若说到基因一些学者必定会谈到它①。所以从 1910 年到 1950 年这一段时间里科学家越发认识到遗传的物质基础是由高度复杂的分子所构成，要取得进一步进展唯一的办法是更多地了解基因的化学。无论将遗传的分子基础看成是无定形的颗粒还是当作简单分子显然都不合适。基因的研究已不再是传统的生物学家的问题，它已经成为生物学、化学和物理学之间的边缘地带，而且起初是无人区。不同于物理、化学等学科，在进化生物学中，理论极大地建立在诸如竞争、雌性选择权、选择、演替和支配等观念之上。作为理论基础的这些生物学观念不能归并为物理学般的定律与原理②。任何想要开发这一领域的科学家都必须通过一整套以形式系统方式出现的理论描述来阐释自己晦涩的研究思想，并说服同领域以及其他相关领域的研究者接受并采纳这一系统，确立符号系统在日后研究中的核心地位，由此便确立了学科的诞生。当然，所有这些工作不可能都由一个人完成，没有无数研究者的研究积累就不可能有走向成功的“最后一击”。

那么什么才叫成功的“最后一击”呢？以库恩对科学发生和发展一般经历的观点所进行的划界看来，分子生物学的前科学时期③并不像他本人所描述的那样是由某一门学科遭遇到的理论危机所引发的学科交替，而是由许多业已存在的各门学科对生命微观活动本质的各种观点的相互争论环境下，由其中一派的观点最终战胜了其他观点从而达到了学科的常规科学时期。因为它本身就是在各大学科的夹缝间一直存在着的，一直到包围着它的其他学科已经发展到了一个很高的水平的时候，相关研究者的目光才逐渐转向了这里。但此时的学科领域还是一片混沌，全然没有任何条理性的知识可言，即使有也只不过是透过物理、化学等学科

---

① 迈尔．生物学思想发展的历史．涂长晟等译．成都：四川教育出版社，1990：430.

② Mayr E. The effect of darwin on modern thought. Scientific American，2000，(7)：35.

③ 托马斯·库恩．科学革命的结构．李宝恒，纪树立译．上海：上海科学技术出版社，1980：4.

在这一领域的交集部分所得出的各种无法关联、杂乱的信息。所以，在这种情况下，相应的针对分子生物学领域的研究策略的建立以及通过这种策略最终建立的具有良好兼容性的理论框架具有十分重要的意义的。梅达沃曾十分明睿地强调指出一个可行的研究计划对科学家来说是多么重要。例如，从内格里、魏斯曼到贝特森的所有遗传学家之所以没有能够提出一个完善的遗传学说是因为他们想同时解释遗传（遗传物质的逐代传递）和发育现象。而摩尔根的明智就在于他将发育生理问题搁在一边而集中全力于遗传物质的传递问题。他 1910 ～ 1915 年的开拓性发现完全是由于这一聪明的抉择，因为其中某些问题，如为什么在顺位的基因和在反位的基因效应不同（位置效应）直到 50 多年之后才弄清楚[①]。

由此可见，研究者在试图探索某一领域时，首先要做的便是划定自己的研究目的范围，这是个综合的评判过程，需要有相当的知识积累，当然也离不开运气的成分。一旦它正式确定，所有的理论设想也都以它为基石进行构建。当研究领域内的符号系统以及理论模型正式建立起来的时候，它们无疑都是为了能更好地解释研究者所确立的目的领域而存在的，决定了理论能否易于被主流学术团体所接受。同时，这里面也包含了有关理论解释的思考方式。比如，正当达尔文从事进化论研究时，归纳法（或据认为是归纳法）声势正隆，达尔文因而郑重声称他追随的是“真正的培根方法”，而实际上他的假说——演绎方法绝对不是归纳法[②]。这么做的目的也并不是为了借助这种研究方法取得多大的研究进展，而不过是为了进入一种学术风尚，使自己的理论看起来显得更加入时，更加“科学”。

2. 合乎时代认知背景的科学修辞手段的运用

20 世纪 50 年代分子生物学的突破和信息科学的诞生在时间上正好巧合，信息科学中的一些关键词，如程序、编码也在分子遗传学中使

---

① 迈尔 . 生物学思想发展的历史 . 涂长晟等译 . 成都：四川教育出版社，1990：440.

② 迈尔 . 生物学思想发展的历史 . 涂长晟等译 . 成都：四川教育出版社，1990：455.

用。编码的“遗传程序”一代又一代地经过修饰并且编入历史信息，成为了一个强有力而又为人们熟悉的概念。这也是一次成功的科学传播操作，通过引用在当时十分热门的科学词汇来描述基因的大致工作原理，大胆提出了基因编码这一概念，吸引了当时许多研究者的注意，并不断取得了更多的关注。需要说明的是，在这一领域，持有基因理论多元论的人（如 S&K）认为存在非彼即此的、具有同等适用性的论述来作为基因的解释理论①。但从本文观点来说，在公众对理论的选择方面，似乎不可能存在着并列的理论。例如，赫林和西蒙的“记忆单位”（mneme）概念，起初是用来支持获得性状遗传的，而且肯定属于编码的“遗传程序”这一范畴。更接近的是 His 将种质的活动比作讯息（message）的产生，种质活动的结果当然远比简单讯息复杂。遗传程序作为不动的运转者（unmoved mover）的概念是如此新颖以至于在 20 世纪 40 年代以前还没有人理解它②。这也说明，如果过分超前的使用一些在当时看来还十分陌生的学术名词以及描述方式，就会出现对理论认知的延迟。一旦理论的解释能力出现了问题，就无法在已初步形成的研究共同体内得到认同。这无疑阻碍了学科理论的传播。总结其原因，那就是当一套新的理论提出时，它的解释系统中所采用的符号表达、名词指称以及表达形式等诸多方面均不能脱离当时的社会认知背景，必须采用合理的科学修辞手段，才能使理论、乃至整个学科得到广泛的认同。

3. 对学科内已证明的概念和学说的表达方式不断进行改进，使其适应时代环境的需要

分子生物学研究的历史就是对 DNA 这种遗传物质进行科学揭示的历史。了解双螺旋及其功能不仅对遗传学而且对胚胎学、生理学、进化论，甚至哲学都有深刻影响。虽然早在 19 世纪 80 年代和 90 年代就一再有人怀疑遗传物质可能和躯体的结构物质有所不同，而且即使 1908 年创用了“遗传型”和“表现型”这两个词，直到 1944 年才充分认识到它们在根

① Lloyd E A. Why the gene will not return. Philosophy of Science，2005，(4)：289

② 迈尔 . 生物学思想发展的历史 . 涂长晟等译 . 成都：四川教育出版社，1990：440-441.

本上是不同的。从 1953 年以后人们才知道遗传型的 DNA 本身并不进入发育途径而只不过是一套指令。对双螺旋的了解开拓了一个广阔的、激动人心的研究新领域，而且可以毫不夸张地说由于这一发现的结果分子生物学在随后的 15 年中完全左右了生物学。对遗传现象真正本质的长期研究已告结束。没有解决的问题越来越多的是生理学问题，涉及基因的功能以及它在个体发生和神经生理学方面的作用。在这种背景下，对所有已有的研究信息的归集整理便成为一项棘手的问题。首当其冲便是对于分子生物学的研究成果采用何种表达策略，对于其中的理论如何确立表述形式，这是相当重要的一项工作。一套程序和方法往往被认为是一个过程或者说是为了产生某一特定的结果（而不是所产生的结果本身）。分子模板的概述可被理解为具有解释功能的产物的综合。即就 P 为生成 Q 所提供的说明内容而言，模板 P 就是关于 Q 的产生[①]。所以对于理论 Q 来说，模板 P 在认识 Q 的过程中就显得至关重要。模板在这里可当作为解释理论所采取的叙述手段。在生物学史上就曾有一些例子表明某个定律、原理或概括，起初用一般的文字陈述时曾被人们忽视，后来用数学表达时就受到欢迎并被普遍接受。例如，凯塞尔于 1903 年曾指明种群中的遗传型组成当选择停止时保持稳定不变，但这一结论并没有得到重视，直到哈蒂和温伯格于 1908 年用数学公式表述时才得到公认。从以上不难看出采用何种表述方式对分子生物学来说是至关重要的，它直接决定了学科在科学界的影响力。实际上，分子生物学的表达方式借鉴了许多其他流行学科的表述方式。这些无疑对学科的发展是大大有利的。这里要补充说明的是，物理科学在 400 多年中为科学制定了一切规范或模式。即使是充满了现代气息的分子生物学，在学科最初的尝试之时，也是从一种物理观念来介入的。但是那种物理主义的思想对于学科来讲有时却是不利的，正像物理主义所宣称的那样，物理事实构成全部事实[②]。在物理

① Stegmann U E. Genetic information as instructional content. Philosophy of Science，2005，（72）：435.

② Geoffreyn H，Thompson F W. Physicalism：ontology，determination and reduction. Journal of Philosophy，2005，（72）：551-564.

科学中当某一定律对一组特殊现象适用时，一般它也同样适用于相似的现象，除非这一定律所不适用的现象表明这些现象是和它所适用的现象不同。这种看法在物理科学中被证明具有相当大的启示意义。但是生物学中的许多现象都很独特，实际上所有的所谓定律都有例外，认为定律具有普遍意义的观点曾经导致许多争议和无效的概括性结论。经常发生这样的情况，将对某一物种或高级分类单位的观察研究结果通过概括扩展到一切其他分类单位，后来却发现这样的概括结论并不适用。在概念和学说成熟过程中的许多重要进展是由于从其他领域输入了观念或技术的结果。这些投入（输入）可能来自生物学的其他分支，如遗传学来自动物、植物育种、细胞学、系统学，也可能来自物理科学（尤其是化学）或数学。某一门科学中的成熟理论和模型当移植到另一科学领域中时往往也适用，有时还会产生最有价值的效果。又比如，分子生物学在表述基因原理的时候，就利用了当时十分热门的计算机程序编码的形式，将DNA上的各种化学基以及功能单元分别以不同编排的字符串来表达，使有关生物遗传特性的描述能够以一种符号语言的形式来体现。同时将分子生物学中的一些成果转化成了定理的形式，而定理是建立在符号系统上的。如“查尔加夫规则”，所表述的是在一段双链DNA中A+G=T+C且A=T、G=C，它就像数学定理一样在有关基因序列的各项分析、研究中处处被遵守着。

三、结语

从分子生物学的符号表达方式上，我们可以看出许多其他学科所采用的表达方式的影子。这使得我们在接受它的理论含义时并不需要费太大的力气，能够以一种很直观的方式了解到在生物体发生时，生物体内的遗传物质究竟是怎样运作的。并且，还能像读书一样读取基因片断上所蕴含的遗传信息含义。这一切都得归功于分子生物学的符号表达系统。这也就能解释，为什么当人类基因组测序项目启动时，能引起全球各国公众的广泛关注；又为什么关于人类克隆的争论会波及那么大的范围。这些事例无不体现了当今分子生物学及其应用技术的威力早已深入人心，人们对于分子生物学的认识也是在现代各门前沿学科中比较普及的。如此大范围的关注，同时也确保了分子生物学成为当今最重要的学科之一。

分子生物学符号体系的产生及其特点*

分子生物学作为一门新兴科学，已成为现代生物技术学科的最重要领域之一。它可最早追溯到1944年艾弗里（Avery）等的肺炎球菌转化试验，但其真正成为一门学科的标志却是1953年沃森和克里克的DNA双螺旋结构模型的确立以及1958年克里克“中心法则”的提出，也就是说形成了拉卡托斯所认为的由一系列基础理论所构成的学科“硬核”[①]，开始了学科领域的扩张，开创了分子生物学的新纪元。分子生物学的产生是一次学科间知识结构重组的过程，各种学科间并不是通过一场论战来解决各自关于微观生命研究领域的对错问题，而是借助自身学科在某一方面的优势，从不同角度解释微观生物学领域的现象，将已有的解释材料重构并结合大胆的理论假设，通过构建一种新的符号解释形式，从而逐渐形成学科研究的主体。为了更进一步的研究，并根据学科需要方便地

---

* 本文发表于《科学技术与辩证法》2007年第6期，作者郭贵春、赵斌。

① 拉卡托斯．科学研究纲领方法论．兰征译，上海：上海译文出版社，1986：65.

阐述理论、演绎理论模型，形成一种独立的研究微观生命现象的专门学科也就变得顺理成章。分子生物学这一学科产生的具体方式并不是取代，而是在现有各学科解释基础上的有限整合，从而超然于原有的解释层面之上，形成独立的研究解释体系。而这种体系作为一种存在于解释者与解释对象之间的枢纽，成为分子生物学在研究和解释层面上存在的实质性标志，作为研究者所使用的高级表达体系，在学科的研究中发挥着重要的作用。

一、分子生物学研究信息的符号表达体系创立

1. 形成独立研究的必然

作为目前的前沿科学，分子生物学技术几乎应用到生物学所有主要领域，从神经生理学到植物学，从免疫学到法庭辩论术。而作为一门学科本身其带有的知识背景也是十分复杂的，其主要是由遗传学、物理化学、X 射线晶体学、生物化学、微生物学、细菌学、病毒学汇集交叉而形成的独立研究①。虽然分子生物学并不能摆脱以物理 / 化学原则和抽象的模式系统为基础的现实，但是它确确实实独立于这些混杂的学科基础而一直存在并不断发展。那么这一现象从诠释的角度考虑便是分子生物学真正建立起了自身独立的研究解释体系，而这也是学科存在与发展的真正基础。

自达尔文《物种起源》出版十年后，即 1869 年，德国医生米歇尔（Friedrich Miescher）从白细胞的细胞核中分离了他称为核素的物质，到 1900 年时解析核素的基础化学物质，即五碳糖、磷酸和四种富含氮的碱基（腺嘌呤、鸟嘌呤、胞嘧啶、胸腺嘧啶），直至 20 世纪 20 年代，又根据糖组分的不同，区分了两种核酸：核糖核酸和脱氧核糖核酸。这一系列的研究基本上明确了分子生物学研究体系中的几种主要物质的成分基

---

① Micklos D A，Freyer G A. DNA Science：A First Course. 2nd ed. New York：Cold Spring Harbor Laboratory Press，2003：4.

础。然而，这些研究并没有摆脱化学研究的基本范式，在研究用语方面依然采用了传统化学所采取的符号体系，因其所使用的解释符号以及表达规则都是源于化学符号体系的基本格式，所以实际上其只能称为分子生物学的化学解释基础。它从所含元素以及化合物成分上对微观生命物质作了尽可能精确的表述，构筑了分子生物学解释的化学基础。而在二战前的两项研究，物理化学和X射线晶体学基本上将控制分子内原子排列的化学键规律阐明，并且运用物理学的公式、符号，对这些键的形式、规则做出了标定。所以，这些研究表述的基础是物理学符号体系及其语法规则，它们为分子生物学基础知识做出了物理学方面的解释。

应着重提到的是，20世纪初量子理论统一了物理学和化学，揭示了物质的精细结构。其代表是两个量子物理学家——德尔布吕克（Delbruck）和薛定谔。前者可以称为分子生物学之父，他在中年时转向生物学研究，从此再不研究物理学。而薛定谔虽从未转向生物学研究，但其著作《生命是什么？——从物理角度看活细胞》表明了他对生物学的重视。薛定谔认为生命物质发挥作用的方式不能简单地还原为物理学法则，因而薛定谔也吸引了一大批物理学家从事遗传物质研究，希望发现全新的物质定律。事实上，虽然并没有发现新的定律，但是德尔布吕克和其他新加入生物学领域的科学家发现物理学的公理和方法同样适用于生物学①。正是因为形成了这样的一种观念，使分子生物学成为独立发展的学科变得现实起来。因为如果连分子在试管中的反应以及分子生物学家们的讲解都不能变得可理解，就更谈不上去研究最简单的有机体内的分子反应方式。

物理学、化学以及其他相关学科对于生物学研究具有广泛适用性，但是无论哪个单一学科对于阐释生命现象也都具有极大局限性，因此，重新对生物学研究进行一次整合便成为了一项极具开拓性的工作。这种整合很大程度上是对原有所有基于生物学解释方式的重构，其着重的焦点便是新的理论表述体系的构建。随着这个表述体系的诞生，分子生物

---

① Micklos D A，Freye G A. DNA Science：A First Course. 2nd ed. New York：Cold Spring Harbor Laboratory Press，2003：5.

学也就此作为一门独立的学科而产生。

2. 认知层面上的必要性

普遍被认为是现代美国符号学奠基人的皮尔士认为思想是通过符号意义的生成而获得的。在他的哲学思想和逻辑科学的基础上，皮尔士不赞成洛克（Locke）的“白板说”这一绝对的客观经验主义，而提出自己独特的主客观结合的经验主义：“每一项认知都包括其代表物及使代表物得以实现的人这一主体行为或感觉。”也就是说知识的获得并不是外部世界直接印在人脑上的感知映像，人无法获得绝对的知识和经验，而只能通过符号在符号过程中的媒介作用来接近真理。分子生物学符号体系中的符号是掺杂了作为研究主体的科学家的个人思维，根据各方面客观事实所构建出的表达代码。它既体现了对学科的客观性认识，又体现了科学家在研究决策中一些大胆的假设，用以能够在现有的知识基础之上完美地将被解释对象融入自身的理论体系之中。

作为分子生物学研究的重要奠基者，当沃森和克里克对 DNA 感兴趣的时候，它的反应机理以及关于 DNA 各个亚组分的分子结构已经阐明：脱氧核糖、磷酸和四种核苷酸。所以，沃森和克里克此时所需解决的问题就是如何将 DNA 亚基组装为结构，而同时也要满足现有的并已被初步证明了的各种解释基础，成为一个十分合适的承载遗传信息的载体。因此，这一工作从一开始就是要从新的角度为生物学打开一新的认知层面，而新的研究术语以及体系规则便成为这个认知层面独立运作的平台。这些新的表达符号以及表述方式的采用保证了在日后研究中的简便性。如在蛋白质结构层次的表述上以及后来兴起的基因的调控研究中，对于一个基因片段上的各调控单元的表达以及相互作用关系也都坚持了这一原则，没有继续从单纯化学层面或物理结构上来表述其中的机理，而是采用了简化的符号作为所要表示的一个功能单元，并辅以多级表述的方式达到全面的概括性。尽管从科学的角度上来说，对于客体的解释必须符合客体事实，但由于分子层面的科学研究早已超出目前所能达到的观测手段，理论间的适应性以及解释模型间的协调似乎变得更加重要。因此，认知上的简便性与表述准确性的合理平衡是符号体系建立过程中的主要考虑目标之一。此外，由于多学科性带来的知识交叉，使得从分子层面进行的生物学表述显得异常混乱，这大多源于原有学科表述体系之间的不可通约性。而新符号体系建立的主要目的之一就是打破这种表述上的不可通约，即通过使用符号代码来取代原有的表称并将不同学科的表述形式运用符号体系规则而加以归类，使其在结构上趋于明晰，可参照下面的例子。

DNA 从结构上来说是由脱氧核糖核苷单磷酸通过 3′,5′ 磷酸二酯键连接而成的高聚物（多聚核苷酸）。从同一个磷酸基的 3′ 酯键到 5′ 酯键的方向定为链的方向。大多数天然 DNA 分子长链的两端，总是由一个核糖带有自由的 5′ 磷酸，而另一端的核糖带有 3′ 羟基，前者称为 5′ 端，后者称为 3′ 端。DNA 链的方向就是从 5′ 端到 3′ 端。习惯写法中，如 pApCpApGpT（p 为磷酸基），左边总是 5′ 端，右边是 3′ 端，OH（羟基）可省略不写，而在往后的基因研究中此序列更可简化为 ACAGT，即我们所熟悉的基因序列表达方式，这种表达方式也被称为 DNA 一级结构的表达。它初步概括了生物体所具有的遗传学特征，因而这种表达更多地应用于对生物遗传信息的简单分析与概括。而作为 DNA 的二级结构则是与它的物理结构相关的，在这一范畴内，DNA 又分为不同的构象，除 A 构象、B 构象、C 构象、D 构象、E 构象等右手双螺旋构象还有左手双螺旋的 Z 构象。1953 年沃森和克里克提出的 DNA 右手双螺旋模型就相当于 B 型。以 B-DNA（B 型 DNA）为例，它所包含的信息为：右手双螺旋；每圈螺旋 10 个碱基对，螺旋扭矩为 36°，螺距为 34Å，每个碱基对的螺旋上升值为 3.4Å；碱基倾角 −2°；碱基平面基本上与螺旋轴垂直；螺旋轴穿过碱基对，大沟宽而略深，小沟窄而略浅[①]。对这一表述范畴内的研究是揭示生物由突变等不确定性因素所引发的基因变异的主要手段，从物理构型上表述存在的遗传信息。这两种结构的表述并不是从字面上看的那样分为了第一、第二，实质上它们是并列的两种符号信息，通过各

① 孙乃恩，孙东旭，朱德煦．分子遗传学．南京：南京大学出版社，1990：13.

自角度对所要描述的遗传物质做出尽可能全面合理的概括。因为在表达时，体现更多的是表述角度上的不同，虽然两者不表现出同约性，但其在所要表达的意义上却是并列成立的。

3. 实验手段进步的推动

1958 年克里克首次对核酸和蛋白质的相互关系提出了中心法则（central dogma），即 DNA 上的遗传信息可以通过复制传递给下一代的 DNA 分子，也可以通过转录传递到 RNA，最后经翻译又从 RNA 传递至蛋白质分子。即 DNA → RNA →蛋白质。此法奠定了分子生物学的理论基础，其要点有三：第一，遗传信息指 DNA、RNA 的核苷酸序列和蛋白质中的氨基酸序列；第二，从 DNA、RNA 到蛋白质的遗传信息流向是严格的单程路线；第三，DNA 序列与其所转录出的 RNA 序列及翻译出的蛋白质中的氨基酸序列有严格的共线性（colinearity）[①]。这一法则曾被誉为生物学中的牛顿定律。中心法则的提出不仅进一步推动了生物学理论的发展，而且还促使分子生物学的实践领域——基因工程的诞生和发展。同时也为计算方法引入生物学研究打开了方便之门，并使生物学研究表现出可测性。

由于 DNA 碱基成分随着来源的不同又表现出很大的差异，所以四种碱基可以任意方式排列，表现出极大的多样性和特异性，能够得到 4100 种不同的排列方式。即使对于最为原始的原核生物来说，它的一个基因组也有两百万碱基，算上其他调控单元，也是相当大的一组数目。如果是人类的话，将达到 30 亿个碱基对。若要算上遗传物质因结构上的差异所表现出的功能差异，对其正确遗传信息的掌握就更是难上加难。所以在这样的条件下，处理大量的生物遗传信息必须有一套简洁、并行之有效的符号体系，通过这一体系将使得计算机辅助运算成为可能。伴随着 PCR 技术等测序手段的引入，分子生物学的研究模式更加依赖建立于符号体系规则下的研究模式。在这个模式中，学科中的术语代码与研究中

---

① 张自立，彭永康 . 现代生命科学进展 . 北京：科学出版社，2004：1.

运算代码形成了有效统一，符号体系不仅是解释体系，也是研究体系的重要组成环节。

研究方法更新的动力往往来自外部新理论、新技术的引入，而利用符号体系规则的局部调整可以使其他先进手段更加有效地介入研究。例如，生物芯片技术便直接得益于探针固相原位合成技术和照相平版印刷技术，前者使得合成、固定高密度的数以万计的探针分子变得切实可行，而后者可以对杂交信号进行实时、灵敏、准确的检测和分析。这两项技术的引入是以符号体系的存在为前提的：作为操作技术的控制指令通过符号输入而体现出可控性，而在运用技术分析过程中，又是通过被转化的符号输出变为可接收信息，研究者可以通过分析接收信息不断调整输入控制信息，从而使工作顺利、高效进行。同时，测序方法的构建也是基于符号推演，这样可以更加准确、有效地为研究工作进行各式各样的方法论证，大大降低实验成本。总而言之，随着实验技术水平以及硬件水平的提高，符号体系作为实验软件系统的基石不断伴随发生着改进，正如同计算机软件之于计算机硬件的意义一样。

二、分子生物学符号体系的结构性特征

分子生物学作为一门学科同样是处于整个科学知识体系中，其中的知识与其他各类知识是无法脱离出这一体系的。因此学科本体只有在解释层面上才存在，通过一定语义结构的划分来体现学科在各自不同解释语境下的独立性。分子生物学符号体系在这种独立性下表现出以下特征。

（1）分子生物学的特殊知识结构决定了它的符号语言。解释体系由上而下存在明显的层级，并且在这种具有明显结构特征的层级中，每一层解释单元之间交互关系决定了它的上层解释单元所具有的功能性质。

任何的知识都是通过特定的科学语言系统来获得其存在与发展的物质外壳，从而拥有了进行描述、解释的客观基础并且通过制定科学语言

系统运作的机制，对研究客体进行深入分析。科学语言的选用对科学知识的进步与深化有着巨大的影响，且随着现代科学研究领域已拓展到了人们固有感官领域之外。在这种情势下，对于学科的阐述越来越依靠科学语言的功用，并以此为媒介进行学科领域的拓展以及与其他学科知识进行互动，形成独立的学科“域语言”①。它直接规定了在一定时期内学科的知识范围，并成为所有研究信息的承载容器，通过科学语言进行语义的灌输。而这样的方式从诠释角度上来讲是将所表达的信息整体进行分层，通过构建的最上层的符号体系（学科域语言）来进行学科的研究，而下面一层则是并列着的其他作为学科理论基石的基础学科的解释层面，它们都是作为上层学科域语言的元语言而存在。而同样相互独立的学科，在这一解释层中依然有各自的“域语言”。例如，其中生物化学的解释层面，符号上沿用了经典化学所使用的符号体系以及规则，并作为上一层学科的理论支柱。同样生物化学的解释层面之下依然有其他的解释层级，比如运用到部分物理学解释方法。就如同一座金字塔，每一层依靠其下面的基础来构筑其上的建筑。这样便能以不同的层面来表述不同的学科研究思想。这样做的最大优势便是通过构架一种井然有序的逻辑体系达到理论结构与解释功能上的完整性。这一点从结构论的观点上来看有几分相似之处：结构由许多成分组成，而这些成分之间的关系就是结构的表现形式。结构可进一步区分为深层结构与浅层结构。深层结构作为所研究课题内在的、主要表现在微观上的相互联系，是一种相互作用、相互制约、互为条件的互动关系。而浅层结构就是在深层这种互动的条件下，所表现出的同时性的、观察客体所能观察到的外在现象，并由于深层结构的这种互动特征所产生的复杂性所带来的最终浅层结构的多样性。参见图 1。

（2）分子生物学中研究客体集具有明显的结构特征，因而作为它的研究用语不可避免也带有明显的结构特征。同时这种语言结构伴随着研究者对客体集认识的不断深入，处在一个动态发展的过程之中。

---

① 郭贵春. 山西大学科学哲学研究 20 年. 太原：山西科学技术出版社，2003：257.

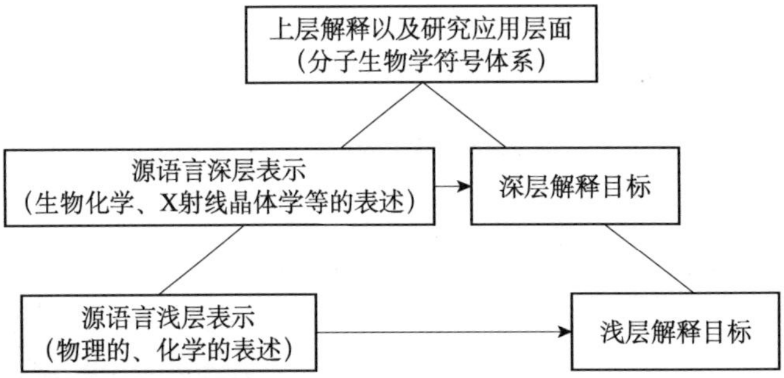

图1　生物化学的解释层面

可以认为对于人所能意识到的客体世界，人所采用的表达系统与客体系统是对应的。随着对客体认识的深入，这种表达系统也在不断扩展。正是分子生物学的研究客体本身的这种结构特征，决定了在对其研究时所采用的科学语言体系也带有明显的结构性特征。由于远超出感觉经验所触及之范围，研究者对分子生物学中的研究客体观察往往是借由其他学科领域中已形成的先验公理以及依据其理论所制成的研究仪器来进行。对于这些仪器所得到的数据，还需通过这些仪器所倚靠的公理来转化成观察者所需要的信息。更进一步地认为，这些公理无不是作为研究基础的知识而存在，并且他们可能来自各个知识领域，分子生物学的研究成果在这些公理成立的前提之下才成立。因此，在解释分子生物学中的知识时必须加载这些公理前提，而同样地，依靠公理所得到的知识在被确认后同样会在其他研究过程中成为前提公理。举例来说，DNA 双螺旋模型以及碱基配对理论是中心法则的理论前提之一，而作为结论的中心法则又是基因组学研究中的理论前提之一，从结构上讲有严格的逻辑先后性和层次性。通过这种方式最终构成了分子生物学知识的结构体系。关系见图 2。

莱维·施特劳斯认为结构的特征有三点，其一，结构展示了一个系统的特征，它有几个成分构成，其中任何一个成分的变化都要引起其他成分的变化。其二，对于任一给定模式都应有可能排列出由同一类型的一组模式中产生的一组转换系。其三，上述特性使它能预测模式将如何反应，如果一种或数种成分发生了变化的话[①]。对于DNA双螺旋分子模型

① 莱维·施特劳斯．结构人类学（第一卷）．谢维扬，俞宣孟译．上海：上海译文出版社，1963：279-280.

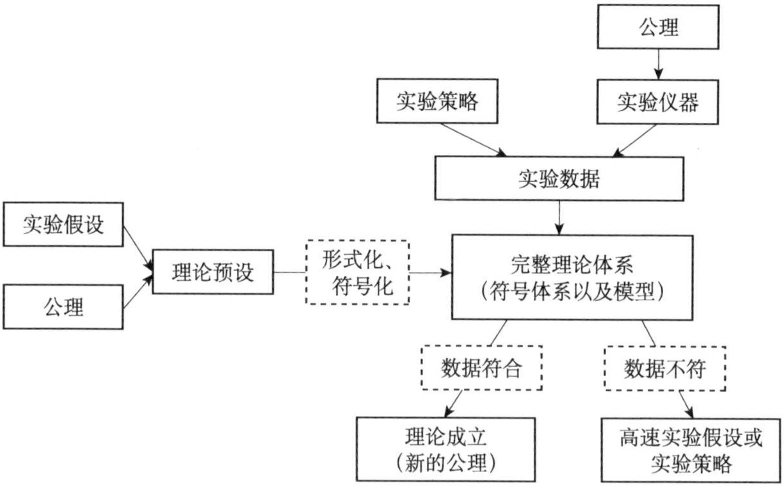

图2　分子生物学知识结构体系

及中心法则所代表的生命遗传系统所表达的知识结构以及运行机制很类似于莱维·施特劳斯所提到的“模式”，它所起到的作用也类似于莱维·施特劳斯对“模式”的定义：使一切被观察到的事实都成为直接可理解的。人们所需要的是有一种能将各种精深的专业测量数据转化为现实角度上可接受的一组模型，这一模型是对人们所无法接触到的，微观世界物质存在形式的一种放大后的模拟。研究者通过已知公理与手段确定了它的存在，某种程度上也可以说是产生了这种信念。对于学科研究成果理论的接受者而言，并不存在一个与研究者相同的知识背景以及研究者通过研究过程在脑海中所建立的研究语境。所以，利用解释结构上的分层能够很好地把所有理论知识梳理简化为不同的认识层面，作为知识的接受者或使用者只需根据自己需要对所接受理论的深浅做出选择，而并不一定要对理论进行全面深入的理解。打个比方，在了解蛋白质合成时，必然需要了解其组成成分的氨基酸合成。在人们所发现的 64 个遗传密码中，有三个为无义密码，它们不代表任何相应的氨基酸，而只是用来标示蛋白质的开始、结束及标点。其余的都以三个碱基为一组对应一氨基酸。例如，对于 ser（丝氨酸）我们对它的理解可只用 mRNA（信使 RNA）上的密码子 UCG 或 tRNA（转移 RNA）上的反密码子 CGA

来表达，而不需去深究 UCG 或 CGA 这些碱基序列所涉及的化学表达式和物理构象。需要说明的是，对于分子生物学符号体系中的一些名词性的所指，人们所关注的往往是它与现实存在的联系。分子生物学的解释形式毕竟不同于我们日常所使用的日常语言，前者主要的适用范围是在科学共同体内。而科学本身的性质就是假设→论证→发现→新的假设→新的论证…的循环过程，对其中的所指的理解必须从整个学科语境中把握。指称的意义出现于解释体系所具有的结构中，且依托于结构中的相关层级单元而存在。

对于表达体系的结构也应在理解上体现历时性的考虑，即这种结构是建立在学科“硬核”的基础上，出于其自身研究进展以及时间的推移，不断地对各种假设以及模型进行调整，以保证整个学科的各种基础解释层间的相互协调性、适应性。还是相同的例子：在所发现的 20 种氨基酸中，3 种有 6 套遗传密码、5 种有 4 套遗传密码、1 种有 3 套密码、9 种有 2 套密码、只有 2 种用 1 套密码。如 UUU 和 UUC 都编码苯丙氨酸，这表现为生物遗传物质的一种容错性，是在漫长进化过程中生物体的一种自我保护机制。但是密码子的碱基组成与它所对应的氨基酸之间并没有结构上的必然联系。比如密码子 UUU 的结构并不能说明它必然对应苯丙氨酸，现在它恰恰对应着这里的原因不过是进化早期的一些偶然事件所造成的。所以说，现存解释结构的阐述停留在漫长生命进化时间上的一点。随着时间的推移，必将出现这种阐述与实际不符的情况。如果到达这种情况，解释体系必将在自身的结构内做出相应的调整。

（3）对分子生物学符号语言所具有的结构性特征的把握应体现一种整体观，不能单以解释结构中某一部分的特征作为着眼点，主观地将所研究的客体及其现象通过简单还原的方法来做阐述。

尽管分子生物学在对生命结构以及生命现象的解释方面采用的是一种近似于还原的方法，无论是在研究上还是在成果的解释表达上表现的都是一种结构上的细分。但是，对于分子生物学所揭示的生命结构以及生命现象的把握上，又必须体现一种整体观。这是建立在对生命复杂性的基本共识基础之上的必然取向。我们不能简单地将生命描述为碳、氢、氧、氮等化学元素按一定比例混合的产物，或是仅仅像数学家、物理学家揭示数、几何以及力学、光学的规律那样依靠一些定律、公式去揭示生命现象。复杂性是分子生物学研究的一个必须正视的特性，应从结构和形式上来加以考虑，而生命的各种表现形式均是开放性耗散系统，无论对于低等生物如病毒、细菌还是高等生物如人类，小至细胞器官，大到生物种群、生态环境和人类社会均无例外①。所以说到分子生物学领域，我们必须意识到影响分子领域生命现象的因素同样也很多，这些因素相互作用，既相互依赖又相互制约，它们间的关系并不是简单的线性关系，各种因子相互作用的关系交织在一起，每种因子和相互关系又不断变化，所以相互作用的结果就变得无法预测，从而产生了一系列经典科学无法解决的问题。而研究者唯一所能做到的便是尽可能地从不同的经典学科领域视角去窥探所研究领域内的疑问，将不同角度得出的结论信息进行进一步的分析、整合，逐步地去了解分子生命领域中的规律。

目前分子生物学研究的对象集中于基因的研究方面，有关 DNA 序列的复杂性、多样性，文章前面都已提到。但这些复杂性比起经过各种机制运作后，最终由生命体所表现出的结构上的以及功能上的差异来说不过是小巫见大巫。因为基因上的碱基序列不过是提供了生命体成长形式的一种可能，并不是所有的遗传信息都会最终在生命体上显现出来，最终决定这一切的还要看基因的表达调控，而这些调控又分为了许多方面。以真核生物来说，其中就包含了 DNA 水平的调控、转录水平的调控以及翻译水平的调控三大方面。而在这些不同的调控水平之下，又包含着大量不同的调控方式。比如，大鼠肌蛋白（troponin）*T* 基因含有 5 个可拼接外元。这 5 个外元的保留与否就可产生 $2^5=32$ 种成熟的 mRNA，从而翻译出 32 种不同的蛋白质。而这种调控方式又仅属于转录水平调控中的匣子型 mRNA 选择性拼接②（其他类型不再赘述）。从例子中不难看出基因研究中存在着大量复杂的机理，对于生物遗传现象的研究丝毫离不

---

① 赵树近，韩丽萍．古老与新生——生命科学回眸与展望．石家庄：河北教育出版社，2003：189.

② Campbell A M，Heyer L J. Discovering Genomics，Proteomics，and Bioinformatics. London：Pearson Education Inc.，2003：3-8.

开这些方方面面的考虑。因此，对于分子生物学研究的目的，了解生命体表象所对应的遗传物质运行机制来说，其原理的把握不能简单地还原至一些单一的问题。从结构上对研究客体的分层是为了尽可能清晰地对所研究的现象做出可被理解的合理解释。但对于学科的研究目的，即对研究客体做出尽可能真实的解释来说，对它的把握就必须体现到整体的高度。

对于生命这种复杂系统的研究过程中，问题在于许多的现象我们甚至无法通过物理、化学等学科已做出的解释来解释。对于这一研究系统来说虽然有着可以遵循的基本逻辑原理，但是在此之外依然有大量的未知部分。因此，分子生物学研究领域依然是一个“灰系统”①。对它的研究与解释也不可避免地存在各种的假说与模型。对此理解可参见图 3。

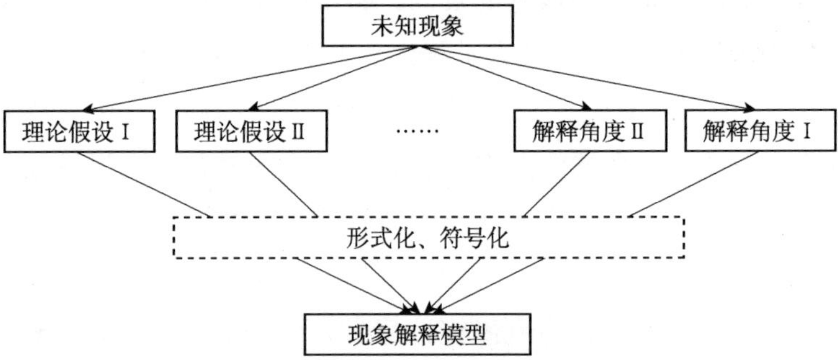

图3　对分子生物学未知部分的理解

研究上处处体现着对整体的把握，在符号语言的使用上也必然体现着这种整体性特征。因为研究者只有通过符号语言信息的应用才有可能完整无误地将自己的想法得以表述，并利用先验理论结合所得出的观察结论进行进一步的演绎推理。另外对于所产生知识的分层解释结构可以尽可能地简化研究者在使用上的烦琐，减少知识在转达过程中的贻误。利用这种结构加强作为学科研究基础知识领域间的联系，使之有一个清晰的知识框架，始终能将学科中的问题从整体的角度把握，避免走入简单还原论的死胡同。

① 秦志敏，董华．自然辩证法教程．北京：航空工业出版社，1998：29.

三、结语

分子生物学的符号体系作为分子生物学的解释、研究媒介，在学科的形成和发展中具有不可估量的作用，可做如下概括。

首先，作为学科的解释基础并不是来自单一学科而是直接或间接来自一个广大的学科面。作为研究的初始条件既有来源于先验的公理也有经验观察证据和大量预设前提。这些决定了作为分子生物学的研究只有通过符号化的理论模型才能将学科思想纳入可解释的模型，并使从预设公理到先验前提的过渡成为一个遵守逻辑规则的推理过程。

其次，作为一门综合性十分强的学科，它所采用的解释形式同样也是带有各种基础学科解释特点的综合，但又在形成和发展的过程中逐渐体现出了自身独有的特点。分子生物学所包含的知识通过它的符号体系加以表述，而在这些所表述的知识中也有与其他学科形成交集关系的公用知识，对于这些，在分子生物学符号体系框架内保留了其原有的术语形式特征，通过在不同的科学境域中赋予其新的含义或规定用法的方式，从整体上构筑新的科学论述逻辑体系。

最后，分子生物学符号体系产生的初衷就是期望提供一种能支持学科理论假设以及构建理论演绎模型的工具。可以说体系产生之初就带有工具语言的特征，期望通过所构建的符号系统将各种预设前提与经验观察证据共同纳入一套逻辑推导系统，形成完整的可解释模型。

在生物科学日新月异的今天，我们对生物体的认识也不断走向深入、微观。而在这种背景之下，我们的研究对象已经超出了感觉经验之外，原有的研究方式已无法胜任新的研究要求下解释现象的工作，而分子生物学正是通过构建一种便于驾驭的符号体系从而保证了学科研究的准确性、便捷性，对学科解释的有效性、合理性。同时，这一符号体系才是使研究作为一门学科独立存在的真正基础。

生物学解释的语境演变*

对于历史悠久、发展坎坷的生物学来说，其解释形式的演变基本上代表了整个生物科学的发展历程。虽然每个阶段的解释形式、着眼点不尽相同，但是，它们都采用构建一种解释框架的方式来对整个生物学知识体系进行诠释，这一解释框架类似于一种广义的解释语境。对于一种知识主张的真值条件必须部分依赖于做出或确定这种主张的语境①，所以解释语境在生物学解释中的体现方式以及具体作用本身是十分值得进行探讨的，因为即便经历了千年的发展，生物科学中最初所思考的一系列问题还是没有找到完整而满意的答复，预言和假设在研究中始终都是占有主导地位，研究中所涉及的理论实体存在于这些科学预言和科学假设之中。同时伴随着理论的背景环境，包括研究者的、认识条件的、社会环境的等因素的影响，形成了存在于不同历史阶段语境化的理论解释模

---

* 本文发表于《山西大学学报（哲学社会科学版）》2008 年第 1 期，作者郭贵春、赵斌。

① Daukas N. Skepticism，contextualism，and the epistemic“ordinary”. The Philosophical Forum，2002，(33)：63.

型。虽然在对待生物学研究时，我们总是倾向于把这种努力方向看作是一贯的，然而事实上并非如此。因为从早期到中古时期、近代乃至现代，对于生物学的研究，无论从研究的对象、目的、手段以及认识基础、先期理念都有着很大不同。研究的方向性和概括性千差万别，因而在每一时期，生物学领域内对于研究对象的解释形式是不尽相同的，并且这些解释并不存在定律性，在历史的大部分时候生物学解释是陈述性的解释，而陈述性解释在很大程度上是历史的重构，不是从自然规律中推导出来的[①]，但是发展到现代，在分子领域的生物学中，一些规律性质的解释已经在研究中大量采用，通过在分子领域的生物学解释统一了生物学的解释基础。所以，无论是哪个时期的生物学解释范畴，本身都包含在各自特有的解释语境中，而这种独立的解释语境又有着自身的显在语境及潜在语境[②]作为背景支撑，发挥着自身的理论解释作用。

一、早期分类学模式的建立

在早期的人类时代，并没有专职的自然科学家，所以更不会有专门的研究生物学的职业，这项工作大多是自然哲学家的专利。同时，由于认知手段的限制，人们往往通过归纳经验来确立有关生物学的知识，并且所涉及的范围以及研究目的也不过是因日常生产生活的需要而确立或是一种出于求知者角度的冥思。在古希腊时期，哲学家们对生物学的关注大多打上了本体论的烙印，对于生物体的解释也大多无法脱离一种“完美主义”的情结。在这种情结的作用下，自然哲学家们往往直接将生物学中的研究客体定义为完美而又神秘的自在之物，对其解释也充满了理想化的描述，此时的生物学解释与其说是学说不如称为一种带有哲学家个人理想的理念。这种情况持续很长时间后，生物科学才迎来了划时代的改变，这就不得不谈到亚里士多德，他在生物学研究中抛弃了古希

① Hull D L. Historical entities & historical narratives//Hookueay C. Minds，Machines，and Evolution：Philosophical Studies. Cambridge：Cambridge University Press，1984：23-32.

② 郭贵春 . 科学实在论的方法论辩护 . 北京：科学出版社，2004：70.

腊哲人那种一贯的纯思辨传统，亲自对动物进行解剖，同时提出研究动植物种类的重要性，强调在研究中运用“形式”（forms）理论来进行动植物的分类，并运用“属”（genus）和“种”（species）作为分类的范畴，将一种新的研究方法带入了生物学研究，成为生物分类学的雏形。亚里士多德的学生德奥弗拉斯特和斯特拉图继承并发扬了其生物学研究的方法，他们同样也是主张通过实验观察的方法探讨生物学，并且提出不要用那些先入为主的主观预设来干扰研究，即反对目的论研究。这无疑为正在混沌中的生物学研究点亮了明灯。在观念革新的推动下，对生物的分类研究方法成为公认的模式，分类信息构成了生物界的图景，研究者的工作就是不断充实这些信息并完善分类。

这一时期的生物学解释正处于由过去那种“形而上学”向一门实验科学转变，其突破性体现在一种新的研究方式的转变。得益于这种转变，对于生物学领域知识的解释逐渐形成了以观察分类为手段的专门研究，以实验结果的客观事实来认识生物体。此时的生物学解释的内涵还停留在浅显的动植物分类认知上，整个生物学解释的语境表现为对人所能接触到的自然界的生物体进行有效区分并进行个体分类认识，它既概括了这一时期生物学研究的从事范围与研究方向，同时也在潜移默化中规范了生物学研究的基本形式以及基本框架，确立了延续至近代生物学研究的方法。

首先，由于处于向实验科学的转变过程中，生物学解释的范围还是十分有限的，仅仅处在对各个已知或未知物种的基本鉴识和分类的工作上。所以相应的解释语境只表现为一个由已知或未知物种构成的生物分类框架。但这一框架无疑又是伟大的，它踏碎原有的那种缥缈的、纯哲思性质的生物界图景，开创了一条现实、明晰的合理解释之路，为后继的解释者指明方向并开始了生物科学知识的原始积累。

其次，受认知水平所限，对生物个体的研究仅仅停留在差异性和共同性的划分，肤浅的研究层面制约了解释能力。因此原有的主观性理念仍然影响着对于诸如生物发生以及胚胎学等问题的认识，解释语境不可避免地被社会意识形态左右着，很难形成有着严格逻辑演绎框架的知识系统。但是通过对已确立的解释框架进行不断的完善以及随着框架内包含问题的不断解决，又会不断地抑制这种主观观念的影响，尽管在一些情况下社会观念会迫使解释能力产生倒退。

二、从分类科学到分析科学的转变

到近代第一次科技革命时期，以物理、化学、数学为代表的科学突破对旧有的科学观念造成了极大冲击。随着科学方法论研究的兴起，生物学的研究也逐渐发生了改变。培根在《学术的进步》一书中提出了“培根的方法”，这在之后的日子里甚至等同于科学的方法。他所强调的方法即科学归纳法中认为感觉是完全可靠的，是一切知识的源泉。在纳格尔看来，归纳是指一个理论的解释或者一套实验定律在所探寻的一个领域的建立，尽管一个理论通常并不能同时作为一些其他领域的解释①。科学是实验的科学，科学就是在用理性方法去整理感性材料，归纳、分析、比较、观察和实验是理性方法的主要条件。基于培根的工作，穆勒继续研究了在确立因果联系基础上的科学归纳方法，在逻辑史上，这些方法被称为培根法。穆勒最终确立了“科学归纳法”的五条法则：求同法、差异法、求同差异法、剩余法及共变法。一定程度上这些成为生物学走向分析科学的理论基础。例如，达尔文声称其进化论思想便是使用了培根法对已有知识进行再分析的结果。

另外，化学方法引入生物学研究改变了其解释的形式。巴斯德否定了旧有自然发生学说从而促成了新的自然发生学说的形成，即认为生命体与物质世界是同构的。所以，对于物质世界的研究方法也同样适用于生物学研究。例如，化学家赫尔蒙特就认为生命基本上就是一个化学现象。以他的观点看来，体内的化学过程存在于各个器官之中的一系列不同等级的“生基”(archaei)所控制着。隶属于生基的是一个他称之为“动因”(blas)的实体，对应于人类所有的特殊功能，存在着一种特别的“人类动因”(blas humanum)，而对应于普通的生理过程，则存在着其他种

① Nagel E. The Structure of Science. London：Routledge & Kegan Paul Ltd.，1961：338.

的“动因”[①]。可以认为，世界的同一性已成为生物学解释的支柱之一，为其他学科研究方法引入生物学打开大门。同时运用化学来解释生物学的尝试为解释生命的起源以及构成基础找到了新方法，生命的基础可用化学符号来表达。例如，腺嘌呤的实验室模拟合成很好地证明了生命物质可以发生于物质世界，其解释的形式就是以化学的方式来完成的，如图 1 所示。

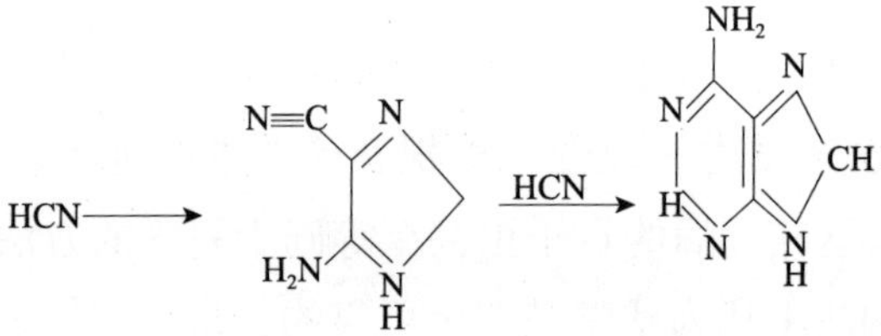

图1　腺嘌呤的实验模拟合成

生物学解释的语境在这些背景之下引发了如下新的转变。

首先，原有的分类学研究在经过长时间的知识积累之后已达到一个相当成熟的阶段，生物界按照一定等级进行了划分，形成了严密的生物界架构。虽然还不健全，但分类学的不断完善标志着人们对其研究已走入了消化分析阶段，在早期被束之高阁的生物起源的研究重新兴起，早期进化思想便是这一阶段的产物。在这些条件下，生物学解释所做的就是综合已有的知识材料对存在的未知问题进行思考，这一过程表现为

知识材料 + 科学研究方法→预期解释

其次，科学仪器的引入延伸了人们的认知领域，仪器观测成为生物学研究越来越依赖的手段。而以此产生的变化就是仪器在测量条件下的观测客体成为新一阶段下走向微观的生物学的新的解释对象，这种解释的合理性是建立在这种测量活动的准确性基础之上的。作为测量的主体、环境、方法、媒介以及测量仪器本身共同为结果的合理性负责，构成测量的语境[②]。而测量的过程表述为 $R=T_m(a)$，即测量结果 R 为测量读值 a 通过测量语境 T_m 转化后的表现形式，对于真实值 R' 来说，测量的误差

① 洛伊斯·玛格纳. 生命科学史. 李难，崔极谦，王水平译，董纪龙校. 天津：百花文艺出版社，2002：430-433.

② 郭贵春，殷杰. 科学哲学教程. 太原：山西科学技术出版社，2003：25-29.

$\Delta R=R-R'$，且 ΔR 只与 T_m 有关。

最后，学科的交叉引发了生物学解释尝试的新突破。伴随着化学的、物理的方法的引入，生物学解释方式也发生了革命性的改变。由于在旧有框架下生物学解释工作的基本完成，原有的研究形式也越来越不能作为主流的生物学研究形式，化学的、物理的解释尝试重新建立了一个新的解释框架，而它们的特有分析方法正逐渐融入生物学的研究中去。如生理学的突破很大程度上得益于大批化学家的参与，他们将生命体作为一个化学系统来看待，试图通过化学分析来研究生命的奥秘。

三、走向分子水平的生物学解释语境演变

尽管《物种起源》在生物学发展史上的地位毋庸置疑，但由于进化论的思想并不适合用严格精密的实验条件来检验，所以比起此时生物学的其他分支，如生理学、细胞理论、胚胎学、动物化学甚至微生物学来说，这一学说的建立是很难符合当时主流的实验科学精神的。[①] 解释能力的不足使其长期受人诟病，生物学研究焦点的转移成为必然。孟德尔遗传规律的发现使生物学开始了遗传学解释的转向，生物分类学也逐渐淡出了生物学研究的前沿。孟德尔在其遗传学中所提出的决定生物遗传性状的“因子”，也就是现在我们所熟知的基因成为生物学的研究核心。对于这种“因子”的存在以及机制左右了之后整个生物学的进程，构建一个以基因为核心的生物学解释新框架的工作正式拉开了序幕。

20 世纪初，量子理论统一了物理学和化学，解释了物质的精细结构。生物学开始从这些新的物理、化学思想中受益。比如量子物理学家德尔布鲁克和薛定谔他们都有着共同的观点，主张以量子理论来解释生物学问题并且认为物理学的公理和方法同样适用于生物科学[②]。这些思想上的

---

① 洛伊斯·玛格纳. 生命科学史. 李难，崔极谦，王水平译. 董纪龙校. 天津：百花文艺出版社，2002：475-477.

② Micklos D A，Freyer G A. DNA Science：A First Course. 2nd ed. New York：Cold Spring Harbor Laboratory Press，2003：4-5.

转变直接导致了生物学的新的解释前沿分子生物学的诞生。作为分子生物领域的伟大突破，DNA 的发现给予了生物学新的解释内涵，而 DNA 模型也符合了之前所有解释途径对基因的描述，它是一个理想化的解释框架，不但很好承袭了已有的生物学解释，并且接替之前所有解释框架并开拓了新的生物学解释领域，形成一个可以继续拓展生物学解释的平台。

对于现代生物学研究的转变，还有一个革命性的变化就是形式化逻辑体系在对基因研究中的引入。德国数学家希尔伯特作为形式主义的奠基人，首先在数学上提出公理方法，即一种构造科学理论的方法，在公理化基础上推行形式化，以符号表述公理及演绎过程。数理逻辑的产生和发展极大地扩充了形式逻辑的内容，开辟了现代形式逻辑的新领域。它用形式化的方法研究思维的形式结构及其规律。这样来研究的概念、判断、推理的形式，就是概念形式（包括个体表达式、谓词表达式、量词符号等）、命题形式、推理、论证形式[①]。这种表义形式的应用是整个科学界所推崇的，生物科学的发展也同样离不开逻辑表述体系的确立。在 DNA 概念提出后，生物学研究走向了新阶段，1958 年克里克首次提出了中心法则（central dogma），此法奠定了分子生物学的理论基础。不久，研究者们便用精简了的符号表示这四种碱基（A、G、C、T）以及它们的关系，即在一段双链 DNA 中 A+G=T+C 且 A=T、G=C，也就是著名的“查尔加夫规则”。同时，由于 DNA 碱基成分随着来源的不同又表现出很大的差异，所以四种碱基可以任意方式排列，表现出极大的多样性和特异性，能够得到 4100 种不同的排列方式。这一系列规则的发现，使人们自然地将其与语言相联系，因为这一规则的存在再加上这些专用符号的引入使得这些序列串更像是记载了生命信息的文字。这一切使得形式逻辑体系在生物学研究中的应用成为可能，研究者们可以通过这些表示遗传信息的碱基序列来研究我们难以观察、无法有效描述的微观生命现象，并通过对这些序列符号的研究达到解释微观生命活动的目的，一项

---

① 刘大椿．科学逻辑与科学方法论名释．南昌：江西教育出版社，1997：17.

新的生物学解释工作再次展开。到目前，为了全面了解基因、蛋白质和环境对生物过程的影响，需要生物学家采取综合手段，同时研究多个基因的协同表达。DNA 芯片应运而生，它是一个巨大的生物信息载体，可以发现应对环境或发育不同阶段中数以百计或是数以万计的基因同时表达。这种分析已非人脑所能胜任，检测和分析一张芯片包括数千个独立实验，需要软件才能完成。生物信息学应运而生，它可以管理和分析大规模实验，而基因研究领域的形式化表达体系是这一研究得以存在和发展的基础。

目前的生物学研究正经历着第三次解释飞跃，这次飞跃的特点依然表现在解释架构的变革上，无论在方法论上还是在解释的方向、范围及模式上，较之之前又发生了很大变化。

首先，每一次科学的飞跃都是伴随着科学方法论的革新，这一次的生物学飞跃也相同。形式逻辑的发展和引入为生物学在微观领域的研究开启了方便之门，新的解释方法将科学中考虑的客观实体通过建立一套解释语境转化为语形、语义、语用的问题，语义实在论者就认为真理是语言文字与实在之间的语义关系①，研究者的研究过程表现为语用分析的过程。这一方法论上的转变，是人类基因组计划得以实施的前提和生物信息学建立的基础。

其次，现代量子理论的发展及其实验观察手段的进步使得科学发展的前沿走向量子解释，量子理论的盛行引发其思想向其他学科的渗透，表现为使用量子理论体系来统一目前各学科研究基础。科学解释的本质就是通过还原那些我们不得不作为最终的或所予的东西而接受的大量独立现象来增加我们对世界的理解②。这种具有还原论倾向的思想也是生物学研究前沿转向基因的动因之一，即希望通过基因这一概念的引入将生物学中的各部分研究做一个有效的统一，使其具有相同的理论基础。

最后，基因理论的建立使得生物学解释所依赖的解释基础彻底脱

---

① Ruttkamp E，Heidema J. Reduction in a preferential model-theoretic context. International Studies in the Philosophy of Science，2005，(7)：143.

② Friedman M. Explanation and scientific understanding. Journal of Philosophy，1974，(71)：15.

离了传统经验观察手段，由于研究进展越来越多的与仪器使用有关，如PCR技术、DNA芯片等无不是复杂的仪器测量过程，人的经验与仪器经验并列成为研究过程中的重要因素，测量问题成为现代生物学面临的最大难题。测量过程中的各要素集合构成了测量语境，测量活动本身成为一个语境化的过程。测量语境构成了生物学解释语境的存在基础，并左右着解释语境的走向。

四、结语

单就科学的解释功能来说，解释语境可理解为解释信息的载体，作为载体内的信息集合共同完成解释功能。其中既包含了直接对应于解释本身的直接信息，也包含了与解释间接关联的间接信息。直接信息依托于解释语境对解释客体的说明功能，如定义、假说、理论模型等；而间接信息必须通过直接信息才表现出对解释客体的说明功能，即间接信息的作用主要表现在对直接信息的影响上，并且直接信息会随间接信息的改变而发生相应变化，间接信息的涉及面相当广泛，包括认知背景、主观倾向、社会背景等主客观因素。解释语境内不论何种信息本身是可错的，其影响的外部表现就是解释能力的强弱，并不对解释的结果负责。

库恩认为，生物学在长时期的发展过程中并不是一种单纯依靠知识的积累和增加的方式而获得的渐进式发展，它本身是通过学科在某一特定时期所取得的突破性变革而达到一种解释层面上的飞跃，这一点从生物学发展历史上可以看出。作为每一时期的生物学研究，基本都将其研究精力放在特定的解释范围以及方向上，而对于确定研究解释范围以及方向的解释框架，正是学科解释活动开展的平台，这一解释平台就是这一时期内生物学的解释语境，学科所要面对和解决的问题通过解释语境的建立而呈现。所以从一定角度上可以认为，生物学的变革总是伴随着其解释语境演变，当一种解释语境建立就意味着一种新的研究标准产生，解释语境就是一种标准，规定了学科研究的模式、范围以及方向。

在一个解释语境中包含了所要解决的学科问题集合，而对于问题的处理，在解释语境的框架内同样提供了基本的方法。这些方法的确立本身也是解释语境建立过程的一部分，即在解释语境的形成过程中，为达到解释功能的有效性，必然会形成一套达成解释功能的模式，它包括了研究中采用何种思维、证明方法以及测量手段的选择。研究思维决定了研究者处理学科问题的方式和手段，直接影响对问题解释的有效性。而测量手段本身是依赖于研究主体、仪器以及实验环境的综合性评判过程，这个复杂的过程同样构成了一个有关测量的语境，它是一个通过测量过程建立的解释平台，由实验现象的观察达到对研究客体尽可能真实的描述。

解释语境为研究客体提供了得以存在的载体。每一时期的解释语境都有其特定的解释目的，通过这一目的的要求提出了各自解释模型，为未知现象提供了一个现时条件下的合理解释，而模型在研究中的作用表现为客观信息的语义载体，研究的过程体现为语用分析过程。可以认为，语用为语句如何在言说中被使用出来传达语境中的信息提供了一种解释[①]，在生物学研究中表现为研究客体通过语形转化寄宿于理论解释模型之中，以其在整个解释语境中的表述合理性而存在。同时，解释语境处于一个动态演化过程之中，随着其解释模式、范围以及方向的调整，对研究客体的定义也会伴随着这些调整而做出与之的相应改变，其作为一个语义载体与解释语境相协调形成合理、有效的解释。

20 世纪后半期，语形、语义和语用分析这三大语言哲学分析方法作为一种横断研究的方法论逐渐渗透至自然科学各个领域中，科学解释的方式发生了很大改变。为适应走向分子领域的生物学解释语境转变，这一时期的生物学解释语境在表述以及研究形式上也不断向形式化发展，通过符号语言构建理论的表达体系，使解释语境具有统一的形式基础。同时，这种转变不等于抛弃原有的解释基础，而恰恰是建构于原有解释基础之上的，为新的解释平台提供必要的理论支撑，是旧有解释语境的再语境化。新的解释语境中通过形式化符号表述体系展开了全新的研究解释平台，成为目前乃至相当长时间内生物学研究的标准化模式。

---

① Kempson R. Grammar，conversational principle//Newmeyer F. Linguistic：The Cambridge Survey. Cambridge：Cambridge University Press，1988：139.

生物学理论基础的语义分析 *

达尔文创立进化论之后的一百多年里，以生物进化论为框架的现代生物学体系逐步建立。早期生物学研究中存在的理论性质与假说性质过重的问题始终是生物学作为一门现代科学学科无法回避的问题，尤其是相较于主流的科学说明方式即数学化方式，漏洞很多。之后，随着 DNA 模型及中心法则的提出，基因概念开始进入我们的视野。生物学研究走向分子领域，基因成为了现代生物学的代名词。通过基因概念的引入，一些哲学家开始尝试论证，原有的生物学核心理论即经典遗传学是否可以还原为分子生物学的研究。由于分子层面上的结构单元（如嘌呤、嘧啶等）可被抽象为说明模型中的一个表述单元，从而使得新的研究纲领的说明模型更加符合形式化的要求。然而，这仍然没有摆脱哲学家们对于如何确保意义陈述可靠性的问题的质疑。如何保证这些被填充了意义的符号所表述的遗传过程是可靠的，不存在断章取义之嫌？在此基础上

* 本文发表于《中国社会科学》2010 年第 2 期，作者郭贵春、赵斌。

引入的数学方法是否会将新的理论变成盲目的决定论？这些质疑似乎又一次将生物学拖入了争议的漩涡。而要探讨这一系列的问题，就必须对生物学理论基础及其语义构造进行深入的分析。

一、生物学理论的基础

20 世纪 50 年代，贝克纳（Morton Beckner）在其《生物学模式的思考》中提出，生物学模式即将多种解释形式纳入同一意义结构中。汤姆森（Paul Thompson）认为贝克纳的书是有关生物学基础的哲学研究的分水岭。从那以后，有关生物科学的逻辑检验以及认识论的、形而上学方面的问题成为对生物学进行哲学讨论的焦点[①]。也正是从那时起，对生物学的哲学讨论开始与有关物理学的哲学讨论并驾齐驱，一个新的有趣话题被提了出来：生物学是否是一种不同于物理学的另一类科学？生物学是否同物理学一样遵循逻辑经验主义者的科学观念？对于这两个问题，目前多数科学哲学研究者的看法是，生物学与物理学最根本的不同在于其功能的、目的论的分析与解释。显然，研究者有关生物学与物理学的比较以及生物学是否可以称为严格意义上的科学的不同意见，已经成为科学哲学研究的一个争论焦点。包括内格尔（Ernest Nagel）、亨普尔（C. G. Hempel）在内的许多学者都曾尝试证明功能的解释和目的论与逻辑经验主义者的观念是相容的[②]，而另一部分学者则认为生物学是完全不同于物理学模式的科学，如阿亚拉（Francisco J. Ayala）就支持这一观点，并在其论文中指出，在生物进化论的语境中，生物学作为一门科学是自洽的。[③] 由此不难看出，在整个 20 世纪六七十年代，生物学的哲学研究主要集中在其相对于逻辑经验主义以及传统科学哲学观点的另类性上，可

---

① Thompson P. The Structure of Biological Theories. New York：State University of New York Press，1989：23.

② 亨普尔在《自然科学的哲学》（1966）一书中表现出了对于归纳的宽容，倾向于认为生物学规律性解释可以部分地还原为物理、化学的解释；内格尔在《科学的结构》（1979）中分析了物理现象与生物现象的不同，认为从系统论的角度来衡量，物理学与生物学是可以相容的。

③ Ayala F J. Biology as an autonomous science. American Scientist，1968，（56）：207-221.

以说，无论是正面观点还是反面观点，都是生物学哲学研究的主流，争论至今依然在延续。这些争论的实质是生物学理论体系不同于以往科学哲学的分析方法与表述体系，比如逻辑经验主义所推崇的模式，当然这也反过来成为之后许多人用以抨击逻辑经验主义的例证。所以在 20 世纪 70 年代前后，哲学家们开始认为逻辑经验主义科学观及其有关理论结构的语法观念对于生物学以及进化论、进化的解释在结构上都是相符合的，生物学并不是另类的科学，与逻辑经验主义的观点也并非不相容，至少在生物学的基础特征上是这样的。

鲁斯（Michael Ruse）在其《生物学哲学》中就对这一议题作了重要的澄清并列举了生物学中表述体系形式化的效用。鲁斯运用逻辑经验主义的形式化特征来解释许多关于逻辑的以及概念的特征等这些生物学理论的基础工作。他在之后的论文中敏锐地指出，生物学理论的概念与解释的形式化方法实际上都来自逻辑经验主义。虽然逻辑经验主义理论结构的语法观点之后饱受抨击，但事实上现代生物学理论体系的建立的确或多或少得益于此。① 赫尔（David Hull）的《生物科学的哲学》恰好也在同一时期出版。尽管赫尔也采用了分析以及形式化途径来考察生物科学的许多方面，但是他并没有像鲁斯那样完全站在逻辑经验主义的科学立场之上，而将考察主要集中在还原论即传统的孟德尔遗传学到分子遗传学的还原上。由于赫尔将整个生物学的理论结构建立在有限的还原之上，他的观点似乎比逻辑经验主义的观点更具优势。鲁斯和赫尔的研究开创了整个生物学哲学研究的新局面，使生物学哲学研究上升为科学哲学中的主流，而研究的趋向也更多地聚焦于生物学解释以及生物学理论的基础上。

从生物学哲学对于生物学理论的研究历程来看，无论其着眼点是什么，所有议题围绕的核心都是生物学理论及其结构体系。现代生物学的理论源头来自进化论这一观点已得到绝大多数人的赞同。进化论作为一个宏观理论，虽然其解释机制是有价值的，但是它自身远没有上升为公

---

① Ruse M. Charles darwin's theory of evolution：an analysis. Journal of History of Biology，1975，（8）：219-241.

理，直至今天我们也只能将其视为一个松散的理论纲领，而这也一直是生物学被看作另类科学的根源。20世纪中叶的生物学革命主要得益于物理化学的方法革命，在50年代之前，许多科学家都认为生物学可以纳入物理学、化学的研究范式中来。此时，以数学逻辑作为研究基础的物理学、化学，其理论表述体系已经十分完备，而生物学则始终存在着边缘化的风险。事实上，由于研究路径始终无法很好地兼容孟德尔的遗传理论，人们便逐渐放弃了单纯依靠物理、化学表述形式来建构整个生物学理论体系的想法，而DNA模型以及相关分子遗传机制的提出加速了这种转变。

20世纪末，遗传信息概念成为生物学新的关注焦点，以梅纳德·史密斯（Maynard Smith）、格弗列·史密斯（Godfrey Smith）为代表的研究者都对生物学中信息因素产生了极大兴趣，进行了具有启发性的讨论。[①] 从这些讨论我们可以看出，分子生物学的迅速崛起使得原有的生物学理论结构面临着巨大的调整压力，而以DNA信息为意义基础所缔造的遗传代码在多大程度上左右着生物学理论的表述还存在着相当大的疑问。首先，在生物学理论中，遗传代码是否可以作为一种充分的依据进行解释，这是目前争论最集中的部分。因为，作为生物学语境中最基础的意义单元，其作用就相当于汉字之于中文的意义。因而在这个基础上，整个生物学理论以遗传代码的模式来解释似乎是合理的，不过这仅限于基因层面，在个体发生以及种群层面，其解释效力处于递减状态。其次，如何在基因理论自身框架内对遗传信息的意义进行有效限定，也是争议较大的问题。遗传代码本身的意义是在理论规则的架构内被赋予的，其中代码组合的变化对应于相应现象，同时，这种变化规则又遵循相应的遗传规则。但是，这一点目前还不完善。例如，某些同素异构体所表现出的在生物功能层面上的差异就是很好的例子。因此，这些表达单元必须进行有效的意义限定才能在整个解释中作精确表述。最后是关于基因决定

① 从格弗列·史密斯的《基因代码的理论角色》（2000）和梅纳德·史密斯的《生物学的信息概念》（2000）两篇论文中都可以看出对于遗传信息的关注。前者主张信息概念的使用应限于从基因到蛋白质的生物过程，而后者倾向于从一个更广的生物学视野来看待信息可能造成的影响。

论的争论。争论的核心问题是可否通过遗传信息代码系统来进行有效预测以及具体的实验操作。可见，目前的生物学哲学研究已经越来越关注生物学理论的基础问题。本文尝试把生物学理论基础研究转化为生物学理论的语义研究，通过语义分析方法的应用，找到生物学理论的最小意义单元，同时关注其意义单元在整个解释语境中的结构问题，以便把握诸多问题的关键所在。首先，语义分析方法本身作为语义学方法论，在科学哲学中的运用是“中性”的，这个方法本身并不必然地导向实在论或反实在论，而是为某种合理的科学哲学的立场提供有效的方法论的论证。[①] 语义分析方法在诸如科学实在论等传统问题的研究上具有超越性，在一个整体语境范围内其方法更具基础性。其次，作为科学表述形式的规则与其理论自身架构是息息相关的，这种关联充分体现在理论表述的语义结构之上，对其逻辑合理性的分析就是对理论真理性的最佳验证。最后，生物学理论表述的多元化特征使得语义分析应用更加具有灵活性，易于对生物学语境内各解释元进行横向比较分析，从而获得横向理论间的逻辑关联。

二、生物学理论的形式化特征的语义分析

1. 生物学理论的语义表达困境

汤姆森认为一个通常的形式化语言体系包括一组能精确表达的形式化公式、一组符号以及一系列在形式化体系中的符号应用规则。应注意的是，体系中所使用的符号在意义上必须是独立的，尽管这些符号可能有多个意义来源。同时，符号分为简单符号与复杂符号，其中复杂符号由简单符号所组成的形式所定义，在同级形式变化种类不能满足定义需求的情况下，这些复杂形式可以进一步组成其他更复杂形式。公式是被形式化语言所表述的，只包含有语言符号并且满足相应的语言构成规则。

---

① 郭贵春．语义分析方法与科学实在论的进步．中国社会科学，2008，(5)：55.

这种公式被称为 well-formed formulas，英文缩写为 wffs。[①] 在一般的科学理论表述中，通常使用公式来表述整个理论体系的逻辑关系，这种逻辑关系包括平行的客体间关系以及相关联的上下层级间的构成关系，抑或是超出这两种关联的其他关系。通过这种直观逻辑体系的表述，我们可以利用被证实的逻辑关系来演绎出其他未知的逻辑关系，从而使直观的符号演绎成为研究的重要手段。但是这必须具备一个前提，那就是数学逻辑的支持，即可运算。这不但是科学精确演绎的需要，更重要的是，使任何以数学逻辑作为表述基础的科学解释体系具有了一个可通约的层面，这是学科研究交叉的最基本条件。当然，之前所说的形式体系很大程度上源自于逻辑经验主义的科学语言方案，但是在历史主义的科学哲学兴起之后，大多数科学哲学家都认同了在科学解释中形式化体系与解释性陈述并存的局面。

再回到生物学理论的讨论。进入分子水平的遗传研究以来，生物学似乎具有了可用以整合所有子类研究的逻辑基础，期望通过这种微观的解释来延伸到宏观的进化理论体系中。问题是，仅仅依靠中心法则所建立起来的这一体系是否就具备了形式化语言体系的条件呢？通常讲的科学法则是指运用形式体系规则所建立的公理体系，用以解释理论中的规律。目前的问题是，单一的中心法则虽然符合了形式化的需求，但远没有达到形成公理体系的要求。在传统的科学理论解释体系中，法则用以描述现象和行为并能够解释与预测特殊的现象和行为（法则的可检验性）（图 1）。

$$\frac{\begin{array}{c}L_1, L_2, \cdots, L_n \\ C_1, C_2, \cdots, C_m\end{array}}{E}$$

图1　法则的可检验性[②]

① Thompson P. The Structure of Biological Theories. New York：State University of New York Press，1989：27.

② Thompson P. The Structure of Biological Theories. New York：State University of New York Press，1989：37.

图 1 中，$L_1 \sim L_n$ 表示相关法则，$C_1 \sim C_m$ 表示事件中的相关状态，E 代表被解释的事件。通过关于 E 的法则的演绎，我们可以预测出可能发生的状态，也就是说，一个法则对于事件的解释必须是启发性演绎的。因此，以这一标准来看，对于生物学理论的公理化看法引起了很大的争议，以传统逻辑实证主义观点影响下的科学观来看，生物学理论的确是缺乏公理性的。例如，贝蒂（John Beatty）在他的论文中对此表达了很强的观点，他认为整个进化理论都是或然性的，生物学中只存在暂时性公理。[①] 仅就这一观点而论，我们就有必要对生物学的理论构成进行一些说明。第一，生物学的理论源自于对生物体特征、种群以及生理现象的描述与概括，而作为研究对象的这些生物体在漫长的进化历程中有的消亡，有的发生重大变化，并不存在永恒不变的物种，因此，也就不存在长期稳定的描述与概括（较之于物理法则）。第二，生物体的生理活动可以用物理、化学的解释范畴来加以解释，但是在生物机能方面则远远超出了物理化学范畴可解释的范围，我们可以将其称为“真正的生物学范畴”。虽然物理定律可以解释生命运行的基础，但其与生物学现象并不属于同一个解释范畴。就好像我们不能用物理定律去解释物种进化一样。第三，生物学理论解释与对应的生物学现象之间存在着各种变量，而且多数情况下是非线性的关系，如在一些重金属污染的区域，当地的一些生物会发生一系列的畸变，而这些变化形式又是随机的。第四，进化理论强调时间与环境的共同作用机制是进化发生的根本原因，这种作用机制类似于一个灰色系统，从而形成了无法测定的系统变量。因此，对于生物学理论来说，时间变量与环境变量成为了其构成法则的最大障碍。基于图 1，我们可进一步得出图 2。$T_0 \sim T_n$ 代表环境变量，$t_0 \sim t_n$ 代表时间变量。

$$\frac{(L_1, L_2, \cdots, L_n)\ (T_0, T_1, \cdots, T_n) \quad C_1, C_2, \cdots, C_m}{E\ (t_0, t_1, \cdots, t_n)}$$

图2　时间变量与环境变量下的法则可检验性

① Beatty J. The Evolutionary Contingency Thesis//Wolters G，Lennox J. Concepts，Theories，and Rationality in the Biological Sciences. Pittsburgh：University of Pittsburgh Press，1993：45-81.

2. 生物学理论的构成原则

关于生物学理论的认识，西方学界明显分为两个派别。以鲁斯、威廉姆斯（Williams）、罗森伯格（Rosenberg）[①]为代表的一派认为可以运用演绎主义和语义方法来描述进化理论的因果机制。而以汤姆森为代表的一派则认为，生物学理论是一个复杂的解释框架，应该从整体上来概括进化论的因果机制。如果从整个生物学语境的视角来考察的话，后者的观点更为现实。从一开始，生物学理论就是以各种模型的方式而存在的，而造成这一切的原因是物理主义的真理观在生物学研究中不具有解释力。从实用的角度出发，通过构建解释模型来满足整个理论体系的逻辑自洽性成为确立生物学基础的最好手段。生物学中的解释模型具有如下原则。

首先，模型是一个可控体系，可以对模型中各种变量进行必要的限定，通常是通过对一些变量进行限定甚至将其转化为对应常量，从而使整个模型在数学上的演绎变得可行。这一原则是从实用的角度来确保数学方法以及设备手段对于研究介入的可行性，通过对相关变量的语义调控，尽可能地对复杂理论的语义结构进行简化，同时又不破坏语义结构的完整性。

其次，在适度的范围内，放宽模型的严密性，通常运用统计学的方法进行合理论证，对于模型解释产生的“异常”，根据其出现的频率来确定其是否属于可忽略对象。因为进化理论本身就规定了生物异常所带来的两个后果：一种是正方向的异常，属于进化的进程，之后会纳入理论体系。另一种是负方向的异常，不会存在很久，属于可忽略对象，不需对模型进行调整。通过灵活的语义关联确保模型解释的合理性，也不会对原有的模型结构造成冲击。这一点在经典遗传学研究中尤为重要。

最后，理论中运用互补性解释模型。在由 T、t 两组变量构成的模型中，如果将一组变量 T 限定，而只考虑另一组变量 t 的因素，形成模型 A；反之，限定 t 而只考虑 T，形成模型 B。那么对于被解释事件 E 来说，A

---

① 从威廉姆斯的《进化的演绎推理》（1970），鲁斯的《遗传学中的还原》（1976），罗森伯格的《生物科学的结构》（1985）这些代表性著作、论文中都可看到这种倾向。

和 B 为关于 E 的互补性解释。互补性模型是为了在限定理论自身以及严密性放宽的条件下，尽可能地保证对象描述的全面性，将原有的解释层次进行分化，使之尽可能地向形式化的要求靠拢。

在这些原则下，理论的可靠性更多地建立在模型的选择上，这种选择考虑更多的是宏观上的判断，依赖于对整个解释语境的分析。而作为模型本身在满足限定变量的前提下成为一个有限的法则。因此，无论对于生物学理论有什么样的认识，都不能忽视一个问题，那就是单一的理论描述必须纳入整个进化论的体系中来考察，作为体系中的一个构成单元，它本身处于逻辑关联的框架内。这种整体与组成单元间的互动共同确保整个解释体系的逻辑自洽。当然，这些原则同时也带来了一个更大的问题，那就是理论中解释模型的选择如何来进行。由于时间与环境因素的不可再现，许多理论本身都存在着验证难题。

3. 现象与理论的关联问题

如果说所建构的语义结构确保了理论在逻辑上是可检验的，那么另一个问题也必须考虑，那就是现象与功能在整个理论语义结构中的关联。我们把进化理论作为一个宏观的解释原则，但是它与“范式”有着根本的不同。范式体系规定了学科的表述形式以及在研究中的具体运用方法，而进化理论却是一个相当宽泛、自由的框架，在这个框架内，实用性往往是第一位的。如果说经典的遗传学是站在个体以及种群的视角上，以统计的方法来对遗传规律进行表征，从而创立了性状分离等经典学说，那么分子遗传学则完全是建立在化学、物理学等基础上的。二者的共同点是对应着相对固定的性状或功能，而不同点则在于一个以染色体片段为理论中的最小语义单元，另一个则以组成染色体片段的碱基物质以及其他调控单元作为理论的最小语义单元。虽然通常认为，分子遗传学可以取代经典的遗传学作为生物学中最基础的理论。但是至少在目前，经典遗传学还无法被取代，这是因为某些碱基序列在共同构成染色体时出现了某些新的性状和功能，这样的状况类似于突现。

这一问题的存在，使得作为理论基础的可还原性受到了严重干扰，生物个体层面的功能和性状很难被简单还原到分子水平之上。反之，分子遗传学在横向研究方面的优势却又是经典遗传学无法比拟的。由于具有严格组合规则以及相对稳定最小语义单元，分子遗传机制十分接近语言的机制，通过遗传代码构建的形式化体系在运用数学手段以及计算机辅助分析方面，其条件可谓得天独厚。因此，经典遗传学在理论纵向层面上的运用要强于分子遗传学，而分子遗传学在横向层面的分析与比较上的优势则较为显著。这两种遗传学研究的差异给整个生物学理论的统一造成了很大困扰，虽然它们作为生物学理论都很好地解释了进化学说，但在具体的进化路线与分类上存在着明显分歧。对此，我们认为可以尝试通过对二者各自表述的意义单元以及规则与个体的性状、功能在语义关联上的差异进行比较，来对这个问题加以分析。

首先，我们需要明确一个问题，那就是在整个生物学理论中是否存在着稳定的意义单元。迈尔（Enst Mayr）在《种群、物种与进化》一书中就曾认为物种是进化学说的基本单元。[①]物种同时作为分类学研究的最小单元，在整个生物学体系中处于至关重要的地位，起着连接个体生物学的理论与整个宏观进化理论框架的作用。但关键的问题在于，经典遗传学与分子遗传学在对待物种的分类上是存在明显分歧的，也就是说，作为进化理论的意义单元定义本身还存在着争议。所以从宏观角度上说，整个生物学理论的上层意义框架并不明确，如基于基因亲缘划分原则的修正系统分类学与传统分类学在物种分类上的分歧。

其次，对于面向生物个体的经典遗传学来说，性状与功能的遗传才是显在的。换句话说，不可再分的单一性状或功能的描述成为了基本的意义单元。对于决定同一性状或功能的遗传单元，通常我们称之为等位基因。正是在这一层面上，鲁斯在其《生物学哲学》中尝试证明生物学与物理学具有相同的解释模式与逻辑规则。在以孟德尔遗传学理论为蓝本的解释模式中，单一的性状或功能成为最小逻辑单元，在整个遗传理论体系中表现出了令人满意的逻辑严密性，并通过实验的检验证明了其

① Mayr E. Populations，Species，and Evolution：An Abridgment of Animal Species and Evolution. Cambridge：Harvard University Press，1970：12.

合理性。在鲁斯看来，群体遗传学在整个进化理论中处于核心地位，整合了几乎所有关于进化的研究，如胚胎学、分类学、形态学及古生物学等，并以它们为理论支撑。同时，其表述形式也符合逻辑经验主义的要求。例如，哈迪－温伯格定律（遗传平衡定律）就是从孟德尔定律推导得出的。在限定条件下，假设一对等位基因，其中 p 和 q 分别为等位基因 A_1 和 A_2 的基因频率，由孟德尔定律可得出其频率分布：

$$p^2A_1A_1 : 2pq\ A_1A_2 : q^2A_2A_2。$$

设定 A_1 和 A_2 的子一代基因频率分别为 p_1 和 q_1，因为

$$p_1= p^2+pq = p\ (p+q),$$

$$q_1= q^2+pq = q\ (p+q),$$

那么 $p_1 : q_1 \leftrightarrow p\ (p+q) : q\ (p+q) \leftrightarrow p : q$，从而证明频率保持稳定。

通过对整个推导过程的分析，就能明白为何鲁斯认为至少在孟德尔遗传学这一部分，生物学理论已经符合了公理化的要求。从这个角度来讲，单独讨论生物学理论是否可以具有完备形式化表述已变得毫无意义，尽管这种证明本身对于整个生物学语境来说还很脆弱。不过，从经典遗传学层面看，以性状或功能为语义单元的表述是生物学理论中比较成功的典范。

最后，对于分子遗传学的最小语义单元来说，其所针对的表述对象以及过程十分庞大。一般认为，在由碱基到达各种超分子复合物的过程中，从蛋白质以后，这些大分子才具有了生物功能性。而由碱基序列所表达的遗传符号串仅仅只是蛋白质的一级结构而已，对于二、三、四级结构却是一种空间构造上的说明。从这个角度讲，碱基序列对于最基本的生物学功能并不存在直接对应的关联关系，对于它的语义判读无法通过现象或功能的描述来进行。事实上，单一碱基符号的语义判读是在整个的语义结构中进行的。因为碱基符号所对应的不过是一种物理、化学的语义描述，在生物学语境中并不具有理论层面的意义。在由碱基→氨基酸→蛋白质的这个过程中，每一次结构的上升，其代码的语义都伴随着结构的调整。碱基位于一个基础的层面，作为连接物理学、化学的解

释范畴的核心纽带而存在，是与生物学解释范畴的交集地带，成为生物学解释的边界区域。例如，GAA 是氨基戊二酸的代码，但在化学中同样可以将其作为氨基乙酸的代码。① 因此，可以认为碱基序列在生物学语境中的语义表达是在理论的语义结构中体现的。它对于经典遗传学的性状功能学说的语义关联是通过一步步语义构成规则来完成的，这也说明了简单地将性状以及功能描述还原为碱基序列表达的基因代码是十分困难的。

以上三点说明，一些基本的问题也就清晰了。进化论体系作为整个生物学理论的框架，用以维系各个子学科理论的最终解释层面，通过语义结构的划分形成不同角度、层面的解释元。语义的结构规则是各解释元之间相互语义关联的方法。对于整个生物学语境来说，不存在最基础的同一解释元，它们都是作为有限的理论解释而存在的，各种解释机制都在其解释元内体现着特殊的实用性取向。基切尔（Philip Kitcher）曾就经典遗传学与分子遗传学，阐述了基于它们所涉及内容的理论概念的变化。他通过常规的术语学来分析经典遗传学与分子遗传学两种研究中对于“遗传因子”概念引用的不同理解。他的基本立场是：“遗传因子”在不同的时间、不同的语境下可能指向不同的所指，但“遗传因子”的意义在它们各自不同形式的变化中并不会给科学的关联带来明显的破坏。基切尔进一步认为这种策略可以超越关于经典遗传学与分子遗传学的还原问题的争论，即在讨论两种研究时，还原方法作为一种表述策略可以被忽略。② 因此，最终的观点是生物学解释是一个多元解释的框架，在以实用性为导向的前提下，各解释元有着独自的基本语义单元。这些基本语义单元之间的语义关联在依据理论规则所制定的语义结构中体现。

---

① Maynard-Smith J. The concept of information in biology. Philosophy of Science，2000，67（2）：177-194.

② Kitcher P，Genes. The British Journal for the Philosophy of Science. 1982，（33）：337-359.

三、构建以基因信息为基础的生物学理论结构的可行性

1. 基因调控解释的不足

基于前面探讨的生物学语境内部的不同解释元，我们应明确一点，通过物理、化学对生物学研究的介入只局限于生理学基础领域。而在之上的遗传学领域，它们的助益就非常少了。对于基因代码来说，作为符号性的信息载体其意义是完备的，但是关于其中的意义如何选择的问题，仅仅依靠符号本身是无法解释的。进而可以认为，物理、化学的解释范畴仅仅局限于说明符号本身的存在合理性。格弗列·史密斯曾撰文认为，我们往往专注于基因所导致的末端的结果（distal effects），这些结果依赖于一系列其他的因果因素。但是，另一方面，对于非基因的原因，我们却关注最接近的结果（proximal effects），认为DNA所导致的最接近的结果全部是物理、化学法则所决定的。[①] 而梅纳德·史密斯则认为DNA所导致的最接近的结果并非全然是物理、化学法则所决定的，假如一个具有任意性的分子信号通过一个“进化的接收器”产生了相应的结果，那么，这个信号的含义便是这个结果而非化学的过程，因此，这个信号是语义性的（semiotic）或符号性的（symbolic）。[②] 梅纳德·史密斯曾举例指出，我们通常将分子生物学中“诱导物”分子以及“抑制物”分子这些调节分子看作是符号性的，实质上承认了它们的化学构成形式与它们在遗传学的意义上所展现的功能两者之间没有必然的联系。化学规则意义上的说明并不能决定遗传层面上的调控与表达。[③] 这个问题也是生物发生场假说试图说明的。按照生物发生场假说，有一套潜在的规则规范着整个基因的调控。比如，分子遗传学很好地说明了DNA、RNA、起始子、终止子等这些大分子在基因调控中的化学机理，这可以说是一种有

---

① Godfrey-Smith P. On the theoretical role of genetic coding. Philosophy of Science，2000，67（1）：26-44.

② Maynard-Smith J. Reply to commentaries. Philosophy of Science，2000，67（2）：214-218.

③ Maynard-Smith J. The concept of information in biology. Philosophy of Science，2000，67（2）：177-194.

效解释，说明了它们是如何工作的。另一个问题是，这些大分子元件为何会在一个特定的场合遵循着一套固定的规则进行一系列的化学过程？这个问题显然超出了物理和化学解释范围。因此，可以设想存在一个发生场，对这些调控元件起着特定的规范作用。接下来的问题是，这个发生场在分子遗传解释模型中如何体现呢？旧有的分子遗传解释是一个严格的分解说明机制，最终原因的解释关联到化学、物理学的层次上。因此，至少在生物学意义上，这种解释机制是不完整的。

现有的分子遗传理论在解释的逻辑架构上是完整的，但是在解释的全面性、有效性上的确存在着弱点。这可以解释为什么物理主义的观点在生物学中始终找不到验证。基于这些考虑，可以将分子水平的生物学理论划分为两大框架：一是关于生物遗传的框架，在这个部分中，生物学理论更多的是试图解释生物的形态、功能、性状等特征是通过何种机制传给下一代的，以及在这种传递过程中表现出的规律性的东西；而另一个则是关于生物发生的框架，这个部分更关注的是生物何以按照一定的形式发生并如何发生的问题，如神经发育、细胞发育等。前一个部分的研究内容决定了信息的概念是一个无法回避的因素，因为生物性特征的传递很难让人不将其与信息传递联系起来；而后一部分是信息概念所难以清晰表述的，因为它更多的表现的是信息确定之后执行信息的过程，属于信息选择以及意义选择的问题，由于存在大量的不确定机制，目前还很难简单地用信息系统的概念从整体上加以解释。

2. 分子遗传中信息概念基础的合理性与局限性

一直以来，许多学者都认为碱基序列并不等同于遗传信息。他们认为在一个真正的信息系统中，应包括编码器、传送器以及两者之间的信息通道。由于不具备这些组成部分，碱基序列更明显地体现出属于化学体系的特征。[①] 在分子生物学解释中，运用了大量的科学隐喻手段使得复杂的运行机制变得清晰易懂。但是，这种手段的大量应用也产生了许

---

① Apter M J, Wolpert L. Cybernetics and development I. Information Theory, Journal of Theoretical Biology, 1965,（8）: 244-257.

多的误导。例如，形成核糖核酸的过程称为“转录”（transcription），而其后所要进行的工作便是“翻译”（translation）。这些术语很自然地将这些遗传过程类比为一个抄写员做的工作。但事实上，这些过程完全是化学过程，作为一个化学体系中的物质，它不可能同时扮演信息载体的角色。反过来说，分子遗传学毕竟是关于生物大分子在生物遗传过程中功能及作用的研究，每一个大分子元件都扮演了相应的功能角色，表现出稳定的对应性，从这个语境讲，这些隐喻手段的运用似乎是情有可原的，也是可以接受的。梅纳德·史密斯就认为将遗传过程比作信息传递是恰当的。他写到“有哪种观点说化学过程不是运载信息的符号？为什么不呢？如果信息可以通过声波来传递，抑或是电线中的波动电流，那么为什么不可以是化学分子呢？”[①]的确，化学分子在遗传活动中通过一系列的规律性地组合，最终指向具体的蛋白质。这一过程构成了“意义”的传送通道，十分接近于一个信息系统。因此，由化学分子在生物层面构成的信息体系是可行的，而这种从化学体系中抽象出来，用以在生物学解释层面生成信息概念的方法也是合理的。

尽管如此，信息概念的引入仍然存在一些障碍。

首先，在整个信息过程中，有多少生物现象源自原始信息所提供的“意义”？就微观层面而言，就像前面提到过的蛋白质多级结构，其中原始信息的成分只能占到一级，这决定了初始的遗传信息对于最终的蛋白质表述并不具有完整性和决定性。而在宏观层面，环境因素对生物个体乃至群体的影响与先天的获得性遗传因素的区分很难界定，尤其是在一些生物行为上的描述，这也是为什么分子生物学在解释进化时总是存在证据不足的原因。如果将进化划分为基因的、选择的以及形态学的三个层次，那么，第一个层次积聚大量的符号表述，而选择的层次则明显变得复杂化，伴随着无意义的信息只有很少的符号序列从这个符号库中被选出，这一套机制的量化往往只能以随机来解释。而在形态学的层次，几乎所有的数学量化难度都叠加在一起，面对庞大的“意义”库，跨越

① Maynard-Smith J. The concept of information in biology. Philosophy of Science，2000，67（2）：177-194.

前两个层次对形态学层次进行符号的准确表述可以作为一种尝试，但目前可能还不是一个好办法。

其次，语言学的局限。通常在提到基因的信息化时，人们会很自然地想到可以通过语言学方法对这个体系加以规范和整理。但在将基因作为信息描述的时候，有一个事实，那就是在这个系统中最小符号单元的数量十分有限，而要描述海量的“意义”必然会造成符号体系的过分膨胀，而单纯的符号化手段又并不足以解释哪些“意义”被采用，哪些“意义”是不表达的。因此，整个基因信息成为了庞大的字符库，里面的信息杂乱无章，就好像是没有空格和标点的字母文字，这些“空格”和“标点”就是控制符，是“意义”的起点或终点，是形成“意义”的关键。但是，在基因信息符号体系内，很难对那些“空格”与“标点”进行有效界定，许多生物学中的机制很难被还原为语言的机制，这也就是说，单纯语言学方法的应用是不现实的。

再次，过程中变与不变的解释困境。作为决定蛋白质功能的氨基酸序列除了固定的碱基序列外，还需要依靠化学的键位以及物理的构象。物理、化学的解释对于生物层面的解释具有最终的支撑作用吗？我们应看到，如果在整个翻译、转录、表达过程中发生了某些变化，最终表达的产物也会发生相应的变化，但是物理、化学的解释中所依据的法则是恒定的。也就是说，在生物过程的解释中，物理、化学的解释是必要但不是决定性的。举例来说，在遗传信息的框架内，突变的原因可以解释为符号序列的错配，但也有可能是某些物理、化学原因引起的结构变化。我们可以用物理、化学法则来说明这些变化过程，但是并不能说明其原因以及最终导致的后果。对这种变化说明的不对称致使基因信息的概念无法对遗传的变化过程提供有效的解释。

最后，符号间的相互规则。在碱基序列中，有时存在一串序列作为开关来调控其他序列段的复制、转录等过程，我们将其称为调节基因。这是一个奇特的机制，比如基因 *A* 控制基因 *B*、*C*、*D*…，*B*、*C*、*D*…又控制其他的基因，这无异于在固有的“意义”之外增加了相应的对其他“意义”的选择功能，也就是说，除了表达层次的“意义”，这些符号还要体现调节层级的含义。这种特殊的机制无疑将意义表达的结构复杂化，基因信息符号已不仅仅是信息的载体，其本身也有可能成为信号的发送者。鉴于这种特性，符号体系的语义结构的复杂化不可避免。

由于以上原因，最终的关联机制存在不确定性。德特斯克（Dretske）曾经提出一个“信道条件”（channel conditions）的概念，如果一个变量 *A* 与另一个变量 *B* 发生关系，那么，我们可以说 *B* 载有关于 *A* 的信息。[①] 例如，出现了相应的云会导致下雨，那么这种云便载有了雨的信息，它同下雨相关联。可以说“信道条件”的存在是形成有效解释的语义关联枢纽。但现实是，在基因信息与最终现象的关联机制中，由于不同层次存在的关联变量，使得基因信息的“信道条件”无法达成简单的线性对应。因此，虽然说基因能够作为信息载体，但是将其作为有效的解释依据却有些勉为其难。我们应当看到，基因文库作为一个庞大的信息库，包含了所有的意义，我们可以将其视为一个语义源。而对于语义的选择与判读却是由另一套信息输入机制所控制的，不同层次的信息调节共同决定了最终的语义表达。从这个角度来看，基因信息的意义不言自明，事实上它作为生物学的基础是可行的，真正的问题在于基因信息是如何被编码的。无论是自然选择、种群隔离等宏观机制，抑或是诱发变异这种微观的机制，这些学说无疑都是对基因信息进行编码的一种机制，不过是水平与程度上的不同罢了。

3. 基因解释的意向性

根据细胞学说，每一个细胞都包含完整的基因文库信息，并且，干细胞还有随时分化成为具有不同功能的细胞的能力。那么这里就存在“意向性”（intentional）的问题，即在不同情况下，细胞的生产会做出不同的调整。进一步讲，由氨基酸序列以及一定的结构所构成的蛋白质已经不再作为信息的载体，它既可能是一种酶，也可能是一种功能纤维，它所表现出的功能成为其自身的唯一解释。所以说，碱基序列是唯一具

① Dretske F. Knowledge and the Flow of Information. Cambridge：The MIT Press，1981：111.

有意义传递功能的信息载体。作为一个信息载体，其最终的表达调节是“任意的”（arbitrary），并可以根据一定的外部反馈对自身的发生过程在一定范围内做出相应调整。这种观点与克里克（Francis Crick）在1968年提出的冻结机遇理论（Frozen Accident Theory）有关。根据这一理论，遗传密码随意发展，直到当前密码的配置（密码序列）趋于稳定，自此之后，密码停止发展，因为其“选择有利性”已经达到最佳，任何密码的变动都有可能造成这种有利性的丧失或减少。也就是说，在环境稳定的情况下，子代的密码序列会直接继承祖先已经确立的配置，而环境一旦发生变化，密码的自由发展又开始启动，直到重新达到选择有利型。这种解释与达尔文关于稳定者生存的论断不谋而合，但整个过程的发起者变成具有遗传功能的连续分子结构，或者简单将其统归为基因。自然的选择转化为基因的自我尝试与适应，于是，基因本身具有了意向性。畅销书《自私的基因》的作者理查德·道金斯（Richard Dawkins）就倾向于这样的观点。如果说经典遗传学的核心理论是自然如何在成千上万的多样性物种中选择最后的生存者的话，那么，在分子遗传学的基因解释中，基因本身成为主动应对变化并做出改变的决策者，这一活动本身是意向性的。当然，这种观点也面临着挑战。例如，贝蒂（John Beatty）的偶然性进化假说就认为，新改变的基因与“规范”的基因在进化过程中的机遇是同等的，遗传密码的变化是高度随机的，并进一步认为，整个生物学的规律都是随机的。① 萨卡尔（Sahotra Sarkar）也提出具有相似挑战的观点：如果一个关于 s 如何导致 σ 的理论不能排除不同的 s' 导致 σ，那么 s 只能被当作 σ 的“征兆”（sign）。在这个观点看来，几乎所有的生物化学关联都是任意性的。生物化学理论只与特定的反应有关而与进化中的选择无关，可以说其理论构架是排斥选择的。② 不过，最近也有观点认为，在化学上表现出的任意性并不影响作为表达遗传代码的语义信息

---

① Beatty J. The Evolutionary Contingency Thesis//Wolters G，Lennox J. Concepts Theories，and Rationality in the Biological Sciences. Pittsburgh：University of Pittsburgh Press，1993：45-81.

② Sarkar S. Information in genetics and developmental biology：comments on Maynard Smith. Philosophy of Science，2000，67：208-213.

对于生物过程预期的确定性，化学的任意性对于分子遗传理论的语义关联并不是必要的条件，遗传密码在化学上的任意性对于基因序列所蕴含意义的影响既不充分也不必要。①

由以上可知，化学过程的任意性对于遗传信息的影响微乎其微。尽管在化学上的反应有多种可能，但是在真正的生物过程中，它只能按照确定的方向进行。由此，我们可做出这样的判断：在化学规律的基础上，基因本身具有意向性。当然，这里说的意向性并不代表确定性，正如遗传密码的意义关联是动态平衡的。意向性的信息过程就像从基因所携带的各种可能表达的信息中选择一个更好的竞争者，更进一步说，一个独特的意向性尝试或语义信息实质上是基因信息在表达错误或是误读的情况下获得的新意义。②生物体经过亿万年的演变所获得的基因结构可以说是目前最佳型的基因结构。因此，在确定状况下，遗传信息的意义是稳定的，这为利用遗传信息预测生物发生创造了条件。同时，当环境的反馈发生改变时，信息表达的调整也会表现出相应的意向性。当然，意向性并不意味基因的决定论，它本身是一个十分弱化的概念，不能将其纳入信息控制论的范畴来讨论。这也是为什么之前一再强调分子遗传信息体系只是一个类信息系统，不能将两种概念混淆。

总之，基因信息作为语义的载体，对于进化机制的说明以及对于经典遗传学说的支持有着不可估量的作用。在分子语境与经典遗传学语境下，理论的语义结构截然不同。分子语境下基因解释的概念主体始终是有具体生物功能的蛋白质和功能纤维等大分子。在这种语义结构中，意义被限定于具体的功能语境中，化学与物理上的可能性在这样的语义结构中受到限制而仅仅提供最基本的合理性解释，在此基础上的理论语义结构的构成规则才是形成有效解释的核心所在。尽管作为基因信息的意义指向并不是恒定的，但是由于非稳定环境下的基因信息表达在固定规则的规定下始终是趋于稳定的，因此，基因理论的语义结构是稳定的。

---

① Stegmann U. The arbitrariness of the genetic code. Biology and Philosophy，2004，19：219.

② Sterelny K，Griffiths P E. Sex and Death：An Introduction to the Philosophy of Biology. Chicago：University of Chicago Press，1999：104.

我们可以将分子生物学理论的语义结构理解为被建构出的用以表示一定关系的规则，并在限定条件下推测可能导致的结果。虽然基因信息是抽象化的概念，但在以其关联规则为基础的语义结构中，意义的指向根据相关环境反馈体现出带有一定意向性的调整。因此，可以认为基因信息理论稳定的语义结构是分子生物学理论的基石，是一种通过抽象概念构建的稳定语义结构，用以形成倾向性解释的说明机制。

四、结语

对于饱受诟病的生物学理论来说，它所面临的往往是传统的理化科学范式的责难。对于理论范式相对滞后的生物学，宽容显得尤为重要。从形式化的角度讲，生物学理论中的某些部分确实在尽力模仿这种表述传统，如经典遗传学已经做得很成功。但从另一个角度讲，生物学只是一种藉进化理论维系的相对松散的知识结构，将其统一于某种规范的表述框架中的必要性与可能性几乎不存在。制约这种必要性和可能性的因素有以下几点。

（1）假说语境的不可通约。每种学说的语义关联只有在其学说语境中才具有语义指向的合理性，具体表现为不同语境间，最小语义单元在语义内涵上的显著区别。

（2）理论解释的层次性与上下层级的依赖性。生物学理论的层次性决定了其解释是多元化的，并且表现出很强的相互解释依赖性，这种交互影响的多元体系的说明机制，最终从整体上保证了生物学理论体系的逻辑自洽。

（3）语义结构的复杂性。单一解释元中的意义结构虽具有相对的稳定性，但各自复杂的变量机制使得在解释元的语义关联网络中，其意义的关联难度指数性增加，从微观变化到宏观表象的语义关联机制很难被准确把握。

（4）功能性解释本身的局限。功能性解释是通过外在表象与内在变化来建立的语义表达关联。将化学中的功能解释方法引入生物学具有一定的合理性，但生物学中的功能性解释由于建立在不明确机制（各种功能假说）之上，语境之间的干扰使得意义通道的指向性并不稳定，解释是或然性的。

引入基因信息概念，可以帮助我们尝试突破以上这些限制。当然，这一概念的引入也将会与经典遗传学的研究范式造成某种程度的冲突。一个无法回避的根本问题是：目前越来越多的生物学家都赞同进化理论中的选择机制并不是建立在性状选择上，而是建立在分子遗传水平上。在这一平台上，作为语义载体的分子结构脱离了化学语境，成为一个专属生物学语境的语义群，自然选择过程转而成为信息语义的选择。原本排斥在外的行为、心理、思维也被纳入新的解释机制中来，这一机制甚至被用于社会学研究。这样就极大拓宽了生物学解释的范畴。不过，目前对于这些理论的验证还不完善，并且理论结构中的语义关联不具稳定性，所以其解释仍然是意向性的。而且，作为开放的类信息系统，外界环境信息的输入也是必须要考虑的问题，这为建立准确、有效的意义表达机制增加了难度。尽管如此，基因信息概念对于解释进化理论机制的作用还是不可估量的。

正如汤姆森所认为的那样，达尔文的进化理论框架由许多交互影响的理论所构成，框架内任何形式化的逻辑说明都必须把握这一交互性特征。理论结构的语义概念必须与其保持一致，而具体句法概念却并没这个必要。① 在这个观点的基础上，应进一步明确，生物学的进化理论框架是一个多元解释体系，直观性和实用性是其首先要考虑的要素，根据解释范畴来严格限定理论的运用代表了这种取向。因此，生物学理论框架是一个多元语境，不同语境的语义结构决定了不同的解释机制与解释取向，并且，这一特点并不会削弱生物学理论在整体说明机制上的逻辑有效性。

---

① Thompson P. The Structure of Biological Theories. New York：State University of New York Press，1989：97.

基因理论发展过程中的隐喻思维 *

20 世纪 60 年代以来，从隐喻的角度认识科学模型就已开始。布莱克在其著作《模型与隐喻》中提出相互作用理论。之后，玛丽·海西在其《科学的模型与类比》一书中将这一观点进一步加强。随后，越来越多的学者开始探讨两者之间的联系、区别以及相互作用等。从隐喻的角度分析科学模型已逐渐成为一种颇具影响力的理念，而作为分子遗传学的核心单位——基因，其丰富概念的演变恰恰是通过隐喻来向人们展示的，因此对基因模型与隐喻的关系进行探讨则显得十分必要。在这里，我们主要关注的是，隐喻是如何透过基因模型渗入科学、DNA 双螺旋模型建构中的隐喻思维以及基因模型构建过程中隐喻的方法论功能等问题。

---

* 本文发表于《科学技术哲学研究》2011 年第 5 期，作者郭贵春、杨维恒。

一、基因概念的转移与隐喻

隐喻同人的思维相联系，是人们产生新概念的重要方式。正是因为如此，隐喻进入科学哲学的研究视野之中。而具体到科学哲学中，隐喻同新概念的产生，或者说同科学模型的构建有什么关系，自然成了被关注和探讨的问题。借用布朗（T. L. Brown）的观点："科学中的隐喻起着解释和激发新实验的作用；模型是扩展了的隐喻，提升了隐喻的推演，同时隐喻又影响了对模型的理解和运用。"[①]很显然，布朗在这里提到了隐喻对科学模型的作用。但同样模型对隐喻也起着关键的作用。模型启发了科学隐喻的形成，或者说是隐喻通过科学模型渗入科学理论之中。而隐喻一旦形成，又反过来促使科学家去思考更多的问题，从而构建新的模型。隐喻与科学模型的这种相互启发作用促使了科学研究不断地走向深入，而这种深入在科学概念的转移和变化中得以实现。

库恩在其范式的不可通约性理论中解释，不同的科学研究范式之间是不可通约的，一旦新范式产生，一套新词汇和新概念也随之诞生。虽然库恩过多地注意到了不同范式之间的差异，甚至将这种差异绝对化为范式之间的不可通约，但是，他指出了科学中的一个事实——概念意义的变化和转移。

在这里我们关注的是"基因"概念是如何变化和转移的。我们认为应该是隐喻性地转移，或者说基因概念是依赖特定语境通过隐喻转移的。

概念具有具体和抽象之分，能够被肉体直接体验的称为具体概念，不能通过肉身直接检验的则为抽象概念。对于那些可感觉的具体概念，科学家们可以采用词语的字面意义加以表达，并且人们也可以不用借助其他术语就能理解它们的含义。但是，对那些不能被肉身直接感受的抽象概念，则需要借助具体概念的隐喻表达来实现对它们的理解。当人们所获得的知识发生变化时，具体概念与抽象概念所依赖的语境也都发生

① Brown T L. Making Truth. Urbana and Chicago：University of Illinois Press，2003：30.

了改变。对概念的理解也要进行相应的调整，概念的意义也就因此实现了变化。而这种概念意义的变化一定是在特定的语境（包含科学概念转移所依赖的整个背景等）中，依赖于隐喻实现的。基因概念也同样是依赖于特定的语境隐喻地发生转移的。

基因一词是英语 gene 的音译，是“开始”“生育”的意思。它源于印欧语系，后变为拉丁语的 gM（氏族），以及现代英语中 genus（种属）、genius（天才）、genial（生殖）等诸多词汇。[①]1909 年，丹麦学者约翰逊提出了基因这一概念，用以替代孟德尔的遗传因子概念，用基因来指称生物中控制遗传性状而其遗传规律又符合于孟德尔定律的遗传因子。我们首先来看约翰逊提出基因概念的语境。

1865 年，孟德尔提出“遗传颗粒”学说。但在当时并未受到人们的重视，直到 1900 年，孟德尔定律才被重新发现。休戈·德弗里斯、卡尔·艾利契·科仑斯、艾利契·冯·切尔马克－西森内格三位科学家分别在不同的地方，根据其各自的实验重新验证了孟德尔定律。约翰逊正是根据重新发现的孟德尔定律，在其再版的《遗传学原理》一书中提出了基因这一概念。显然，因以上三位的实验而重新发现的孟德尔定律构成了约翰逊提出基因概念的基础，成为他隐喻性地表达基因的源域。正是由于约翰逊认识到孟德尔的遗传因子的特性与德弗里斯泛生子的特性之间的高度相似性，他才采用了一个缩短了的泛生子（pangen）一词的衍生词——基因（gene）来描述遗传性状的物质基础。当他提出基因一词时，实际上已将“彼此分离”和“自由组合”隐喻性地赋予了基因，而基因的遗传特性都可在孟德尔定律中的遗传因子中找到隐喻表达的原型。因此，我们说约翰逊提出的基因概念只不过是对之前的孟德尔定律中遗传物质这一实体的隐喻性表达。而这种表达的意义就在于将具体的物质抽象化了，抽象化了的基因概念的出现对基因的物质结构、生化功能、物理性质等新的研究又起到了进一步的促进作用，关于基因的科学研究就是沿着这样一条线索进行的，而科学研究取得的新成就又构成了基因

---

① 白玄. 基因的革命. 北京：中央文献出版社，2000：25.

概念转移意义的新的模型框架。

1928 年，当摩尔根在其《基因论》中最终总结自己的理论时“认为个体上的种种性状都起源于生殖质内成对的要素（基因），这些基因互相联合，组成一定数目的连锁群；认为生殖细胞成熟时，每一对的两个基因依孟德尔第一定律而彼此分离，于是每个生殖细胞只含有一组基因；认为不同连锁群内的基因依孟德尔第二定律而自由组合；认为两个相对连锁群的基因之间有时也发生有秩序的交换；并且认为交换频率证明了每个连锁群内诸要素的直线排列，也证明了诸要素的相对位置”①。在这里，摩尔根对基因的阐述是隐喻性的，从字面意义上我们不能明确理解“基因互相联合，组成一定数目的连锁群”“相对连锁群的基因之间有时也发生有秩序的交换”“交换频率证明了每个连锁群内诸要素的直线排列”等。这些表述只有放在特定的语境中才能理解其中所包含的意义。虽然，可以借助孟德尔定律去理解“彼此分离”“自由组合”等，但是对“连锁群的基因”“有秩序的交换”“相对位置”等的意义，只能在新的语境中才能加以理解。在摩尔根提出其新的基因理论之前，1900 年威尔逊就明确表示细胞核是基因的载体；萨顿在其染色体理论中也指出基因是染色体的一部分，并使用了等位基因这一新术语；比利时细胞学家詹森斯也提出了染色体的“交叉型假说”等，这些理论共同构筑了一个模型框架，为摩尔根提供了对基因进行隐喻表述的源域。

随着遗传学、物理学、结构化学等学科的发展，基因物质基础——脱氧核糖核酸（DNA）的确定，DNA X 衍射照片的出现等，这些都构成了科学家理解基因概念的新的模型框架，形成了科学家重新理解基因意义的新语境。在新的语境下，1953 年，沃森和克里克建立了 DNA 双螺旋结构模型，并明晰了基因的半保留复制。在这种新的语境下，基因不再是经典遗传学中的抽象的、不可再分的遗传单位，而是以 DNA 作为化学实体的一个有遗传功能的片段。显然，这些表述也都是隐喻性的。随着科学语境的不断变化，遗传密码的发现、中心法则的提出、跳跃基因

① 摩尔根 . 基因论 . 卢惠霖译 . 北京：科学出版社，1959：18.

的出现等，这些隐喻性的理解又都极大地丰富和发展了基因的概念。

由此，基因这一概念隐喻构成了人类认知基因的基础，同时在其认知活动中发挥着重要且不可替代的作用。当约翰逊有意识地创造出“基因”这一科学隐喻时，其实已无意识地利用了常规隐喻系统的机制。从潜在的意义上看，此时“基因”提供了一种无限的言辞表达法序列。然而，当“基因”在语言中被现实化以后，就需要提出一个共同的语义学网络。在整个实践的过程中，只有特定的一部分——基因论、双螺旋结构、遗传密码等，在无限的言辞表达法序列中被最终的现实性转化，成为语言共同体约定俗称的确认。但是，“这个言辞表达法序列的其余部分随时都有可能在不同的语境中被引入言语系统”①。从这一意义上而言，概念隐喻本质上就是一种概念化以及依赖特定语境再概念化的过程。这也就是我们上文所要表述的：不同时期的基因概念之间有着明显的差异，而这种差异正是对它们所依赖的科学背景差异性的反映。科学背景的差异使得科学家理解基因概念的隐喻语境发生变化，固然依赖隐喻语境构造的基因概念也就随之发生变化，即基因概念依赖特定的语境隐喻地发生了转移。

综上而言，科学概念构成了科学认知活动的基础，隐喻构成了科学概念的基础。概念隐喻的认知结构构成了隐喻思维的基本组成元素，隐喻思维则实现了概念隐喻认知结构的整合和统一。而这种整合和统一是依赖于特定的语境而完成的。

二、DNA 双螺旋模型建构中的隐喻思维

科学模型作为科学理论的核心，其在科学创造中的关键作用，已被越来越多的科学哲学家及科学家所认可。深入科学的实践中看，我们不难发现，绝大多数科学研究的程序不是现象、实验、理论，而是现象、模型、实验、理论。构建模型成为科学研究中的一个重要环节，也成为

① 安军，郭贵春. 科学隐喻认知结构与运作机制. 科学技术与辩证法，2008，25（5）：43.

科学探索的捷径。面对复杂的事物，科学家往往是选择构建一个不完全等同于真实客体的理想模型，然后对模型进行研究，使得模型不再是原型的纯粹镜像式映射，而在某种程度上已经成为可以被科学家研究的对象。正如邦格（M. Bunge）所说，“一个系统的理论模型，它包括了它的一个模型，即实际或假象体系的表达图式”[①]。而模型对真实对象的简化及表征作用使其具有明显的隐喻特征。

科学模型的这种隐喻性特征正是建立在模型与原型的某些本质属性的相似性基础上的。虽然科学模型与原型之间没有必要必须满足外部特征、结构以及质料等方面的一一相似，但针对所要解决的科学问题，模型与原型之间在本质属性方面的相似性却必不可少。隐喻思维正是人脑通过对这种相似性的加工、处理，使得原本看似不相似的两个事物放置在一起，通过已知事物认识、理解未知事物的一种思维过程。显然，这种思维区分于归纳和演绎两种纵向思维，是一种由此及彼的横向思维。在 DNA 双螺旋模型建构过程中，隐喻思维发挥了重要作用。

使用建模的方式建立 DNA 的螺旋结构，判断 DNA 的双链结构，解决 DNA 双链之间的碱基互补问题，是沃森和克里克在建立 DNA 双螺旋模型中不可逾越的三个关键问题。正是对这三个问题的敏锐判断，使得他们成了这场科学竞赛的胜利者。而这三个问题的解决，隐喻思维都发挥了至关重要的作用。

在沃森和克里克建立 DNA 结构模型之前，美国的鲍林已经通过建立模型的方法成功建立了蛋白质 α 螺旋结构模型。正是这一事实的启发，使他们想到了用同样的方法建立 DNA 结构模型。沃森认为“没有理由相信用同样的方法我们解决不了 DNA 的问题。我们所要做的只不过是制作一套分子模型，开始摆弄就行了，如果幸运的话，DNA 结构可能也是一种螺旋。而其他构型就太复杂了。如果还没有排除答案是简单的这种可能性，就担心问题是很复杂的，那将是非常愚蠢的”[②]。此时，并不是归纳

---

① 马里奥·邦格. 物理学哲学. 颜锋，刘文霞译. 石家庄：河北科学技术出版社，2003：73.

② 詹姆斯·沃森. 双螺旋——发现 DNA 结构的个人经历. 田洺译. 北京：生活·读书·新知三联书店，2001：41.

和演绎这两种纵向思维，而是从蛋白质 α 螺旋模型到 DNA 螺旋模型，从特殊模型到特殊模型的横向隐喻思维发挥了作用。也正是这种理性与非理性相互交织的横向隐喻思维，使他们得到了正确的方法，并准确确立了 DNA 结构的螺旋性。而当时的罗莎琳德·富兰克林认为“并没有什么证据证明DNA结构呈螺旋状”[①]，并且认为只有通过对DNA的X射线图谱的分析才能最终得到 DNA 的真实情况。然而，她却没有能够第一个到达比赛的终点。

在 DNA 双螺旋模型被提出之前，沃森和克里克、波林和科里以及弗雷泽都提出过 DNA 的三链结构模型。但是这些模型最终都没有完成对 DNA 的准确表征。正是双链结构的确立，使得沃森和克里克能够在这场科学竞赛中领先于其他选手，而双链结构的确立又是隐喻思维作用的结果。一次偶然的机会，让沃森认为“生物界频繁出现的配对现象表明我们应该制作双链模型”[②]。这充分体现了隐喻思维在科学发现过程中的启发性功能以及发散性和创造性特点。同样，在解决碱基的互补问题时，又是模型的隐喻性特征发挥了作用。在缺乏具体的金属原子模型时，沃森用纸板制作了碱基模型。正是通过对这种简单模型的无意间来回拼凑，移来移去，使他发现了嘌呤和嘧啶之间的配对关系。这种从纸板模型喻体到碱基分子本体之间的建构性桥梁作用正是隐喻思维来完成的。

总之，DNA 双螺旋模型建构的过程，体现了从科学隐喻到科学模型，从非严格逻辑到严格逻辑，从无意识的直觉性到意识性突出主体建构的特点。尤其是在面对基因这种尚未被认识的对象时，隐喻思维的启发性、发散性和创造性等特征都突出性地体现了其重要作用。也正是具有以上特征的隐喻思维，构成了人类传统的归纳逻辑和演绎逻辑这两种纵向思维的必要补充。这也许就是为什么沃森和克里克在其《核酸的分子结构——脱氧核糖核酸的一个结构模型》一文中，最后说到：“当我们

① 詹姆斯·沃森．双螺旋——发现 DNA 结构的个人经历．田洺译．北京：生活·读书·新知三联书店，2001：75.

② 詹姆斯·沃森．双螺旋——发现 DNA 结构的个人经历．田洺译．北京：生活·读书·新知三联书店，2001：138.

设计我们的结构时，我们并不知道那里提出的结果的细节，我们主要是根据已发表的实验数据和立体化学的论证，但并非完全根据它们。”①

三、基因模型构建过程中隐喻的方法论功能

基因这一概念隐喻的形成，促使了生物学家对基因的物质结构、生化功能、物理性质等问题的不断研究，促使了生物学家对基因模型的不断构造。而新的模型的建立又会启发新的科学隐喻的形成。正是模型与隐喻的相互启发作用，促使了生物学家对基因的研究不断走向深入。那么我们就有必要探讨基因模型构建过程中隐喻的方法论功能。在这里我们主要探讨一下隐喻对科学理论的发明功能及表征功能。

1. 隐喻在基因模型构建过程中的发明功能

基因这个概念隐喻的提出，是约翰逊认识到了孟德尔因子和德弗里斯的泛生子行为的高度相似性，采用了一个缩短了的泛生子的衍生词——基因而来。但是，约翰逊在提出基因这一概念隐喻时，并不承认基因是物质的，他只承认基因可被用做一种计算或统计单位，正是在这一点上，它满足了表明遗传单位技术术语的要求。基因一词很快地通过常规化的过程成为遗传学范式的基本要素。在这里，显然，基因概念隐喻的意义发明是先于其指称的。这种先于指称的意义发明及其给定的不完备解释，对探索基因的未知领域具有明显的引导性和借鉴性。

在约翰逊那里，基因虽然满足孟德尔的遗传因子分离和自由组合定律，但是它仅仅是被定义为一种不可见的遗传亚显微单位，基因的本体论问题并未得到解决。正如上文所言，摩尔根正是沿着这一问题的主线，在新的科学语境下，隐喻性地提出了他的“基因论”。基因论不仅说明基因是染色体上的一部分，而且提出了他自己发现的连锁和交换定律，同时还包含了孟德尔的遗传因子分离和自由组合定律。这时，基因本体论

① 沃森，克里克．核酸的分子结构——脱氧核糖核酸的一个结构模型．庚镇城译．自然，1953,(4356)：737.

问题的研究已向前迈出了很大一步。同时，基因这一概念隐喻也已挣脱了原有的语义，得到了一个新的理论创造。也就是说“在一个给定的语境中，特定‘语义单元’（semantic unit）的运用可能完全不同于它的起源意义”，“而新的理论创造恰恰是对旧的语义规则的突破，是新的语义概念在语形中引入的结果”。

简而言之，一个隐喻的意义发明是先于其指称的，而这种先于指称的意义发明在不同的语境中可以实现有效的交换。也正是在不同语境中隐喻的创造性的发展或变革导致了科学理论的变革。

2. 隐喻在基因模型构建过程中的表征功能

科学理论的表征是人们对世界认识的表达方式。在科学研究的过程中，不同领域的科学家，在各自特定的语境中，借用专业术语、符号化语言或科学模型隐喻性地完成了对世界的理论表征。“许多科学哲学家都承认，隐喻是对特定科学实体、状态或事件的术语表征。”[①]DNA 双螺旋模型作为一个本体论的隐喻，其建立的过程体现了隐喻的科学理论表征功能。

1951 年，那不勒斯生物大分子会议上的一张照片——威尔金斯的 DNA 结晶体 X 衍射图谱，坚定了沃森和克里克寻找 DNA 结构的信念。因为这张照片说明“基因可以形成结晶，因此基因可能具有规则的结构，而通过简单的方法就可以测定基因的结构”[②]。在此之前，美国的鲍林通过制造模型成功发现了蛋白质的 α 螺旋结构，启发了他们用同样的方法来建立 DNA 分子结构模型。同年冬天，他们着手建立模型，并建立了 DNA 分子的第一个模型——一个三链模型。虽然这个模型“似乎与莫利斯和罗西的 X 光衍射图谱相符”[③]，但是把参差不齐的碱基排列和组装在这个模型上就无法得到一个规则的模型。这个模型最终失败了。

---

① 郭贵春．科学隐喻的方法论意义．中国社会科学，2004，（2）：7.

② 詹姆斯·沃森．双螺旋——发现 DNA 结构的个人经历．田洺译．北京：生活·读书·新知三联书店，2001：26.

③ 詹姆斯·沃森．双螺旋——发现 DNA 结构的个人经历．田洺译．北京：生活·读书·新知三联书店，2001：71.

然而，无论成功与否，这个三链模型构成了基因隐喻的表征，它允许我们指称基因这种可能的测量对象。同时，这也说明了科学隐喻作为一种可能测量对象的表征时，它们之间并不存在绝对的一一对应关系，而只是给出了某种科学认识的可能趋向。但是无论这种可能的趋向是被最终证实抑或是证伪，都是隐喻的表征功能所引导的结果。

三链模型的失败使沃森和克里克的工作一度陷入困境。但当沃森看到 DNA 的“B 型” X 衍射照片时，坚定了他认为 DNA 分子是一种螺旋结构的想法。在无法确定 DNA 应是单链、双链、三链或者三链以上时，科学类比这一隐喻思维起到了作用。生物界频繁出现的配对现象隐喻性地启发他们建立了双链模型。当他建立了一个符合 X 射线图谱的外部骨架时，内部的碱基排列及键合问题成了关键。此时，模型的隐喻性表征发挥了作用。用纸板制作的碱基模型完成了对碱基排列的表征，最终使他们建立了具有强大解释力的 DNA 的双螺旋模型。

显然，在 DNA 双螺旋结构的发现过程中，沃森和克里克的那种隐喻性的直觉与在具体测量基础上的表征并没有非此即彼的对立。从最初建立三链模型中螺旋结构的确立，到尝试建立双链模型，再到最终确定嘌呤和嘧啶之间的配对，都体现了隐喻的直觉性与表征的逻辑性这二者在科学发现中的一致性。

从基因概念发展及 DNA 双螺旋模型建立的过程中，我们不难发现，“基因”这一本体论的隐喻通过指称基因这个特定的测量对象，扩张了人们的经验，并构成了其理论表征的基础。而这种对基因的表征是依赖隐喻不断地调整，并在特定的语境中被人们所选择的。

四、结束语

本文通过对从“基因”的提出到 DNA 双螺旋模型的建立这一时期的基因概念演变的分析，说明了基因概念隐喻构成了对基因认知活动的基础；概念隐喻的认知结构构成了隐喻思维的基本组成元素；概念隐喻认知结构的整合和统一是依赖于特定语境，借助于隐喻思维来实现的。

而隐喻思维的启发性、发散性和创造性特征，在科学认知的过程中，尤其是有些科学模型的建构过程中，扮演着十分重要且不可替代的作用。DNA 双螺旋模型的建构过程，就充分体现了从非严格逻辑到严格逻辑的进展，从无意识的直觉性到意识性突出的主体建构。从而说明了隐喻思维是对传统的归纳逻辑和演绎逻辑这两种纵向思维的必要补充。隐喻思维对于基因概念发展的这种重要性，使得我们有必要继续探讨隐喻在基因模型理论发展过程中的方法论意义。因此，文章最后一部分简单地分析了基因模型构建过程中隐喻的说明功能以及表征功能。

正如上文所言，隐喻的基础性特点以及隐喻思维的启发性、发散性和创造性特征，使得隐喻在科学认知活动中具有重要的方法论意义和价值。然而，在具体的科学解释中，对隐喻方法论意义的探讨又无法脱离语境。因此，从语形、语义、语用统一的层面去探讨科学隐喻的生成、本质、功能和意义等问题，将会是科学隐喻研究的一个必然趋势。

生物学哲学的两种理论维度*

现代综合进化理论通过或多或少带有隐喻性质的概念因果关系以及自然主义的解释，树立了完整的进化全貌。这也是生物学哲学研究中偏重于概念研究的原因之一。抽象化的理论实体虽然以带有实用主义色彩的解释功能完成了认识上的壮举，但是它所塑造的因果关系不但没有成为铁律，反而在分子生物学开创的新概念空间中面临愈来愈多的挑战。可以说，在现代综合理论成形前后，进化生物学无论在方法上还是机制的因果性上，都受制于其本体论的零假设。但与此同时，这也为生物学哲学以及理论生物学家们预留出了充足的讨论空间。现代综合理论之后的时代，出现了新一轮的理论重构期。在这期间，生物学哲学研究将主要的精力放在了对原有概念的再评价上，并逐渐形成了两种主要的理论维度。

---

* 本文发表于《哲学研究》2011年第11期，作者赵斌、郭贵春。

一、现代综合进化理论之后的生物学概念重构

现代综合进化论奠定了现代生物学以及生物学史观的认识基础，在生物学史上具有重要的历史地位。不过，在现代综合运动到达其顶峰的同时，分子生物学研究也获得了突破性的进展。这一切构成了又一次理论重构的经验基础。

1. 分子进化的概念重构

首先，在现代综合进化论完成了进化思想的一次大统一之后，分子生物学的进展又为生物学家以及生物学哲学家们打开了另一扇认识的大门。这里所涉及的时代主要是 20 世纪 70 年代末期至今的这段时间。实际上，现代综合理论带来的理论统一效应并没有持续很久，一些新的理论观点便纷纷涌现。首先要提的是木村资生（M. Kimura）的中性进化理论。费希尔（R. Fisher）的“自然选择的基本原理”认为，适合度的瞬时变化率与该时的适合度遗传方差相等，而遗传方差是通过最小平方进行定义的，其精确性仅适用于十分简单的条件下，但针对大量关于选择是如何进行的问题只能做到近似的说明。① 而木村资生在此基础上，对于微观分子领域的选择作了明确的界定，即认为在分子领域的进化性变化是中性的。② 这一大胆的假设真正奠定了分子进化学说的基础。不过，在很大程度上木村的这一主张还是一种零假设，依然无法弥补自达尔文以来的本体论漏洞。这实际上是过度模型化带来的负面效应，即永远是通过数据反馈来进行理论修正，而修正又是基于零假设的条件，理论化成为从一个原点到另一个原点的游戏。真正推动它前进的其实还是来自经验的知识，尤其是近些年来在分子生物学研究中的一些突破。

其次，一些生物学家试图通过分子的概念来取代现代综合的概念

① Crow J F. Perspective：here's to fisher，additive genetic variance，and the fundamental theorem of natural selection. Evolution，2002，86：1313-1316.

② Kimura M. Evolutionary rate at the molecular level. Nature，1968，217：624-626.

因果关系。其中比较激进的学者当属道金斯。他运用分子的概念重建了进化的因果性，即“自私的基因”所推动的进化。这里将他作为分子遗传学说的一个典型，因为在本质上，他为世人所揭示的进化原因依然是“复制子”式的遗传，只不过这里的复制子变成了基因。道金斯在《自私的基因》中模仿达尔文的写作方式，通过一幕幕的案例来证明进化的主角是包含了遗传信息的DNA，而生物体不过是它们用以复制和传播它们自身的载体或媒介。应该说，这一类观点很大程度上颠覆了迈尔所奠立的种群选择观。在这个新的概念因果关系中，物种甚至个体都已经不再作为原因（围绕这一问题在生物学哲学中形成了关于选择单元的争论），它们只不过是作为基因实现它们目的（复制和传播）的手段。而进化的定义也从种群频率的变化变为基因频率的变化。不过，相对于现代综合理论，这些变化不过是概念上的，而不是结构上的，特别是从孟德尔开始的“复制子”遗传学的模式并没有被打破。在理论的因果结构上造成的唯一不同是，原有单一的选择原因被多级的自然选择所取代（围绕这一问题在生物学哲学中形成了关于选择层级的争论），即自然选择发生于生命的不同层面或阶段上。并且，围绕这一议题，生物学哲学家们纷纷展开概念上的讨论与研究。例如，大卫·赫尔（D. Hull）就对此进行了更为深入的分析。在他看来，一个复制子是指“在复制过程中可以将自身结构直接传递下去的实体”，而一个交互子是指“能够相互作用从而形成作为整体的内聚体并通过所处环境表现出复制差异的一类实体”[①]。而之后还有一大批生物学哲学家[②]对这些概念作了进一步的澄清与改进，但是复制子与媒介的解释结构被保留了下来，同时选择的层级问题也被广泛地接受。

最后，正如前面所述，分子进化学说在很大程度上继承了现代综合的理论框架，尤其是在概念因果结构上，概念上的变化要多于结构上的变化。但是，在一些进化的过程表述上却越来越表现出与以前的不同，并且这些不同主要是针对进化的本体论问题，也就是说，我们所看到的

---

① Hull D L. Individuality and selection. Annual Review of Ecology and Systematics，1980，11：318.

② 包括布兰登（R. N. Brandon）、斯特瑞尼（K. Sterelny）、格里菲斯（P. E. Griffiths）、劳埃德（E. Lloyd）等。

生物世界是通过一种有序的自然选择方式逐步作用而来的，还是通过某些重大的机遇性事件偶然达到的，即梅纳德·史密斯（Maynard-Smith）所称的“进化的重大转变”。[①] 类似于从原核生物到真核生物的转变，都称得上是进化的重大转变。而这些问题实际上是在探究那些进化中的重大优势性状是如何发生的，即选择的本体问题。如果说达尔文告诉我们生物自身是通过选择从低级生物演化而来的，那么类似问题则涉及这一切是如何发生的，包括在还没有基因的时代。当然，为避免鸡生蛋或是蛋生鸡的本质追问怪圈，梅纳德·史密斯还是使用了各种“类基因”的概念来形容那些生命信息的携带者，探讨由化学结构所表征的信息排列组合以及自我演化的可能性。[②] 而作为分子进化的本体论源头也被定义为化学上的演化。

进化学说在分子层面的概念重构曾经在定位上引发了巨大的争议。最著名的要数赫尔与沙夫纳（K. Schaffner）有关将经典遗传学还原至分子遗传学的争论。赫尔认为，尽管表现型性状可以翻译为对应的分子特征，但是，由于经典遗传学与分子遗传学之间存在的巨大通约鸿沟，这种还原是不可能的。[③] 而沙夫纳则认为，确定基因表达的分子机制需要经验的调查，而就所对应的表现型来说，经典遗传学所能解释的遗传关系，分子遗传机制同样可以解释[④]。在这场争论中，双方实际上是关注于基因表达的机制。这一机制问题实际上牵扯到很多经验议题，而真正有关科学发现的方法是解释形式的还原论；但形式的还原还明显无法跨越经验认识的鸿沟。因此，在基切尔那里，经典遗传学与分子遗传学之间的关系成为“解释上的拓展”。[⑤] 分子遗传学的理论针对原有的遗传理论作了

---

① Maynard-Smith J，Szathmary E. The Major Transitions in Evolution. New York：Oxford University Press，1995：6.

② Maynard-Smith J，Szathmary E. The Major Transitions in Evolution. New York：Oxford University Press，1995：59-78.

③ Hull D. Philosophy of Biological Science. Englewood Cliffs：Prentce Hall，1974：39.

④ Schaffner K. Discovery and Explanation in Biology and Medicine. Chicago：University of Chicago Press，1993：439-444.

⑤ Kitcher P. 1953 and All that：a tale of two sciences. The Philosophical Review，1984，93：371.

进一步提炼与扩展。[①]尽管这样，基切尔的还原观点还是受到了许多质疑。关键在于，在两种不同的解释形式中，染色体与碱基序列构成的基因实际上并不是作为独立的理论实体进行比较的，而是它们各自所代表的因果机制。这一类还原问题放在两种机制的解释形式的绝对还原立场上是不可能实现的，因为它们处于各自的假说混合体中，本身已经形成独立的因果性概念关系。从形式还原的角度讲，它们缺少起码的概念的本体论相同基点。但从机制解释的角度讲，它们又各自提供了一种认识的维度，或者说是各自理论存在的语境性；尤其是在分子机制下，为一大批生物学家和生物学哲学家提供了进一步构造生命进化的因果空间的平台。这方面问题将会在后面探讨。此外，从方法的层面讲，对于生物学的实践来说，分子的视角和孟德尔式的传统视角，它们作为方法是对等的，并且在解释进化机制方面是连续统一的。它们都是在达尔文选择机制基础上各自发展出的相对独立的概念体系；尽管存在许多结构上的区别，但是在整体机制上它们又惊人地相似，比如它们都基于复制子式的遗传。

2. 进化发育解释的兴起

在现代综合进化理论中，发育生物学被置于从属的甚至是可有可无的地位。在现代综合运动所建立的理论大厦中，发育过程不过是被定义为执行基因信息并构造相应表现型的过程，而遗传过程与（基于自然选择机制的）适应过程是其中最为重要的过程。由于这三个过程在现代综合进化论的理论蓝本中是彼此相对独立的过程，因此，可以认为现代综合的进化理论体系是割裂的，只有在相关进化模型的图景中，这一理论才具有统一的基础。所以，在很长一段时间里，生物学理论给人的印象往往是一些离散的规则或规律集合。不过，进化发育解释的支持者们在20世纪后期注意到了这一点，并提出用发育的解释来取代复制、遗传以及适应这样的生物循环。

---

① Kitcher P. Explanatory Unification and The Causal Structure of the World//Kitcher P，Salmon W. Scientific Explanation. Minneapolis：University of Minnesota Press，1989：440-442.

事实上，进化发育解释所发起的挑战主要是从概念本体论角度的基础上展开的。首先，相较于复制子式的遗传过程，发育解释强调遗传过程不过是发育模式的跨代可靠重现。其实作为遗传传递对象的概念已不再是复制子，而是生物的“模式构造说明”。格里菲斯（P. Griffiths）甚至对适合度概念也进行了重新定义。在他看来，适合度已不再是生物适应生存环境的体现，而是其发育系统再现自身的能力。① 其次，在发育的过程方面，发育的可塑性逐渐取代了原有变异机制的位置，发育过程才是变异的真正主要来源。原来作为变异原因的基因突变以及重组实际上只是作为生物体内部的变化诱因，由于这一机制仅限于生物体内部而与外界环境相对隔离，所以单纯将其作为变异产生的机制并不令人信服。而发育解释则反对单独地将生物个体作为发育的研究对象，其以“场”论的形式表达出环境与生物发育机制的高度契合。在某种程度上，发育的解释实际上是以（结合内成论与外成论的）系统论的形式来解释生物多样性的产生。最后，适应过程是解释生物如何在进化中生存下来的关键一步。在现代综合所依赖的自然选择中，种群单元在适应中起到至关重要的作用。但是在发育的解释中，种群甚至是个体之间的界限不复存在，一切参与形成有机体结构的内成因素以及外成因素统称为一个发育系统。并且，在现代综合理论的自然选择机制中，选择是基于稳定的性状或变异而运作的，生物体或有机体处于被动适应的状态。而在发育的解释中，生物体或有机体自身的“可塑性”或“演化性”赋予其一定程度的主动适应能力，是一种“自我塑造”② 的过程。有关这三个过程的观点并不是必然绑定的，而且它们的使用界限也比较模糊，学者们对它们的采纳充满了选择性。

总之，在进化发育的解释中，进化的本体论基点一定程度上从复制子转移到了发育系统这样的系统论观点上。其进步意义在于，原来割裂的遗传、发育、适应过程完全被统一在发育系统的解释维度之下，对限

---

① Griffiths P E，Gray R D. Darwinism and Developmental Systems//Oyama S，Griffiths P E，Gray R D. Cycles of Contingency. Cambridge：The MIT Press，2001：214.

② Keller E F. The Century of the Gene. Cambridge：Harvard University Press，2000：108.

于生物体内部的、内成的进化遗传解释的概念基础形成了挑战，同时对发育和适应的生物过程进行了比较彻底的整合。应该说，进化发育的解释对于现代综合理论的重构压力最大，因为其在本体论问题上做出了重大的调整。适合度、选择以及遗传等重要概念的定义都发生了巨大的变化，它们有的改变了意义，有的则是在使用上受到了限制。而最重要的一点是，它们是在一个完整的发育系统内而不是在各自独立的因果过程中，表达自身的完整含义。

二、现代进化理论综合之后形成的两种生物学哲学理论图景

在前面作了关于进化论解释的概念因果性的梳理之后，现在我们回到进化理论本身的哲学基础上。不论人们对于生物学的理解是怎样的，对于理论生物学来说，基于自然选择的进化假设无疑具有基础性的地位。当前的理论生物学和生物学哲学的研究焦点不约而同地将目光移向了如何建构一种更为合理的进化的理论基础即理论结构。并且，对于已经积累了相当丰富的经验知识的分子生物学来说，它将会是推动这一进程的最强动力，就像当年系统分类学对于达尔文建立进化学说的助推作用一样。

1. 基于信息的进化进程

实际上，这种形而上学假设应当说是复制子生物学模式的进一步发展。其基本假设是：生物体是一个由信息携带者组成的系统。这个系统的架构实际上十分接近于香农在 1948 年提出的“一般通信系统”，或者在一定程度上说，生物学的信息概念结构很大一部分来自信息论。但对于生物学来说最关键的问题在于：首先，需要什么样的信息理论形式；其次，哪些生物学客体、在多大程度上可以看作是信息的携带者。根据这些基点，目前的生物信息理论出现了两种图景，一部分人，比如梅纳德·史密斯和斯特瑞尼（K. Sterelny），持比较传统的主张，认为基因应成为这种信息携带者；而另一部分人，比如格弗列·史密斯、萨卡尔（S.

Sarkar)、格里菲斯，则主张应将信息携带者的概念扩展到更广泛的生物学层面，而不应局限于分子遗传机制上，至少存在一种更为多元的生物信息概念。就第一种比较保守的信息观点来说，其基本上还是在延续着之前提到的道金斯的基因传播思想，并且是一种比较容易令人接受的观点。毕竟 DNA 的复制机制很好地符合了信息系统中发送者、信道、接收者、信息终点的基本条件。但是，这种观念最为薄弱之处在于信息的起点即信息的来源。为满足这一信息观点所需要的条件，DNA 的复制机制必须是一个自组织的系统，并且这一机制对于外界环境是相对孤立的，唯一与外界联系的反馈途径便是被梅纳德·史密斯称为"通道条件"的环境机制。[①] 这种生物信息的概念实际上并不是特指某种信息的实体，它的定义很大程度上是由最终的信息终点也就是基因的表达所决定的。它表现出"解释的相对性"[②]，对于生物化学的语境具有极强的敏感性。这种特征实际上决定了其本体论性的来源，而其在机制以及方法上的因果性依然延续着之前所讨论的分子进化的传统。

第二种观点应当说是基于一种相对更长的因果链条。在这一途径中，信息传递不仅表现于遗传信息的复制与传播，最重要的是它已经超出了生物体的范畴，而更多地将多重环境的因素以及行为模式纳入其信息概念的机构中。在这种途径中有一个很关键的问题，那就是基因是否在这一漫长的链条中始终扮演信息载体的角色。对此，认为基因是主要信息载体的观点走向了基因决定论，而认为基因并不是唯一的生物信息载体的观念则走向了内成与外成机制相结合的生物信息观。比如除了作为遗传因子的基因，又衍生出了作为文化因子的米姆（meme）。虽然它们完全处于不同的语境之中，但都符合复制子式的解释模式，同样都作为信息的载体。

虽然这两种生物学信息观对于信息在生物因果机制中发挥作用的范围和程度的看法存在差异，但是究其本质而言，它们都是基于共同的

① Maynard-Smith J. Reply to commentaries. Philosophy of Science，2000，67：216.

② Sarkar S. Information in genetics and developmental biology：comments on Maynard-Smith. Philosophy of Science，2000，67：212.

形而上学假设。在这个概念空间中，语义途径无疑成为了抽象化表征的核心。作为其核心的信息的本体论基点很好地与进化论的解释形成相互依托。特别是对于生物学中的信息载体的语义化解释，进化论者给出了“重大转变”式的解释，这种解释认为，信息载体的起源应是化学的生成，其完全依赖于立体化学的语境；但是当“进化的重大转变”发生时，也可以说是由立体化学的动因所导致的偶然变化，其进化过程使得这些实体变得语义化，演变成为生命信息的载体，而此时这些立体化学实体本身的关联不在信息解码中发挥原因的作用。①

在这样的信息机制中，进化论形成了在语义层面上的抽象化。但对于信息因素究竟应当在多大的生物学范畴内发挥作用，这种争论至今依然存在。对于“短线”的因果机制来讲，其关注点集中于基因信息的复制与传递机制上，其宗旨更加符合香农的相对封闭的信息系统理念；而“长线”的因果机制则更加关注表现型与行为的外在表达以及它们与“通道条件”（环境）之间的互动。因此，就前者而言，其表述的信息概念在方法上是可编码的，而对于后者来说，由于其长线机制的复杂性，并且在长线机制中所依赖的信息载体不是同一的，所以我们需要对它们内成以及外成的通道条件的语境敏感性予以澄清。可以这样说，在基于信息图景的生物学框架中，语义学的方法起到了核心的作用，并且，随着生物学哲学研究的外向扩展，语境的分析也必须成为语义途径的必要支柱。

2. 发育的系统进化观

生物学中的系统论观念由来已久，只不过在大部分时间里，提及生物系统实际上都是针对生理学意义来说的。并且，在 20 世纪的进化综合运动中，生物系统的概念并没有在其中发挥任何重要的作用。而从 20 世纪末期开始，生物学理论的还原问题已经成为困扰生物学哲学的重大问题。所以，一些学者又试图回到系统生物学的道路上来解决还原论所无法解决的复杂性以及突现等问题。因而，关于生物系统的观念在最近 20

---

① Godfrey-Smith P. Information，arbitrariness，and selection：comments on Maynard-Smith. Philosophy of Science，2000，67：204.

多年的时间里发生了很大的转变，尤其是当它与现代的进化理论再一次结合时，彻底改变了我们对于生物系统及其起源的原有认识。

首先，系统的观念从亚里士多德起就被定义为一个“设计”的系统。而从赫胥黎开始，达尔文主义的“目的论”形式便开始流行起来，促使原有的形态学逐渐演变为生理学并影响了以后很长时间的生物学研究。因此，具有目的性的系统成为生物学系统的最好诠释。不过，当现代发育学研究的成果重新进入这一领域时，系统的概念发生了重要的转变，它不再是一个通过功能定义的具有特定标靶的自组织体系，而是一个可以自主发生并演化的发育系统。这里的系统被定义为一种可以自我调控并进化的理论实体。其次，系统概念的引入实际上也顺应了当下对于复杂性研究不断重视的趋势。通过系统的概念，可以很好地绕过形式还原的困境，同时也可以将发育学与遗传学统一起来，形成又一次理论综合。最后，系统进化的观念颠覆了分子进化的模式，基因的传递、复制与表达过程成为确保特定生物系统能够可靠重现的机制，而系统自身的可演化性取代原有分子的中性进化，第一次将外成因素与内成因素完整地纳入统一的单一理论中。

可以说，系统进化是与传统上的进化颇为不同的进化模式：它不仅仅依赖于传统的适合度概念，同时也引入了发育的可塑性概念。发育的可塑性在这一概念关系中发挥着重要的作用，它突破了关于新的表现型出现必然依赖于突变或重组的传统认识，成为系统进化的关键。发育系统的进化观开创了一种全新的理论基础，它甚至具有整合生物信息进化模式的潜力。不过，毕竟这里所说的发育系统实际上是一个高度抽象化的概念工具，对于它所代表的理论实体目前还很难给出明确的定义。它在具体发育和演化进程中实际上体现出的是一种高度关联的相互关系。如果这种关系具有本体论意义的话，那么发育系统就是一种合理的理论实体；然而对于它的进一步诠释还有赖于经验科学的发展。

三、两种生物学哲学理论维度的关系分析

前面列出的这两种理论维度并不是完全相互独立的。由于它们在进化观念上表现出相关性，所以在具体概念的使用上也表现出相当多的关联。然而，它们在概念结构上又表现得如此不同：前者的核心概念是信息，它在表述线性因果关联上具有天然的优势，但在解释生命演化上却明显处于劣势；后者的核心概念是系统，由于它本身是一个关系实体，所以用它来表述因果联系缺乏可操作性，但是它可以为复杂性进化提供一种更为全面、合理的解释。对于这两种维度的关系都有必要予以澄清。

二者的主要区别在于：首先，前者更加符合达尔文以来的进化解释模式，其在原因上所给出的解释实际上更倾向于“长线的”解释。这种关系简单来说，就是从作为结果的远端一步步向前线性地推论，不停地找寻更为细分的概念作为原因。信息在这种长线机制中实际上扮演了一个连接角色，它的传递路径构成了理论中概念关系的结构。在这里，我们所关注的理论实体实际上限定在作为信息传递者的载体功能上，它表现出概念的因果性。而对于后者来说，我们所面对的并不是某一具体的概念或理论实在，而是关系实体的一系列有序演化过程，所以说它是关于关系本身的因果性。

其次，信息传递机制的不稳定性在前者中被当作了进化的动力学源头。它在传递链条上因“噪音源”而产生的变化机制为进化的图景提供了必要的原因解释。综合来说，它对于进化的解释基本上还是建立在概念可还原的基础上。而系统的概念在进化动力学的源头上更加依赖于“负墒流”的输入：随着外部有效能量的输入，发育中的关系与结构也不断变化，因而发育个体的不同的演化阶段在整个外成机制中所受影响的程度和形式是不同的（比如，完全变态发育的若虫与成虫在形态上的巨大差异而导致的截然不同的行为塑造）。也就是说，在这种解释维度中只能建立短线的原因解释。

最后，目前在生物学哲学界常用语义学的途径来解决前者中的问题。

遗传信息的传递与表达在这种途径中被类比为意义的传递与表达过程，任何意义上发生的变化都可能导致进化的产生；而后者在相同问题上主要突出的是发育系统作为一个关系实体是如何通过某种机制可靠再现的，任何关系或结构的变化都有可能是在外成机制作用下所导致的进化性变化。

而在联系方面，首先，正如格弗列·史密斯所说，我们常常关注于DNA与蛋白质之间的“长线”关联，而忽视了发生于其间的机制，一种带有任意性的因果关系。[①] 在这里，格弗列·史密斯更多看到的是蛋白质的具体形成机制，通过一种“程序性”的方式来完成发生的过程。而这一过程实际上可以包括在发育系统的解释中，即一种相对固定关系的重现。而对于信息解释与系统发育解释来说，前者认为后者作为一种“程式”表达的结果服从于编码的遗传信息，而后者认为特定的发育系统是一种相对固定的存在，如同“场”一样，遗传信息实际上只是一部记载如何构成这一发育系统的说明书。简单来说，两种解释只是在谁更具有本体论上的重要性方面存在分歧。几乎所有关于生物信息观点的主张都建立于复制子的概念基础之上，而对于持发育系统观点的主张来说，具体的发育模式才是表现型的来源，这种规律性的模式才是发育系统的理论维度的概念基石，有学者把它称为“再生器”，并认为它可以真正将遗传的图景与发育的图景整合起来。[②] 所以，对于两种理论维度来说，概念上的联系依然存在。

其次，斯特瑞尼曾指出，进化生物学是一门历史性科学，它关注于进化树状图中的独一无二的过程在时间和空间上的扩张。与之相反，发育生物学所研究的对象呈规律性地在自然中不断再现，所以发育是可推测的，甚至是可程式化的。这些都是进化论所无法做到的。[③] 而对于遗传信息论来说，它所关注的也同样是一种可推测性，而不是对于过去进化历史的重建。所以可推测性也能够作为两种理论维度之间的纽带。并且

---

① Godfrey-Smith P. Information in biology//Hall D，Ruse M. The Philosophy of Biology. Cambridge：Cambridge University Press，2008：111.

② Griesemer J. Development，culture，and the units of inheritance. Philosophy of Science，2000，67：248.

③ Sterelny K. Development，evolution，and adaptation. Philosophy of Science，2000，67：339-340.

就像在第一点中所指出的，两种维度在概念上的联系预示着在生物信息论中所广泛使用的语义途径的研究方法，同样可以运用到对发育系统理论的概念澄清中；同时，这也注定了它们在推理形式上的相似性，或者更进一步说，它们在推理方法上具有一致性（图 1）。

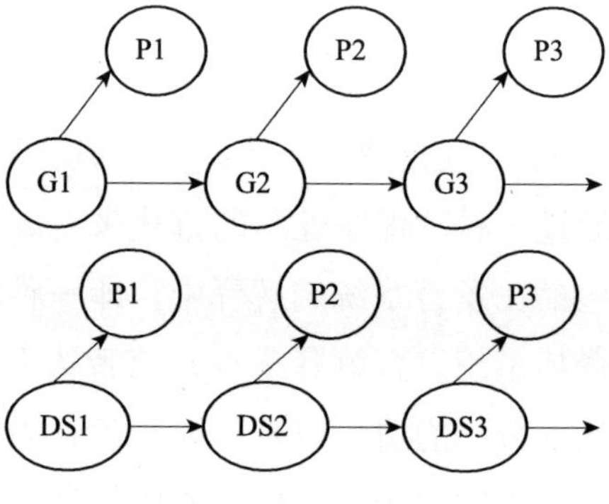

图1　两种理论维度在推理方法上的一致性
P 为表现型；G 为基因型；DS 为特定发育系统

最后，绝大多数生物学哲学家对于生物学理论的语境依赖性一向很重视。而对于这里所讨论的两种理论维度来说，它们各自所依赖的语境同样存在着重要的联系。对于生物信息论来说，在本体论上，它离不开化学演化所赋予它的信息载体多样性，尤其是在遗传分析的语义途径研究中，化学上的可能性与稳定性被等同于字符表运用规则的基石。就算是扩展到文化因子的遗传层面，将行为规范以及认识规范都纳入复制子的范畴中，生物信息论在语境依赖性上也不过是体现出了二元论的特征；而对于发育系统论来说，它无法将自身定位于具体的客体上，因为发育系统是由内成与外成的多重因素所构成的客体集合，这注定了发育过程在这里更多表现出的是复杂关系变化（图 2）。

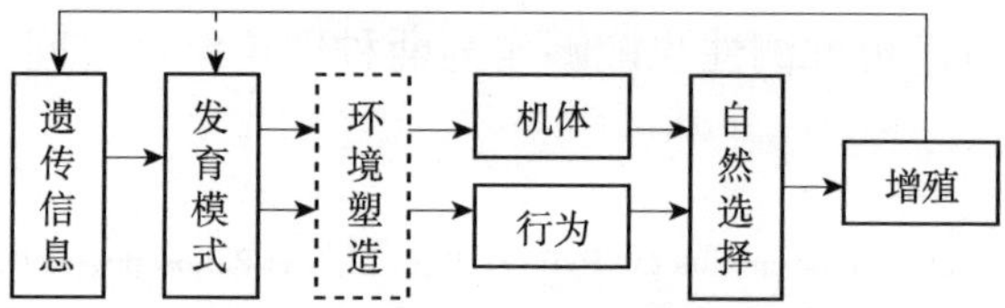

图2　发育系统的复杂关系变化
实线处仅代表信息循环经历过程，实线与虚线部分共同组成发育系统所经历的循环

我们不宜把这种关系的复杂性局限于物理的层面上（例如，进化伦理学及进化心理学的研究就超出了这一界限），所以（纳入心智系统发育的）发育系统论的理论语境从根本上说是多元的。它不否定任何可能关系的存在，特别是存在环境塑造因素的情况下，为防止出现由于环境变化而导致的不适定问题（ill-posed problem），我们需要对环境塑造过程所依赖的语境进行彻底的分析，这其中包括化学上的以及行为规范上的关系。

总之，两种理论维度从根本上讲还是联系大于区别，甚至有人主张直接用发育系统取代基因作为复制子概念的延续。① 不过，这样做很可能给生物学哲学的研究带来新的问题。简单来说，无论是局限于遗传领域，还是扩展到更广泛的层面上，信息概念实际上都是单一实体概念，它具有语境依赖性，但大多是体现在本体论意义上的。换句话说，信息是基于理论实在的抽象。但如果将特定的发育系统同样作为"拓展复制子"的话，我们对于理论实在的定义将会变得十分复杂。首先是如何面对遗传的问题。在原有解释中，发育是作为遗传信息的执行结果；但是如果换作发育系统，遗传过程便成为了"再生器"的手段，而"再生器"在严格实在论的意义上是不存在的，它是一个关系实体。其次是作为原因来讲，传统上的复制子式遗传所给出的原因解释往往能具体到特定的理论实体变化上，而如果发育系统同样作为原因的解释的话，那么我们无法找到具体的变化机制作为必要充分的解释，因为系统作为一个整体充当了潜在原因。例如，沃特斯（K. Waters）就将前者称为"实际的差异制造者"，将后者称为"潜在的差异制造者"，以说明二者在因果关系的解释上所造成的悖论。② 所以，在这里还不能肯定地说发育系统将会是下一个复制子，或是成为复制子概念的取代者。

总而言之，如何协调这两种理论维度，在很大程度上决定了生物学哲学乃至生物学理论构架的重塑。同时，就像之前论证的，对两种理论维度的研究仍旧依赖于对概念的分析，也就是说，语义学的途径对于后者来说依然有效，只不过需要更加重视对于语境依赖性的分析。这才是发育系统进化理论走向成功的关键。

---

① Griesemer J. Development，culture，and the units of inheritance. Philosophy of Science，2000，67：355.

② Waters K. Causes that make a different. The Journal of Philosophy，2007，104（11）：551-579.

中心法则的意义分析 *

中心法则作为分子生物学最基本、最重要的理论之一，对当代分子生物学的发展起到了极大的推动作用。然而，在分子生物学领域，自其产生到现在一直存在着很多争议。作为一个科学假设的中心法则，对其进行系统的语义分析有益于这一理论的意义澄清。那么在什么样的一个基底上对其进行语义分析？我们认为这一基底应该是语境论。

结构学、生物化学和信息学路线是一直较为公认的分子生物学研究中三条主要的路线。[1] 中心法则的产生是以生化 - 信息学方法为基础的。其产生的模式是假说演绎的，即先利用有限的证据提出一个假说，然后根据假说演绎出若干理论，最后等待证据检验所演绎的结论，其过程是假说—演绎—检验。伴随着分子生物学的不断发展，这一演绎—检验的过程不断循环往复。正是在这种循环往复的过程中，中心法则的语形发

---

* 本文发表于《自然辩证法研究》2012 年第 5 期，作者郭贵春、杨维恒。

① Allen G. Life Science in the Twentieth Centure. Cambridge：Cambridge University Press，1978.

生着不断的转变。同时，在此过程中，不断有新的生物学概念提出，不断有新旧生物学概念更替。在这里既包括新的概念的提出及其所被赋予的特定意义，又包括同一概念在不同的研究范围中所包含的不同的生物学意义。也就是说，在这一过程中中心法则的语义不断地发生变迁。而这种变迁是在分子生物学纵向语境的不断变化中实现的。

一、中心法则的语义变迁

自克里克在 1958 年提出中心法则至今，中心法则已经经过了半个多世纪的丰富和发展。我们可以将其发展的整个过程大致分为三个阶段：克里克最初提出的经典的中心法则；20 世纪 70 ～ 80 年代被修正和丰富的中心法则；20 世纪末基因组及后基因组时代下的中心法则。

最初被克里克描述的中心法则如图 1 所示。

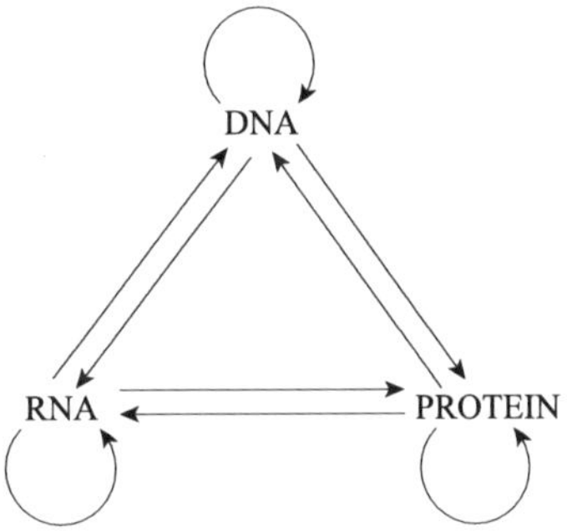

图1　最初被克里克描述的中心法则图

箭头表示在三大类生物大分子 DNA、RNA 和蛋白质间信息传递或流动所有可能的方向。它揭示了生命遗传信息的流动方向或传递规律。结合当时的理论背景和认识论背景，克里克对所描述的中心法则做了进一步的分析，最终提出了中心法则最初的基本形式（图 2）。

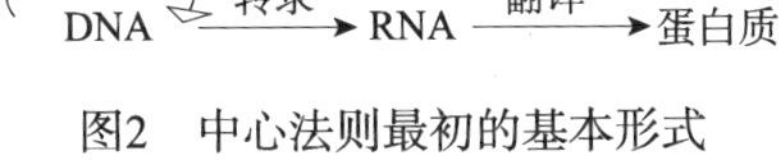

图2　中心法则最初的基本形式

上式描述了碱基→氨基酸→蛋白质这一基本过程。对这一过程中代码的语义分析，必然无法脱离整个理论的语义结构。因为，在以上所描述的过程中，任意一次结构的上升，都必然会伴随着其代码的语义调整。在中心法则中，碱基位于一个基础的层面，成为生物学解释与物理、化学解释的纽带。例如，在化学中 GAA 是作为氨基已酸的代码，然而，在生物学中，它却表示对应于谷氨酸的遗传密码。当我们对其结构上升，多个连续的三联体碱基序列自然也就对应多个连续的氨基酸序列。当碱基序列发生变化时，也就必然地导致氨基酸序列发生变化。有序列的碱基链和氨基酸链又分别构成了 DNA 和蛋白质。自此，就构成了最初的中心法则：蛋白质作为生物性状形成的工作分子是由构成 DNA 的碱基序列所决定的，我们把这种碱基序列称为遗传信息。同时，由于当时生物学理论背景及研究对象的限制，自然决定了中心法则从 DNA 到 RNA 到蛋白质严格的单程信息流路线，以及从 DNA 序列到 RNA 序列到蛋白质氨基酸序列严格的共线性。

由上可以得到，单一的碱基符号的语义形成是在中心法则整个的语义结构中实现的，碱基序列在生物学语境中的语义表达同样也无法脱离中心法则的语义结构。而整个中心法则的语义实现又是在当时特定的语境下完成。也就是说，特定语境的确立，决定了中心法则的语义解释，确定了中心法则在当时语境下的解释伸缩度。

随着分子生物学的发展，1970 年 Temin 等在 RNA 病毒中发现了 RNA 反转录酶，说明了 RNA 到 DNA 逆向转录的可能性。[①]之后，又有人发现细胞核里的 DNA 还可以直接转译到细胞质的核糖体上，不需要通过 RNA 即可以控制蛋白质的合成。[②]此时，中心法则被修正为如图 3 所示。

而中心法则的语义解释，也就由之前的“严格的单程式”变迁为一种“中途单程式”。从 20 世纪 70 年代开始，分子生物学家对真核生物进行了大量的研究，发现了基因上存在的非编码序列，从而产生了内含子

① 阿耶拉，基杰．现代遗传学．蔡武城等译．长沙：湖南科学技术出版社，1987：314-315.

② 刘植义，刘彭昌，周希澄，等．遗传学．北京：人民教育出版社，1982：180.

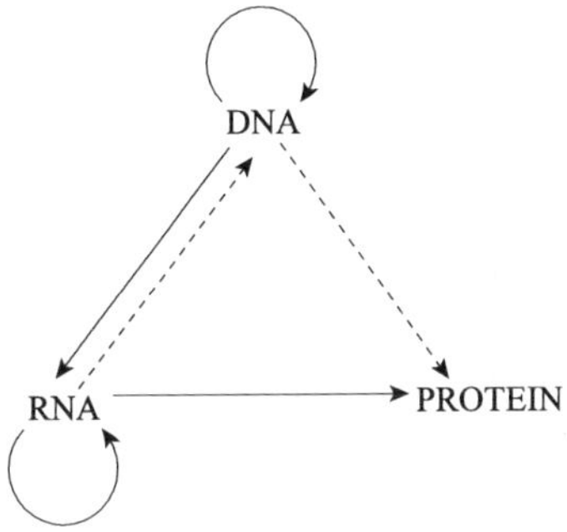

图3　修正后的中心法则图

与外显子的区别。20 世纪 80 年代末，分子生物学家又报道了多种 RNA 编辑的类型。这些都说明了蛋白质序列在 DNA 序列上的非连续性及非对应性。这又要求中心法则的语义解释由之前的“严格共线性”转变为“非共线性”。这都是由于分子生物学纵向语境的变化，导致了中心法则语义边界的改变，从而使其语义的解释范围及解释伸缩度发生改变。理论背景及认识论背景的不同，便造成了中心法则概念的语义扩张。这种语义的扩张通过再语境化的功能，继而又成为其他生物学理论的语义语境。中心法则的理论发展，就是在这种语境转变，或者说是再语境化的过程中不断实现其语义转变。

在分子生物学中，还有非 DNA 分子模板（如细胞模板、糖原及一些细胞级的非分子模板）、朊病毒等的出现。虽然，这些只是出现在离体实验中，应只属于尚未定论的科学预测。但是，它们强力说明着：在生物系统中，信息流的传递是多元和多层次的，它们在细胞中构成了一个精密的时空框架，中心法则仅仅只是这些信息流中的一条或者说是一条主流；在中心法则的信息流中，非 DNA 编码的渗入，使得 DNA 仅作为 DNA 编码的一个起点，而不是遗传信息流的唯一源头；同时，在信息流的传递过程中，非模板式的序列加工，使得信息流并不是模板流。① 这些似乎对中心法则都构成了严峻的挑战。然而，我们并不能抹杀它的合理性地位。中心法则的提出是以当时病毒、细菌的实验材料为依据。它所

① 莫树乔．谈谈遗传学中心法则．玉林师范学院学报，1997，(3)：96.

指出的DNA、RNA、蛋白质间的信息传递是符合分子生物法则的。鉴于当时的理论背景和认识论背景的限制，我们应该是在其三大分子的框架性语境下对其进行语义解释。当分子生物学推进到真核细胞时，中心法则的信息流其实已经处于另一个完全不同的时空框架中，这时我们应对其进行语境下降，在单个基因层面或者是更低的层面对其进行语义解释。而面对当代基因组语义研究的问题，或许我们还要对其进行语境上升，在基因组层面、细胞层面甚至是更高的层面对其进行语义理解。

综上所述，对中心法则的语义解释应该放在分子生物学发展的纵向语境下进行。中心法则的语义变迁就是在这一纵向发展过程中，一次次不断地语境化与再语境化的过程中实现的。同时，我们对中心法则的语义理解也还必须在一种横向的特定的语境下进行，而不是仅仅只在分子生物信息较窄的概念下进行。只有这样才不会导致中心法则的语义局限性。而作为科学理论的中心法则语义被局限，自然会导致其作为研究方法的意义局限性。这也就引出了本文接下来所要谈论的一个问题：在传统意义下，作为研究方法的中心法则的意义及其局限性。

二、作为研究方法的中心法则的意义及其局限性

中心法则是一个关于DNA、RNA、蛋白质三大分子的信息传递的科学理论。在它的解释之下，信息不能由蛋白质向下传递到DNA，而是DNA被转录成RNA，RNA再翻译成蛋白质。更进一步讲是，“信息从DNA向上传递到RNA、蛋白质，进而延伸到细胞、多细胞系统”①。然而，不仅于此，中心法则还作为一种研究的方法，被用于许多研究计划，用以解决基因组的语义问题。

基因组研究的核心问题是研究作为生命系统发展和运行基础的基因组调节网络的意义。一个基因组意义的理论问题便是一个基因组语义问题。部分地讲，这种语义是将基因组序列转化成系统性意义的语义代码。

---

① Crick F. On protein synthesis. Symposia of the Society for Experimental Biology，1958，12：138-163.

由于生物系统是在不同的层次被组织，所以一个基因组的语义会由于该序列片段所处的本体论、功能及组织层次的不同而产生不同的语义联想意义。因此，如何获得一个基因组语义的元理论问题便成为基因组和蛋白质组研究的战略问题。

目前，许多关于基因组研究的方法论都是遵循一种自下而上的策略。这种研究的方法正是受到了中心法则的启示。也就是说，中心法则为还原论者研究基因组提供了方法论基础。这种还原论方法论的前提是，在我们要进一步了解下一个层次的信息时，我们必须在理论上和实际中都要对每一个更低、更微观层面的信息和本体论的知识有所把握。这就好比说，当我们要获得一个蛋白质的结构时，我们首先要掌握构成这一蛋白质的氨基酸信息，再获得核酸信息。然而，即便是掌握了基本的核酸信息，由于基因和细胞网络设计一系列的相互作用的部分，而使得从核酸到蛋白质信息的过程特别复杂。

一个以中心法则为方法的研究项目，最大的弱点是其惊人的复杂度。这种自下而上的还原论策略存在的问题是，寻找到一个解决路径的搜索空间非常巨大。在计算机科学中，解决一个问题的关键往往就在于能够解决这个问题的可能路径的空间。这样一系列的可能路径被称为搜索空间。一个问题的一种解决方法就是一个路径在这样一种搜索空间中实现一个目标或解决。一些问题拥有巨大的搜索空间，从而使得其在实际层面上几乎不可能被解决。在计算机科学中讲，这就是所谓的 NP——complete 问题。[①]这些问题的复杂程度，足以使现阶段最快的计算机瘫痪。基因组和细胞网络的研究正是面临这样的问题，它们涉及成千上万的相互作用的部分。遵循一种自下而上的策略进行研究，必然在其过程中呈现出一系列的 NP——complete 问题。

然而，在实际的研究过程中，研究者形成的研究策略都是依据关于更高层次的生物信息的知识。“即使在平常的实验决策和实验设计中，研究者的行为都是在一个关于现象的系统知识，即一个更高层次的语境中

① Werner E. In silico multicellular systems biology and minimal genomes. DDT，2003，8：1121-1127.

进行的。”[①]在这些系统问题的研究过程中，研究者预先假设这些知识可以对他的研究和实验设计提供一个更宽的方向。更为重要的是，这样就使得这个研究有了其自身的意义。这种高层次、系统性的信息给出了这个研究或实验为什么要进行的理由。

这种知识在人工智能的研究领域被称为启发性知识。启发性知识被定义为可以减少搜索空间的信息。因此，在这种情况下，科学家就利用这种启发性的、系统层面的生物学知识，去减少那些非正式的、直觉的、先验的搜索空间，从而来解决他的问题。在我们所说的基因组语义的问题中，启发性信息可以减少基因组语义的搜索空间，可以减少基因代码可能解释的空间。

例如，在信息的传递方面，根据中心法则，信息是不能从蛋白质到RNA再到DNA向下传递的。然而，在系统层面，信息是可以从蛋白质向下传递到DNA。细胞信号就是一个例子。正是由于一系列的蛋白质与蛋白质的相互作用，蛋白质与RNA的相互作用，导致了DNA转录的被激活。因此，从系统层面来讲，中心法则仅仅介绍了细胞信息系统中许多种可能的信息传递路径中的一种。实际上，存在细胞内的信息传递路径和细胞间的信息传递路径。这些路径构成了细胞内及细胞间的信息传递网。然而，它们又都是通过细胞的基因组信息来组织着细胞内和细胞间的信息传递。

所以，我们必须有意识地去区分作为科学理论的中心法则和作为研究的方法的中心法则。否则，我们就有可能错误地提前认为，由于信息不能向下传递，我们就不能自上而下地由高层次的信息得到低层次的信息。多细胞以及单细胞中信息传递的二元性，就使得基因组语义的研究策略，跳出了传统意义下中心法则的局限性。

现阶段关于基因组理论的大部分研究，都是遵循传统意义下的中心法则，在一个严格的自下而上的研究策略下进行的。替代这种研究策略，我们主张同时考虑一种自上而下的互补性策略。我们认为，一种能够整

---

① Werner W. The future and limits of systems biology. Science Signaling，2005，(278):16.

合高层面的系统层面与低层面的基因组信息层面的研究策略，对于解决基因组语义问题是非常必要的。传统意义下的中心法则对于基因组语义研究已经不再是充足的组织模式。那么是否存在一种路径，在细胞和多细胞的语境下，利用高层次的系统信息去理解基因组？我们认为是存在的。正如上文所言，这时候我们就需要对传统意义下的中心法则进行语境上升，在细胞与多细胞的层面对其进行语义理解。同时，在方法论层面，我们也就同样可以尝试一种自上而下的研究范式，来补充之前的严格的自下而上的方法论研究策略。

三、中心法则方法论意义研究的新路径

什么是一个自上而下的研究策略?

在一个自上而下的研究策略下，我们可以在抽象概念的层面来讨论多细胞的发展过程。在抽象概念层面的讨论，可以使我们获得更多关于系统层面的现象。假设有一个软件系统，并且在这个软件系统中可以设计一个人工基因组，同时在这个系统中该基因组可以产生一个人工有机体。然后，我们可以使这个人工基因组尽可能地模仿自然基因组的主要的系统属性。比如，该系统是否能够模拟多细胞的发展、细胞信号的传递等？在该系统中进行特定位点的基因突变，是否能得到自然基因组下的相似效果，如畸形发展、癌变等？这一系列问题的实现，就使得我们可以确认该系统能够反映自然基因组的一些基本特征。然而，我们可能需要一种更为精确的相关性。但是，如果我们能够使得人工基因组与自然基因组相关联，那么我们就得到了从一个基因组翻译到另一个基因组的开端，如图 4 所示。

图 4 所模拟的是生物体内的基因组和计算机系统中多细胞有机体之间的关系。图中的“翻译关系”指的是计算机系统及生物体系统中基因组之间的“句法关系”。中间的“语义关系”表示的是用计算机系统中的多细胞有机体语言翻译出生物体中的基因组。下面的“一致性关系”应该包括系统之间暂时的和动态的形态学之间的一致性。

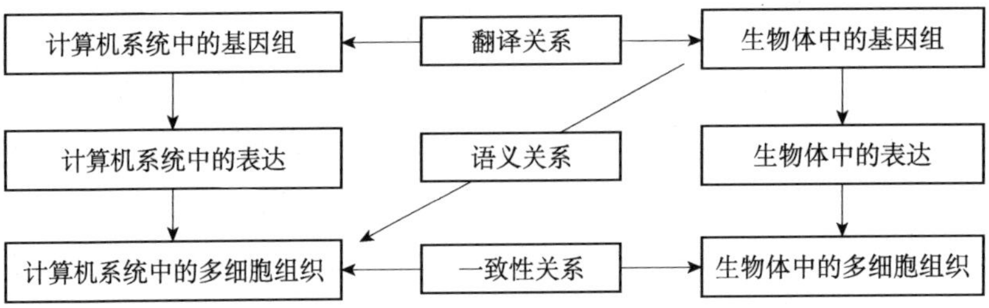

图4　基因组翻译模拟图

这就好比将英语翻译成汉语。我们需要知道这些被翻译的单词是什么，如何在句子中使它们相关联。这就是语言中的句法。但是，首先我们需要知道语言的语义。也只有当两段话的意思相同的时候，对于一个词、一句话或者一段话的翻译才是充分的。

这样我们就通过计算机代码的语义获得了基因组的语义。然而，在这个过程中，并不妨碍我们同时使用自下而上的研究策略。“在人工智能中，合并自上而下和自下而上的研究路径是较优的研究策略之一。当两种研究路径，分别自上而下与自下而上在中间合并时，便形成了一种解决路径。”①

在这里需要注意的是，无论是低层次的本体论层面（如生物化学），还是高层次的关于信息和本体论的层面，对于研究生物过程而言，没有哪一种是固有的更为优越的。关于细胞和多细胞现象的正确的高层面的信息，没有必要一定要被还原成更低层面的本体论视角。很多情况下，高层面的系统知识反而能够帮助我们限定研究的搜索空间，促进我们去理解更低层面的生物过程。因此，对于一个系统不同层面的信息的理解，能够使我们获得更多，更全面的关于该系统的知识。

所以，在细胞或者多细胞系统的层面，中心法则可以被简单地描述为：基因组→蛋白质组。我们也没有必要必须将其还原到 DNA 转录和翻译的层面。

---

① Huang S. The practical problems of post-genomic biology. Nature Biotechnology，2000，18：471-472.

四、结语

随着分子生物学的发展，其理论在不断地远离经验。在这样的一个背景下，如何去构造、理解和解释分子生物学，语义分析成为一种十分重要的科学方法。首先，“语义分析方法本身作为语义学方法论，在科学哲学中的运用是‘中性’的，这个方法本身并不必然地导向实在论或反实在论，而是为某种合理的科学哲学的立场提供有效的方法论的论证”[①]。“语义分析方法在例如科学实在论等传统问题的研究上具有超越性，在一个整体语境范围内其方法更具基础性；其次，作为科学表述形式的规则与其理论自身架构是息息相关的，这种关联充分体现在理论表述的语义结构之上，对其逻辑合理性的分析就是对理论真理性的最佳验证；再次，生物学理论表述的多元化特征使得语义分析应用更加具有灵活性。”[②]

正如中心法则，其语义的实现无法脱离其整个理论的语义结构。在整个理论中，每一次结构的上升或者下降，都会带来其代码的语义调整。同时，生物体是一个多层次的、有组织的、结构复杂的系统，在这个不同层次被组织的复杂系统中，任何一个代码的语义都会由于其指称实体所处的本体论、功能及组织层次的不同，而产生不同的语义联想意义。因此，对中心法则进行语义研究是有益于其意义澄清及理论分析的。然而，这种语义研究应该在分子生物学发展的纵向语境下进行。因为，中心法则的语义变迁正是在分子生物学纵向发展的语境化与再语境化的过程中实现的。同时，我们也只有在某种特定的语境下对中心法则进行语义解释，才不会导致其语义的局限性。

作为科学理论的中心法则语义不被局限，就可以避免其作为研究方法的意义局限性。在传统的意义下解决基因组语义问题，占统治地位的是由中心法则激发的一种严格的自下而上的研究策略。中心法则作为一种还原论的基础为研究者提供方法论。20 世纪，分子生物学的发展取得

---

① 郭贵春．语义分析方法与科学实在论的进步．中国社会科学，2008，(5)：55.

② 郭贵春，赵斌．生物学理论基础的语义分析．中国社会科学，2010，(2)：17.

了划时代的成就，这与还原论的方法在分子生物学中的应用是无法分开的。然而，生物体的系统性、复杂性特点，又使得还原方法的应用有其具体的局限性。这种严格的自下而上的研究策略带来的问题是，研究过程过于复杂，在实际的层面去解决问题几乎不可能。因此，我们主张一种互补性的自上而下的研究策略。这种自上而下的研究策略，可以在高层次的语境下，对我们解决基因组的语义问题提供一种新的方法论思维。还原论方式的自下而上的研究策略与系统思维方式的自上而下的研究策略，二者既相互对立又相互依赖。如何合理地结合这两种研究策略，对于进一步阐明生命系统的运行机制及规律性有很大帮助。

生物学中信息概念的语义分析*

生物学的发展随着 DNA 概念的提出，进入分子水平的解释模式时，信息的概念就进入生物哲学家的视野，并逐渐成为他们关注的重点。近年来，生物哲学家对信息的概念进行了一系列的争论。争论的内容主要可以分为以下三个问题：信息概念在生物学上仅仅只是隐喻式地使用，还是有其理论依据；信息概念的使用对基因研究基本框架的采用是否有本质的影响；信息概念的使用与基因决定论的关系。其中对第一个问题的讨论相对较多。不难想象，一般人很容易将生物学上的信息概念与日常生活中的信息概念相混淆，因为许多生物学家都认为生物体以某种方式遵从着基因信息。那么，基因是否包含信息？本文将从这个问题出发，在语境论的基底上对生物学中的信息概念进行语义分析，并讨论了生物学中信息概念的几个语义特征。

* 本文发表于《自然辩证法研究》2013 年第 8 期，作者杨维恒、郭贵春。

一、基因是否具有信息

信息的语义概念是生物学中最重要，也是最有争议的概念之一。正如许多生物学家和哲学家指出的那样，信息不仅是20世纪生物学中的一个核心概念，而且可能依旧贯穿于21世纪。但是，有关信息①术语的意义却很少被定义。

2000年6月，梅纳德·史密斯（John Maynard Smith）在其《生物学中的信息概念》一文中，用进化的方式对信息讨论，重新引发了生物学中对信息概念分析的热潮。他在摘要中如此描述生物学中的信息概念以及该概念使用的情形：

在分子生物学和发育生物学中对信息概念的使用是非常普遍的，这种情形最初可以追溯到魏斯曼（Weismann）。在蛋白质合成及生物的发育中，基因都是作为一种符号，因为在基因序列以及它们的效应之间并没有必然的联结。根据自然选择，一个基因所产生的效应决定了它的序列。在生物学中，信息语义的使用蕴含意向性，因为基因序列以及对基因序列的反应都是通过进化而来的。在工程师看到设计的地方，生物学家看到的是自然选择。②

从上面的叙述中我们可以看出，对于梅纳德·史密斯而言，生物学中信息的概念是与传递信息信号的观念紧密联系在一起的（如DNA），自然选择的产物回应于信息。在生物学中，生物学家同样也都是这样用的。“信息”“符号”“转译”“翻译”“校对”“编辑”“信息携带者”“信息接收者”等一系列专业概念在生物学中的使用，都表明生物学家普遍认为基因作为DNA上的一个有效片段是调控其他基因、合成功能性蛋白质以及实现生物个体特征的重要部分。生物学家也普遍将基因视为生命特征发展的指令或蓝图，记载并储存着胚胎形成以及胚胎形成之后生

---

① 生物学家在不同的语境中以不同的意思使用“信息”一词，但生物哲学家一般关注的是有关“遗传”和“发育”的信息概念，本文也是这样。

② Smith J M. The concept of information in biology. Philosophy of Science，2000，67（2）：177.

物个体特征的发育信息[①]。换句话说，世界上所有生物的不同特征都是由共同的语言基础——遗传密码——决定的。再也没有比我们的DNA序列“所提供的信息来得更基本、更根本的信息了”，而DNA序列是“身体最基本的性质”[②]。

但是信息的概念在生物学中的使用是否具有充分的理论依据？一些科学哲学家始终对这个问题保持着谨慎的态度。

目前为止，几乎没有人反对基因是遗传的主要传递者、基因是细胞结构及其功能的必要基础，它在生物的生化过程中有不可替代的作用，绝大多数的生物特征最终都与基因有关，甚或是以基因为源起。但是，同样也不会有人反对，几乎所有的个体特征都是由基因与环境因素共同作用的结果（如细胞结构、眼珠颜色、情绪、精神分裂、智力等）。大家都接受一种“互动规范”：生物特征变元是基因类型变元和环境变元的一个函数，而且生物特征变元对环境变元有所反应，[③]

$$y_{\text{生物特征}}=f(\text{基因类型，环境因素})$$

环境因素不仅可以通过影响DNA对蛋白质的合成产生影响，如在亲代的DNA双螺旋分解、单一的核苷酸序列形成，以及之后的编辑与校对的过程中，蛋白质的作用都是不可替代的，“DNA并没有自我复制”[④]，同时体外的环境也可以通过生物转换器来影响体内的化学环境，进而影响细胞及DNA的活动。而且，环境因素就算不通过影响DNA对蛋白质的合成进行影响，也会对生物的特征产生影响。例如，对幼小的河马进行社会隔离，长大后它们便不会表现出应有的性行为；日本猕猴偶然发现用清水洗过地瓜后更可口，这个发现便以教导的方式传递给年轻猕猴；一些寄生生物的寄生行为发生错误时会通过宿主铭记的行为传递给它们

---

① Kay L E. Who Wrote the Book of Life：A History of the Genetic Code. Palo Alto：Stanford University Press，2000.

② 林从一. 阅读生命之书的信息. 欧美研究，2007，37（1）：111-181.

③ Benson M J. Beyond the reaction range concept：a developmental，contextual，and situational model of the heredity environment interplay. Human Relations，1992，45（9）：937-956.

④ Jablonka E，Lamb M J. Evolution in Four Dimensions：Genetic，Epigenetic，Behavioral，and Symbolic Variation in the History of Life. Cambridge：The MIT Press，2005：49.

的后代。即便如此，基因还被认为对生物特征的形成做出了一些环境因素无法做出的特殊贡献。甚至有人更加明确地界定出基因拥有生物特征的信息，而环境因素并不具有。

信息可以粗略地分为因果信息和意向性信息。我们发现，争论的双方都同意，如果信息的概念可以用来描述基因的特殊性，那么基因必须是一种意向性信息，而非因果信息。或者说，基因是一种带有意向性信息的诱因，而环境因素只是化学法则和物理法则所描述的对象。

意向性信息又称为语义信息①，这类信息最典型的承载物是人类的思想和语言。如果将基因与信息系统进行类比，基因包含信息理论所谈论的信息系统的许多特性，我们有相当强的理由相信基因带有意向性信息。例如，DNA 上的碱基序列作为信号源，在一定的管道条件下，以遗传密码的形式将信号复制给 RNA，RNA 经过一些修饰后变为 mRNA，mRNA 将 DNA 的信号从细胞核中带到细胞质中，mRNA 与核糖体结合将 DNA 的信息翻译成氨基酸序列的合成，不同的氨基酸又构成不同类型的蛋白质。就像摩斯密码的翻译过程一样。梅纳德·史密斯曾通过图 1 对它们进行类比。

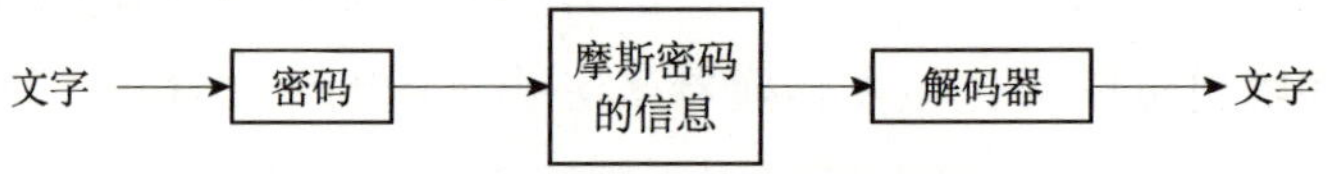

(a) 人类信息通过摩斯密码的传递

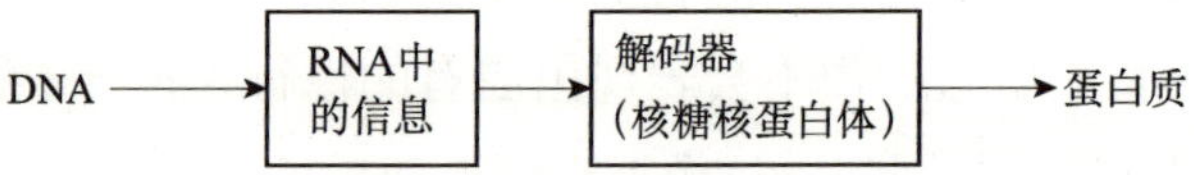

(b) DNA编码的信息到蛋白质氨基酸序列的翻译

图1　摩斯密码翻译与DNA到蛋白质翻译的类比

但是在信息理论中，信息指的是信号对信号源系统的因果依凭性，而这种依凭性是通过一组管道条件所创造出来的。一旦管道条件被固定住，所有能够影响信号产生的因素都可以被看作是信号源，从而被看作

① Smith P G. Genes and codes：lessons from the philosophy of mind//Hardcastle V G. Biology Meets Psychology：Constraints，Conjectures，Connections. Cambridge：The MIT Press，1999：305-331.

是带有关于信号的信息，这样的话，基因就只是众多信号源的种类之一。

因此，有人认为应该定义一个普遍的信息语义概念：“当一个接收系统对一个源——一个实体或者是一个过程——有特定方式的反应时，我们就说这个源拥有信息。接收者对于这个源的反应必须是，通过一种功能的方式实际地或者潜在地改变了接收者的状态。此外，源的形式的变化与接收者对应的改变之间必须有一种一致的关系。”① 根据这个定义我们可以得到，基因没有理论上信息的特权地位，它只是作用于生物发育信息源的一种类型。就像布满乌云的天空，作为一种周期性的环境客体，可以使接收者通过改变内部的状态产生一种适应性的反应。

这样一来信息概念就只具有一种思辨上的意义，而失去了其对具体实验研究的指导作用。显然，对信息语义性质的不同解释，就会带来其概念在进化心理学、社会生物学中方法论运用上的不确定性。忽略了信息使用的经验事实就会引发其在概念上的争议，混淆了信息概念的语义性质又会带来其在经验证据解释和研究过程中的争议。

那么，如何在保障信息使用经验事实的基础上，又能避免信息概念语义性质的混淆？语境的研究纲领为这个问题的消解提供了一个平台。我们认为，只有在语境的基底上对生物学中的信息概念进行分析，才能实现其特定语境下的确切语义。同时，也只有在语境的基底上对生物学中的信息概念进行分析，才能避免其在经验事实与概念争议之间两难选择的困境。

二、生物学中信息概念的语境论解释

20 世纪分子生物学的迅速发展，使得原有的生物学理论不断面临着挑战。从 DNA 概念的提出到对生物体基因组的复杂性研究，再到进化心理学和社会生物学，信息概念的语义在不断地发生着变化。对信息概念的语义现象，必须要在一个统一的语义结构和语义模型中语境化地进行

① Jablonka E. Its interpretation, its inheritance, and its sharing. Philosophy of Science, 2002, 67 (4): 578-605.

理解，如果对信息概念的语义分析脱离了其概念的语境背景，那么它的各种语义现象就是割裂的、不完整的和意义缺失的。

DNA 概念的提出，标志着分子生物学由以前的分析语境进入了新的解释语境。四种不同的脱氧核糖核苷酸组成了 DNA 双链。生物学家用 A、T、C、G 四种符号表示核苷酸上的四种碱基。在任意一段的 DNA 双链中，碱基 A、T、C、G 总是以互补的形式配对。四种碱基以不同的形式排列，形成了脱氧核糖核苷酸序列的多样性。DNA 在细胞核内以碱基互补的原则将自己的脱氧核糖核苷酸序列转录给 mRNA，mRNA 又在细胞质中以遗传密码的原则将 DNA 的脱氧核糖核苷酸序列翻译给蛋白质的氨基酸多肽链。对于 DNA 分子，在这样的过程中，确实是由分子模板以指令制定的方式决定了它们的产物。之前合成的分子制定了化学相互作用的种类和秩序，这个化学相互作用又决定了产物组成的种类和线性顺序。所以，描述模板的特性是合法的，基因作为信息就这样决定了其产物。

因此，在 DNA 分子层面，基因本身就具有意义，信息指涉的实体是脱氧核糖核苷酸序列，信息的本质是被还原到了化学和物理的层面。DNA 作为模版，以指导合成的方式决定了它的产物。在这个层面上遗传信息的内容是伴随着模版的性质而确定的，模版的性质通过制定指令的方式决定了其产物。就像一些标准的发育生物学教材中所说的“发育和新陈代谢所需的遗传信息以密码的形式储存在染色体上的 DNA 核苷酸序列中”①。

但是，随着人们对基因结构和功能研究的不断深入，跳跃基因、断裂基因、重叠基因等一系列基因相继被发现。这使得人们单纯地从 DNA 序列去定义基因已经不可能。基因组的概念应运而生。在基因组层面，信息概念的语境边界发生了变化，信息概念语义解释的伸缩度也就发生了变化。此时，基因只有在基因组的语境下，以一个整体的语境系统的形式才具有意义。单个的基因本身便不再具有意义。信息指涉的实体也不再单纯的是脱氧核糖核苷酸序列，而是包含了整个基因组的语境系统。

① Gilbert S. Developmental Biology. 5th ed. Sunderland：Sinauer，1997. 转引自 Smith P G. On the theoretical role of “genetic coding”. Philosophy of Science，2000，67：26.

从语境论的角度讲，在基因组的层面，单个的基因与特定的语境因素结合成一个整体的基因组时才会产生意义，意义承载的单位成为整个基因组，而不再是单个基因。信息指涉的实体是整个基因组的语境系统。然而，基因组的概念是一种整体主义的探讨形式。对基因组整体结构和功能的研究，并不能取代生物学中对单个基因片段结构和功能的研究。当研究或谈论对象为单个基因片段的结构和功能时，便要对信息概念的理解进行语义下降。

正如前文所言，环境因素不仅可以通过影响 DNA 对蛋白质的合成产生影响，还可以直接对生物的特征产生影响。此时，又要通过语义上升的方法对信息概念的语义解释上升到个体和群体的层面。在此层面，信息的概念已经超越了最初蛋白质合成的理论框架，还包含了许多对生物过程其他阶段的描述。在这个语境下，信息不仅可以通过基因遗传，还可以通过细胞和组织水平的表观处理，还可以通过非象征性以及象征性的社会学习遗传。信息概念的语义也就同样不能被局限在基因或基因组的理论框架中。基因就不再具有理论上信息的特权地位，信息指涉的实体就变为能够使生物体产生特定方式反应的基因和环境因素。

信息概念的表达似乎可以在不同的语境下被不同地使用，而不同语境下的语境边界对信息概念的语义实现起到了结构性的约束作用，即信息概念不同语义值只有在特定的语境边界下才能合理地实现，不能超越其特定的语境边界。例如，在单个的基因层面，信息指涉的实体是脱氧核糖核苷酸序列，它决定了蛋白质氨基酸链的合成。在个体和群体的层面，由于其理论框架的改变，就需要通过语义上升的方法，实现其新的语义值。否则就会必然不合时宜地得到基因决定论的结论。换句话说，信息概念的语用过程是在特定的语境边界下，通过语境信息的表达而实现的。这样“语境的功能就使语用推理的相应原则得以实现，这个原则就是一方面将理论解释的效果最大化，另一方面使推理的复杂性最小化，从而达到最佳的语用效果”①。信息概念的语义分析就这样与其语形、语

---

① Davis S，Gillon B S. Semantics：101-104. 转引自郭贵春 . 语义分析方法与科学实在论的进步 . 中国社会科学，2008，(5)：58.

用分析统一在一个确定的语境结构之中，从而在一个完整的语境平台上，实现了其语义概念的语境论解释。在这里需要强调的是，信息概念的不同语义值是由不同语境下的语境边界所限定的。不同语境的语境边界是有条件的，是可以发生变化的，但绝对不是一种相对主义的。不同语境边界的变化，并不是任意的，而是伴随着生物学纵向理论和横向理论的发展，存在着一种客观的必然性。而信息概念就是在这种客观的必然性中，通过不断的语义上升和下降的方式，实现了其在不同语用下的语义值。具体分析如图 2 所示。

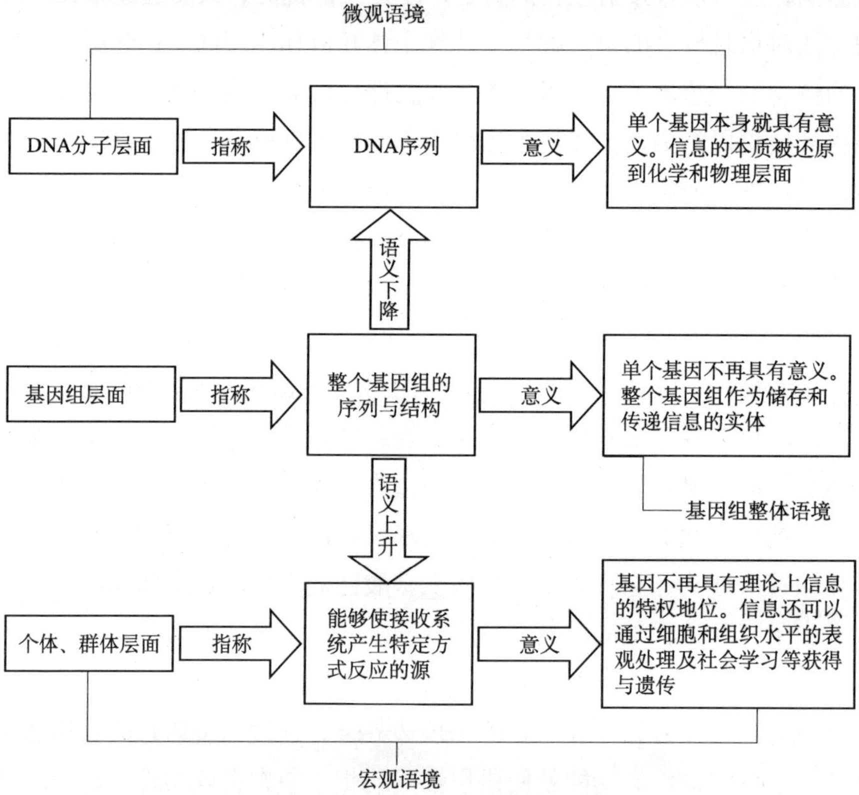

图2　生物学中信息概念语义分析的语境论解释

可以看出，在语境论的平台上，生物学中信息概念语义的实现是完整的、立体的。我们不刻意地强调基因是否具有信息，也不刻意地追求在语言学的层面对生物学中信息的概念进行规范和整理。在研究过程中面对变与不变的解释困境时，总是“自觉地选择把什么当成是真的，把什么当成是构建的”[①]。而实现这种“自觉选择”的方法便是语义上升和语义下降。

三、生物学中信息概念的语义特征

如上所述，生物学中信息概念的表达可以在不同的语境下被不同地使用；语境论的解释为生物学中信息概念争论的消解提供了一个途径。然而，对生物学中信息概念辩护的另一个必要条件是对其语义特征进行解释。而令人满意的遗传信息的语义特征必然要包含：信息的实体在广泛的意义上是意向性的；信息的概念必然要包含误解和错误的可能性；信息传递的不可逆性并不是遗传信息处理系统的必然特征以及信息的信号是无偿的。

1. 意向性

梅纳德·史密斯曾指出生物信息最重要的一个特征是，它是“被设计”的，是通过自然选择或者人类的智慧所设计的，并且在这个意义上是“意向性”的。他表示，“在生物学中，一个陈述 A 携带有关于 B 的信息，暗示了 A 有它特定的结构，因为它携带有那个信息。一个 DNA 分子有特定的序列，因为它特指一个特定的蛋白质。意向性的这个元素来自自然选择”[②]。按照这种说法，A 被看作一个携带有关于 B（蛋白质，一个性状等）信息的信号，我们可能就会假设这个信息是给有机体的。在 DNA 分子层面，我们可以按照“指令性信息”的内容来理解这种意向性。正如前文所说的，基因 A 携带有蛋白质 B 的信息，就表明基因 A 作为一种指令以遗传密码特定的方式规范地指导蛋白质 B 的特定运作，以进一步形成特定的生物特征。其中 A 作为指令的下达者，B 作为指令的接受者。从这个意义上讲，遗传信息是规范的，是有意向性的。但是，

---

① 成素梅．科学知识社会学的宣言：与哈里·柯林斯的访谈录．哲学动态，2005，(10)：55.

② Smith J M. The concept of information in biology. Philosophy of Science，2000，67：177-194.

基因 A 是不是能够作为包含关于行为或者心理特征的意向性信息，这又是一个十分有争议的话题。在 DNA 分子层面，越远离基因的生物特征，也就是越需要环境因素合作产生的生物特征，越不适合作为基因信息的指令内容，这一点应该是大家的共识。所以，对于环境或者宏观行为，也就是说对于生物个体或者群体层面，就需要对信息的概念进行语义上升。在这种情况下，基因 A 就不再作为一种“指令性信息”。可以认为 B 是被设计成以特定的方式去解释 A，而 A 是携带有关于 B 或者关于 B 的环境的信息。此时，A 被看作一个信息的输入，它可以是一个信号，也可以不是，B 是解释这个输入的接收者。信号携带着关于发送者的以及传递给接受者的信息。从这个意义上讲，有生命的系统 B 可以使一个源 A 成为一个信息输入，越复杂的有机体就能构建越多的信息。同样，信息可以被认为是具有“意向性”的。

2. 误解或错误的可能性

偶然的误解或错误的概念往往是和解释联系在一起的。在遗传信息的语义概念中，信息的地位取决于解释系统。这一点应该是可以明确的。我们可以做这样一个假设：在古老的原始细胞中，DNA 不是作为遗传信息，而只是作为一种能量被线性储存在其中的聚合物。当需要能量时，DNA 聚合物被破坏。在这种情况下 DNA 聚合物的序列是没有任何意义的。假如，有一个储存能量的 DNA 聚合物通过一次偶然的机会，拥有了蛋白质 α 链的基因编码的精确序列。当然，这个拥有蛋白质 α 链精确序列的 DNA 聚合物对于古老的原始细胞没有特别的意义，因为它没有完整的细胞系统能够以特定的方式解释这个序列。即便是对于原始细胞而言，任何拥有了相同长度以及相同 AT/CG 比的 DNA 序列都是相同的。如果我们无意中将这个无意义的 DNA 序列放入现代细胞的阅读框架中，它就会被一个现代的细胞所解释，哪怕这个 DNA 序列是由 DNA 合成机随机产生的。这就说明，一旦一个信号输入——即使是随机产生的——符合一个解释系统所认识的信息类型，那么它就会被当作一个信息来处理，就会被这个信息系统所解释。尽管这可能会导致非适应性反应。当然，对任何输入解释过程中的错误也都可以导致非适应性反应。

3. 信息传递的不可逆性并不是遗传信息处理系统的必然特征①

通常情况下没有从反应到信号的适应性反馈，但也不总是这样。首先不可逆性对于一些非生物的信息源肯定是正确的。例如，植物对日照时间的反应不能影响到日照时间，厨师对食谱的阅读也不会影响食谱。传统的中心法则也从某种意义上说明了没有倒回的翻译，从 DNA 到蛋白质的信息流也是不可逆的。但是对于细胞的反应，如基因调控中的一个改变，通常会对信息链前端发信号的分子有反馈的效果，可以导致那些分子的化学变化。再者，神经信号通常可以被动物的认知或者反应所修改。甚至，对于遗传系统，在 DNA 序列和其反应之间可能有一个不依靠于反向翻译的适应性反馈的想法都不是牵强的。显然，当对环境的适应性反应反作用于解释系统时，这种适应性反应的方式就相当于解释系统的一个调整的监管机构。在 DNA 遗传系统的情况中，人们知道的基因调控都表明了这样的反馈必须涉及调控 DNA 序列的修改。当然，做出这种适应性反应的能力必须是自然选择的结果。在其他信息传递的系统中，环境因素以及它们规律性的变化，借助于进化的接收者系统的特征变为有信息的信号。

4. 信息的信号是无偿的

当信息的信号不是非生物的线索（如日照时间、食谱等），而是由作为交流或翻译系统一部分的有机体产生时，它们是无偿的。因为在它们的形式和功能之间没有必然的联系。这种无偿性是任何生物信号系统自然进化的必然结果：如果进化不同，那么生物体产生的，与适应性反应相联系的信号，也几乎可以肯定是不同的。尽管从一般的意义上讲，所有的进化的信号是无偿的或者是随意的，但是一些信号的意义与它们的生产成本相联系。例如，雄孔雀尾巴的含义：作为主人健康的可靠标志，

---

① 这里信息传递的不可逆性是根据梅纳德·史密斯的说法，指信息传递是由信号到反应，而不能从反应倒回到信号。

给雌孔雀的尾巴信息和它的生产和维护成本相关。对于其他类型的信号，例如我们的语言，信号的形式和生产成本之间就没有关系。正如拉赫曼（Lachmann）指出的，当接收者可以立刻评估出信号的可靠性，并且能够惩罚不可靠的信号，那么信号是廉价产生的，它的形式与生产成本之间是无关的。尽管所有的进化的信号是无偿的，但是我们需要限定一个方式，信号的形式和它的生产和维护成本要相关。无偿性也是非生物信息线索的一个特征：布满乌云的天空对于猿是一个可靠的信息，这个事实是依靠于猿的认知系统和大脑的特征，认知系统和大脑都是进化的产物。不同的进化路径就会使得环境的另一个方面替代布满乌云的天空被有机体当作线索，用来提醒它暴风雨即将来临。因此，将环境的特定方面作为信息是没有必要的。从这个角度讲，“信息”是接收者所赋予的。

四、结束语

信息概念在生物学中的引入，对生物学遗传机制和进化机制的解释起到了不可估量的作用。但是，也同样引发了生物哲学中的巨大争议。重视信息在化学分子层面对生物学遗传机制的解释以及对具体实验研究的指导，就会引来其概念语义性质的混淆。强调信息概念的语义性质又会弱化其对经验证据的解释以及具体研究过程中的作用。语境论的解释基底为消解这个争议提供了一个平台。我们认为，对信息概念的语义分析不能脱离其概念的语境背景。不同语境下的信息概念由于语境边界的变化会导致其语义的实现发生变化。需要通过语义上升或语义下降的方法，实现其在特定语境下的语义值。如果单一地从化学分子层面分析信息概念的语义，就会必然导致分子生物学中的强微观还原论。所以，对生物学中信息概念的语义分析应该与其语形分析、语用分析统一在一个完整的语境平台上，进行一种语境论的解释。